Roderick Grierson
Stuart Munro-Hay
DER PAKT MIT
GOTT

RODERICK GRIERSON
STUART MUNRO-HAY

DER PAKT
MIT
GOTT

Auf der Suche nach der
verschollenen Bundeslade

Aus dem Englischen
von Anni Pott

GUSTAV LÜBBE VERLAG

Gustav Lübbe Verlag ist ein Imprint
der Verlagsgruppe Lübbe
Übersetzung aus dem Englischen von Anni Pott
Titel der Originalausgabe: *The Ark of the Covenant.*
The True Story of the Greatest Relic of Antiquity
Für die Originalausgabe:
Copyright © 1999 by Roderick Grierson and Stuart Munro-Hay
Published by arrangement with Weidenfeld & Nicolson,
The Orion Publishing Group Ltd, Orion House,
5 Upper Saint Martin's Lane, London WC2H 9EA
Für die deutschsprachige Ausgabe:
Copyright © 2001 by Verlagsgruppe Lübbe GmbH & Co. KG,
Bergisch Gladbach
Textredaktion: Heike Rosbach, Nürnberg
Umschlaggestaltung: Reinhard Borner, Bergisch Gladbach,
unter Verwendung eines kolorierten Holzschnitts
nach Gustave Doré (1832–1883) zu »Mose am Sinai«,
undatiert (Foto: AKG, Berlin)
Satz: Dörlemann Satz, Lemförde
Gesetzt aus der Slimbach
Druck und Einband: Friedrich Pustet, Regensburg

Printed in Germany
ISBN 3-7857-2048-3

5 4 3 2 1

Sie finden die Verlagsgruppe Lübbe im Internet unter
http://www.luebbe.de

»Und ich werde den Pfaden
der Bundeslade folgen,
bis ich den Staub des Ortes schmecke,
an dem sie versteckt ist,
Staub, der süßer als Honig ist.«

Jehuda Ben Samuel Halevi
(um 1075–1141)

»Nach Laden suchen wir jetzt nicht,
ebenso wenig nach Zeichen,
um Ägypten von Israel zu trennen;
jetzt alles im Herzen ruht.«

Sir Fulke Greville
(1554–1628)

INHALT

1 DAS SIEBTE SIEGEL

Im sechsten Monat des Weltjahres 7191 ritt Kaiser Iyasu durch die Berge im Norden Abessiniens auf die heilige Stadt Aksum zu. Die Stadt, die als »der königliche Thron der Könige Zions, die Mutter aller Länder, der Stolz des ganzen Weltalls und das Juwel der Könige« verehrt wurde, war so alt, dass niemand sich erinnern konnte, wie oder wann sie entstanden war. Ihre Priester blickten argwöhnisch auf die großen Obelisken, die nahe dem Bad der Königin von Saba standen und nach ihrer Überzeugung durch irgendeine Form der Magie von Dämonen errichtet worden waren. Die Feinde Aksums weigerten sich, die Geschichte zu glauben, nach der Alexander der Große, der »Herr der Hörner«, den Grundstein gelegt haben solle, und behaupteten, Aksum sei ein Mysterium, auf das nur Gott die Antwort kenne. Der Kaiser und sein Volk waren jedoch überzeugt, dass die Stadt die heiligste Reliquie aus den Tagen beherbergte, in denen Gott die Kinder Israels ins Gelobte Land geführt hatte, und Iyasu war gekommen, um sie zu sehen.

Der königliche Chronist berichtet uns, der Kaiser sei am Morgen des ersten Sonntags im Monat in Aksum eingetroffen. Alle Priester und Diakone der Stadt seien, Hymnen und Psalmen singend, zu seiner Begrüßung erschienen. Mit seinem Gefolge sei er zu Pferde zum Tor der großen Kirche, dem »Tor der Lade Zions«, geritten. Nachdem er das Tor passiert hatte, habe er das Sanktuarium betreten, die Lade geküsst und nach Sitte seiner Vorfahren auf dem Thron Platz genommen. Er war, berichtet der Chronist weiter, in prächtige Gewänder von einer geheimnisvollen, raffinierten und herrlichen augenfälligen Farbe gekleidet, in jene prächtigen Gewänder, die sein Vorvater König David bereits getragen hatte, als er die Lade Zions aus dem Haus Obed-Edom nach Jerusalem überführt hatte.

Als Iyasu auf dem Thron saß, hätten die Priester die Schriften herbeigeholt, in denen die Leistungen und Errungenschaften der Könige und Königinnen, die vor ihm geherrscht hatten, verzeichnet waren, und hätten ihm daraus vorgelesen, bis es für sie an der Zeit gewesen sei, die heilige Liturgie zu feiern. Dann habe der Kaiser das Allerheiligste betreten, dort von den Priestern die Sakramente des Leibes und Blutes Christi empfangen und sich anschließend für die Nacht in seine Privatgemächer zurückgezogen.

Die Verehrung, die Iyasu dem Gegenstand zuteil werden ließ, den der Chronist »die Lade Zions« nennt, bereitet uns, so innig sie auch gewesen sein mag, dennoch nicht auf die Geschehnisse vor, die sich am darauf folgenden Morgen ereignen sollten: Der Kaiser betrat das Sanktuarium ein zweites Mal und befahl den Priestern, die Lade Zions zu ihm zu bringen. Sie folgten seiner Weisung. Die Lade war jedoch in einer siebenfach versiegelten Truhe eingeschlossen, und jedes der sieben Siegel konnte nur mit dem jeweils dazugehörigen Schlüssel und auf jeweils besondere Weise geöffnet werden. Die Schlüssel wurden geholt, und die Priester machten sich an die Aufgabe, jedes der Siegel mit dem entsprechenden Schlüssel zu öffnen. Sie begannen mit dem ersten, und der Chronist beschreibt, wie sie sodann das zweite, danach das dritte, das vierte, das fünfte und das sechste aufschlossen. Als sie zum siebten gelangten, bemühten sie sich nach Kräften, aber vergeblich. Das Siegel ließ sich nicht öffnen.

Sie schienen nichts tun zu können, und so trugen sie die Truhe mit dem noch verschlossenen siebten Siegel zum Kaiser. Als sie vor ihm standen, öffnete sich das Siegel ganz von selbst. Alle, die das sahen, konnten nur staunen, und der Chronist versichert uns mit Nachdruck, dass das Wunder durch den Willen des Gottes der Lade Zions bewirkt worden sei, der über der Lade thronte, denn Er habe gewusst, dass der Kaiser reinen Geistes und dem orthodoxen Glauben treu ergeben war. So wie Gott selbst in der Heiligen Schrift gesagt hatte: »Wenn euer Glaube auch nur so groß ist wie ein Senfkorn, dann werdet ihr zu diesem Berg sagen: Rück von hier nach dort!, und er wird wegrücken.« (Mt 17,20) Und »wenn euer Glaube auch nur so groß wäre wie ein Senfkorn, würdet ihr zu dem Maulbeerbaum hier sagen: Heb dich samt deinen Wurzeln aus dem Boden und verpflanz dich ins Meer!, und er würde euch gehorchen«. (Lk 17,6)

Der Gott der Lade Zions hatte das Leben des Kaisers verschont, obwohl dieser die Lade geschaut und direkt zu ihr gesprochen hatte, so, wie der Schriftgelehrte Esras sie einst geschaut und zu ihr gesprochen hatte. Die Lade, schreibt der Chronist, habe dann ihrerseits sogar zu Iyasu gesprochen, ihm Ratschläge erteilt, Weisheit verliehen, weisen Beistand gewährt und ihn gelehrt, wie er die Erde regieren und die himmlische Welt des ewigen Lebens beerben konnte. Daraufhin habe Iyasu seine Seele und seinen Leib in die Obhut der Lade gegeben, damit diese ihn vor allem Bösen bewahre, und sich von ihr verabschiedet.

Am Haupteingang der Kirche, heißt es, habe der Kaiser schließlich die alten Privilegien der Lade bekräftigt und ihr all die Länder zurückgegeben, die ihr geraubt worden waren. Und nachdem er unter dem Volk der Region Recht habe walten lassen, sei er drei Tage auf Elefantenjagd gegangen.

Selbst nach den exotisch anmutenden Maßstäben des christlichen Orients wirken die Ereignisse verwunderlich. Der Chronist spricht von König David, der die Lade Zions aus dem Haus Obed-Edom nach Jerusalem heraufgeholt hatte, ein Ereignis, über das im Zweiten Buch Samuel (2. Sam 6,1 ff.) berichtet wird, sodass kein Zweifel daran besteht, dass es sich bei dem Gegenstand, der nach der Darstellung des Chronisten mit dem äthiopischen Kaiser gesprochen und in dessen Reich Land besessen habe, zweifellos um die Bundeslade handelt. Doch so fantastisch diese Begegnung zwischen Iyasu und der Lade auch erscheinen mag, der Chronist erzählt uns darüber hinaus noch von einer weiteren, ganz ähnlichen Begebenheit, die sich zwei Jahre später ereignete.

Im sechsten Monat des Weltjahres 7193 hatte der Kaiser sich wiederum auf den Weg nach Aksum gemacht, diesmal wegen seiner Krönung. In vollem Staat war er hoch zu Pferde in die Stadt eingezogen und zusammen mit dem Oberhaupt der Kirche und dem Abt des großen Klosters Debre Libanos, »dem Berg Libanons«, zum Heiligtum der Lade gegangen. Dort hatten ihn alle Priester der Stadt und die Töchter Zions, wie es der königliche Brauch verlangte, mit Pauken und Harfen, mit Flöten, Jubelrufen und dem Gesang von Lobliedern empfangen. Der Kaiser hatte den ganzen Tag im Sanktuarium verbracht und mit den Priestern über die Lade gesprochen, die, wie der Chronist uns versichert, über all die Jahrhunderte hinweg, seit der Zeit seines Vorfahren Ebna Hakim, des Sohnes von König Salomo und der Königin von Saba, bis zu seiner eigenen Thronbesteigung, gehütet und aufbewahrt worden war.

Und als ob diese beiden Begegnungen mit der Lade noch nicht fantastisch genug gewesen wären, berichtet der Chronist auch noch, dass der Kaiser im fünften Monat des darauf folgenden Jahres eine weitere Lade für die Kirche der Heiligen Dreieinigkeit geweiht habe. Hoch zu Ross und mit einem langen Speer in der Hand sei er in Begleitung von allen Würdenträgern und Ältesten der Stadt, den Geistlichen, dem Kirchenoberhaupt und dem Abt von Debre Libanos unter dem Klang von Flöten und Pauken, unter Jubelrufen und dem Gesang von Psalmen und Lobliedern hinter dieser Lade zur Kirche gezogen. Als sie am Eingang der Kirche angekommen waren, sei der Kaiser abgestiegen und habe die Lade auf seinem Haupt ins Innere der Kirche getragen. Der Chronist behauptet, bei der Prozession dabei gewesen zu sein, und gibt die Worte wider, die er selbst zum Lobpreis der Lade mitgesungen hatte – ein Lied auf den Kaiser, der den Namen Iyasu nicht nur mit Jesus, sondern auch mit Josua, dem Diener Mosis, teilte.

»Als Josua dich, oh Bundeslade, aus den Händen Mosis empfing,
  Um das Volk Sems ins Land Kanaan, das Erbe Sems, zu bringen,
    Von Seir brach er mit dir auf, und das Meer zog sich, als es dich sah,
    vor deiner Majestät zurück,
  Wie Lämmer hüpften die Berge vor dir,
  Oh glorreiche Lade!
  Da meine Zeit kurz ist, und meine Tage wenige sind,
    Wie könnte ich warten, ehe ich von deiner Herrlichkeit spreche?
  Und was könnte ich sagen?

Gelangt der Wein nicht zur Ernte?
Oh Lade des Gesetzes Gottes, Oh Lade des Gesetzes Gottes,
In deinen Tagen, Tagen des Friedens und der Liebe,
Oh Lade des Gesetzes Gottes, Oh Lade des Gesetzes Gottes!«

Diese Begebenheiten sind in einer Geschichtschronik zu finden, inmitten ausführlicher Berichte über Schlachten und die administrativen Bürden, mit denen der Kaiser sich während seiner Regentschaft konfrontiert sah. Sie stammen nicht aus einer Apokalypse oder einem mystischen Text, und es gibt auch keine Anzeichen dafür, dass der Kaiser eine Vision gehabt hätte oder in einen ekstatischen Zustand versetzt worden wäre. Der Chronist wollte offenkundig, dass seine Worte für bare Münze genommen werden. Die Herrschaft Iyasus des Großen liegt jedoch noch nicht so weit zurück, dass anzunehmen wäre, dass die Aufzeichnungen für uns nicht mehr verständlich sein könnten.

Das Weltjahr 7191, wie es in Äthiopien gerechnet wurde, entspricht nach unserer Zeitrechnung dem Jahr 1691 n. Chr. Als Iyasu mit der Lade sprach, war Ludwig XIV. in Versailles an der Macht und herrschte über Frankreich und dessen Kolonien. In Moskau war ein Jahr zuvor Peter der Große gekrönt worden, und in England hatte Wilhelm von Oranien in der Schlacht am Boyne mit seinem Sieg über Jakob II. den Protestanten gerade den Thron des Vereinigten Königreiches gesichert. Die Royal Society hatte in London bereits fast 30 Jahre zuvor ihre offizielle Anerkennung erhalten, und Isaac Newton hatte bereits seine *Principia Mathematica* veröffentlicht, die die Grundlage für die moderne Dynamik- und Mechaniktheorie bilden sollte. In Neuengland, wo religiöse Dissenters Zuflucht vor der etablierten anglikanischen Kirche gesucht hatten, war die Harvard University bereits über 50 Jahre alt.

Iyasu lebte nicht isoliert von den Entwicklungen und Errungenschaften der modernen Welt in Europa. Es ist bekannt, dass er mit Ludwig XIV. korrespondierte und von dem französischen Arzt Charles Jacques Poncer behandelt wurde. Aber wenn Iyasu Kontakt zur damaligen fortschrittlichen Welt hatte, wie konnte sein Chronist dann von ihm behaupten, der Kaiser habe mit einem Gegenstand gesprochen, der nach Überzeugung der meisten Christen und Juden bereits über 2000 Jahre früher aus dem Tempel von Jerusalem verschwunden war, und wie konnte er etwas mit der Anfertigung eines weiteren solchen Gegenstandes zu tun haben? Aber nicht nur, dass Iyasu zu der Lade sprach, die Lade hatte umgekehrt auch zu ihm gesprochen, und dem Chronisten war es wichtig zu betonen, dass der Kaiser dem Tod in ihrer Nähe nur aufgrund der Reinheit seines orthodoxen Glaubens hatte entgehen können. Die Lade war nach der Überzeugung des Chronisten offenbar ein ebenso realer wie gefährlicher Gegenstand.

Für jeden, der mit Äthiopien nicht vertraut ist, dürfte die Geschichte höchst seltsam und schlicht unmöglich klingen: dass christliche Könige in Afrika eine wundersame Bundeslade aufbewahrt hätten, Könige, die sich darauf beriefen, von den alten Israeliten abzustammen, und deren Priester die Macht hatten, sie nach christlichem statt nach jüdischem Ritual zu kopieren. Äthiopiern oder jenen, die einiges über Äthiopien wissen, erscheint dies jedoch vielleicht nicht so außergewöhnlich, wie man meinen könnte. Die Geschichte der Lade Zions wird als das Nationalepos Äthiopiens betrachtet, aber selbst für Äthiopier ist die Verehrung, die sie der Lade entgegenbringen, mit sehr viel Geheimnisvollem und Rätselhaftem verbunden. Und für diejenigen unter uns, die in Europa oder Amerika leben, gilt, dass wir nur allzu oft vergessen, wie sehr unsere eigenen Gesellschaften von der Bundeslade und dem Tempel fasziniert waren, den König Salomo, nach der Bibel, vor fast 3000 Jahren in Jerusalem für sie erbauen ließ. Denn während Iyasu mit der Lade sprach, entwarfen die Architekten Ludwigs XIV. Pläne für den Bau einer neuen Kapelle in Versailles, und dabei diente ihnen anscheinend der Tempel als Modell.

Heute kann man vom Hügel Mai Qoho oberhalb von Aksum aus bis über das Stelenfeld hinausblicken, das heidnische Könige errichteten, ehe König Ezana im 4. Jahrhundert n. Chr. das Kreuz Christi auf seine

Münzen prägen ließ. In den frühen Morgenstunden steigt langsam der Rauch der Küchenfeuer über der Stadt auf, während kleine Jungen ihre Ziegenherden auf die Weide oder auf den Markt treiben. Kamele und Esel ignorieren das Gehupe der vorbeifahrenden Lastwagen, und sobald sich der Lärm und die Staubwolke hinter ihnen gelegt haben, ist das Geschnatter und Gelächter von Mädchen zu hören, die in ihren weißen Shamas, den typischen Umschlagtüchern, die Straße entlanggehen, die an der Kathedrale und dem Sanktuarium der Lade vorbeiführt. Inmitten des lärmenden bunten Treibens der Männer und Frauen, Kinder und Tiere, fast vollständig von Zweigen des Eukalyptus verdeckt, der neben der Kathedrale der »heiligen Maria von Zion« wächst, die Kaiser Iyasu gekannt haben dürfte, hütet das Sanktuarium das Symbol einer Ewigkeit, das den Aufstieg und Fall von Generationen gesehen hat.

Noch immer wird in Aksum jedes Jahr im Monat Hedar die Ankunft der Lade Zions gefeiert, und in jedem der übrigen zwölf Monate des äthiopischen Kalenders wird des großen Festes gedacht. Dabei singen Priester und Diakone Loblieder und Psalmen, wie sie es bei der Begrüßung Iyasus taten. Ausländische Christen, die die Rituale miterlebt haben, erzählten vielfach, sie hätten sich in die Zeiten des Alten Testaments zurückversetzt gefühlt. Und jüdische Besucher schrieben, sie hätten geglaubt, eine verlorene Welt zu sehen, die in den Jahrhunderten der Verfolgung verschwunden war – ein Eindruck, der in den Jahren nach dem an so vielen Juden in Europa angerichteten Blutbad umso ergreifender war. Alle schienen das Gefühl zu haben, vor einem äthiopischen Glauben zu stehen, durch den sie wieder eine Verbundenheit und Gemeinschaft empfinden konnten, die einst bestanden hatten, bis Paulus von Tarsus den Heiden das Evangelium gebracht hatte, womit für viele Juden und viele Christen bedauerlicherweise eine Wunde geöffnet wurde, die immer noch nicht geschlossen ist. Oder wie ein renommierter Rabbi und Professor des Hebrew Union College vor etwa 30 Jahren schrieb:

Ein Jude namens Saulus,
Später genannt Paulus,
Kam und verdarb alles.

Hinter der Freude und Erregung, die mit dem Erlebnis der heiligen
Rituale in Aksum verbunden sind, verbirgt sich jedoch eine bittere
Ironie. Hier, wo Juden und Christen sich vorstellen können, in ihrem
gemeinsamen Erbe vereint zu sein, ist die Kluft zwischen ihnen in
Wirklichkeit sogar noch markanter. Bei der Geschichte der Lade geht
es nicht nur um die Offenbarung einer höheren Weisheit oder einer
größeren Liebe, um eine Vision von der heilbringenden Gegenwart
Gottes; es geht dabei um eine Geschichte von Eroberungen und Nie-
derlagen, von irdischer Macht, von verzweifelten Kämpfen um die Be-
sitznahme von Land, auf dem man leben und die heiligen Stätten kontrollieren wollte, an denen Gott einst zu den Menschen gesprochen
hatte und es vielleicht wieder tun würde. Es ist eine Saga von Königtü-
mern und Macht, vom Recht, angesichts des Abbildes Gottes Autorität
auszuüben und für sich beanspruchen zu können. Selbst Iyasu I., der
im Sanktuarium in Aksum zur Lade gesprochen hatte, war um seines
Thrones willen ermordet worden, und zwar von seinem eigenen Sohn.
Seit Jahrtausenden herrschen Streit, Argwohn und Hass zwischen
jenen, die für sich selbst oder ihr Volk das Vermächtnis des Bundes
beanspruchen, den Gott mit Abraham geschlossen hatte – das Erbe
und den Titel des Wahren Israel.

All dies scheint von Anbeginn in der Natur der Lade begründet gewesen zu sein. Die alten hebräischen Schriften zeugen sowohl von Blut
als auch von einem Mysterium – einem Mysterium des Blutes. Aus der
Bibel erfahren wir, dass die Lade mit der großen Gefahr verbunden war,
dass sie nicht nur das Leben, sondern auch den Tod bringen konnte.
Das Gleiche galt in Äthiopien, wo die größten Kaiser im Namen Salomos und der Könige Israels ins Feld zogen, siegten und herrschten und
um der Reinerhaltung ihres Glaubens willen gegen Feinde kämpften,
von denen sie sich an den Grenzen ihres Landes bedroht fühlten, sowie

gegen Rivalen, die an der älteren Verehrung von Naturgeistern festhielten oder sich den Ambitionen des Throns widersetzten und ihre eigenen Visionen von Israel proklamierten.

Um das in Aksum und während der Herrschaftszeit Iyasus inszenierte Mysterium verstehen zu können, müssen wir zum Ursprung der Bundeslade zurückgehen. Dies ist jedoch gar nicht so einfach. Sowohl in den äthiopischen als auch in den biblischen Berichten taucht die Lade aus einem Bereich jenseits des Horizonts der Geschichte auf. In der Bibel wird uns erzählt, die Lade sei in jenen frühen Tagen offenbart worden, da Gott noch völlig anders den Menschen erschienen sei. Selbst die großen Propheten Judas sahen Gott nie, wie Mose ihn gesehen hatte, und die Lade war zu der Zeit, als der biblische Bericht darüber verfasst wurde, bereits eine alte und mysteriöse Reliquie.

In Arabien taucht die Lade in Geschichten aus der »Zeit der Unwissenheit« (Koran, Sure 5,50) auf, und in Äthiopien wird über ihre Ankunft im Rahmen eines Epos berichtet, demzufolge die Königin von Saba von König Salomo ein Kind empfing. Nachdem ihr Sohn zu einem jungen Mann herangewachsen war, begleitete die Lade ihn von sich aus zurück nach Afrika – ein Abenteuer, das zu einer uralten und mystischen Ära gehört und kaum Berührungspunkte mit der Geschichte Äthiopiens hat, wie wir sie aus anderen Aufzeichnungen kennen. Die Lade taucht hier jedoch nicht nur aus einer weit zurückliegenden Zeit, sondern auch aus fernen Gefilden auf. Sie kam nach einer 40-jährigen Wanderschaft durch die Wüste ins Gelobte Land, ein Schrein aus einem alten Nomadenleben, der in die heilige Stadt Jerusalem gebracht wurde und dann wiederum Wüsten und Meere durchquerte, bis er schließlich nach Mekka und Aksum gelangte.

Die Geschichte, die wir in der hebräischen Bibel lesen, sollte inspirierend sein; sie hat jedoch auch etwas Unbefriedigendes. Uns wurde ein Text überliefert, der Jahrhunderte nach den darin beschriebenen Ereignissen seine Endfassung erhielt, und er scheint eine Religion zu verkünden, in der es nur einen Gott, einen wahren Ort der Anbetung und nur eine Lade gibt. Eine Vervielfältigung würde offenbar die Ein-

heit Gottes zunichte machen. Sie wäre gleichbedeutend mit Götzendienst und Gottlosigkeit. Gleichwohl haben wir Spuren von früheren
Kulten, die dem widersprechen. Die Lade scheint Konkurrenten gehabt
beziehungsweise es scheint Alternativen zu ihr gegeben zu haben. Wir
kennen unterschiedliche Beschreibungen von der Lade und ihrem Verhalten sowie auch die Vermutung, dass möglicherweise mehrere exis-
tierten. Und es bestehen sogar Zweifel hinsichtlich der Authentizität
der Gesetzestafeln, die Mose in die Lade legte.

Bei ihrer Erschaffung werden die Lade und das Gesetz, das sie enthält, als absoluter Bruch mit der ägyptischen Götzenanbetung, der damit verbundenen Verehrung von Tiergottheiten und dem Totenkult
dargestellt. Israel ist heilig und rein, während die verderbte Religion
Ägyptens eine Obszönität darstellt. Die Lade ist der Beweis, dass Israel
ein Auserwähltes Volk ist, und sie beurkundet einen Bund mit Gott, der
durch Opfer und Vollzug in Kraft gesetzt wurde. Aber die Geschichte,
die die Bibel erzählt, und das Zeugnis der späteren jüdischen Gelehrten, die sich bemühten, sie zu verstehen, sind vielleicht doch
vielschichtiger und bergen mehr Überraschungen, als man meinen
möchte. Sie schweifen in Bereiche ab, in denen eine streng wortwört-
liche Auslegung des Wortes heidnisch wäre, und dies betrifft möglicherweise auch die Lade selbst. Die ganze Geschichte ist gekenn-
zeichnet durch eine Spannung zwischen dem historischen Bericht,
wonach der Gott Israels sein Volk aus Ägypten heraus und ins Gelobte
Land führt, und einer eher kosmischen Vision vom Muster der Jahreszeiten, des Wassers und der Fruchtbarkeit, bei der die älteren Götter
noch nicht ganz in Vergessenheit geraten sind. Sollten wir darin einen
Widerspruch erkennen und uns demzufolge genötigt sehen, zwischen
beiden eine Wahl zu treffen? Oder bedeutet die Tatsache, dass wir in
der Endfassung der Bibel beides finden, dass wir beides irgendwie als
gleich wahr annehmen sollten?

Das äthiopische Epos, in dem die Ankunft der Lade beschrieben
wird, wurde als ein enger und exklusiver Bund dargestellt, wir werden
jedoch sehen, dass man die Geschichte auch völlig anders lesen kann.

Sie kann einfach das Recht eines Volkes, über andere zu herrschen, proklamieren, sie könnte aber ebenso eine inspirierende Geschichte sein, in der Feindseligkeit und Misstrauen überwunden werden und Schwarze und Weiße sich vereinigen, um ein neues Volk hervorzubringen, auf das Gott mit besonderem Wohlwollen schaut.

Die äthiopischen Überlieferungen gleichen der Bibel in ihrer Rätselhaftigkeit, ihrer Vieldeutigkeit und ihren Widersprüchen. Auch sie sprechen, wie wir noch feststellen werden, von mehr als nur einer Lade und von Konkurrenten oder Alternativen. Genau wie in der Bibel herrscht oft Schweigen, wenn wir eigentlich erwarten, der Lade in den Chroniken der äthiopischen Könige zu begegnen. Manchmal scheint sie in Vergessenheit geraten oder vielleicht auch verloren gegangen zu sein, und dennoch kann ihre Bedeutung über die Jahrhunderte der äthiopischen Geschichte hinweg wohl kaum überschätzt werden.

In Kirchen und Synagogen auf der ganzen Welt sind noch immer Symbole der Lade zu finden, insbesondere die Altäre, auf denen die christlichen Sakramente gesegnet werden, und die heiligen Laden, die die Thorarollen enthalten. Doch auch jenseits dieser heiligen Orte wirkt die Lade und die Möglichkeit, dass sie erhalten geblieben sein könnte, für viele Menschen faszinierend. Diese Faszination hat in den letzten Jahren anscheinend sogar noch weiter um sich gegriffen und zugenommen. Der Film *Jäger des verlorenen Schatzes* handelte vom Wettlauf zwischen einem Harvard-Archäologen und einer Nazi-Expedition zur Entdeckung der Lade in Ägypten und schlug ein Millionenpublikum mit einer Geschichte in Bann, die in weiten Teilen auf die antike Mythologie zurückgriff. Das Buch, das Graham Hancock über die Lade in Äthiopien schrieb, wurde in riesigen Auflagen verkauft und bildete die Grundlage für eine Reihe höchst erfolgreicher Darstellungen verloren gegangener alter Weisheit. Im Internet sind die Webseiten voll von Berichten über Ausgrabungen in Qumran oder auf dem Tempelberg, wo Enthusiasten die Lade oder die Gegenstände, die mit ihr begraben wurden, ausfindig gemacht haben wollen. Mindestens einer von ihnen gilt als Vorbild für Indiana Jones, den Helden des Drehbuches, das

George Lucas für *Jäger des verlorenen Schatzes* schrieb. Andere lassen sich mit Lederjacke und breitkrempigem Hut, wie Harrison Ford sie in der Rolle trug, fotografieren. Wie in den uralten Texten scheinen Mythos und Historie oft Teil ein und derselben Geschichte zu sein.

Bei unserem Versuch, die Geschichte der Lade zu verfolgen, werden wir uns die alten Quellen ansehen, die der biblischen Erzählung vermutlich zugrunde liegen, sowie die verschiedenen Berichte über die Lade, die nebeneinander erhalten geblieben sind. Die Bibel beschreibt, wie die Lade das Volk Israel ins Gelobte Land führte und wie David sie nach Jahren der Vernachlässigung fand und nach Jerusalem brachte. Als Salomo einen Tempel für sie erbaute, wurde sie Teil eines königlichen Kultes, bei dem die Thronfolger des Hauses David als gesalbte Könige in der heiligen Stadt Zion herrschten, jedoch wegen ihres Glaubens, dass die Lade eine Gewähr für die Gegenwart Gottes sei, von den Propheten angeprangert wurden.

Nachdem die Armeen Babylons den Tempel zerstört hatten, schien die Lade verschwunden zu sein. Damit standen die nachfolgenden Generationen vor der Frage, ob sie erbeutet, vernichtet oder in Sicherheit gebracht worden war. Arabische Historiker berichteten sogar, sie sei nach Arabien gelangt, und bis auf den heutigen Tag werden in Mekka heilige Steine verehrt, die den Bund zwischen Gott und dem Menschen bezeugen sollen.

Wir werden die alten Berichte über einen Kreuzzug lesen, den der christliche König von Äthiopien vor der Geburt des Propheten Mohammed in Arabien führte, und der Frage nachgehen, ob das äthiopische Epos von der Lade in den Jahren nach dessen Sieg geschrieben worden sein könnte. Wir werden die ersten Berichte über die Lade in Äthiopien aus dem Mittelalter und den Aufstieg eines Königshauses untersuchen, das sich auf die Abstammung von König Salomo berief und einen Kult mit der Lade als Darstellung der Jungfrau Maria einführte.

Neben den ältesten Berichten, die wir von europäischen Reisenden über die Lade haben, werden wir uns mit Überlieferungen beschäftigen, die in Aksum bis auf den heutigen Tag lebendig sind, und sie der

Faszination gegenüberstellen, die die Lade und der Tempel in der westlichen Welt geweckt haben.

Uns geht es hier nicht nur darum, zu untersuchen, was mit der Lade geschah, sondern wir wollen auch herausfinden, was in dem Zusammenhang glaubhaft ist. Robert Runcie, der langjährige Erzbischof von Canterbury, bemerkte unlängst, die Wahrheit sei nicht gleichbedeutend mit dem Mangel an Vieldeutigkeit. Und bei der Lade scheint die Wahrheit exakt in der Vieldeutigkeit zu liegen. Die Lade überschreitet die Grenze zwischen Mythos und Geschichte, Wüste und Stadt, Israel und Kanaan, Leben und Tod, Himmel und Erde. Dies ist nicht nur das Mysterium der Lade, sondern der Grund für ihre Erschaffung. Sie kann gleichzeitig in zwei Welten existieren.

Was hoffen wir zu finden, wenn wir uns auf die Suche nach ihr machen? Wie soll sie aussehen, und wieso soll sie überhaupt wichtig sein? Selbst in den nüchternsten Berichten wird die Lade als das moralische Herz des Universums geschildert, da sie das von Gott gegebene Gesetz enthält. Und nach eher mystischen oder kosmischen Vorstellungen wird sie als der Nabel der Welt, als Mikrokosmos oder Miniaturausgabe des Universums gesehen. Sie stellt eine Tür zu einer höheren Welt, eine Gewähr für die Gegenwart des Göttlichen dar. Sie ist das Mandat des Himmels, das Königen die Macht verleiht zu herrschen, als wären sie Söhne Gottes. Selbst die Maße der Lade, so glaubte man, würden die Geheimnisse der Schöpfung und das Ende der Zeit offenbaren.

Nach dem Verschwinden der Lade wurden mindestens fünf verschiedene Erklärungsversuche vorgebracht: Die Lade sei irrelevant geworden, sodass ihr Verlust nichts bedeute; sie sei unterirdisch versteckt worden und würde wiedergefunden werden; sie existiere in einem himmlischen Jerusalem weiter; sie sei in einen flammenden Wagen verwandelt worden; sie sei in einem Neuen Israel aufbewahrt worden und erhalten geblieben. Wir werden uns mit all diesen Erklärungen eingehend befassen. Da wir jedoch mit Äthiopien begonnen haben, werden wir insbesondere die letztgenannte Version in den Vordergrund stellen.

Seit Tausenden von Jahren wird die Bibel unablässig studiert. Jeder Vers scheint mit fast jeder möglichen Deutung untersucht worden zu sein, und einleuchtende, aber ziemlich widersprüchliche Aussagen können daraus abgeleitet werden. Es mag ironisch erscheinen, aber je kritischer der biblische Bericht über die Lade hinterfragt wird, desto weniger fantastisch wirken die äthiopischen Behauptungen. Es geht jedoch nicht nur um den Gegensatz zwischen der biblischen Geschichte und einer exotischen afrikanischen Legende. Die äthiopische Version ist nicht nur verständlich; sie ist womöglich auch glaubwürdig.

2 DER BERG GOTTES

Der größte König der Alten Welt, so erzählt uns die Bibel, sei von einem Gott gedemütigt worden, den er nicht kannte und dessen Wege er nicht verstehen konnte. In Ägypten herrschte der Pharao selbst wie ein Gott, und er hatte den Kindern Israels verboten, das Land zu verlassen, in dem sie in Knechtschaft für ihn arbeiteten. Sein Wille war jedoch durch eine Reihe von Plagen gebrochen worden, und der Prophet Mose hatte die Israeliten durch das Rote Meer geführt. Das Wasser hatte sich geteilt, sodass sie trockenen Fußes hindurchziehen konnten, und dann die Wagen und Reiter unter sich begraben, die der Pharao ihnen zur Verfolgung hinterhergeschickt hatte. Nun wanderten Mose und das Volk, das ihm folgte, von einer Feuer- und Wolkensäule geführt und durch Manna vom Himmel gespeist, durch die Wüste. Trotz der Zeichen und Wunder, die es begleiteten, wurde das Volk mutlos und war schließlich überzeugt, Mose habe es aus Ägypten nur herausgeführt, um zu sterben.

Beim dritten Neumond nach ihrer Flucht aus der Sklaverei kamen sie in die Wüste Sinai und schlugen ihr Lager vor einem Berg auf. Die Stimme Gottes, die so viele Jahre zu Mose gesprochen hatte, sprach jetzt wieder und verkündete einen Bund mit dem Volk, das er für sich auserwählt hatte.

»Ihr habt gesehen, was ich den Ägyptern angetan habe, wie ich euch auf Adlerflügeln getragen und hierher zu mir gebracht habe. Jetzt aber, wenn ihr auf meine Stimme hört und meinen Bund haltet, werdet ihr unter allen Völkern mein besonderes Eigentum sein. Mir gehört die ganze Erde, ihr aber sollt mir als ein Reich von Priestern und als ein heiliges Volk gehören.« (Ex 19,4–6).

Als Mose den Israeliten diese Worte überbrachte, erklärten sie einstimmig, sie wollten alle Gebote befolgen, die Gott ihnen aufgetragen hatte. Dann sprach Gott zu Mose, die Menschen sollten sich reinigen

und drei Tage abwarten. Wenn sie sich dem Berg näherten, ehe diese
Zeit abgelaufen sei, würden sie sterben. Am Morgen des dritten Tages
ertönte schließlich ein Hörnerschall, der so gewaltig war, dass das Volk
in Angst und Schrecken versetzt wurde. Nun war es für Mose an der
Zeit, die Israeliten aus dem Lager hinaus und zum Berg zu ihrem Gott
zu führen.

Als sie auf den Berg Sinai zugingen, konnten sie ihn nicht wirklich
sehen. Gott war im Feuer auf den Berg herabgestiegen und hatte ihn
ganz in Rauch gehüllt. Als Mose zu ihm sprach, antwortete Gott im
Donner und befahl dem Propheten, auf den Gipfel des Berges hinaufzusteigen. Dort wies Gott ihn an, den Berg für heilig zu erklären und
dem Volk zu verbieten, näher zu kommen, sonst werde es von einer
göttlichen Macht getroffen. Dann sprach Gott direkt zum Volk Israel:
»Ich bin Jahwe, dein Gott, der dich aus Ägypten geführt hat; aus dem
Sklavenhaus.« (Ex 20,2) Nachdem er die Israeliten nun errettet hatte,
verkündete er ihnen die Bedingungen seines Bundes – die Zehn Gebote, denen sie als heiliges, dem einen wahren Gott geweihtes Volk
gehorchen mussten.

Als Mose einen Altar gebaut und Opfer dargebracht hatte, sprach
Gott von neuem zu ihm und befahl ihm, auf den Berg hinaufzusteigen,
um dort die Steintafeln entgegenzunehmen, auf denen das Gesetz und
die Gebote geschrieben standen. Mose tat, wie ihm geheißen, und die
Bibel berichtet uns, sodann habe sich die Herrlichkeit Gottes auf den
Berg herabgelassen und ihn sechs Tage lang in eine Wolke gehüllt. Am
siebten Tag habe Gott mitten aus der Wolke heraus zu Mose gesprochen. Das Volk, das am Fuße des Berges stand, habe ein loderndes
Feuer auf dem Gipfel sehen können, Mose sei jedoch mitten in die
Wolke hineingegangen und 40 Tage und 40 Nächte auf dem Berg geblieben.

Bei dem Gespräch, das Gott mit Mose auf dem Berg führte, gab er
präzise und detaillierte Anweisungen, wie das Volk Israel einen außergewöhnlichen Gegenstand herzustellen habe: eine Kiste oder Truhe –
die Lade.

»Macht eine Lade aus Akazienholz, zweieinhalb Ellen lang, anderthalb Ellen breit und anderthalb Ellen hoch! Überzieh sie innen und außen mit purem Gold, und bring daran ringsherum eine Goldleiste an! Gieß für sie vier Goldringe, und befestige sie an ihren vier Füßen, zwei Ringe an der einen Seite und zwei Ringe an der anderen Seite! Fertige Stangen aus Akazienholz an, und überzieh sie mit Gold! Steck die Stangen durch die Ringe an den Seiten der Lade, sodass man die Lade damit tragen kann. Die Stangen sollen in den Ringen der Lade bleiben; man soll sie nicht herausziehen. In die Lade sollst du die Bundesurkunde legen, die ich dir gebe. Verfertige auch eine Deckplatte aus purem Gold, zweieinhalb Ellen lang und anderthalb Ellen breit! Mach zwei Cherubim aus getriebenem Gold, und arbeite sie an den beiden Enden der Deckplatte heraus! Mach je einen Cherub an dem einen und dem anderen Ende; auf der Deckplatte macht die Cherubim an den beiden Enden! Die Cherubim sollen die Flügel nach oben ausbreiten, mit ihren Flügeln die Deckplatte beschirmen, und sie sollen ihre Gesichter einander zuwenden; der Deckplatte sollen die Gesichter der Cherubim zugewandt sein. Setz die Deckplatte oben auf die Lade, und in die Lade leg die Bundesurkunde, die ich dir gebe. Dort werde ich mich dir zu erkennen geben und dir über der Deckplatte zwischen den beiden Cherubim, die auf der Lade der Bundesurkunde sind, alles sagen, was ich dir für die Israeliten auftragen werde.« (Ex 25,10–22)

Als heiliger Berg, auf dem Gott Mose seine Gebote offenbarte und wo die Religion der Israeliten und ihre Rolle als das Auserwählte Volk Gottes ihren Anfang nahmen, war der Sinai ein Ort von immenser Bedeutung. Dennoch ist er von den Juden nie als heilige Stätte verehrt worden. Er war nie eine Pilgerstätte, und in der Bibel gibt es auch keinen Hinweis darauf, dass er je in einen israelitischen Kult einbezogen gewesen wäre. Das Feuer und die Wolke, aus denen Gott auf dem Sinai erschienen war, blieben die Zeichen seiner Gegenwärtigkeit, darüber hinaus ist der Berg in der Geschichte jedoch kaum mehr als eine Erinnerung an die Wanderung durch die Wüste geblieben.

Wenn Gott einen heiligen Berg erwählt hatte, dann war es der Zion und nicht der Sinai. Es war der Zion, den er verteidigen würde, und es war am Zion, wo sich die Völker der Welt versammeln und von wo die Segnungen kommen würden. Die Bibel sagt uns jedoch nicht genau, wo der Berg zu finden ist, und auch wenn die Christen anfingen, den Gebel Musa, den Berg Mose, zu verehren, so haben sie dies doch anscheinend erst ab dem 4. Jahrhundert getan.

Mose müsste bereits ein alter Mann gewesen sein, als er auf den Gipfel des Berges stieg, und wer versucht, seinen Fußstapfen auf den 3000 »Stufen der Buße« zu folgen, die in den Fels des Gebel Musa geschlagen sind, kann über die Kraft des alten Mannes nur staunen. Jemand, der nur halb so alt ist, wie der Prophet gewesen wäre, braucht für den Weg drei Stunden, und damals gab es keine Stufen im Fels, die wurden erst später von Mönchen hineingeschlagen.

Seit Jahrhunderten kommen christliche Pilger zu dem Berg in der Hoffnung, etwas über die wundersame Weise zu erfahren, in der Gott zu den Menschen sprach. Es ist eine raue und öde Welt, die sie hier betreten, und es ist wenig wahrscheinlich, dass jemand von ihnen auf dem Gipfel stand, von dem beruhigenden Gefühl erfüllt, seinen Platz in der Schöpfung gefunden zu haben. Der Sinai ist nicht unbedingt der Ort, an dem man von einer Vision von der Einheit des Lebens oder einer Offenbarung von seiner Fülle, von der Harmonie der Jahreszeiten oder vom Glück der Ernte erfüllt wird. Es ist eine Welt, die eher tot und leer erscheint.

Über dem Gebirge ist der Himmel von einer strahlenden Intensität und Klarheit. Jenseits des Golfes von Akaba ist die Küste Arabiens am Horizont zu sehen, sonst nichts. Bei Sonnenaufgang und bei Sonnenuntergang scheint der Himmel in Flammen zu stehen, aber zu anderen Tageszeiten kann er wie ein absoluter und undurchdringlicher Schleier zwischen dem Menschen und einer himmlischen Sphäre wirken, die sich nicht nur der Berührung, sondern auch der Vorstellungskraft entzieht. Wenn aus dieser höheren Welt je eine Wahrheit kommen sollte, so denkt man unwillkürlich, dass sie nicht menschlichen Hoffnungen und menschlichen Anstrengungen entspringen würde. Es wäre eine

Offenbarung, wie sie Mose durch Kräfte zuteil wurde, die außerhalb seines Verständnisses lagen.

Die Felsen des Sinai-Gebirges besitzen nicht die stille Erhabenheit eines fernen, schneebedeckten Gipfels wie die des Ararat, des heiligen Berges der Armenier. Wind und Regen haben hier im uralten Granit ihre verwüstenden Spuren hinterlassen. Ein zerklüftetes und karges Gestein – eine Welt, die nicht für Fleisch und Blut, sondern vielleicht für Dämonen gemacht ist, für die Geister der Wüste, die die Heiligen, die unter ihnen lebten, bei ihren Meditationen quälten und mit den Schatten heraufbeschworen wurden, die am Ende des Tages auf die Felsspalten und Ritzen fielen.

Der »Pfad der Buße« führt durch eine Felsspalte zum Gipfel hinauf, von dem die Pilger in die Weite des Gebirges und des Himmels blickten. In früheren Jahrhunderten wären sie auf dem Weg an den »Toren des Bekenntnisses« von einem Mönch erwartet worden, der ihnen die Beichte abgenommen, sich ihre Sünden angehört und ihnen die Absolution erteilt hätte, damit sie die letzten Schritte gereinigt von menschlicher Bosheit gehen konnten, bereit, sich in bescheidener Nachahmung des großen Propheten vor Gott zu stellen.

Den richtigen Berg zu finden mag einem einfach vorkommen, er scheint als solcher jedoch erst im 4. Jahrhundert identifiziert worden zu sein, als der christliche Historiker Eusebios von Cäsarea schrieb, Gott sei Mose auf dem südlichen Teil der Halbinsel erschienen. Helena, die Mutter Kaiser Konstantins II., beschloss, die Stätte durch den Bau eines Heiligtums zu markieren, und wir wissen, dass einige Jahre später eine wohlhabende Nonne namens Egeria als Pilgerin zum Sinai kam. In ihrem Reisebericht schrieb sie, der Gebel Musa werde für den Berg gehalten, auf dem die Offenbarung erfolgt sei. In neuerer Zeit wurden in dem Zusammenhang mindestens ein Dutzend verschiedene Berge gehandelt. Einige liegen im Sinai-Gebirge, andere in Nordarabien; wenn wir nur wüssten, wo die Offenbarung stattgefunden hat, könnten wir mit größerer Gewissheit von dem Gott sprechen, dem der Berg heilig war, und von den Gegenständen, die sein Prophet nach seiner Anweisung anfertigen sollte. Sollen wir unter den Prozessionsbarken in Ägypten, den Schreinen von Tammuz, den Wagen der Phönizier oder den heiligen Steinen und Zeltheiligtümern der Araber nach der Lade suchen?

Doch welcher Berg es auch gewesen sein mag, die Bundeslade war nicht das Einzige, was Mose auf die Weisung Gottes hin bauen lassen sollte. Gott gab ihm weitere, nicht weniger detaillierte Anweisungen für die Anfertigung eines Zeltes sowie die ganze Ausstattung, die zu dem Zelt gehören sollte. Mose sollte einen Tisch, einen Leuchter, einen Altar zum Abbrennen von Räucherwerk, ein Becken für Waschungen und einen Altar für Brandopfer herstellen. Er sollte heilige Gewänder für seinen Bruder Aaron und die Priester anfertigen lassen und ein spezielles Salböl sowie Räucherwerk zubereiten. Gott erteilte ihm präzise Anweisungen, wie die Israeliten alle diese heiligen Dinge im Einzelnen zu verwenden hatten, und aus dem Buch Exodus geht hervor, dass sie selbst für die Priester gefährlich waren. Diese Gegenstände waren unbeständig und von einer Macht erfüllt, die nur mit größten Vorsichtsmaßnahmen im Zaum zu halten war.

Es brauchte einige Zeit, um solche komplizierten Anweisungen zu übermitteln, und nachdem Mose 40 Tage und Nächte auf dem Berg gewesen war, regte sich beim Volk der Verdacht, er könne verschwunden sein. Die Israeliten wollten einem inspirierenden Führer folgen und versprachen bereitwillig, das zu tun, was er ihnen sagte. Die Bibel stellt sie jedoch als allzu leicht entmutigt dar, da sie wiederum von der Angst gepackt wurden, sie könnten in der Wüste verloren sein und umkommen. Sie baten Aaron, den älteren Bruder Mosis, Bilder von Göttern anzufertigen, von denen sie sich führen und in Sicherheit bringen lassen wollten.

Als Mose zurückkehrte und sah, wie das Volk Israel um das Bildnis eines Kalbes tanzte, war er entsetzt. In seinem Zorn zerschmetterte er die Gesetzestafeln, die Gott ihm gegeben hatte, vernichtete das Götzenbild, das das Volk verehrt hatte, und rief die Söhne Levis zu sich. Die Leviten bekundeten ihm ihre Treue und Ergebenheit gegenüber Gott und ermordeten gemeinsam etwa 3000 Israeliten. Nachdem das Mor-

den beendet war, erklärte Mose den Überlebenden, sie hätten trotz der
Gebote, die Gott ihnen gegeben hatte, ein großes Verbrechen begangen.
Dann stieg er nochmals auf den Berg Sinai, um zu sehen, ob er den
Zorn Gottes abwenden und Sühne für ihre Sünde erwirken könnte.

Er hatte Erfolg. Auch wenn Gott zornig genug war, um eine Plage
über die Israeliten zu schicken, so vernichtete er sie doch nicht. Er wies
Mose vielmehr an, das Versprechen zu erfüllen, das er, Gott, den Erzvätern Abraham, Isaak und Jakob gegeben hatte, nämlich ihre Nachkommen in ein Land zu führen, in dem Milch und Honig flössen. Nach nochmals 40 Tagen und 40 Nächten auf dem Berg Sinai kehrte Mose mit zwei
weiteren Steintafeln zurück, auf denen die Gebote geschrieben standen.
Diesmal, so wird uns berichtet, fürchteten die Israeliten sich vor ihm.
Die Begegnung mit Gott hatte Mose verändert. Der hebräische Text ist
bekanntlich schwer zu verstehen, er scheint jedoch von Hörnern oder
vielleicht auch von Lichtstrahlen zu sprechen, die nun von Mosis Gesicht ausgingen. Der Prophet hatte sich in eine mysteriöse Gestalt verwandelt, er war nicht mehr wie andere Menschen und sollte, während
er die Stämme Israels durch die Wüste führte, sein Gesicht für den Rest
seines Lebens durch einen Schleier oder eine Maske verborgen halten.

Wie Gott ihn geheißen hatte, begann Mose Gold, Silber und Kupfer,
violetten und roten Purpur, Akazienholz, Tierhäute, Öl, Gewürze und
Räucherwerk, Karneolsteine und all die anderen Kostbarkeiten zu sammeln, die für die Anfertigung der Lade und der dazugehörigen rituellen
Gegenstände notwendig waren. Nachdem die Lade fertig war, legte
Mose die Gesetzestafeln hinein. Er steckte die Stangen durch die Ringe
an den Seiten und setzte die Deckplatte oben auf die Lade, um sie dann
in das Zelt zu bringen, das das Volk Israel auf Gottes Weisung hin ebenfalls errichtet hatte.

Nachdem alle Anweisungen befolgt waren, verhüllte eine Wolke das
Offenbarungszelt, und es wurde von der Herrlichkeit Gottes erfüllt. Bei
seiner weiteren Wanderung durch die Wüste ins Gelobte Land ließ das
Volk Israel sich von der Wolke leiten: Immer wenn die Wolke sich vom
Offenbarungszelt erhob, brachen sie auf − und blieben im Lager, wenn

sie sich nicht erhob. Bei Tag schwebte die Wolke über dem Offenbarungszelt; und bei Nacht konnten die Israeliten sehen, dass ein Feuer darin brannte.

Das ist der Bericht über die Entstehung der Bundeslade, den die meisten Juden oder Christen wohl kennen. Die Lade war eine Truhe, die die Tafeln enthielt, auf denen, von Gottes Hand geschrieben, die Zehn Gebote standen, und sie führte das Volk Israel ins Gelobte Land. Es ist die Lade, die Josua siebenmal um die Mauern Jerichos herumtrug und die diese zum Einsturz brachte, und es ist die Lade, die die Söhne Elis bei ihrem Feldzug gegen die Philister mit sich führten – ein Zeichen der Gegenwart Gottes – und deren Erbeutung ein derartiges Unheil über ihre Feinde brachte, dass diese sie mit Sühnegeschenken zurückschickten. Es ist die Lade, die David in seine neue Hauptstadt Jerusalem holte, und die Lade, für die sein Sohn Salomo einen prächtigen Tempel errichten ließ.

Die Macht, die diesem Gegenstand zugeschrieben wurde, war immens. Die Lade brachte jedem den Tod, der sie außerhalb des Rituals berührte, das Mose offenbart worden war. Auch wenn sie das Glanzstück des grandiosen Tempels war, den Salomo erbaut hatte, blieb sie doch vor den Augen aller, außer vor dem Hohen Priester, verborgen. Doch selbst dieser konnte sich ihr nur an einem einzigen Tag des Jahres nähern, und das auch nur, wenn er sich zum Schutz vor ihrer Macht in eine Weihrauchwolke hüllte.

Nach Jahrhunderten, in denen fast niemand sie gesehen hatte, scheint die Lade unter Umständen verschwunden zu sein, über die die hebräische Bibel fast nichts zu sagen hat, weder vor noch während der Zerstörung des Tempels durch die babylonischen Armeen. Der Tempel wurde wieder aufgebaut, aber eine Lade scheint nie ins Allerheiligste gekommen zu sein. Jenseits der Bibel hielt sich hingegen die Hoffnung, die Lade sei aus den Flammen des brennenden Tempels gerettet und in die Wüsten Arabiens oder über das Rote Meer nach Äthiopien gebracht worden.

Die Suche nach der verloren gegangenen Bundeslade wird oft als ein romantisches Abenteuer dargestellt, dabei geht es jedoch nicht so sehr um die Suche nach einem verborgenen Schatz, als vielmehr um den mühsamen Versuch, ein Buch zu verstehen. Selbst wenn die Suche je archäologisch würde, hinge sie letztlich immer noch vom Verständnis des Buches ab. Der erste Nachweis über die Lade findet sich nur in der hebräischen Bibel, ein Text, mit dem wir bestens vertraut sind, von dem wir dennoch im Grunde sehr wenig wissen. Selbst nach jahrzehntelangem Studium räumen die meisten Forscher ein, dass sie nicht das Gefühl haben, einer Antwort auf einige der grundlegenden Fragen dazu näher gekommen zu sein.

Die Bedeutung der Bibel kann kaum übertrieben werden. Die ganze christliche Religion wurde durchaus treffend als einzigartige Interpretation des Alten Testaments beschrieben. Und dennoch wissen wir nicht wirklich, wer das meiste davon verfasst hat oder wann oder warum es schriftlich niedergelegt wurde. Wir vergessen oft die Tatsache, dass die Bibel nicht als die Bibel geschrieben wurde. Der Kanon wurde erst im 1. Jahrhundert n. Chr. festgelegt, und die uns vorliegende Sammlung stellt nur einen Bruchteil der Literatur dar, die einst in klassischem Hebräisch abgefasst worden sein muss. Die Bibel bezieht sich auf eine Reihe von Büchern, die nicht mehr vorhanden sind.

Auch wenn die ersten fünf Bücher der Bibel traditionell Mose zugeschrieben werden, gehört die Stimme, die darin zu uns spricht, einem anonymen Erzähler, der in der dritten Person berichtet. Es ist nicht die Stimme Mosis, wie wir vielleicht erwartet hätten, und auch nicht die Stimme Gottes. Sowohl der Prophet als auch der Herr, dem er dient, werden als Charaktere in einem Drama dargestellt und sprechen nicht direkt zu uns.

Das Volk, an das diese Stimme sich wendet, sind die Israeliten, die nach der Gründung der Monarchie in Palästina lebten, aber noch ehe der Tempel 587 v. Chr. von den Babyloniern zerstört und sie ins Exil geführt wurden. Dies bedeutet jedoch nicht, dass die Bücher schon vor dem Exil abgeschlossen waren. Vieles von dem, was sie enthalten, wurde sicher schon vorher verfasst, aber die Belege von den ältesten

Übersetzungen und die Fragmente, die unter den Schriftrollen vom Toten Meer gefunden wurden, zeigen, wie weit das Material im 1. Jahrhundert n. Chr. noch von seiner späteren endgültigen Fassung entfernt war.

Die Bücher beinhalten die Geschichte der Welt, die weitaus ehrgeiziger, aber auch weitaus beschränkter ist, als vielleicht zu erwarten
wäre. Die Darstellung beginnt als Geschichte des ganzen Universums,
das Gott aus dem Nichts erschuf, und beschränkt sich dann auf die
Geschichte eines Mannes und seiner Familie, den Erzvater Abraham
und Stammvater Israels. Noch erstaunlicher ist die Tatsache, dass der
größte Teil der Geschichte einer einzigen Begebenheit gewidmet ist:
der Offenbarung Gottes gegenüber Mose auf dem Berg Sinai. Und bei
dieser Offenbarung wird auch die Lade eingeführt. Wann sie aus der
Geschichte verschwindet, ist wesentlich schwerer zu sagen, denn in gewisser Weise scheint sie sofort wieder zu verschwinden. Zusammen
mit den Anweisungen für die Lade offenbart Gott das Gesetz, dem die
Kinder Israels als sein Auserwähltes Volk gehorchen werden, im Gesetz
selbst wird die Lade jedoch mit keinem Wort erwähnt. Wenn sie tatsächlich die Gegenwart Gottes auf Erden darstellen sollte, dann ist es
eigenartig, dass sie nicht im Mittelpunkt des kultischen und Gemein-
schaftslebens des Auserwählten Volkes stand.

Als die Israeliten durch die Wüste des Sinai zogen und schließlich
mit der Eroberung des Gelobten Landes begannen, führte die Lade
sie in den Kampf und vernichtete mit ihrer schrecklichen Macht die
Feinde. Aber trotz der maßgeblichen Rolle, die sie im Kampf spielte,
wird sie in den deuteronomischen Kriegsgesetzen mit keinem Wort erwähnt. Nachdem Josua die Stämme Israels ins Gelobte Land geführt
hatte, versammelte er sie in Sichem und erzählte die Geschichte ihrer
Wanderschaft aus dem Gebiet jenseits des Euphrat bis nach Ägypten
hinab und wieder zurück. Er ließ sie vor einem großen Stein als Zeuge
auf einen Bund schwören, die Lade erwähnte er jedoch nicht, obwohl
es hieß, er sei mit ihr um die Mauern Jerichos gezogen. Jetzt, da das
ganze Volk Israel einen Bund proklamierte, sieht es so aus, als hätte die
Bundeslade keine Rolle mehr gespielt.

Die Lade scheint die mysteriöse Eigenart zu besitzen, der wichtigste Gegenstand im Universum zu sein, die tatsächliche Gegenwart Gottes, der unter dem Auserwählten Volk lebt, und dennoch genau in den Augenblicken verborgen zu bleiben oder vergessen zu werden, wenn man eigentlich erwarten würde, dass sie in der Geschichte Israels eine herausragende Rolle spielt. Die ihr gewidmeten Bibelabschnitte waren für Generationen von Priestern und Rabbis, von Gelehrten, Doktoren und Professoren, die sich bemühten, sie zu verstehen, gleichermaßen eine Quelle der Faszination wie der Verwirrung. Selbst bei der Übersetzung kann es schwierig sein, die scheinbar widersprüchlichen Aussagen über die Lade in den verschiedenen Büchern der Bibel auf einen Nenner zu bringen; und dennoch tun die meisten von uns, wenn wir an die Lade denken, genau das – wir verschmelzen verschiedene Abschnitte miteinander, die wir aus unterschiedlichen Erzählungen herausnehmen.

Der berühmteste Bericht über die Anfertigung der Lade ist im Zweiten Buch Mose zu finden, das wir gemeinhin unter der griechischen Bezeichnung *Exodus* kennen; im Buch Deuteronomium begegnen wir jedoch noch einer weiteren und durchaus anderen Version. Davon abgesehen enthält der hebräische Text, auf dem die Übersetzungen letztlich beruhen, Worte zur Beschreibung der Lade, der Wohnstätte oder des Tempels, die unklar oder einzigartig sind und deren Bedeutung die Übersetzer gezwungenermaßen nur erraten konnten.

Doch selbst wenn diese Probleme gelöst werden konnten, blieb immer noch ein größeres Geheimnis: Warum waren die Lade und die Wohnstätte angefertigt worden, und welchen Platz und Zweck hatten sie in der Geschichte des von Gott erschaffenen Universums? Die Bibel erzählt uns oft weitaus weniger, als wir vielleicht zu erfahren hoffen, und die von palästinensischen Rabbis, arabischen Altertumsforschern, äthiopischen Chronisten und Dutzenden anderer Forscher oder Mystiker unternommenen Versuche, die fehlenden Stücke zu liefern, sind für uns oft nicht weniger schwer verständlich.

Die ältesten Darstellungen der Lade tragen nicht minder zu einem

Gefühl der Verwirrung bei. Sie unterscheiden sich oft voneinander und weisen keinerlei Bezug zu den Beschreibungen in der hebräischen Bibel auf. An den Wänden der Synagoge von Dura in Syrien wurde die Lade so gemalt, als sei es die heilige Lade, die die Thorarollen in der Synagoge enthielt, ein Motiv, das offenbar zunächst auf Münzen verwendet wurde, die im 2. Jahrhundert n. Chr. zur Zeit des Aufstandes von Bar Kochba gegen Rom geprägt wurden.

Einen der frühesten Versuche, der neben der Bibel erhalten blieb, eine Erklärung für die Lade zu finden, unternahm im 1. Jahrhundert der jüdische Philosoph Philo. Dessen Hauptanliegen war jedoch nicht das Schicksal der Lade, sondern vielmehr die Frage, wie diese immer noch als Schlüssel zu mystischer Erleuchtung genutzt werden konnte. Philo war rund 20 Jahre vor Christi Geburt in einer wohlhabenden und einflussreichen Familie in Alexandria geboren worden. Sein Bruder war einer der reichsten Männer des Römischen Reiches, und es heißt, er habe die Gold- und Silberplatten gespendet, mit denen die neun Tore des Tempels von Jerusalem verkleidet waren.

Trotz der Ablenkungen durch politische Aufgaben, die er übernahm, widmete Philo den Großteil seines Lebens dem Versuch, die Unterschiede zwischen dem Judentum und der griechischen Philosophie aufzulösen, die in der großen ägyptischen Metropole Alexandria gepflegt wurde – einer Stadt, die von einem griechischen Eroberer gebaut worden war, zu dessen Untertanen eine Million Juden gehörten. Philo hatte sich eine heidnische Erlösungsvorstellung zu Eigen gemacht, wonach der Geist die Fesseln des Fleisches überwinden und zu Gott zurückkehren würde. Er war der Überzeugung, dass die Mission des Judentums erfüllt würde, wenn der Mensch eine immer höhere Teilhabe am Sein Gottes, das von dem höchsten und unerreichbaren Einen ausstrahlte, erreicht hätte.

Nach Philos Überzeugung bildete die Bundeslade die Essenz alles Heiligen in der jüdischen Religion, die Wohnstätte der Herrlichkeit Gottes. Sie war nicht weniger als der Schlüssel zum Mysterium der Schöpfung und offenbarte das Geheimnis, wie Gott das Universum geschaffen hatte. Er war überzeugt, dass der Gott, der zu den hebräischen Erzvätern gesprochen hatte, ein und dasselbe wie das Absolute der griechischen Philosophen war, ein einziges und einmaliges Seiendes, das völlig unabhängig von der Welt bestand. Wie die Sonne sandte dieses Seiende einen Lichtstrom aus, der erschaffenes Leben ermöglichte, und die Geheimnisse der Emanationen, die zwischen dem Einen und der erschaffenen Welt lagen, ließen sich in den sieben Teilen der Lade entdecken: in der Lade selbst, in dem Gesetz, das auf den Tafeln Mosis geschrieben stand, der Sühnplatte, mit der die Lade abgedeckt war, den zwei Cherubim, die die Sühnplatte schmückten, der Stimme, die von der Lade zu Mose sprach, und der Herrlichkeit Gottes, die durch die Stimme sprach.

Als Philo versuchte, das Versprechen zu erklären, das Gott Mose gegeben hatte, dass er »über der Deckplatte zwischen den beiden Cherubim« (Ex 25,22) zu dem Propheten sprechen werde, schrieb er: Wir müssen all das, von oben angefangen, im Einzelnen durchgehen, wenn wir verstehen wollen, was es symbolisiert, denn es ist symbolisch.

»Die Lade befand sich in dem unbetretbaren Allerheiligsten hinter den Vorhängen, kostbar mit Gold innen und außen belegt, und darauf lag als Deckel die in der Heiligen Schrift so genannte Sühnplatte ..., sie scheint allegorisch gedeutet ein Sinnbild der Gnade Gottes und ethisch aufgefasst ein Sinnbild der Gesinnung zu sein ... Die Lade ist das Behältnis der Gesetze, denn in ihr werden die offenbarten Gottessprüche aufbewahrt. Ihr Deckel aber, die so genannte Sühnplatte, bildet das Fußgestell für zwei geflügelte Wesen, die in der einheimischen Sprache Cherubim heißen, wie die Hellenen sie nennen würden, Erkenntnis und tiefes Wissen.«

Und über und zwischen den Cherubim sei die Stimme, das Wort, und darüber sei der Eine, der spricht. Wenn man das Wesen dieser Dinge wirklich verstehen könnte, meinte Philo, dann wäre man von der göttlichsten Schönheit erfüllt und in der Lage, allem anderen abzuschwören, das man begehrt.

Jeder Teil der Lade, glaubte Philo, sollte als ein mystisches Symbol gesehen werden. Die Erscheinung, die zu Mose sprach, sei der höchste Gott, und aus ihm gingen alle geringeren Manifestationen der erschaffenen Welt hervor. Das Wort, das Mose vernahm, sei die erste dieser Emanationen. Die siebte und letzte Emanation sei das Behältnis der Lade, das Philo als die begriffliche Welt betrachtete. Es enthalte die platonischen Formen, die die Vorlage für jeden erschaffenen Gegenstand lieferten.

Die im Allerheiligsten verborgene Lade sei das wahre Symbol für das Wesen Gottes, das der Menschheit offenbart wurde, und da sie sukzessive die Emanation einer jeglichen Kraft enthülle, weise sie einen mystischen Weg, auf dem man den Prozess zurückverfolgen und zu Gott zurückfinden könne.

Der reinste und prophetischste Geist, schrieb Philo, bezieht sein Wissen und Verständnis vom Seienden nicht aus sich selbst heraus, da der Geist nicht groß genug ist, um seine Größe zu erfassen, sondern von Seiner ursprünglichen und behütenden Macht. Man muss froh und zufrieden sein, dass Strahlen davon in die Seele gelangen, sodass man das Ältere und Hellere vielleicht durch die zweite Erleuchtung erfassen kann.

Die Lade war jedoch nicht nur ein Sinnbild für das Wesen Gottes, sondern auch eine Offenbarung der Natur der Menschheit und der Notwendigkeit ihrer Erlösung. Sie zeigte einen Weg auf, wie Männer und Frauen dem Stofflichen entrinnen und in ein immaterielles Reich aufsteigen konnten. Dieser Weg blieb offen, und obwohl die Lade zu der Zeit, als Philo seine Schriften verfasste, bereits seit Jahrhunderten als verschollen oder versteckt galt, sprach er dennoch von ihr, als sei sie gegenwärtig.

Wo immer die Lade auch sein mochte, sie war Teil einer lebendigen Mystik. Es war jedoch eine Mystik, die dadurch, dass sie einem Lichtstrom aus der immateriellen Welt folgte, sehr hohe Anforderungen stellte. Für diejenigen, die einen so beschwerlichen Weg nicht gehen konnten, gab es auch ein niedrigeres Mysterium, das sich auf das Offenbarungszelt konzentrierte, in dem die Lade stand, und das die sinnliche Welt mit einbezog.

Bei diesem »Mysterium Aarons«, wie Philo es nach dem Bruder Mosis, dem ersten Hohen Priester, nannte, stand der Kandidat für die mystische Erleuchtung voller Ehrfurcht im äußeren Hof vor dem Offenbarungszelt. Die fünf äußeren Säulen des Offenbarungszeltes entsprachen den fünf Sinnen und verbanden den Geist mit der äußeren Welt der Materie. Auch hier bemühte Philo wieder eine feinsinnige Symbolik. Der Räucheraltar war ein Sinnbild der Dankbarkeit der Erde. Der an der Südseite stehende siebenarmige Leuchter stand für die Bewegungen der Gestirne, der Sonne, des Mondes und der fünf Planeten. Der Tisch stand an der Nordseite und symbolisierte die nahrungsspendende und fruchtbare Kraft des Nordwindes. Die Innenhöfe bildeten die erste Stufe des spirituellen Prozesses, in dem die materielle Welt als Ganzes erfahren wurde. Der Räucheraltar stellte die Erde und das Wasser dar, der Tisch und alles, was darauf lag, symbolisierten die Luft, und der Kerzenleuchter war das himmlische Feuer, die Quelle des Lichts. Die Vorhänge waren ebenfalls ein Sinnbild für die vier Elemente.

Wenn Aaron als Hoher Priester das Offenbarungszelt betrat, dann war, meinte Philo, seine Kleidung »ein getreues Abbild des Weltalls«. Sein Gewand symbolisierte die vier Elemente. Das hyazinthfarbene Unterkleid war ein Sinnbild der Luft, die ja von Natur aus auch dunkelfarbig wäre. Auf seinen Schultern prangten zwei große Smaragde, die Philo als Sinnbild der beiden Welthälften deutete. Auf jedem Stein waren sechs Namen eingraviert, die jeweils für die sechs Sternbilder des Tierkreises in jeder Himmelshälfte stehen sollten. Das lange Gewand mit den Himmelssymbolen auf den Schultern reichte bis zu den Füßen herab, wo es mit Quasten in Form von Granatäpfeln, Blüten und Glöckchen gesäumt war. Die Blüten waren ein Sinnbild der Erde, die Granatäpfel ein Bild des Wassers und die Glöckchen ein Symbol des harmonischen Zusammenwirkens dieser Elemente. Indem er diese Gewänder trug, stellte der Priester die Harmonie zwischen sich und dem Universum her. Er wurde zu einem Abbild des Alls, und wenn er das Offenbarungszelt zu den heiligen Handlungen betrat, trat mit ihm kraft der Abbilder, die er an sich trug, das ganze Weltall mit ein.

In seiner Darstellung des Mysteriums Aarons scheint Philo die jüdischen Kultelemente aus den Riten der ägyptischen Göttin Isis mit aufgenommen zu haben. Ihre Priester trugen ebenfalls verschiedenfarbige Gewänder, die die Macht der Göttin über die materielle Welt symbolisierten, über Tag und Nacht, Licht und Dunkel, Feuer und Wasser, Leben und Tod, Anfang und Ende. Während die heidnischen Mysterien nach den Maßstäben der jüdischen Orthodoxie absolut befremdend erscheinen mögen, waren sie es für einen alexandrinischen Juden wie Philo offenkundig nicht, und ähnliche Abschnitte sind auch in der griechischen Bibel zu finden.

Im 1. Jahrhundert v. Chr. verfasste ein anderer alexandrinischer Jude das Buch der Weisheit; darin wird ein Hoher Priester beschrieben, der mit Gebet und Räucherwerk seinen heiligen Dienst verrichtet. Auf seinem langen Gewand ist die ganze Welt dargestellt, und auf vier Reihen Edelsteinen ist die Geschichte der Erzväter eingraviert (Weish 18,21–24).

Auch in anderen alten Quellen tauchen feinsinnige kosmische Visionen von der Lade und dem Offenbarungszelt auf, beispielsweise bei dem jüdischen Historiker Josephus Flavius, der etwa 50 Jahre nach Philo geboren wurde und Priester im Tempel von Jerusalem war. Er erklärte die Bedeutung des Kultes mit dem Tierkreis und den Planeten, dem Himmelsgewölbe, der Macht von Donner und Blitz und dem strahlenden Glanz der Sonne, die seiner Meinung nach alle in den Elementen widergespiegelt wurden, aus denen der Schrein gefertigt war.

Bald begannen auch die Christen die Lade mit ihrer eigenen Symbolik zu befrachten und sie als Christus oder die Mutter Christi zu beschreiben. Sie führten außerdem ein neues Element ein, indem sie in den Edelmetallen und Edelsteinen Symbole christlicher Tugenden sahen. Gold stand für den Glauben, während Silber das Wort des Evangeliums und Bronze die Geduld symbolisierten. Im Mittelalter wurde die Lade als Sinnbild mystischer Zeichen der Demut, des Leidens und der Herrlichkeit Christi interpretiert, während die Farben im Offenbarungszelt für Hoffnung und die Liebe des Himmels standen.

Schon früh zeigte man auch ein lebhaftes Interesse an den genauen

Einzelheiten der Lade und des Offenbarungszeltes, wie die Ecken gefertigt, wie die Stangen angebracht und wie die Ringe geformt waren.
Selbst die christlichen Gelehrten, die von Allegorien und Symbolen fasziniert waren, beschäftigten sich mit den Illustrationen der Tempel-
gerätschaften in den hebräischen Bibelhandschriften. Obwohl der
Hauptzweck der Illustrationen sicher darin bestand, ein Gefühl für die
Herrlichkeit Gottes im Tempel zu vermitteln, in der Hoffnung, dass
er vielleicht irgendwann in der Zukunft wiederaufgebaut würde, be-
wirkten sie aber auch, dass die Neugier in Bezug auf die genaue Natur
und Darstellung des Offenbarungszeltes und seiner Ausstattung, einschließlich der Lade, noch größer wurde.

Die Erforschung der wortwörtlichen Bedeutung des hebräischen
Textes sollte sich allerdings alles andere als leicht erweisen. Es gehört
zu den Ironien der Bibelforschung, dass die Suche nach einer einfachen, weniger vielschichtigen Wahrheit das Verständnis des Vermächtnisses des alten Israel offenbar noch weiter erschwert. Im unerbittlichen Licht der historischen Forschung scheint die alte Wahrheit in
sich zusammenzufallen oder sich in nichts aufzulösen. Forscher, die
die schlichte Bedeutung des heiligen Textes zu ergründen versuchen,
finden sie am Ende überhaupt nicht einfach, und die eine Lade, von der
die hebräischen Schriften zu sprechen scheinen, war ursprünglich vielleicht etwas ganz anderes. Wenn wir in Äthiopien nach der Lade suchten, die unseres Erachtens in der Bibel beschrieben wird, was konnten
wir dann dort zu finden hoffen?

3 STIMMEN DER VORFAHREN

Der Tod Mosis war der Stolperstein. Nach der jüdischen Überlieferung bezeichneten die christlichen Verfasser des Neuen Testaments die ersten fünf Bücher der hebräischen Bibel als »Die Bücher Mosis«. Gleichwohl beschreibt der große Prophet im Deuteronomium, dem letzten dieser fünf Bücher, seinen eigenen Tod und die Wochen der Trauer, die auf seine Beisetzung in einem unbekannten Grab folgten.

»Danach starb Mose, der Knecht des Herrn, dort in Moab, wie es der Herr bestimmt hatte. Man begrub ihn im Tal, in Moab, gegenüber Bet-Pegor. Bis heute kennt niemand sein Grab. Mose war 120 Jahre alt, als er starb. Sein Auge war noch nicht getrübt, seine Frische war noch nicht geschwunden. Die Israeliten beweinten Mose 30 Tage lang in den Steppen von Moab. Danach war die Zeit des Weinens und der Klage um Mose beendet.« (Dtn 34,5–8)

Es dürfte schwierig zu erklären sein, wie Mose diese Worte geschrieben haben soll. Nichtsdestotrotz waren Philo und Josephus der Überzeugung, dass er die fünf Bücher in ihrer Gesamtheit, einschließlich des Berichtes über seinen eigenen Tod und seine Beisetzung, selbst geschrieben hatte. Die Rabbis, die den Talmud zusammenstellten, waren diesbezüglich etwas skeptischer und äußerten die Vermutung, der letzte Abschnitt könnte von Josua stammen, dem Diener Mosis, der dessen Nachfolge als Führer der Israeliten antrat.

Im 12. Jahrhundert, über 1000 Jahre nach Philo und Josephus, teilte der jüdische Philosoph Moses Maimonides bezüglich der Bücher Mosis noch immer die traditionelle Meinung. »Unser Lehrer Mose«, schrieb er, »hat die ganze Thora noch bei seinen Lebzeiten mit eigener Hand niedergeschrieben.« Und Maimonides glaubte, »dass die Thora unseres Lehrers Mose eine heilige Wahrheit ist, die uns durch ihn vom Allerhöchsten gegeben wurde«. Er glaubte mit anderen Worten, dass Gott die Bücher dem Propheten diktiert habe.

Dessen ungeachtet hatte einer der gelehrtesten Bibelforscher der jüdischen Gemeinde in Spanien, wo auch Maimonides lebte, hingegen festgestellt, dass das Buch Genesis einen seltsamen Satz enthielt: »Die Kanaaniter waren damals im Land.« (Gen 12,6) Abraham ibn Ezra war der Ansicht, dass diese Worte nur dann einen Sinn ergaben, wenn sie zu einem Zeitpunkt geschrieben worden waren, als die Kanaaniter nicht mehr im Land waren. Folglich musste der Satz viele Jahre nach dem Tod Mosis geschrieben und dem Genesis-Text hinzugefügt worden sein.

Bei kritischen Äußerungen zum biblischen Text war eine gewisse Zurückhaltung geboten, und Abraham selbst spottete über den Hofarzt Isaak ibn Jashush, der eine ähnliche These auf der Grundlage der im Buch Genesis enthaltenen Liste der Könige der Edomiter aufgestellt hatte. Und sie konnten auch gefährlich sein. Die religiösen Autoritäten jener Tage hielten es durchaus für angemessen, der Orthodoxie mit Gewalt zu ihrem Recht zu verhelfen. Obwohl aus dem 14. und 15. Jahrhundert einige kritische Stimmen erhalten geblieben sind, erhielt die eigentliche Forschung erst mit der Reformation Auftrieb.

Der deutsche Reformator Andreas Karlstadt war mit den früher bereits erhobenen Behauptungen übereinstimmend der Meinung, dass Mose den Bericht über seinen eigenen Tod nicht selbst verfasst habe, wobei er gleichzeitig jedoch auch darauf hinwies, dass sich der Stil dieses Abschnittes nicht von den vorhergehenden unterschied. Die offenkundige Schlussfolgerung daraus lautete: Wenn ein Abschnitt nicht von Mose geschrieben worden sein konnte, dann konnte dies bei den anderen auch nicht der Fall sein.

Nach ihm kamen Andreas van Maes, Isaak de la Peyrère und Richard Simon, denen aufgefallen war, dass der Text Wiederholungen und Widersprüche enthält, was den Schluss nahe legte, dass nicht alles von nur einem Propheten stammen konnte. Ihre Bücher wurden verboten, und der Calvinist de la Peyrère wurde von der katholischen Obrigkeit verhaftet und gezwungen, zum Katholizismus überzutreten. Doch trotz der ablehnenden Haltung der religiösen Obrigkeit wurde immer deutlicher, dass die einfachste Lösung des Problems darin bestand, von einem späteren Verfasser oder Herausgeber auszugehen, der den Text aus verschiedenen Quellen zusammengestellt hatte.

Jeder, der die Bundeslade zu verstehen versucht, wird früher oder später auf solche Unstimmigkeiten stoßen. Im Buch Exodus stellt der kunstfertige Handwerker Bezalel die Lade her. Er ist ein Mann, den der Herr, wie es heißt, »mit dem Geist Gottes erfüllt, mit Weisheit, Klugheit und Kenntnis, für jegliche Arbeit Pläne zu entwerfen und sie in Gold, Silber und Kupfer auszuführen und durch Schneiden und Fassen von Steinen und durch Schnitzen von Holz allerlei Kunstwerke herzustellen« (Ex 35,31–33). Zusammen mit einer Gruppe von Helfern baute er eine kunstvolle Lade, die er innen und außen mit Gold überzog, ringsum mit einer Goldleiste und an den Füßen mit gegossenen Goldringen versah, sodass sie getragen werden konnte. Im Deuteronomium fertigte Mose hingegen selbst eine einfache Lade aus Akazienholz an (Dtn 10,4). Dort ist nicht von Gold oder einer Zierleiste die Rede, und ebenso wenig wird eine prachtvolle Deckplatte mit zwei geflügelten Cherubim-Figuren erwähnt. Welche ist nun die korrekte Beschreibung? Warum wurden beide aufgenommen? Könnten beide richtig sein?

Noch größere Schwierigkeiten hat man, den Bericht von der Herstellung der Wohnstätte zu verstehen, in der die Lade untergebracht wurde. Nach dem bekannten Vorfall mit dem Goldenen Kalb finden wir eine Beschreibung des Zeltes, das außerhalb des Lagers errichtet wurde:

»Mose nahm das Zelt und schlug es für sich außerhalb des Lagers auf, in einiger Entfernung vom Lager. Er nannte es Offenbarungszelt. Wenn einer den Herrn aufsuchen wollte, ging er zum Offenbarungszelt vor das Lager hinaus. Wenn Mose zum Zelt hinausging, erhob sich das ganze Volk. Jeder trat vor sein Zelt, und sie schauten Mose nach, bis er in das Zelt eintrat.« (Ex 33,7–8)

An dem Punkt war die Wohnstätte jedoch noch nicht wirklich errichtet worden, sie sollte erst drei Kapitel später gebaut werden. Könnte es sein, dass es zwei verschiedene Zelte gab, von denen eines bereits existierte? Beide Bezeichnungen wurden jedoch anscheinend für dasselbe Zelt verwendet, zumindest in einigen Abschnitten. Die Erzählung scheint in der Reihenfolge durcheinander geraten zu sein, als sei die Geschichte auf der Grundlage von mehr als nur einem Dokument zusammengestellt worden.

Auch wenn dies ein einschneidendes Abrücken von den traditionellen Annahmen bezüglich der Rolle Mosis wäre und sicher gravierende Folgen für unser Verständnis der Bundeslade hätte, dürfte die These, dass die biblische Erzählung aus verschiedenen Dokumenten kompiliert wurde, doch nicht überraschen. Die Bibel führt selbst dokumentarische Quellen an, die nicht mehr erhalten sind.

Nach der Schilderung des Lebens von König Salomo verweist das Erste Buch der Könige zum Beispiel auf die »Chronik Salomos« (1. Kön 11,41) und erwähnt im Weiteren die »Chronik der Könige von Israel« (1. Kön 16,20) sowie die »Chronik der Könige von Juda« (1. Kön 15,7), wobei es sich offenkundig um Chroniken der beiden Staaten handelt, die nach Salomos Tod entstanden. Im Pentateuch, den fünf Büchern Mosis im Alten Testament, enthält das Buch Numeri einen Verweis auf das »Buch der Kriege des Herrn« (Num 21,14), während sowohl im Buch Josua als auch im Zweiten Buch Samuel das »Buch des Aufrechten« (Jos 10,13 und 2. Sam 1,18) erwähnt wird.

Es ist fast mit Sicherheit davon auszugehen, dass mehr als diese Quellen verfügbar waren, als die Bibel zusammengestellt wurde, auch wenn sie in der heutigen Fassung nicht ausdrücklich erwähnt sind. In der griechischen Fassung, die als Septuaginta bekannt ist und, wie es heißt, zwei oder drei Jahrhunderte vor Christi Geburt von 70 Übersetzern bearbeitet wurde, verweist das Erste Buch der Könige auf das »Buch des Liedes«, ein Dokument, das in dem uns heute vorliegenden hebräischen Text nicht mehr aufgeführt wird. Es lässt sich nicht einmal spekulieren, wie viel mehr solcher Quellen es noch gegeben haben mag, und oft ist sehr schwer festzustellen, aus welcher Quelle die im Text angeführte Information stammt.

Im 17. Jahrhundert betonten die Philosophen Thomas Hobbes und Baruch Spinoza, es sei dringend geboten, die einzelnen Teile der biblischen Erzählung zu entwirren. Dieser Vorschlag galt damals noch als höchst subversiv, und Spinoza wurde sowohl von den Katholiken als auch von den Protestanten verurteilt, nachdem die sephardischen Juden in Amsterdam ihn zuvor bereits ausgeschlossen hatten. Nichtsdestotrotz wurde 1711 dann ein ernsthafter Versuch von Henning Witter, einem Pastor in Hildesheim, unternommen, und vier Jahrzehnte später ebenso von Jean Astruc, dem Leibarzt Ludwigs XV. und seines Zeichens Professor der Medizin in Paris. Beide Männer waren von einer Feststellung fasziniert, die fraglos Konsequenzen dafür hat, wie wir die Bezeichnungen für die Lade zu verstehen haben. Im hebräischen Text tauchen an verschiedenen Stellen unterschiedliche Worte für »Gott« auf: die Pluralform *Elohim*, die für gewöhnlich mit »Gott« übersetzt wird, und der heilige und unaussprechbare Name YHWH, der nach den hebräischen Vokalen, die mit den vier Buchstaben einhergehen, für gewöhnlich als »der Herr« übersetzt wurde, inzwischen jedoch oft als »Jahwe« übertragen wird. Die Frage, die sie in dem Zusammenhang stellten, war, ob die Namenswahl die jeweilige Präferenz unterschiedlicher Quellen widerspiegele.

Dieses Interesse an den unterschiedlichen Formen des göttlichen Namens führte schließlich zu der Theorie, die heute mehrheitlich die Grundlage der Untersuchungen zu den ersten Büchern der Bibel ist. Sie wurde zu Beginn des 19. Jahrhunderts in weiten Teilen von Heinrich Ewald entwickelt, wenngleich ihr berühmtester Vertreter sein Schüler Julius Wellhausen war. Die Datierung der Quellen war und ist nach wie vor Gegenstand ausführlicher Debatten. Dies mag stark gegen die Theorie sprechen, sie besitzt jedoch den Vorteil, dass sie einen einfachen Weg aufzeigt, mit dem sich eine Vielzahl von Widersprüchen im Text auf einmal erklären lässt. In der Antike und im Mittelalter mussten die Forscher diese Widersprüche jeweils getrennt auflösen.

Die beiden ältesten Quellen sind der »Jahwist«, so genannt nach der Verwendung des göttlichen Namens YHWH, wobei man davon ausgeht, dass es sich dabei um eine südliche Überlieferung handelt, und der »Elohist«, der die Bezeichnung *Elohim* bevorzugt und im Norden verfasst wurde. Der Elohist beargwöhnt die aaronidische Priesterschaft und unterstützt nachdrücklich den Status der Leviten. Beide Quellen scheinen vor der Invasion durch die Assyrer im Jahr 722 v. Chr. entstanden zu sein, und die »Priesterschrift« wurde als Erwiderung darauf vermutlich von den aaronidischen Priestern während der Zeit des Reformkönigs Hiskija, zwischen 715 und 687 v. Chr., geschrieben. Sie spiegelt die Interessen und Anliegen der aaronidischen Priesterschaft wider und verweist die Leviten als Geistliche auf den zweiten Rang, die Aufgaben wie das Tragen der Bundeslade zu übernehmen hatten.

Der Deuteronomist hat seinen Text wohl als Antwort auf die aaronidische Priesterschrift der Priester von Schilo in den Jahren nach dem Reformkönig Joschija und der Zerstörung Jerusalems durch die Babylonier verfasst. Er schrieb nicht nur das Deuteronomium, sondern auch die sechs Bücher der frühen Propheten, in denen die Geschichte der Lade, der Bau des Tempels und seine Zerstörung durch die Babylonier geschildert werden. Eine alternative Version dieser Geschichte bieten die beiden Chronik-Bücher. Genau wie die Priesterschrift sehen sie die Leviten als Priester zweiter Klasse, die unter den Aaroniden stehen, und zeigen ein großes Interesse an priesterlichen Pflichten, Opfern, heiligen Stätten und Gegenständen.

Diese Datierung ist in ihren Einzelheiten nach wie vor umstritten, und es gibt erhebliche Meinungsverschiedenheiten bezüglich des Vorrangs von Priesterschrift und Deuteronomium. Es gibt kundige Forscher, die diese Theorie völlig ablehnen, und nicht weniger bewanderte und erfahrene Gelehrte, die die gesamte Bibel sogar noch skeptischer als eine späte Erfindung sehen, deren Verfasser kaum zuverlässige Informationen über die Geschichte Israels festgehalten haben.

Da wir uns auf die Geschichte der Lade in Äthiopien konzentrieren, ist für uns entscheidend, dass wir es mit ganz unterschiedlichen Beschreibungen zu tun haben, die von Autoren mit ganz unterschiedlichen Interessen verfasst wurden. In der Bibel, wie sie uns überliefert wurde, wurden diese unterschiedlichen Berichte allem Anschein nach durchweg als wahr und richtig betrachtet. Daraus ist möglicherweise zu schließen, dass die Bibel nicht unbedingt der beste Führer für das ist, was wir in Äthiopien zu finden hoffen, weder was das Aussehen der Lade noch was ihr Verhalten betrifft. Die biblischen Beschreibungen unterscheiden sich zu sehr voneinander, um uns eine Hilfe sein zu können. Aber, wie wir noch sehen werden, haben wir noch andere Belege, die darauf hindeuten, dass es nicht nur eine Lade gab; die voneinander abweichenden Beschreibungen lassen vermuten, dass völlig verschiedene Gegenstände dennoch als die tatsächliche Bundeslade verstanden werden können.

Auch wenn wir üblicherweise von der »Bundeslade« sprechen, und diese Bezeichnung taucht im Alten Testament an 40 Stellen auf, werden im hebräischen Text häufiger andere Formen verwendet. Mehr als doppelt so oft wird die »Lade« mit einem göttlichen Namen verbunden – wie etwa »Lade Gottes« oder »Lade des Herrn« –, und während im Deuteronomium der Begriff »Bundeslade« bevorzugt wird, kommt er in der Priesterschrift nirgends vor, die vorzugsweise von der »Lade der Bundesurkunde« spricht. Die ersten Rabbis, die Väter der christlichen Kirche und die mittelalterlichen Kommentatoren beider Religionen verstanden die Lade meist so, als seien die unterschiedlichen Überlieferungen in der hebräischen Bibel gleichsam alle wahr, und alle sprachen von einer einzigen Bundeslade.

Moderne Forscher haben sich hingegen insbesondere für den Gegensatz zwischen drei verschiedenen Sichtweisen der Lade interessiert, die sie drei unterschiedlichen Quellen zuschreiben. Die Frage, die in dem Zusammenhang jedoch nicht immer gestellt wird, ist, ob diese Berichte dieselbe Lade nur aus drei verschiedenen Perspektiven beschreiben oder als Beleg für die Existenz von drei verschiedenen Arten von Laden genommen werden sollen. Wenn man herausfinden will, was der äthiopische Kaiser so viele Jahrhunderte nach den in der hebräischen Bibel geschilderten Ereignissen in der großen Kirche in Aksum gesehen haben könnte, ist es von entscheidender Bedeutung, möglichst klar zu verstehen, was die biblischen Autoren uns mitzuteilen versuchten.

In der Priesterschrift finden wir den detailliertesten Bericht über die Lade, die hier im Übrigen weitaus kunstvoller als in den anderen Überlieferungen beschrieben wird. Es ist die Version, die die meisten Juden oder Christen, die die Bibel gelesen haben, zumeist sofort als Quelle ihrer eigenen Vorstellung von der Lade erkennen würden – ein aufwändig gearbeiteter und fantastisch geschmückter und verzierter goldener Gegenstand. Die Lade der Priesterschrift wurde nicht vom Propheten Mose, sondern von einem geschickten Handwerker namens Bezalel angefertigt (Ex 35,30–33). Wie wir nach dem Bericht im Buch Exodus gesehen haben, wurde diese Lade aus Akazienholz hergestellt, innen und außen mit purem Gold überzogen und ringsherum mit einer goldenen Leiste versehen. Für den Transport wurden zwei Stangen durch die an den Seiten der Lade angebrachten Goldringe gesteckt, die nie herausgezogen werden sollten. Sie erhielt auch eine kunstvoll gearbeitete Deckplatte aus Gold, die als das *Kapporet* bezeichnet wurde. Der Ursprung des Wortes ist zwar nicht ganz klar, es scheint jedoch mit akkadischen und arabischen Wörtern verwandt zu sein, die einen Weg der Sühne durch Bedecken aufzeigen, und deshalb wird es im Deutschen in der Regel mit »Sühnplatte« übersetzt. Auf diesem *Kapporet* befanden sich zwei goldene Cherubim mit ausgebreiteten Flügeln, sodass Gott zwischen ihnen thronen konnte, und von dieser Stelle aus, zwischen den Cherubim, wollte er zu Mose sprechen (Ex 25,10–22).

Im Deuteronomium fertigte Mose hingegen anstelle von Bezalel eine einfache hölzerne Lade an. Gold wird hier nirgends erwähnt. Die Lade dient dem Text zufolge allein der Aufbewahrung der Gesetzestafeln.

»Damals sagte der Herr zu mir: Hau zwei Steintafeln zurecht, so wie die ersten, und steig zu mir auf den Berg! Fertige auch eine hölzerne Lade an! Ich will auf die Tafeln die gleichen Worte schreiben wie auf die ersten, die du zerschmettert hast; diese Tafeln sollst du dann in die Lade legen. Ich fertigte eine Lade aus Akazienholz an, hieb zwei Stein-

tafeln zurecht, so wie die ersten, und stieg auf den Berg. Ich hielt die
beiden Tafeln in der Hand.« (Dtn 10,1–3)

Die in der Priesterschrift beschriebene übernatürliche Macht der
Lade scheint für den Deuteronomisten nicht von Belang zu sein. Die
Lade als solche ist weder die Gegenwart Gottes noch ein Thron für Gott,
noch ein Platz, von dem Gott zum Propheten sprechen wird. Sie besitzt
hier keine mysteriöse Kraft, durch die Menschen zu Tode kommen. Sie
ist ein Behältnis für die Gesetzestafeln; für das Deuteronomium sind
die Tafeln und der Bund, den sie repräsentieren, das Entscheidende.
Dies ist dem Status der Lade jedoch nicht unbedingt abträglich, da der
Bund zwischen Gott und Israel für den Deuteronomisten von höchster
Bedeutung ist, doch das ändert im Grunde auch nichts an ihrem Status.
Die Lade der Priesterschrift enthält zudem auch die »Bundesurkunde«
(Ex 25,16), und damit sind eindeutig die Gesetzestafeln gemeint. Im
Deuteronomium scheint die Lade jedoch nur zu diesem und keinem
anderen Zweck zu existieren. Dort ist die Vorstellung von der Lade so-
mit weitaus enger gefasst als in der Priesterschrift.

Man geht im Allgemeinen davon aus, dass der Deuteronomist die
älteren Quellen gesammelt, aufbereitet und das Ergebnis in dem durch
die Priesterschrift vorgegebenen Rahmen herausgegeben hat. Doch es
gibt noch eine alte epische Überlieferung, in der die Lade hauptsächlich als göttliches Palladium dargestellt ist, das die Kinder Israels zum
Sieg führen wird. Diese Lade taucht im Jahwisten, nicht jedoch im Elohisten auf, für den offenbar ein Zelt das zentrale Heiligtum ist, in dem
Gott dem Menschen erscheint. Im Elohisten wird die Lade nirgends erwähnt.

Vom Jahwisten haben wir keinen separaten Bericht über die Anfertigung oder das Aussehen der Lade, ihr Verhalten unterscheidet sich
hier jedoch von den Beschreibungen, die in der Priesterschrift oder
beim Deuteronomisten zu finden sind. Gott ist mit den Israeliten, wenn
sie in den Kampf ziehen und die Lade mit sich führen, die offenbar eine
stärkere übernatürliche Kraft als die Lade des Deuteronomiums besitzt, aber dennoch nicht mit den kultischen Verboten der Lade in der

Priesterschrift belegt ist. Sie ist sichtbar, und man kann sich ihr nähern. Wenn die Priesterschrift den denkwürdigsten Bericht über die Anfertigung der Lade liefert, dann beschreibt der Jahwist einige der dramatischsten Ereignisse in der ganzen Bibel, wozu auch der Einsturz der Mauern Jerichos gehört.

In der Regel stellen sich die meisten von uns eine Lade vor, die Elemente aus allen drei Berichten aufweist: Sie wird von Mose, wie im Deuteronomium, angefertigt, hat jedoch das prächtige Aussehen der Lade in der Priesterschrift und vollbringt die Großtaten der Eroberung.

Als der Held Josua sein Volk zum Einzug ins Gelobte Land um sich scharte, schildert der biblische Bericht, wie sich die Menschen am Ufer des Jordan versammelten, um dann der Bundeslade zu folgen. Dies ist der Beginn der Eroberung. Der biblische Bericht hat für die Geschichte des Judentums seit jeher eine überragende Bedeutung. Ein erheblicher Teil des Buches Josua ist nur zwei Ereignissen gewidmet: der Überquerung des Jordan und der Eroberung der Stadt Jericho. Dieses Ereignis ist nicht nur aus theologischer Sicht höchst bedeutsam. Selbst heute berufen israelische Politiker sich, wenn es um die Existenz des Staates Israel geht, oft noch auf die Versprechen, die Gott Mose gab und dann durch Josua erfüllte.

Für jeden, der aus der Steppe Moabs kam, selbst wenn er nicht 40 Jahre durch die Wüste gewandert war, musste der Anblick des Jordantales und der Stadt Jericho wie eine Vision von Milch und Honig erscheinen. Der Fluss ist oft kaum mehr als ein Flüsschen, aber durch den fruchtbaren Schlamm, den er von Galiläa bis zum Toten Meer mit sich führt, ist ein Land von solcher Schönheit entstanden, dass die Bibel es mit dem »Garten Gottes« (Ez 31,8) verglich. Die Tamarisken und Pappeln, die zwischen den Palmen am Fluss wuchsen, standen so dicht, dass vom »Dickicht des Jordan« (Jer 12,5) gesprochen wurde. Dort gab es Löwen und Wildschweine, und noch unter den muslimischen Kalifen war die Gegend um Jericho ein bevorzugtes Jagdgebiet, das zudem wegen des kühlen Wassers und der milden Luft seiner Oase geschätzt wurde.

Jericho ist möglicherweise die älteste befestigte Stadt auf Erden. Da die frühesten Festungen vor etwa 10 000 Jahren entstanden, wäre die Stadt zu der Zeit, als Josua und die Lade nach ihrer Wanderung durch die Wüste den Jordan überquerten, bereits über 6000 Jahre alt gewesen. Bis dahin wären die Mauern schon viele Male gefallen und wieder aufgebaut worden, da die Invasionsarmeen den durch Jericho führenden Straßen folgten und Halt machten, um die Stadt zu plündern. Doch nur der wundersame, durch die Lade herbeigeführte Einsturz der Mauern wurde über die Jahrhunderte hinweg überliefert.

Der »Pilger von Bordeaux«, der das Heilige Land im 4. Jahrhundert besuchte, schrieb, dass die Stadt bis auf das Haus von Rahab, der Dirne, die die ersten Israeliten versteckt hatte, die als Vorhut gekommen waren, um die Stadt auszukundschaften, noch immer völlig zerstört gewesen sei. Wenn man den Tell el-Sultan genannten großen Erdwall, der sich über den Dächern der kleinen Häuser von Jericho erhebt, und die Palmen am Rand der Oase betrachtet, kann man nur schwer glauben, dass selbst dieses einzelne Haus die 15 Jahrhunderte zwischen der Episode mit der Lade und der Ankunft des Pilgers überdauert haben könnte.

Die Stätten, die von mehreren Archäologen-Generationen in Jericho freigelegt wurden, sind auf dem Tell noch zu sehen, und jene, die man besichtigen kann, verhelfen dem Besucher zu einem kurzen Blick auf die Zeitmaschine. Es sind nicht nur Hunderte, sondern Tausende von Jahren, die vor dem Auge des Betrachters ablaufen. Städte wurden errichtet und fielen, und Dutzende von Mauern müssen auf die eine oder andere Weise eingestürzt sein. Wir stehen jedoch vor einem Problem: In Jericho herrschte zwar kein Mangel an einstürzenden Stadtmauern, aber ausgerechnet für die Zeit, als Josua mit der Bundeslade hier aufgetaucht sein soll, fehlen jegliche Hinweise auf die Zerstörung einer Stadtbefestigung. Auch Archäologen, die für Wunder nichts übrig hatten, bereitete dies Verdruss. Die archäologischen Belege ließen sich mit der Bibel nur in Einklang bringen, wenn die mutmaßliche Eroberung von dem mutmaßlichen Datum zeitlich immer weiter weggerückt wurde. Am Ende stellte sich heraus, dass es damit dennoch nicht getan war. In Jericho wurde klar, dass die Archäologie die biblischen Aufzeichnungen nicht bestätigen konnte.

Vielleicht vollzog sich die Eroberung, so wurde spekuliert, in Wirklichkeit ja langsamer und friedlicher, als nach der Bibel anzunehmen ist. Aber selbst dieser bescheidene Versuch, am biblischen Bericht festzuhalten, barg Probleme, da es den Archäologen schwer fiel, zwischen vermeintlich kanaanitischen und vermeintlich israelitischen Stätten zu unterscheiden. Angesichts der Tatsache, dass die Bibel uns erzählt, nur ein Teil Israels habe sich nach Ägypten begeben, musste ein anderer Teil Israels geblieben sein, und die Schwierigkeit, zwischen den Menschen, die in Kanaan lebten, und denen, die in Kanaan hinzukamen, zu unterscheiden, ist bislang nicht zu lösen. Dieses Problem taucht auch später in der Geschichte wieder auf, und obwohl es eines der großen Themen der Bibel ist, wirft es Fragen auf, die nie wirklich beantwortet werden. Wer waren die Israeliten tatsächlich, und warum waren sie nicht die Kanaaniter? Und wichtiger noch, wenn es sich bei der Eroberung in Wirklichkeit um einen friedlichen Vorgang handelte, warum sollte dann zu irgendeinem späteren Zeitpunkt eine derart aufschreckende und völkermörderische Darstellung erfunden worden sein?

Als die Zeit gekommen war, den Jordan zu überqueren, so berichtet die Bibel uns, sei Josua am frühen Morgen mit allen Israeliten von Schittim aufgebrochen. Nachdem sie den Fluss erreicht hatten, lagerten sie dort drei Tage lang, ehe sie tatsächlich den Versuch machten, ihn zu überqueren. Nach Ablauf der drei Tage gingen die Listenführer durch das Lager und befahlen den Israeliten, wenn sie die von den levitischen Priestern getragene Bundeslade sähen, sollten sie ihr in einem Abstand von etwa 2000 Ellen folgen. Sie durften nicht zu nahe an sie herankommen. Josua wies das Volk an, sich zu heiligen. Denn morgen, sagte er, werde der Herr Wunder unter ihnen vollbringen. Danach bat er die Priester, die Lade aufzunehmen und dem Volk vorauszugehen (Jos 3,1–6).

Dann sprach Gott zu Josua, er werde ihn vor den Augen ganz Israels groß machen, damit alle erkennen würden, dass Gott mit ihm sei, so wie er mit Mose gewesen sei. Sodann wies er Josua an, den Priestern, die die Lade trugen, zu befehlen, in den Jordan zu gehen und dort stehen zu bleiben (Jos 3,7–8).

Josua gab die Weisungen, die Gott ihm aufgetragen hatte, an das Volk weiter und machte zugleich eine erstaunliche Vorhersage. Die Bundeslade des Herrn der ganzen Erde werde vor ihnen her durch den Jordan ziehen. Sobald die Füße der Priester, die die Lade trugen, im Wasser des Jordan stünden, würde dieses einfach zu fließen aufhören (Jos 3,9–13). Gott hatte am Roten Meer, als Mose die Kinder Israels aus der Knechtschaft in Ägypten führte, ein Wunder vollbracht, und er würde ein weiteres Wunder vollbringen, wenn Josua sie ins Gelobte Land führte. Und genau dies geschah. Sobald die Priester mit ihren Füßen das Wasser berührten, blieben die Fluten des Jordan stehen:

»Das von oben herabkommende Wasser stand wie ein Wall in weiter Entfernung, bei der Stadt Adam, die in der Nähe von Zaretan liegt. Die zum Meer von Araba, zum Salzmeer, hinabfließenden Fluten dagegen liefen vollständig ab, und das Volk zog Jericho gegenüber durch den Jordan. Die Priester, die die Bundeslade des Herrn trugen, standen, während ganz Israel trockenen Fußes hindurchzog, fest und sicher mitten im Jordan auf trockenem Boden, bis das ganze Volk den Jordan durchschritten hatte.« (Jos 3,16–17)

Nachdem sie den Fluss sicher überquert hatten und 40 000 kampfbereite Männer an der Bundeslade vorbeigegangen waren, schlugen Josua und die Stämme Israels ihr Lager in den Steppen von Jericho auf. Es war die erste Stadt, die die Israeliten im Gelobten Land zu erobern versuchen wollten, und Gott sagte zu Josua, er gebe die Stadt Jericho in seine Hände. Er befahl ihm, sechs Tage lang mit allen Kriegern um die Stadt herumzuziehen, und versicherte ihm, wenn die Israeliten das Widderhorn bliesen, würden die Mauern der Stadt in sich zusammenstürzen (Jos 6,1–5).

Daraufhin rief Josua die Priester zu sich und wies sie an, die Bundeslade zu nehmen. Sieben Priester sollten sieben Widderhörner vor der Lade her tragen, während das Volk Israel um die Stadt zog. Josua gab strikte Anweisungen, dass das Volk kein Geschrei erheben und keinen einzigen Laut von sich geben sollte. Die Priester bliesen ihre Hörner, und das Volk zog schweigend um die Stadt. Sie umrundeten die Stadt einmal mit der Lade und kehrten dann in ihr Lager zurück (Jos 6,9-11).

Am zweiten Tag zogen sie erneut mit der Lade und den Widderhörnern um die Stadt, und sie taten dies eine Woche lang jeden Tag. Am siebten Tag brachen die Israeliten in der Morgendämmerung auf, um an diesem Tag siebenmal um die Stadt zu gehen, und als sie das siebte Mal um die Stadt zogen, befahl Josua dem Volk, ein Kriegsgeschrei zu erheben, denn Gott habe ihnen die Stadt in ihre Gewalt gegeben (Jos 6,12-16).

»Daraufhin erhob das Volk das Kriegsgeschrei, und die Widderhörner wurden geblasen. Als das Volk den Hörnerschall hörte, brach es in lautes Kriegsgeschrei aus. Die Stadtmauer stürzte in sich zusammen, und das Volk stieg in die Stadt hinein, jeder an der nächstbesten Stelle. So eroberten sie die Stadt. Mit scharfem Schwert weihten sie alles, was in der Stadt war, dem Untergang, Männer und Frauen, Kinder und Greise, Rinder, Schafe und Esel.« (Jos 6,20-21)

Auch wenn der Sieg von Jericho vielleicht das berühmteste Abenteuer der Lade ist, so kommt der faszinierendste Teil der Geschichte für jeden, der den Spuren der Lade folgen möchte, doch erst, nachdem die Stadt gefallen war. Trotz des Wunders, das Gott vollbracht hatte, gehorchte das Volk seinen Geboten nicht besser als damals, als Mose es durch die Wüste geführt hatte. Obwohl Gott die ganze Stadt dem Untergang geweiht hatte, behielten einige Israeliten Dinge für sich, womit sie den Zorn des Herrn auf sich zogen. Gott war so erzürnt, dass er es zuließ, dass sein Auserwähltes Volk in der nächsten Schlacht geschlagen wurde, um ihm eine Lektion zu erteilen. Selbst Josua begann zu verzweifeln.

»Josua zerriss seine Kleider und warf sich zusammen mit den Ältesten vor die Lade des Herrn mit dem Gesicht zu Boden und blieb dort bis zum Abend liegen. Sie streuten sich Asche auf das Haupt, und Josua sagte: Ach Herr, mein Gott! Warum hast du dieses Volk über den Jordan ziehen lassen? Um uns den Amoritern auszuliefern, damit sie uns vernichten?« (Jos 7,6–7)

Bemerkenswert daran ist: Weder Josua noch die Ältesten verhielten sich so, dass es ungefährlich für sie gewesen wäre, wenn sie sich in unmittelbarer Nähe der in der Priesterschrift beschriebenen Lade befunden hätten. Sie unternahmen nicht den geringsten Versuch, sich an die strengen Vorschriften zu halten, die für jede Annäherung an die Lade galten. Josua und die Ältesten standen unmittelbar vor ihr, obwohl sie keine Priester oder Leviten waren. Die Stämme befanden sich nicht auf Wanderschaft, und dennoch scheint die Lade nicht ins Allerheiligste des Offenbarungszeltes gebracht worden zu sein. Aber selbst wenn sie dort gewesen wäre und der Erzähler es einfach nicht für notwendig gehalten hätte, den Leser darüber zu informieren, bliebe, dass Josua und die Ältesten es niemals hätten betreten dürfen. Nach den Maßstäben der Priesterschrift wäre hier etwas absolut nicht in Ordnung. Das heißt, wir haben es hier entweder mit einer völlig anderen Konzeption der Lade oder mit einer anderen Lade zu tun.

Bei dem Abenteuer in Jericho scheint die Lade nicht im Offenbarungszelt oder irgendeinem anderen Zelt untergebracht gewesen zu sein. Die aus dem Norden stammende Überlieferung des Elohisten spricht andererseits von einem heiligen Zelt, das keine Lade enthielt. Beides ist schwer mit dem detailliertesten Bericht von der Bundeslade in Einklang zu bringen, wonach sie im kunstvoll ausgeführten Offenbarungszelt vor den Augen der Öffentlichkeit verborgen war. Waren das Offenbarungszelt und der vom Elohisten erwähnte Zeltschrein ein und dasselbe? So, wie wir Fragen zur Lade selbst stellen müssen, so müssen wir auch herausfinden, ob diese Beschreibungen sich auf unterschiedliche Dinge beziehen.

Die Beschreibungen des Zeltes im Elohisten lassen den Schluss zu, dass dem so war. Bei ihrer Wanderung durch die Wüste hatte sich bei

den Israeliten schließlich der Verdacht durchgesetzt, Mose habe sie in
die Wüste geführt, um sie dort sterben zu lassen. Sie sehnten sich nach
dem Fisch, den sie am Nil gegessen hatten, nach den Gurken, Melonen,
Zwiebeln, dem Lauch und Knoblauch, die auf dem fruchtbaren Boden
Ägyptens gewachsen waren. Sie waren das Manna leid und wollten
Fleisch haben. Mose selbst war völlig erschöpft, und er bat Gott, ihn
doch lieber gleich sterben zu lassen, damit er sich das Murren und die
fortwährenden Forderungen der Israeliten nicht mehr anhören musste
(Num 11,15).

Als Antwort darauf wies Gott Mose an, 70 von den Ältesten Israels
zusammenzurufen und sie zum Offenbarungszelt zu bringen. Die Ältesten sollten mit ihm die Last der Führung eines aufmüpfigen Volkes tragen. Mose verkündete den Israeliten dann, der Herr werde ihnen am
nächsten Tag Fleisch zu essen geben. Aber da sie sich geweigert hatten,
auf Gott zu vertrauen, würden sie so lange Fleisch essen, bis es ihnen
zum Halse heraushinge und sie sich davor ekelten (Num 11,16–20).

Nachdem Mose die 70 Ältesten versammelt hatte, stellte er sie rings
um das Zelt auf. Als sie da standen, kam Gott in einer Wolke herab und
sprach zu ihnen und gab jedem von ihnen etwas von dem Geist, den er
auf Mose hatte herabkommen lassen. Und als der Geist auf ihnen ruhte,
gerieten sie in prophetische Verzückung (Num 11,24–25).

Der interessanteste Teil der Begegnung zwischen Gott und den
Ältesten ist vielleicht, dass es heißt, zwei Männer seien im Lager geblieben, während alle anderen zum Zelt hinausgegangen seien. Wie
wir noch erfahren werden, hatte man das Offenbarungszelt mitten
im Lager aufgestellt. Es muss sich also um ein anderes Zelt gehandelt
haben.

Vorher, vor dem Bericht über die Offenbarung der Lade und das Offenbarungszelt am Sinai, erklärt uns die biblische Erzählung an einer
Stelle ausdrücklich, dass Mose ein Zelt außerhalb des Lagers aufzustellen pflegte – weitab vom Lagerplatz. Jeder, der Gott finden wollte, so
wird uns gesagt, sei zu diesem Zelt vor dem Lager hinausgegangen. Das
heißt mit anderen Worten nicht nur, dass sich dieses Zelt nicht wie

das Offenbarungszelt innerhalb des Lagers befand, sondern dass seine Nutzung auch nicht ausschließlich auf die Priester beschränkt war. Uns wird sogar gesagt, Josua, der Diener Mosis, sei mit seinem Meister im Zelt gewesen, und wir wissen, dass Josua kein Priester war.

Darüber hinaus wird uns berichtet, Gott sei in einer Wolke außerhalb des Zeltes erschienen und habe an dessen Eingang zu Mose gesprochen. Mose hatte also offenkundig im Zelt auf eine Offenbarung gewartet, die außerhalb des Zeltes erfolgen sollte. Das Offenbarungszelt sollte jedoch, wie wir noch sehen werden, eine völlig andere Funktion haben. Was die Priesterschrift über das Offenbarungszelt berichtet, scheint in Wirklichkeit in weiten Teilen als Erklärung dafür gedacht gewesen zu sein, wie die Autorität des Propheten Mose auf seinen Bruder Aaron und die Priester überging, die von ihm abstammten. Mit dem Offenbarungszelt wird die Prophezeiung zur Liturgie.

Was immer wir von der Abfolge der Erzählung auch halten mögen, und das Buch Exodus weist darauf hin, dass dieses Zelt bereits vor der Anfertigung des Offenbarungszeltes und der Lade existierte, es scheint sich dabei jedenfalls um ein anderes Heiligtum und sogar um eine andere Art von Heiligtum gehandelt zu haben. Die Verwirrung ist darauf zurückzuführen, dass die Priesterschrift das Zelt und das Offenbarungszelt in einen Topf wirft und beide Bezeichnungen gelegentlich nebeneinander verwendet.

Wenn wir also nach der Bundeslade suchen, werden wir sie nicht im alten Offenbarungszelt finden. Die Verfasser der Priesterschrift versichern uns jedoch, dass die Lade im Offenbarungszelt der Priesterschrift zu finden sei. Aber wenn es sich dabei nicht um dasselbe Zelt handelt, handelt es sich dann um dieselbe Lade?

4 DIE LADE UND DIE PRIESTER

Hermann Witsius bemerkte 1712, Gott habe zwar in sechs Tagen das ganze Universum erschaffen, aber 40 Tage für seine Anweisungen an Mose bezüglich des Heiligtums benötigt. Die Bibel konnte die Entstehung der Welt in einem einzigen Kapitel beschreiben, brauchte für das Heiligtum jedoch sechs.

Witsius machte keine Witze. Für den modernen Leser ist der Bericht über das Heiligtum vielleicht der verblüffendste Abschnitt in der hebräischen Bibel. Selbst wenn die Bundeslade im innersten Raum aufgestellt wurde, fällt es nicht immer leicht zu verstehen, warum die Details, wie das sehr komplizierte Zelt anzufertigen war, eine spirituelle Bedeutung haben sollen. Und das Ganze wäre noch schwerer verständlich, falls die Beschreibung rein imaginär und nie ein Zelt nach den Anweisungen, die so sorgfältig beschrieben und über so viele Jahrhunderte hinweg immer wieder vervielfältigt wurden, aufgestellt worden wäre. Aber die Lade der Priesterschrift ist ohne das Offenbarungszelt nicht zu verstehen. Anders als die jahwistische Lade, die die Israeliten in den Kampf führte, und die Bundeslade des Deuteronomiums, die die Gesetzestafeln enthielt, ist die Lade der Priesterschrift Teil eines komplizierten Kultsystems. Es sieht bisweilen sogar so aus, als sei das Offenbarungszelt und nicht die Lade das wichtigste Element.

Das hebräische Wort für Wohnstätte ist *Mishkan*, welches von dem Verb »wohnen« abgeleitet ist, und nach Jahrhunderten rabbinischer Spekulationen, wie Gott sich unter seinem Volk bewegt hat, kann es für uns durchaus schwierig sein, das Wort *Mishkan* zu lesen, ohne dabei an das eng verwandte Wort *Shekinah*, »die Gegenwart Gottes«, zu denken. Aber die Priesterschrift wurde nicht vor dem Hintergrund der Mystik der späteren Jahrhunderte geschrieben. Sie ist ein priesterliches Dokument, und ihr Hauptanliegen ist die ordnungsgemäße Ausführung eines Opferkultes. Dies war eine folgenschwere Angelegenheit.

Die Priester waren der festen Überzeugung, dass sie unbedingt alle notwendigen Vorsichtsmaßnahmen ergreifen mussten, um ihrer Aufgabe gerecht zu werden, die Fragilität des menschlichen Lebens vor der unendlichen Kraft zu schützen, die das Universum geschaffen hatte. Taten sie das nicht, würde es zu einer tödlichen Katastrophe fast unvorstellbaren Ausmaßes kommen. Diese schreckliche Verantwortung war dem Stamm Levi und der Familie Aaron auferlegt worden. Außerhalb der Priesterschrift wurde jeder levitische Mann für die Priesterschaft als tauglich angesehen, doch nach den Beschreibungen der Wohnstätte waren die Leviten Geistliche minderen Ranges. Nur die Familie Aaron wurde zu Priestern gesalbt. Während die Leviten, wenn die Israeliten ihr Lager abbrachen, um weiterzuziehen, für den Abbau, Transport und Wiederaufbau des Offenbarungszeltes verantwortlich waren, mussten die aaronidischen Priester zuerst die heiligsten Gegenstände im Heiligtum verhüllen, bevor es den Leviten, die die heiligen Gegenstände, insbesondere die Lade, nie zu Gesicht bekommen durften, gestattet war, dieses zu betreten.

Nach den Beschreibungen im Buch Exodus wurde die »Wohnstätte« aus einem schweren Gestell aus Akazienholz gebaut, mit mehreren Vorhängen verhüllt, die aus unterschiedlichen Materialien und mit verschiedenen Webtechniken angefertigt waren, und dann wurde ein Zelt aus Ziegenhaar darüber gestellt. Tausende von Jahren, nachdem der biblische Bericht geschrieben wurde, fällt es uns schwer, die Beschreibung des Offenbarungszeltes zu verstehen. Manche Worte sind für uns heute unverständlich. So sollte die Decke zum Beispiel aus Häuten von *Tehasim* gefertigt werden. Der Begriff wurde mit »Dachs« oder »Delfin« übersetzt. Er wurde jedoch auch in Verbindung gebracht mit einem akkadischen Wort, das »Schafleder« bedeutet, sowie mit einem ägyptischen Wort, das für »Leder ausdehnen oder behandeln« steht. Wie der Begriff tatsächlich zu deuten ist, wissen wir derzeit jedenfalls nicht.

Aber selbst wenn uns die entsprechenden Materialien bekannt wären, würden wir vermutlich nicht verstehen, wie das Offenbarungszelt im Einzelnen konstruiert war. Das Rahmengestell wurde zweifellos aus

Akazienholz gefertigt; es ist den Forschern jedoch seit jeher ein Rätsel, wie die Balken oder Bretter miteinander verbunden wurden. Wurden sie bündig aneinander gefügt oder so aufgestellt, dass sie sich überlappten? Und entsprachen ihre Maße zusammengenommen den Maßen des gesamten Konstrukts? Doch selbst wenn wir alle Materialien kennen würden und die Anweisungen nachvollziehen könnten, würde sich der entscheidende Punkt möglicherweise dennoch unserem Verständnis entziehen. Warum mussten beispielsweise die Ringe, die doch dem menschlichen Auge verborgen sein sollten, aus so edlem Metall wie Gold hergestellt werden?

Das größte Problem für die meisten modernen Leser, insbesondere für protestantische Christen, die oft nur ein begrenztes Interesse an irgendwelchen Ritualen haben, ist abgesehen davon jedoch die Tatsache, dass die Autoren dieser Abschnitte die Wohnstätte so faszinierend fanden. Sie lieferten eine Beschreibung, die selbst von den größten jüdischen Autoritäten als »weitschweifig« bezeichnet wurde; und trotzdem wiederholten dieselben Autoritäten das ganze Paket von Anweisungen und befanden es bei verschiedenen weiteren Gelegenheiten auch für notwendig, die lange Liste ritueller Gegenstände erneut aufzuführen. Für die späteren Rabbis hatte jeder Gegenstand natürlich eine besondere Bedeutung, und ihr Bericht über das Offenbarungszelt war entschieden lebendiger: Das Holz für das Rahmengestell kam offenbar aus dem Paradies, Adam hatte es mitgenommen, als er mit Eva vertrieben worden war. Es war über die Generationen hinweg bis zum Erzvater Abraham weitergegeben worden, der es Isaak vererbt hatte und von dem es auf Josef übergegangen war. Als Josef nach Ägypten gezogen war, hatte er das Akazienholz bei sich; und nachdem die Israeliten von Gott aus ihrer Knechtschaft befreit worden waren, hatten diese das Holz mit in die Wüste genommen. Das Rahmengestell war durch einen Balken zusammengehalten worden, der von dem Baum stammte, den Abraham im Buch Genesis in Beerscheba gepflanzt hatte. Während Mose das Auserwählte Volk durchs Rote Meer geführt hatte, war der Baum von Engeln geschlagen und ins Wasser geworfen worden, sodass

die Israeliten ihn bei ihrer Wanderung zum Sinai hatten mitnehmen
können. Er hatte eine Länge von 70 Ellen und besaß wundersame
Kräfte – er bog sich, wenn das Offenbarungszelt errichtet worden war,
und streckte sich, sobald es abgebaut wurde.

Die Verfasser der Priesterschrift, denen die Beschreibung des Offenbarungszeltes für gewöhnlich zugeschrieben wird, hätten damit die
göttliche Einrichtung eines Opferkultes erklärt, dem sie ihr Leben gewidmet hatten. Dies mag zwar zum Teil die obsessive Auseinandersetzung mit Details erklären, all dies war jedoch nicht einfach eine Frage
des Stolzes auf eine gut verrichtete Arbeit oder glänzend erfüllte Aufgabe. Der Kult gewährleistete die Sicherheit der Kinder Israels, war
darüber hinaus aber auch wesentlich für die Ordnung und Harmonie
des ganzen Universums. Für die Priester war die genaue Einhaltung der
Vorschriften eine Frage von höchster Bedeutung. Der Grund dafür wird
im Bericht über die Offenbarung am Sinai genannt: Das Heiligtum
wurde nach einem bereits im Himmel existierenden Modell gebaut. Bei
Philo und Josephus mag eine platonische Allegorie oder gar eine ägyptische Mystik im Vordergrund gestanden haben, doch hinsichtlich ihrer
Einstellung gegenüber dem Kult kamen sie der Denkweise der Autoren
der Priesterschrift sehr nahe. Das Heiligtum war die symbolhafte De-
monstration einer kosmischen Realität. Es war in stofflicher Form eine
Offenbarung der göttlichen Wahrheit. Und es war, wie wir noch erfahren werden, auch eine Art Technik für den Umgang mit einer höchst
unbeständigen und gefährlichen Kraft. Wurde ein absolut fachgerech-
ter Umgang nicht gewährleistet, dann erwies sich diese Kraft nicht nur
für jene als tödlich, die sich ihr nähern durften, sondern auch für alle
anderen.

Derartige fachspezifische Fragen mögen dem Laien langweilig erscheinen, aber die Priester vermochten ihre Berufung durchaus in
einem dramatischen oder auch romantischen Licht zu sehen. Der Verfasser des Buches Jesus Sirach scheint im 2. Jahrhundert v. Chr. den
Priestern von Jerusalem nahe gestanden zu haben, und wenn er beschreibt, wie der Hohe Priester in einer Wolke von Weihrauch aus dem

Allerheiligsten, wo die Bundeslade einst gestanden hat, auftaucht, bleibt sicherlich niemand unbeeindruckt:

>»Wie ein leuchtender Stern zwischen den Wolken,
wie der Vollmond in den Tagen des Festes,
wie die strahlende Sonne über dem Königspalast,
wie ein Regenbogen, der in den Wolken erscheint,
wie Blütenzweige in den Tagen des Festes,
wie eine Lilie an Wasserläufen,
wie das Grün des Libanon an Sommertagen,
wie Weihrauchfeuer auf dem Speiseopfer,
wie ein vergoldetes Gefäß, mit dem Hammer getrieben
und mit Edelsteinen besetzt,
wie ein üppiger Ölbaum voll von Früchten,
wie ein wilder Ölbaum mit saftigen Zweigen.
Wie herrlich, wenn er die Prachtgewänder angelegt
und sich mit allem Schmuck bekleidet hatte,
wenn er emporstieg zum erhabenen Altar
und die Einfassung des heiligen Raumes mit Glanz füllte.«
(Sir 50,6–11)

Doch was für ein System beschrieben die Verfasser in den Büchern Exodus und Levitikus eigentlich? Da wäre zum Beispiel die Frage, ob ein so kunstvoll gearbeiteter Schrein überhaupt hätte durch die Wüste befördert werden können? Noch schwerer zu glauben ist, dass ein Gebilde von der Größe, Komplexität und dem Kostenaufwand, wie es in der Priesterschrift beschrieben wird, von Stämmen hätte hergestellt werden können, die durch die Wüste des Sinai wanderten und sich selbst überlassen waren. Dies gilt insbesondere auch für die prächtigen Gewänder und rituellen Gegenstände.

»Sie stellten das Efod her aus Gold, violettem und rotem Purpur, Karmesin und gezwirntem Byssus. Sie schlugen goldene Plättchen breit, schnitten sie in Fäden, um sie zwischen violettem und rotem Pur-

pur, Karmesin und Byssus als Kunstweberarbeit einzuwirken ... Sie be-
arbeiteten die in Goldfassungen eingesetzten Karneolsteine und schnitten nach Siegelart die Namen der Söhne Israels ein.« (Ex 39,2–6)

Die Verfasser stellen die Herstellung des Heiligtums nicht als wundersames Ereignis dar. Die Künstler und Handwerker mögen vom Geist
Gottes inspiriert gewesen sein, Gott sandte ihnen die Materialien jedoch nicht vom Himmel herab. Die Stämme spendeten einfach so viel
von dem, was sie besaßen, dass Akazienholz, gewirkte Stoffe und Edel-
metalle in ausreichenden Mengen verfügbar waren.

Die Priesterschrift wurde von Liturgikern und nicht von Historikern
verfasst, wie wir heute sagen würden, und es ist davon auszugehen,
dass sie das Heiligtum in der Sprache ihrer Zeit geschildert haben. Mit
anderen Worten, sie schrieben zu einer Zeit, als es in Jerusalem tatsächlich bereits einen Tempel mit prächtigen Verzierungen und komplexen Ritualen gab, und sie stellten eine frühere Version dieses Got-
teshauses dar, und zwar so, wie es ihnen angemessen schien. Es gibt
keinen Zweifel: Die jüdischen Künstler in der antiken Welt taten zweifelsohne das Gleiche und stellten die Bundeslade so dar, als sei sie die
heilige Lade der Synagoge, oder die Philister so, als seien sie Perser.

Vielen von uns ist nicht wohl, wenn wir eben diese Sicht auch bei
religiösen Schriften anlegen sollen, da dies die Wahrhaftigkeit der biblischen Erzählung unterminieren könnte. Es geht hierbei jedoch nicht
einfach nur um die Entscheidung, ob wir einen Text, der als Protokoll
zeitgenössischer Ereignisse geschrieben wurde und somit absolut ver-
trauenswürdig ist, vor uns haben oder irgendeinen frommen Schwindel. Je besser wir die Entwicklung der Bücher im biblischen Kanon verstehen, wozu auch die Belege gehören, die vor über 50 Jahren bei den
Schriftrollen vom Toten Meer in Qumran gefunden wurden, desto stärker zeichnet sich ein kontinuierlicher Wachstumsprozess ab, der weit
bis ins 1. Jahrhundert n. Chr. hineinreichte. Und dies ist sicher nicht das
erste und einzige Beispiel, bei dem eine heroische Vergangenheit aus
dem Blickwinkel einer späteren Zeit geschildert wurde.

Diese Frage ist allerdings von großer Bedeutung, wenn wir heraus-

finden möchten, was Kaiser Iyasu wohl gesehen hat, als er sich in
Aksum die Lade bringen ließ, und was die früheren Berichte über die
Lade in Äthiopien beschrieben haben könnten. Handelt es sich bei den
Darstellungen der Lade und des Offenbarungszeltes in der Priesterschrift um genaue Berichte über Gegenstände, die am Sinai hergestellt
wurden? Und falls es sich dabei nicht um Berichte über diese Objekte
handelt, haben wir es dann dennoch mit genauen Berichten über Gegenstände zu tun, die zu irgendeinem späteren Zeitpunkt für den Kult
angefertigt wurden? Ist die Priesterschrift der Prüfstein, nach dem wir
den Bericht des Chronisten von Iyasu oder den eines anderen Zeugen
aus Äthiopien beurteilen sollten? Oder begehen wir, wenn wir diese
Frage stellen, einen grundlegenden Fehler, indem wir einen liturgischen Text so behandeln, als hätten wir es mit einem historischen
Text zu tun, und erwarten, dass er uns eine Art von Information liefert,
die für seine Verfasser kaum von Interesse war?

Selbst wenn die Priesterschrift einen erhabenen Ton anschlägt, um
eine Einrichtung zu beschreiben, die für den Kult von immenser Bedeutung war, mögen gewisse Zweifel angezeigt sein bezüglich dessen,
was hier tatsächlich beschrieben wird. Handelt es sich bei dem Heiligtum um eine Darstellung des Tempels, dessen Proportionen so verklei-
nert wurden, dass seine Beförderung durch die Wüste glaubwürdiger
erschien? Das war vor einem Jahrhundert zumindest Konsens unter
den Anhängern des großen deutschen Bibelforschers Julius Wellhausen. Aber wenn die Maße des Heiligtums auch sehr detailliert angegeben werden, so entsprechen sie proportional doch nicht genau den Maßen des Tempels. Beschriebe die Priesterschrift ein späteres Heiligtum,
könnte es sich dabei um das Zelt handeln, das David aufschlug, als er
die Lade nach Jerusalem brachte, oder um das Heiligtum von Schilo,
nach der Eroberung des Gelobten Landes?

Von Letzterem wird natürlich behauptet, dass es sich dabei um
das Heiligtum selbst handelte, das als eine Art Zentralheiligtum für die
Stämme Israels errichtet worden sei, aber vielleicht könnte es ja auch
eine spätere und kunstvollere Version gegeben haben. Die Beschrei-

bungen vom Zelt Davids wie auch vom Heiligtum in Schilo sind jedoch so kurz, dass sie lediglich die Behauptung erlauben, der Bericht über das Offenbarungszelt sei in gewisser Weise historisch, auch wenn es dafür keine Belege gibt. Obwohl sich durchweg hoch angesehene Forscher für das eine oder andere dieser Zelte ausgesprochen haben, ist es einfach nicht möglich, die Validität ihrer Thesen zu beurteilen. Ohne jeden Beweis sind ihre Thesen faszinierend, aber letztlich wenig hilfreich.

Wenn Forscher in der Annahme, dass ein derart kunstvoll gearbeitetes Gebilde in der Wüste nie hätte angefertigt werden können, sich genötigt sehen, es mit einem an anderer Stelle erwähnten Zelt zu identifizieren, dann ist dies sicher zum einen mit der Fülle von Einzelheiten zu erklären, die die Bibel darüber liefert. Aus ihrer Sicht wäre es absurd und abwegig gewesen, etwas in seiner ganzen Komplexität zu beschreiben, das nie existiert hat.

Das Buch Ezechiel enthält jedoch die Schilderung eines Tempels, den der Prophet in einer Vision sah, und obwohl der Tempel, als der Prophet ihn sah, keine feste Form hatte und nie so gebaut wurde, wie er ihn beschrieb, beinhaltet der Bericht ebenfalls ganz genau die Einzelheiten, die wir über das Offenbarungszelt kennen. So befremdlich dies modernen Forschern vorkommen mag, den Verfassern der Priesterschrift muss es nicht unbedingt seltsam erschienen sein:

»Seine Torkammern, seine Pfeiler und seine Vorhalle hatten die gleichen Maße wie dort. Auch dieses Tor und seine Vorhalle hatten ringsum Fenster. Im Ganzen war es 50 Ellen lang und 25 Ellen breit. Seine Vorhalle lag auf der Seite zum Vorhof. Seine Pfeiler waren mit Palmen verziert, und acht Stufen führten zu ihm hinauf.« (Ez 40,29–31)

Über vier Kapitel hinweg werden im Buch Ezechiel solche Einzelheiten beschrieben, und wenn man die weiteren Kapitel über Opfer, Feste und verschiedene Formen von Ritualen hinzunimmt, so können die Schilderungen durchaus mit den Ausführungen über das Heiligtum konkurrieren.

Die ugaritischen Texte, die auf dem Ras Schamra gefunden und im

2. Jahrtausend v. Chr. geschrieben wurden, erwähnen ein *Mishkan* beziehungsweise eine Wohnstätte, die für die Götter gebaut wurde. Da diese Texte nachweislich sehr alt sind, glaubte man, sie würden den Beweis für das Alter oder die Historizität der biblischen Wohnstätte liefern. Sie sind jedoch literarische Belege der ugaritischen Mythologie und kein archäologischer Beweis für eine Wohnstätte, die dem kunstvollen, im Exodus beschriebenen Gebilde ähnlich wäre. Die Ähnlichkeiten mögen faszinierend sein, und sie werfen weitreichende Fragen über den ausschließlichen Charakter der israelitischen Institutionen und das Maß an Isolierung von den Völkern auf, unter denen die Israeliten lebten; aber sie helfen uns bei der Frage nicht weiter, ob tatsächlich eine israelitische Wohnstätte nach den biblischen Anweisungen gebaut wurde.

Seit frühester Zeit enthielten biblische Manuskripte und Bücher oft Zeichnungen oder Pläne vom Offenbarungszelt und seiner Einrichtung wie auch vom Tempel. Ohne jede weitere Anleitung kann es für jemanden, der das Buch Exodus liest, schwer sein, sich die Konstruktion vorzustellen, die die Verfasser zu erklären versuchen. Insbesondere nach der Reformation wurden im Rahmen der zunehmenden protestantischen Forschungen in diesem Zusammenhang einige höchst akribische und erschöpfende Rekonstruktionsversuche unternommen. Sofern das Heiligtum die Verkörperung eines göttlichen Plans und in gewisser Weise ein Ebenbild des Aufbaus des Universums war, dann war es selbstredend von großer Bedeutung, genau zu wissen, wie es errichtet wurde.

Trotz der Unklarheiten und der Komplexität des hebräischen Textes ergibt sich bei sorgfältigem Lesen der betreffenden Abschnitte im Buch Exodus ein logisches und kohärentes Bild des Konstruktes. Es besteht aus drei verschiedenen Bestandteilen: Geräten, Stoffen und Brettern. Das Gerüst der Wohnstätte wurde aus Brettern hergestellt, die an der Nord-, West- und Südseite, nicht jedoch an der Ostseite aneinander gereiht angebracht wurden. Die drei Wände wurden mit zehn kleineren Zelttüchern verkleidet, und das Zelt, das darüber gespannt wurde, sollte mit elf Decken aus Ziegenhaar und einer Decke aus »Widderfellen und darüber [mit] eine[r] Decke aus Tahaschhäuten«, dem mysteriösen *Tehasim*, verhüllt werden (Ex 26,214). Das Innere war in zwei Teile unterteilt, in ein inneres und ein äußeres Heiligtum, die durch einen Vorhang, den so genannten *Paroket*, voneinander getrennt wurden.

Die Bundeslade wurde im Allerheiligsten untergebracht, das die Form eines Würfels mit einer Seitenlänge von zehn Ellen hatte. Im äußeren Heiligtum gab es drei Einrichtungsgegenstände: Der Tisch wurde an der Nordseite aufgestellt, der Leuchter an der Südseite und der Räucheraltar dazwischen, gegenüber der Lade. Vor dem Eingang zur Wohnstätte, dem Allerheiligsten, wurde ein Vorhang aufgehängt.

Der Vorhof um die Wohnstätte wurde durch Behänge, die über die Säulen gezogen wurden, markiert. Es ist nicht genau angegeben, wo die Wohnstätte im Vorhof stehen sollte, aber der äußere Altar stand vor ihr, und zwischen dem Altar und der Wohnstätte befand sich das mit Wasser gefüllte Waschbecken, an dem sich die Priester in Vorbereitung auf ihre heiligen Handlungen Hände und Füße wuschen.

Unter der Bundeslade stellen viele sich etwas äußerst Gefährliches vor, das unweigerlich jedem den Tod brachte, der sich ihm, egal ob in harmloser oder böser Absicht, näherte. Sie schien jedoch nur ein Teil eines Systems zu sein, durch das die Ungeheuerlichkeit der göttlichen Macht mit rituellen Mitteln kontrolliert werden konnte. Jeder Aspekt des Offenbarungszeltes war darin einbezogen.

Um diese Macht im Zaum halten zu können, wurde heiliges Öl verwendet, und es gab genaue Anweisungen, wie dieses Öl zuzubereiten war. Die Gegenstände und die Einrichtung des Offenbarungszeltes wurden mit diesem Öl gesalbt. Auch Aaron und seine Söhne wurden damit gesalbt, und damit wurde ihnen das gleiche Maß an Heiligkeit zuteil wie den Einrichtungsgegenständen. Auf diese Weise wurden sie vor dem Tod bewahrt, wenn sie diese Dinge berührten. Die Priester und ihre Gewänder wurden in den gleichen geheiligten Zustand versetzt wie die Einrichtungsgegenstände, und damit wurde ein Gleichgewicht hergestellt. Dies bedeutete logischerweise, dass es Laien verboten war, mit einem Priester in Kontakt zu kommen, während dieser gesalbt war oder bei den Einrichtungsgegenständen seinen Dienst verrichtete.

Der Priesterschrift zufolge war die Lade stets verhüllt. Sie wurde im Dunkeln, im Allerheiligsten der Wohnstätte aufbewahrt. Niemand durfte sie berühren oder sehen, und wer es dennoch tat, musste sterben. Selbst der Hohe Priester hüllte sich am Versöhnungstag zunächst in eine schützende Wolke aus Weihrauch, wenn er, wie Gott es befohlen hatte, das alljährliche Opfer darbrachte.

»Aaron soll den Jungstier für sein eigenes Sündopfer herbeibringen lassen, um sich und sein Haus zu entsühnen, und diesen Jungstier als Sündopfer für sich schlachten. Dann soll er eine Räucherpfanne voll glühender Kohlen vom Altar, der vor dem Herrn steht, und zwei Hand voll zerstoßenen duftenden Räucherwerks nehmen. Er soll alles hinter den Vorhang bringen und das Räucherwerk auf das Feuer vor dem Herrn tun; die Wolke des Räucherwerks soll die Deckplatte über der Lade einhüllen, damit er nicht sterben muss.« (Lev 16,11–13)

Wenn die Lade bewegt oder transportiert werden musste, wurde sorgsam darauf geachtet, dass niemand sich ihr näherte oder sie sah. Genaue Anweisungen beschrieben, wie Aaron und seine Söhne das Heiligtum zu betreten, den Vorhang abzunehmen und die Lade damit zu bedecken hatten. Dann legten sie eine Decke aus Ziegenhaar darüber und breiteten anschließend ein blaues Tuch über der Ziegenhaardecke aus. Erst danach durften die Leviten sich der Lade nähern und sie abholen.

Solange das Offenbarungszelt samt seiner Einrichtung weitertransportiert wurde, war die Kraft der verderbenbringenden Heiligkeit in ihrer Gesamtheit eingeschränkt, sobald es jedoch im Lager aufgestellt war, hatten die Leviten die Aufgabe, es zu bewachen. Um sicherzustellen, dass niemand dem Offenbarungszelt zu nahe kam, bezogen sie im Kreis außen herum Aufstellung, während die Priester am Eingang zum Vorhof aufpassten, dass niemand ihn betrat.

Die Idee von der verderbenbringenden Heiligkeit berührt viele, die heute die Beschreibung vom Offenbarungszelt lesen, höchst unangenehm. Welche Absichten derjenige hegte, der sich über die Verbote hinwegsetzte, scheint keine Rolle gespielt zu haben. Ob man Gutes oder Böses im Sinn hatte, war egal; der Tod folgte in dem einen wie dem anderen Fall auf sicherem Fuße. Und noch erschreckender ist, dass diese Macht der Heiligkeit, wenn sie einmal freigesetzt wurde, von demjenigen, der sie provozierte, auf einen anderen, Unschuldigen, der sich keiner Verletzung der Vorschriften schuldig gemacht hatte, übergehen und diesen treffen konnte. Mose warnte die Priester, dass sie, wenn sie Trauerriten vollzogen und dabei das Salböl noch an sich hatten, nicht nur selbst sterben, sondern auch den Zorn Gottes gegen das ganze Volk wecken würden.

Vielleicht ist es richtig, dass wir dies beunruhigend finden. Auch den Rabbis war, wie wir noch sehen werden, dabei nicht wohl, und sie suchten deshalb nach der hinter den Worten der Bibel versteckten Gnade Gottes. Diese extreme Form der Heiligkeit, die für die moderne Logik wie für die moderne Moral sicher ebenso verwirrend ist, hat auch etwas Paradoxes. Diese Heiligkeit war so extrem, dass sie den Tod schmutzig machte. Die Theorie der Heiligkeit ging sogar von gewissen Formen der Unreinheit im Zusammenhang mit Leichen aus, die nur durch Substanzen beseitigt werden konnte, die selbst unrein waren. Sie reinigten das Beschmutzte und beschmutzten das Reine.

Als es schließlich fertig war, verhüllte eine Wolke das Offenbarungszelt, und »die Herrlichkeit des Herrn erfüllte die Wohnstätte« (Ex 40,34) und begann, eine wundersame Kraft zu entfalten. Gott hatte Mose befohlen, die Wohnstätte am ersten Tag des ersten Monats aufzustellen, die Bundeslade hineinzustellen und die Lade dann durch den Vorhang zu verhüllen. Es heißt, bei Tag habe eine Wolke über der Wohnstätte geschwebt und bei Nacht sei ein Feuer an ihr gewesen – die Zeichen, die auch auf dem Berg Sinai erschienen waren, als Gott sich Mose offenbart hatte. Dieses wundersame Zeichen legt den Schluss nahe, dass die Wohnstätte eine kleinere und tragbare Version des heiligen Berges war.

Während die Einweihung des Heiligtums für die Israeliten ein Tag der Freude war, heißt es in späteren jüdischen Berichten, die Engel seien oft eifersüchtig auf die Gunstbezeigungen gewesen, die Gott dem Menschengeschlecht erwies, und seien nunmehr sehr unglücklich über die Errichtung der Wohnstätte gewesen. Sie fürchteten, sobald die Herrlichkeit Gottes einmal vom Himmel herabgestiegen sei, um im Heiligtum zu wohnen, würden sie im Himmelreich bald sich selbst überlassen sein. Gott hatte versucht, sie zu beruhigen, dass seine wahre Wohnung weiterhin bei ihnen, weit über der Welt sterblicher Menschen sei, sie seien jedoch erst zufrieden gewesen, nachdem er ihnen erlaubt habe, auch eine Wohnstätte im Himmel zu bauen, die identisch mit der Wohnstätte auf Erden war. Die Geschichte ist faszinierend, da sie die These umzukehren scheint, die Wohnstätte sei nach einem himmlischen Modell angefertigt worden. Hier ist es die irdische Wohnstätte, die der himmlischen Wohnstätte als Modell dient.

Sobald die Israeliten das Offenbarungszelt aufgestellt hatten, kehrte, berichten die Rabbis, wieder Frieden auf Erden ein. Durch das Offenbarungszelt vernichtete Gott die Macht der Dämonen und verkündete den Kindern Israels, auch wenn einst Hass und Wut zwischen ihm und seinen Kindern geherrscht hätten, werde es jetzt nur noch Liebe, Freundschaft und Frieden geben. Als Mose die Israeliten durch die Wüste führte, hatten sie ihm allerdings größtenteils Hass und Wut entgegengebracht.

Auf ihrem weiteren Weg ins Gelobte Land erschienen, dem biblischen Bericht zufolge, immer wieder die mysteriöse Wolke und das Feuer, die das Auserwählte Volk durch die Wüste führten. Spätere Überlieferungen behaupteten, die Wolkensäule habe direkt über der Bundeslade gestanden und in der Wolke seien zwei hebräische Buchstaben zu sehen gewesen – die Buchstaben, durch die Gott die Welt erschaffen hatte. Bei Tag erstrahlte die Wolkensäule im Sonnenlicht, und bei Nacht schien sie im Mondlicht, sodass die Israeliten immer sagen konnten, ob es Tag oder Nacht war, auch wenn der Himmel mit dichten Wolken verhangen war. Den ganzen Tag über zogen die beiden Buch-

staben über den Stämmen Israels dahin, außer am Sabbat, wenn sie be-
wegungslos in der Luft verharrten. Wenn Gott wollte, dass das Volk Israel sein Lager abschlug und weiterzog, dann schwebte die Wolke mit
den zwei Buchstaben über der Lade den Israeliten voraus, und sie folgten ihr, während ihnen von allen Seiten ein nach Weihrauch und Myrre
duftender Wind entgegenblies.

Obwohl die Macht Gottes sich ihm fortwährend auf augenschein-
lichste Weise offenbarte, schien das Volk Israel sich nicht wirklich
vergegenwärtigen zu können, dass Gott tatsächlich mit ihm war. Nicht
einmal Mose selbst zeigte immer die Stärke und das gesunde Urteilsvermögen, die man von ihm eigentlich erwartet hätte. Dies mag zum Teil
auf die verschiedenen Quellen zurückzuführen zu sein, die die par-
teiischen Interessen innerhalb der Priesterschaft widerspiegeln. Nach
dem uns vorliegenden Text scheinen die Charaktere jedenfalls mit
einem trefflichen Bewusstsein für die Gebrechlichkeit und Schwäche
des Menschen gezeichnet worden zu sein, ob dies nun auf die Einsicht
eines Urverfassers oder darauf zurückzuführen ist, dass widersprüchliche Quellen in einem Text zusammengefasst wurden.

Gelegentlich wurde behauptet, die Israeliten hätten sich noch nicht
von den fürchterlichen Erfahrungen ihres generationenlangen Sklaven-
lebens in Ägypten erholt – eine Entwürdigung, die sie ihrer Reife, ihres
Selbstvertrauens und Durchhaltevermögens beraubt hätte, Eigenschaften, die Voraussetzung für eine so anstrengende Unternehmung gewesen seien. Vielleicht seien die Jahre, die sie in der Wüste verbrachten,
auch notwendig gewesen, um eine neue Generation hervorzubringen,
die dann den Mut und das Durchhaltevermögen besaß, für das Gelobte
Land zu kämpfen. Dies würde dem Bericht jedoch seine klare Einsicht ins menschliche Herz absprechen. So anachronistisch es wäre, die
Briefe, die Paulus von Tarsus schrieb, auf die Kämpfe der Israeliten in
der Wüste zu beziehen, so sind doch selbst diejenigen unter uns, die in
Freiheit geboren werden, nur allzu oft Sklaven ihrer eigenen Angst und
Schwäche.

Selbst die Gegenwart der Bundeslade hat den Israeliten, zumindest späteren jüdischen Überlieferungen zufolge, nur vorübergehend Mut gemacht. Wann immer sie mit ihrem Lager weiterzogen, hielt Mose sie dazu an, die Weisungen der Herrlichkeit Gottes in der Lade zu befolgen. Sie glaubten jedoch nicht, dass Gott tatsächlich dort gegenwärtig war, bis Mose die Worte sprach: »Steh auf, Herr, dann zerstreuen sich deine Feinde, dann fliehen deine Gegner vor dir.« (Num 10,35) Als er diese Worte gesprochen hatte, begann die Lade sich zu bewegen, und dies galt als Beweis dafür, dass Gott noch immer bei ihnen war. Noch dramatischer war die Angewohnheit der Lade, in die Luft zu steigen, wenn sie beschlossen hatte, dass die Israeliten ihr Lager abbrechen sollten, und den Stämmen dann vorauseilte, bis sie einen neuen Lagerplatz gefunden hatten, auch wenn das drei Tage dauern konnte.

Im Buch Levitikus vollzieht Mose ein langwieriges Ritual, um die Priester für ihren Dienst an der Lade und im Heiligtum zu weihen. Nach den Geboten Gottes wusch er Aaron und seine Söhne mit Wasser und salbte sie. Dann legte er ihnen die Gewänder an und salbte auch diese, anschließend salbte er die Wohnstätte und alles, was darin war (Lev 8,6–10). Ohne das aufwändige Ritual einzuhalten, das zu ihrer eigenen Sicherheit notwendig war, wenn sie die furchteinflößenden Verpflichtungen der Heiligkeit auf sich nahmen, beschlossen zwei Söhne Aarons, ein Rauchopfer darzubringen, das Gott nicht befohlen hatte. Da es heißt, sie hätten es »vor dem Herrn« (Lev 10,1) dargebracht und seien daraufhin »vor dem Herrn« (Lev 10,2) umgekommen, scheinen sie wohl versucht zu haben, der Bundeslade zu opfern.

»Die Söhne Aarons, Nadab und Abihu, nahmen jeder seine Räucherpfanne. Sie legten Feuer auf, taten Räucherwerk darauf und brachten vor dem Herrn ein unerlaubtes Feuer dar, eines, das er ihnen nicht befohlen hatte. Da ging vom Herrn ein Feuer aus, das sie verzehrte, und sie kamen vor dem Herrn um. Da sagte Mose zu Aaron: Das ist es, was der Herr meinte, als er sprach: An denen, die mir nahe sind, erweise ich mich heilig, und vor dem ganzen Volk zeige ich mich herrlich. Aaron schwieg.« (Lev 10,1–3).

Die Geschichte ist eindeutig eine Darlegung priesterlicher Interessen und Überzeugungen. Kultische Rituale, insbesondere in Zusammenhang mit der Lade, mussten in allen Einzelheiten befolgt werden. Jedes Versäumnis bedeutete den Tod.

Nach späteren jüdischen Überlieferungen fand Aaron seinen Frieden nicht so schnell wieder. Die Rabbis hatten eindeutig Angst, Gott gnädiger darzustellen, als er nach dem unerbittlichen Bericht der Bibel gewesen sein konnte. Als Aaron hörte, dass seine Söhne tot waren, beklagte er sich bei Gott, alle Stämme Israels hätten ihn am Roten Meer und dann noch einmal am Sinai gesehen, ohne dass auch nur einer von ihnen zu Schaden gekommen war. Gott habe selbst die Anweisung gegeben, dass seine Söhne im Heiligtum Dienst tun sollten – an einem Ort, den Laien nicht betreten durften, wenn sie am Leben bleiben wollten. Sie hätten doch nur seine Stärke und seine Macht sehen wollen und hätten deshalb sterben müssen.

Daraufhin wies Gott Mose an, seinem Bruder Aaron die Botschaft zu überbringen, dass es in Wirklichkeit ein Akt der Gefälligkeit gewesen sei, die beiden jungen Männer sterben zu lassen. Er hatte bestimmt, dass jeder, der das Heiligtum ohne entsprechende Weisung betrat, von Aussatz befallen werde. Gewiss hätte Aaron nicht gewollt, dass seine Söhne, die für den Dienst im Heiligtum geweiht waren, der schrecklichen Krankheit wegen aus dem Lager der Israeliten ausgestoßen worden wären. Nachdem Aaron den Grund für ihren Tod gehört hatte, war auch er der Meinung, es sei besser, dass sie nicht überlebt hatten.

Während Mose sich abmühte, die Israeliten weiter durch die Wüste zu führen, schienen Drohungen und selbst der Tod, der ihnen durch Erdbeben und Plagen gesandt wurde, die Israeliten immer nur für kurze Zeit zu Glauben und Gehorsam anhalten zu können. So beschloss Gott schließlich, sein Auserwähltes Volk mit einem weiteren Wunder zur Besinnung zu bringen.

Am Offenbarungszelt sprach Gott wiederum zu Mose und wies ihn an, sich von jeder Großfamilie der Stammesführer einen Stab geben zu lassen, ihre Namen darauf zu schreiben und die Stäbe dann im Offenbarungszelt »vor die Bundesurkunde«, mit anderen Worten: vor die Bundeslade, zu legen (Num 17,16–19). Alle Stammesführer Israels taten, wie ihnen geheißen, und auf den Stab des Hauses Levi wurde der Name »Aaron« geschrieben. Am nächsten Morgen war der Stab Aarons grün geworden, er trieb Zweige, blühte und trug Mandeln. Nachdem nun alle vom Volk Israel sehen konnten, dass mit dem Stab Aarons etwas Einmaliges geschehen war und alle anderen Stäbe nach wie vor trocken und leblos waren, wies Gott Mose an, diesen Stab als Zeichen seiner wundersamen Macht vor die Bundeslade zu legen: »Mach mir auf diese Weise ihrem Murren ein Ende, dann werden sie nicht sterben« (Num 17,25).

Selbst wenn es den Israeliten an Glauben und Gehorsam mangelte, so hatten sie nun doch eine entsetzliche Furcht vor dem Offenbarungszelt. Sie schrien vor Mose auf, jeder, der dem Offenbarungszelt zu nahe käme, würde offenbar getötet, und sie fragten, ob sie alle in der Wüste umkommen würden.

Trotz der Belastungen und Enttäuschungen, die Mose hinnehmen musste, während er die Israeliten ins Gelobte Land führte, hatte er weder körperlich noch geistig nachgelassen, als er das stolze Alter von 120 Jahren erreicht hatte. Aber jeder Mensch hat seine ihm zugemessene Zeit, und am Ende des Pentateuch hält das Buch Deuteronomium fest, dass Gott Mose und Josua ins Offenbarungszelt kommen ließ, um Josua zum Nachfolger Mosis zu ernennen. Eine Wolkensäule erschien, und Gott sprach zu ihnen; er erklärte Mose, er werde jetzt bald zu seinen Vätern gebettet, und er forderte Josua auf, guten Mutes zu sein, da er die Kinder Israels ins Gelobte Land bringen werde (Dtn 31,14–23).

Vor seinem Tod übergab Mose den Söhnen Levis, die die Bundeslade trugen, »die Urkunde der Weisung« (Dtn 31,26) und befahl ihnen, sie in jedem siebten Jahr beim Laubhüttenfest vor dem ganzen Volk laut vorzutragen und sie bei der Lade aufzubewahren (Dtn 31,10–11). Sein Ärger über die Israeliten schien auch mit dem hohen Alter, das er inzwischen erreicht hatte, noch nicht geschwunden zu sein. Er warnte die Leviten, dass die Urkunde der Weisung neben die Lade gelegt werde, habe einen besonderen Grund: Sie werde dort als Zeugnis gegen sie dienen (Dtn 31,26). Er wusste, wie rebellisch und halsstarrig sie waren, und wenn sie sich schon gegen Gott aufgelehnt hatten, als Mose noch am Leben war, um wie viel mehr würden sie sich dann erst nach seinem Tod gegen ihn auflehnen.

Dieser Abschnitt wird als die einzige Gelegenheit betrachtet, bei der eine andere Quelle als die Priesterschrift die Bundeslade in einem Zelt untergebracht darstellt, aber auch hier ergibt sich dies nur als natürliche Folge. Mose wies die Leviten, die die Bundeslade trugen, an, die Urkunde der Weisung »neben die Lade des Bundes des Herrn, eures Gottes« zu legen (Dtn 31,26). Er gab ihnen nicht die Anweisung, sie in die Lade zu legen, und dies lässt darauf schließen, dass die Lade in irgendeiner Weise geschützt und überdacht war. Es ist nur schwer vorstellbar, dass man die Urkunde der Weisung im Freien hätte liegen lassen. Einige Rabbis haben das Problem damit gelöst, dass sie unterstellten, die Urkunde sei in Wirklichkeit in die Lade gelegt worden. Dies war im Übrigen nicht das Einzige, was zusätzlich in die Lade hineinkam. Wie wir noch sehen werden, scheint die Anzahl der Reliquien, die dort deponiert wurden, im Laufe der Jahrhunderte stetig gewachsen zu sein.

Wie war es um das Schicksal des Offenbarungszeltes bestellt, nachdem Mose gestorben war und Josua die Israeliten ins Gelobte Land geführt hatte? Es wurde in Schilo aufgeschlagen (Jos 18,1) und als die einzig rechtmäßige Opferstätte beschrieben, das einzige Zentrum für die Religion Israels in der Zeit der Richter Eli und Samuel. Im Vergleich zu der Betonung, die es während der Wüstenwanderung der Israeliten erfuhr, scheint es nunmehr jedoch fast in Vergessenheit geraten zu sein.

Die Lade und das Offenbarungszelt wurden voneinander getrennt, als die Söhne Elis die Lade in den Kampf gegen die Philister mitführten und diese erbeutet wurde (1. Sam 4,4–11). Auch wenn die Lade zurückgeholt und ins Haus Abinadabs in Kirjat-Jearim gebracht wurde (1. Sam 7,1), so blieb das Offenbarungszelt doch in Schilo. Das Schicksal Schilos wird in den Geschichtsbüchern nirgends erwähnt, und auch wenn der Prophet Jeremia bei drei Gelegenheiten auf die Zerstörung der Stadt verweist, spricht er doch nie vom Offenbarungszelt.

Nach dem Ersten Buch der Chronik befand sich die Wohnstätte auf der »Kulthöhe« in Gibeon (1. Chr 16,39). Nachdem David die Lade nach Jerusalem gebracht und in einem neuen Zelt aufgestellt hatte, schickte er den Priester Zadok nach Gibeon, um dort vor der Wohnstätte Dienst zu tun und Opfer darzubringen, wie es nach den Weisungen im Buch Levitikus geschrieben stand.

Nach den Berichten, die vom Chronisten und vom Ersten Buch der Könige überliefert wurden, »nahmen die Priester die Lade und brachten sie zugleich mit dem Offenbarungszelt und den heiligen Geräten, die im Zelt waren, hinauf« (1. Kön 8,4), als Salomo den Tempel in Jerusalem einweihte. Nachdem der Tempel im 8. Jahrhundert v. Chr. durch Hiskija, den König von Juda, wieder instand gesetzt und der Kult des heiligen Dienstes und der Opferdarbringungen erneuert worden war, ist in den Geschichtsbüchern keine weitere Erwähnung der Wohnstätte zu finden.

Josephus bestätigt, dass das Offenbarungszelt zum Tempel hinaufgetragen wurde, er hat jedoch darüber, wo es vielleicht aufgestellt wurde, nicht mehr zu sagen als die hebräische Bibel. Eine Möglichkeit ist, dass es wieder mit der Bundeslade zusammen unter den Flügeln der großen Cherubimstatuen aufgestellt wurde, die Salomo für das Allerheiligste hatte anfertigen lassen. Josephus bemerkt, die ausgebreiteten Flügel dieser Cherubim hätten wie ein Zelt ausgesehen. Der Psalmist verwendete ein ähnliches Bild:

»Nur eines erbitte ich vom Herrn,
danach verlangt mich:
Im Haus des Herrn zu wohnen
alle Tage meines Lebens ...
Denn er birgt mich in seinem Haus ...
er beschirmt mich im Schutz seines Zeltes.«
(Ps 27,4–5)

»Er beschirmt dich mit seinen Flügeln,
unter seinen Schwingen findest du Zuflucht.«
(Ps 91,4)

»Herr, wer darf Gast sein in deinem Zelt,
wer darf weilen auf deinem heiligen Berg?«
(Ps 15,1)

Sofern diese Verse sich auf die Flügel der Cherubim, das Offenbarungszelt und den Tempelberg beziehen, deutet die Formulierung »unter seinen Schwingen findest du Zuflucht« möglicherweise auf die großen
Flügel der Statuen hin, die über das Offenbarungszelt gebreitet waren.
Diese Andeutungen sind jedoch keineswegs ein eindeutiger Beweis,
und obwohl die Maße des Offenbarungszeltes dem Platz unter den
Cherubim entsprechen, glaubten die Rabbis, deren Meinungen im Talmud festgehalten sind, nicht, dass das Offenbarungszelt ins Heiligtum
gebracht worden war. Sie waren der Ansicht, es sei in der Krypta unterhalb des Tempels aufgestellt worden.

Die hebräische Bibel scheint mehr Informationen über das Schicksal des Offenbarungszeltes als über das Schicksal der Lade erhalten zu
haben, doch auch zum Zelt gibt es nur zwei Abschnitte, die beide nicht
in der historischen Erzählung vorkommen. In Psalm 74 lässt ein einzelner Vers darauf schließen, dass das Offenbarungszelt verbrannt wurde,
als die Babylonier den Tempel zerstörten, sofern die Formulierung
»*Mishkan* deines Namens« als Hinweis auf die Wohnstätte und nicht in
allgemeinerem Sinne als eine Anspielung auf den Tempel als den Ort,
an dem Gott wohnte, verstanden werden soll.

»Sie legten an dein Heiligtum Feuer,
entweihten die Wohnung deines Namens
bis auf den Grund.«
(Ps 74,7)

Bei den Klageliedern des Jeremia wurde bisweilen gemutmaßt, dass mit dem Wort »Festort« das Offenbarungszelt gemeint sei:

»Er zertrat wie einen Garten seine Wohnstatt,
zerstörte seinen Festort.
Vergessen ließ der Herr auf Zion
Festtag und Sabbat.
In glühendem Zorn verwarf er
König und Priester.«
(Klgl 2,6)

Wenn der Ausdruck von Trauer in den Psalmen und Klageliedern als stichhaltiger Beleg für das Schicksal des Offenbarungszeltes nicht verlässlich ist, müssen wir auf die außerhalb des biblischen Kanons erhalten gebliebenen antiken Überlieferungen zurückgreifen. Wie sie das Schicksal des Tempels und seiner heiligen Gegenstände schildern, hat Gelehrte wie Fantasten fasziniert. Diese Frage war nicht müßige Spekulation oder nur von rein akademischem Interesse. Dahinter stand vielmehr der Glaube, das Schicksal des Tempels sei ein Teil des Schlüssels für die Zukunft der Welt, der Befreiung der Juden aus der Unterdrückung oder des Neuen Bundes, mit dem nach Überzeugung der Christen jeder von Menschenhand gebaute Tempel überflüssig geworden war. Aber selbst wenn sie den Tempel als solchen ablehnten – und wir werden sehen, dass der erste christliche Märtyrer wie auch das letzte Buch der christlichen Bibel kaum Raum für Zweifel daran lassen –, so war das Offenbarungszelt doch weiterhin unverzichtbar, welches Schicksal ihm auf Erden auch beschieden gewesen sein mochte. Und genauso wie die Lade nie völlig verschwand, so blieb der Name des Offenbarungszeltes im heiligsten Schrein von Mekka und bei den Dichtern und Zauberern Aksums in Erinnerung.

5 KÖNIG UND BUND

Der letzte Richter Israels schlief nahe der Bundeslade, als Gott zu ihm sprach. Samuel war noch ein Junge, der im Heiligtum in Schilo unter der Aufsicht eines älteren Priesters namens Eli den Dienst des Herrn versah. Das Erste Buch Samuel beschreibt seine Verwirrung. Als er jemanden seinen Namen rufen hörte, lief Samuel zu seinem Meister und sagte:»Hier bin ich, du hast mich gerufen.« Aber Eli erwiderte, er habe ihn nicht gerufen, und riet dem Jungen, sich wieder schlafen zu legen. Samuel gehorchte, aber wieder hörte er seinen Namen, und erneut lief er zu Eli.»Hier bin ich«, sagte er,»du hast mich gerufen.« Der Priester beharrte abermals darauf, ihn nicht gerufen zu haben, und bat Samuel, sich wieder hinzulegen. Als das Ganze sich zum dritten Mal wiederholte, wurde ihm klar, dass der Junge die Stimme Gottes gehört haben musste. Eli bat den Jungen erneut, sich schlafen zu legen, aber wenn er die Stimme noch einmal höre, solle er folgendes antworten: »Rede, Herr; denn dein Diener hört.« Gott sprach ein viertes Mal zu ihm und verkündete Samuel, dass er das Haus Elis wegen der Gottlosigkeit seiner beiden Söhne Sofni und Pinhas vernichten werde. Eli bestand darauf, alles zu hören, was Gott gesagt hatte, und als er erfuhr, dass seine Familie ausgelöscht werden sollte, beugte er sich dem Willen des Herrn (1. Sam 3,1–18). Seine Söhne mochten Gotteslästerung begangen haben, ihr Vater blieb jedoch bis zuletzt ein gehorsamer Diener.

Diese Offenbarung leitet die so genannte Erzählung von der Lade ein: jene Kapitel des Ersten Buches Samuel, in denen beschrieben wird, wie die Philister die Lade erbeuteten und dann unter Plagen und Seuchen litten, bis sie sie schließlich zurückgaben. Die Erzählung wird im Zweiten Buch Samuel fortgesetzt, wenn David die Lade in Kirjat-Jearim abholen und sie schließlich in seine neue Hauptstadt Jerusalem bringen lässt. Auch wenn die Lade den Israeliten bei ihren Kämpfen, ihrer

Wanderung durch die Wüste und der Eroberung den Sieg brachte, gab es doch eine berühmte Ausnahme. Als die Söhne Elis die Lade im Kampf gegen die Philister mit sich führten, wurde möglicherweise von der Katastrophe, die über sie hereinbrach, berichtet, um damit das Verschwinden der elischen Priesterschaft zu erklären.

Das wirft allerdings eine schwierige Frage auf: Wenn die Lade verloren ging, geschah dies etwa, weil sie machtlos war? War Gott nicht in der Lage, das Schicksal seines Hauses auf Erden zu bestimmen? War er nicht mehr in der Lage, sein Volk zu verteidigen und zu führen? Das war in einer bestimmten Phase anscheinend ein ganz besonders beunruhigender Gedanke. Es wurde vermutet, die Erzählung sei nach der Zerstörung des Tempels, als die Lade bereits verloren gegangen war, geschrieben worden, und zwar um die Gläubigen zu beruhigen, dass Gott sie nicht im Stich gelassen habe.

Es ist nicht ganz klar, wo sich die Lade vor ihrer Ankunft in Schilo befand. Uns wird gesagt, dass das Offenbarungszelt dort aufgestellt wurde, und daraus wurde die Schlussfolgerung abgeleitet, Schilo sei für die Stämme Israels möglicherweise das zentrale Heiligtum in den Jahren gewesen, bevor bei ihnen die Forderung nach einem König laut wurde. Das Heiligtum in Schilo wird auch mit dem allgemein für den Tempel in Jerusalem verwendeten Wort *Heikal* beschrieben. Es wird allerdings nicht deutlich, ob man davon ausging, dass das Gebilde unverändert geblieben war. Die Lade scheint einen weniger direkten Weg genommen zu haben. Nach der Überquerung des Jordan wurde sie in Gilgal aufgestellt. Und sofern die Formulierung »der Engel des Herrn« (Ri 2,1) sich auf die Lade bezieht, wurde sie dann an einen Ort namens Bochim gebracht, den wir nicht identifizieren können, der jedoch nahe Bet-El gelegen haben könnte. Die Lade scheint danach auch in Bet-El selbst gewesen zu sein und dann in Schilo, wo sie von den Philistern erbeutet wurde. Die Bibel berichtet jedoch nichts von einem zentralen Heiligtum. Es scheint auch Heiligtümer gegeben zu haben, etwa in Schechem, bei denen wichtige Feste gefeiert wurden, obwohl weder die Lade noch das Offenbarungszelt sich dort befanden.

Während des Kampfes gegen die Philister, die aus dem Norden nach Kanaan eingedrungen waren, wurde die Lade aus Schilo geholt. Die Israeliten hatten sich gegenüber den Philistern nicht behaupten können und waren geschlagen worden, und so hatten die Ältesten beschlossen, die Lade mit in den Kampf zu nehmen. Die Macht Gottes, der zwischen den Cherubim auf der Lade wohnte, würde ihnen gewiss zum sicheren Sieg verhelfen. Die Söhne Elis holten also die Lade aus Schilo herbei, und als die Philister die lauten Jubelrufe aus dem Lager der Israeliten hörten, wussten sie, dass der Gott ihrer Feinde eingetroffen war. Obwohl sie dies als ernste Bedrohung verstanden – das war schließlich der Gott, der Ägypten mit allerlei Plagen geschlagen hatte –, trieben ihre panische Angst und schiere Verzweiflung sie zum Kampf, um von den Israeliten nicht versklavt zu werden. Sie kämpften so erbittert, dass sie die Schlacht gewannen. Aber nicht nur das, sie erbeuteten auch die Lade und töteten die Söhne Elis (1. Sam 4,2–11).

Ein Mann vom Stamme Benjamin lief daraufhin in zerrissenen Kleidern und mit Staub auf dem Haupt, als Zeichen der Trauer und Verzweiflung, mit der schlimmen Nachricht nach Schilo. Dort saß Eli, alt und blind, auf einem Stuhl an der Straße und war in großer Sorge um das Schicksal der Lade. Als die Nachricht von der Katastrophe in der Stadt bekannt wurde, schrie die ganze Stadt voller Verzweiflung auf, und Eli fragte, was der Lärm zu bedeuten habe. Der Bote eilte zu ihm und fand ihn auf seinem Stuhl sitzend. Er berichtete ihm, die Lade sei weggeschleppt und seine beiden Söhne seien getötet worden. Als Eli hörte, was mit der Lade geschehen war, fiel er rücklings von seinem Stuhl und starb (1. Sam 4,12–18).

Die Erbeutung der Lade war für Israel ein Desaster, doch für die Philister sollten die Probleme damit erst beginnen. Sie trugen die Lade nach Aschdod in den Tempel ihres Gottes Dagon. Als sie am nächsten Morgen den Tempel betraten, sahen sie allerdings, dass die Statue Dagons vornübergefallen war und mit dem Gesicht auf dem Boden vor der Lade lag. Sie richteten die Statue wieder auf, um am nächsten Morgen jedoch festzustellen, dass sie wiederum vornübergefallen war, Kopf und Hände jetzt aber vom Rumpf abgeschlagen auf dem Boden lagen (1. Sam 5,1–4).

Wenn die Lade die Statue Dagons so leicht zerstören konnte, sagten sich die Philister, war es zu gefährlich, sie bei sich zu behalten. Sie beschlossen, sie in die Nachbarstadt, zu den Philistern nach Gat zu bringen, aber auch dort richtete die Lade Unheil an. Die Menschen von Gat, die Jungen wie die Alten, wurden durch die Lade in Angst und Schrecken versetzt, und es dauerte nicht lange, bis sie von furchtbaren Pestbeulen befallen waren. Es war klar, dass die Lade nicht in Gat bleiben konnte, und die Männer der Stadt entschieden, sie zu ihren Nachbarn nach Ekron zu schicken. Zu diesem Zeitpunkt eilte der Lade bereits ihr einschlägiger Ruf voraus. Als die Menschen in Ekron sahen, dass die Lade zu ihnen transportiert wurde, schrien sie entsetzt auf, die Lade des Gottes Israels werde zu ihnen gebracht, um sie alle zu töten (1. Sam 5,6–10).

Nach sieben Monaten beschlossen die Philister, die Lade an den Ort zurückzusenden, wo sie hingehörte, damit sie von ihr nicht völlig vernichtet würden. Das war aber keine leichte Aufgabe. Durch einen solchen Schritt würde die Lade vielleicht provoziert werden, noch schlimmeres Unheil über sie zu bringen. Um zu vermeiden, dass sie einen schweren Fehler begingen, riefen die Philister ihre Priester und Wahrsager herbei und fragten sie, was mit der Lade zu tun sei. Die weisen Männer waren sich darin einig, dass es das Beste sei, sie zurückzuschicken. Sie beharrten jedoch darauf, dass sie nicht ohne Beigabe zurückgegeben werden dürfe. Sie sollte zur Beschwichtigung von einem Sühnopfer begleitet werden: Fünf goldene Beulen und fünf goldene Mäuse sollten als Sinnbilder der Plagen, die die Lade über die Philister gebracht hatte, mitgeschickt werden. Aber selbst so waren die Absichten des Gottes der Israeliten, einer Gottheit, die schnell gekränkt zu sein schien, schwer vorhersehbar, und so kamen sie überein, mit einem Experiment sicherzugehen, dass sie taten, was die Lade wünschte (1. Sam 6,1–5).

Sie nahmen einen neuen Wagen und holten zwei Milchkühe herbei, die noch nie ein Joch getragen hatten. Sie spannten die beiden Kühe vor den Wagen, nahmen ihnen aber die Kälber weg. Dann stellten sie die Lade zusammen mit einer Tasche, die die goldenen Gegenstände enthielt, die dem Gott der Israeliten als Sühngabe entrichtet werden sollten, auf den Wagen. Würden die Kühe von sich aus mit der Lade in die Richtung des israelitischen Gebietes hinaufziehen, obwohl diese noch nie vor einen Wagen gespannt worden waren und obwohl ihre Kälber zu Hause blieben, so wüsste damit jeder, dass ihnen die Krankheiten und das Leid durch den Willen Gottes zugefügt worden waren. Würde die Lade in ihr eigenes Gebiet nach Bet-Schemesch zurückgebracht, so wäre klar, dass sie die Ursache aller Probleme war. Wenn nicht, war erwiesen, dass das ganze Unheil einfach ein Zufall war und nicht auf die Feindseligkeit Gottes zurückging (1. Sam 6,7–9).

Die Philister folgten dem Rat ihrer weisen Männer, und die Kühe gingen geradewegs die Straße nach Bet-Schemesch entlang, wobei die Fürsten der Philister ihnen ein Stück weit bis zur Grenze hinterhermarschierten, um aus der Ferne zu beobachten, was geschah. Die Leute von Bet-Schemesch waren gerade auf ihren Feldern bei der Ernte, als sie aufblickten und die Lade kommen sahen. Sie freuten sich, dass sie zurückgekommen war, und nachdem die Kühe mit dem Wagen auf dem Feld stehen geblieben waren, brachten sie die Kühe Gott als Brandopfer dar, wobei sie das Holz des Wagens spalteten, um es für das Feuer zu verwenden. Die Leviten nahmen die Lade und stellten sie auf einen großen Stein, der dort lag und ihnen als Altar diente. Nachdem die Fürsten der Philister dies alles gesehen hatten, kehrten sie nach Ekron zurück, um ihrem Volk mitzuteilen, dass es jetzt von den Gefahren der Lade befreit war. Sie war ohne weitere Vorfälle wieder nach Israel zurückgekehrt (1. Sam 6,10–18).

Aber auch als sie wieder beim Volk Israel war, bedeutete die Lade keine mindere Gefahr. Siebzig Männer aus Bet-Schemesch starben, weil sie die Lade des Herrn geschaut hatten. Die Menschen waren daraufhin derart in Angst und Schrecken versetzt, dass sie einen Boten zu ihren Nachbarn nach Kirjat-Jearim sandten und diese baten, zu ihnen zu kommen, um die Lade zu holen. Im Unterschied zu allen anderen fanden die Männer von Kirjat-Jearim anscheinend die Vorstellung, die Lade bei sich zu haben und mit ihr zu leben, nicht alarmierend. Sie brachten sie in das Haus Abinadabs und weihten seinen Sohn Eleasar, »dass er die Lade des Herrn bewache« (1. Sam 6,19–7,1).

Nach einem so außergewöhnlichen Abenteuer hätte man vielleicht erwartet, dass die Lade weitere, noch erstaunlichere Wunder vollbrachte, um die Feinde Israels zu demütigen und zu bestätigen, dass Gott mit seinem Auserwählten Volk war. Stattdessen verschwand sie jedoch einfach. Bis David nach Kirjat-Jearim kam und die Lade nach Jerusalem holte, scheint man sich fast völlig über sie ausgeschwiegen zu haben. Nach dem Bericht, der darüber in den Psalmen überliefert ist, war die Lade nicht leicht zu finden. Sie war mehr oder weniger in Vergessenheit geraten. Aber dies war nicht das erste Mal, dass ein seltsames Schweigen über die Lade hereinzubrechen schien, und es sollte auch nicht das letzte Mal sein. Es wurde sogar vermutet, die Lade sei verloren gegangen und David habe eine andere anfertigen lassen.

Nachdem sein Lehrmeister gestorben war, wuchs Samuel zu einem großen Propheten und Richter des Volkes Israel heran. Am Ende seines Lebens, nachdem seine eigenen Söhne, die er zu Richtern ernannt hatte, sich offenbar bestechen ließen und das Recht beugten, trat das Volk Israel mit der Bitte an ihn heran, jetzt einen König einzusetzen, der es regieren solle, »wie es bei allen Völkern« der Fall sei (1. Sam 8,1–5). Dem Propheten missfiel offenkundig die Forderung, sodass er sich ratsuchend an Gott wandte. Dieser erklärte ihm, sie hätten damit nicht ihn, Samuel, als Richter verworfen, sondern nur Gott als ihren König verworfen. Die Kinder Israels seien einfach zu dem Schluss gekommen, dass sie von einem Mann und nicht von Gott regiert werden wollten. Er wies den Propheten an, auf ihre Forderung einzugehen, ihnen einen König zu geben, sie aber eindringlich davor zu warnen, was dies zu bedeuten hätte (1. Sam 8,6–9).

In seiner Warnung hielt Samuel ihnen die immensen Kosten, die ein königlicher Hof mit seiner Bürokratie und militärischen Ausrüstung mit sich brachte, und die Bürden vor Augen, die das Volk Israel für dessen Unterhaltung zu tragen haben würde. Der König, sagte er ihnen, werde ihre Söhne und Töchter, Knechte und Mägde, ihr bestes Vieh und ihre besten Esel holen, um sie für sich arbeiten zu lassen. Er werde den Zehnten von ihren Schafherden erheben, und sie würden seine Sklaven sein. Am Ende würden sie wegen des Königs, den sie sich selbst gewählt hatten, zu Gott um Hilfe schreien, Gott werde ihnen jedoch nicht antworten (1. Sam 8,10–18).

Abgesehen von der Last, einen Monarchen samt seinem Hof zu unterhalten, dürfte die Forderung nach einem König, der sie regieren sollte, »wie es bei allen Völkern« der Fall war, zumindest für die Herausgeber der Bibel eine Identitätskrise bedeutet haben. Sie drohte den in ihren Augen einmaligen Status Israels zu untergraben. Das Königtum war bei den Völkern des Nahen Ostens eine alte Institution. Es war mit einer religiösen Mythologie verbunden und hatte seinen Platz in einem kosmischen System – einer Mythologie, die die Bibel oft als Gräuel in den Augen Gottes darstellt.

In der antiken Mythologie des Nahen Ostens herrschte Krieg zwischen dem Gott des Lebens, der Schöpfung und der Ordnung und den Kräften des Chaos und der Zerstörung. Im Kampf zwischen diesen zwei Mächten besiegte der Gott der Ordnung das Chaos und erbaute sich einen Palast, in dem er wohnen und seinen Sieg feiern würde. Nach den ugaritischen Texten, die vor 70 Jahren auf dem Ras Schamra in Syrien gefunden wurden, war Baal, der Sturmgott, der Held, der gegen das Meer kämpfte. Nach den im 19. Jahrhundert entzifferten babylonischen Tafeln besiegte der Gott Marduk den Drachen der Tiefe, Tiamat. Der Kampf zwischen den Göttern war ein fortwährender Prozess, der oft dem Gezeitenmuster von Ebbe und Flut folgte. In diesem Kampf zwischen Ordnung und Chaos wurde der König als der Sohn Gottes betrachtet; wie er Recht walten ließ, war Teil der göttlichen Ordnung und trug zu dieser bei. Er war ein Wächter der kosmischen Stabilität und ein Akteur im göttlichen Drama. Mit der Übernahme der Institution des Königtums von ihren Nachbarn würden die Israeliten einer fremden

Mythologie verfallen. Sie konnten ein Volk wie alle anderen werden, würden sich dann aber auch nicht mehr von anderen unterscheiden.

Samuel salbte zunächst Saul vom Stamme Benjamins zum König, aber Gott bereute alsbald die Wahl, »denn er hat sich von mir abgewandt und hat meine Befehle nicht ausgeführt« (1. Sam 15,11). Insbesondere erzürnte Gott, dass Saul Erbarmen mit den Amalekitern hatte, nachdem er sie in der Schlacht besiegt und sie nicht samt ihrem Vieh und ihrer Habe vernichtet hatte. Samuel war untröstlich, dass Saul sich als Enttäuschung erwiesen hatte, doch Gott sagte ihm, dass er bereits einen Ersatz auserwählt habe. »Wie lange willst du noch um Saul trauern?«, fragte er ihn. »Fülle dein Horn mit Öl, und mach dich auf den Weg! Ich schicke dich zu dem Betlehemiter Isai; denn ich habe mir einen von seinen Söhnen als König ausersehen.« (1. Sam 16,1)

Samuel hatte jedoch Sorge, Saul könnte ahnen, was er im Schilde führte. Aber Gott beruhigte ihn, er solle Isai und seine Söhne einladen, mit ihm zusammen ein junges Rind als Schlachtopfer vor dem Herrn darzubringen. Damit hätte er einen Vorwand, die Familie zu besuchen, und könnte bei der Gelegenheit den Sohn salben, den Gott als König auserwählt hatte. Er warnte Samuel jedoch: »Der Mensch sieht, was vor den Augen ist, der Herr aber sieht das Herz.« (1. Sam 16,7) Nachdem Samuel sieben Söhne Isais in Augenschein genommen und Gott noch immer nicht zu ihm gesprochen hatte, fragte er Isai, ob dieser noch mehr Söhne habe. Isai antwortete ihm, sein jüngster Sohn David fehle noch, da er gerade die Schafe hüte, und Samuel bat, ihn herbeizuholen. Als der Junge kam, sprach Gott schließlich zu Samuel und sagte, diesen solle der Prophet salben. Daraufhin nahm Samuel das Horn mit dem Öl, um David in Gegenwart seiner Brüder zu salben, und ab diesem Tag war »der Geist des Herrn« bei dem Jungen (1. Sam 16,5–13).

Da der Geist des Herrn jetzt bei David war, wich er von Saul. Stattdessen quälte diesen nun ein böser Geist. Als David zu Saul gebracht wurde, um ihm auf der Zither vorzuspielen, in der Hoffnung, dass die Musik Saul beruhigen werde, begegnete der ungehorsame König erstmals dem Jungen, der an seine Stelle treten sollte. David wurde Sauls

Waffenträger und Musikant (1. Sam 16,14–23). Der Rest des Ersten Buches Samuel beschreibt den Untergang Sauls und die wachsende Macht
Davids. Nachdem Saul im Kampf getötet worden war, wurde David in
Hebron von den Männern Judas zum König gesalbt (2. Sam 2,4). Er bemühte sich in der Folge, die Stämme des Nordens und des Südens zu
einen, und nachdem ihm dies gelungen war, wurde er ein drittes Mal
zum König von ganz Israel gesalbt. Mit allen Stämmen Israels hinter
sich, eroberte David Jerusalem, die alte Hauptstadt der Jebusiter, »die
Burg Zion, sie wurde die Stadt Davids« (2. Sam 5,7). Von dieser gewaltigen Festung aus stellte er sich der Aufgabe, die Philister zu unter-
werfen.

Die Erzählung kommt sodann wieder auf die Frage der Lade zurück
und widmet ihr zwei Kapitel, in denen berichtet wird, wie David sie von
Kirjat-Jearim nach Jerusalem brachte. Sie wurde nicht getragen, sondern auf einen von Rindern gezogenen Wagen gestellt, wie es ehedem
die Philister getan hatten. Auf dem Weg nach Jerusalem jubelten David
und das ganze Haus Israel vor der Lade, sie tanzten und sangen, spielten auf Zithern, Harfen und Pauken. Sie befolgten dabei anscheinend
zunächst keine der in der Priesterschrift aufgeführten Vorschriften, aber
es kam zunächst kein Unheil über sie, bis sie an der Tenne Nachons an-
langten. Hier brachen die an den Wagen gespannten Rinder mit einem
Mal aus, und als Usa, der Bruder des geweihten Wächters, nach der
Lade fasste, damit sie nicht vom Wagen fiele, starb er auf der Stelle. So
erstaunt es nicht, wenn David »an jenem Tag ... Angst vor dem Herrn«
bekam (2. Sam 6,1–9). Auch wenn es sich hierbei nicht um die in der
Priesterschrift beschriebene Lade zu handeln scheint, konnte sie dennoch jeden vernichten, der sie, aus welchem Motiv auch immer, berührte.

Verunsichert, ob er die Lade nach einem derart alarmierenden Vorfall nach Jerusalem hineinbringen sollte und ob er wirklich erkannte,
was Gottes Wille war, ließ David die Lade zunächst ins Haus Obed-
Edoms in Gat stellen. Drei Monate blieb die Lade dort, und während
dieser Zeit wurden Obed-Edom und seine ganze Familie in denkwür-

digster Weise gesegnet. Spätere Rabbis beschrieben, dass die Frauen durch die Nähe Gottes auf einmal wundersam fruchtbar waren. Die Gefahr schien nunmehr abgewendet zu sein: Die Lade würde für Israel Leben statt Tod bedeuten.

So gelangte David zu dem Schluss, dass es unbedenklich sei, die Lade in die Stadt zu bringen. Er schlachtete Tiere, die er als Opfergabe darbrachte, und das Volk sang und tanzte unter Jubelgeschrei und unter dem Klang des Widderhorns. Die biblische Erzählung berichtet an diesem Punkt jedoch etwas Seltsames: Die Freude über die Ankunft der Lade wurde nicht von allen geteilt. »Als die Lade des Herrn in die Davidstadt kam«, heißt es, »schaute Michal, Sauls Tochter, aus dem Fenster, und als sie sah, wie der König David vor dem Herrn hüpfte und tanzte, verachtete sie ihn in ihrem Herzen.« (2. Sam 6,16)

Für den Augenblick war David jedoch noch voll und ganz damit beschäftigt, die Lade in dem Zelt aufzustellen, das er für sie hatte errichten lassen, und Brand- und Heilsopfer vor ihr darzubringen. Als er dann jedoch zu seiner Frau zurückkehrte, war deren Verachtung noch keineswegs verflogen: »Wie würdevoll hat sich heute der König von Israel benommen, als er sich vor den Augen der Mägde seiner Untertanen bloßgestellt hat, wie sich nur einer vom Gesindel bloßstellen kann.« (2. Sam 6,20) Es heißt, David habe ihr erwidert, seine Freude habe dem Herrn gegolten, der ihn anstelle von Saul, ihrem Vater, erwählt habe; und es wird hinzugefügt, Michal sei bis zum Tage ihres Todes unfruchtbar geblieben, vermutlich wegen der Verachtung, mit der sie Davids Begeisterung vor der Bundeslade gestraft hatte. Sie war die Letzte aus dem Hause Sauls.

Der Tanz, den David vollführte, ist in der hebräischen Bibel etwas Einmaliges. War er einfach ein Ausdruck überschwänglicher Freude? Warum hat Michal ihn als so beschämend empfunden? In Psalm 114 finden wir eine Beschreibung, wie das Reich der Natur ekstatisch tanzte, nachdem die Macht Gottes offenbar geworden war. In dem Psalm werden drei Demonstrationen der göttlichen Macht über die Natur aufgeführt: wie sich beim Auszug aus Ägypten das Wasser des Roten Meeres

teilte, wie das Wasser des Jordan angehalten wurde, als die Leviten die
Lade ins Land Kanaan trugen, und wie in der Wüste Sin Wasser aus
dem Fels hervorsprudelte, nachdem Mose mit seinem Stab darauf geschlagen hatte.

>>Als Israel aus Ägypten auszog,
Jakobs Haus aus dem Volk mit fremder Sprache,
da wurde Juda Gottes Heiligtum,
Israel das Gebiet seiner Herrschaft.

Das Meer sah es und floh,
der Jordan wich zurück.
Die Berge hüpften wie Widder,
die Hügel wie junge Lämmer.

Was ist mit dir, Meer, dass du fliehst,
und mit dir, Jordan, dass du zurückweichst?
Ihr Berge, was hüpft ihr wie Widder,
und ihr Hügel, wie junge Lämmer?

Vor dem Herrn erbebe, du Erde,
vor dem Antlitz des Gottes Jakobs,
der den Fels zur Wasserflut wandelt
und Kieselgestein zu quellendem Wasser.<<

Der Psalm erinnert an den ugaritischen Baal-Mythos, in dem nach dem
Sieg des Sturmgottes ein ausgelassener und leidenschaftlicher Freu-
dentanz aufgeführt wird. Ist es denkbar, dass David und seine Gefährten mit ihrem Tanz vor der siegreichen Lade den Tanz der Natur angesichts des Sieges Gottes nachahmten?
    Warum soll Michal dies so anstößig gefunden haben? Der Vorwurf,
David hätte sich vor den Augen der Mägde seiner Untertanen vulgär
verhalten, und seine späteren Schwierigkeiten, seine Zuwendung auf

seine eigenen Frauen zu beschränken, haben zu der Mutmaßung geführt, Michal habe ihn wegen sexueller Unschicklichkeiten verurteilt. Dieser Vorwurf scheint nicht so schwerwiegend wie der Vorwurf kultischer Unschicklichkeiten zu sein, vorausgesetzt natürlich, dass hier beides nicht zusammenfiel. War Michal der Meinung, ihr Mann sei durch irgendein verabscheuenswertes kanaanitisches Ritual beschmutzt worden, einen orgiastischen Freudentaumel, bei dem die Feiernden sich den Fruchtbarkeitsriten überließen, statt sich an die guten reinen, jahwistischen Konventionen zu halten? Wurde diese Angelegenheit auch noch durch die Tatsache verschlimmert, dass David nicht rein israelitischer Abstammung war, sondern auch das Blut Moabs und Kanaans als Makel des Erbes von Ruth und Tamar in seinen Adern floss?

Die Reinheit Israels ist eine Mäkellinie, die sich durch die ganze hebräische Bibel zieht. Die politische Agenda, die David verfolgte, als er die Lade nach Jerusalem holte, dürfte im Großen und Ganzen klar sein; was die Einzelheiten angeht, kann man hier jedoch nur schwer folgen. Konnte ein Kult, bei dem der große Schrein der Stämme Israels nun im Sinne der Mythologie der benachbarten Völker verehrt wurde, dazu angetan sein, das Königreich zu einen? War dies der Punkt der Ideologie Zions, dass die alte Stadt der Jebusiter jetzt zum Sitz des Gottes Israels erklärt und in Psalmen verherrlicht wurde, die den auf dem Ras Schamra entdeckten Baal-Epen so sehr ähneln? Und war dies der Grund, warum David den außergewöhnlichen Schritt unternehmen sollte, für den Dienst an der Lade in Jerusalem zwei Hohe Priester zu ernennen? Der eine war Israelit, aber konnte der andere, Zadok, als letzter Priester der Jebusiter durch seine Ernennung die Loyalität eines Volkes gewährleisten, das außerhalb Israels geboren war?

Nachdem die Lade nach Jerusalem überführt worden war, äußerte David den Wunsch, ein Haus für sie zu bauen. »Ich wohne in einem Haus aus Zedernholz«, klagte er dem Propheten Natan, »die Lade Gottes aber wohnt in einem Zelt.« (2. Sam 7,2) Natan versicherte dem König, er möge den Plan ausführen, denn Gott sei mit ihm. In der Nacht erging jedoch das Wort Gottes an Natan. Er fragte den Propheten, ob die Israeliten vorhätten, ein Haus für ihn zu bauen, und mahnte Natan, er habe seit dem Tag, als er sein Auserwähltes Volk aus Ägypten herausgeführt habe, noch nie in einem Haus gewohnt, sondern sei in einem Zelt umhergezogen. Wenn die Lade doch so viele Jahre in einem Zelt gewesen sei und er, Gott, nie darum gebeten habe, ihm ein Haus aus Zedernholz zu bauen, warum sollte er jetzt den Wunsch haben, in einem Haus zu wohnen?

Die Stimme Gottes zählte dann die Ereignisse von Davids Leben auf, und in einem Abschnitt, der für die Geschichte des Judentums wie des Christentums von enormer Bedeutung ist, wird der später so genannte Davidsche Bund verkündet. Gott drehte den Vorschlag Davids um und erklärte, David werde kein Haus für Gott bauen, sondern Gott werde ein Haus für David bauen.

»Ich habe dich von der Weide und von der Herde weggeholt, damit du Fürst über mein Volk Israel wirst, und ich bin überall mit dir gewesen, wohin du auch gegangen bist. Ich habe alle deine Feinde vor deinen Augen vernichtet, und ich will dir einen großen Namen machen, der dem Namen der Großen auf der Erde gleich ist ... Nun verkündet dir der Herr, dass der Herr dir ein Haus bauen wird. Wenn deine Tage erfüllt sind und du dich zu deinen Vätern legst, werde ich deinen leiblichen Sohn als deinen Nachfolger einsetzen und seinem Königtum Bestand verleihen. Er wird für meinen Namen ein Haus bauen, und ich werde seinem Königsthron ewigen Bestand verleihen. Ich will für ihn Vater sein, und er wird für mich Sohn sein. Wenn er sich verfehlt, werde ich ihn nach Menschenart mit Ruten und mit Schlägen züchtigen. Meine Hand aber soll nicht von ihm weichen, wie sie von Saul gewichen ist, den ich vor deinen Augen verstoßen habe. Dein Haus und dein Königtum sollen durch mich auf ewig bestehen bleiben; dein Thron soll auf ewig Bestand haben.« (2. Sam 7,8–9; 7,11–17)

Der Bund Davids war anders als die früheren Bündnisse, die Gott mit dem Volk Israel geschlossen hatte. Es war ein Bund mit einer einzelnen Familie, und er sollte dauerhaft sein, ungeachtet der Vergehen, deren sich die Familie vielleicht schuldig machen würde. Die historischen Quellen, die »Geschichte von Davids Aufstieg« und die »Geschichte der Thronfolge«, auf denen der Bericht über David basieren soll, sprechen mit einer solchen, mitunter höchst kritischen Freimütigkeit über seine Fehler, dass ihre Verfasser möglicherweise den Ansprüchen und Ambitionen der Dynastie ablehnend gegenüberstanden. Doch in der vorliegenden Form beinhaltet der Text eine klare Botschaft: Gott hatte David und sein Haus erwählt; seine beständige Liebe zu ihnen würde von Dauer sein.

Die Chronik stellt David weniger nuanciert dar. Hier werden seine hervorragenden Leistungen in den Vordergrund gestellt und seine Fehler ignoriert. Im Ersten Buch nennt der Chronist auch einen weiteren Grund, warum David den Tempel nicht bauen durfte. Der König erklärte, er habe vorgehabt, eine Ruhestätte für die Bundeslade des Herrn, den Fußschemel Gottes, zu bauen. Er habe sogar entsprechende Vorbereitungen getroffen, aber Gott habe ihm gesagt, er könne seinem Namen kein Haus bauen, da er Kriege geführt und Blut vergossen habe (1. Chr 28,2,–3).

Dies erscheint angesichts der Tatsache, dass die Lade im Krieg ein Palladium war und dass David als der Gesalbte Gottes gekämpft hatte, als sehr seltsam. Es wäre doch verwunderlich, wenn er durch seine Siege disqualifiziert worden wäre, den Tempel zu bauen. Und selbst wenn das Blutvergießen ein Verbrechen gewesen wäre, gab es den Bund, der besagte, dass Gott ungeachtet irgendwelcher Vergehen mit dem Hause Davids sein würde. Ging es dabei vielleicht überhaupt nicht um David? Bestand das Problem vielmehr darin, dass mit dem Tempel etwas nicht in Ordnung war?

Das Problem war offenbar, dass der Tempel keine alte israelitische Institution war, sondern zur Welt »der anderen Völker« gehörte. Als Salomo den Tempel schließlich baute, griff er dabei auf fremdländische Handwerker zurück, und die Beschreibung seines Tempels weist große Ähnlichkeit mit dem auf, was wir über die Tempel benachbarter Völker wissen. Der Knackpunkt ist nicht so sehr der Plan oder die Bauweise des Tempels, obwohl auch diese Punkte wichtig sind, als vielmehr die Beschreibung der kosmischen Arena, in der er seine Funktion hat. Und diese ist eng mit der Rolle des Königs und dem Status Zions als dem heiligen Berg Gottes verbunden.

Die kosmische Natur des israelitischen Königtums wird in Psalm 89 besonders deutlich, in dem der Bund mit David, der Sieg Gottes im Himmel und seine Herrschaft über die Chaosgewässer beschworen werden. David wurde gesalbt, um nicht nur über Menschen zu herrschen, sondern auch über die Natur, und Gott hatte die Hand seines gesalbten Königs auf das Wasser des Meeres und über die Ströme gelegt. Sein Geschlecht und sein Thron würden ewig Bestand haben, so lange wie die Sonne und der Mond. Das Haus David wurde somit als Teil der natürlichen Ordnung der Schöpfung bestätigt. Gott hatte durch seinen Sieg über die Chaosgewässer und über das darin hausende Ungeheuer Rahab das Leben erschaffen. Diesen Sieg hatte Gott errungen, doch seinem König wurde eine Teilhabe daran zugestanden.

Dieser Triumph über die Kräfte der Tiefe taucht in allen Psalmen immer wieder auf, wenn die Durchquerung des Roten Meeres während des Auszuges aus Ägypten als kosmischer Kampf mit dem Chaos interpretiert wird. Wenn die Wasser der Tiefe Gott sahen, wurden sie in Angst und Schrecken versetzt. Inmitten eines Sturms öffnete Gott mit Blitzschlag und Donner einen Weg durch das Meer, und Mose und Aaron führten die Kinder Israels, wie Hirten ihre Herden, hindurch.

Die gleiche Vision von einem kosmischen Krieg kommt auch in den späteren Prophezeiungen im Buch Jesaja vor. Der Prophet erklärt den Auszug aus Ägypten zum Sieg Gottes über die große Tiefe, wo das Ungeheuer Rahab in den Wassern des Meeres wohnt. »Warst du es nicht«, fragt er Gott, »der die Rahab zerhieb und den Drachen durchbohrte? Warst du es nicht, der das Meer austrocknen ließ und die Wasser der großen Flut, der die Tiefen des Meeres zum Weg gemacht hat, damit die Erlösten hindurchziehen konnten?« (Jes 51,9–10) Wie in den

Psalmen ist die Macht Gottes über die Chaosungeheuer wesentlicher Bestandteil des Glaubens, dass Zion Bestand haben werde. Nachdem der Prophet die Befreiung Israels am Roten Meer in Anlehnung an den alten Mythos beschrieben hatte, verknüpft er diesen Mythos mit der Hoffnung, die er auf Zion setzt: »Die vom Herrn Befreiten kehren zurück und kommen voll Jubel nach Zion.« (Jes 51,11)

Der Name »Zion« wird später von der Geschichte der Bundeslade nicht mehr zu trennen sein. Wir wissen jedoch fast nichts über seinen Ursprung. Er bezog sich auf die alte, von David eroberte Festung der Jebusiter, der deren Namen dann von der »Burg Zion« in »die Stadt Davids« (2. Sam 5,7) geändert haben soll. Zunächst wurde damit wahrscheinlich eine Hügelkette im südöstlichen Teil Jerusalems bezeichnet, aber nach der Erbauung des Tempels wurde der Hügel, auf dem er stand, Berg Zion genannt. Schließlich wurde der Name auf ganz Jerusalem und später auf das ganze Volk Israel ausgeweitet. In späteren Jahrhunderten wurde er von Christen übernommen, die sich als das Neue Israel betrachteten; und in Äthiopien steht der Begriff »Zion« im Mittelpunkt eines imposanten Kultes, in dessen Rahmen die Heilige Jungfrau Maria als die Neue Bundeslade verehrt wird.

Eine der mysteriösesten Bemerkungen über Zion steht in Psalm 48: »Sein heiliger Berg ragt herrlich empor; er ist die Freude der ganzen Welt. Der Berg Zion liegt weit im Norden; er ist die Stadt des großen Königs.« (Ps 48,3) Das Problem ist, dass Zion nicht »im Norden« liegt. Das hebräische Wort lautet in Wirklichkeit *Zaphon*, und in den ugaritischen Texten, die auf dem Ras Schamra gefunden wurden, ist der Zaphonberg der heilige Berg des Baal. Der Berg liegt nördlich von Ugarit und damit auch nördlich von Jerusalem. So unorthodox es auch erscheinen mag, aber der Psalmist hat den heiligen Berg Gottes und das bleibende Symbol der jüdischen Identität mit einem heidnischen Heiligtum und einer heidnischen Mythologie identifiziert.

Es ist schwer festzustellen, wann diese Anlehnung begann. Zwar ist es denkbar, dass ein alter Kult der Jebusiter in die Vision von Zion mit aufgenommen wurde, doch in der Genesis steht, dass der Gott Jerusalems *El Elyon* genannt wurde. Es gibt jedoch keine Verbindung zwischen dem hohen Gott El der Kanaaniter und dem Zaphonberg oder dem Sieg des Sturmgottes über die Chaosgewässer. Sofern die biblischen Überlieferungen über Zion auf Mythen basieren, die sich auf Baal und nicht auf El beziehen, dürften sie eine spätere Erfindung sein, um das Ansehen des Königs zu erhöhen, indem sie ihm eine Rolle beim Sieg Gottes über das Chaos zukommen ließen. Die Ernennung Zadoks zum Priester spiegelt möglicherweise ein politisches Manöver wider, das genauso subtil wie die Manipulation eines alten jebusitischen Kultes war, aber mit der Vereinigung der im Norden und Süden Israels lebenden Stämme in Zusammenhang gestanden haben dürfte.

Die Wahl Zions wurde eines der bevorzugten Themen der großen kultischen Lobgesänge. Zion war der heilige Berg Gottes. Er hatte ihn zur Wohnstatt erwählt, und dort befanden sich nunmehr die Lade und der Tempel. Die klassische Verkündigung, in der der Bund Davids, die Wahl Zions und die Gegenwart Gottes in der Bundeslade unverbrüchlich miteinander verknüpft wurden, ist der Psalm 132. Darin wird der Schwur Davids geschildert, ein Haus für die Lade zu bauen. David fand die Lade in Kirjat-Jearim, und Gott und seine Lade machten sich zu ihrer neuen Wohnung auf. Gott schwor seinerseits einen Eid, dass die Söhne Davids für immer auf dem Thron Israels sitzen würden. Gott hatte Zion zu seinem ewigen Wohnsitz erkoren. Das Volk Zions würde gesegnet sein, seine Priester würden mit Heil bekleidet sein, und die Feinde des Königs würden mit Schande bedeckt werden.

Das Versprechen barg jedoch eine Gefahr. Wenn das Volk Israel und seine Könige glaubten, dass Gott Zion unter keinen Umständen im Stich lassen würde, wenn sie glaubten, dass der Bund Davids die moralischen Forderungen ersetzte, die mit dem Bund am Berg Sinai erhoben worden waren, würden sie sich dann weiterhin so verhalten, wie Gott es von seinem Auserwählten Volk erwartete? Dies war das Dilemma, mit dem die großen Propheten schwer zu kämpfen hatten: Würde das Vertrauen auf Gott zu Selbstgefälligkeit und schließlich zur Vernichtung führen? Jesaja erwog sogar die entsetzliche Aussicht, Gott würde sein Volk mit Vorbedacht ins Verhängnis führen, seine Prophezeiungen sollten ihnen bewusst Augen und Ohren verschließen, um ein Entrinnen unmöglich zu machen.

Die Befürchtungen der Propheten schienen sich am Ende mit der babylonischen Besetzung Jerusalems und dem damit einhergehenden Verlust des Tempels und dem Verschwinden der Lade zu bestätigen. Das äthiopische Epos über die Lade lässt diesbezüglich keine Zweifel zu. Das Volk Israel hatte sich so gottlos verhalten, dass die Lade von sich aus beschlossen hatte, Jerusalem zu verlassen und sich eine neue Wohnstätte in Afrika zu suchen.

Auch wenn letztlich Unheil über den Tempel hereinbrach, so waren Himmel und Erde, solange er stand, doch miteinander vereinigt gewesen, und diejenigen, die davon träumten, ihn wieder aufzubauen, glaubten, die Segnungen, die er gebracht hatte, würden dann erneut über Israel und die Welt kommen. Aber es gab auch jene, die den Tempel von Anfang an als entsetzlichen Fehler betrachteten. Er war Bestandteil der götzendienerischen Kulte der anderen Völker und bedeutete, dass Israel nun das Gelobte Land aufgab und wieder nach Ägypten zurückkehrte. Es wurde die Behauptung aufgestellt, der Tempel sei mit dämonischer Hilfe erbaut worden, und es trifft sicher zu, dass die damit verbundenen Kosten das Königreich Israel zugrunde richteten. Salomo mochte den Tempel errichtet haben, um sein Königreich auf eine sichere Grundlage zu stellen, aber mit ihm starb auch sein Traum.

Man hört häufig, die Äthiopier würden den Tempel genauso verehren wie die Lade, wir werden jedoch sehen, dass das nicht stimmt. Ferner wird behauptet, das äthiopische Epos wiederhole die zuversichtlichen Zusicherungen des Davidschen Bundes. Doch die Seiten mit all den Flüchen, die über das Neue Israel kommen werden, wenn es sich gegenüber dem Alten Bund als ungehorsam erweist, zeigen, dass hier ein Irrtum vorliegt. Genau wie im Alten Testament wird in Äthiopien ein königlicher Kult, in dem die Lade eine zentrale Rolle spielt, als Verstoßung des wahren Glaubens verurteilt.

6 DIE PFORTEN EDENS

Am Ende der Zeit, wenn die Toten aus dem Grab erwachen, werden sie über das Kidrontal hinweg zum Tempelplatz schauen, wo einst der Tempel Salomos stand. Im Tempel hatten die Bundeslade und die Herrlichkeit Gottes inmitten des Auserwählten Volkes gewohnt, aber seit fast 2000 Jahren ist in der Heiligen Stadt keine Spur mehr von ihnen zu sehen. Auf dem Tempelberg markiert heute das schönste Heiligtum der Spätantike den Triumph eines weiteren Auserwählten Volkes, des Geschlechtes Ismael, dessen Prophet von dem Fels, auf den Salomo die Lade gestellt hatte, in den Himmel aufgestiegen war.

Selbst heutzutage ist der Blick, den man von den Gräbern auf dem Ölberg aus auf die Altstadt hat, vielleicht der bezauberndste und beunruhigendste, den man sich denken kann. Wird Athen als eine Stadt des Gemüts bezeichnet, so ist Jerusalem die Stadt des Geistes – eines zwischen den Forderungen des Himmels und der Erde zerrissenen Geistes. Sie ist nicht nur ein Zeugnis der Inspiration, sondern auch der Qual – für das Aufeinanderprallen von Wahrheiten, die nicht miteinander in Einklang gebracht werden können. Einem jüdischen Sprichwort zufolge »wurden zehn Maß Leid auf die Welt herabgeschickt, und neun davon fielen auf Jerusalem«.

Im 10. Jahrhundert beschrieb der arabische Geograf al-Muqaddasi die Stadt als »einen goldenen Teich voller Skorpione«.

Die Altstadt erscheint im Wesentlichen so, wie der schottische Maler David Roberts sie vor 160 Jahren gesehen haben dürfte, als er mit seinem monumentalen sechsbändigen Werk *Holy Land, Egypt and Nubia* (Heiliges Land, Ägypten und Nubien) in lebendiger Weise Lesern, die sich den Subskriptionspreis leisten konnten, die Welt der Bibel erschloss. Die Hügel jenseits der Stadtmauern mögen heute mit Apartmenthäusern in Plattenbauweise bedeckt sein, aber Roberts ignorierte schon lange, ehe sie dort hingestellt wurden, alles, was den Charme des

Bildes stören konnte. Wenn die heutigen Pilger die Augen von allem abwenden, was sie in Jerusalem nicht sehen möchten, folgen sie also durchaus einem geheiligten Brauch.

Die Luft von Judäa ist nach wie vor klar, und die Sonne strahlt noch immer ungetrübt, und wir blicken noch auf dieselben Mauern, die Roberts skizzierte, als er zwischen den Gräbern auf dem Ölberg saß. Die Mauern stammen aus der Zeit des größten ottomanischen Sultans, Suleiman dem Prächtigen, doch sie vermitteln den Eindruck, als wären sie aus eigener Kraft aus dem Kalksteinkamm emporgewachsen. Wir können zwischen den Bäumen die Türme bewundern und die Arkaden mit ihren anmutigen Bögen, an denen nach muslimischer Überlieferung am Tag des Jüngsten Gerichtes Waagen aufgehängt werden, um die Seelen der Toten zu wiegen.

Seit nunmehr 1300 Jahren werden der Tempelberg und jede Ansicht von Jerusalem vom Felsendom beherrscht. Obwohl er keine Moschee ist und auch nicht vom Kalifen Omar erbaut wurde, wird er oft »Omarmoschee« genannt. Der Felsendom ist ein Heiligtum, und obgleich er eine der heiligsten Stätten der islamischen Welt ist, ließ Abd al-Malik aus der Kalifendynastie der Abbasiden ihn nach dem Vorbild einer byzantinischen Kirche errichten. Auf den Ruinen des alten Tempels der Juden künden Worte in verschnörkelter Schrift vom Sieg und der Vollendung der Wahrheiten, die Mohammed, dem Letzten der Propheten, von Gott offenbart wurden.

Wenn hinter dem Ölberg die Sonne aufgeht, scheint die goldene Kuppel des Heiligtums den Glanz eines himmlischen Reiches widerzuspiegeln, und die armenischen Kacheln, die mit ihren Farben des Himmels die achteckig angeordneten Wände bedecken, verdeutlichen die perfekte Geometrie einer harmonischen Schöpfung. Das Ganze erscheint wie ein idealer Garten, ein Heiligtum inmitten einer gefallenen Welt, und auch wenn vieles davon vom Geschick christlicher Künstler zeugt, die für einen muslimischen Herrn arbeiteten, erinnern ihre Leistungen doch an die Aspirationen der alten Israeliten. Nach dem Ersten Buch der Könige wurde der Erste Tempel nach dem Vorbild des Garten

Eden mit Palmen und Blütenranken geschmückt (1. Kön 6,29), und spätere Überlieferungen behaupten, als die Lade auf Weisung Salomos ins Heiligtum gebracht worden sei, seien das Holz und der Stein zum Leben erwacht.

Wenn der Pilger heute durch den gewaltigen Bogen des Damaskustores, das 1538 von Suleiman dem Prächtigen erbaut wurde, die Altstadt betritt, kann er durch das arabische Viertel zum *Haram asch-scharif*, dem Tempelplatz mit dem Felsendom, gehen. Wenngleich die Macht der Ottomanen fast vier Jahrhunderte nachdem Suleiman in Konstantinopel den Thron bestiegen hatte, zusammenbrach, die britische Mandatsverwaltung, die die Türken ablöste, nachdem General Allenby die Altstadt 1917 als Held erobert hatte, schließlich aufgelöst und 20 Jahre später die Gründung des jüdischen Staates proklamiert wurde, scheint sich seitdem in mancher Hinsicht doch kaum etwas verändert zu haben. Ältere Männer, die den typischen *Kaffiyeh* um Kopf und Schulter geschlungen haben, sitzen am Straßenrand, Kaffee trinkend und ihre Wasserpfeifen mit türkischem Tabak rauchend, oder schlendern den Bürgersteig entlang. Obsthändler haben sorgfältig Berge von Orangen, Melonen, Gurken und Auberginen vor ihren Läden aufgeschichtet. Von den Regalen der Gewürzhändler schlägt dem Passanten der Duft von Kardamom, Zwiebeln und Kreuzkümmel entgegen, und Regale voller Süßigkeiten, Pistazien, Mandeln und Rosenwasser locken ihn in das Geschäft des Pahane. Durch die engen Gassen und die Markisen der Läden spielen Licht und Schatten auf dem alten Pflaster ihr ureigenes Spiel, während Jungen in die umliegenden Restaurants und Läden Körbe voll frisch gebackenen Brotes ausliefern.

Aber so sehr sich das Auge des Besuchers auch an den Erinnerungen an eine frühere Welt erfreuen mag – die Altstadt ist kein glücklicher Ort. Die osmanischen Herrscher setzten im wahrsten Sinne des Wortes all ihre Macht ein, um Frieden zwischen den streitenden Christen zu wahren. Und heute stellen Palästinenser sowohl christlichen als auch muslimischen Glaubens sowie die seit Jahrhunderten in der Altstadt lebenden Griechen und Armenier fest, dass sie den jüdischenAnsprüchen auf ganz Jerusalem im Wege stehen. Nach den Gräueln im modernen Europa war die Gründung des jüdischen Staates als Zuflucht und Heimatland eine wunderbare Sache, aber zugleich ist die Frage der Gemeinschaften, die länger, als irgendwer zurückdenken kann, in Jerusalem leben und für die die Stadt nicht weniger heilig ist, noch immer nicht gelöst. Das Gewicht der immensen Heiligkeit und der Jahrhunderte der Freude und des Leids, die die Stadt erlebt, geweckt und verursacht hat, kann bereits in den wenigen Minuten, die der Pilger bis zu der Stätte benötigt, an der einst der für die Lade erbaute Tempel stand, unerträglich werden.

Nahe der Westmauer des Tempelberges öffnen sich die schmalen Straßen der Altstadt plötzlich zu einem großen, leeren Platz. Hier befand sich bis zum 10. Juni 1967 das marokkanische Viertel. Am Tag nachdem israelische Truppen während des Sechs-Tage-Krieges Jerusalem unter jüdische Kontrolle gebracht hatten, wurde das ganze Viertel, samt des Heiligtums von Scheich Aid aus dem 12. Jahrhundert, in einer dramatischen Aktion zerstört, die dem biblischen Bericht Josuas über die Eroberung Kanaans hätte entliehen sein können. Den Israelis war seit der Gründung des jüdischen Staates der Zugang zur Mauer verwehrt worden. Nun sollten sie nicht nur Zugang haben, sondern so viel Platz, dass sich Tausende von Gläubigen an der Mauer versammeln konnten, die den Verlust des Tempels, der zuerst 587 v. Chr. von den Armeen Nebukadnezars und dann 70 n. Chr. endgültig von den Römern zerstört worden war, markiert.

Die Westmauer wurde von europäischen Besuchern, die sahen, wie die Juden hier den Verlust des Tempels betrauerten, oft als »Klagemauer« bezeichnet. Nachdem der französische Schriftsteller Pierre Loti durch Jerusalem gekommen war, beschrieb er die Szenen, die er hier erlebt hatte:

»An der Wand des Tempels, an den letzten Trümmern seiner vergangenen Pracht sagen sie alle Klagen des Jeremias her, unter schnellem Hin- und Herschaukeln des Körpers und mit taktmäßig zitternder Stimme: ›Wegen des Tempels, der zerstört ist‹, ruft der Rabbiner. ›Sitzen wir einsam hier und weinen‹, antwortet die Menge. ›Wegen unserer Mauern, die vertilgt sind.‹ – ›Sitzen wir einsam hier und weinen!‹ – ›Wegen unserer Majestät, die vergangen ist, und unserer großen Männer, die umgekommen sind.‹ – ›Sitzen wir einsam hier und weinen.‹«

Im Mittelalter hatten christliche Pilger die gleiche Verzweiflung erlebt. Unter der lauten Klage, dass Zion zur Wüste und Jerusalem ein Ort der Verwüstung und Trostlosigkeit geworden war, hatten Juden, wenn sie sich der Stadt näherten, ihre Kleider zerrissen und sie noch einmal zerrissen, wenn sie den Tempelberg schließlich erreicht hatten. Den Rabbis zufolge sollten die Kleider zerrissen werden, bis das Herz entblößt war, und dann nie wieder genäht werden.

Die Trauer war nicht nur eine Frage des persönlichen Verlusts. Selbst wenn die Klagen von Juden vorgetragen wurden, betrafen sie nicht allein die Juden. Der Tempel und die dort dargebrachten Opfer hatten der Welt Frieden und Ordnung beschert. Das Wasser, das unter seinen Fundamenten hervorfloss, hatte Fruchtbarkeit und Wohlstand gebracht. Der Fels, auf den der Tempel gebaut wurde, war, so glaubte man, der Grundstein des Universums selbst. Unter dem Tempel waren die Gewässer der unendlichen Tiefe, die in den Tagen Noachs hervorgebrochen waren und die Erde überflutet hatten. Der Verlust des Tempels war eine Katastrophe kosmischen Ausmaßes, so wie die Vertreibung von Adam und Eva aus dem Paradies.

In der Bibel beginnt die Geschichte des Tempels mit der Thronbesteigung Salomos. Als sein Vater David, der von Gott Geliebte, hochbetagt war und sein Tod nahte, versicherte er Batseba, dass Salomo den Thron erben werde (1. Kön 1,28–30). Nach dem Ersten Buch der Könige war die Nachfolge jedoch nicht so ohne weiteres klar. Adonija, dessen Mutter Haggit war, hatte noch zu Lebzeiten seines Vaters versucht, sich selbst zum König zu ernennen. Der Priester Zadok hatte sich jedoch zusammen mit dem Propheten Natan und den mächtigen Männern Davids gegen ihn gestellt. Natan warnte Batseba, Adonija sei zu ehrgeizig, und riet ihr, sie könne sich selbst und ihren Sohn nur retten, wenn sie zu

David ginge und ihn an den Eid erinnerte, den er ihr geschworen hatte. Auch wenn Salomo nicht sein ältester Sohn war, so hatte David doch versprochen, dieser werde nach seinem Tod König werden.

Salomo wurde dann auf einem Esel, der seinem Vater gehörte, zum Gihon gebracht, und dort salbte der Priester Zadok den jungen Mann mit dem »Salbhorn aus dem Zelt« (1. Kön 1,38–39). Der Bericht ist schwer zu verstehen. Uns wird nirgends gesagt, warum Gihon als Ort der Salbung gewählt wurde. Auch ist schwer nachzuvollziehen, warum das heilige Öl, das erforderlich war, um einen König für seine Herrschaft über Israel zu rüsten, in einem Zelt am Gihon, den wir ansonsten nur als Quelle vor den Mauern Jerusalems kennen, aufbewahrt wurde. Könnte es sich dabei um das Zelt gehandelt haben, das David aufstellte, als er die Bundeslade in seine neue Hauptstadt bringen ließ? Könnte das Offenbarungszelt selbst am Gihon gewesen sein? Der Ort wird allerdings nie als Heiligtum erwähnt und scheint nichts mit der Lade oder dem Offenbarungszelt zu tun zu haben. In ihrem Bemühen, das Rätsel zu lösen, äußerten Gelehrte den Verdacht, bei dem Namen könnte es sich einfach um eine Verfälschung von Gibeon handeln, wo die Wohnstätte aufbewahrt wurde, nachdem die Lade nach Jerusalem gekommen war, und wo Gott Salomo später in einem Traum erscheinen sollte. Dies ist aber nichts weiter als eine Spekulation, das Geheimnis wird damit nicht gelüftet.

Als Salomo gesalbt war, schien sein Erbe gesichert. Er bestieg den Thron, nachdem David »zu seinen Vätern« gegangen war (1. Kön 2,10). Obwohl er seinem älteren Bruder versprochen hatte, dass er keinen Schaden nehmen werde, dauerte es nicht lange, bis Adonija auf sich aufmerksam machte und selbst seinen Tod beschleunigte. Er ging zu Batseba und bat sie, in seinem Namen mit Salomo zu reden und für ihn ein gutes Wort einzulegen, damit er eine Konkubine, die David in seinen letzten Lebensjahren gedient hatte, zur Frau nehmen durfte. Salomo ging jedoch davon aus, dass diese Bitte nur noch provozierendere und gefährlichere Forderungen nach sich ziehen würde, und befahl Adonijas sofortige Hinrichtung.

Salomo ließ zwar den Priester Abjatar am Leben, obwohl bekannt war, dass dieser Adonijas frühere Versuche, König zu werden, unterstützt hatte, verbannte ihn jedoch auf ein Landgut außerhalb Jerusalems. »Geh auf dein Landgut nach Anatot!«, sagte er zu dem Priester. »Zwar hast du den Tod verdient; doch will ich dich heute nicht töten, weil du die Lade Gottes, des Herrn, vor meinem Vater David getragen und alle Demütigungen mit meinem Vater geteilt hast.« (1. Kön 2,26)

Der Abschied von Abjatar bedeutete, dass die von David eingesetzte duale Priesterschaft allein in die Hände Zadoks überging. Damit waren die Priester von Schilo isoliert und alles andere als glücklich. Selbst als Salomo starb und der Norden und Süden in getrennte Königreiche zerfielen, wurden sie nicht mehr aufgefordert, in den großen Heiligtümern Dienst zu tun. Ein Nachhall ihrer Verbitterung ist in den Überlieferungen zu finden, die Salomo als Götzendiener brandmarken und versuchen, ihre Rivalen und den Kult um die Lade zu untergraben.

Kurz nachdem Salomo König geworden war, erschien ihm in Gibeon Gott im Traum. Als Gott ihn fragte, welche Bitte er ihm gewähren solle, erwiderte Salomo, ihm sei das Königreich Davids anvertraut worden, obwohl er noch ein Kind sei und nicht wisse, wie er sich als König zu verhalten habe. Er bat Gott, ihm »ein hörendes Herz« zu verleihen, damit er zwischen Gutem und Bösem unterscheiden und das Wissen nutzen könne, um das Auserwählte Volk zu regieren (1. Kön 3,4–9). Als Gott seine Bitte hörte, war er erfreut und sagte zu Salomo, weil er um Weisheit und nicht um ein langes Leben oder Reichtum oder um den Tod seiner Feinde gebeten habe, werde er ihm die Bitte erfüllen. Salomo werde ein so weises und verständiges Herz haben wie weder vor noch nach ihm ein Mensch. Mehr noch, er wolle Salomo auch die Dinge geben, um die er nicht gebeten hatte: sowohl Reichtum als auch Ehre, sodass sich zu seinen Lebzeiten kein anderer König mit ihm werde messen können (1. Kön 3,10–13).

Als Salomo erwachte, wurde ihm bewusst, dass er von Gott geträumt hatte, und er kehrte nach Jerusalem zurück. Dort trat er vor die Bundeslade, brachte Brand- und Heilsopfer dar und gab anschließend ein Festmahl für all seine Diener (1. Kön 3,15). Gott verlieh Salomo daraufhin ein unermessliches Maß an Weisheit und Einsicht – wie Sand am Strand des Meeres. Seine Weisheit war größer als die aller Menschen des Ostens und die Weisheit Ägyptens. Er war weiser als alle anderen Menschen (1. Kön 5,9–11).

Der Ruhm Salomos und seiner großen Weisheit verbreitete sich unter allen Völkern. Es heißt, er habe 3000 Sprichwörter und über 1000 Lieder verfasst (1. Kön 5,12). Seine Weisheit war so groß, dass sie über jegliches Wissen der Menschheit hinaus bis ins Reich der Natur ging. Das Erste Buch der Könige behauptet: »Er redete über die Bäume, von der Zeder auf dem Libanon bis zum Ysop, der an der Mauer wächst. Er redete über das Vieh, die Vögel, das Gewürm und die Fische.« (1. Kön 5,13) Dies wurde so verstanden, dass Salomo nicht nur über die Tiere, sondern auch mit ihnen gesprochen habe; er kannte ihre Sprache und konnte ihre Geheimnisse ergründen. Seine Macht über die Natur war so groß, dass es hieß, er habe die Geister der Luft beherrscht.

Als im 7. oder 8. Jahrhundert n. Chr. die aramäischen Homilien des *Targum Scheni* zum Buch Esther zusammengestellt wurden, wurde Salomos Macht über die natürliche und die übernatürliche Welt anschaulich verdeutlicht. Er herrschte, wie uns gesagt wird, über die wilden Tiere, über die Vögel des Himmels und über die Kriechtiere der Erde. Er herrschte sogar über die Teufel und die Geister der Nacht, und er verstand die Sprachen, die all diese Kreaturen benutzten. Schließlich, so steht geschrieben, »sprach er mit den Bäumen«.

Die Macht, die Salomo über die Teufel und Geister der Finsternis gewann, hatte zur Folge, dass sein Name bei Zaubersprüchen und Beschwörungen verwandt wurde. In späteren jüdischen, christlichen und muslimischen Überlieferungen wurde er zu einem großen Magier und Zauberer, und es wurden immer noch ausgefallenere Wege erdacht, um seine Brillanz zu rühmen.

Noch in neuerer Zeit, im 18. Jahrhundert, wurde behauptet, Baal Schem tob (Rabbi Israel ben Elieser), dem Illustersten der jüdischen Mystiker und Begründer des Chassidismus in Osteuropa, sei ein mysteriöses Buch überreicht worden, das Rabbi Adam in einer Höhle gefunden habe. Es sei von heiligem Licht erfüllt gewesen und habe in Buchstaben aus schwarzem Feuer himmlische Geheimnisse offenbart, die selbst den Engeln verborgen gewesen seien. Gott habe diese Adam noch im Paradies offenbart, und in seinem Erbarmen habe er dem Vater des Menschengeschlechts erlaubt, das Buch nach dem Sündenfall zu behalten.

Das Buch sei über die Linie der Erzväter weitergegeben und schließlich mit Josef in Ägypten beerdigt worden. Zusammen mit seinem Leichnam sei es dann wiedergefunden und bei der Wanderung ins Gelobte Land neben der Bundeslade durch die Wüste getragen worden. Das Buch habe das geheime Wissen enthalten, das Salomo für die Errichtung des Tempels genutzt habe. Auch wenn man geglaubt habe, es sei bei der Zerstörung des Tempels verloren gegangen, so habe Gott doch dem Engel Hadarniel befohlen, es in einer Höhle zu verstecken, mit der Maßgabe, dass nur Menschen mit reiner Seele es in späteren Generationen zu sehen bekämen. Der Baal Schem tob, der »Herr des guten Namens«, war einer von ihnen, und obwohl er erst vor zwei Jahrhunderten gelebt hat, wurde diese Geschichte bekanntlich bereits im 3. oder 4. Jahrhundert erzählt, als in Palästina das *Buch der Mysterien* geschrieben wurde.

Die Behauptung, Salomo habe den Tempel mit dämonischer Hilfe erbaut, wird im *Testament des Salomo* sehr detailliert ausgeführt. Es handelt sich dabei offenbar um eine christliche Fassung, die irgendwann zwischen dem 1. und 3. Jahrhundert in Ägypten verfasst wurde. Demnach erhielt Salomo als Antwort auf seine Gebete durch den Erzengel Michael einen Ring mit einem eingravierten Siegel aus Edelstein. Der Engel verkündete ihm, der Ring sei ein Geschenk Gottes, und wenn er ihn trage, werde er alle Dämonen im Universum bezwingen und ihnen befehlen können, Jerusalem für ihn zu erbauen. Seine Begegnungen mit den Dämonen und die Aufgaben, die sie für ihn vollbrachten, werden sodann sehr detailliert beschrieben. Der entscheidende Punkt der Geschichte ist, dass Salomo, als er älter wurde, die

Götter seiner ausländischen Frauen zu verehren begann, bis der Geist Gottes ihn verließ und die Dämonen ihn mit Verachtung behandelten.

Häufig wird die Vermutung geäußert, die Legenden über Salomo und seine Weisheit seien aus dem Wunsch nach einer vollendeteren Regierungsform entstanden. Und es lässt sich nicht bestreiten, dass die Frage der »Weisheit« in der hebräischen Bibel ein ebenso schwieriges wie komplexes Thema ist, das sowohl praktischer als auch mystischer Natur sein kann. Die Bibel bietet dazu zahlreiche Lebensregeln und Grundsätze an, die dem Leser helfen sollen, ein besseres Leben zu führen. Darunter finden sich jedoch auch Beispiele, bei denen man wohl eher vermuten würde, dass die Propheten sie als irrelevant oder schlicht abstoßend betrachtet hätten: »Dem Reichen ist seine Habe eine feste Burg, dem Armen bringt seine Armut Verderben.« (Spr 10,15) Oder: »Wer im Sommer sammelt, ist ein kluger Mensch; in Schande gerät, wer zur Erntezeit schläft.« (Spr 10,5) Einige Sprüche scheinen auch berufliche Ratschläge einer professionellen Elite zu vermitteln: »Wo es an Beratung fehlt, da scheitern die Pläne, wo viele Ratgeber sind, gibt es Erfolg.« (Spr 15,22)

Wenn das Reich, das sein Vater errichtet hatte, um so vieles größer war als die Stammesgemeinschaften früherer Generationen, dürfte Salomo kaum ohne die bürokratischen Strukturen ausgekommen sein, vor denen Samuel die Kinder Israels in Verbindung mit einem Königreich gewarnt hatte. In den Nachbarreichen, in Ägypten und Mesopotamien, waren Schreiber mit den Verwaltungsaufgaben betraut, und die Bücher der Bibel, die Salomo zugeschrieben werden, zeigen, dass er diese Traditionen einer angemessenen Staatsführung nicht nur kannte, sondern sich auch darauf stützte. Vor gerade etwas mehr als 100 Jahren fand man heraus, dass erhebliche Teile der angeblich von Salomo verfassten »Sprichwörter« in Wirklichkeit ägyptischen Ursprungs sind. Damals kehrte Ernest Wallis Budge mit einem Papyrus von seiner ersten Ägyptenexpedition zurück, der Das Weisheitsbuch des Amenemope enthielt – eine Abhandlung von Schriftgelehrten-Weisheiten, von der bekannt ist, dass sie in der zweiten Hälfte der 21. Dynastie aufgezeichnet wurde.

Abgesehen von den in der hebräischen Bibel überlieferten Aufzeichnungen, wissen wir sehr wenig über das von Salomo oder seinem
Vater regierte Reich. Es wird als großes Territorium dargestellt, in dem
die Könige Israels über viele verschiedene Völker herrschten. Aber es
ist nur schwer vorstellbar, dass zwischen den Großmächten jener Zeit
für ein derartiges Reich genug Raum vorhanden war, und bisher wurde
in den Schriften der benachbarten Völker oder bei archäologischen
Ausgrabungen nur weniges an Aufzeichnungen darüber gefunden.

Aber selbst wenn spätere Autoren Salomos und Davids Reich als außergewöhnlich rühmten und rückblickend darin ein Goldenes Zeitalter
sahen, so steht wohl außer Zweifel, dass ein ehrgeiziger Herrscher im
Nahen Osten der Antike als äußeres und sichtbares Zeichen seines
himmlischen Mandats in seiner Hauptstadt einen Tempel brauchte. Ob
Salomo nun einen großen und komplizierten Staatsapparat benötigt
hat, sei dahingestellt. In jedem Fall musste er in seinen eigenen Augen
und in denen seiner Untertanen die Rechtmäßigkeit seiner Herrschaft in
einer Form etablieren, die im ganzen Nahen Osten verstanden wurde.

Die Schilderung im Ersten Buch der Könige beschreibt einen Tempel, der Ähnlichkeit mit jenen aus anderen Gegenden in der Region
hat, beispielsweise mit denen, die in anderen Teilen Syriens und Palästinas ausgegraben wurden. Obwohl die Bibel gewöhnlich darauf bedacht ist, die einzigartige Natur der israelitischen Religion zu betonen,
dürfte dies nicht überraschen. Das Zweite Buch der Chronik verdeutlicht recht anschaulich, in welch großem Umfang fremdländische Arbeiter beim Tempelbau eingesetzt wurden. Als einen der ersten Schritte
ersuchte Salomo den benachbarten König von Tyrus, ihm Männer und
Material zu schicken (2. Chr 2,1–7). Die riesige Zahl an Arbeitern, die
für eine so gewaltige Unternehmung erforderlich war, bedeutete, dass
Salomo auf Fremdarbeiter zurückgreifen musste. Er ließ offenbar eine
Volkszählung durchführen, eine Maßnahme, die genau jene qualifi-
zierte und erfahrene Bürokratie voraussetzte, die mit professioneller
Weisheit assoziiert wird, und wies sowohl Israeliten als auch Fremden,
die innerhalb der Grenzen seines Reiches wohnten, Aufgaben zu. Er

ließ 70 000 Lastenträger, 80 000 Steinmetze und 3600 Aufseher anheuern. Ganze Trupps wurden auf den Libanon geschickt, um dort zusammen mit den Sidoniern und Tyrern als Holzfäller, Zimmerleute und Steinmetze zu arbeiten (Esra 3,7).

Die Prophezeiung Samuels schien sich zu erfüllen, und welche Kosten mit der Forderung nach einem König verbunden waren, erfuhr das Volk Israel nun am eigenen Leibe. Salomo selbst sollte einen hohen Preis für den Bau seines Tempels bezahlen und seine Erben einen gar noch höheren Preis. Zur Begleichung seiner Schulden beim König von Tyrus musste Salomo diesem 20 Städte in Galiläa abtreten (1. Kön 9,11), aber selbst dies reichte offenbar noch nicht. Nach seinem Tod sollte einer der Aufseher über die Fronarbeiten einen Aufstand anführen, infolgedessen das Reich in zwei getrennte Königreiche zerfiel, sodass dem Geschlecht Salomo nur noch ein Teil des Gebietes blieb, über das er selbst und sein Vater einst geherrscht hatten.

Der Beginn der Arbeiten wird im Ersten Buch der Könige mit einer formellen Chronologie eröffnet: »Im 480. Jahr nach dem Auszug der Israeliten aus Ägypten, im vierten Jahr der Regierung Salomos über Israel, im Monat Siw, das ist der zweite Monat, begann er das Haus des Herrn zu bauen.« (1. Kön 6,1) Im Folgenden werden wir dann über die Maße des Tempels unterrichtet, über die Materialien, aus denen er gebaut wurde, und die verschiedenen Arten von Einrichtungs- und rituellen Gegenständen, die dafür angefertigt wurden.

Da zahlreiche hebräische Begriffe nicht ganz klar sind und wir auch nicht allzu viel über die damals im Nahen Osten bei Maurern und Zimmerleuten üblichen Arbeitsmethoden wissen, ist für uns heute vielfach nicht mehr nachzuvollziehen, was der Verfasser uns genau sagen wollte. Die Standardübersetzungen, die jeder liest, der kein Hebräisch kann, sind natürlich einigermaßen zuverlässig; gleichwohl sahen sich die Übersetzer unweigerlich gezwungen, bei einer ganzen Reihe von Stellen zu raten. Aber dies ist nicht nur ein Problem der Neuzeit. Schon im 3. Jahrhundert v. Chr. waren den Übersetzern der Septuaginta einige Abschnitte des hebräischen Textes ziemlich unverständlich.

Der Tempel wird im Ersten Buch der Könige und dann nochmals im Zweiten Buch der Chronik beschrieben, wobei einige Abweichungen festzustellen sind. Der Grundriss des Tempels stellte ein 100 Ellen langes und 50 Ellen breites Rechteck dar. Wie bei vielen Tempeln, die in Palästina und Syrien gefunden wurden, üblich, war der innere heilige Raum in drei getrennte Bereiche unterteilt. In Jerusalem war jeder dieser Räume 20 Ellen breit. Während der Hauptbereich eine Höhe von 30 Ellen hatte, wies das Allerheiligste nur eine Höhe von 20 Ellen auf. Die biblische Schilderung liefert keine Erklärung für diese Differenz.

Im kubischen Raum des Allerheiligsten, dem so genannten *Debir*, wurden zwei riesige Cherubim aufgestellt, die aus Olivenholz gefertigt und mit Gold überzogen waren. Flügelspannweite und Höhe der Cherubim betrugen jeweils zehn Ellen. Ihre Flügel waren ausgebreitet, um darunter dem heiligsten Gegenstand des Tempels, in Wahrheit dem heiligsten Gegenstand der Welt, der Bundeslade, Schutz zu bieten (1. Kön 6,23–28). Nach Salomos Worten in der Bibel hatte der Herr gesagt, »er selbst wollte im Dunkel wohnen« (1. Kön 8,12).

Nach der Erläuterung der Konstruktion und Ausschmückung des Tempels selbst geht der Bericht im Weiteren auf die Anfertigung der zwei Bronzesäulen, Jachin und Boas genannt, die am Eingang aufgestellt wurden, und die übrige Einrichtung des Tempels ein. Zu Letzterer gehörten ein aus Bronze gegossenes Meer, zehn fahrbare Gestelle aus Bronze, zehn bronzene Kessel für Waschungen sowie Töpfe, Schaufeln und Schüsseln. Außerdem gab es einen goldenen Altar, einen goldenen Tisch, auf den die Schaubrote gelegt wurden, und zehn Leuchter aus purem Gold; es gab goldene Blüten, Lampen und Dochtscheren aus Gold, ferner Schalen, Schüsseln, Becken, Geräte für Rauchopfer und Pfannen aus reinem Gold. Auch die Türflügel im Allerheiligsten, wo die Lade stehen sollte, und die Türflügel, die zum Hauptraum führten, wurden mit Gold verkleidet (1. Kön 7,15–50; 2. Chr 3,15–4,22).

Neben der Schwierigkeit, die hebräischen technischen Begriffe und alten Baumethoden zu verstehen, sieht sich jeder, der versucht, den Plan des Tempels zu rekonstruieren, zusätzlich mit dem Problem konfrontiert, dass es uns an antiken Zeugnissen mangelt. Die erhalten gebliebenen Beschreibungen, wie etwa der lange Bericht von Josephus, beziehen sich auf den Zweiten Tempel mit seinen komplexen Erweiterungen, die im 1. Jahrhundert v. Chr. von Herodes dem Großen gebaut wurden. Sie behandeln nicht den Tempel Salomos. Im Buch Ezechiel sind sechs Kapitel einer detaillierten Vision vom Tempel gewidmet, die offenkundig aufgezeichnet wurden, als der Tempel Salomos noch stand. Es ist allerdings nicht derselbe Tempel wie im Buch der Könige und im Buch der Chronik. In der Überzeugung, dass ein göttlich inspirierter Prophet den Tempel fehlerlos beschrieben haben musste, unternahmen einige der fähigsten und gelehrtesten jüdischen wie christlichen Kommentatoren eingehende Versuche, die beiden Beschreibungen in Einklang zu bringen. Die muslimischen Gelehrten fanden eine andere Lösung, wie wir noch sehen werden.

Genauso war es nicht immer einfach, die Einzelheiten der im Tempel vollzogenen Rituale zu verstehen. Für viele christliche Leser dürften die biblischen Erzählungen eine höhere oder erlesenere Art von Kathedrale beschreiben, in die ein immenses Vermögen und vollendete Fertigkeiten gesteckt wurden, damit das Mysterium Gottes in einer denkbar erhabenen Umgebung gefeiert werden konnte. Aber der Tempel war keine moderne, sondern eine alte Vision vom Kosmos, und seine Funktionen deckten sich keineswegs mit den Konventionen des modernen Empfindens. Der Hauptzweck des Tempels bestand in der Darbringung des Opfers, und geopfert wurde in einem solchen Umfang, dass die Vorhöfe des Tempels weniger einer Kathedrale als vielmehr einem riesigen Schlachthof glichen.

Selbst der größte jüdische Gelehrte des Mittelalters, Moses Maimonides, fand die Idee des Opfers abstoßend, und er behauptete in seinem *Führer der Unschlüssigen*, es sei als notwendiges Übel eingerichtet worden, um die Israeliten vom Götzendienst abzubringen. In einem frühen Stadium ihrer Geschichte hätten sie die Vorstellung einer Religion ohne Opfer einfach nicht begreifen können. Seine Rügen wurden jedoch nicht kommentarlos hingenommen. Nachmanides, ein bedeutender Bibelforscher und Kabbalist, der einige Jahrzehnte später in Katalonien lebte, behauptete, Maimonides habe sich gegen die Bibel selbst gewandt, die doch ohne jeden Zweifel sage, dass das Opfer als die erhabenste Form, Gott zu dienen, von Gott angeordnet worden sei.

Einzelheiten über das Opfer werden im Pentateuch, insbesondere im Buch Levitikus, wie auch im Mischna-Traktat *Tamid* dargelegt. Die einzelnen Vorschriften sind komplex, und da sie im Laufe der Zeit zweifellos weiterentwickelt wurden, sind sie gelegentlich auch widersprüchlich. Aber nichtsdestotrotz gibt es klare Unterscheidungen zwischen Brandopfern, bei denen das Opfertier als Ganzes auf dem Altar verbrannt wurde, Sünd- und Schuldopfern, bei denen das Fett auf dem Altar verbrannt und das Fleisch an die Priester gegeben wurde, und Heilsopfern, bei denen das Fett auf dem Altar verbrannt und das Fleisch für ein freudiges Opferfest dem Darbringenden zukam.

Die Opfervorschriften für die Gemeinde verlangten, dass an jedem Tag in der Morgen- und Abenddämmerung ein einjähriger Widder als Brandopfer dargebracht wurde. Für den Sabbat und die großen Feste galten zusätzliche Vorschriften. Bei jedem Sabbatopfer wurden jeweils zwei Widder dargebracht, während an den sieben Tagen des Paschafestes zwei Ochsen, ein Widder und sieben Lämmer sowie zusätzlich ein Ziegenbock als Sündopfer dargebracht wurden.

Die umfangreichsten öffentlichen Opferungen wurden anlässlich des Laubhüttenfestes vollzogen. Am ersten Tag wurden 13 Ochsen, zwei Widder und 14 Lämmer geopfert, und dies wurde während des ganzen Festes fortgesetzt, wobei sich lediglich die Zahl der Ochsen an jedem der nachfolgenden Tage jeweils um einen reduzierte. Aber trotz alledem ging nur ein Bruchteil der insgesamt geschlachteten Tiere auf das Konto dieser öffentlichen Feste. Ihre Zahl wurde von den Opfern, die im Namen Einzelner dargebracht wurden, bei weitem übertroffen, und nach den alten Quellen waren sie so zahlreich, dass Tausende von Priestern bei den großen Festen im Tempel Dienst taten, aber dennoch die geforderte Zahl von Tieren kaum zu bewältigen vermochten.

Die Tiere wurden geschlachtet, gehäutet und zerlegt; die Eingeweide wurden herausgenommen und gewaschen; und das Blut wurde abgelassen oder ringsum an den Altar gesprengt. All dies geschah im Vorhof des Tempels. Im modernen Europa sind die meisten Menschen, auch wenn sie Fleisch essen oder echtes Leder tragen, nicht mehr mit den Realitäten des Schlachtens vertraut. Es fällt uns schwer, uns die Umstände der Tieropfer in diesem Umfang vorzustellen, und wenn wir es könnten, wären wir entsetzt. Aber selbst wenn wir einräumen, dass das Schlachten eine Lebensnotwendigkeit ist, hätten wir Probleme damit, es als eine spirituelle Angelegenheit zu betrachten. Dennoch sollte unsere eigene Empfindlichkeit oder Scheinheiligkeit uns nicht dazu verleiten, eine alte Institution als barbarisch abzutun. Der Tempel war alles in allem nicht so sehr ein Diagramm des Universums, wie oft behauptet wird, sondern vielmehr eine Art Versuchsmodell – ein Universum en miniature, das den beständigen Wechsel zwischen Leben und Tod einschloss. Als solches wurde er mit Sicherheit von den Rabbis in späteren Jahrhunderten gesehen.

Die Bibel selbst hat fast nichts über die Rolle der Lade bei diesen Opfern zu sagen. Aus dem Bericht über das Ritual für den Versöhnungstag, der im Buch Levitikus als Teil des Dienstes im Offenbarungszelt zu finden ist, wissen wir, dass der Hohe Priester das Allerheiligste betrat, um Blut auf die Deckplatte der Lade zu spritzen, und dass er die Lade in eine Wolke aus Räucherwerk hüllte, die dann zwischen ihm und der Lade war und dafür sorgte, dass deren Macht ihn nicht gefährden konnte (Lev 16,12–14). Man geht allgemein davon aus, dass das gleiche Ritual auch im Tempel selbst vollzogen wurde, nachdem auf Weisung Salomos die Lade dort untergebracht worden war. Das Mischna-Traktat *Joma*, das sich mit den Fragen des Versöhnungstages beschäftigt, beschreibt, wie das Räucherwerk ins Allerheiligste gebracht wurde, um das Überleben des Hohen Priesters zu gewährleisten, und es spricht ausdrücklich von dem angsteinflößenden Charakter des Rituals:

»Nun brachte man ihm die Kelle und Schaufel. Er nahm beide Hände voll und legte es (das Räucherwerk) auf die Kelle, mochte er nun als großer Mann große oder als kleiner kleine Hände haben: Das war

das Maß dafür. Jetzt nahm er die Schaufel in seine Rechte, die Kelle
in seine Linke und ging in dem Tempel umher, bis er zwischen die
zwei Vorhänge kam, die das Heilige vom Allerheiligsten abtrennen;
zwischen ihnen war eine Elle Abstand. [Rabbi Jose aber meinte, es sei
nur allein ein Vorhang da gewesen, wie es ja auch in der Schrift heiße:
›Und der Vorhang soll euch das Heilige vom Allerheiligsten trennen.‹]
Der äußere war im Süden, der innere im Norden aufgerafft. Er ging zwischen ihnen her, bis er an die Nordwand kam, dort angekommen, wendete er sich nach Süden und ging, (den inneren) Vorhang zu seiner Linken, bis er zur Lade kam. Dort angekommen, legte er die Schaufel
zwischen die zwei Tragstangen und häufte das Räucherwerk auf die
Kohlen. So füllte sich das Haus mit Rauch. Dann ging er auf dem Weg,
den er gekommen, zurück, indem er dabei im äußeren Hause ein kur-
zes Gebet sprach – kein langes, um Israel nicht in Angst zu bringen.«

Dasselbe Traktat schildert auch, wie der Priester das Blut ver-
sprengte, nachdem es umgerührt worden war, um zu verhindern, dass
es gerann:

»Darauf nahm er das Blut von dem, der es umrührte, ging zu dem
Ort, zu dem er eben hingegangen war, zurück, stellte sich an den Platz,
an dem er soeben gestanden, und sprengte von ihm einmal nach oben
und siebenmal nach unten, ohne gleich einem Geißelnden viel darauf
zu achten, wohin er traf (ob nach oben oder unten) beim Sprengen.
Und also zählte er: eins; eins und eins; eins und zwei; eins und drei;
eins und vier; eins und fünf; eins und sechs; eins und sieben; dann ging
er hinaus und setzte es auf dem goldenen Gestell im Tempel nieder.«

Wenn uns die Idee von Tieropfern unangenehm berührt, so wird
der Gedanke an Erotik als Teil des Kultes uns gewiss ebenso wenig be-
hagen. Die Erregung und Verlegenheit, mit der das Hohe Lied Salomos
all die Jahrhunderte hindurch gelesen wurde und wird, ist eine direkte
Folge des Argwohns, dass es nicht wirklich in die Bibel gehört, und
dennoch konnten die Rabbis oft weitaus besser als wir mit diesem
Gedanken leben. Sie beschreiben das Allerheiligste, in dem die Lade
stand, als ein Brautgemach. Man glaubte, Salomo selbst habe das Lied

der Lieder geschrieben, und um einen seiner Verse zu erklären, verweisen das *Tanhuma* wie auch der *Midrasch* über das Buch Numeri auf den Tempel:»›Siehe sein Bett‹, das Bett Salomos: Und wieso sollte das Heiligtum mit einem Bett verglichen werden? ›So wie das Bett nur zur Fortpflanzung bestimmt ist, so pflanzte sich auch alles im Heiligtum fort.‹«

Als die Lade ins Heiligtum gebracht wurde, erwachten die geschnitzten und gemeißelten Bäume und Blumenranken zum Leben, und die Bäume aus Gold, die Salomo im Tempel hatte aufstellen lassen, trugen schwere Früchte. Die Zedern, die der König von Tyrus Salomo für den Tempelbau geschickt hatte, merkten offenbar, dass das Leben der Welt ins Heiligtum gebracht worden war, und wurden wieder grün, während die Tragestangen der Bundeslade zu wachsen begannen, als sie ins Allerheiligste kamen. Sie wuchsen so stark, dass sie schließlich den Vorhang erreichten, der den Eingang verdeckte. Und als sie weiter wuchsen, begann der Vorhang anzuschwellen, wie die Brüste einer Frau. Dies geschah, als die Lade und die Cherubim im Allerheiligsten aufgestellt wurden. Und als die Stangen zum Leben erweckt wurden, begannen die Cherubim ihre Flügel auszubreiten, sodass sie die Lade überdeckten und über dem Heiligtum schwebten.

Einige Rabbis hielten die Cherubim für den wichtigsten Teil des Heiligtums und waren der Überzeugung, dass sie in ihrer Bedeutung für den Tempel mit der Bundeslade konkurrieren konnten oder diese sogar übertrafen. Über den Cherubim wie auch über der Lade ruhte die Herrlichkeit Gottes. Die Rabbis glaubten zudem, dass sie die Vereinigung zwischen Gott und seinem Auserwählten Volk darstellten, und sie sprachen oft in ausgesprochen erotischen Worten über die Natur dieser Vereinigung.

Wann immer das Volk Israel anlässlich des großen Festes nach Jerusalem heraufkam, so heißt es, habe man den Vorhang entfernt und ihm die Cherubim gezeigt. Die Körper der Cherubim waren ineinander verschlungen, und dem Volk wurde gesagt, Gott liebe Israel, wie ein Mann und eine Frau einander lieben würden. Solange das Volk Israel dem Willen Gottes gehorsam war, wandten die Cherubim ihre Gesichter offenbar einander zu, wie die Gesichter zweier sich liebenden und umarmenden Menschen, um so die Liebe zu verdeutlichen, die Gott für Israel empfand. Wenn das Volk hingegen gegenüber dem Willen Gottes ungehorsam war, schauten die Cherubim voneinander weg und wandten ihre Gesichter der Wand zu.

Der größte der kabbalistischen Texte, der *Sohar*, liefert eine Beschreibung des Tempels, wonach dieser ein Brautgemach für Gott darstellte und das Symbol für Israel als Matrona bezeichnet wird. Seit der Zerstörung des Tempels stieg die Matrona jede Nacht zu dem Ort herab, an dem der Tempel gestanden hatte, und trat an die Stelle, an der die Lade einst verborgen gewesen war. Wenn sie sah, dass ihr Haus und ihr Bett zerstört waren, wanderte sie in Gedanken umher und betrachtete den Ort, an dem die Cherubim gestanden hatten, und weinte bitterlich. Sie erinnerte sich, dass der Herr der Welt wie ein Ehemann zu ihr gekommen war und all ihre Wünsche erfüllt hatte. Sie erinnerte sich, wie sie voller Freude an ihr Bett gekommen war und wie die Cherubim zu ihrer Begrüßung mit den Flügeln geschlagen hatten, um sie willkommen zu heißen. Sie fragte, wie die Bundeslade, die im Heiligtum stand, vergessen werden konnte. Vom Heiligtum wurde die ganze Welt ernährt und wurde jedem Licht und Segen zuteil. Sie suchte nach ihrem Ehemann, er war jedoch nicht mehr da. Sie erinnerte sich, dass dies die Stunde war, in der er immer zu ihr gekommen war, und dass sie bereits aus der Ferne den Klang der Glocken an seinen Füßen gehört hatte. All ihre Mägde hatten dem heiligen Einen ihren Lobpreis dargebracht und sich dann jeweils in ihre eigenen Zimmer zurückgezogen, sodass sie allein waren und einander in Liebe umarmen konnten. Sie rief nach ihrem Ehemann und fragte, wohin er gegangen sei. Erinnerte er sich nicht mehr, wie er seinen linken Arm unter ihren Kopf geschoben und seinen rechten Arm um ihren Körper geschlungen und geschworen hatte, er werde nie aufhören, sie zu lieben, und gesagt hatte: Wenn ich dich vergesse, o Jerusalem, lass meine rechte Hand vergessen ...

Dem mittelalterlichen *Midrasch Rabba* zufolge umgab der Hof den
Tempel, wie das Meer die Welt umgibt, und bereits im 2. Jahrhundert
n. Chr. verfasste der Talmud-Gelehrte Rabbi Pinhas ben Yair einen komplizierten Schöpfungsbericht, in dem er zunächst auf das Offenbarungszelt einging und dann die Säulen des Tempels beschrieb, als seien
das Offenbarungszelt und der Tempel identisch gewesen. Das Offenbarungszelt, heißt es da, sei als Gegenstück zur Schöpfung der Welt errichtet worden, und die beiden Cherubim über der Bundeslade als Ent-
sprechung der zwei heiligen Namen Gottes. Das Heiligtum, in dem sich
die Lade befand, sollte den höchsten Himmel darstellen, das äußere
Heiligtum die Erde und der Vorhof das Meer. Die elf Decken, die für das
Offenbarungszelt angefertigt worden waren, sollten für den höchsten
Himmel stehen. Der Tisch habe die Erde symbolisiert. Die zwei Schaubrote seien als Sinnbild der Früchte der Erde angeordnet worden, in
zwei Sechserreihen, die den Monaten des Sommers und des Winters
entsprachen. Das Waschbecken habe das Meer repräsentiert, und der
Leuchter die Lichter des Himmels. Die Säule namens Jachin sei ein
Sinnbild des Verses gewesen »er soll ewig bestehen *(yikkon)* wie der
Mond« (Ps 89,38), da der Mond die Feste Israels bestimmte. Die Säule
namens Boas sei ein Sinnbild der Sonne gewesen, die sich in ihrer
Macht und Stärke zeigt, so wie geschrieben steht: »Sie frohlockt wie ein
Held und läuft ihre Bahn.« (Ps 19,6)

Die Cherubim, die die Bibel auf der Deckplatte der Lade und als Statuen im Allerheiligsten beschreibt, waren geflügelte Sphingen, Löwen
mit Menschenköpfen. Das akkadische Wort *Karibu* oder *Kurubu* steht
für einen bewachenden Geist oder Fürsprecher; aber auch wenn diese
Figuren während des dritten Jahrtausends v. Chr. in Mesopotamien auftauchten, wurden sie vorrangig mit Ägypten in Verbindung gebracht.
Sie waren Wächter, und im Buch Genesis wird uns gesagt, Gott habe
nach dem Sündenfall östlich des Gartens von Eden Cherubim aufgestellt, um den Baum des Lebens zu bewachen (Gen 3,24). Im Tempel
waren nicht nur zwei Cherubim-Statuen im Allerheiligsten aufgestellt,
auch die Wände des Tempels waren neben Bäumen und Blumenranken

mit Cherubim bedeckt. Offenbar sollte der Tempel ein weiterer Garten Eden sein.

Der Tempel soll, wie es hieß, auch mit dem Licht vom ersten Schöpfungstag geleuchtet haben, das Gott noch vor der Sonne, dem Mond und den Sternen erschaffen hatte. Diese Lichter am Himmel waren erst am vierten Tag erschaffen worden.

Nach rabbinischer Überlieferung hatte der erste Lichtstrahl am ersten Tag die ganze Welt erhellt und von dem Ort aus gestrahlt, an dem der Tempel später erbaut wurde. Dieses erste Licht schien weiterhin, solange der Erste Tempel existierte, und seine Strahlen erglühten im Allerheiligsten, wo die Bundeslade stand. Es erleuchtete jedoch nicht nur den Tempel, es schien auch durch die Fenster nach draußen und erfüllte die ganze Welt. Aus diesem Grund waren die Fenster im Tempel auch anders als alle anderen. Andere Fenster erlaubten dem Licht, in ein Haus einzutreten, die Fenster des Tempels erlaubten es ihm jedoch zu entrinnen.

Der Ort, von dem aus dieses Licht auf die Welt schien, war der erste feste Punkt, den Gott inmitten der Chaosgewässer errichtet hatte, ehe er um diesen herum die Welt entstehen ließ. Dies war nach jüdischer Überlieferung der »Grundstein«, und es hieß, er habe den Boden des Allerheiligsten gebildet, auf dem die Lade ruhte. Der Tempel und die darin befindliche Lade standen genau auf dem Mittelpunkt der Erde. Auch wenn der Grundstein über den Abgrund gelegt worden war, waren die Gewässer des Abgrundes doch nicht verschwunden. In den rabbinischen Überlieferungen sind verschiedene Schilderungen erhalten geblieben, wonach David den Abgrund geöffnet und der Welt mit Vernichtung gedroht hatte.

Im Babylonischen Talmud steht geschrieben, Rabbi Johanan habe gesagt, als David unter dem Tempel senkrechte Schächte bis zum Abgrund gegraben habe, sei das Wasser hochgestiegen und habe die Welt wie in den Tagen Noachs zu überfluten gedroht. David habe seine Gefährten gefragt, ob einer von ihnen wisse, ob es rechtmäßig sei, den Namen Gottes auf ein Tongefäß zu schreiben und dieses dann in den

Abgrund zu werfen, damit das Wasser zurückginge. Keiner habe ihm geantwortet. Daraufhin habe David zu ihnen gesagt, wenn einer von ihnen die Antwort wisse, aber schweige, würde er sterben. Ahitophel habe ihm dann versichert, dass es rechtmäßig sei, und David habe den Namen Gottes auf eine Tonscherbe geschrieben und diese in den Abgrund geworfen. Das Wasser habe sich daraufhin in eine Tiefe von 16000 Ellen zurückgezogen. Als David jedoch gesehen habe, dass der Abgrund nun so weit unter der Erdoberfläche war, sei ihm bewusst geworden, wie schwierig es sein würde, die Erde zu bewässern. Darum habe er dann die 15 Wallfahrtslieder gesprochen, worauf der Abgrund bei jedem Lied um 1000 Ellen gestiegen und schließlich 1000 Ellen unter der Erdoberfläche stehen geblieben sei. Bei den Liedern, die er sprach, handelte es sich um die Psalmen 120 bis 134, die jeweils mit der Überschrift »Ein Wallfahrtslied« beginnen.

Einigen Überlieferungen zufolge hatte Noach den Altar im Tempel gebaut, nachdem die Sintflut zurückgegangen war. Spätere jüdische Legenden behaupteten, Noach habe den Altar nur wiederhergestellt und dass er vorher bereits von Adam, Kain und Abel sowie Abraham benutzt worden sei, ehe man ihn schließlich in den Tempel gebracht hatte.

David begriff, auch wenn das Wasser des Abgrundes gefährlich sein konnte, so konnte ohne dieses Wasser doch kein Leben existieren. Mit dem Verlust des Tempels würden die Fruchtbarkeit und Fülle zunichte gemacht, deren sich die Erde erfreuen konnte, solange er stand; doch im Messianischen Zeitalter, so behaupteten die Rabbis, werde das Wasser im Überfluss zurückkehren. Der Fluss, der unter dem Tempel hervorfloss, würde sich in zwölf Ströme teilen – die Zahl der Stämme Israels. Alle ausgetrockneten Felder und Weingärten würden dann von diesem Wasser bewässert werden und Früchte tragen. An Strömen würden alle Arten von Obstbäumen wachsen und jeden Monat Früchte tragen, aber ihre Früchte würden nicht nur Nahrung liefern, sondern ihre Blätter auch jeden heilen, der unter irgendwelchen Beschwerden litt.

Der Bau des Tempels nahm offenbar sieben Jahre in Anspruch. Dies dürfte eine recht kurze Zeit für ein so aufwändiges Bauwerk sein, wie es in der Bibel beschrieben wurde. Vielleicht ist es auch nur eine symbolische Zahl, die zur Erinnerung an die sieben Tage der Schöpfung gewählt wurde. Als alle Vorbereitungen abgeschlossen waren, war der Zeitpunkt gekommen, das gewaltige Projekt seinem eigentlichen Zweck zuzuführen: Salomo versammelte die Ältesten Israels, alle Stammesführer und Anführer der israelitischen Großfamilien in Jerusalem, damit sie die Prozession der Lade und die damit einhergehenden Wunder miterlebten (1. Kön 8,1).

»Am Fest im Monat Etanim, das ist der siebte Monat, kamen alle Männer Israels bei König Salomo zusammen. In Gegenwart aller Ältesten Israels nahmen die Priester die Lade und brachten sie zugleich mit dem Offenbarungszelt und den heiligen Geräten, die im Zelt waren, hinauf. Die Priester und die Leviten übernahmen den Trägerdienst. König Salomo aber und die ganze Gemeinde Israels, die bei ihm vor der Lade versammelt war, schlachteten Schafe und Rinder, die man wegen ihrer Menge nicht zählen und nicht berechnen konnte. Darauf stellten die Priester die Bundeslade des Herrn an ihren Platz, in die Gotteswohnung des Hauses, in das Allerheiligste, unter die Flügel der Cherubim. Denn die Cherubim breiteten ihre Flügel über den Ort, wo die Lade stand, und bedeckten sie und ihre Stangen von oben her. Die Stangen waren so lang, dass man ihre Spitzen im Heiligtum vor der Gotteswohnung sehen konnte; draußen aber waren sie nicht zu sehen. Sie blieben dort bis zum heutigen Tag. In der Lade befanden sich nur die zwei steinernen Tafeln des Bundes, den der Herr mit den Israeliten beim Auszug aus Ägypten geschlossen hatte. Als dann die Priester aus dem Heiligtum traten, erfüllte die Wolke das Haus des Herrn. Sie konnten wegen der Wolke ihren Dienst nicht verrichten; denn die Herrlichkeit des Herrn erfüllte das Haus des Herrn.« (1. Kön 8,2–11)

Der König wandte sich dann an das Volk und erklärte ihm, Gott habe das gegebene Versprechen erfüllt. Salomo war an die Stelle seines Vaters David getreten und hatte den Thron Israels bestiegen. Er hatte dem Gott Israels jetzt ein Haus gebaut und für die Bundeslade, in der die Forderungen festgehalten waren, die Gott an die Kinder Israels stellte, als er sie aus Ägypten herausgeführt hatte, einen Raum geschaffen (1. Kön 8,14–21).

Ehe Salomo den Tempel erbaute, war Gott ihm in Gibeon erschienen, und jetzt erschien er ihm wieder. Er bestätigte den Davidschen Bund, der diesmal jedoch an Bedingungen geknüpft wurde. Salomo sollte wissen, dass Gott sein Gebet gehört hatte. Das Haus, das Salomo gebaut hatte, sei durch die Herrlichkeit Gottes geheiligt, und sein Herz werde allezeit dort weilen. Sofern Salomo sich redlich verhalte und alle Gebote achte, die Gott ihm gegeben hatte, werde er seinen Königsthron auf ewig in Israel bestehen lassen, wie er es seinem Vater David zugesichert hatte.

Aber Gott gab ihm auch eine fürchterliche Warnung. Wenn Salomo oder seine Kinder sich von ihm abwendeten und seine Gebote nicht mehr hielten, wenn sie die Gesetze, die er ihnen gegeben hatte, überträten und andere Götter anbeteten, dann werde er das Volk Israel in dem Land, das er ihm gegeben habe, ausrotten. Den Tempel, den er in seinem Namen geweiht hatte, werde er aus seinem Angesicht wegschaffen, sodass nur noch ein Trümmerhaufen davon bliebe. Jeder, der vorüberginge, werde sich entsetzen und zischen. Und man werde fragen, warum Gott ihn zerstört habe, und werde dann sagen, weil Israel den Herrn, seinen Gott, der seine Väter aus Ägypten herausführte, verlassen und andere Götter verehrt habe (1. Kön 9,1–9).

Salomo sollte jedoch genau das tun, wovor Gott ihn gewarnt hatte. Die Bibel sagt, er habe »viele andere ausländische Frauen« geliebt (1. Kön 11,1), und unter den 700 Ehefrauen und 300 Konkubinen waren Frauen, die aus Völkern kamen, die Gott den Israeliten zu meiden befohlen hatte (1. Kön 11,2–3). Anfänglich hatte Salomo noch gewisse Skrupel gezeigt, die Tochter des Pharao in einem separaten Haus untergebracht und erklärt, sie dürfe nicht im Haus Davids wohnen, »denn die Räume, in die die Lade des Herrn gekommen ist, sind heilig« (2. Chr 8,11). Am Ende ließ seine Entschlusskraft jedoch nach, und er

folgte den fremden Göttern, deren Kulte seine ausländischen Frauen
mitgebracht hatten. Er baute Altäre für unsägliche Gottheiten, die die Bibel als »den Götzen der Moabiter« und »den Götzen der Ammoniter«
verurteilt (1. Kön 11,7). Als er alt war, hatten seine Frauen sein Herz
offenbar dazu verführt, sich anderen Göttern zuzuwenden. Sein Herz
blieb dem Herrn, seinem Gott, nicht so standhaft ergeben, wie es das
Herz Davids, seines Vaters, geblieben war.

Gott verlor schließlich die Geduld mit Salomo und kündigte ihm
an, weil er ihm so demonstrativ seinen Ungehorsam gezeigt und den
Bund und die Gebote ignoriert habe, werde er ihm jetzt sein Königreich
entreißen und es einem seiner Knechte geben. Nur um der Liebe zu
seinem Vater David willen war er zu einem Zugeständnis bereit: Er
wollte Salomo das Reich nicht schon zu seinen Lebzeiten, sondern
erst seinem Sohn entreißen, wenn dieser den Thron bestiegen hatte.
Selbst dann wollte Gott nicht alles nehmen. Um seines Knechtes David
und um Jerusalems willen, der Stadt, die Gott liebte, sollte Salomos
Geschlecht einen der Stämme Israels als Königreich behalten dürfen
(1. Kön 11,9–13).

Nach Salomos Tod wurde sein Sohn Rehabeam König. Aber der
junge Mann versäumte es, auf seine Ratgeber zu hören, als das Volk
sich über die schweren Bürden beklagte, die Salomo ihm auferlegt
hatte. Er redete harsch mit ihnen und erklärte, wenn Salomo sie mit
Peitschen gezüchtigt habe, dann werde er sie mit Skorpionen züchtigen
(1. Kön 12,4–11). In seinem Entsetzen erklärte das Volk, es habe jetzt
keinen Anteil mehr am Erbe Davids. »In deine Zelte, Israel!«, rufen sie.
»Nun kümmere dich um dein Haus David!« (1. Kön 12,16)

Jerobeam, der einst einer von Salomos Aufsehern über die Fronarbeiten gewesen und später vor ihm nach Ägypten geflohen war,
wurde sodann König von Israel. Er ließ in Bet-El und Dan Heiligtümer
errichten, die dem Tempel Salomos den Rang streitig machen sollten.
Rehabeam blieben das Haus Juda und der Stamm Benjamin. Auch
wenn er hoffte, sein Königreich durch einen Krieg zurückzugewinnen,
warnte Gott ihn, es nicht zu versuchen (1. Kön 12,21–31).

Doch schon zu Salomos Lebzeiten, so behauptet das *Testament des Salomo*, sei der Zusammenbruch seiner außergewöhnlichen Kräfte so dramatisch gewesen, dass der König, der einst die Dämonen der Luft befehligt habe, gezwungen gewesen sei, ihr Gelächter und ihre Verachtung zu ertragen. Bis dahin allerdings hatte sich die Nachricht von seiner großen Weisheit und dem außergewöhnlichen Tempel, den er für den Gott Israels gebaut hatte, in allen Königreichen der Erde verbreitet, und von allen Völkern waren Männer und Könige herbeigekommen, um ihn zu sehen und zu bestaunen.

Bei der romantischsten Begegnung dieser Art ging es jedoch nicht um einen Mann, sondern um eine Frau, und sie sollte zu einer Vielzahl von Legenden inspirieren, die Juden, Christen und Muslime faszinierten. Die Heldin war nicht nur eine Königin; sie wurde auch zur Magierin und Hexe – eine Frau von bewundernswerter Schönheit, die aber nichtsdestoweniger unter einer grässlichen Entstellung litt. Sie war auch die Vorlage für eines der ungewöhnlichsten Kapitel in der Geschichte der Lade, in der die Königin von Saba als die Begründerin einer afrikanischen Dynastie genannt wird, die die Lade Tausende von Jahren bewachte. Der älteste überlieferte Bericht ist im Ersten Buch der Könige zu finden:

»Die Königin von Saba hörte vom Ruf Salomos und kam, um ihn mit Rätselfragen auf die Probe zu stellen. Sie kam nach Jerusalem mit sehr großem Gefolge, mit Kamelen, die Balsam, eine gewaltige Menge Gold und Edelsteine trugen, trat bei Salomo ein und redete mit ihm über alles, was sie sich vorgenommen hatte. Salomo gab ihr Antwort auf alle Fragen. Es gab nichts, was dem König verborgen war und was er ihr nicht hätte sagen können. Als nun die Königin von Saba die ganze Weisheit Salomos erkannte, als sie den Palast sah, den er gebaut hatte, die Speisen auf seiner Tafel, die Sitzplätze seiner Beamten, das Aufwarten der Diener und ihre Gewänder, seine Getränke und sein Opfer, das er im Haus des Herrn darbrachte, da stockte ihr der Atem. Sie sagte zum König: ›Was ich in meinem Land über dich und deine Weisheit gehört habe, ist wirklich wahr. Ich wollte es nicht glauben, bis ich nun selbst gekommen bin und es mit eigenen Augen gesehen habe. Und wahrlich, nicht einmal die Hälfte hat man mir berichtet, deine Weisheit und deine Vorzüge übertreffen alles, was ich gehört habe. Glücklich sind deine Männer, glücklich diese deine Diener, die allezeit vor dir stehen und deine Weisheit hören. Gepriesen sei Jahwe, dein Gott, der an dir Gefallen fand und dich auf den Thron Israels setzte. Weil Jahwe Israel ewig liebt, hat er dich zum König bestellt, damit du Recht und Gerechtigkeit übst.‹ Sie gab dem König 120 Talente Gold, dazu eine sehr große Menge Balsam und Edelsteine. Niemals mehr kam so viel Balsam in das Land, wie die Königin von Saba dem König Salomo schenkte.« (1. Kön 10,1–10)

Das Buch der Könige hat wenig über die Herausforderungen zu sagen, vor die die Königin von Saba Salomo stellte; in späteren jüdischen Überlieferungen sind jedoch Berichte darüber erhalten geblieben, darunter der, demzufolge Salomo nicht zögerte, die Lade selbst zu bemühen, um die richtige Antwort geben zu können. Der *Midrasch ha-Hefez* gibt vor, auf der Autorität von Rabbi Ismael zu basieren, einem berühmten Gelehrten des 2. Jahrhunderts n. Chr., und eine ähnliche Version ist im *Midrasch Mischle* zu finden:

»Sie führte ihm nämlich Beschnittene und Unbeschnittene vor und sprach zu ihm: ›Sondere mir die Beschnittenen aus!‹ Sogleich winkte er dem Oberpriester, und dieser öffnete die Bundeslade. Die Beschnittenen von ihnen verneigten sich nur mit der Hälfte ihres Wuchses (ihrer Figur), und nicht nur das, sondern ihre Angesichter wurden erfüllt vom Glanze der Schechina; die Unbeschnittenen von ihnen dagegen fielen auf ihre Angesichter nieder. Nun sprach er zu ihr: ›Jene sind beschnitten, diese aber nicht.‹ ›Woher weißt du das?‹, fragte sie ihn.«

Wenngleich fast alle Überlieferungen Salomos Weisheit bezeugen, bleibt er doch ein seltsamer Held – eine tragische Figur, die die Kenntnis um die Geheimnisse der Welt und der Enthusiasmus für die Mysterien der Frauen zugrunde richtete. Der Tempel, den er mit seiner magischen Macht schuf, zerstörte sein Königreich, und nach Aussage der ambitioniertesten Überlieferung über die Königin von Saba beraubte ihn seine Liebe zu dieser Frau, die gekommen war, um seine wundersamen Leistungen zu sehen, nicht nur seiner Weisheit, sondern führte auch dazu, dass die größte Zierde Israels, die Bundeslade, aus Jerusalem verschwand und sich eines anderen Volkes annahm. Dieses Volk lebte jenseits des Roten Meeres, und seine Hautfarbe war schwarz.

Amon war ein schlechter König. Daran lässt die Bibel keinen Zweifel. Er betete Götzenbilder an und weigerte sich, sich vor Gott zu demütigen. Seine Diener zettelten schließlich eine Verschwörung gegen ihn an und töteten ihn. Aber wie gottlos er auch gewesen sein mochte, in den Augen des Volkes Juda war es noch schlimmer, wenn Diener einen gesalbten König des Hauses David umbrachten. Und so töteten sie die Diener und setzten den Sohn des ermordeten Königs auf den Thron (2. Chr 33,21–25).

Joschija war erst acht Jahre alt, aber selbst in so jungen Jahren war bei ihm bereits erkennbar, dass er ein anderer König als sein Vater sein würde. Er tat, was recht in den Augen des Herrn war, und folgte den Wegen Davids. Mit 16, erzählt das Zweite Buch der Chronik uns, begann er, den Gott Davids zu suchen, und mit 20 fing er an, auf den »Kulthöhen« in Juda und Jerusalem die götzendienerischen Heiligtümer zu entfernen. Neben den »Kulthöhen« zerstörte er die der kanaanitischen Göttin Aschera gewidmeten Kultpfähle sowie Schnitz- und Gussbilder. Sie waren für ihn Gegenstände des Abscheus; er zerschlug sie mit Gewalt und zermalmte sie zu Staub, den er auf die Gräber derjenigen streute, die ihnen geopfert hatten. Er verbrannte die Gebeine der Priester auf den Altären, an denen sie ihren Dienst getan hatten, und zertrümmerte dann auch die Altäre (2. Chr 34,1–7).

Die Gewalt, mit der Joschija vorging, genügte, um sein Ansehen zu sichern. Das Buch Jesus Sirach, das im Westen vielfach auch Ecclesiasticus genannt und in den englischen Bibelausgaben zu den Apokryphen gezählt wird, wurde im 1. Jahrhundert v. Chr. in Jerusalem von jemandem geschrieben, der dem Kreis der Hohen Priester nahe stand. »Der Name Joschija«, verkündete der Verfasser, »gleicht duftendem Weihrauch, würzig und vom Salbenmischer zubereitet. Sein Andenken ist süß wie Honig im Mund und wie ein Lied beim Weingelage.« (Sir 49,1)

Zwei Jahre später, nachdem sich der Feldzug gegen die verderbten Götzenkulte als Erfolg erwiesen hatte, so berichtet uns der Chronist, beschloss Joschija, den Tempel Salomos wieder instand zu setzen. Man hatte ihn offenbar während der Jahre des Götzendienstes der vorherigen Könige Judas verfallen lassen. Dies wäre als solches schon ein Programm von immenser Bedeutung gewesen, aber es führte zu einer Entdeckung, deren Folgen nach wie vor maßgebend dafür sind, wie wir die Bibel lesen. Das Zweite Buch der Könige gibt den Ablauf der Ereignisse in einer anderen und faszinierenden Reihenfolge als das Zweite Buch der Chronik wieder. Demnach begann Joschija seine Kampagne gegen den Götzenkult erst nach der Entdeckung im Tempel. Es war die Entdeckung, mit der sich alles veränderte.

Zu Beginn der Instandsetzung schickte Joschija einige ehrwürdige Persönlichkeiten zum Hohen Priester. Dieser sollte aus dem Tempelschatz das notwendige Geld für die Bezahlung der Arbeiter sowie die Beschaffung von Bruchsteinen und Holz für die Erneuerung des Gebälks ausschütten. Während man ihnen das Geld brachte, das im Hause Gottes aufbewahrt wurde, fand der Hohe Priester Hilkija ein Buch. So erstaunlich es erscheinen mag, aber dies schien tatsächlich »das Buch des Gesetzes des Herrn, das durch Mose verkündet worden war«, zu sein (2. Chr 34,14). Hilkija übergab das Buch einem der Höflinge, der es mit der Meldung zu Joschija brachte, der Hohe Priester habe es im Tempel gefunden. Dann las er es dem König laut vor, und als Joschija die Worte hörte, zerriss er seine Kleider in einem Anflug von Schmerz und Verzweiflung (2. Chr 34,15–19).

Diese Entdeckung wäre selbstredend von enormer Bedeutung, wenn sie tatsächlich echt sein sollte. Aber wie sollte der König das wissen? Er beschloss, den Hohen Priester und die ehrwürdigen Männer ratsuchend zu einer Frau namens Hulda zu schicken, der Frau eines Verwalters, der entweder im Tempel oder am Hof beschäftigt war, und der einzigen Frau, die im Buch der Könige als Prophetin erwähnt wird. »Geht«, befahl er ihnen, »und befragt den Herrn für mich, für das Volk und für ganz Juda wegen dieses Buches, das aufgefunden wurde. Der

Zorn des Herrn muss heftig gegen uns entbrannt sein, weil unsere Väter auf die Worte dieses Buches nicht gehört und weil sie nicht getan haben, was in ihm niedergeschrieben ist.« (2. Kön 22,13) Das Außerordentliche an dieser Entscheidung war, dass sie bedeutete, dass niemand in seiner Umgebung, nicht einmal der Hohe Priester selbst, kompetent genug war, die Echtheit eines Buches zu beurteilen, das angeblich die Gesetze enthielt, die Mose Israel überliefert hatte. Mit der israelitischen Religion musste etwas grundsätzlich nicht in Ordnung sein.

Aber was andere auch geglaubt haben mochten, die Prophetin hatte keinen Zweifel an der Echtheit des Buches und gab den Abgesandten zur Bestätigung als Antwort das Wort Gottes: »So spricht der Herr, der Gott Israels«, sagte sie zu ihnen, um ihnen dann zu verkünden, dass Gott Unheil über Jerusalem und seine Bewohner bringen werde. Alle Drohungen, die im Buch geschrieben standen und Joschija vorgelesen worden waren, würden sich erfüllen. Denn das Volk habe sich von Gott abgewandt und anderen Göttern geopfert und damit den Zorn des Gottes Israels geweckt. Da aber Joschija reumütig seine Kleider zerrissen und geweint hatte, wolle Gott es ihm ersparen, miterleben zu müssen, wie er das Unheil über sein Königreich kommen ließ. Joschija sollte sterben, ehe es so weit war (2. Kön 22,14–20).

Nachdem ihm die Worte der Prophetin überbracht worden waren, befahl Joschija alle Ältesten Judas und Jerusalems zu sich und ging mit ihnen zum Tempel. Dort ließ er alle Männer Judas und Einwohner Jerusalems, die Priester und Propheten und das ganze Volk, die Kleinen wie die Großen, zusammenrufen und ihnen das Buch vorlesen. Nachdem sie alles gehört hatten, trat der König an die Säule am Eingang des Tempels und schloss vor Gott diesen Bund: Er wolle »dem Herrn folgen, auf seine Gebote, Satzungen und Gesetze von ganzem Herzen und ganzer Seele achten und die Vorschriften des Bundes einhalten, die in diesem Buch niedergeschrieben sind«. Und das ganze Volk, so wird uns gesagt, trat dem Bund bei (2. Kön 23,1–3).

Dieses Buch wird als »das Gesetzbuch« (2. Kön 22,8) oder »das Bundesbuch« (2. Kön 23,2) bezeichnet, und es offenbarte Joschija, dass es bereits einen gültigen Bund gab. Sein Königreich war den darin enthaltenen Flüchen unterworfen, auch wenn der König und das Volk die Verfügungen und Bedingungen dieses Bundes nicht kannten. Das war der Grund, warum der König seine Kleider zerrissen hatte, als er hörte, was in dem Buch geschrieben stand, und warum er den Vernichtungsfeldzug gegen die Kulthöhen und Kultpfähle begann. Er versuchte, den Flüchen zu entrinnen, die sein Reich nach dem Bund mit Gott treffen sollten. Die Entdeckung des alten Buches war kein Anlass zur Freude, und es wurde auch nicht als antiquarische Rarität gefeiert. Es war schlicht und ergreifend furchterregend.

Nun, da er den Inhalt des Buches seinem Volk vorgelesen hatte, machte Joschija sich daran, den Tempel, die Stadt Jerusalem und das Königreich Juda zu säubern. Bei seinem Vorgehen schien er von der Verzweiflung eines Mannes getrieben zu sein, der die Katastrophe vor sich sieht. Um zu beweisen, dass der Bund mit dem Gott Israels wirklich eingehalten werden sollte, vernichtete er nicht nur alle fremden Kultgegenstände, sondern vernichtete sie auf die gewaltsamste und extremste Weise, die er sich vorstellen konnte.

Als Erstes befahl er den Priestern und Tempelwächtern, alle Gegenstände hinauszuschaffen, die für Baal, Aschera und das ganze Heer des Himmels angefertigt worden waren. Er ließ sie außerhalb der Stadt, bei den Terrassen des Kidrontales verbrennen und die Asche nach Bet-El bringen. Auch den Kultpfahl Ascheras schaffte er aus Jerusalem hinaus, verbrannte ihn im Kidrontal und zermalmte ihn zu Staub, den er dann auf die Gräber des einfachen Volkes streute. Sodann riss er die Gemächer der Tempelprostituierten nieder, die innerhalb des Tempels eingerichtet worden waren (2. Kön 23,4–7).

Er entfernte die Pferde, die die Könige von Juda zu Ehren der Sonne am Eingang des Tempels aufgestellt hatten, und verbrannte die Sonnenwagen. Er ließ auch die Altäre abreißen, die auf dem Dach über dem Obergemach des Ahas errichtet worden waren, sowie die Altäre, die Manasse in den Höfen des Tempels aufgestellt hatte, zertrümmerte sie und warf ihren Schutt ins Kidrontal (2. Kön 23,11–12).

Auch die »Kulthöhen« bei den Toren Jerusalems ließ er einreißen und verunreinigte das Heiligtum, das man dem Gott Moloch nahe der Stadt Tofet gebaut hatte und wo Kinder als Opfer verbrannt worden waren (2. Kön 23,8–10). Desgleichen entweihte er die »Kulthöhen« östlich von Jerusalem, die Salomo für Astarte, »die Göttin der Sidonier«, wie die Bibel meinte, für Kemosch, »den Götzen der Moabiter«, und für Milkom, »den Gräuel der Ammoniter«, erbaut hatte. Er hieb die Kultpfähle um, zerbrach die Steinmale und füllte ihre Stätten mit Menschenknochen, um sie zu verunreinigen (2. Kön 23,13–14).

Er holte alle Priester aus den Städten Judas weg und entweihte alle Kulthöhen, auf denen sie zwischen Geba und Beerscheba Weihrauchopfer dargebracht hatten (2. Kön 23,8). Auch den Altar von Bet-El zertrümmerte er, die »Kulthöhe«, die Jerobeam errichtet hatte, und zermalmte die Steine zu Staub (2. Kön 23,15). Er beseitigte alle »Höhentempel« in den Städten Samariens, die der König von Israel errichtet hatte, womit seine Wut auf die Götzendienerei ihn über die Grenzen seines eigenen Königreiches hinaustrug. Er tötete alle Hohen Priester auf ihren Altären und verunreinigte die Altäre dann, indem er Menschengebeine darauf verbrannte (2. Kön 22,19–20). Und er »fegte« auch die Totenbeschwörer und Zeichendeuter, die Hausgötter, Götzen und alle Gräuel »weg«, die er im Königreich Juda und der Stadt Jerusalem finden konnte (2. Kön 22,24).

Nachdem uns dieser erschreckende Katalog von unerbittlicher Feindseligkeit und rücksichtsloser Gewalt präsentiert wurde, erklärt die Bibel, vor Joschija habe es »keinen König« gegeben, »der so mit ganzem Herzen, mit ganzer Seele und mit all seinen Kräften zum Herrn umkehrte und so getreu das Gesetz des Mose befolgte, und auch nach ihm war keiner wie er« (2. Kön 23,25).

Nach der Säuberung Jerusalems und Judas führte der König die Einhaltung des Paschafestes wieder ein, das offenbar seit den Tagen der Richter nicht mehr gefeiert worden war. Dem Buch Exodus zufolge hatte Gott Mose die Anweisungen für das Ritual gegeben, nachdem er alle Erstgeborenen in Ägypten hatte sterben lassen, um damit den Pharao zu zwingen, die Israeliten freizulassen. Dazu gehörte die Opferung eines Lammes, das nach entsprechender Zubereitung zusammen mit ungesäuerten Broten hastig verspeist werden sollte. Dieses Paschaopfer sollte sicherstellen, dass die Israeliten nie die Nacht vergessen würden, in der der Engel Gottes an ihren Häusern vorüberging und den Tod über die Ägypter brachte (Ex 11,4–12,27).

Was Joschija damit tat, und es scheint eine für einen König seltsame Entscheidung zu sein, ist, dass er den kultischen Status des Königtums einschränkte. Er reduzierte die Bedeutung des Bundes, den Gott mit David geschlossen hatte, als dieser die Bundeslade nach Jerusalem holte, und räumte ihm einen geringeren Stellenwert als dem Bund ein, den Gott mit Mose geschlossen hatte, als dieser die Israeliten aus Ägypten herausgeführt hatte. Dies wird im Zweiten Buch der Chronik deutlich, das einen wesentlich längeren Bericht als das Zweite Buch der Könige über die Wiedereinsetzung des Paschafestes liefert.

Im Rahmen der Vorbereitungen für das Ritual soll Joschija, nachdem das Paschalamm am 14. Tag des ersten Monats geschlachtet worden war, die Priester für ihren Dienst im Haus des Herrn berufen haben. Und als Nächstes gab er den Leviten, wie es heißt, eine bemerkenswerte Anweisung. Sie brauchten die Lade nicht mehr auf ihren Schultern zu tragen, sagte er ihnen. Sie sollten sie in den Tempel bringen und dann Gott und seinem Volk Israel dienen. Und sie sollten das Paschafest gemäß den Weisungen halten, die Gott durch Mose gegeben hatte (2. Chr 35,1–6).

Dieser Vers hat immer wieder großes Interesse geweckt und ist unterschiedlich interpretiert worden. Die am wahrscheinlichsten klingende Erklärung wäre wohl, dass die Leviten die Lade in Prozessionen herumzutragen pflegten. Jetzt wurde ihnen gesagt, dass sie das nicht mehr zu tun bräuchten. Sie sollten die Lade ins Heiligtum stellen und hingehen und Gott und dem Volk in einem anderen Sinne dienen – in einem mosaischen Sinn. Joschija hat hier also offenbar die zeremonielle Prozession der Lade unterbunden.

Die hebräische Bibel beschreibt Prozessionen in Zusammenhang mit der Bundeslade, als David sie nach Jerusalem hinaufbringen und Salomo sie in den Tempel überführen ließ. Beide Male stand die Lade eindeutig im Mittelpunkt der Prozessionen, die von Musik begleitet wurden. Und dazu gehörten jeweils Sänger, Pauken, Hörner und das Jubelgeschrei des Volkes.

Wenn diese beiden Prozessionen auch als Einzelereignisse geschildert werden, lassen die Psalmen doch auf eine Zeremonie schließen, mit der die Lade durch die Stadt getragen wurde. Sie wurde offenbar durch das östliche Tor in den Tempel gebracht, wobei eine Liturgie gesprochen wurde, die ein Frage- und Antwortspiel zwischen den im Tempelhof Wartenden und den Prozessionsteilnehmern mit einschloss. »Wer darf hinaufziehn zum Berg des Herrn?«, fragten sie. »Wer darf stehn an seiner heiligen Stätte?« Und die Antwort lautete, derjenige, der reine Hände und ein lauteres Herz hat, der nicht betrügt und keinen Meineid schwört, der darf zum Berg des Herrn hinaufziehen. Und sowie sich die Prozession den Toren näherte, rief das Volk aus: »Ihr Tore, hebt euch nach oben, hebt euch, ihr uralten Pforten, denn es kommt der König der Herrlichkeit.« (Ps 24,3–7)

Die Psalmen sind jedoch selbst liturgische Lobgesänge und geben, abgesehen von gelegentlichen Hinweisen auf Prozessionen ins Heiligtum, kaum eine Erklärung zu den Umständen, unter denen sie gesungen wurden. Was die beiden im Buch Samuel und im Buch der Könige beschriebenen Prozessionen angeht, so werden sie nicht nur als einmalige Vorkommnisse dargestellt, sondern auch, als habe es sich dabei um historische und weniger um sakramentale oder kosmologische Ereignisse gehandelt.

Die hebräische Bibel bietet keine weiteren Informationen über den Ursprung, die Häufigkeit oder die Bedeutung von Ritualen, bei denen die Lade möglicherweise herumgetragen wurde. Wir gehen jedoch davon aus, dass es Zeremonien dieser Art gab. Es stellt sich lediglich die Frage, ob sie dazu dienten, der großen Ereignisse der Geschichte, durch die Gott sein Auserwähltes Volk gerettet hatte, zu gedenken oder sie aufs Neue heraufzubeschwören. Oder spiegelten sie den kosmologischen Kampf zwischen Gott und den Kräften des Chaos wider?

Auch wenn Geschichte und Mythologie oft für völlig verschiedene Dinge gehalten werden, wäre es zumindest in diesem Fall nicht ratsam, zwischen beiden zu trennen. Die Ereignisse der Rettung in der Geschichte Israels werden in der Bibel eindeutig in einem kosmologischen Sinn beschrieben – eine Tatsache, die nach der Entdeckung der ugaritischen Epen in Tell Ras Schamra in Syrien vor fast 70 Jahren zunehmend klar geworden ist. Wenn der Triumph Gottes über das Wasser des Roten Meeres, als Mose die Kinder Israels aus der Knechtschaft in Ägypten herausführte, dargestellt werden konnte, als handele es sich dabei um den Sieg eines Sturmgottes über die Gewässer des Abgrunds, dann konnte die Prozession der Bundeslade mit Sicherheit ebenso eine historische wie mythologische Bedeutung haben.

Die Faszination, mit einem kosmologischen Ansatz an die Psalmen heranzugehen, nahm vor rund 60 Jahren mit dem norwegischen Forscher Sigmund Mowinckel ihren Anfang. Er behauptete, das antike, im Herbst gefeierte Laubhüttenfest sei ursprünglich ein Neujahrsfest gewesen, das den kanaanitischen und babylonischen Neujahrsfeiern ähnelte, und das Hauptereignis, das damit gefeiert wurde, war seiner Ansicht nach die Thronbesteigung Gottes. Das zentrale Element beim israelitischen Neujahrsfest war, genau wie beim babylonischen Akitu-Fest, nach Mowinckels Überzeugung »ein Umzug«. In dieser Prozession wurde die Bundeslade zum Tempel getragen, wo der Gott Israels dann nach seinem Sieg über die Kräfte des Chaos zum König proklamiert wurde.

Das Akitu-Fest, dessen Name ein völliges Rätsel ist, wurde offenbar zweimal im Jahr in Sumer, aber nur einmal jährlich in Babylon begangen, wo es dann allmählich mit dem Neujahrsfest identifiziert wurde. Das Fest war Marduk, dem Schutzgott Babylons, geweiht und wurde auf dem Höhepunkt der babylonischen Macht im ersten Jahrtausend v. Chr. aufwändig gefeiert. Der Höhepunkt des Festes war ein Umzug, bei dem die Statue des Gottes zum Akitu-Haus, einem besonderen

Tempel, gebracht wurde. Ein detaillierter Bericht aus dem 3. Jahrhundert v. Chr. schildert, wie der Sieg, den Gott über die Chaosgewässer errungen hatte, dramatisch inszeniert wurde und wie die Gebete und Beschwörungen, die zu ihm gesprochen wurden, seinen Zorn abwenden sollten.

Mowinckel war von der Möglichkeit fasziniert, dass es sich bei Psalm 132 möglicherweise um den liturgischen Text eines gleich gearteten Festumzuges in Jerusalem handeln könnte, bei dem die Bundeslade mitgetragen wurde, um den Sieg des Gottes Israels zu dramatisieren, so, wie die Statue Marduks in Babylon herumgetragen worden war. Diese These wurde anfangs als sehr kühn erachtet, aber der Psalm beschreibt wohl tatsächlich die in einer Prozession nach Jerusalem getragene Lade, die bei ihrer Ankunft von Priestern und Gläubigen mit Jubelrufen empfangen wurde. Er erwähnt die Lade namentlich und spricht vom Gefilde von Jáar beziehungsweise Kirjat-Jearim, wo die Lade offenbar war, nachdem sie aus den Städten der Philister nach Bet-Schemesch zurückgebracht worden war. Der Psalm verweist eindeutig auf die Thronbesteigung und erklärt, dass Gott David auf seinen Thron in Zion gesetzt hatte, wo Gott auf immer wohnen würde, und er spricht auch von einem Sieg sowie von den Feinden des Königs, die durch den Sieg seines Gottes mit Schande bedeckt würden.

>O Herr, denk an David,
denk an all seine Mühen,
wie er dem Herrn geschworen,
dem starken Gott Jakobs gelobt hat:
›Nicht will ich mein Zelt betreten
noch mich zur Ruhe betten,
nicht Schlaf den Augen gönnen
noch Schlummer den Lidern,
bis ich eine Stätte finde für den Herrn,
eine Wohnung für den starken Gott Jakobs.‹

Wir hörten von seiner Lade in Efrata,
fanden sie im Gefilde von Jáar.
›Lasst uns hingehen zu seiner Wohnung
und niederfallen vor dem Schemel seiner Füße!‹

Erheb dich, Herr, komm an den Ort deiner Ruhe,
du und deine machtvolle Lade!
Deine Priester sollen sich bekleiden mit Gerechtigkeit,
und deine Frommen sollen jubeln.
Weil David dein Knecht ist,
weise deinen Gesalbten nicht ab!

Der Herr hat David geschworen,
einen Eid, den er niemals brechen wird:
›Einen Spross aus deinem Geschlecht
will ich setzen auf deinen Thron.
Wenn deine Söhne meinen Bund bewahren,
mein Zeugnis, das ich sie lehre,
dann sollen auch ihre Söhne
auf deinem Thron sitzen für immer.‹

Denn der Herr hat den Zion erwählt,
ihn zu seinem Wohnsitz erkoren:
›Das ist für immer der Ort meiner Ruhe;
hier will ich wohnen, ich hab ihn erkoren.
Zions Nahrung will ich reichlich segnen,
mit Brot seine Armen sättigen.
Seine Priester will ich bekleiden mit Heil,
seine Frommen sollen jauchzen und jubeln.
Dort lasse ich Davids Macht erstarken
und stelle für meinen Gesalbten ein Licht auf.
Ich bedecke seine Feinde mit Schande;
doch auf ihm erglänzt seine Krone.‹«   (Ps 132)

Warum sollte eine derartige Prozession Joschija oder die Schriftgelehrten, die den Bericht erstellten, der im Buch der Könige und im Buch der
Chronik erscheint, so gestört haben? Das Problem schien darin zu liegen, dass die Lade mit einer Theorie vom Königtum verbunden war, die
zu stark auf den kosmologischen Vorstellungen der benachbarten Völker beruhte. Der Psalm und die Prozession der Lade mochten zwar die
Erwählung durch den Gott Zions feiern, sie waren jedoch in ein Glaubenssystem eingebunden, das in der Antike im ganzen Nahen Osten
verbreitet war und auch die anderen Völker mit einschloss, mit denen
die Stämme Israels das Gelobte Land offenkundig teilen mussten.

Jahrhundertelang wurde das Buch, das Hilkija im Tempel gefunden hatte, mit dem Buch Deuteronomium identifiziert. Der Deuteronomist wusste allerdings eine einfache, aber wirkungsvolle Antwort
darauf, was er als eine ungehörige Verehrung der Lade betrachtete. Er
beschrieb eine Lade mit einer spezifischen Funktion. Sie war ein Behältnis für die Urkunde des Gesetzes, das Mose auf dem Berg Sinai
offenbart worden war. Für den Deuteronomisten war die Lade keine
kultische Veranschaulichung der Gegenwart Gottes und auch kein Palladium zur Sicherung des Sieges bei Kämpfen. Sie war eine Truhe zur
Aufbewahrung eines gesetzlichen Dokuments, die bei ihrer Anfertigung als eine einfache hölzerne Truhe beschrieben wurde und sich
sehr von dem kunstvoll ausgeführten goldenen Schrein in der Priesterschrift unterschied (Dtn 10,1–3).

Es gibt präzise Hinweise für diesen Richtungswechsel. Während das
Buch Numeri erklärt, dass die Israeliten im Kampf mit den Kanaanitern
und Amalekitern geschlagen wurden, weil sie die Lade nicht dabeihat-
ten (Num. 14,43–45), wird die Lade im Deuteronomium in diesem Zusammenhang nicht erwähnt. Es wird vielmehr unterstellt, dass das Verhängnis über die Israeliten hereinbrach, weil Gott nicht mit ihnen war.
Während ihrer Wanderung durch die Wüste mochte die Lade einst vor
ihnen her gezogen sein, um Lagerplätze für sie zu finden. Im Deuteronomium wird uns jedoch gesagt, Gott sei vor dem Volk her gezogen.
Selbst im deuteronomistischen Gesetz über die Kriegführung wird die

Lade nicht erwähnt. Angesichts der Tatsache, dass die Anwesenheit der Lade einst der Grund war, warum die Israeliten ihre Feinde besiegen konnten, ist es verblüffend, dass sie hier weggelassen wurde. Auch das in der Priesterschrift beschriebene *Kapporet*, die Deckplatte, die auf die Lade gelegt wurde und deren Cherubim als göttlicher Thron oder Wagen dienen konnten, wird vom Deuteronomisten nirgends erwähnt.

Dieser Teil des deuteronomistischen Programms mag als solcher rationalistisch und sogar modern anmuten, aber dies ist nur ein Teil des Programms. Es beruht auf einer Ideologie, die uns heute noch problematischer erscheinen mag – der Ablehnung der Idee, Israel könnte Teil der Welt sein, in der auch andere Völker leben. Israel war offenbar nicht wie die anderen Völker. Es sollte jedenfalls nicht wie die anderen Völker sein, und sein Gott verlangte eine unerbittliche Intoleranz gegenüber fremden Praktiken. Und eben diese wild entschlossene Grausamkeit zeigte Joschija bei seinem Gemetzel und der Entheiligung der »Kulthöhen« in Juda und Israel.

Aber war das wirklich etwas Neues? War das nicht bereits in den Zehn Geboten dargelegt worden, die Mose auf dem Berg Sinai offenbart worden waren? Die im Buch Exodus aufgeführten Listen von Verboten warnen eindeutig vor anderen Göttern und Bildnissen. Andere Teile der Bibel lassen jedoch auf eine Welt schließen, in der keine derart feinen Unterscheidungen gemacht wurden oder zumindest nicht in der Art, wie der Deuteronomist sie darlegte. Wir lesen in der Bibel von Statuen des Gottes Israels, und auch die häufige Erwähnung der Cherubim auf der Deckplatte der Lade und der gewaltigen Statuen im Allerheiligsten des Tempels ist wohl kaum zu übersehen. Die Erzväter errichteten Säulen, um besonders heilige Stätten zu markieren, und selbst dem Gott, der sich Abraham offenbarte, was die Grundlage aller nachfolgenden Offenbarungen war, wurde der Name der kanaanitischen Gottheit *El Shadday* gegeben. Der unaussprechliche Name YHWH wird Mose erst viele Generationen später offenbart. All diese Dinge werden in der Bibel mitnichten als etwas Ungewöhnliches, geschweige denn als etwas Frevelhaftes oder Verwerfliches vor Gott beschrieben.

Wo oder wann soll denn der einzigartige Charakter Israels für jene, die die literarischen Aufzeichnungen, die wir heute in der Bibel lesen, vorbereitet haben, zu einer derart entscheidenden Frage geworden sein? Dies könnte während des Exils in Babylon geschehen sein. Vielleicht stellte sich dort die Notwendigkeit, als Minderheit in einem fremden Land eine israelitische Identität zu bewahren. Auch nach dem Exil könnte dies eine entscheidende Frage geblieben sein, die dann vielleicht sogar noch dringlicher wurde.

Nach dem Buch Esra betrachteten diejenigen, die in Babylon gewesen und zurückgekehrt waren, um den Tempel wieder aufzubauen, »das Volk des Landes« (Es 4,4) als zutiefst verderbt, sodass sie dessen Mithilfe beim Bau des Tempels ablehnten. Wenn Israeliten, die versuchten, den Zweiten Tempel zu bauen, sich auf eine Auseinandersetzung mit dem Volk einließen, das seit jeher in Jerusalem oder in anderen Teilen des Königreiches gelebt hatte, und eine strenge Unterscheidung durchsetzten zwischen denen, die für Gott akzeptabel waren, und jenen, die es nicht waren, so drängt sich der Eindruck auf, dass dies möglicherweise ein wesentlicher Teil der Strategie war.

Aber selbst in späteren Jahrhunderten ist nicht immer klar, ob die Dinge tatsächlich so waren, wie sie dargestellt wurden. Bei Ausgrabungen in Arad, in der Nähe von Beer Sheva im Süden der Negev-Wüste hat man einen Tempel gefunden, der nach dem gleichen Grundriss wie der Tempel von Jerusalem erbaut wurde und die vermeintliche Reform überdauert zu haben schien.

Der vielleicht seltsamste Tempel gehörte jüdischen Kolonisten im oberägyptischen Elephantine. Sein genauer Standort konnte bei Ausgrabungen noch nicht ausgemacht werden, es wurden jedoch Schriftstücke und sonstige Urkunden in aramäischer Sprache gefunden, die seine Existenz bestätigen und zudem deutlich machen, dass die dort gepflegten Kulte höchst ausschweifend und regelwidrig waren, zumindest nach den Maßstäben Joschijas oder des Deuteronomisten. Neben YHWH wurden in Elephantine auch andere Götter verehrt, und er hatte offenkundig Gefährten, als sei er eine der Gottheiten gewesen, die uns aus den Epen von Ras Schamra oder den anderen Schriften aus der damaligen Zeit im Nahen Osten bekannt sind.

Gleichwohl bleibt, dass die Juden von Elephantine, als der Tempel im 5. Jahrhundert v. Chr. zerstört wurde, an die persischen Verwalter von Juda und Samaria schrieben, um diese um Hilfe beim Wiederaufbau zu ersuchen. Dies ist aus zwei Gründen höchst interessant. Die Tatsache, dass sie überhaupt schrieben, lässt den Schluss zu, dass sie nicht glaubten, ihr Kult werde als abweichlerisch und verwerflich betrachtet, und die Tatsache, dass sie sowohl nach Juda als auch nach Samaria schrieben, lässt darauf schließen, dass Jerusalem in ihren Augen nicht die alleinige Autorität besaß.

Die bei Ausgrabungen in Araq el-Emir in Transjordanien gefundenen Überreste wurden als ein Tempel aus dem 2. Jahrhundert v. Chr. identifiziert. Er war offenbar von einem Mitglied der Familie Tobiad gebaut worden, einem Clan, der im 3. und 2. Jahrhundert v. Chr. in Juda sehr bekannt war und auch von Josephus erwähnt wird. Da die Familie durch Heirat mit den Hohen Priestern von Jerusalem verwandt war, war es sehr unwahrscheinlich, dass sie mit den Maßstäben dessen, was nach der Orthodoxie zulässig und akzeptabel war, nicht vertraut gewesen wäre. Dennoch scheint sie einen Tempel gebaut zu haben.

Ein weiterer Tempel war im ägyptischen Leontopolis vom Sohn des letzten zadokitischen Hohen Priesters von Jerusalem errichtet worden, den 175 v. Chr. Antiochos Epiphanes seines Amtes enthoben hatte. Der Sohn des Hohen Priesters wäre mit Sicherheit über den einzigartigen Status Jerusalems informiert gewesen, und die Ereignisse werden ohne jeden Kommentar über irgendwelche Regelwidrigkeiten von Josephus geschildert, der selbst Priester war.

Josephus berichtete auch über die Juden in Sardes in Kleinasien, denen Mitte des 1. Jahrhunderts v. Chr., in der Zeit von Johannes Hyrkanos II., von den Statthaltern der Stadt erlaubt worden war, einen Opferkult einzuführen. Aber nach der Orthodoxie des Deuteronomiums hätte es nur in Jerusalem einen Opferkult geben dürfen. Dennoch machte Josephus keine Anmerkung, dass an dem Ereignis irgendetwas Ungewöhnliches gewesen wäre.

Die Probleme der Datierung und der Identifikation sollte man nicht unterschätzen. Es ist mitunter sehr schwierig, sich darauf zu verständigen, ob die bei Ausgrabungen zutage geförderten Funde auf einen Tempel, einen Palast oder vielleicht bescheidenere Wohnstätten schließen lassen, insbesondere angesichts der religiösen und politischen Umstände, unter denen die Archäologie in Palästina und im Nahen Osten betrieben werden muss. Aber wie dem auch sei, es gibt jedenfalls Grund zu der Annahme, dass die Orthodoxie großzügiger definiert wurde, als es vielleicht dem Deuteronomisten lieb war oder Joschija zu tolerieren bereit gewesen wäre.

Wenn die Beschreibung seiner Reform historisch korrekt ist, wäre auch denkbar, dass Joschija angesichts der schwindenden Macht Assyriens seine Unabhängigkeit zu behaupten versuchte. Es wurden oft fremde Kulte eingeführt, um damit politische Eigenständigkeit zu demonstrieren. Man kann sich vielleicht noch vorstellen, dass die Könige Israels und Judas Götzen einfach unwiderstehlich fanden, und die Bibel beschreibt diese Anziehungskraft als eine Art sinnlicher Begierde, aber es ist dennoch wahrscheinlicher, dass sie auf Veranlassung fremder Herren eingeführt wurden.

Die Reformation des Kultes in Jerusalem und ganz Juda, die Joschija nach der Bibel durchführte, hatte mit Sicherheit auch politische Folgen, und es ist schwer vorstellbar, dass er diesen Versuch gewagt hätte, wäre er nicht der Überzeugung gewesen, damit seine eigene politische Macht zu stärken. Seine überfallartigen Übergriffe über die eigenen Landesgrenzen hinweg, um die »Kulthöhen« im benachbarten Königreich Israel zu zerstören, stellten in Wirklichkeit möglicherweise den Versuch dar, lokale Machtzentren auszulöschen, die vielleicht eine Gefahr für seine Herrschaft bedeuteten.

Obwohl Joschija ein deuteronomistischer Held ist, scheint der Prophet Jeremia ihn etwas distanzierter zu betrachten. Wenn Joschijas Reformen nicht nur eine Sache der Pietät waren, mögen sie in den Augen des Propheten vielleicht akzeptabel gewesen sein, sie waren grundsätzlich aber wohl eine politische Angelegenheit und keine Frage der Frömmigkeit. Nichtsdestotrotz schien Jeremia in einer Welt zu leben, in der die Agenda des Deuteronomiums ein Faktum geworden war. Die Reform der kultischen Prozession und der Rolle der Lade dürfte die Bemerkungen erklären, die Jeremia dazu machte, auch wenn viele Forscher sie verwirrend fanden:

»In jenen Tagen, wenn ihr euch im Land vermehrt und fruchtbar seid – Spruch des Herrn –, wird man nicht mehr rufen: ›Die Bundeslade des Herrn!‹ Sie wird niemand in den Sinn kommen; man denkt nicht mehr an sie, vermisst sie nicht und stellt auch keine neue her. In jener Zeit wird man Jerusalem ›Thron des Herrn‹ nennen; dort, beim Namen des Herrn in Jerusalem, werden sich alle Völker versammeln, und sie werden nicht mehr dem Trieb ihres bösen Herzens folgen.« (Jer 3,16–17)

Eine der führenden modernen Autoritäten, was die Frage des Tempels und der damit verbundenen Rituale angeht, hat die These aufgestellt, diese Prophezeiung sei gemacht worden, um damit das Volk Jerusalems wegen des Verlusts der Lade zu trösten, der zu diesem Zeitpunkt bereits eingetreten war. Dies erscheint jedoch abwegig. Denn Jeremia sprach nicht von ihrem Verschwinden, sondern vielmehr von ihrer Bedeutungslosigkeit. Außer im Zusammenhang mit den Reformen Joschijas und der Agenda des Deuteronomiums dürfte dies wohl sehr schwer zu verstehen sein. Warum sollten die Gegenwart Gottes im Zentrum des Kultes in Jerusalem und das Palladium, das die Kinder Israels durch die Wüste geführt und das ihnen durch Eroberungen den Weg ins Gelobte Land gebahnt hatte, einfach irrelevant geworden sein? Hier musste, wie es scheint, jemand großen Wert darauf gelegt haben, sie völlig anders zu sehen und ihren Status zu reduzieren oder zumindest enger zu definieren.

Ein faszinierender Vers ist auch im Buch Ezechiel zu finden, des Propheten, in dessen Vision vom Tempel es keinen Hinweis auf die Lade gibt. Das Osttor des Tempels, den er beschreibt, sollte für immer geschlossen bleiben. Es ist das Tor, durch das die Prozessionen gezogen wären. Dass es in Zukunft keine Bedeutung mehr haben sollte, wird hier überaus deutlich:

»Dann führte er mich zum äußeren Osttor des Heiligtums zurück. Es war geschlossen. Da sagte der Herr zu mir: ›Dieses Tor soll geschlossen bleiben, es soll nie geöffnet werden, niemand darf hindurchgehen; denn der Herr, der Gott Israels, ist durch dieses Tor eingezogen; deshalb bleibt es geschlossen.‹« (Ez 44,1–2)

Nachdem Gott einmal in den Tempel eingezogen war, würde er ihn, wie es scheint, nicht mehr verlassen, um dann wieder zurückzukehren – das Kommen und Gehen als Teil eines kosmischen Dramas, das sich im Laufe der Zeit immer von neuem wiederholte.

Die Reform Joschijas oder der vom Deuteronomisten darüber gelieferte Bericht war ein Wendepunkt für die in Jerusalem vorherrschende Weltanschauung. Die Reform versuchte ein seit Jahrhunderten existierendes Glaubenssystem zu zerstören, indem jeder Kult außerhalb Jerusalems als gesetzeswidrig abgelehnt und gebrandmarkt wurde. Für den Deuteronomisten wohnte Gott nicht einmal mehr im Tempel, wie er es früher getan hatte. Nur von seinem Namen konnte gesagt werden, dass er dort war, während Gott selbst jedoch weit weg im Himmel blieb. Das Heiligtum des Tempels wurde als ein Haus des Gebetes gesehen und nicht als ein kultischer oder sakramentaler Ort, an dem Himmel und Erde einander begegnen konnten. Die Anbetung war nicht mehr auf Jerusalem zentralisiert; sie war ihrer kosmischen Dimension beraubt.

Der Gott Israels war kein Gott mehr, der Opfer brauchte, und diese Grundannahme des Rituals wurde nunmehr anscheinend aufgehoben. In früheren Zeiten war jedes Schlachten ein Schlachtopfer gewesen, aber nach dem Deuteronomium wurde eine klare Unterscheidung zwischen Opfer und profanem Schlachten getroffen, das nun zum ersten Mal erlaubt war. Der Deuteronomist ermuntert seine Leser unentwegt, das Opferfleisch mit den Armen zu teilen. Das mag löblich sein, aber vor der Abfassung des Deuteronomiums war es wohl noch ohne große Bedeutung.

Der Deuteronomist war von nationalistischem Eifer erfüllt und hatte eine Vorliebe für militante Reden. Er beschrieb das Versprechen, das Israel gegeben wurde, wonach es über alle Völker der Erde erhöht werden und über viele Völker herrschen sollte, von denen es selbst jedoch nie beherrscht würde. Er schien die Grenzen Israels nicht zu akzeptieren, wie sie etwa im Buch Numeri zu finden sind, worin Mose die von den Stämmen Reuben und Dan erhobene Forderung, jenseits des Jordan zu leben, als Sünde betrachtete. Transjordanien wurde nun als ein integraler Bestandteil Israels verstanden, und die Eroberung begann nicht mit der Überquerung des Jordan, sondern mit der Überquerung des Arnon, der Grenze zwischen Moab und Mischor.

Dieser aggressive Geist kam mit Sicherheit bei der Frage der Kanaaniter zum Tragen, von denen es hieß, sie hätten im Gelobten Land gelebt, als die Eroberung begann. Nach dem Buch Numeri und dem Buch Josua war eine Politik der völligen Zerstörung nur in spezifischen Fällen anzuwenden. Im Deuteronomium wurde sie jedoch auf das ganze Land angewandt. Die Kanaaniter waren einfach auszumerzen.

Der Bericht, der uns über den Tod Joschijas überliefert wurde, lässt auf ein Festhalten an dieser Art von extremem Nationalismus schließen. Er starb bei einer sinnlosen Auseinandersetzung mit den weit überlegenen Streitkräften Ägyptens, bei der er einen Pharao herausforderte, der ihn nachdrücklich darauf hinwies, dass er in einem Kampf mit ihm keinen Sinn sah, und dessen Worte, wie es heißt, aus dem Munde Gottes kamen: »Was habe ich mit dir zu tun, König von Juda? Nicht gegen dich ziehe ich heute, sondern gegen das Herrscherhaus, das mit mir im Krieg steht. Gott hat mir Eile geboten; lass daher ab von Gott, der auf meiner Seite steht; sonst wird er dich verderben.« (2. Chr 35,21)

Joschija mag für den Deuteronomisten ein Held gewesen sein, der Bericht über seine Herrschaft kann uns heute jedoch zu schaffen machen. Das Problem ist nicht so sehr, dass es ihm in unseren Augen an der uns eigenen aufgeklärten Feinfühligkeit mangelte. Vielmehr sehen wir das Leid des 20. Jahrhunderts in dem kompromisslosen Idealismus eines reformerischen Königs widergespiegelt, der bereit war, um der Erreichung rassischer und ideologischer Reinheit willen einen von Gemetzel und Zerstörung geprägten Feldzug zu unternehmen.

Die Rabbis, die in späteren Jahrhunderten über die Lade und den Tempel geschrieben haben und deren Gedanken zu diesen Fragen in der talmudischen Literatur festgehalten sind, schlossen sich einem eher kosmischen Verständnis von der Gegenwart Gottes an heiligen Orten an und verbrämten es. Nach der harten und unerbittlichen Vorstellung des Deuteronomisten fühlt man sich vielleicht erleichtert, dass nur ein Teil seines Traums von Israel in ihrer Welt überdauerte.

Wir haben nun drei verschiedene Versionen der Lade kennen gelernt: die Lade als Palladium im Kampf, als Thron, auf dem Gott den Menschen begegnete, und als Truhe zur Aufbewahrung des Gesetzes, nach dem Israel gemäß den Bedingungen des Bundes leben sollte, den Gott auf dem Berg Sinai mit seinem Volk geschlossen hatte. Handelt es sich dabei um sich gegenseitig ergänzende oder gar um widersprüchliche Berichte über ein und dieselbe Lade, oder ist es denkbar, dass sie Überlieferungen wiedergeben, nach denen mehr als nur eine Lade angefertigt wurde?

Der Deuteronomist wäre sicherlich entsetzt gewesen über die Idee, es hätte mehr als einen solchen Gegenstand gegeben, so überzeugt er davon war, dass die Einzigartigkeit und nicht die Vielfalt der einzige Weg war, damit eine Religion in den Augen des einen Wahren Gottes akzeptabel sein konnte.

Glücklicherweise enthält die Bibel jedoch eine Fülle von Dingen, an denen sich der Deuteronomist vermutlich gestoßen hätte. Viel mehr, als wir wohl erwartet hätten, ist trotz der sorgfältigen Arbeit der späteren Herausgeber erhalten geblieben. Vielleicht sind wir paradoxerweise auch geneigt, wegen dieser Inkonsistenz auf den biblischen Bericht zu vertrauen. Und aus eben diesem Grund kann er uns in Bezug auf die Begegnung zwischen Iyasu und der Lade in Aksum möglicherweise auch mehr weiterhelfen, als wir meinen.

8 AN DEN STRÖMEN VON BABEL

Mit wenigen Worten, die in Keilschrift auf einer kleinen Tontafel geschrieben waren, hat der antike babylonische Chronist das Desaster festgehalten, das über die Kinder Israels hereinbrach: Im siebten Jahr, im Monat Kislew, so wird uns gesagt, ließ der König von Babylon seine Truppen zusammenziehen, marschierte in das Land von Hatti und belagerte die Stadt Juda; am zweiten Tag des Monats Adar nahm er die Stadt ein und den König gefangen. Das letztgenannte Datum entspricht dem 16. März 597 v. Chr., und noch Schlimmeres sollte ein Jahrzehnt später folgen.

Aufgebracht über die politischen Intrigen in Jerusalem und über die Versuche seines Königs und seiner Aristokratie, sich mit Ägypten zu verbünden und gegen die Autorität der babylonischen Herren zu rebellieren, vernichtete Nebukadnezar schließlich das Symbol des judäischen Widerstandes. Damit war das Zeichen, dass Gott das Haus David erwählt hatte und seinen heiligen Berg verteidigen werde, damit war der Beweis, dass Zion unantastbar war, zerstört. Dem Zweiten Buch der Könige zufolge wurde das Haus des Herrn geplündert und dann in Brand gesteckt, und die Kinder Israels wurden in die Gefangenschaft verschleppt. Jahre später sang der Dichter über ihre Verzweiflung: »An den Strömen von Babel, da saßen wir und weinten, wenn wir an Zion dachten.« (Ps 137,1)

Die Worte des Propheten Jesaja enthielten offenbar eine bittere Ironie. Er hatte das Volk Jerusalems gewarnt, nicht auf die Mächte der Welt zu vertrauen und nicht an strategische Bündnisse zu glauben. Nur der Gott Israels könne das Königreich von den assyrischen Armeen befreien. Im Jahr 701 v. Chr. hatte Jesaja angesichts einer assyrischen Invasion prophezeit, Jerusalem werde befreit, und Gott werde nie zulassen, dass sich der Feind der heiligen Stadt Zion näherte. Als sich die Prophezeiung bewahrheitete, war das Volk Judas überzeugt, dass es sicher war und nie von den Großreichen bedroht werden würde.

Schon bald, das ist richtig, stellte Assyrien keine Bedrohung mehr dar. Der chaldäische General Nabupolassar hatte zum Aufstand aufgerufen, sich selbst zum König von Babylon erklärt und sodann im Jahr 612 v.Chr. in einer Allianz mit den Medern die assyrische Hauptstadt vernichtet. Im östlichen Teil des Reiches etablierten die Meder nun ihr eigenes Königreich, während der Westen zum Schlachtfeld wurde, auf dem Babylon und Ägypten ihren Kampf um die Vorherrschaft austrugen.

Auch wenn der judäische König Jojakim zu einem babylonischen Vasall gemacht wurde, war er dennoch kein williger Untertan. Nachdem 601 v.Chr. eine babylonische Armee im Kampf mit den Ägyptern eine Niederlage hatte einstecken müssen, beschloss Jojakim zu rebellieren und fiel von den Babyloniern ab. Es gelang ihm, der Rache Nebukadnezars zu entkommen, aber nur durch den Tod. Noch ehe die Babylonier gegen ihn aufmarschieren konnten, war er bereits tot – vielleicht das Opfer von Attentätern, die gehofft hatten, bessere Bedingungen von ihren Herren erpressen zu können.

Sein Sohn Jojachin folgte ihm auf dem Thron. Nachdem Nebukadnezar dann gegen Jerusalem gezogen war und die Stadt belagert hatte, so vermerkt die Chronik, habe sich die Stadt ergeben und der neue König Jojachin sei samt seiner Mutter, seinen Dienern, Fürsten und Kämmerern sowie allen einflussreichen Männern des Landes ins Exil verschleppt worden (2. Kön 24,11–15).

Die Babylonier wählten daraufhin einen anderen König, wurden jedoch in ihrer Hoffnung enttäuscht, er würde sich gehorsamer und fügsamer als Jojachin erweisen. Zidkija konnte letztlich dem patriotischen Eifer der Aristokratie nicht widerstehen, die in der Stadt geblieben war. In der Überzeugung, dass Zion unantastbar sei und Gott nie zulassen würde, dass sein heiliger Berg entweiht würde, verschworen sie sich zu einem Komplott, um sich gegen den babylonischen König zu erheben (2. Kön 24,17–25,1).

1 Die Kirche der heiligen Maria von Zion,
vom Hügel Mai Qoho in Aksum aus, mit Blick auf die
Kuppel der modernen Tafelkapelle, die über den
Baumspitzen zu sehen ist.
(Foto: Pamela Taor)

2 *(oben)* Die Kirche der heiligen Maria von Zion in Aksum, in der Kaiser Iyasu I. zur Bundeslade sprach. (Foto: Pamela Taor)

3 *(unten)* Das 1685 erbaute Schloss von Iyasu I. in Gondar. (Foto: Pamela Taor)

4 *(links)* Der Sturmgott Baal, auf einer Stele auf dem Ras Schamra gefunden und auf das 2. Jahrtausend v. Chr. datiert. (Foto: Giraudon/Bridgeman Art Library)

5 *(unten)* Heilige Barken, die von ägyptischen Priestern in Prozessionen im Tempel von Amun in Karnak getragen wurden. Die Bilder wurden während der Herrschaft von Seti I. und Ramses II. (zwischen 1318 und 1237 v. Chr.) gemeißelt und gemalt. (Foto: Bridgeman Art Library)

6 *(rechts)* Die Bundeslade als Relief in der Synagoge von Kapernaum, am Nordwestufer des Sees Genezareth, aus dem 3. Jahrhundert n. Chr. Wie in dem Freskogemälde von Dura ähnelt die Lade der Heiligen Lade der Synagoge, wo sie auf einem Wagen stand und von einer Wohnstätte umgeben war. (Foto: Ancient Art and Architecture Collection)

7 *(unten)* Die Bundeslade, die zu den Israeliten zurückgebracht wird, nachdem sie Dagon, den Gott der Philister, zerstört hatte. Wandgemälde in einer Synagoge in Dura aus dem 3. Jahrhundert n. Chr. Die Lade wird in der Form der Heiligen Lade dargestellt, in der die Thora-Rollen in der Synagoge aufbewahrt wurden. (Foto: Yale University Art Gallery, Dura-Europos Archive)

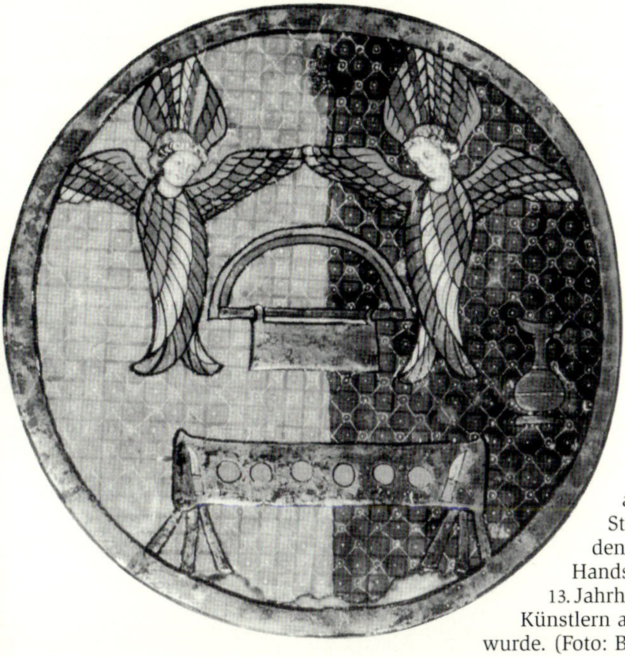

8 Die Bundeslade mit einem Regenbogen über der Sühnplatte und den zwei Cherubim, die als Lebewesen und nicht als Statuen dargestellt werden. Aus einer hebräischen Handschrift, die Ende des 13. Jahrhunderts von christlichen Künstlern aus Paris illuminiert wurde. (Foto: Bridgeman Art Library)

9 Aaron, der das Gefäß mit Manna und seinen Stab neben den Gesetzestafeln in der Bundeslade unterbringt – nach dem Brief an die Hebräer (Hebr 9,4) und nicht nach dem Alten Testament. Glasurmalerei von Nicholas von Verdun aus dem 12. Jahrhundert. (Foto: AKG London/ Erich Lessing)

10 *(rechts)* Die Statue Dagons, des Gottes der Philister, wird vor der Bundeslade zertrümmert. Freskogemälde in der Kathedrale von Anagni aus dem 13. Jahrhundert. Trotz der Beschreibungen im biblischen Text ähnelt die Lade einem mittelalterlichen Reliquienschrein. (Foto: e.t. Archive)

11 *(unten)* Die Philister bringen die Bundeslade mit einer Tasche voller Gaben für den Gott Israels zurück. Aus einem Freskogemälde in der Kathedrale von Anagni. (Foto: e.t. Archive)

12 Die gehörnte Gestalt Mose, der die Anfertigung der Lade überwacht. Aus der Anfang des 14. Jahrhunderts entstandenen Bibel von Guiart Desmoulins. (Foto: AKG London)

13 Die Bundeslade als Altar, dargestellt in einem Buntglasfenster in St. Denis. Die Abbildung zeigt auch die Räder des Wagens, auf dem die Lade nach Jerusalem gebracht wurde, die vier Wesen aus der Vision Ezechiels, die zu Symbolen der vier Evangelisten geworden sind, ein Kruzifix und Christus selbst. (Foto: Warburg Institute, London)

14 *(oben)* Die Bundeslade, die als eines
der Urbilder der Heiligen Jungfrau in den Tempel
getragen wird. Freskogemälde aus dem 14. Jahrhundert im Kloster Chora in Konstantinopel.
Die Lade ähnelt dem giebelförmigen Deckel eines
Sarkophags. (Foto: Roderick Grierson)

15 *(unten)* Die durch den Jordan getragene
Bundeslade. Aus der im 12. Jahrhundert in
Salzburg entstandenen Abt-Walther-Bibel. Die
Lade ähnelt den mittelalterlichen europäischen
Darstellungen des Tempels als Felsendom.
(Foto: Roderick Grierson)

Inmitten dieses Abenteuers hatten die Propheten Israels angefangen, mit zunehmender Dringlichkeit zu sprechen. Einige waren der Meinung, Gott werde Zion gewiss beistehen und die Kinder Israels sollten sich mit der Unterstützung des Allmächtigen gegen Babylon erheben. Der Prophet Jeremia hatte jedoch versucht, die Führer des Volkes zur Besinnung zu rufen. Aber damit hatte er einen gefährlichen Kurs eingeschlagen. Denn ein anderer Prophet, Urija in Kirjat-Jearim, dem alten heiligen Ort der Lade, hatte mit ganz ähnlichen Worten wie Jeremia gesprochen und war daraufhin getötet worden (Jer 20,20–23). Jeremia hatte um der Sicherheit seines Lebens willen fliehen müssen, und eine Buchrolle, in der sein Diener Baruch seine Prophezeiungen niedergeschrieben und im Tempel laut vorgelesen hatte, war beschlagnahmt und verbrannt worden (Jer 36,1–32).

Die Prophezeiungen im Buch Jeremia zeichnen das Bild eines gequälten und gepeinigten Mannes. Jeremia war in einer Priesterfamilie geboren, die ihren Stammbaum möglicherweise bis zu den Priestern des alten Heiligtums in Schilo zurückverfolgen konnte, wo die Bundeslade – nach den Büchern der früheren Propheten – einst gestanden hatte. Jeremia wäre somit also unter Männern groß geworden, deren Vorfahren einst vor der Lade gedient hatten, und er war sich des Schicksals des Heiligtums überaus bewusst.

Die einleitenden Worte des Buches Jeremia beschreiben, wie er 626 v. Chr., in der Zeit, als Joschija König war, zum Propheten berufen wurde: »Das Wort des Herrn erging an mich: Noch ehe ich dich im Mutterleib formte, habe ich dich ausersehen, noch ehe du aus dem Mutterschoß hervorkamst, habe ich dich geheiligt, zum Propheten für die Völker habe ich dich bestimmt.« (Jer 1,4–5)

In einer Zeit größter Gefahr brachte die Warnung, zu der Jeremia sich in Jerusalem gezwungen sah, ihm beträchtlichen Ärger ein. Verfolgt von einem Gefühl böser Vorzeichen, der Vorahnung, dass die Kinder Israels zum Untergang verurteilt waren, predigte er, was als die Grabrede für sein Volk bezeichnet wurde. Er sagte ihnen, ihr Vertrauen auf den Bund Davids und die Erwählung Zions sei völlig fehl am Platze.

»Vertraut nicht auf die trügerischen Worte«, mahnte er sie. In ihren Herzen hätten sie sich nur immer selbst damit beruhigt, sich zu beteuern: »Der Tempel des Herrn, der Tempel des Herrn, der Tempel des Herrn ist hier!« (Jer 7,4)

Nicht nur, dass der Tempelkult keine Garantie für die Sicherheit Jerusalems und der Kinder Israels war, er war schlicht irrelevant. Als Gott sie aus dem Land Ägypten herausgeführt hatte, hatte er den Israeliten nie befohlen, ihm Brandopfer oder sonstige Opfer darzubringen. Er hatte nie davon gesprochen; die Israeliten hatten sie einfach erfunden.

Auch wenn der Bund und die Verheißungen Gottes wahr waren, beharrte Jeremia darauf, dass das Volk Israel seinen Pflichten umgekehrt jedoch nicht nachgekommen war. Somit waren die Verheißungen Gottes todbringend geworden. Genauso wie Gott das Heiligtum der Lade in Schilo vernichtet hatte, würde er jetzt Jerusalem und seinen Tempel vernichten.

Babylon, verkündete Jeremia, war kein Feind, den Gott zermalmen würde, wenn er sein Volk bedrohte, sondern vielmehr das von Gott auserwählte Instrument, um sein Gericht über Israel kommen zu lassen. Bei einer seltsamen Inszenierung seiner Prophezeiung trat der Prophet in Jerusalem mit einem Joch um den Hals auf und erklärte, Gott selbst habe den Völkern auf Erden das Joch Babylons auferlegt – ihm müssten sie sich beugen, oder sie würden untergehen (Jer 27,1–8).

In den kommenden Jahren, so prophezeite er, werde die Welt ein anderer Ort sein. Sobald die Kinder Israels zu ihrem Gott zurückgekehrt wären, werde die Bundeslade nicht mehr gebraucht. Niemand werde mehr an sie denken oder sie vermissen, und es werde auch keine neue hergestellt werden. Jerusalem selbst werde der Thron Gottes sein.

Wie Jeremia vorausgesagt hatte, zogen die Babylonier gegen Jerusalem, um das letzte Gericht über die Stadt kommen zu lassen. 587 v. Chr. nahm Nebusaradan, der Kommandant der Leibwache, die Stadt ein und zerstörte den Tempel (Jer 39,1–9). Und die Kinder Israels, so die Bibel, traten ihr Exil an den Strömen von Babel an.

Ehe sie den Tempel in Brand steckten, brachten die Babylonier offenbar noch immense Schätze in Sicherheit. Eine Bestandsaufnahme der Plünderung wird im Zweiten Buch der Könige (2. Kön 25,13–17) geliefert und als historischer Anhang zu den Prophezeiungen Jeremias wiederholt:

»Die bronzenen Säulen am Haus des Herrn, die fahrbaren Gestelle und das Eherne Meer beim Haus des Herrn zerschlugen die Chaldäer und nahmen alle Gegenstände aus Bronze mit nach Babel. Auch die Töpfe, Schaufeln, Messer, Schalen und Becher sowie alle bronzenen Geräte, die man beim Tempeldienst verwendete, nahmen sie weg. Ebenso nahm der Kommandant der Leibwache die Becken, Kohlenpfannen, Schalen, Töpfe, Leuchter, Becher und Schüsseln weg, die sämtlich aus Gold oder aus Silber waren, ferner die zwei Säulen, das eine ›Meer‹ [die zwölf bronzenen Rinder unter dem Meer], die Gestelle, die König Salomo für das Haus des Herrn hatte anfertigen lassen – die Bronze von all diesen Geräten war nicht zu wiegen. Was die Säulen betrifft, so hatte jede Säule eine Höhe von 18 Ellen, und ein Band von zwölf Ellen umschlang sie; ihre Dicke betrug vier Finger; innen war sie hohl. Oben hatte sie ein Kapitell aus Bronze. Die Höhe des einen Kapitells betrug fünf Ellen; das Kapitell umgaben Flechtwerk und Granatäpfel, alles aus Bronze. Ebenso war es bei der zweiten Säule.« (Jer 52,17–22)

Die Lade taucht in dieser Liste nicht auf. Sie fehlt auch in der Bestandsliste der Gegenstände und Geräte, die nach dem Bericht des Schriftgelehrten Esra 150 Jahre später nach Jerusalem zurückgebracht wurden, nachdem die Perser Babylon geschlagen hatten. Offenkundig gab König Kyrus die Geräte aus dem Haus des Herrn zurück, die Nebukadnezar aus Jerusalem verschleppt und im Haus seiner Götter aufgestellt hatte. Unter der Aufsicht des Schatzmeisters Mitredat wurden sie Scheschbazzar, dem Oberen von Juda übergeben; darunter waren 1000 goldene Opferschalen, 1000 silberne Opferschalen, 29 Räucherpfannen, 30 goldene Becher, 2410 silberne Becher und 1000 sonstige Gerätschaften. Insgesamt waren es 5469 Geräte aus Gold und Silber, die Scheschbazzar nach Jerusalem mitgebracht haben soll, als er mit den

Verschleppten aus dem Exil zurückkehrte (Esra 1,7–10). Zwar erklärt das Buch Daniel, die Babylonier hätten diese Geräte aus dem Tempel genommen, um sie ihren eigenen Göttern zu weihen, doch auch hier wird die Lade mit keinem Wort erwähnt (Dan 5,1–23).

Was immer mit der Lade geschehen sein mochte, die Rabbis, die den Talmud zusammenstellten, waren sich jedenfalls sicher, dass sie nie im Zweiten Tempel gestanden hatte, der nach dem Sieg der Perser und der Rückkehr der Verschleppten aus dem Exil nach Palästina erbaut worden war. Es waren fünf Dinge, sagten sie, in denen sich der Erste Tempel vom Zweiten unterschied: die Lade samt ihrer Deckplatte und den Cherubim, das Feuer, die Gegenwart Gottes, der Heilige Geist sowie die mysteriösen Lossteine Urim und Tummim. Sie glaubten, als die Lade versteckt wurde, hätten sich das Gefäß mit dem Manna, die Flasche mit dem Salböl, der Stab Aarons mit seinen Blättern und Mandelblüten sowie die Tasche darin befunden, die die Philister dem Gott Israels als Geschenk mitgesandt hatten.

Die Rabbis waren der Überzeugung, dass Joschija all diese Dinge versteckt hatte, nachdem er den Bibelvers gelesen hatte, der vorhersagte: »Der Herr bringt dich und den König, den du über dich eingesetzt hast, zu einem Volk, das du und deine Väter früher nicht einmal gekannt haben.« (Dtn 28,36) Der Entschluss, die Lade zu verstecken, sei in dem Befehl aufgezeichnet, den Joschija den Leviten gegeben hatte, wonach sie die Lade in den Tempel stellen sollten und sie nicht mehr auf ihren Schultern zu tragen bräuchten. Die Rabbis glaubten auch, wenn die Lade nach Babylon mitgenommen worden wäre, hätte sie nicht an ihren Platz im Allerheiligsten zurückgebracht werden können. Aus diesem Grund habe Joschija den Leviten befohlen, hinzugehen und dem Herrn, ihrem Gott, und seinem Volk Israel zu dienen.

Die Mischna vermerkt ferner, dass der Hohe Priester, der im Zweiten Tempel diente, der Lade keine Opfergaben mehr darbrachte, sondern auf dem Stein opferte, der aus dem Boden des Allerheiligsten herausragte. Er wurde der »Grundstein« genannt, und man glaubte, es sei die Stelle, an der Abraham bereit gewesen sei, Isaak zu opfern, und wo

König David den unheilbringenden Engel bei der Tenne des Jebusiters Arauna gesehen habe. Es war die Stelle, an der offenkundig die Lade einst gestanden hatte. Diese Einschätzung der Rabbis wurde auch von Josephus unterstützt, der bestätigte, dass die Lade nicht im Zweiten Tempel gestanden habe. Ebenso schrieb der römische Geschichtsschreiber Tacitus, als Pompeius das Allerheiligste im Jahr 63 v. Chr. betreten habe, also 133 Jahre, ehe Titus den Herodianischen Tempel zerstörte, habe er die Stätte leer vorgefunden.

Einige antike Autoren gingen davon aus, die Lade sei noch im Tempel gewesen, als die Babylonier ihn betreten hätten, und sie sei dann entweder erbeutet oder zerstört worden. Das Zweite Buch des Esdras, das auch als das Vierte Buch des Esra oder Esra-Apokalypse bekannt ist, ist eine jüdische Apokalypse, die in der letzten Dekade des 1. Jahrhunderts n. Chr. geschrieben wurde, also sechs Jahrhunderte nachdem die Babylonier den Tempel Salomos in Brand gesteckt hatten, und einige Jahre nachdem der Herodianische Tempel von den Römern zerstört worden war.

In einer Vision begegnete der Seher einer trauernden Frau, und als er sie zu trösten versuchte, sah er, wie sie sich in das himmlische Jerusalem verwandelte. Bei ihrer Unterhaltung erzählte er ihr vom Unglück Zions und dem Leid Jerusalems und erklärte ihr, ihr Heiligstes sei verwüstet, ihr Altar zerbrochen und ihr Tempel zerstört worden. Ihr Psalmenspiel sei verklungen, ihr Lobpreis abgetan und ihr Jubellied entschwunden. Das Licht ihres Leuchters sei erloschen, die Lade ihres Bundes sei geraubt, ihre Heiligtümer seien besudelt, und der Name, der auf ihnen liege, sei entweiht worden.

Die Apokalypse wurde lange nach dem Ereignis verfasst, doch ihre Behauptung wird von anderen Quellen gestützt. Zwei Rabbis waren bekanntlich der Überzeugung, die Lade sei nach Babylon gebracht worden, und eine Aufzeichnung ihres Meinungsaustausches hierüber ist im Kommentar zur Mischna zu finden. Rabbi Elieser und Rabbi Simeon ben Jochai griffen zur Untermauerung ihres Arguments auf drei Bibelverse zurück: Die Aussage des Chronisten, Nebukadnezar habe Jojachin »samt den kostbaren Geräten des Hauses des Herrn nach Babel« gebracht (2. Chr 36,10); die Prophezeiung Jesajas, es würden »Tage kommen, an denen man alles, was in deinem Haus ist, alles, was deine Väter bis zum heutigen Tag angesammelt haben, nach Babel bringt« (2. Kön 20,17); und die Klagelieder des Jeremia: »Gewichen ist von der Tochter Zion all ihre Pracht« (Kgl 1,6).

Rabbi Judah ben Ilai widersprach ihnen jedoch und zitierte einen Vers aus dem Ersten Buch der Könige, wo es hieß, dass die Stangen der Lade im Tempel zu sehen waren und »bis zum heutigen Tag« dort blieben (1. Kön 8,8). Rabbi Elieser und Rabbi Simeon wandten dagegen ein, die Formulierung »bis auf den heutigen Tag« bedeute nicht »für immer«. Damit glaubte man Rabbi Judahs Position entkräftet zu haben, und sein Argument wurde als widerlegt betrachtet.

Trotz der Vision der Apokalypse und der Argumente der Rabbis in den Mischna-Schriften stellt sich angesichts der Tatsache, dass die Lade in der im Buch der Könige überlieferten Bestandsliste fehlt, die Frage, ob sie wirklich noch im Heiligtum war, als die Babylonier es betraten. Ist es denkbar, dass jene, die die Bestandslisten erstellten, die Lade in der Liste der geplünderten und nach Babylon verschleppten Güter schlicht und ergreifend nicht erwähnten, weil sie bereits zu einem früheren Zeitpunkt aus dem Tempel entfernt worden war? Drei Könige könnten die Lade möglicherweise bereits vor der Ankunft Nebusaradans an sich gebracht haben: ein ägyptischer Pharao, ein König des nördlichen Staates Israel und Nebukadnezar selbst.

Das Erste Buch der Könige beschreibt eine Invasion um das Jahr 926 v. Chr. durch einen Pharao namens »Schischak«, wobei es sich offenkundig um Scheschonk I., den Begründer der Zweiundzwanzigsten Dynastie, handelte. Im fünften Jahr des Königs Rehabeam, wird uns gesagt, zog der Pharao gegen Jerusalem und »raubte die Schätze des Tempels und die Schätze des königlichen Palastes« (1. Kön 14,25–26). Offenbar nahm er alles mit, auch all die goldenen Schilde, die Salomo hatte anfertigen lassen.

Das Zweite Buch der Könige erzählt vom Sieg Joaschs, des Königs von Israel, über Amazja, den König von Juda, im Jahr 785 v. Chr. Joasch nahm alles Gold und Silber sowie alle Geräte mit, »die sich im Haus des Herrn und in den Schatzkammern des königlichen Palastes befanden« (2. Kön 14,11–14). Zehn Kapitel weiter wird die Ankunft Nebukadnezars im Jahr 597 v. Chr. geschildert. Jojachin, der König von Juda, ergab sich zusammen mit seiner Mutter, seinen Dienern, Fürsten und Kämmerern dem König von Babylon. Nachdem dieser sie alle festgenommen hatte, nahm er »auch alle Schätze des Hauses des Herrn und die Schätze des königlichen Palastes weg und zerbrach alle goldenen Geräte, die Salomo, der König von Israel, im Haus des Herrn hatte anfertigen lassen« (2. Kön 24,8–13).

Keiner dieser Abschnitte spricht vom Vorhandensein oder von der Entfernung der Lade, aber der Grund für das offensichtliche Schweigen ist wahrscheinlich, dass sie keine Gegenstände aus dem Heiligtum des Tempels beschrieben. Die geplünderten Gegenstände, über die sie berichten, scheinen zum Tempelschatz gehört zu haben, und der wäre niemals im Allerheiligsten bei der Lade aufbewahrt worden. Zusätzliche Aufbewahrungsorte, die als »die Schatzkammern im Hause des Herrn« bezeichnet wurden, werden im Ersten Buch der Könige genannt: Dann brachte Salomo »die Weihegaben seines Vaters David hinein und legte das Silber, das Gold und die Geräte in die Schatzkammern des Hauses des Herrn« (1. Kön 7,51).

Es wurde auch vermutet, die Lade sei im 7. Jahrhundert entfernt worden, in der Zeit von König Manasse, der die Nachfolge von Hiskija antrat und zu einem berüchtigten, mustergültigen Beispiel des Bösen wurde. »Die Sünden« Manasses (2. Kön 21,17), wie seine Verbrechen bezeichnet wurden, galten als einmalig gottlos und schlimm, obgleich sie möglicherweise aus kultischen Pflichten resultierten, die fremde Herren eingeführt hatten, und nicht so sehr aus einer ungewöhnlichen Begeisterung für Götzendienerei vonseiten Manasses selbst.

Die Verfasser und Herausgeber der hebräischen Bibel geben zu erkennen, dass die Orthodoxie ihnen ein großes Anliegen sei, wobei sie diese jedoch oft unterschiedlich definieren, und sie berichten, dass fremde Kulte während der Herrschaft früherer Könige zugenommen hätten. Selbst Salomo hatte für seine ausländischen Frauen »auf dem Berg östlich von Jerusalem« jeweils »Kulthöhen« für verschiedene Götzen errichtet (1. Kön 11,7), die jahrhundertelang standen, bis sie schließlich durch den Reformeifer Joschijas hinweggefegt wurden.

Während keiner der früheren fremden Kulte den Tempel selbst wirklich verunreinigt hatte, verehrte Manasse jedoch nicht nur fremde Götter, sondern stellte ihnen auch Altäre in die beiden Höfe des Tempels. Er baute die Kulthöhen wieder auf, errichtete Altäre für die Baale und ließ Kultpfähle und auch ein Bild der Göttin Aschera anfertigen. Dieses brachte er »in das Haus des Herrn« (2. Chr 33,1–7), was bedeuten kann, dass es im Allerheiligsten des Tempels stand, dem in allen Tempeln des Nahen Ostens in jener Zeit angemessenen Platz für ein Götterbild.

Dem Zweiten Buch der Könige zufolge entfernte Joschija das Götzenbild, um es zu verbrennen und zu Staub zu zermalmen (2. Kön 23,4–6). In diesem Abschnitt wird die Lade nicht erwähnt, und das Schweigen des biblischen Textes wurde als Indiz dafür genommen, dass die Lade sich nicht mehr im Allerheiligsten befand. Auf der Grundlage von Quellen, die zu einem bestimmten Punkt schweigen, zu argumentieren, ist für gewöhnlich jedoch prekär, insbesondere, wenn wir uns dabei nur auf so wenige alte stützen können. Wenn Manasse die Lade wirklich in einem Akt der Abtrünnigkeit hätte wegbringen lassen, wäre zu erwarten gewesen, dass dies als das schlimmste seiner Verbrechen erwähnt worden wäre. Und wäre sie von einem seiner Gegner entfernt worden, um zu verhindern, dass sie beschmutzt wurde, während der König sich in den Fängen fremder Götter befand, so wäre gleichfalls zu erwarten gewesen, dass ihre Hingabe vermerkt worden wäre. Auch als Manasse seine Verbrechen bereute – das Zweite Buch der Chronik berichtet, dass er »den Altar des Herrn« wiederherstellte (2. Chr 33,16) –, wird die Lade nicht erwähnt.

Daneben wurde die These vertreten, eine der Prophezeiungen Jeremias stütze die Behauptung, dass Manasse die Lade entfernt habe: der

Vers, in dem der Prophet vorhersagt, dass sie niemandem mehr in den Sinn kommen werde, niemand mehr an sie denken oder sie vermissen und auch keine neue hergestellt werde (Jer 3,16). Dabei wurde unterstellt, dass Jeremia diese Prophezeiung nicht gemacht hätte, wenn die Lade noch existiert hätte. Der Prophet sagte also offenbar mit anderen Worten, dass man in den guten Zeiten, die da kommen würden, keine Lade mehr brauchen werde und dass ihr Fehlen in diesen glücklichen Tagen dann auch kein Anlass zur Trauer mehr sein werde.

Es ist jedoch mitnichten klar, ob dies tatsächlich die Bedeutung des Verses ist. Aber selbst wenn es so wäre, würde dies im Widerspruch zu dem Bericht stehen, dass Joschija, der Enkelsohn Manasses, den Leviten befohlen hatte, die Lade in den Tempel zu stellen. Man könnte ebenso das Handeln Joschijas als ein Zeichen dafür interpretieren, dass die Lade von den Leviten weggeschafft und dann zurückgebracht worden war, als der reformerische König sichergestellt hatte, dass die Gefahr der Beschmutzung gebannt war. Es erscheint jedoch viel wahrscheinlicher, dass Joschija die zeremonielle Prozession mit der Lade tatsächlich verboten und ihr keineswegs neuerlich eine herausragende Rolle innerhalb des Kultes eingeräumt hatte.

Jedenfalls lässt dieser Abschnitt gewiss nicht die Annahme zu, die Lade sei während der Herrschaft Manasses entfernt worden und dann verloren gegangen. Und wenn man von der These ausgehen wollte, die Lade sei verloren gegangen und Joschija habe gegenüber den Leviten von einer anderen Lade gesprochen, so würde dieser Versuch, die These zu retten, sie nur noch mehr untergraben.

Eine weitere Möglichkeit, die von den alten Quellen erwogen wurde, war, dass die Lade bis zur Eroberung Jerusalems durch die babylonische Armee im Tempel gestanden hatte und dann in letzter Minute vor der Zerstörung gerettet worden war. Es gibt eine Reihe von Überlieferungen, die davon sprechen, dass die Lade und andere dazugehörige Kultgegenstände auf dem Tempelberg oder anderswo versteckt oder vergraben worden seien. Einige davon beziehen dabei wundersame Kräfte mit ein, andere hingegen nicht.

Die Mischna vermerkt, das Offenbarungszelt sei unterhalb der Krypten des Tempels aufbewahrt worden, zusammen mit allen dazugehörigen Brettern, Haken, Querlatten, Säulen und Sockeln. Andere jüdische Überlieferungen behaupten, die Lade, der Räucheraltar, der Stab Aarons, das Gefäß mit Manna und die Gesetzestafeln seien in einer geheimen Kammer unter einem Holzschuppen auf der Westseite des Tempels, nahe dem Platz des Allerheiligsten, versteckt worden. Mitglieder des Hauses von Rabbi Gamaliel und von Rabbi Hanania pflegten sich offenbar an 14 Stationen im Tempel statt den üblichen 13 zu verbeugen, und die zusätzliche Verbeugung erfolgte in Richtung des Holzschuppens. Die Familien hätten dies getan, weil sie um das Geheimnis gewusst hätten.

Dieses Wissen war offensichtlich gefährlich und soll, wie es hieß, mindestens einem Priester, der es preisgab, den Tod gebracht haben. Beim Holzhacken habe er gemerkt, dass ein Block des Pflasters, als er mit seiner Axt darauf geschlagen habe, anders als die anderen geklungen habe. Da ihm klar geworden sei, dass etwas darunter liegen müsse, sei er losgegangen, um es seinen Freunden zu erzählen; doch noch ehe er Zeit gehabt hätte, ihnen die betreffende Stelle zu zeigen, sei seine Seele aus seinem Körper genommen worden. Für seine Freunde sei dies der Beweis gewesen, dass die Lade unter dem Holzschuppen des Tempels verborgen war.

Eine ähnliche Überlieferung beschreibt den Tod eines Priesters, der körperlich entstellt war. Da er aufgrund dieser Entstellung im Tempel selbst nicht dienen durfte, pflegte er im Hof das Holz für das Opferfeuer herzurichten. Zusammen mit einem anderen Priester sei er gerade dabei gewesen, die von Würmern zerfressenen Triebe zu entfernen, als ihm die Axt aus der Hand gerutscht und auf die geheime Stelle gefallen sei. Daraufhin sei sofort eine Flamme herausgeschossen, die ihn verschlungen habe.

Überlieferungen über die versteckten Geräte wurden noch im Mittelalter erzählt. Der spanische Arzt und Philosoph Jehuda Halevi schrieb nicht nur in Hebräisch Gedichtverse über die Lade, sondern vermerkte in seinem *Buch Kusari*, das er um 1140 vollendete, die Lade sei auf dem Tempelberg versteckt worden. Im Zweiten Tempel, so sagte er, sei ein Steinpflaster an den Platz der Lade gekommen, das hinter einem Vorhang verborgen geblieben sei, da die Priester gewusst hätten, dass die Lade an dieser Stelle vergraben gewesen sei.

Ein weiterer spanischer Arzt und Philosoph, Moses Maimonides, wurde sechs Jahre vor Jehuda Halevis Tod im Jahr 1141 geboren. Im achten Buch seines Kommentars zur Mischna, der zu den Standardwerken zum jüdischen Gesetz gehört, ging er auf den Tempeldienst und das Schicksal der Lade ein, wobei er sich auf den Vers aus dem Zweiten Buch der Chronik bezog, der bereits früher viele Rabbis fasziniert hatte.

An der Westmauer im Allerheiligsten gab es, wie Maimonides uns erzählt, einen Stein, auf dem die Lade ruhte. Vor ihr hätten das Gefäß mit Manna und der Stab Aarons gestanden. Als Salomo den Tempel baute, habe er gewusst, dass dieser der Zerstörung anheim gestellt gewesen sei, und so habe er in tiefen und sich windenden Tunneln geheime Kammern eingerichtet, in denen die Lade hätte versteckt werden können. Joschija habe den Leviten befohlen, die Lade in jene Kammer zu stellen, die Salomo dafür vorgesehen hatte, so wie die Bibel es berichtet. Damit sei sie dann keine Last mehr gewesen, die sie auf ihren Schultern zu tragen hatten, und so hätten sie jetzt Gott und Israel dienen können.

Maimonides vermerkte auch, dass der Stab Aarons, das Gefäß mit Manna und das Salböl zusammen mit der Lade versteckt worden seien und nichts davon im Zweiten Tempel aufgetaucht sei.

Da Jeremia eine so berühmte Prophezeiung über die Bundeslade gemacht hatte, lag es vielleicht nahe, sich auf ihn zu berufen, als jüdische Überlieferungen sich dafür zu interessieren begannen, ob irgendjemand die Lade gerettet haben könnte. Das hat natürlich eine gewisse Ironie. Denn die einleuchtendste Lesart der Prophezeiung lässt darauf schließen, dass Jeremia die Lade als irrelevant betrachtete. Gleichwohl wird er nun als jemand dargestellt, der ihr Überleben für die nachfolgenden

Generationen sichergestellt hatte. In einer Reihe von Abenteuern, die zunehmend wundersam werden, rettete der Prophet die Lade, indem er sie aus dem Tempel holte und sie unmittelbar, ehe das Verhängnis begann, versteckte.

Das erste dieser Abenteuer ist im Ersten Buch der Makkabäer verzeichnet, das irgendwann 63 v. Chr. in Griechisch verfasst wurde und die Geschichte der Kriege der Makkabäer beschreibt. Antiochos Epiphanes, der hellenische König Syriens, hatte gehofft, den Tempelschatz zu erbeuten und damit die Finanzkrise überwinden zu können, in der sich sein Reich befand (1. Makk 1,17–24). Dadurch provozierte er jedoch eine Reaktion, die heftiger war, als er sie bei irgendeinem heidnischen Tempel erlebt hatte. Nach seinem Beschluss, das Judentum durch eine genehmere Religion zu ersetzen, ließ er seine eigenen Altäre ins Allerheiligste bringen. Nachdem er verhängt hatte, dass jedem, der weiterhin jüdische Rituale pflegte, wozu auch die Beschneidung gehörte, der Tod drohte, sah er sich mit einem Aufstand unter Führung von Judas dem Makkabäer konfrontiert, der am Ende als jüdischer Held den Sieg davontragen konnte (1. Makk 1,41 ff.).

Das Zweite Buch der Makkabäer, das Teil des äthiopischen wie des griechischen Kanons ist, beginnt mit zwei Briefen, die augenscheinlich an die Juden in Ägypten gerichtet waren. Darin wird berichtet, dass der Tempel inzwischen von den Gräueln des hellenischen Königs gereinigt worden sei. Nachdem er das Feuer auf dem Altar beschrieben hat, geht der Verfasser auf die Rolle ein, die Jeremia in den letzten Tagen des Ersten Tempels gespielt hatte.

Offenbar waren Aufzeichnungen erhalten geblieben, aus denen hervorging, dass der Prophet Jeremia jenen, die nach Babylon verschleppt wurden, befahl, etwas von dem Feuer aus dem Tempel mitzunehmen. Dann habe er ihnen eine Abschrift des Gesetzes gegeben und ihnen eingeschärft, die Gebote des Herrn nicht zu vergessen und sich nicht in die Irre führen zu lassen, wenn sie die goldenen und silbernen Götzen in Babylon sähen.

Aus den Aufzeichnungen ging auch hervor, dass er die Anweisung

gegeben hatte, das Zelt und die Lade zu dem Berg zu tragen, von dem
Mose einst auf das Gelobte Land herabgeblickt hatte. Als sie dort angekommen seien, habe Jeremia eine Höhle gefunden, in die er das Zelt,
die Lade und den Rauchopferaltar hineingetragen und deren Eingang
er dann verschlossen habe. Einige, die ihm gefolgt waren, hatten versucht, den Weg zu finden. Als Jeremia davon erfuhr, habe er sie ge-
scholten und ihnen gesagt, die Stelle solle unbekannt bleiben, bis Gott
sein Volk schließlich von neuem sammeln und ihm gnädig sein werde.
Dann werde der Herr all diese Dinge wieder ans Licht bringen und sich
in seiner Herrlichkeit zeigen, und auch die Wolke werde erscheinen,
die sich in den Tagen Mosis und in der Zeit gezeigt hatte, als Salomo
den Tempel baute (2. Makk 1,18−2,8).

Der Bericht scheint in dem Glauben geschrieben worden zu sein,
dass die Kinder Israels bald aus der Herrschaft der Nichtjuden befreit
nach Jerusalem zurückkehren würden. Der Verfasser stellt sich die wie-
dervereinigte Gemeinschaft in einem gereinigten Tempel vor und überliefert die Geschichte von den verborgenen Gegenständen, um damit
die Hoffnungen seiner Leser zu stärken.

Salomo hatte das Offenbarungszelt und seine Einrichtung in den
Tempel gebracht, und auch wenn dieser zerstört worden war, so hatte
Jeremia das Offenbarungszelt, die Lade und den Rauchopferaltar doch
retten können. Und sie sollten nach der Rückkehr der Stämme zum
Tempel alle wieder ans Licht und an ihren rechtmäßigen Platz kommen; und genau wie die Wolke und die Herrlichkeit Gottes erschienen
waren, als Mose das Offenbarungszelt angefertigt und als Salomo es
zum Tempel gebracht hatte, so würden die Herrlichkeit und die Wolke
erneut erscheinen, wenn die verborgenen Schätze denen gezeigt wurden, die sich in Jerusalem versammeln würden.

Im Zweiten Buch des Baruch, einer jüdischen Apokalypse, die ursprünglich in Griechisch verfasst, aber in Syrisch erhalten geblieben
ist, ist ein wundersamer Bericht über die bei der Zerstörung des Tempels versteckten Tempelgeräte zu finden. Der Autor schildert zwar die
Zerstörung des Ersten Tempels, doch der Text entstand in Wirklichkeit

erst nachdem die Römer den Zweiten Tempel in Brand gesteckt hatten, und er sah freudig einer Zukunft entgegen, in der Jerusalem und sein Tempel schließlich für immer wiedererrichtet sein würden. Er erwähnt die Lade zwar nicht speziell, die Sühnplatte, die der Lade als Deckplatte diente, ist jedoch neben den Gesetzestafeln auf der Liste der heiligen Gegenstände mit enthalten.

Die Geschichte setzt ein, als die babylonische Armee sich Jerusalem nähert. Baruch, der Diener Jeremias, saß allein neben einer Eiche und trauerte laut um das Schicksal Zions. Als er sich das Leid vorstellte, welches das Volk Jerusalems gezwungen sein würde, in der Gefangenschaft zu ertragen, wurde er von einem Geist hoch in die Lüfte emporgehoben und über die Mauern der Stadt hinweggetragen. Er sah vier Engel an den vier Ecken der Stadt stehen, von denen jeder eine brennende Fackel in der Hand hielt. Vom Himmel herab kam ein weiterer Engel, der sie anwies, die Stadt nicht zu zerstören, bis er ihnen den Befehl dazu gab. Er sei von Gott gesandt worden, um etwas auf der Erde zu verstecken.

Baruch sah dann, wie der Engel ins Allerheiligste des Tempels hinabstieg und den Deckmantel, das heilige Efod, die Sühnplatte, die zwei Gesetzestafeln, die Gewänder der Priester, den Rauchopferaltar, die 48 kostbaren Steine, mit denen die Priestergewänder geschmückt waren, und die ganzen heiligen Geräte des Offenbarungszeltes an sich nahm.

Dann sprach der Engel mit lauter Stimme und forderte die Erde auf, das Wort Gottes zu hören und die Dinge in Empfang zu nehmen, die der Engel ihr anvertrauen wollte. Die Erde sollte bis zu den letzten Tagen darüber wachen, damit Fremde sie niemals finden würden, und am Ende der Zeit sollte sie sie dann wieder ans Licht bringen. Gott habe beschlossen, Jerusalem dem Feind auszuliefern, bis die Zeit gekommen sei, es für immer wiederzuerrichten. Daraufhin hatte die Erde ihren Mund geöffnet und die ganzen heiligen Schätze verschlungen.

Nachdem Baruch dieses Wunder gesehen hatte, hörte er, wie der Engel zu den vier Engeln, die die Fackeln hielten, sprach und ihnen befahl, die Mauern und Fundamente der Stadt zu zerstören, ehe die Babylonier behaupten könnten, sie hätten Zion, die Festung Gottes, aus eigener Kraft niedergerissen. Dann hatte der Geist Baruch wieder zur Eiche zurückgebracht.

Eine andere Version ist im Vierten Buch des Baruch zu finden, einem jüdischen Bericht über die letzten Jahre Jeremias, der einige Ergänzungen durch einen christlichen Verfasser aufweist. Er ist auch als die *Paralipomena* des Jeremia bekannt, die »Dinge, die Jeremia ausließ«, und wurde offenbar im 2. Jahrhundert n. Chr. in Griechisch verfasst. Eines Abends, während sich die Armeen Babylons auf die Zerstörung Jerusalems vorbereiteten, kletterten Jeremia und Baruch auf die Mauern der Stadt. Sie hörten den Klang von Trompeten und sahen, wie Engel mit Fackeln in der Hand vom Himmel herabkamen. Als die Engel auf den Stadtmauern standen, begannen Jeremia und Baruch zu weinen, da ihnen nun klar wurde, dass sich die Prophezeiung von der Vernichtung erfüllen würde. Jeremia flehte die Engel inständig an, die Stadt nicht zu vernichten, ehe er nicht mit Gott gesprochen habe. Die Stimme Gottes rief daraufhin nach den Engeln und sagte ihnen, er werde, ehe sie ihr Werk verrichteten, mit seinem Auserwählten, Jeremia, sprechen.

Jeremia fragte Gott, ob er sprechen dürfe, und als er die Erlaubnis erhielt, sagte er, ihm sei bewusst, dass die Stadt an ihre Feinde ausgeliefert und das Volk ins Exil gebracht werde, er wolle jedoch wissen, was Gott von ihm erwarte, was er mit den heiligen Geräten im Tempel tun solle. Gott sagte ihm, er solle sie nehmen und sie der Erde anvertrauen, der er befahl, auf das Gebot Gottes zu hören, der sie erschuf, sie aus den Wassern entstehen ließ und sie mit den sieben Siegeln in den sieben Zeitaltern versiegelte. Sie solle bis zur Ankunft des Geliebten die Geräte des Tempels behüten.

Jeremia und Baruch gingen daraufhin in das Heiligtum, und nachdem sie die heiligen Geräte eingesammelt hatten, übergaben sie sie der Erde, wie Gott ihnen geheißen hatte. Die Erde verschluckte sie sofort, und die beiden Männer setzten sich hin und weinten. Als das Exil be-

gann, ging Jeremia mit dem Volk nach Babylon, während Baruch in
Jerusalem blieb, um auf das Wort Gottes zu warten.

Eine vierte Version taucht in einer Geschichte über das Leben Jeremias auf, die zu einer Reihe von Darstellungen über die Propheten
zählt, die offenbar im 1. Jahrhundert n. Chr. von palästinensischen Juden in Griechisch verfasst wurden, obgleich sie in christlichen und
nicht in jüdischen Handschriften erhalten geblieben sind.

Vor der Eroberung des Tempels, so wird uns gesagt, nahm Jeremia
die Lade des Gesetzes und alles, was darin aufbewahrt wurde. Die Lade
verschwand im Fels, und Jeremia sagte dem Volk, das bei ihm war, Gott
habe Zion verlassen und sei in den Himmel aufgefahren. Er werde jedoch zurückkommen, und es werde ein Zeichen geben, das sein Kommen ankündigen werde: Alle Nichtjuden würden beginnen, ein Stück
Holz zu verehren. Jeremia sagte dem Volk auch, niemand, außer Aaron,
werde die Lade aus dem Fels herausnehmen können, und keiner der
Priester oder der Propheten werde in der Lage sein, die darin aufbewahr-
ten Tafeln zu öffnen. Nur Mose, der Auserwählte Gottes, werde dies tun
können. Bei der Wiederauferstehung werde sich die Lade als Erstes aus
dem Fels erheben. Sie werde auf den Berg Sinai gebracht, und alle Heiligen würden sich um sie versammeln, um auf den Herrn zu warten.

Daraufhin habe Jeremia den Namen Gottes mit dem Finger als Siegel in den Fels geschrieben. Es sei wie eine eiserne Gravur und werde
von einer Wolke verhüllt, um zu verhindern, dass jemand die Stelle entdecken oder den Namen lesen könne, ehe das Ende der Zeit gekommen
sei. Der Fels sollte in der Wüste sein, wo die Lade ursprünglich angefertigt worden war, zwischen den zwei Bergen, auf denen Mose und Aaron
begraben seien. Bei Nacht befinde sich dort, genau wie damals in den
frühen Tagen, eine Wolke aus Feuer, da die Herrlichkeit Gottes immer
bei den Gesetzestafeln sein werde. Da er dieses Mysterium vollbrachte,
wurde Jeremia durch die Gnade Gottes zu einem Gefährten von Mose,
und die beiden Propheten seien bis auf den heutigen Tag zusammen.

Eupolemos, ein jüdischer Geschichtsschreiber, der im 2. Jahrhundert v. Chr. in Griechisch schrieb, kannte auch die Überlieferung über

Jeremia und die Lade. Ein kurzer Abschnitt aus seinem Werk blieb durch den christlichen Geschichtsschreiber Eusebios von Cäsarea erhalten; darin geht er auf das Offenbarungszelt und die Lade ein, betont die Kontinuität von Offenbarungszelt und Salomos Tempel und erwähnt die Plünderung des Tempels. Als die Babylonier Jerusalem einnahmen, hätten sie Jojachin, den König der Juden, gefangen genommen und als Tribut aus dem Tempel auch das Gold und Silber und die Bronze abtransportiert. Die Lade und die Tafeln in der Lade hätten sie hingegen nicht mitgenommen, da Jeremia sie zuvor in Sicherheit gebracht hatte.

Die offenkundigen Ähnlichkeiten zwischen diesen Überlieferungen legen den Verdacht nahe, dass eine davon möglicherweise die Quelle der anderen ist, das Vierte Buch des Baruch sich vielleicht auf das Zweite Buch des Baruch stützt oder die Geschichte über das Leben des Jeremia auf das Zweite Buch der Makkabäer. Es gibt jedoch auch Unterschiede zwischen den Berichten, und dies lässt wiederum darauf schließen, dass ein direkter Rückgriff unwahrscheinlich ist.

Im Zweiten Buch des Baruch verbarg zum Beispiel ein Engel die Geräte, während dies in den anderen Texten Jeremia zugeschrieben wurde. Im Zweiten Buch der Makkabäer und im Vierten Buch des Baruch versteckte Jeremia die Geräte als Reaktion auf ein Orakel, was jedoch in der Geschichte über das Leben des Jeremia anders dargestellt wird. Die Versammlung Israels, die in den anderen drei Texten auftaucht, wird im Zweiten Buch des Baruch nicht erwähnt.

Zudem zirkulierten Berichte über die versteckten Geräte anscheinend noch in weiteren alten Dokumenten, die wir nicht auffinden konnten. Der Verfasser des Zweiten Buches der Makkabäer bezieht sich auf eine Version der Geschichte, die in den Erinnerungen Nehemias überliefert wurde (2. Makk 2,13), von denen nicht bekannt ist, dass sie erhalten geblieben wären. Er erwähnt auch ein Dokument, das eine ähnliche Version der Geschichte beinhaltete, die im Brief des Jeremia zu finden ist. Es gibt keinen Grund zu der Annahme, dies seien die einzigen Bücher, die Berichte über die Lade enthalten haben könnten. Wenigstens wurden ihre Titel überliefert. Weitaus mehr könnten jedoch völlig verschwunden sein.

Dem Talmud zufolge brachte Joschija die Bundeslade in Sicherheit, als ihm klar war, dass der Tempel zerstört würde. Zusammen mit der Lade hatte er auch die mit Manna gefüllten Behältnisse und das Gefäß mit dem heiligen Öl versteckt, das Mose verwendet hatte, um die Kultgeräte sowie andere heilige Gegenstände aus dem Tempel zu salben. Sie sollten durch den Propheten Elija wieder eingesetzt werden, der in späteren jüdischen Überlieferungen oft als ein Vorläufer des Messias betrachtet wurde.

Angesichts des berühmten Verses im Zweiten Buch der Chronik, der sich auf Joschija und die Lade bezieht, ist es kaum erstaunlich, wenn die Überlieferungen sowohl auf ihn als auch auf Jeremia eingingen. Der Gegensatz zwischen König und Prophet spiegelte nach Meinung vieler einen Kampf zwischen späteren Gruppen wider, die rivalisierende Ansprüche von gesalbten Königen beziehungsweise charismatischen Propheten als den wahren Auserwählten Gottes durchzusetzen versuchten. Das kann jedoch bei dem zeitlichen Abstand und angesichts so weniger Belege, die uns weiterhelfen könnten, nicht als gesichert angesehen werden.

Es gibt aber einige Berichte über die verborgenen Geräte, die eindeutig die Ziele rivalisierender Fraktionen offenbaren, und dies tritt am deutlichsten in jenen zutage, bei denen es um die Samaritaner und ihre Verehrung des heiligen Berges Garizim, eines Konkurrenten des Berges Sinai, geht. In seinem Werk *Jüdische Altertümer* beschreibt Josephus einen Aufstand, der gegen Ende der Amtszeit des römischen Prokurators Pontius Pilatus, um 36 n. Chr., stattfand. Die Christen kennen Pilatus aufgrund der Rolle, die er in den Evangelien bei der Kreuzigung spielte. In Wirklichkeit bereitete sein Vorgehen gegen die Samaritaner bei diesen Unruhen seiner politischen Karriere ein Ende.

Josephus berichtet, ein falscher Prophet habe die Samaritaner aufgefordert, mit ihm zum Berg Garizim zu gehen, der nach samaritanischer Tradition der heiligste Berg von allen war. Der Prophet versicherte ihnen, bei ihrer Ankunft werde er ihnen die heiligen Geräte zeigen, die Mose dort begraben habe. Da die Samaritaner ihm glaubten, bewaffneten sie sich und bezogen Stellung in einem Dorf namens Tiratana. Eine riesige Menschenmenge rüstete sich, auf den Berg zu steigen, aber noch ehe es dazu kam, schickte Pilatus einen Trupp Kavallerie und schwerer Infanterie, um die Straße zu blockieren. In einer offenen Feldschlacht wurden einige Samaritaner getötet und die anderen in die Flucht geschlagen. Die Soldaten machten auch eine große Zahl von Gefangenen, und Pilatus ließ die Anführer hinrichten.

Von den Samaritanern weiß man außerdem, dass sie glaubten, ein Prophet wie Mose werde die verborgenen Geräte aus dem Tempel wieder ans Licht bringen. Wahrscheinlich hatten sie bei dem beschriebenen Ereignis erwartet, dass hier die Wiedereinsetzung des mosaischen Kultes erfolgen würde.

Der *Memar Marqah*, ein aramäischer Text aus dem 4. Jahrhundert n. Chr., spricht unter Verweis auf den Berg Garizim von einer Zeit, wenn »alles, was dort verborgen ist, offenbar werden wird«. Das Auftauchen des Offenbarungszeltes werde ein Zeichen für die Wiederkehr der Herrlichkeit und Gunst Gottes sein, genau wie seine Verbergung eine Zeit des Abfalls angezeigt habe.

Die samaritanische Überlieferung kann mit der Zerstörung ihres Tempels auf dem Berg Garizim im Jahr 128 v. Chr. durch den hasmonäischen König und Hohen Priester Johannes Hyrkanos, den Neffen von Judas dem Makkabäer, verknüpft werden. Wenn der *Memar Marqah* von der Entheiligung der »Wohnstätte« und des »Hauses« spricht, dürfte damit der samaritanische Tempel gemeint sein: »Meine Wohnstätte haben sie geschändet, mein Heiligtum haben sie entweiht..., mein Haus haben sie zerstört. Von dem Wahren Einen haben sie sich abgewandt. Meine Gunst haben sie verborgen.«

Doch warum sollte Mose gerade den Berg Garizim, den heiligen Berg der Samaritaner, als Versteck für die Tempelgeräte ausgesucht haben? Oder zumindest, warum sollten die Samaritaner behaupten, er habe es getan? Und was veranlasste sie zu glauben, die Geräte könnten im Jahr 36 n. Chr. wieder geborgen werden? Eine Reihe alter Schriften, darunter auch Rollen, die in den Höhlen von Qumran gefunden wurden, und der alexandrinische Philosoph Philo wie auch die Verfasser des Neuen Testaments verweisen sämtlich auf einen Propheten wie Mose, der mit dem Messias gleichgesetzt wurde. Nach dem Bericht, den Josephus über den Aufstand der Samaritaner hinterlassen hat, wurde der damalige samaritanische Prophet offenkundig mit Mose auf eine Stufe gestellt.

Im 4. Jahrhundert identifizierte die samaritanische Literatur »diesen Propheten wie Mose« als den *Taheb*, den wiederkehrenden Einen beziehungsweise den samaritanischen Messias. Der *Taheb* werde auf dem Berg Garizim die wahre Gottesverehrung wiederherstellen, wozu auch die Wiederbeschaffung der dort verborgenen heiligen Geräte gehören sollte. Mose fiel somit beim Verstecken und Wiederbringen der Geräte eine Rolle zu. Und die Überlieferung erlaubte es den Samaritanern, ihn im Gegensatz zu den konkurrierenden prophetischen und messianischen Helden des Judentums wie des Christentums als den großen und wahren Propheten zu verehren. Und sie gestattete ihnen, den Berg Garizim, im Gegensatz zu Jerusalem, als den wahren Ort der Anbetung zu preisen.

Diese Verehrung des Berges Garizim stellte in den Augen der Juden die schlimmste aller samaritanischen Häresien dar. Infolgedessen konterten die Rabbis und der Pseudo-Philo mit einer Überlieferung, die behauptete, bei den auf dem Berg Garizim verborgenen Gegenständen handele es sich nicht um Tempelgeräte, sondern um Götzenbilder. Die Feindseligkeit, mit der die Rabbiner auf die Behauptungen der Samaritaner reagierten, ist im *Midrasch*-Kommentar über das Buch Genesis, *Bereschit Rabba*, festgehalten.

Als Rabbi Ismael ben Rabbi Jose nach Jerusalem hinaufging, um zu beten, begegnete er einem Samaritaner. Die beiden Männer begannen miteinander über die Frage zu streiten, ob Gott auf dem Berg Garizim oder in Jerusalem verehrt werden wolle. Rabbi Ismael sagte zu dem Samaritaner, er sei nicht besser als ein auf Aas hungriger Hund. Die

Samaritaner wüssten doch, dass auf dem Berg Garizim Götzenbilder vergraben seien, da in der Bibel geschrieben stehe, dass Jakob sie dort versteckt habe. Dies sei der Grund, warum sie den Berg verehrten. Sie seien nichts weiter als Götzendiener.

Während die Rabbis und die Verfasser der Apokryphen und die Pseudoepigrafen der Überzeugung waren, die Lade sei versteckt worden und werde wieder herbeigebracht, wenn mit dem Messias ein Neues Zeitalter anbrach, hatte das alte Symbol der Gegenwart Gottes bereits eine noch dramatischere Transformation durchgemacht. Weitab von Jerusalem, im babylonischen Exil, hatte der dritte der großen Propheten Israels seine Berufung erhalten: »Am fünften Tag des vierten Monats im 30. Jahr, als ich unter den Verschleppten am Fluss Kebar lebte, öffnete sich der Himmel, und ich sah eine Erscheinung Gottes.« (Ez 1,1)

Bei der Erscheinung, die Ezechiel sah, ging es um den Thron Gottes, doch während Jesaja seine Vision im Tempel Salomos erlebte, befand sich Ezechiel nicht einmal in der Heiligen Stadt, sondern in einem fremden und unreinen Land. Nichtsdestotrotz hat seine Vision am Fluss Kebar etwas von der Form der Offenbarung auf dem Berg Sinai. Gott zeigte sich mit dem ganzen Schrecken des Sturmes, ganz nach Art des Baal, des alten ugaritischen Sturmgottes.

»Ich sah: Ein Sturmwind kam von Norden, eine große Wolke mit flackerndem Feuer, umgeben von einem hellen Schein. Aus dem Feuer strahlte es wie glänzendes Gold. Mitten darin erschien etwas wie vier Lebewesen.« (Ez 1,4–5)

Diese Wesen hatten die Gestalt von Menschen, aber sie hatten auch vier Flügel und vier Gesichter: ein Menschengesicht, ein Löwengesicht, ein Stiergesicht und ein Adlergesicht (Ez 1,6; 1,10). In einem späteren Abschnitt wird erklärt: »Ich wusste, dass es Cherubim waren.« (Ez 10,20) Es waren, mit anderen Worten, jene Wesen, die den Thron Gottes stützten, deren Statuen im Heiligtum des von Salomo gebauten Tempels über der Deckplatte der Lade standen. Zwischen den Flügeln der Cherubim, so hatte Gott versprochen, wollte er Mose begegnen.

Ezechiel sah neben jedem dieser Wesen ein Rad: vier Räder, die den Anschein erweckten, als liefe ein Rad im anderen, sie waren voller Augen und mit dem Geist dieser Wesen erfüllt. Über den Köpfen der Wesen strahlte ein Firmament wie ein Kristall. Über diesem Firmament erblickte Ezechiel einen Thron, der wie ein Saphir aussah, und auf diesem Thron saß eine menschliche Gestalt, die von einem hellen Schein wie aus Feuer und einem Regenbogen umgeben war. Als er schließlich die Herrlichkeit des Herrn sah, fiel er auf sein Antlitz nieder, und er hörte eine Stimme, die zu ihm sagte: »Stell dich auf deine Füße, Menschensohn, ich will mit dir reden.« (Ez 1,15–2,1)

Was Ezechiel gesehen hatte, wird in den nachfolgenden Kapiteln deutlich. Es war eine Vision vom Thron Gottes im Allerheiligsten des Tempels. Später wurde Ezechiel in seiner Vision zum Tempel in Jerusalem geführt, und dort schaute er dieselben Lebewesen, denselben Thron und dieselbe Herrlichkeit Gottes.

Diese Visionen waren für das Überleben des Judentums im Exil und über die Jahrhunderte hinweg, die auf die Zerstörung des Zweiten Tempels durch Titus folgten, von enormer Bedeutung. Als der Erste Tempel zerstört und das Volk Israel in alle Winde zerstreut wurden, wo war da die Gegenwart Gottes? War die Bundeslade verloren gegangen? War Israel in seinem Exil sich selbst überlassen worden? Die Visionen Ezechiels offenbarten, wie die Herrlichkeit Gottes den Tempel in Jerusalem vor dessen Zerstörung verließ und der Thron Gottes mit seinem Auserwählten Volk nach Osten zog, wo er dem Propheten neben dem Fluss in Babylon erschien (Ez 10,18–22).

Der Thron, den Ezechiel beschrieb, ist mysteriös und schwer zu verstehen, auch wenn einige andere Gegenstände im Tempel mit Rädern versehen und fahrbare Throne im Nahen Osten in jener Zeit durchaus bekannt waren. Der Thron Ezechiels erschien erst, kurz ehe die Lade verschwinden und der Tempel zerstört werden sollte. Es sieht ganz so aus, als habe die Lade die Grenzen der Physik gesprengt. Sie war zu einem Wagen geworden, der in den Himmel auffahren konnte, wobei die Cherubim immer noch da waren, um den Thron Gottes zu stützen.

Sie war nun nicht mehr eschatologisch oder messianisch. Sie war mystisch geworden.

Die Vision Ezechiels wurde im Laufe der folgenden Jahrhunderte eine der Grundfesten des jüdischen mystischen Weges, der als *Merkaba* oder der »Wagen« bekannt ist und physische wie mentale Techniken umfasst. Anfänglich wurden damit die Erörterungen der himmlischen Vision bezeichnet, die Ezechiel im ersten Kapitel seiner Prophezeiungen beschreibt. Später wurde seine Verwendung dann auf jede Beschreibung der höheren Sphären erweitert. Da es bei diesen Schriften hauptsächlich um das Aufsteigen in himmlische Paläste und eine Vision vom Thron Gottes ging, sprach man auch von den *Hechaloth*-Büchern beziehungsweise der *Hechaloth*, ein hebräisches Wort, das so viel wie »Tempel« oder »Paläste« bedeutet. Einige der Bücher sind magischer Natur. Das Aufsteigen in himmlische Sphären galt als gefährlich, weshalb Instruktionen notwendig waren, damit der Mystiker an den engelhaften Wächtern und himmlischen Torwächtern vorbei kam. In den Büchern sind auch Hymnen aufgezeichnet, die von himmlischen Chören gesungen wurden und die der Mystiker auf seinem Weg durch die verschiedenen Himmel vielleicht hören würde.

Das Legat der *Merkaba* ist auch bei den jüdischen Mystikern Europas zu finden, etwa bei Eleasar ben Juda aus Worms, einem der größten der Aschkenasim-Chassidim des Rheinlandes. Die Kabbalisten Spaniens und der Provence verwendeten in ihrer mystischen Symbolik ebenfalls Begriffe der *Merkaba*. Sie faszinierte die christlichen Gelehrten der Renaissance und war eine der Triebfedern für die Weiterentwicklung der humanistischen und orientalistischen Studien. Mit ihr schien sich die Möglichkeit zu bieten, hinter die Geheimnisse der alten Weisen zu kommen und ein Neues Zeitalter der Weisheit und Harmonie einzuläuten. Aus diesem Umfeld ging auch eine der faszinierendsten jüdischen Überlieferungen über die Lade hervor.

Viele Juden haben die *Merkaba* jedoch auch mit großem Argwohn betrachtet. Als Gershom Scholem, der führende Experte der heutigen Zeit auf diesem Gebiet, mit der These aufwartete, die antike jüdische

Mystik sei von der gleichen Kultur geschaffen worden, die auch die klassische rabbinische Form des Judentums hervorgebracht hatte, sorgte er damit sowohl für Entrüstung als auch Verwirrung. Schließlich waren, glaubte man, die jüdischen Weisen, die die Mischna erstellt hatten, rational denkende Männer. Sie konnten mit den Verfassern einer irrationalen oder gar degenerierten Literatur nichts gemein haben, die von schlimmstem Aberglauben nur so strotzte: von Zauberformeln, fantastischen Berichten über Paläste im Himmel und einer befremdlichen Obsession von Engelsnamen. Diese Elemente konnten nur auf fremde Einflüsse, wahrscheinlich aus dem Islam, zurückzuführen sein, und diese Texte mussten lange vor der Zeit des Talmud und der *Midraschim* entstanden sein.

Scholem verwirrte seine Kritiker, indem er nachwies, dass die rabbinischen Erörterungen von mystischen und magischen Themen nur unter Einbeziehung der *Hechaloth*- und *Merkaba*-Texte zu verstehen sind. Zum einen wird in den *Midrasch*-Diskussionen über die ersten Kapitel Ezechiels der Begriff »Werk des Wagens« verwendet, zum anderen brachten talmudische Autoritäten immerhin so viel Interesse für das Thema auf, dass sie es als esoterisch einstuften und Regeln für die Beschäftigung damit aufstellten. Lediglich zwei Themen, die »Schöpfung« und der »Wagen«, wurden so klassifiziert, wobei der »Wagen« für esoterischer gehalten wurde. Der *Midrasch* wiederum verfügte, dass der Schöpfungsbericht nicht vor zwei oder mehr Personen ausgelegt werden durfte, während der »Wagen« nicht einmal vor einer Person ausgelegt werden durfte, soweit es sich dabei nicht um einen höheren Gelehrten handelte, der sich auf dem Gebiet auskannte. Dieses Verbot wurde sehr ernst genommen, und es kursierten Geschichten über Menschen, die gestorben waren, weil sie es nicht befolgt hatten.

Einer der faszinierendsten Abschnitte, den Scholem erörterte, findet sich im Mischna-Traktat *Aboda Sara*, und er war überzeugt, beweisen zu können, dass Hymnen der Art, wie sie in der *Hechaloth* erhalten geblieben sind, bereits im 3. Jahrhundert n. Chr. bekannt waren. Es geht dabei um die Bedeutung des Verses im Ersten Buch Samuel, in dem die Philister die Bundeslade an die Israeliten zurückschickten und sie zu diesem Zweck auf einen von Kühen gezogenen Wagen stellten: »Die Kühe aber gingen geradewegs in Richtung Bet-Schemesch.« (1. Sam 6,12)

Verschiedene talmudische Weisen erklärten den hebräischen Text mit einem cleveren Wortspiel, indem sie das Verb nicht von der Wurzel »gerade sein« ableiteten, sondern von einer anderen Wurzel, die »singen« bedeutet. Daraus ergab sich, dass die Kühe ein Loblied sangen. Aber was für ein Loblied sollten sie wohl gesungen haben? Einige Rabbis tippten auf einen der berühmteren Psalmen oder das Lied vom Meer, das Mirjam bei der Überquerung des Roten Meeres während des Auszuges aus Ägypten gesungen hatte: »Singt dem Herrn ein Lied, denn er ist hoch und erhaben...« (Ex 15,21) Rabbi Isaak Nappaha, der im 3. Jahrhundert in Palästina lehrte, behauptete jedoch, die Kühe hätten ein anderes Lied gesungen:

»Freu dich, freu dich, Akazienschrein!
Schreite voraus in all deiner Herrlichkeit!
Geschmückt mit goldener Zierde.
Gepriesen im Allerheiligsten.
Prächtig mit den herrlichsten Ornamenten.«

Scholem bemerkte, dass Rabbi Isaak Nappaha bei der Einleitung dieses Lobgesangs die Hymnen der Cherubim nachgeahmt habe, die in der Vision Ezechiels den Thron Gottes trugen. Diese Hymnen waren in der *Hechaloth* verzeichnet, und Scholem zitierte eine besonders enge Parallele:

»Freu dich, freu dich, Thron der Herrlichkeit!
Singe, singe vor Freude, Sitz des Höchsten!
Frohlocke, frohlocke, kostbares, so herrlich gestaltetes Gerät!
Freude wirst du dem König bringen, der auf dir sitzt,
wie die Freude des Bräutigams in seinem Brautgemach.«

Die Worte Ezechiels mögen einen Wagenthron statt einer Lade beschrieben haben, die Mystiker wechselten allem Anschein nach jedoch
problemlos von dem einen zum anderen. Wenn Ezechiel sich einen
Tempel ohne Lade vorstellen konnte, war es dann auch denkbar, sich
eine Lade ohne einen Tempel vorzustellen? Die Antwort darauf lautet:
Wir werden noch sehen, dass das denkbar war. Aber mit ihrer Entfernung aus dem Tempel erlebte die Lade noch eine weitere Transformation.

Was die Geschichte der Lade in Äthiopien angeht, wird oft unterstellt, dass sie Teil eines alten jüdischen Erbes in Afrika sei; allerdings
handelt es sich dabei nicht um eine Überlieferung, die direkt aus der
hebräischen Bibel hervorgegangen ist. Die äthiopische Lade, die in dem
ältesten Bericht aus Ägypten auftaucht, und die Lade, die in dem äthiopischen Epos *Kebra Nagast* (Herrlichkeit der Könige) erscheint, sind
keine israelitischen Schreine. Es sind christliche Schreine. Sie wurden
nicht nur aus dem Allerheiligsten des Tempels entfernt, sondern auch
aus dem Tempelkult.

Dies wurde oft vergessen oder einfach übersehen. Die meisten
europäischen Forscher schienen zu glauben, die Äthiopier seien seit
Jahrhunderten vom Tempel besessen und hätten das Hochland des
christlichen Reiches mit Tausenden Kopien gepflastert. Die vorliegenden Dokumente legen jedoch, wie wir noch ausführen werden, einen
völlig anderen Schluss nahe. Wenn überhaupt, dann waren die Äthiopier mehr am Offenbarungszelt als am Tempel interessiert.

Um zu verstehen, warum das so war, müssen wir uns die Varianten
des Judentums genauer ansehen, die in den letzten Jahrzehnten, ehe
die Römer den Zweiten Tempel zerstörten, in Erscheinung traten. Eine
dieser Varianten entwickelte sich zum Christentum. Die Lade kommt
schließlich nicht nur im Alten Testament vor. Sie taucht auch im Neuen
Testament auf.

9 DIE NEUEN BÜNDNISSE

Im letzten Jahr des britischen Mandats in Palästina ergab es sich, dass ein junger Araber namens Muhammed al-Dhib zwischen den Klippen am Ufer des Toten Meeres nach einer Ziege suchte, die ihm weggelaufen war. Als er einen Stein in eine Höhle warf, da er dachte, das Tier hätte sich dort vielleicht verkrochen, hörte er statt des Meckerns seiner Ziege das Scheppern von zerbrechenden Tongefäßen. Der Schreck fuhr ihm in die Glieder, und verwirrt und voller Angst, allein an einem so verlassenen Ort zu sein, rannte er weg. Zusammen mit einem Freund kehrte er dann jedoch zu der Stelle zurück. Und als sie in die Höhle kletterten, fanden sie mehrere große Tonkrüge, in denen sich, in Leinentücher eingeschlagen, Lederrollen befanden.

Der Fund war für einen jungen Ziegenhirten kaum interessant, aber er dachte sich, das Leder könnte vielleicht irgendwie brauchbar sein, und so suchte er sich die sieben größten Rollen aus und nahm sie mit in sein Zelt. Er behielt sie zwei Jahre, ehe er sie an einen Antiquitätenhändler in Betlehem verkaufte, der dann einige davon an den syrischen orthodoxen Erzbischof Mar Athanasius Samuel weiterveräußerte. Drei davon wurden von Eleasar Sukenik, einem Professor der Hebrew University, für den neuen Staat Israel erworben. Die anderen erstand sein Sohn Yigael Yadin für den Staat, nachdem der Erzbischof versucht hatte, einen Disput über die Eigentumsrechte zwischen Israel und Jordanien zu vermeiden, indem er die Rollen im *Wall Street Journal* angeboten hatte.

Die Nachricht von der Entdeckung sorgte weltweit für großes Aufsehen, und es dauerte nicht lange, bis man sich auf die Suche nach weiteren Rollen machte. Es gab auch Gerüchte und Skandale. In den Medien wurden Berichte verbreitet, wonach die Schriftrollen vom Toten Meer, wie sie alsbald genannt wurden, Beweise enthalten sollten, die wesentliche Glaubenssätze der Christenheit infrage stellen. Würden sie vielleicht beweisen, dass Jesus nicht göttlich war? War der in den Rollen erwähnte »Lehrer der Gerechtigkeit« in Wirklichkeit womöglich Jesus selbst und der »gottlose Priester« der heilige Paulus?

Im Laufe der folgenden Jahrzehnte wurden sensationelle Theorien aufgestellt. Am verblüffendsten war sicherlich die Behauptung, Jesus sei ein halluzinierender Emporkömmling und keineswegs Gott in Menschengestalt gewesen, und bei den Rollen handele es sich um die Geheimlehren eines Fruchtbarkeitskultes. Tatsache ist, dass der Fund wesentlich mehr über die Geschichte des Judentums als über die Geschichte des Christentums offenbarte; und nach all den Verzögerungen bei der Veröffentlichung, die dafür sorgten, dass »vom akademischen Skandal par excellence des 20. Jahrhunderts« die Rede war, steht der Interpretationsprozess in vieler Hinsicht gerade erst am Anfang.

Auch wenn alsbald vermutet wurde, die Dokumente stammten von den Essenern, einer von Josephus, Philo und dem römischen Historiker Plinius beschriebenen Sekte, zeigte sich doch schnell, dass man es bei den neuen Funden mit einer völlig anderen Sekte zu tun hat. Die Verfasser der Rollen haben keine philosophische Mystik gepflegt, sondern nach den Geboten priesterlicher Reinheit gelebt. Sie erwarteten ein göttliches Gericht, und ihnen war die Trennung zwischen Licht und Dunkel weitaus bewusster als die zwischen Geist und Körper. Selbst ihr Name, »die Söhne Zadoks«, verweist auf eine priesterliche Verbindung.

Für die Sektierer, die ihre Bibliothek in den Höhlen von Wadi-Qumran untergebracht hatten, hatte die Zerstörung des Tempels von Jerusalem lange vor 70 n. Chr. stattgefunden. Sie hatten den Tempel und dessen Kult verworfen und begonnen, in einer Welt zu leben, in der es Jerusalem schon nicht mehr gab, obwohl die Stadt nach wie vor existierte. Die Sekte war von Tempelpriestern gegründet worden, die sich selbst als das wahre Priestergeschlecht, als die Erben Zadoks, betrachteten. Für sie war der alte Tempel zur Zeit der Makkabäer zerstört worden. Der Kult war nicht von römischen Soldaten, sondern durch den zunehmenden Machtgewinn von jüdischen Hohen Priestern entweiht worden, die aus einem anderen Geschlecht als sie selbst kamen. Die Priesterfraktionen, die ihren Stempel bei der Zusammenstellung der hebräischen Bibel hinterlassen hatten, waren noch immer die Mäkellinie, an der das Judentum sich spalten konnte.

Vor dem Babylonischen Exil war das Auserwählte Volk von Königen regiert worden. Danach jedoch nicht mehr. Auch wenn die Perser einen Statthalter aus dem Geschlecht Davids einsetzten, als die Vertriebenen aus dem Exil in Babylon zurückkehrten, ist die Davidsche Monarchie dennoch verschwunden. Erst in rabbinischer Zeit sollte es wieder Männer geben, die sich auf die Abstammung aus dem Hause David beriefen und als Führer hervortraten. Zur Zeit des Zweiten Tempels lag die politische Macht in den Händen von Priestern statt von Königen. Unter den Makkabäern hatten die Priester sich sogar selbst den Titel des Königs zugelegt, bis sie von Herodes dem Großen, der den prächtigsten aller Tempel baute, entmachtet wurden.

Im 2. Jahrhundert v. Chr. war eine ganze Reihe von Sekten entstanden, die zumeist die Priester für korrupt und den Tempel für beschmutzt hielten. Jede betrachtete sich selbst als den wahren Tempel und die eigenen Mitglieder als die wahren Priester. Nur sie wussten Gott nach dessen Geboten zu dienen. Die Sekte in Qumran sah ihre Aufgabe darin, einen Ersatz für den Tempel zu schaffen, bis Gott den Messias schickte, der aus dem Geschlecht Aaron kommen und den Tempel wieder aufbauen würde. Sie glaubten, dass die Herrlichkeit Gottes Jerusalem verlassen hatte und nunmehr bei ihnen am Toten Meer sei. Die Gemeinschaft als solche stellte jetzt einen neuen Tempel dar.

Eine Frage, die noch jeden irritiert hat, der bei den Sektierern in Qumran nach den Ursprüngen des Christentums suchte, war die offenkundige Diskrepanz zwischen ihrer Ergebenheit gegenüber dem Gesetz und der von der frühen Kirche getroffenen Entscheidung, dass das Gesetz des Alten Testaments unter dem Neuen Bund keine Gültigkeit mehr hatte. Abgesehen von der Tatsache, dass viele Christen versucht haben, das Gesetz des Alten Testaments ein Stück weit zu bewahren oder zu reaktivieren, scheint die Kirche von den Essenern oder anderen Sektierern doch eine wichtige Lektion gelernt zu haben: Die letzten Tage sind angebrochen, und Gott wohnt jetzt bei seinem Auserwählten Volk, so wie er einst im Tempel wohnte. Statt der Tieropfer im Tempel verlangt Gott nun das Opfer eines untadeligen Lebens.

Als der heilige Paulus an die Christen in Korinth schrieb, erklärte er ihnen in seinem Brief, der zu den ältesten im biblischen Kanon erhaltenen Dokumenten zählt, der Geist Gottes wohne bei ihnen und sie seien der Tempel Gottes (1. Kor 3,16). An die Gemeinde in Ephesus schrieb er, Jesus selbst, der christliche Messias, sei der Schlussstein dieses neuen Tempels (Eph 2,20–21).

Selbst die Pharisäer, die sich von der Kirche distanziert hatten, lassen erkennen, dass sie zu einer ähnlichen Schlussfolgerung gelangten, auch wenn sie daraus für ihr praktisches Handeln andere Konsequenzen zogen. Wenn der Tempel jetzt eine Gemeinschaft von Menschen war, dann war es für die ganze Gemeinde von entscheidender Bedeutung, die Gesetze der rituellen Reinheit zu befolgen, die früher nur für die im Tempel dienenden Priester galten. Diese Betonung der rituellen Reinheit erklärt denn auch die Bedeutung, die die Pharisäer und Rabbis nach ihnen den Gesetzen in Bezug auf Speisen beimaßen. Wenn die Gemeinde in einem Zustand ritueller Reinheit leben sollte, mussten die Gläubigen jedes Mahl in einem Zustand ritueller Reinheit zu sich nehmen.

Einer der größten Pharisäer, Johanan ben Zakkai, dessen Lehren in der Mischna erhalten sind, erklärte, dass die Bewahrung des Tempels kein Selbstzweck sei. Seine Vorgänger mochten gelehrt haben, dass der Tempel überall, selbst zu Hause, wäre, Johanan war jedoch der Überzeugung, der Altar des Tempels sei auf den Straßen und auf den Märkten der Welt zu finden. Wenn der Tempel zerstört worden war, dann musste das Opfer nun in Mitgefühl bestehen. Durch Selbstverleugnung und persönliche Opfer konnten die Juden eine heilige Gemeinschaft aufbauen.

Aber wo bleibt bei alledem die Bundeslade? War die Prophezeiung

Jeremias richtig, dass niemand sie mehr vermissen würde? Die Tempel-rolle aus Qumran, die einen idealen Tempel und die Reinheitsgesetze beschreibt, die befolgt werden müssen, um ihm zu dienen, ist stark be-schädigt, und in den Abschnitten, die zweifelsfrei lesbar sind, wird die Lade nicht erwähnt. Gleichwohl kann das ganze Dokument dennoch erklärtermaßen vor dem Hintergrund der Bundeslade geschrieben wor-den sein.

Unter den in Qumran entdeckten Aufzeichnungen wurden Ab-schnitte eines Textes gefunden, der als die »Damaskusschrift« bekannt ist und offenkundig für ein Fest verfasst wurde, bei dem der Bund erneuert werden sollte. Neben anderen Anordnungen verbietet die Schrift dem König zum Beispiel, eine zweite Frau zu heiraten, solange seine erste Frau noch lebt. Dann versucht sie zu erklären, warum David trotz des Verbots so viele Frauen hatte. Der Grund war offenbar, dass er das in der Bundeslade unter Verschluss gehaltene Gesetzesbuch nicht gelesen hatte. Die Lade war in Israel seit dem Todestag Eleasars und Jo-suas und den Ältesten, die Astarte verehrt hatten, nicht mehr geöffnet worden. »Es war verborgen und nicht offenbart worden, bis Zadok er-schien«, erklärt die Damaskusschrift. Davids Verhalten sei entschuld-bar, da er von dem Verbot, das in dem unter Verschluss gehaltenen und noch nicht wieder offenbar gewordenen Gesetzesbuch geschrieben stand, nichts gewusst habe.

Die gleichen Auflagen für die königliche Ehe tauchen auch in der Tempelrolle auf. Außerdem wird zwar vielfach davon ausgegangen, dass die Damaskusschrift das Gesetzesbuch meint, mit dem die Refor-men Joschijas begannen, nachdem der Hohe Priester Hilkija es im Tem-pel gefunden hatte. Doch die Schrift spricht von Zadok und nicht von Hilkija. Demnach dürfte wohl eher die Tempelrolle gemeint sein, aber wer wäre dann Zadok gewesen? Wir wissen, dass die Sektierer sich selbst als »die Söhne Zadoks« bezeichneten, und es gibt die These, Zadok könnte der Gründer der Sekte und der Verfasser der Tempelrolle gewesen sein. Er habe sie als das Gesetzesbuch dargestellt, das einst in der Bundeslade unter Verschluss gewesen sein soll.

Im Rahmen ihres erneuerten Bundes versuchten die Essener, die Geheimnisse des Himmels zu lüften. So wie der Prophet Ezechiel, der sah, wie die Cherubim, die vordem die Bundeslade geschmückt hatten, einen von Feuer glühenden Wagen zogen, so widmeten sich die Sektierer der Kontemplation über den Wagenthron und die Paläste des Himmels. Ein Bericht über eine solche Vision ist erhalten geblieben; darin segnen die Cherubim das Bildnis des Wagenthrons. Während der Wagen weiterfährt, kommen und gehen Engel der Heiligkeit, und zwischen seinen Rädern scheint eine Vision von heiligen Geistern auf. Diese Geister werden von Feuer- und Farbblitzen in ein leuchtendes Licht getaucht, während sie mit der Herrlichkeit des prächtigen Wagens weiterziehen.

Noch kunstvollere Visionen des Wagens wurden in einem weiteren Buch aufgezeichnet, von dem Teile in Qumran gefunden wurden.

Das Buch Henoch war in Europa verloren gegangen, bis der schottische Reisende James Bruce aus Äthiopien mit einer Handschrift zurückkehrte, und als es vor fast zwei Jahrhunderten auf der Grundlage der von Bruce erworbenen Handschrift von Richard Laurence übersetzt und publiziert wurde, sorgte es für großes Aufsehen. Ähnlich wie die Entdeckung der Schriftrollen vom Toten Meer schien es mit den Beschreibungen der Visionen vom Kosmos, von Feuer im Himmel, von mystischen Offenbarungen und von Engeln, die in himmlischen Palästen umherflogen, eine Tür zu einer neuen und unverhofften Welt des alten Judentums zu öffnen.

Die in Qumran gefundenen Fragmente beweisen, dass zumindest ein Teil der Schrift wesentlich älter ist, als irgendwer bis dahin vermutet hatte. Sie wurden auf das späte 3. oder frühe 2. Jahrhundert v. Chr. datiert; man nimmt an, dass sie den ältesten jüdischen religiösen Text außerhalb der Bibel darstellen und dass dieser lange vor dem Aufstand der Makkabäer verfasst wurde.

Die Offenbarungen im Buch Henoch beschreiben den Aufbau des Universums sowie den Ursprung und das letzte Gericht über das Böse. Der Prophet Henoch, der der Siebente in der Linie nach Adam war, erhielt bei einer Reise durch den Kosmos eine Offenbarung über das Letzte Gericht, das kommen würde, und über die himmlische Sphäre, in der es bereits begonnen hatte. Die Vision versprach den Gerechten Heil, die auf ihre Botschaft hörten und sie befolgten. In einer Vision, die im äthiopischen Buch Henoch geschildert wird, das auch als »Das Buch von den Wächtern« bekannt ist, steigt der Prophet durch die verschiedenen Himmel und erblickt schließlich den Thron Gottes. Dieses Buch ist in der technischen Sprache der *Merkaba* geschrieben. Gershom Scholem hat zwar bereits gezeigt, dass diese Überlieferung älter ist, als von anderen Forschern angenommen wurde, doch der Qumran-Fund bewies, dass der Aufstieg in den Himmel und der Wagen noch älter sind.

Die Beschreibung des Throns basiert auf der Vision Ezechiels. Während Henoch vom Wind getragen, an den Sternen vorbei, durch den Himmel flog, näherte er sich einer Mauer aus Kristall, die von Feuerzungen umgeben war. Obwohl er sich fürchtete, trat er durch das Feuer hindurch und traf auf ein großes, aus Kristall erbautes Haus. Der Fußboden war aus Kristall, und die Decke, die er erblickte, glich der Bahn der Sterne, zwischen denen feurige Cherubim in einem Himmel so klar wie Wasser lebten. Die Wände des Hauses waren von einem Flammenmeer umgeben, und seine Türen brannten von Feuer. Als Henoch das Haus betrat, sah er nichts darinnen. Auch wenn er von einer solchen Furcht ergriffen wurde, dass er auf sein Angesicht fiel, hatte er eine Erscheinung, in der sich eine Tür vor ihm auftat, hinter der ein zweites Haus, noch größer als das erste, erschien. Darinnen erblickte er einen Thron, der wie aus Reif geschaffen aussah und dessen Räder der leuchtenden Sonne glichen. Darin erkannte er das Gesicht der Cherubim. Und unterhalb des Throns loderten Feuerströme hervor. Henoch vermochte den Thron kaum zu schauen, da das Gewand der darauf sitzenden Gestalt glänzender als die Sonne und weißer als Schnee war. Selbst die Engel konnten sich ihm nicht nähern oder ihn betrachten. Der Thron war von Flammen umgeben, und vor ihm stand ein großes Feuer (1. Henoch, Kap. 14).

Visionen vom Wagenthron gibt es auch in den aramäischen Teilen des Buches Daniel, die nach der Entweihung des Zweiten Tempels durch Antiochos Epiphanes im Jahr 167 v. Chr. verfasst wurden. Während die Anhänger von Judas dem Makkabäer überzeugt waren, die hellenischen Könige mit Waffengewalt schlagen zu können, bot das Buch Daniel eine mystische und innere Lösung der Krise an.

Der Verfasser war darauf bedacht, seine Leser davon zu überzeugen, dass die Entweihung des Tempels und die Unterdrückung des Judentums nicht allein in der Willfährigkeit eines irdischen Königs begründet waren. Hinter den Armeen der hellenischen Herrscher standen »Engelfürsten« (Dan 10,13), die mit Gott im Kampf lagen. Ein kosmischer Krieg lag selbstredend jenseits der menschlichen Kontrolle, aber am Ende würde das Ungeheuer aus dem Meer vernichtet und die Armeen Gottes siegreich sein. Die Verdeutlichung, dass der Krieg das ganze Universum erfasst hatte, sollte beruhigend und keineswegs alarmierend sein. Das Schicksal der Welt lag in den Händen Gottes und des Erzengels Michael, der die himmlischen Armeen befehligte.

Die prophetischen Warnungen vor dem Tag des Jüngsten Gerichts und die von Jesaja und Ezechiel berichteten Visionen von himmlischen Thronen waren anscheinend die Vorläufer der Apokalypse. Von wesentlicher Bedeutung waren auch die Prophezeiungen Jeremias, da sie den Fall Jerusalems und den Triumph Babylons nicht einfach als eine Frage von Sünde und Bestrafung, sondern als eine unabänderliche Entscheidung Gottes proklamierten. Gott kontrollierte das von ihm erschaffene Universum, und er hatte aus Gründen, die sich unserem Verständnis entziehen, beschlossen, dass die Könige Babylons über Generationen hinweg herrschen sollten. Bis ihre Macht zusammenbrach und Israel aus dem Exil zurückkehren konnte, vermochte niemand etwas an den von Gott beschlossenen Ereignissen zu ändern. Der einzige Weg, der dem Auserwählten Volk blieb, um zu überleben, war, den Mächten zu gehorchen, die die Welt beherrschten, und der von Gott vorbestimmten Zukunft zu harren.

Ob dies die Sicht Jeremias selbst oder ein Nachtrag jener war, die seine Prophezeiungen zusammengestellt und herausgegeben haben, ist schwer zu sagen, aber sie waren in jedem Fall inspirierend. Als der Verfasser des Buches Daniel die Entweihung des Tempels durch Antiochos Epiphanes zu erklären versuchte, griff er auf Jeremias Prophezeiungen zurück; und als der Verfasser der Apokalypse des Baruch die Zerstörung des Zweiten Tempels durch die Römer zu erklären versuchte, griff auch er auf Jeremia zurück. Sie wiederholten die Antworten, die der Prophet auf die Mysterien der Welt gegeben hatte. Fremde Völker würden so lange über Israel herrschen, bis der Tag gekommen war, den Gott für ihre Vernichtung festgelegt hatte. Bis dahin konnte sich niemand den Königen der Erde widersetzen. Und wenn der Tag gekommen war, würde niemand sie retten können.

Die Vision im Buch Daniel erinnert an den Sieg des Sturmgottes Baal: die Vernichtung der Ungeheuer in den Chaosgewässern, der im Kult Zions eine enorme Bedeutung beigemessen wurde. Die Vision beginnt mit vier großen Tieren, die aus dem Meer aufsteigen. Ihnen steht das Gericht bevor. Eines wird vernichtet, und die anderen werden all ihrer Macht beraubt. In seiner Vision sieht Daniel, wie das Urteil gegen sie von einem von Flammen umloderten Thron gesprochen wird: »Ich sah immer noch hin; da wurden Throne aufgestellt, und ein Hochbetagter nahm Platz. Sein Gewand war weiß wie Schnee, sein Haar wie reine Wolle. Feuerflammen waren sein Thron, und dessen Räder waren loderndes Feuer.« (Dan 7,9)

Nach Henoch und Daniel entwickelte sich die Vision von dem von Feuer lodernden Wagen zu einem Lieblingsthema, das in einer ganzen Reihe visionärer Zeugnisse auftauchte. Die Apokalypse des Abraham entstand einige Zeit nach der Zerstörung des Zweiten Tempels, und sie beschreibt die Erwählung des Volkes Israel und den Bund mit Gott. Analog zum Buch Ezechiel sah Abraham in seiner Erscheinung vier Feuerlebewesen unter einem flammenden Thron. Hinter diesen Wesen sah er einen Wagen mit Feuerrädern, von denen jedes voller Augen war, und auf den Rädern befand sich wiederum ein Thron, der mit Feuer bedeckt war (Kap. 14). Das »Leben Adams und Evas« beschreibt einen Wagen, der wie der Wind war und Feuerräder hatte. In der griechischen Apokalypse des Mose, die eng damit verbunden ist, erscheint Gott im Paradies auf einem Wagen von Cherubim. Das dritte der Bücher, die den Namen Henochs tragen, beschreibt auch, wie Rabbi Ismael in den Himmel aufsteigt und ebenfalls den Thron der Herrlichkeit und die Räder des Wagens sieht.

Vielleicht haben die Verfasser, die diese Visionen aufzeichneten, den feurigen Wagen als Thron Gottes der Bundeslade vorgezogen, gleichwohl war die Lade nicht ganz verschwunden. Ein Autor berichtete zumindest, dass er bei seiner Vision vom Himmelreich beides gesehen habe. Diese Behauptung findet sich in der zumindest bei den Christen berühmtesten Apokalypse von allen: der Apokalypse des Johannes oder Offenbarung des Johannes. Sie ist das letzte Buch im christlichen Kanon. Selbst wenn es in der christlichen Tradition dem heiligen Johannes zugeschrieben wurde, der das vierte Evangelium verfasste und auf der Insel eine Reihe apokalyptischer Visionen erfuhr, wissen wir kaum mehr, als dass es nach der Verfolgung durch Nero 64 n. Chr. entstand.

Bei einer der Visionen war der himmlische Tempel während des Laubhüttenfestes zu sehen, jenes Festes, bei dem die Bundeslade möglicherweise in einer Prozession herumgetragen wurde. Der Prophet sah den siebenarmigen Leuchter, den Altar, den goldenen Rauchopferaltar und die Bundeslade: »Der Tempel Gottes im Himmel wurde geöffnet, und in seinem Tempel wurde die Lade seines Bundes sichtbar: Da begann es zu blitzen, zu dröhnen und zu donnern, es gab ein Beben und schweren Hagel.« (Off 11,19) Wiederum wurde die Macht Gottes mit der Heftigkeit des Sturmes auf dem Berg Sinai dargestellt, was an die Offenbarung des Gesetzes sowie die Offenbarung über die Lade und die Wohnstätte gegenüber Mose wie auch an die Visionen Jesajas und Ezechiels erinnert.

Der Seher sah nicht nur die Lade, sondern beschrieb auch den Wagenthron, der Ezechiel erschien. Blitze und Donner gingen von dem Thron aus, vor dem sieben lodernde Fackeln brannten und vor dem

sich ein gläsernes Meer befand. Um den Thron herum waren vier Lebewesen, die vorne und hinten voller Augen waren. Das erste glich einem
Löwen, das zweite einem Stier, das dritte sah aus wie ein Mensch, und
das vierte glich einem fliegenden Adler. Jedes hatte sechs Flügel, die
außen und innen voller Augen waren und, ohne zu ruhen, bei Tag
und Nacht riefen:»Heilig, heilig, heilig ist der Herr, der Gott, der Herrscher über die ganze Schöpfung; er war, und er ist, und er kommt.«
(Off 4,2‒8)

Wenn die Apokalypse des Johannes mit einer Vision vom Neuen
Jerusalem ihren Höhepunkt erreicht, erleben wir etwas Erstaunliches.
Der Seher berichtet, dass er keinen Tempel in der Stadt sah (Off 21,22).
Das heißt, der Tempel fehlte. Wenn es einst einen Tempel ohne Lade
gab, dann gab es jetzt eine Lade ohne Tempel. Stattdessen blickte
der Prophet über die ganze Stadt, so wie sie vom Himmel herabkam
(Off 21,4‒21), und vom Thron her hörte er eine laute Stimme rufen:
»Seht, die Wohnung Gottes ...« (Off 21,4)

Wenn der Tempel Salomos aus der Sicht der jüdischen Sekten unrein geworden war, dann ist im Neuen Testament eine sogar noch extre-
mere Position zu finden: Der Tempel war von Anfang an falsch und
nicht in Ordnung. Als sich in der Apostelgeschichte der erste christliche
Märtyrer mit dem Tod konfrontiert sah, sollte er sich gegen den
Vorwurf verteidigen, gotteslästerliche Bemerkungen sowohl über den
Tempel als auch über das Gesetz Mosis gemacht zu haben. In seiner
Verteidigungsrede fasste er den Umgang und die Händel Gottes mit
dem Volk Israel zusammen. Doch die Geschichte der Rettung, die Stephanus darbot, hätte jeden, der sie hörte, davon überzeugt, dass die
erhobenen Vorwürfe gerechtfertigt waren. So erstaunt es denn kaum,
dass die Menge sich zu fanatischen Mordgelüsten hinreißen ließ
(Apg 6,11 ff.).

In der Wüste, erzählte er ihnen, hatten die Israeliten das Bundes-
zelt, wie Gott es Mose befohlen hatte, nach göttlichem Vorbild anfertigen lassen. Dieses Zelt hatten sie ins Gelobte Land mitgebracht, und
David war es gegeben worden, für das Haus Jakob ein Zeltheiligtum

zu finden. Salomo hatte ihm jedoch ein Haus gebaut, obgleich der
Höchste nicht in Häusern wohnte, wie das Buch Jesaja sagte:»Der Himmel ist mein Thron und die Erde der Schemel für meine Füße. Was für
ein Haus könnt ihr mir bauen?, spricht der Herr. Oder welcher Ort kann
mir als Ruhestätte dienen?« (Apg 7,44−49)

Während Stephanus das Zeltheiligtum guthieß, verurteilte er den
Tempel als ein»von Menschenhand gemachtes« Haus (Apg 7,48) − ein
Ausdruck, der von Levitikus, Jesaja, Daniel und anderen Büchern des
Alten Testaments stets in Zusammenhang mit Götzenbildern verwendet wurde. Der Tempel war, mit anderen Worten, eine götzendieneri-
sche Erfindung des Menschen. Er war mitnichten besser als das Goldene Kalb, das Aaron, während Mose auf dem Berg Sinai mit Gott
sprach, auf Bitten der Israeliten hin anfertigte. Das Zeltheiligtum war
demgegenüber etwas völlig anderes, da es nach dem göttlichen Plan
gebaut wurde, der Mose offenbart worden war. Stephanus vermochte
also zwischen dem Zelt und dem Tempel keine Kontinuität zu sehen.
Das Zelt war heilig, der Tempel eine Abscheulichkeit.

Diese Feindseligkeit gegenüber dem Tempel ist so offensichtlich,
dass die Frage gestellt wurde, ob Stephanus in Wirklichkeit ein Samaritaner war oder einfach vom Glauben der Samaritaner beeinflusst war,
wonach Jerusalem schlechterdings der falsche Ort für die Anbetung
Gottes war. Es gibt eine Überlieferung aus dem 14.Jahrhundert, in Arabisch von Abul Fath aufgezeichnet, wonach Stephanus ein Samaritaner
war. Dies ist jedoch eine späte Quelle, und die Rede scheint nichts zu
enthalten, was eine spezifisch samaritanische Verurteilung Jerusalems
und seines Kultes erkennen ließe.

Eine feindselige Haltung gegenüber dem Kult ist im Übrigen natürlich auch in der hebräischen Bibel selbst zu finden. Stephanus zitierte
aus den späteren Prophezeiungen, die nunmehr im Buch Jesaja mit
aufgenommen sind, und auch ansonsten pflichtete der Prophet mit
Sicherheit jenen bei, die sich, wie es in der Schrift heißt, von allen
Tempeln und Altären abwendeten, von den nutzlosen Gebäuden aus
sprachlosem Stein, die durch das Blut lebender Wesen und die Opfe-

rung von Tieren verunreinigt sind. Der Tempel und sein Kult waren, wie es scheint, nichts anderes als heidnisch. Der Meinung wäre Stephanus auch gewesen.

Für uns ist es heute sehr schwierig, die verschiedenen Standpunkte zu rekonstruieren, die möglicherweise dereinst gegenüber dem Tempel und seinem Kult bezogen wurden. Aber von den Berichten jüdisch-christlicher Sekten aus dem 1. Jahrhundert sind Beschreibungen von den Ebioniten, den »Armen«, wie sie auch genannt wurden, erhalten. Sie lebten östlich des Jordan und zeichneten sich durch eine absolute Feindseligkeit gegenüber dem Tempel aus. Sie warteten auf einen Propheten wie Mose und glaubten, die Rolle Jesu habe darin bestanden, den Tempel und seine Opferungen abzuschaffen, die unredlichen Teile des Gesetzes aufzuheben und zum wahren Gesetz Mosis zurückzukehren. Der Tempel war nicht aufgrund des Willen Gottes, sondern einfach aus königlichem Ehrgeiz heraus erbaut worden. Die Samaritaner warteten zwar ebenfalls auf einen Propheten wie Mose, da ansonsten jedoch keinerlei samaritanische Überzeugungen auszumachen sind, könnte Stephanus oder der Verfasser, der eine so lange Rede in die Apostelgeschichte aufgenommen hat, vielleicht bei den Ebioniten oder als ihnen nahe stehend anzusiedeln sein.

Auch wenn Stephanus bei seiner Schilderung der Geschichte des Auserwählten Volkes die Bundeslade nirgends erwähnt, taucht die Lade gleichwohl im Neuen Testament nochmals auf, und zwar im Brief an die Hebräer. Die Herkunft des Briefes ist unklar; er wurde zwar dem heiligen Paulus zugeschrieben, die Denk- und Darstellungsweise des Verfassers und der darin zum Ausdruck gebrachte griechische Stil unterscheiden sich jedoch völlig von allen Paulinischen Briefen. Und sie unterscheiden sich auch von der Rede, die dem Märtyrer Stephanus zugeschrieben wird.

Der Verfasser trat mit einer gewissen Eloquenz für die Höherwertigkeit des Neuen Bundes mit Christus gegenüber dem Alten Bund zwischen Gott und den Israeliten ein. Er sah den Tempel und seinen Kult als »einen Schatten der künftigen Güter« (Hebr 10,1) und als »ein Abbild des Wirklichen« (Hebr 9,24), während Stephanus sie schlicht als falsch anprangerte.

Der Verfasser des Briefes erinnerte seine Leser daran, dass der Hohe Priester nach dem Alten Bund alljährlich gemäß den in den Büchern Exodus und Levitikus dargelegten Anweisungen Sühnopfer darbringen musste. Er betrat das Heiligtum, hüllte alles in Weihrauch ein, um nicht geblendet und von der Macht der Bundeslade getötet zu werden, und sprengte Blut auf die Sühnplatte, das *Kapporet* (Hebr 9,1 ff.).

Als Grundlage für seine Behauptung, dass eine Neue Zeit angebrochen sei, lieferte der Verfasser des Briefes seine eigene Zusammenfassung vom levitischen Kult, worin er den im Alten Testament getroffenen Feststellungen über den Inhalt der Lade widersprach. Neben den Gesetzestafeln enthielt die Lade einen goldenen Krug mit dem wundersamen Manna, das die Stämme Israels bei ihrer Wanderung durch die Wüste gerettet hatten, sowie den Stab Aarons, der Triebe und reife Mandeln hervorgebracht hatte, als die Stämme die Weisheit Mosis angezweifelt hatten (Hebr 9,3-4).

Die Rabbis hatten diese Gegenstände für gewöhnlich in der geheimen Kammer unter dem Tempel untergebracht, wobei sie jedoch auch dazu neigten, den Inhalt der Lade zu vermehren, indem sie die zerbrochenen Tafeln, das Gesetzbuch, die Versöhnungsgabe der Philister, das Öl für die Salbung der Priester und das Wasser für die Reinigung noch hinzugefügt hatten. Sie standen damit jedoch nicht alleine. Die Philo zugeschriebenen *Jüdischen Altertümer* fügen dem sogar noch zwölf Steine hinzu, auf denen Engel die Namen der Stämme Israels eingraviert haben sollen. Sie waren zusammen mit dem Efod des Hohen Priesters in die Lade gelegt worden, und am Ende der Zeit, so hieß es, würde das Licht dieser Steine die Sonne und den Mond ersetzen. Spätere christliche Verfasser hielten sich jedoch an das Neue Testament; und die Lade, die in dem äthiopischen Epos auftaucht, hat mehr mit dem Brief an die Hebräer als mit dem Exodus oder dem Deuteronomium zu tun.

»Der erste Bund hatte gottesdienstliche Vorschriften und ein irdisches Heiligtum. Es wurde nämlich ein erstes Zelt errichtet, in dem sich der Leuchter, der Tisch und die heiligen Brote befanden; dieses Zelt wurde das Heilige genannt. Hinter dem zweiten Vorhang aber war ein Zelt, das so genannte Allerheiligste, mit dem goldenen Rauchopferaltar und der ganz mit Gold überzogenen Bundeslade; darin waren ein goldener Krug mit Manna, der Stab Aarons, der Triebe angesetzt hatte, und die Bundestafeln; über ihr waren die Cherubim der Herrlichkeit, die die Sühnplatte überschatteten. Doch es ist nicht möglich, darüber jetzt im Einzelnen zu reden.« (Hebr 9,1–5)

Der alte Kult war dem Verfasser des Briefes zufolge durch den Tod Christi überholt, der als Hoher Priester der Neuen Zeit erschienen war. Er war ein für alle Mal in das Heiligtum eingegangen und hatte die ewige Vergebung erhalten, die das Gewissen reinigte. Dazu brauchte er kein von Menschenhand in dieser Welt gemachtes Zelt und auch nicht das Blut von Böcken und Stieren. Er hatte dies kraft des himmlischen Zeltes und seines eigenen Blutes erwirkt. Das Eingehen Christi in dieses himmlische Heiligtum markierte den Beginn der Neuen Zeit. Damit waren der levitische Kult und das Gesetz Mosis jetzt überholt; nun galt der Zweite Bund. Bei seinen Ausführungen über den Alten oder den Neuen Bund erwähnte der Verfasser nirgends den Tempel. Sein Blick schien ganz und gar auf das Zeltheiligtum gerichtet zu sein.

Der Verfasser lebte in einer seltsamen Zeit. Der Glaube, dass der charismatische Prediger Jehosua ben Josef der erwartete Messias und nach seinem qualvollen Tod am Kreuz von den Toten auferstanden sei, war von Paulus von Tarsus weit über die jüdische Welt hinausgetragen worden, in der der Prediger geboren war. Als sich die Mission unter den Nichtjuden zu verbreiten begann, wusste die Mehrzahl derjenigen, die den neuen Glauben annahmen, kaum etwas über den jüdischen Kult, dem er entstammte. Der Brief an die Hebräer kann ebenso eine für Nichtjuden geschriebene Abhandlung über die Hebräer wie eine für die Hebräer geschriebene Erklärung des Neuen Bundes gewesen sein.

Dieses offenkundige Paradoxon ist ganz einfach zu verstehen, selbst wenn die Lektionen, die daraus gelernt werden könnten, nur allzu oft vergessen werden. Bindungen an die Vergangenheit werden dann am stärksten zum Ausdruck gebracht, wenn sie am schwächsten sind. Dies werden wir auch noch zu anderen Zeitpunkten und an anderen Orten sehen.

Für den Augenblick war mit dem Brief an die Hebräer die Lade im Allerheiligsten jedoch für eine Neue Ära erhalten worden, allerdings wurden beide im Himmel statt auf Erden angesiedelt. Der Neue Bund brauchte sie offenkundig nicht in physischer Form, zumindest einstweilen nicht. In anderen Überlieferungen sind die alten Heiligtümer, die durch die Wüste nach Kanaan getragen wurden, jedoch mit ihrer früheren Geltung erhalten geblieben. Jenseits der Karawanenstädte der Ismaeliten, beim Volk des Neuen Bundes, das jenseits des Roten Meeres lebte, werden wir erleben, wie die Lade auf Erden wieder auftauchte.

10 DIE LADE SAULS

Das Schweigen um die Bundeslade hatte offenbar schon eingesetzt, bevor sie verschwand. Nachdem sie in den Tempel gebracht worden war, wurde sie, abgesehen von der rätselhaften Erklärung, wonach Joschija dies den Leviten befohlen hatte, erstaunlich wenig erwähnt. Es war fast, als sei die Prophezeiung Jeremias bereits in Erfüllung gegangen. Die Lade kam niemandem mehr in den Sinn. Niemand sollte sich ihrer erinnern, und niemand sollte sie vermissen.

Außerhalb der Geschichtsbücher wird die Lade nur zweimal in der hebräischen Bibel erwähnt. Zum einen in der Prophezeiung Jeremias und zum anderen im Psalm 132, der die immense Bedeutung der Lade für den Bund beschreibt, den Gott mit König David schließen sollte. Ihre Ankunft unterstreicht die Wahl Zions als heiligen Berg und bekräftigt die Gegenwart Gottes im Tempel: »Erheb dich, Herr, komm an den Ort deiner Ruhe, du und deine machtvolle Lade!« (Ps 132,8)

Aber ist dies alles, was wir haben? Hat die hebräische Bibel uns nicht mehr über die Bundeslade zu sagen? Wenn die Herrlichkeit Gottes in der Lade oder irgendwo darüber wohnte, wäre es dann nicht einleuchtend, durch Erwähnung der Gottheit auf die Lade zu verweisen, die schließlich nicht für sich selbst, sondern für die Gegenwart jener Gottheit stand? Obwohl zu erwarten wäre, dass solche Stellen eher in der poetischen und liturgischen Sprache der Psalmen zu finden sind, stößt man gelegentlich auch in den Geschichtsbüchern auf sie.

Im Zweiten Buch Samuel sprach Gott zum Propheten Natan und sagte ihm, seit dem Tag, als er die Israeliten aus Ägypten herausführte, habe er nicht in einem Haus gewohnt, sondern sei nur in einer Zeltwohnung umhergezogen. Diese Bemerkungen folgen vier Verse später, nachdem David eindeutig von der Lade gesprochen hatte: »Ich wohne in einem Haus aus Zedernholz, die Lade Gottes aber wohnt in einem Zelt.« (2. Sam 7,2; 7,6) Es scheint kaum Zweifel zu geben, dass Gott, als er sagte, er habe in einem Zelt gewohnt, meinte, dass die Lade in einem Zelt untergebracht war.

Das Buch Levitikus verweist auf den Tod Nadabs und Abihus, der Söhne Aarons, die versucht hatten, ohne das von Gott vorgeschriebene Ritual der Lade ein Rauchopfer zu bringen (Lev 10,1 ff.): »Nach dem Tod der beiden Söhne Aarons, die umgekommen waren, als sie vor den Herrn hintraten, redete der Herr mit Mose.« (Lev 16,1) Sie waren offenbar vor den Herrn hingetreten, indem sie sich der Lade genähert hatten.

Im Zweiten Buch Samuel scheint die Bemerkung, dass David, nachdem er und seine Anhänger die Lade auf einen Wagen gestellt hatten, um sie nach Jerusalem zu bringen, »mit ganzer Hingabe vor dem Herrn« tanzte (2. Sam 6,14), sich auch auf die Lade zu beziehen:

»Sie stellten die Lade Gottes auf einen neuen Wagen und holten sie so vom Haus Abinadabs, das auf einem Hügel stand; Usa und Achjo, die Söhne Abinadabs, lenkten den neuen Wagen mit der Lade Gottes, und Achjo ging vor der Lade her. David und das ganze Haus Israel tanzten und sangen vor dem Herrn mit ganzer Hingabe...« (2. Sam 6,3–5)

Im Ersten Buch der Chronik ist festgehalten, dass 15 Verse des Psalms 105 bei der feierlichen Prozession, als David die Lade nach Jerusalem holte und sie in einem Zelt unterbrachte, verwendet wurden. Wenn es in einem der weiteren Verse heißt: »Hoheit und Pracht sind vor seinem Angesicht, Macht und Glanz in seinem Heiligtum« (1. Chr 16,27), so scheint sich auch dies auf die Lade zu beziehen.

Ebenso wird davon ausgegangen, dass der Psalm 24 verwendet wurde, wenn die Lade in einer Prozession herumgetragen wurde, und wenn der Herr durch die Tore der Stadt kommt, so dürfte damit die Ankunft der Lade gemeint sein: »Ihr Tore, hebt euch nach oben, hebt euch, ihr uralten Pforten: Denn es kommt der König der Herrlichkeit.« (Ps 24,6–7)

Wenn diese Psalmen sich tatsächlich auf die Lade beziehen, so möchte man dies auch bei dem Vers behaupten: »Gott stieg empor unter Jubel, der Herr beim Schall der Hörner«, der in Psalm 47 (6) auftaucht, oder beim ersten Vers von Psalm 68: »Gott steht auf, seine

Feinde zerstieben; die ihn hassen, fliehen vor seinem Angesicht.« Dies würde bedeuten, dass die Lade doch weitaus häufiger im hebräischen Text auftaucht.

Jede Erwähnung der Lade oder auch Anspielung darauf dürfte zu einem besseren Verständnis ihrer Bedeutung beitragen. Doch es sind in Wirklichkeit die Abschnitte in den Psalmen, die unsere Einschätzung, warum die Lade angefertigt wurde und wie sie vielleicht genutzt wurde, verändern können. Sie lassen auf Rituale schließen, in deren Rahmen die Lade ein wichtiges Element war, die anderweitig jedoch kaum erwähnt werden. Ohne die Psalmen hätten wir die Lade wohl viel stärker aus der Perspektive Joschijas oder des Deuteronomisten betrachtet, der die Reform des Kultes beschrieb, und hätten gleichzeitig weitaus größere Probleme gehabt zu verstehen, warum er ihn reformieren wollte.

Aber auch in den Geschichtsbüchern gibt es noch Abschnitte, die unser Verständnis der Lade wandeln können, wenn wir nur sicher davon ausgehen könnten, dass wir sie richtig interpretieren. Sie stellen uns vor die Aufgabe, den Spuren der frühen Schriftgelehrten und Übersetzer zu folgen und zu untersuchen, ob wir diesbezüglich Hinweise bei ihnen finden. Auch wenn oft unterstellt wird, eine kritische Haltung zum Text der Heiligen Schrift sei eine absolut moderne Leistung – oder je nach Standpunkt, eine absolut moderne Misslichkeit –, bleibt, dass die frühesten Bibelforscher bei ihren Hinterfragungen oft weitaus wagemutiger und wesentlich flexibler in ihren vorgeschlagenen Antworten waren als jene, die nach ihnen kamen. Der Text der Bibel wurde im Laufe der Jahrhunderte nicht weniger heilig, sondern immer heiliger. Wenn wir die Spuren untersuchen, die jene frühen Experten im Text hinterlassen haben, so können wir darüber möglicherweise zu einer erstaunlichen Schlussfolgerung gelangen.

Der Eingangsvers des bereits erwähnten Psalms 68 hat eine bemerkenswerte Ähnlichkeit mit einem Abschnitt im Buch Numeri. Dabei handelt es sich um einen der beiden Verse, die als das »Lied der Lade« bekannt sind und von denen verbreitet angenommen wird, dass sie sehr alt sind: »Wenn die Lade aufbrach, sagte Mose: Steh auf, Herr, dann zerstreuen sich deine Feinde, dann fliehen deine Gegner vor dir. Und wenn man Halt machte, sagte er: Lass dich nieder, Herr, bei den zehntausend mal Tausenden Israels!« (Num 10,35–36)

Trotz ihres offenkundigen Alters hat die Stelle, an der diese Verse erhalten geblieben sind, den Forschern seit über 2000 Jahren ein Rätsel aufgegeben und zu erstaunlich einfallsreichen rabbinischen Argumentationen geführt. Wer den hebräischen Text liest, sieht einen Buchstaben, der von der Form her einer eckigen Klammer ähnelt und am Anfang und Ende dieser Verse steht. Dies ist einer von nur zwei Abschnitten in der Bibel, bei dem dieses ungewöhnliche Symbol auftaucht, und die ältesten jüdischen Autoritäten, die sich dazu äußerten, behaupteten, der Text sei in einer frühen Phase der Weitergabe verfälscht worden: »Diese beiden Verse sind am Anfang und am Ende markiert, um zu zeigen, dass dies nicht ihr richtiger Platz ist.«

Rabbi Jehuda ha-Nasi, der die Mischna herausgegeben haben soll, vertrat die in späteren Zeiten vorherrschende Überzeugung, wonach der heilige Text keinesfalls verschoben worden sein konnte. Um den Text so, wie er war, zu erhalten, stellte er die erstaunliche Behauptung auf, die vor und nach den Versen stehenden Klammern würden anzeigen, dass diese Verse separate Mose-Bücher darstellten. Die Konsequenz daraus wäre, dass der Pentateuch nicht aus fünf, sondern aus sieben Büchern bestünde.

Im Talmud sind sowohl die früheren als auch die späteren Erklärungsversuche festgehalten worden, und als Beweis, dass das Gesetz tatsächlich sieben Bücher umfasste, wird ein berühmter Vers aus dem Buch der Sprichwörter zitiert: »Die Weisheit hat ihr Haus gebaut, ihre sieben Säulen behauen.« (Spr 9,1) Aber wie einfallsreich Rabbi Jehuda auch gewesen sein mag, seine Argumentation vermochte seinen Schwiegervater nicht zu überzeugen, der darauf beharrte, die Symbole seien ein Zeichen für irgendeine Verschiebung. Er meinte, dieser Abschnitt werde künftig dort herausgenommen und an der richtigen Stelle eingefügt werden. Leider wusste niemand, wo diese Stelle sein könnte oder an welchem Punkt in der Geschichte das »Lied der Lade« vielleicht gesungen worden sein könnte.

Die Kabbalisten, die im 13. Jahrhundert den *Sohar* zusammenstellten, waren weniger um die Wiederherstellung der ursprünglichen Reihenfolge des Textes oder um die Bewahrung der vorliegenden Fassung gegenüber kluger Kritik bemüht. Sie waren an den mystischen Qualitäten der beiden Verse interessiert und zeichneten die Diskussion von Rabbi Eleasar und Rabbi Simeon über den Sinn und Zweck der beiden Symbole am Anfang und am Ende des Abschnittes auf. Sie stritten sich zwar weiter darüber, was frühere Rabbis im Einzelnen gesagt hatten, gingen aber darin einig, dass die Symbole die Herrlichkeit Gottes darstellten. Rabbi Eleasar sagte, wenn die Lade vor den Kindern Israels herzog, um ein neues Lager zu suchen, habe die Herrlichkeit darüber geschwebt, aber ihr Angesicht zum Volk gerichtet gehalten. Wenn die Lade anhielt, habe die Herrlichkeit ihr Gesicht der Lade zugewandt. Dies erkläre die Richtung, in der die Klammern im Text auftauchten. Rabbi Simeon pflichtete ihm zwar bei, er war jedoch der Meinung, dass die Herrlichkeit Gottes gleichzeitig sowohl auf die Lade als auch auf die Kinder Israels blicken konnte, bis der Ungehorsam des Volkes sie gezwungen habe, wegzuschauen.

Eine weitere Verfälschung, die die Aufmerksamkeit der Rabbis und der Textkritik erregte, ist im Ersten Buch Samuel zu finden, und die Folgen, die sich daraus für die Geschichte der Bundeslade ergeben, können kaum übertrieben werden. Welche Lösung auch immer die glaubwürdigste und vollständigste Erklärung zu bieten scheint, hier ist in jedem Fall etwas Ungewöhnliches passiert. Unsere Entscheidung zu einem einzelnen Wort in diesem einen Vers könnte unser ganzes Verständnis für die Lade ändern.

Der Vers taucht in einem Abschnitt auf, der beschreibt, wie Saul gegen die Philister zu Felde zog. Die meisten englischen wie auch deutschen Fassungen übersetzen den hebräischen Text als: »Saul sagte zu Ahija: ›Bring die Lade Gottes her!‹ Denn die Lade war an jenem Tag bei den Israeliten« (1. Sam 14,18). Aber dahinter steht nur der Versuch, einen Text, der offenkundig verfälscht wurde, verständlich zu machen. Nach dem, was uns überliefert wurde, steht im Hebräischen »und« statt »bei«, sodass der Text lauten würde: »Saul sagte zu Ahija: ›Bring die Lade Gottes her!‹ Denn die Lade war an jenem Tag und den Israeliten.«

Übersetzer müssen versuchen, den Text so zu übertragen, dass er einen Sinn ergibt; die hebräische Version kann jedoch nicht so verstanden werden, dass sie die übliche englische oder deutsche Fassung stützen würde. Das Problem ist, dass sie überhaupt nicht verständlich ist. Selbst wenn der zweite Satz des Verses von einem Schriftgelehrten eingefügt wurde, verlangt die Formulierung »denn die Lade war an jenem Tag« ein Prädikat, um einen vollständigen Satz zu ergeben. Entweder ging etwas verloren, oder das Hebräische wurde in irgendeiner anderen Hinsicht verfälscht.

Bei Textproblemen dieser Art besteht der erste Schritt für gewöhnlich darin, sich die ältesten Übersetzungen der Bibel anzusehen, die vor dem masoretischen Text angefertigt wurden und die mit Sicherheit älter als die Mehrzahl der erhaltenen hebräischen Handschriften sind. Sie stützten sich möglicherweise auf ältere und ursprünglichere Formen des Hebräischen, als sie in den hebräischen Handschriften zu finden sind. In diesem speziellen Fall ist es vielleicht möglich, zumindest einen Teil des Hebräischen auf der Grundlage des griechischen Textes der Septuaginta auszubessern, wobei wir jedoch auch auf einen verblüffenden Unterschied stoßen: »Saul sagte zu Ahija: ›Bring das Efod.‹ Denn er trug das Efod in jener Zeit vor Israel.«

Wo das Hebräische von der Lade spricht, erwähnt das Griechische ein »Efod«. Darunter ist in der Regel ein Teil der prächtigen Gewänder des Hohen Priesters zu verstehen. Welches der beiden Worte ist nun richtig? Es erscheint sehr unwahrscheinlich, dass irgendein hebräischer Schriftgelehrter »Lade« statt »Efod« geschrieben hätte, da dies enorme Probleme für das akzeptierte Verständnis der Lade aufgeworfen hätte. Zu dem Zeitpunkt, als Saul sprach, befand sich die Lade in Kirjat-Jearim. Aber wenn sie auch bei Saul und seinen Truppen war, als diese gegen die Philister zu Felde zogen, dann müsste es mehr als nur eine gegeben haben.

Für einen griechischen Übersetzer oder Schriftgelehrten wäre es demgegenüber schon wesentlich reizvoller gewesen, »Lade« in »Efod« abzuändern. Damit wäre nicht nur die Schwierigkeit mit der Anzahl der Laden beseitigt gewesen, sondern der Vers hätte zugleich auch den anderen Abschnitten im Ersten Buch Samuel entsprochen, die auf das Efod eingehen. Die wahrscheinlichste Lösung scheint daher zu sein, dass der Vers sich ursprünglich auf die Lade bezog und dass die Tatsache, dass sich die Lade in Kirjat-Jearim befand, bedeutet: Es gab nicht nur eine Lade.

Die Schwierigkeit bei dieser Schlussfolgerung wurde bereits in früheren Jahrhunderten von jüdischen Kommentatoren aufgezeigt. Isaak Abravanel, am Ende des 15. Jahrhunderts Bibelforscher und Schatzmeister von König Alfonso V. von Portugal, meinte, die Lade, von der Saul im Ersten Buch Samuel gesprochen habe, sei nicht die Lade gewesen, die die Gesetzestafeln enthielt und die sich, wie er einräumte, in Kirjat-Jearim befand. Er meinte, es habe sich dabei vielleicht um eine tragbare Truhe für das Efod gehandelt, die Gegenstände enthalten habe, die bei Weissagungen benutzt wurden.

Abravanel gelangte damit zur selben Lösung für die Lade, die im Zweiten Buch Samuel auch von Urija, dem Hethiter, erwähnt wird, als dieser sich weigert, das Angebot Davids anzunehmen und seine Frau Batseba zu besuchen. David hatte erfahren, dass Batseba von ihm schwanger war, und hoffte, seinen Ehebruch vertuschen zu können, wenn er ihren Ehemann dazu bewegen konnte, sie zu besuchen. Urija beharrte jedoch darauf, nicht nach Hause zu gehen und mit seiner Frau zu schlafen, solange die Lade und die Männer Israels auf dem Schlachtfeld waren (2. Sam 11,2 ff.). Diese Unterredung fand zu einem Zeitpunkt statt, als die Lade bekanntlich in dem Zelt untergebracht war, das David in Jerusalem für sie hatte errichten lassen. Die Armee aber lagerte in Rabbat-Ammon.

Moderne Forscher, die sich für den Vers interessierten, verwarfen

Abravanels Argumentation. Aber seine These ist wohl doch interessanter, als es auf den ersten Blick scheinen mag. Wenn sie stimmt, würde sie die Möglichkeit erhärten, dass es eine Reihe verschiedener Gegenstände gab, die als »Lade« bezeichnet wurden. Das wiederum würde uns zwingen, uns von der herkömmlichen Sicht zu verabschieden.

Jüdische Überlieferungen enthalten in der Tat eine Reihe faszinierender Berichte über zusätzliche Laden. Wenn der Babylonische Talmud auf den Vers in Exodus eingeht: »Mose nahm die Gebeine Josefs mit« (Ex 13,19), hält er ein rabbinisches Gespräch über das Schicksal des Leichnams des Erzvaters Josef und den Umzug von zwei Laden durch die Wüste fest, von denen eine den Tod und die andere die Herrlichkeit Gottes enthielt.

Die Rabbis wollten begreifen, wie Mose wissen konnte, wo Josef begraben war. Sie berichteten von einer Überlieferung, wonach Serach, die Tochter Aschers, noch lebte, obgleich sie zu Lebzeiten Josefs geboren worden war. Als Mose zu ihr ging und sie fragte, ob sie wüsste, wo Josef begraben sei, erklärte sie ihm, die Ägypter hätten einen Metallsarg für ihn anfertigen lassen und diesen im Nil versenkt, um das Wasser mit seiner Gegenwart zu segnen. Die ägyptischen Magier und Zauberer hätten dem Pharao jedoch auch gesagt, die Israeliten würden Ägypten nicht verlassen, solange sie ihn nicht gefunden hätten.

Mose sei daraufhin zum Ufer des Nil gegangen und habe nach Josef gerufen und ihm gesagt, die Zeit, da Gott sein Versprechen einlösen werde, das er Israel gegeben hatte, sei nun gekommen und auch die Zeit, um den Schwur zu erfüllen, den Israel Josef geschworen hatte. Die Herrlichkeit Gottes warte auf ihn, sagte er ihm. Israel warte auf ihn. Wenn Josef sich jetzt nicht zeige, werde Israel von dem Schwur befreit, den es geschworen habe. Und sofort sei der Sarg Josefs aus der Tiefe aufgestiegen, als sei er nicht schwerer als Schilf gewesen, und Mose habe ihn dann mitgenommen.

Eine andere Version steuerte Rabbi Nathan bei, der behauptete, Josef sei in den Königsgräbern bestattet worden. Mose sei zu diesen Gräbern gegangen und habe Josef erklärt, die Zeit, die Schwüre zu erfüllen, sei gekommen. Wenn er sich nicht zeige, werde Israel von seinem Schwur befreit. Sobald er diese Worte gesprochen hatte, habe der Sarg Josefs sich bewegt. Mose habe ihn daraufhin genommen und weggebracht.

In all den Jahren, die das Volk Israel in der Wüste verbrachte, seien die Lade, in der Josef beigesetzt worden war, und die Bundeslade Seite an Seite getragen worden. Wenn jemand nach der Bedeutung der zwei Laden fragte, so sagte man ihm, das eine sei der Sarg eines Menschen und das andere sei die Lade der Herrlichkeit Gottes. Und wenn gefragt wurde, ob denn ein Leichnam Seite an Seite mit der Herrlichkeit Gottes getragen werden dürfe, so sagte man, der Leichnam in der einen Lade habe all das erfüllt, was in der anderen geschrieben stand.

Noch wesentlich früher als Abravanel vermerkte der Jerusalemer Talmud, Rabbi Jehuda ben Laqish sei ebenfalls der Meinung gewesen, dass es mehr als eine Lade gab. Eine von ihnen enthielt die Gesetzestafeln und die andere die zerbrochenen Teile der Tafeln, die Mose zertrümmerte, nachdem er gesehen hatte, wie die Kinder Israels am Berg Sinai das Goldene Kalb angebetet hatten. Rabbi Jehuda ben Laqish soll gesagt haben, die beiden Laden seien mit den Israeliten durch die Wüste gezogen: die eine, in der die Gesetzestafeln untergebracht waren, und die andere, in der sich die zerbrochenen Teile der ersten Tafeln befanden. Die Lade mit den Gesetzestafeln sei im Offenbarungszelt aufbewahrt worden, wozu geschrieben stand, weder Mose noch die Bundeslade des Herrn hätten sich aus der Mitte des Lagers entfernt. Die Lade mit den zerbrochenen Tafeln sei demgegenüber ins Lager und aus dem Lager getragen und bei zwei Anlässen erwähnt worden.

Andere Rabbis behaupteten hingegen, es habe nur eine Lade gegeben, und sie sei nur einmal aus dem Lager herausgebracht worden, und zwar in den Tagen Elis, als sie erbeutet wurde. Sie zitierten den biblischen Vers, der beschrieb, wie die Philister die Lade zum ersten Mal gesehen hatten: »Weh uns! Wer rettet uns aus der Hand dieses mächtigen Gottes?« (1. Sam 4,8)

Aber es waren auch biblische Belege zu finden, die Rabbi Jehuda

ben Laqishs These stützen: »Saul sagte zu Ahija: ›Bring die Lade Gottes
her!‹« (1. Sam 14,18) Dies dürfte bedeuten, dass es eine Lade in Kirjat-
Jearim gab, auch wenn seine Kontrahenten behaupteten, Saul habe
von dem Efod gesprochen, dem goldenen Obergewand oder Brustbeu-
tel des Hohen Priesters.

Und es gibt auch noch einen zweiten Vers, der zur Unterstützung
der These von Rabbi Jehuda ben Laqish herangezogen wurde: »Die
Lade und Israel und Juda wohnen in Hütten.« (2. Sam 11,11) Wenn die
Lade bereits in Jerusalem war, wie konnte sie dann gleichzeitig auf dem
freien Feld bei den Armeen Davids sein? Die Kontrahenten von Rabbi
Jehuda argumentierten dagegen, der Tempel sei noch nicht gebaut gewesen, als Urija mit dem König sprach. Auch wenn die Lade nach Jerusalem gebracht worden war, habe sie immer noch in einem Zelt (Hütte)
gestanden. Und dies würde bedeuten, dass der Vers von der Existenz
nur einer Lade ausging.

In den Augen einiger moderner Forscher ging Rabbi Jehuda ben
Laqish hingegen noch nicht weit genug. Sie glaubten, die Lade sei kein
einzigartiger Gegenstand gewesen, es habe in jedem Heiligtum in Palästina, das über eine Priesterschaft verfügte, eine Lade gegeben. Aus
dieser Sicht handelte es sich bei der Theorie von einer einzelnen Lade
um ein »deuteronomistisches Konzept«, wonach eine spätere ortho-
doxe Sicht einem alten Text aufoktroyiert worden war. Ein Gott sollte,
mit anderen Worten, nur einen Schrein haben.

Wenn die Lade, die Saul im Ersten Buch Samuel gebracht wurde,
eine andere Lade war als die, die sich in Kirjat-Jearim befand, und wenn
die Lade, von der Urija, der Hethiter, sagte, sie sei bei der Eroberung von
Rabbat-Ammon im Lager der Armee gewesen, vielleicht ebenfalls eine
andere war, kann es dann sein, dass das »Efod«, mit dem Abjatar David
auf seinen Wanderungen begleitete, noch eine dritte Lade war? Könnte
es weitere im Heiligtum von Nob oder bei Micha und den Danitern oder
bei Gideon gegeben haben? Um diese Frage zu beantworten, müssen
wir wissen, was das im Ersten Buch Samuel erwähnte Efod gewesen
sein könnte und warum Saul danach verlangte.

Die Anweisungen zur Anfertigung des Efods werden im Rahmen der Anordnungen zur Ausstattung des Heiligtums beschrieben und mehr oder weniger nochmals genau wiederholt, als es tatsächlich angefertigt wird:

»Das Efod sollen sie als Kunstweberarbeit herstellen, aus Gold, violettem und rotem Purpur, Karmesin und gezwirntem Byssus. Es soll zwei miteinander verbundene Schulterstücke haben, und zwar an seinen beiden Enden sollen sie miteinander verbunden sein. Die Schärpe am Efod soll von derselben Machart sein und mit ihm ein einziges Stück bilden, aus Gold, violettem und rotem Purpur, Karmesin und gezwirntem Byssus. Nimm die beiden Karneolsteine, und schneide die Namen der Söhne Israels ein: sechs von den Namen in einen Stein und die übrigen sechs Namen in den anderen Stein, in der Reihenfolge, wie sie geboren wurden. In Steinschneidearbeit wie Siegelgravierung sollst du in die beiden Steine die Namen der Söhne Israels schneiden, in Goldfassungen eingesetzt sollst du sie herstellen. Befestige die beiden Steine an den Schulterstücken des Efod als Steine, die den Herrn an die Israeliten erinnern. Aaron soll ihre Namen auf beiden Schulterstücken vor dem Herrn zur Erinnerung tragen.« (Ex 28,6–11)

Das Efod, das Aaron als Hoher Priester tragen sollte, ist mit Sicherheit ein prächtiges Gewand gewesen. An anderer Stelle scheint sich das Wort jedoch auf völlig andere Dinge zu beziehen. Es gab eine Art von leinenem Efod, das von Samuel und dann von David getragen wurde (1. Sam 2,18; 1. Chr 15,27) und das offenkundig ganz anders als das schwere rituelle Gewand des Hohen Priesters war. Und es gab auch ein Efod, das überhaupt kein Kleidungsstück, sondern offenbar irgendein Gegenstand war, der angebetet oder zum Wahrsagen benutzt wurde.

Als Gideon ein solches Efod anfertigte (Ri 8,26–27), vermerkt das Buch der Richter, dass hierzu 1700 Goldschekel und jede Menge weitere kostbare Metalle verwendet wurden (Ri 8,26–27). Dies war offenbar ein substanzielleres Objekt als das im Exodus beschriebene Gewand. Im Buch der Richter heißt es auch, dass Micha ein Efod machte und es in einen Schrein stellte (Ri 17,5), was wohl nicht die übliche Art, ein neues Kleidungsstück zu nutzen, sein dürfte.

Im Ersten Buch Samuel verlangte David bei mehr als nur einer Gelegenheit, ihm ein Efod zu bringen, als er erfuhr, dass Saul Böses gegen ihn im Schilde führte, und er nutzte es, um Gott um Rat zu fragen (1. Sam 23,9). Dieses Efod scheint nicht als Kleidungsstück gedient zu haben. Es wurde wie ein Gegenstand herumgetragen, und zwar nur von Priestern.

Es wurden diverse Versuche unternommen, die unterschiedlichen Bedeutungen zu verstehen. Vielleicht, so eine These, war das zeremonielle Gewand so schwer mit Goldstickereien geschmückt, dass es »von selbst stehen konnte«. Vielleicht wurde das Wort »Efod« auch verwendet, um ein mit einem Gewand bekleidetes Götzenbild zu beschreiben. Vielleicht war das Efod ursprünglich auch der Götze, wobei der Name dann für das Gewand verwendet wurde, in welches das Götzenbild gekleidet war, und schließlich für den Lendenschurz des Priesters. Vielleicht war es überhaupt kein Götzenbild oder Lendenschurz, sondern eine Tasche für heilige Gerätschaften, die bei Weissagungen benutzt wurden. Vielleicht war es vorrangig auch ein Weissagungsinstrument, bei dem es sich ebenso um ein teures Götzenbild wie um ein Priestergewand handeln konnte. Überzeugend ist keine dieser Möglichkeiten.

Eine denkbare Erklärung ist, dass das vermeintlich solide Efod, wann immer es in der hebräischen Bibel erwähnt wird, in Wirklichkeit von den jüdischen Schriftgelehrten anstelle eines anderen Wortes verwendet wurde, das eine Bedrohung für die spätere Orthodoxie dargestellt hätte. Auch wenn dieser Lösungsvorschlag drastisch erscheinen mag, so gibt es doch einen Vers, bei dem die Schriftgelehrten offenbar genau dies getan haben. Ein derartiger Austausch von Wörtern ist die einleuchtendste Erklärung für die Abweichung zwischen dem Hebräischen und dem Griechischen, die uns im Ersten Buch Samuel begegnet ist.

Dieses Fazit wurde in aller Ausführlichkeit und mit beachtlichem Nachdruck vor über 70 Jahren präsentiert. Es wurde zwar nicht allgemein akzeptiert, aber auch nie erfolgreich widerlegt, und es findet unter den Forschern und Gelehrten, die die Erzählung in den Büchern Samuel aus verschiedenen Perspektiven untersucht haben, weiterhin seine Verfechter.

Vielleicht ist es auch unwichtig, ob die Behauptungen zu einem einzelnen Vers im Ersten Buch Samuel akzeptiert werden. Ob »Efod« nun tatsächlich im hebräischen Text für »Lade« eingesetzt wurde oder nicht, eines ist klar: Das Efod hat in jedem Fall bemerkenswerte Ähnlichkeit mit der Lade. Es scheint genau dann im Text aufzutauchen, wenn die Lade verschwindet, und zu verschwinden, wenn die Lade wieder zum Vorschein kommt. Es tritt jedenfalls nie gleichzeitig mit der Lade auf. Später im Ersten Buch Samuel wird es als priesterliches Privileg erwähnt, in den früheren Listen über diese Privilegien war es hingegen nicht enthalten. Und die Lade, die als priesterliches Privileg erwähnt worden war, kommt hier nicht vor. Das Efod wurde offenbar mitgeführt und im Kampf verwendet und gehörte anscheinend der Priesterschaft von Schilo. Das Gleiche galt für die Lade. Tatsächlich traf anscheinend alles, was das Efod kennzeichnete, auch auf die Lade zu. Aber selbst wenn im Ersten Buch Samuel anstelle der »Lade« nicht das »Efod« eingesetzt wurde, scheint es ein Objekt gewesen zu sein, das der Lade so ähnlich war, dass die Einzigartigkeit der Lade in Zweifel gezogen werden muss. Wenn dies eingeräumt würde, sähe die Geschichte der Lade völlig anders aus.

Wenn es mehr als eine Lade gegeben hätte, würde sich damit die Chance erhöhen, dass eine davon bis in die jüngere Geschichte oder gar bis auf den heutigen Tag überlebt hat? Es gab Mutmaßungen, dass andere Laden hergestellt wurden, allerdings nur als Ersatz. Wäre es von diesem Standpunkt aus wirklich wahrscheinlich, dass die Philister die von ihnen im Kampf erbeutete Lade zurückgebracht hätten, ungeachtet der Feststellungen in der Bibel, dass sie es taten? Wäre es nicht wahrscheinlicher gewesen, dass David eine neue Lade nach Jerusalem gebracht hätte, statt die alte, in Kirjat-Jearim erhaltene, aber fast vergessene Lade zu holen? Handelte es sich bei der Lade, die auf Befehl

Joschijas in den Tempel gebracht wurde, um die im Deuteronomium beschriebene leere Truhe, und war dies im Unterschied zu der prunkvollen Lade der Priesterschrift eine spätere und einfachere Version für ein neues und nüchterneres Zeitalter?

Diese Fragen haben durchaus ihre Berechtigung, und wenn wir versucht sind zu fragen, ob dies dann noch echte Laden gewesen sind, sollten wir uns vor Augen halten, dass der Zweite Tempel immer noch der Tempel war, wenn auch nur ein Ersatz für den Tempel Salomos. In seiner berühmten Prophezeiung sagte Jeremia voraus, nach dem Exil werde keine Lade angefertigt werden, er sagte allem Anschein nach jedoch nicht, die Lade werde nie mehr angefertigt werden, weil dies unmöglich sein würde.

Aber falls es gleichzeitig mehr als eine Lade gab, stellt sich die Frage: Welches war die echte Lade? Auch hier unterscheidet sich die antike Sichtweise möglicherweise von der unseren. Die Lade wurde, wie es heißt, nach einem himmlischen Plan gefertigt. Sie war somit die irdische Kopie eines immateriellen Originals. Wäre dann nur eine Kopie original, und wären die anderen, die vielleicht je gemacht wurden, falsch oder unecht? Wir wissen, dass die ersten Gesetzestafeln zertrümmert wurden. Danach wurden zwei weitere angefertigt, und die Rabbis waren fasziniert von der Idee, für diese sei vielleicht eine weitere Lade hergestellt worden. Waren die zweiten Tafeln weniger echt als die ersten?

Könnte in Äthiopien eine Lade erhalten geblieben sein, und zwar nicht die Bundeslade, sondern eine andere Lade? Wäre sie genauso echt? In Anbetracht der Tatsache, wie die Äthiopier diese Frage diskutieren, muss die Antwort, wie wir noch sehen werden, wahrscheinlich lauten, dass dem so ist. Und angesichts der Tatsache, dass in der hebräischen Bibel zwei Beschreibungen von der angeblich echten Bundeslade stehen, ist nicht unbedingt klar, ob wir darauf hoffen sollten, eine prunkvolle goldene Lade oder eine schlichte hölzerne Lade zu finden. An einem gewissen Punkt muss dann natürlich auch die Frage gestellt werden, ob eine hölzerne Truhe, selbst wenn sie mit Gold verkleidet war, so viele Jahrhunderte hätte überdauern können. In einer ägyptischen Grabstätte hätte eine solche Truhe die Zeiten gewiss überstehen können. Aber außerhalb der trockenen Luft des Grabes wäre dies, insbesondere wenn die Lade in die Schlacht und durch die Wüste mitgeführt wurde, recht unwahrscheinlich gewesen.

Die Steintafeln, für die die Lade als Behältnis gebaut wurde, hätten jedoch überleben können. Aus einer anderen heiligen Stadt ist bekannt, dass sehr alte heilige Steine erhalten geblieben sind. Der Schrein wurde mehrmals ersetzt, wobei die Ersatzanfertigungen jedoch für nicht weniger echt gehalten werden. Diese heilige Stadt ist Mekka, und wir müssen mehr über den alten arabischen Schrein wissen, ehe wir darauf eingehen können, was die Äthiopier behaupten, in Aksum zu besitzen. Es ist wichtig, sich vor Augen zu halten, dass die Beschreibung der Lade in der Chronik Iyasus in nichts dem entspricht, was wir in der hebräischen Bibel finden. Und wir werden sehen, dass sie auch nicht mit den ältesten Beschreibungen der Lade in Äthiopien übereinstimmt. Wir werden ferner sehen, dass die Äthiopier selbst glaubten, David habe in Kirjat-Jearim eine neue Lade anfertigen lassen, die aber dennoch echt war.

Trotz der genauen Analyse der biblischen Beschreibungen der Lade und des Tatbestands, dass wir mehr als eine Lade gefunden haben, spricht möglicherweise für die Annahme, in Äthiopien sei eine echte Lade erhalten geblieben, noch nicht entschieden mehr als für die Überzeugung, was in Äthiopien erhalten geblieben ist, sei echt.

11 DIE LADE ABRAHAMS

In weißen Gewändern knien Tausende von Gläubigen im Kreis um einen riesigen schwarzen Würfel, der in seinen Proportionen dem Heiligtum entspricht, in dem die Bundeslade einst im Tempel Salomos stand. Und er enthält auch einen alten und hochverehrten Stein, der vom Himmel auf einen heiligen Berg herabkam und ein strahlendes Licht verbreitete. Die Kaaba, wie der Würfel im Arabischen genannt wird, ist für über eine Milliarde Muslime der Mittelpunkt des Universums. Ihr Glaube verlangt von ihnen, sich, wo auch immer sie sich befinden, bei ihrem Gebet, das sie fünfmal am Tag verrichten, in deren Richtung zu wenden; und am zehnten Tag des Mondmonats schreiten muslimische Pilger bei ihrer »großen Pilgerfahrt«, der *Dhu 'l-hidjdja*, um die Kaaba herum, wie Sterne um den Himmelspol kreisen. Denn von der Kaaba wird gesagt, sie sei der Punkt, an dem der Pol der sieben Welten und der sieben Himmel befestigt sei, der höchste Punkt auf Erden und der Punkt, der Gott am nächsten ist.

Dieses für so viele Menschen auf der ganzen Welt zentrale Heiligtum der Kaaba entstand vor dem Hintergrund einer Offenbarung, die fast 14 Jahrhunderte zurückliegt, als der Engel Gabriel in der »Nacht der Macht« in Mekka zu einem Kaufmann sprach und ihn zu einem neuen Leben als Prophet Gottes berief. »Lies!«, sagte der Engel zu ihm: »Im Namen deines Herrn, der erschuf, erschuf den Menschen.« (Sure 96,1–2)

Mohammed wurde als der letzte und der größte Gesandte Gottes berufen, er war »das Siegel der Propheten«, wie es im Koran heißt (Sure 33,40), der Gesandte, der die Offenbarungen auf Erden glorreich erfüllen sollte. Seine Kindheit hatte er als armes Waisenkind verbracht, und obwohl er die Witwe eines wohlhabenden Kaufmanns geheiratet hatte, waren die Jahre vor der Offenbarung seiner Mission schwierig für ihn gewesen. Er hatte unterdessen angefangen, sich immer öfter einige Tage in die Einsamkeit der kahlen Berghänge zurückzuziehen, um Gott zu suchen. Dabei war ihm eines Nachts, während er auf dem Berg Hira schlief, im Traum Gabriel erschienen, der zu ihm sprach. Auch wenn Mohammed selbst noch nicht klar war, welcher Weg ihm beschieden war, versichern islamische Überlieferungen uns, die Tiere und Vögel hätten die Zeichen seiner Berufung damals sogleich erkannt. Selbst die Steine und Bäume hätten ihm zugerufen:»Friede sei mit dir, Gesandter Gottes!« Und auch die heiligen Männer hätten das erkannt.

Seit einigen Jahren hatten jüdische Rabbis, christliche Mönche und arabische Magier die Ankunft eines Propheten in Arabien vorausgesagt, und als Mohammed mit einer Karawane aus Mekka unterwegs war, hatte ein Mönch bemerkt, dass er auf seinem Körper die Zeichen trug, die ihn als Propheten auswiesen.

Die Verse, die der Engel Mohammed nun offenbarte und die im Koran überliefert sind, waren im Himmel auf eine Tafel geschrieben worden. Diesen heiligen Schriften waren auch die Offenbarungen an frühere Propheten wie Mose entnommen worden. Mohammed war nicht gesandt worden, um eine neue Religion zu gründen. Gott war vielmehr dabei, die Geduld zu verlieren, da die früheren Offenbarungen nicht befolgt und die Lehren der Propheten verfälscht worden waren. Jetzt war Mohammed gekommen, um ein Volk, dem noch nie ein Prophet gesandt worden war, zu warnen sowie den Juden und Christen den bevorstehenden Tag des Jüngsten Gerichtes anzukündigen. Sie sollten mit ihrem Götzendienst aufhören und zum wahren Glauben zurückkehren, der ihnen seit Jahrhunderten von den Propheten offenbart worden war.»Es gibt keinen Gott außer Allah«, beginnt das islamische Glaubensbekenntnis, und der Götzendienst war die schlimmste Abkehr von dieser fundamentalen Wahrheit.

Selbst wenn Mohammed nicht die Absicht gehabt hätte, eine neue Religion zu gründen, wäre er durch die Reaktion der Juden und Christen dazu gezwungen worden. Seine Ankunft katapultierte insbesondere die christlichen Staaten in eine denkbar schwere Krise. Wenn Christus die letzte und absolute Offenbarung gebracht hatte, die

Fleischwerdung Gottes war, wieso sollte dann noch ein weiterer Prophet gesandt worden sein? Somit schien die Schlussfolgerung unausweichlich: Mohammed war ein falscher Prophet, vielleicht der Antichrist selbst, wie er in der Offenbarung des heiligen Johannes beschrieben worden war. Dennoch gelang es den islamischen Armeen, die größten Mächte der alten Welt, einschließlich Rom, zu bezwingen, deren christliche Kaiser von Konstantinopel aus wie der Schatten Gottes auf Erden geherrscht hatten. Aus irgendeinem Grund musste Gott anscheinend die Geißel aus der Wüste geschickt haben.

Die Ereignisse der folgenden Jahrhunderte vermochten diese alte Frage nie zu beantworten. Und selbst wenn der muslimische Vormarsch zu Beginn der Neuzeit eingedämmt wurde und die christlichen Mächte dank ihrer Militärtechnik den Großteil der islamischen Welt ihrer Kontrolle unterstellen konnten, blieb ein grundlegendes Geheimnis ungelöst: Wenn Gott Mohammed als Propheten geschickt hatte, dann war nicht nur die christliche Botschaft suspekt, dann stand sie auch im Verdacht, den alten Glauben verraten zu haben, der Abraham und den israelitischen Propheten, die nach ihm kamen, offenbart worden war. Insbesondere hatten sich die Christen über den Anspruch Gottes auf Einmaligkeit hinweggesetzt und sich seinem Gebot widersetzt, keine Bildnisse anzubeten und zu verehren. Dies waren zwei der Gebote, die Mose auf dem Berg Sinai gegeben worden waren und in Stein gemeißelt auf den Tafeln in der Bundeslade geschrieben standen. Die Propheten Israels waren tatsächlich wiedergekommen, um den christlichen Götzendienst anzuprangern, und jetzt hatten sie eine Armee.

Für die Juden waren die Implikationen kaum ermutigender. Sie wussten, dass Ismael, der älteste Sohn des Erzvaters Abraham, mit dem Gott seinen Bund geschlossen hatte, aus der Nähe seines Vaters vertrieben worden war. Seine Mutter war die Konkubine Hagar, und obwohl Abraham und Sara Mann und Frau waren, war Sara eifersüchtig auf Hagar, da diese einen Sohn geboren hatte. Und nun waren die Nachkommen Hagars, inspiriert durch einen ismaelitischen Propheten, aus der Wüste gekommen, um ihr Erbe einzufordern.

Dieser Prophet, Mohammed, war tatsächlich »ein Prophet wie Mose«, wie er im Buch Deuteronomium verheißen worden war, der den absoluten Glauben an den einen Gott verkündete und sein Volk ins Gelobte Land führte. Wenn dieser Ansatz, die Geburt des Islam zu beschreiben, verblüffend erscheint, dann liegt dies in weiten Teilen daran, dass sich unser Verständnis davon, was es heißt, Jude oder Christ oder Muslim zu sein, so gewaltig verändert hat, und zwar insbesondere durch die Geschichte der Judenverfolgung in Europa und die Gründung des Staates Israel vor rund 50 Jahren. In dem Jahrhundert vor Mohammeds Geburt gab es in Arabien jüdische Städte, es gab jüdische Armeen und jüdische Fürsten, die diese Armeen einsetzten, um für den jüdischen Glauben zu kämpfen. Der jüdische Dichter Samaual ibn Adiyah, der der Sohn eines jüdischen Priesters und in den Augen anderer ein Musterbeispiel von Ehre und Mut war, schrieb im 6. Jahrhundert: »Wir sind Männer des Schwertes, und wenn wir es ziehen, vernichten wir unsere Feinde.«

Dass so vieles von dieser jüdischen Geschichte in Vergessenheit geraten ist, mag darauf zurückzuführen sein, dass sie den rabbinischen und talmudischen Annahmen dazu, was jüdisch zu sein bedeutete, so völlig widersprach. Sie passte nicht zu deren besonderer Vorstellung vom Judentum als moralischem Vorbild. Es war eine Geschichte, in der Juden nicht nur Opfer von Unterdrückung, sondern auch selbst imstande waren, andere zu unterdrücken. Gleichwohl ist Rabbi Akiba, dessen Schüler die Grundlage der Mischna schufen, bekanntlich nach Arabien gereist. Er war nicht nur der größte der Rabbis und berühmteste der Märtyrer, er hatte den jüdischen Krieger Bar Kochba auch zum Messias erklärt. Das Judentum war offenbar wesentlich reichhaltiger und vielfältiger, als wir uns vorstellen können, und es ist so vieles in Vergessenheit geraten, dass die Geschichte der Juden in Arabien kaum zu rekonstruieren ist. Und da wir darüber so wenig wissen, sind uns die Ursprünge des Islam umso rätselhafter.

Als Mohammed die Stimme des Engels Gabriel hörte, könnte er jedem, der ihn sah, wie ein jüdischer Mystiker vorgekommen sein.

Er wickelte sich in einen Mantel, er verkündete Prophezeiungen, er brachte eine Botschaft vom Himmel, und er reiste sogar selbst in den Himmel. Frühe muslimische Quellen enthalten Berichte über diese Mystiker, etwa über einen jüdischen Knaben namens Ibn Sayyad, dem prophetische und messianische Eigenschaften nachgesagt wurden. Bei seiner mystischen Kontemplation sah der Junge offenbar den Thron Gottes, der von Wasser umgeben war und von den Wesen aus dem Buch Ezechiel begleitet wurde, die Cherubim, die den Thron trugen und auf der Bundeslade und im Tempel Salomos dargestellt worden waren. Ibn Sayyad hatte seine Vision herbeigeführt, indem er sich in einen Umhang gehüllt und auf Hebräisch Beschwörungsformeln gemurmelt hatte – Techniken, in denen das »Herabkommen des Wagens« zu erkennen ist, der mystische Pfad, der auf der Vision Ezechiels beruhte. Die Adepten, die von dem Propheten Henoch in die sieben Himmel geführt wurden, kehrten in der Überzeugung zur Erde zurück, dass sie tatsächlich das höchste Reich besucht hatten und nun Botschafter Gottes waren. In diesem Sinne war die Behauptung Ibn Sayyads, dass er ein Gesandter Gottes sei, nicht so abwegig oder vermessen, wie man vielleicht meinen könnte.

Mohammed wurde mit Sicherheit als ein Prophet wie Mose verehrt. Das Fasten des Ramadan, das er seinen Anhängern auferlegte, wurde als ein feierlicher Festakt gesehen, der mit Mose und dem Versöhnungstag verbunden war. Im 7. Jahrhundert hätte jeder Muslim, der sich für den Ursprung seines Glaubens interessierte, von Juden, die in Arabien lebten, erfahren können, dass sie glaubten, der Versöhnungstag werde zum Gedenken jenes Tages begangen, an dem Mose seinen zweiten 40-tägigen Aufenthalt auf dem Berg Sinai beendet hatte und mit den neuen Gesetzestafeln herabgestiegen war. Die Muslime betrachteten den Ramadan auch als eine Erinnerung an den Auszug aus Ägypten, eine physische Erlösung der Juden, die der spirituellen Erlösung des Versöhnungstages entsprach.

Wann waren die Juden nach Arabien gekommen? Eine Antwort liefert Sozomenus, ein christlicher Historiker aus dem 5. Jahrhundert, der in der Nähe von Gaza geboren wurde und gute Kenntnisse über die Länder im Osten und im Süden besaß. Er beschrieb die Araber als Nachkommen Ismaels, des Sohnes von Erzvater Abraham mit dessen Konkubine Hagar. Sie waren in Arabien gewesen, da Hagar und Ismael aus dem Hause Abrahams vertrieben worden waren. Sie hatten den Glauben Abrahams geerbt, nach dessen Geboten die Hebräer vor Mose gelebt hatten. Da sie inmitten von Heiden gelebt hatten, war ihr Glaube korrumpiert worden. Sozomenus wusste jedoch von einer Gruppe von Arabern, die schließlich in Kontakt mit den Hebräern gekommen war. Und mit dem, was sie von jenen gelernt hatten, hatten die Araber dann zum wahren Glauben des israelitischen Erzvaters zurückkehren können.

Aus dem Neuen Testament wissen wir, dass Paulus von Tarsus drei Jahre in Arabien verbrachte. Und wir wissen, dass Rabbi Akiba in der darauf folgenden Generation nach Arabien reiste, um Männer für den Aufstand Bar Kochbas gegen Rom zu rekrutieren. Wer konnte dort die Reisenden empfangen? Das syrische *Book of the Himyarites* (Buch der Himjariten) beschreibt »jüdische Priester« aus Tiberias, die im 6. Jahrhundert in der Karawanenstadt Najran gewesen seien. Diese Behauptung wird oft für falsch, für eine Verwechslung mit »Rabbis« oder aber für gezielte Propaganda gehalten, um den Hof des römischen Kaisers Justin gegen die Juden aufzuhetzen.

Es scheint jedoch tatsächlich jüdische Priester in Arabien gegeben zu haben. Islamische Überlieferungen versichern, dass die Banu Qurayza und die Banu Nadir, zwei der größten jüdischen Stämme in Medina, Priester und Nachkommen Aarons waren, die als *al-Kahinan*, »die Priester«, bekannt waren. Es scheint in der Tat viele Jahrhunderte nach der Zerstörung des Tempels Städte in Arabien gegeben zu haben, in denen ausschließlich Priester lebten, da die komplizierten Reinheitsgebote der Priesterschaft in separaten Gemeinschaften leichter einzuhalten waren. Einige *Midraschim* verweisen ausdrücklich auf die Flucht von Priestern nach Arabien, und es gibt eine talmudische Geschichte, wonach 80000 Kinder, die Nachkommen von Priestern waren, nach der Zerstörung des Tempels zu »den Ismaeliten« geflohen waren.

Ist es denkbar, dass es einen Zusammenhang zwischen dieser
Flucht nach Arabien und den Berichten gibt, wonach die Bundeslade
bei der Zerstörung des Tempels in Sicherheit gebracht wurde? Wir
haben Belege dafür, dass zumindest einige muslimische Historiker der
Auffassung waren, die Lade sei nach Arabien gelangt. Bei der Frage,
welche Rolle Arabien in der Geschichte der Lade spielt, stehen wir vor
dem Problem, dass die Belege verwirrend sind und uns obendrein
harte Fakten fehlen.

Wir wissen, dass den frühen Anhängern Mohammeds die jüdische
Tradition durchaus bekannt war. Abu Hurayah war einer der Gefährten
des Propheten, und obgleich er des Lesens und Schreibens unkundig
war, verfügte er doch über weitreichende Thorakenntnisse. Und damit
war er nicht allein. Ibn Abbas wurde aufgrund seiner fundierten Kenntnisse der jüdischen, christlichen und muslimischen Überlieferungen
»der Ozean des Kommentars« und »der Rabbi der Gemeinschaft« genannt. Der Prophet und zwei seiner Kalifen, Abu Bakr und Omar, sollen
mehrmals jüdische Gelehrte in Medina aufgesucht haben. Von Said ibn
Thabit, der dem Propheten als Schreiber diente, wurde behauptet, er
habe in einer jüdischen Schule Hebräisch gelernt. Neben ihrer jüdischen Gelehrtheit brachten jüdische Konvertiten wie Ubayy ibn Kab
und Kab al-Ahbar bei ihrem Übertritt zum Islam auch sehr viele Traditionen mit, die eindeutig auf rabbinischen Lehren basierten.

Der arabische Historiker Ibn Jurayj, der 767 n.Chr. starb, war in
Mekka geboren und kannte die heilige Stadt gut. Sein Bericht über die
Kaaba ist faszinierend, da er uns erzählt, sie sei ursprünglich eine *Arish*
gewesen. Dieses arabische Wort wurde für die Wohnstätte benutzt, die
die Israeliten in der Wüste gebaut hatten, nachdem Gott sich Mose auf
dem Berg Sinai offenbart hatte. Die Art, wie er das Wort verwendete,
scheint darauf hinzudeuten, dass die Kaaba ursprünglich vor einem
ähnlichen Hintergrund entworfen und hergestellt wurde.

Dies darf allerdings nicht überraschen. Nach der Offenbarung, die
Mohammed erhalten hatte, diente die Wohnstätte Mosis offenbar auch
als Modell für die Moschee, die der Prophet in Medina erbauen ließ,

und es fehlte nicht an Überlieferungen, in denen die Kaaba mit dem Tempel Salomos verglichen oder verknüpft wurde. Diese Überzeugungen hegten nicht nur Muslime. Abdallah ibn Salam, ein prominenter Jude in Medina, betrachtete die Kaaba nachweislich als das »Haus Abrahams«, und Ibn Hisham zufolge war er nicht der einzige Jude, der sie so bezeichnete.

Die Ansicht, dass die Kaaba das heilige »Haus Abrahams« war, lässt sich bis zum Jubiläenbuch zurückverfolgen, wo Abraham zu Jakob sagt, das Haus, das er erbaut habe, werde auf ewig Haus Abrahams heißen. Er habe das Haus gebaut, damit es seinen Namen trage, und dieser werde Jakob und seinen Nachkommen auf ewig verliehen: »Denn du wirst mein Haus erbauen und meinen Namen vor Gott aufrichten. Bis in Ewigkeit besteht dein Stamm und dein Name bei allen Erdengeschlechtern.« Wir hören, dass Abraham beschlossen hatte, das Heiligtum in Bet-El zu bauen, dann sei ihm jedoch in einer Vision ein Engel erschienen und habe ihm sieben Tafeln gezeigt, die die Geschichte der künftigen Generationen enthielten. Der Engel habe ihm gesagt, Bet-El sei nicht der auserwählte Ort, und die wahre Stätte sei noch nicht offenbart worden.

Die messianische Idee, das »Haus Abrahams« zu bauen, wie sie im Jubiläenbuch oder anderen ähnlichen Berichten geschildert wird, kann durchaus in Arabien bekannt gewesen sein. Auch wenn das Buch großteils in der christlichen Welt in Vergessenheit geraten ist, gehört es in Äthiopien nach wie vor zum alttestamentlichen Kanon.

Dies ist jedoch nicht die einzige muslimische Überlieferung über den Ursprung der Kaaba. Es heißt, die Kaaba sei der Nabel der Welt und habe bereits existiert, ehe das Universum erschaffen wurde. Sie sei von Adam, dem ersten Menschen, oder vielleicht auch vom Erzvater Abraham errichtet worden. In den Tagen Adams war die Kaaba offenkundig ein Zelt. Mamar ibn Rashid, der 770 n. Chr. starb, berichtete, die Kaaba sei in der »Zeit der Unwissenheit« (Sure 5,50), vor der Zeit des Islam, aus losen Steinen und ohne Lehm gebaut worden. Sie sei so niedrig gewesen, dass junge Ziegen hätten hineinspringen können. Sie habe kein Dach gehabt und sei einfach mit Tüchern abgedeckt worden.

Nur wenige Jahre vor der ersten Offenbarung gegenüber Mohammed hatte man der alten *Arish* eine solidere und beständigere Form gegeben. Sie war von den Kuraishiten erbaut worden, jenem Stamm, der
damals das Heiligtum kontrollierte, und Mohammed selbst kam aus
einer der kleineren Familien dieses Stammes. Einer Überlieferung zufolge war ein Schiff aus Byzantion mit einer Ladung Marmor, Bauholz
und Eisen unterwegs gewesen, die zum Wiederaufbau einer Kirche in
Äthiopien verwendet werden sollte. Das Schiff war jedoch an der arabischen Küste gestrandet, und die Kuraishiten hatten dann nicht nur das
für eine Kirche gedachte Material genommen, sondern, wie Ibn Hajar
berichtet, auch die Absicht, ihr Bauwerk nach dem Muster einer Kirche
zu errichten. Ein christlicher Handwerker namens Pachomius hat
offenbar das Dach konstruiert und die Kaaba mit Bildern von Propheten sowie von Abraham, Maria und Jesus dekoriert. Als Mohammed
schließlich muslimische Regeln in der Stadt einführte, hat er dennoch
gestattet, dass die Bilder von Jesus und Maria in der Kaaba verblieben.
Und dort blieben sie, bis sie schließlich durch den Brand im 12. Jahrhundert zerstört wurden.

Die Kaaba, die heute in Mekka steht, wurde nach den Proportionen
des Allerheiligsten von Salomos Tempel gebaut, und wenn Muslime
die Heiligkeit Mekkas und der Kaaba beschrieben, maßen sie ihnen oft
den erhabenen Status von Jerusalem und des Tempels bei. Al-Azraki
erzählt, Aischa, die Frau des Propheten, habe erklärt, sie habe noch keinen Ort gesehen, an dem der Himmel der Erde näher als in Mekka gewesen sei. Kisai berichtet von einer Überlieferung, wonach die Position
des Polarsterns die Kaaba als den höchsten Punkt auf Erden, unmittelbar unter dem Zentrum des Himmels, ausweise. Jüdische Überlieferungen behaupteten, die Sintflut habe den Tempelberg nicht erreicht, und
die Samaritaner glaubten, ihr heiliger Berg Garizim sei von den Wellen
verschont geblieben. Umgekehrt versicherten die Muslime ebenso, die
Kaaba sei von der Sintflut nie bedroht gewesen. Das Wasser habe zwar
um sie herumgestanden, sie sei jedoch unberührt davon geblieben und
habe hoch darüber hinaus in den Himmel geragt.

Genau wie Zion vor dem Rest der Welt erschaffen worden war, behauptete al-Azraki, die Kaaba sei bereits 40 Jahre, ehe Gott Himmel und Erde erschaffen habe, ein trockener, auf dem Wasser treibender Fleck gewesen. Von diesem Punkt hatte sich dann die ganze Welt ausgebreitet. Und es gab noch eine andere Überlieferung, die besagte, die Kaaba sei sage und schreibe 2000 Jahre älter als die restliche Welt. Und ihr zufolge war auch Adam dort erschaffen worden.

Der Koran spricht von sieben Himmeln und von sieben Erden. Jede Erde und jeder Himmel hat einen Nabel, der durch ein Heiligtum repräsentiert wird, und die Achse des Universums verläuft durch jedes dieser Heiligtümer. Sowohl nach der jüdischen als auch nach der muslimischen Tradition befindet sich der göttliche Thron als Pol des Universums genau über dem siebenten Himmel.

Nachdem die Botschaft, die Mohammed den Menschen in Mekka überbrachte, auf massiven Widerstand gestoßen war, hatte er sich in die jüdische Stadt Jathrib begeben, die später in Medina umbenannt wurde. Hier hatte er versucht, Muslime und Juden in einer neuen Gemeinschaft zu vereinigen. Dabei hatte er seine Anhänger dazu angehalten, den jüdischen Brauch zu übernehmen und sich beim Gebet Richtung Jerusalem zu wenden. Nachdem sein Bündnis mit den jüdischen Stämmen jedoch zerbrochen war, hatte Gott ihn in einer Offenbarung angewiesen, seine Gebete auf die Kaaba in Mekka auszurichten. Der Koran beschreibt zwar den Richtungswechsel, hat darüber hinaus dazu aber kaum Erhellendes zu bieten: »Sprechen werden die Toren unter dem Volk: ›Was wendet er sie ab von ihrer Qibla, die sie früher hatten?‹ Sprich: ›Allahs ist der Westen und der Osten; Er leitet, wen Er will, auf den rechten Pfad.‹« (Sure 2,142)

Die übliche Erklärung dieser Verse ist im Kommentar al-Tabaris zu finden, der meinte, Gott habe dem Propheten ursprünglich die Wahl überlassen, sein Gesicht in jede beliebige Richtung zu wenden. Und er hatte offenbar das Heilige Haus in Jerusalem gewählt, um damit das »Volk des Buches« versöhnlich zu stimmen. Jeder hatte sich dann 16 Monate lang beim Gebet Richtung Jerusalem gewendet, wobei der

Prophet sein Gesicht allerdings die ganze Zeit stets den Himmeln zuge-
kehrt hielt, bis Gott ihn schließlich in die Richtung der Kaaba gedreht
hatte.

Al-Tabari berichtete auch, den Juden von Medina habe es natürlich
gefallen, dass Gott Mohammed befohlen hatte, sein Gesicht Jerusalem
zuzuwenden. Dies habe er über zehn Monate getan, er habe jedoch immer die Richtung Abrahams geliebt. Wenn er zu Gott gebetet habe,
habe er sein Gesicht dem Himmel zugewandt. Die Juden seien daraufhin misstrauisch geworden und hätten gefragt, warum er ihre übliche
Gebetsrichtung aufgegeben habe. Dies sei der Grund gewesen, dass
Gott den Vers offenbart habe:»Allahs ist der Westen und der Osten…«

Die Juden beharrten anscheinend darauf, dass Mohammed sich
weiterhin nach Jerusalem wenden sollte, wenn er wirklich vorhatte, der
Religion Abrahams zu folgen. Von ihrem Standpunkt aus war Jerusalem das wahre Zentrum der Religion Abrahams, und nicht Mekka. Die
Gebetsrichtung entwickelte sich zu einem erbitterten Streitpunkt, und
dies mag ebenso sehr die Ursache wie das Ergebnis des Umstands gewesen sein, dass beide Orte ganz ähnlich beschrieben wurden. Das
mag aus logischer oder historischer Sicht absurd erscheinen, aber in ihrer Symbolik sind sie vielfach identisch. Genau wie die Wohnstätte und
der Tempel der Israeliten als Herberge für die heiligen Steine gebaut
worden waren, die sich in der Bundeslade befanden, so gab es auch in
der Kaaba heilige Steine. Die Gläubigen richteten ihre Gebete in Wirklichkeit vielleicht sogar auf die Steine und nicht auf die Kaaba selbst.

Nach einem Bericht des Historikers al-Fakihi hatte der Stamm der
Kuraishiten lange vor der Offenbarung des Koran auf dem Gipfel des
heiligen Berges Abu Qubays zwei Steine entdeckt. Dies war ein unermesslich heiliger Ort, an dem die Kuraishiten in der »Zeit der Unwissenheit« um Regen zu beten pflegten. Die Steine waren glänzender und
schöner als alle anderen, die sie je gesehen hatten. Einer war gelb und
der andere weiß. Die Kuraishiten waren überzeugt, dass solche Steine
weder in ihrem eigenen Land noch in irgendeinem anderen zu finden
waren. Sie mussten vom Himmel herabgekommen sein.

Der gelbe Stein, den die Kuraishiten *al-Safir* nannten, war schließlich verloren gegangen. Den weißen Stein hatten sie behalten, bis sie die Kaaba gebaut und ihn dann hineingelegt hatten. Er wurde als der Schwarze Stein bekannt und ist in Mekka heute immer noch zu sehen. Der strahlende Glanz beider Steine war offenbar auf ihren himmlischen Ursprung zurückzuführen, er verschwand jedoch, nachdem sie mit dem Blut der Opferungen besudelt worden waren.

Ein weiterer heiliger Stein, der in die von den Kuraishiten erbaute Kaaba gebracht wurde, hieß *Maqam Ibrahim*, »Abrahams Stätte« (Sure 2,125), da man glaubte, Abraham habe auf ihm gestanden, als er die Kaaba errichtete. Die Stätte Abrahams wird im Koran zweimal erwähnt, und die Bezeichnung stammt offenbar aus einem Vers im Buch Genesis: »Am frühen Morgen begab sich Abraham an den Ort, an dem er dem Herrn gegenübergestanden hatte.« (Gen 19,27)

Eine unter Berufung auf Wahb ibn Munabbih, der 728 starb, aufgezeichnete Überlieferung behauptet, der Schwarze Stein wie auch Abrahams Stätte seien Saphire, die vom Himmel gekommen und von Gott auf al-Safa, einem heiligen Vorhügel des Abu Qubays, gelegt worden seien. Später habe Gott ihnen ihren strahlenden Glanz genommen und sie an ihren heutigen Platz gebracht. Beide Steine wurden als göttlich betrachtet und aufgrund ihres außergewöhnlichen Strahlens verehrt.

Als die Kuraishiten beschlossen, die Kaaba wiederaufzubauen, waren viele in Mekka dagegen, dass ein so heiliger Bau abgerissen werden sollte. Jene, die sich dennoch ans Graben gemacht hatten, stießen, wie al-Azraqi es nannte, auf »die Abrahamschen Fundamente«. Als sie versuchten, sie zu entfernen, schlug der Blitz ein, und ein Erdbeben erschütterte die Stadt. Daraufhin hatte man die Steine liegen gelassen, wo sie waren. Aber schon bald machte man eine bemerkenswerte Entdeckung: eine in Syrisch verfasste Inschrift, die niemand lesen konnte, bis die Kuraishiten schließlich einen Juden fanden, der sie übersetzte. »Ich bin Gott, der Herr von Bakka«, verkündete die Inschrift. »Ich habe sie an dem Tag erschaffen, an dem ich Himmel und Erde erschuf und die Sonne und den Mond formte, und ich habe sie mit sieben frommen

Engeln umgeben. Sie wird stehen, solange ihre zwei Berge stehen, ein
Segen aus Milch und Wasser für ihr Volk.«

Im 10. Jahrhundert war es dem mekkanischen Historiker al-Fakihi
beschieden, Abrahams Stätte zu sehen, als sie restauriert wurde. Sie
war gesprungen und voller Risse, und die Teile wurden wieder zusam-
mengeflickt. Ihm fiel eine Vielzahl von Linien und geometrischen Formen auf dem Stein auf, der eine Inschrift auf Hebräisch oder Himja-
ritisch trug. Nachdem er die Inschrift abgeschrieben hatte, suchte er
Gelehrte, die sie übersetzen konnten. Abu Zakariyya al-Maghribi, ein
Experte für ägyptische Hieroglyphen, gelang es schließlich, sie zu entziffern. »Ich bin Gott, es gibt keinen Gott außer Mir«, lauteten die
Worte, »ein König, der unerreichbar ist.« Und es gab ein letztes Wort,
»Isbaut«, von dem er behauptete, es entspräche dem arabischen Wort
al-Samad, »der Ewige«.

Al-Fakihi hielt noch eine weitere Überlieferung fest, bei der er sich
auf Ibn Abbas berief und die eine andere Übersetzung der Inschrift
auf der Stätte Abrahams anzubieten hatte: »Dies ist das Haus Gottes. Er
stellte es auf das Viereck Seines Throns, Sein Unterhalt wird von diesem und jenem kommen, Sein Volk wird das erste sein, das Seine Heiligkeit aufhebt.«

Im 10. Jahrhundert wurde Arabien von Unruhen heimgesucht, nachdem ismailitische Schiiten, die als Karmaten bezeichnet wurden, angefangen hatten, auf der Pilgerstraße nach Mekka, der *Darb Zubayda*,
Karawanen zu überfallen. Im Jahr 902 hielten sie sich in der Umgebung
von Damaskus auf und behelligten fast fünf Jahre lang irakische Pilgerkarawanen. Danach kehrte fast 20 Jahre lang Ruhe ein, bis 925 die Karawane aus Bagdad wiederum Mekka nicht erreichte. Die Pilger trauten
sich nicht mehr, die Hauptstadt zu verlassen, und schließlich kam es
zur Katastrophe. Die Karmaten marschierten in Mekka ein.

Ihr Anführer Abu Tahir erbeutete den Schatz in der Kaaba und
nahm den Schwarzen Stein an sich. Dem türkischen Historiker Qutb
al-Din zufolge hat er dann bei der Rückkehr in sein Land Hajar den
Schwarzen Stein in der Hoffnung mitgenommen, damit die Pilger-

ströme von Mekka in eine Moschee umleiten zu können, die er »die Zuflucht« nannte. Der Schwarze Stein sei über 20 Jahre in der Moschee geblieben, während die Menschen in Mekka unterdessen ihre Hände an die Stelle gelegt hätten, an der er einst gewesen sei, und diese geküsst hätten.

Für Qutb al-Din war die Erbeutung des Schwarzen Steins eine der größten Katastrophen, die sich je ereignet hatten, und die schwerste Prüfung für den islamischen Glauben. Gott habe die Karmaten schließlich vernichtet, berichtet er uns, und Abu Tahir sei von einem bösartigen Brand befallen und sein Fleisch von Würmern zerfressen worden und er sei eines entsetzlichen Todes gestorben. Die Karmaten hätten dann endlich die Hoffnung aufgegeben, die Pilger nach Hajar umzuleiten, und den Schwarzen Stein nach Mekka zurückgebracht.

Im 11. Jahrhundert hatte Ibn Jubayr aus Granada Gelegenheit, bei seiner Pilgerreise die Stätte Abrahams in Augenschein zu nehmen. Er berichtete, sie sei »etwa 70 Zentimenter hoch und 50 Zentimeter breit mit Silber bedeckt« gewesen. Man habe auch leicht die Fußabdrücke des Erzvaters sehen können, der auf dem Stein gestanden habe, als er die Kaaba erbaute. Zudem berichtete Ibn Jubayr von einem noch faszinierenderen Brauch. Er erzählte uns, der Stein sei aus einer Truhe herausgehoben und dem Volk gezeigt worden. Er sei normalerweise in der Kaaba aufbewahrt worden, und nachdem er dem Volk gezeigt worden sei, habe man den Stein samt der Truhe wieder in die Kaaba zurückgebracht.

Was diese Aussage im Klartext bedeutet, ist erstaunlich. Hier haben wir einen heiligen Stein, von dem angenommen wurde, er sei vom Himmel auf einen heiligen Berg gekommen. Er war mit Worten beschriftet, die Gott gesprochen hatte, erstrahlte in einem außerirdischen Licht und wurde in einer Truhe aufbewahrt, die sich in einem Heiligtum befand, das in seinen Proportionen dem Allerheiligsten des Tempels entsprach, in dem die Bundeslade aufbewahrt wurde. Noch erstaunlicher ist vielleicht, dass dieser Stein all die Jahrhunderte überlebt hat und heute noch in Mekka zu sehen ist.

Aber es gibt noch eine weitere Ähnlichkeit zwischen der Lade und den heiligen Steinen von Mekka. Im Rahmen der Überlieferung, wonach die Kaaba von Adam erbaut wurde, heißt es, Gott habe Adam sowohl den Schwarzen Stein als auch die Stätte Abrahams gegeben. Als er einen Bund mit den Menschen geschlossen habe, sei die Urkunde, auf der der Bund aufgezeichnet wurde, in den Schwarzen Stein gelegt worden, wo sie bis zum Tag des Jüngsten Gerichts bleiben werde. Das hieße, dass der Schwarze Stein nicht nur ein heiliger Stein ist, der auf einem heiligen Berg vom Himmel herabkam, sondern auch einen zwischen Gott und den Menschen geschlossenen Bund enthält und in ein Heiligtum gebracht wurde, das in seinen Proportionen dem Heiligtum entspricht, in dem die Bundeslade aufbewahrt wurde. Und genau wie die Stätte Abrahams ist auch der Schwarze Stein in Mekka nach wie vor zu sehen.

Wir wissen nicht, ob der Schwarze Stein oder die Stätte Abrahams von Anfang an Teil der Kaaba waren. Vielleicht hatten die ersten Stämme, die dort siedelten, heilige Steine nach Mekka gebracht und diese beim Bau der Kaaba mit einbezogen. Ähnliche Steine waren offenbar auch auf die Mauern der Tempel von Madain Salih und andernorts gesetzt worden, nachdem Nomadenstämme dazu übergegangen waren, feste Heiligtümer zu errichten. Es gibt Berichte von griechischen und römischen Geografen und Historikern wie später auch von muslimischen Autoritäten, wonach in vorislamischer Zeit in ganz Arabien Steine verehrt wurden – von den Nabatäern aus Petra, von den arabischen Priestern aus Emesa in Syrien und von Nomaden, die Steine in transportablen Schreinen mit sich führten, wenn sie in den Kampf zogen. Der Hohe Priester von Emesa, Elagabalus, hatte, als er Kaiser wurde, den schwarzen Stein seines Gottes aus dem Tempel sogar mit nach Rom genommen.

Aus der Sicht Ibn al-Kalbis, der eine historische Abhandlung über Götzen verfasste, war die Verehrung von Steinen eine degenerierte Form der Kaaba-Rituale. Die Araber hatten ihre helle Freude an der Götzenverehrung, berichtet er uns. Bei einigen von ihnen standen Tempel im Mittelpunkt, während andere ihre Verehrung Götzenbildern erwiesen. Jeder, der es sich nicht leisten konnte, einen eigenen Tempel zu bauen, hatte vor der Kaaba oder irgendeinem anderen Schrein einen Stein aufgestellt, um den er dann so herumschritt, wie er die Kaaba umrundet hätte. Die Araber nannten diese Steine *Ansab*, sofern sie jedoch einem Lebewesen ähnelten, bezeichneten sie sie als *Asnam* und *Awthan*. Wann immer ein Reisender irgendwo Halt machte, suchte er sich vier Steine, wählte den besten aus, um ihn als seinen Gott zu verehren, und verwendete die übrigen drei als Untersatz für seinen Kochtopf. Wenn er dann wieder aufbrach, um seinen Weg fortzusetzen, ließ er die Steine zurück und wiederholte das Ritual bei jedem weiteren Halt von neuem.

Trotz der heidnischen Assoziationen, die mit diesen heiligen Steinen verbunden werden, hat die muslimische Tradition den Anspruch erhoben, dass Mekka das wahre Zion sei – ein Anspruch, der eng mit dem Schwarzen Stein verknüpft ist. Man glaubt, der von Jesaja erwähnte »kostbare Eckstein« (Jes 28,16) beziehe sich auf den Schwarzen Stein, und Ibn Qutayba scheint der Erste gewesen zu sein, der dies so verstanden hatte. Er ergänzte auch die muslimische Erklärung des Namens Zion als »das Haus Gottes« und änderte die letzten Worte der Prophezeiung, sodass sie von »einem Stein in einer kostbaren Ecke« sprach. Ibn Qayyam al-Djawziyya lieferte eine noch pointiertere islamische Darstellung. Er behauptete, Zion sei nach dem Volk des Buches Mekka, und der von Königen und dem gemeinen Volk geküsste Schwarze Stein sei ausschließlich für den Propheten Mohammed und sein Volk bestimmt.

Muslimische Gelehrte zitierten auch noch andere Prophezeiungen Jesajas, die sich auf die kostbaren Steine bezogen. Al-Qarafi verband die Verse mit dem Wiederaufbau der Kaaba durch al-Mahdi, einen Kalifen aus der Dynastie der Abbasiden, und behauptete, es sei unvorstellbar, dass der Vers Jerusalem meine. Die Stadt sei nie, wie Mekka in der »Zeit der Unwissenheit«, ein Zentrum des Götzendienstes gewesen und sie sei nie so wie Mekka seit dem Aufkommen des Islam ein friedlicher Zufluchtsort für Pilger geworden.

Ali ibn Rabban behauptete ebenfalls, die Vision Ezechiels beziehe sich auf Mekka und nicht auf Jerusalem. Am Ende seines Buches erzähle Ezechiel uns, dass Gott ihm ein Haus gezeigt habe. Der Prophet beschreibe die Säulen, Hallen, Höfe und Türen, und ein Engel habe ihn angewiesen, sich all dieser Dinge zu erinnern und über sie nachzudenken. Da die Beschreibung dieses Hauses sehr lang sei, so meinte Ali ibn Rabban, werde sie aber von den meisten Menschen als unverständlich oder unklar abgetan. Für ihn stand jedoch fest, dass sich die Beschreibung des Hauses, die Gott durch den Propheten Ezechiel gegeben hatte, auf Mekka bezog. Sie enthielt Elemente, die nicht zum Zweiten Tempel gehörten, der nach der Rückkehr der Juden aus dem Exil in Babylon erbaut worden war. Wer anderer Meinung sei, so sagte Ali ibn Rabban, solle die Beschreibung im Buch Ezechiel mit dem vergleichen, was vom Tempel bekannt war. Wenn jemand beides miteinander in Einklang bringen könne, dann wäre er gerne bereit, diese Meinung zu akzeptieren. Wenn sich dies jedoch als unmöglich erweise, dann solle man seinen Standpunkt akzeptieren.

Dem großen Historiker und Korangelehrten al-Tabari zufolge hatten die Jurhum in Wirklichkeit, als die Kaaba unter ihrer Kontrolle war, den Schwarzen Stein und andere heilige Gegenstände im Brunnen von Zamzam begraben. Sie hatten offenbar den Eckstein der Kaaba sowie zwei goldene Gazellen in den Brunnen geworfen und diesen dann aufgefüllt, um vor ihren Rivalen, den Khuzaa und den Kuraishiten, den genauen Standort geheim zu halten. Der Schatz sei verborgen geblieben, bis Abd al-Muttalib, dem Großvater des Propheten, im Traum befohlen worden sei, den Brunnen auszugraben, und er Anweisungen erhalten habe, wie er zu finden sei. In islamischen Überlieferungen wird der Brunnen von Zamzam oft mit der Grube unter der Kaaba verwechselt, die als »der Brunnen der Kaaba« bekannt ist und als Nabel der Welt gilt.

Diese Überlieferungen erinnern nicht nur an die jüdischen und samaritanischen Berichte über das Vergraben der heilige Geräte aus dem Tempel in Jerusalem, sie ähneln auch islamischen Berichten, wonach die Jurhum die Bundeslade vergraben haben sollen, und dies sind vielleicht sogar die spannendsten Abschnitte in der ganzen Geschichte der Lade.

In seinem Werk *Kitab al-Tijan* erzählt der Historiker Wahb ibn Munabbih uns, nach dem Tod Davids und Salomos hätten die Kinder Israels die Lade noch immer mit sich geführt. Als ein Krieg ausgebrochen sei, hätten die Träger die Stangen der Lade weggeworfen, und die Engel hätten die Lade über David gehalten, bis er die Riesen besiegt hatte. Die Kinder Israels seien mit der Lade bis zur Zeit al-Harith ibn Mudad al-Jurhumis, nach dem Tod des Propheten Ismail und nach dem Tod seines Sohnes und Erbes, Nabd ibn Qaydar ibn Ismail, umhergewandert. Als sie nach Mekka zogen, sei al-Harith ibn Mudad al-Jurhumi König der Stadt und der näheren Umgebung gewesen. Er und die Amalekiter hätten sich den Israeliten mit jeweils 100000 Mann entgegengestellt, und sie hätten erbittert gekämpft. Die Kinder Israels und ihre Verbündeten seien besiegt worden. Sie hätten die Lade weggeworfen; die Jurhumiten und die Amalekiter hätten sie daraufhin genommen und zu einem der Misthaufen in Mekka gebracht. Sie hätten eine Grube ausgehoben und sie darin vergraben.

Hamaysa ibn Nabd ibn Qaydar ibn Ismail und al-Harith ibn Mudad al-Jurhumi hätten zwar versucht, sie davon abzuhalten, man habe ihnen jedoch keine Beachtung geschenkt. Hamaysa hätte ihnen gesagt, dass sich die Psalmenrollen und die Sakinah, die Herrlichkeit Gottes, darin befänden. Daraufhin sei zur Strafe eine schreckliche Plage über sie gekommen, und da es keinen anderen Ausweg zu geben schien, sei al-Harith ibn Mudad zu dem Misthaufen gegangen und habe die Lade des Nachts entfernt. Hamaysa habe sie an sich genommen und aufbewahrt, und seine Erben hätten sie bis zur Zeit Jesu, dem Sohn Mariens, geerbt.

Ähnliches berichtete al-Hamdani, der im 7. Jahrhundert über die südarabische Geschichte und über Altertümer schrieb. Er erzählte, dass in der Nähe von Mekka an einem Ort, der Olivenhain genannt wurde, eine Höhle mit den Gräbern der Könige von Jurhum entdeckt wurde. Die Höhle sei von Iyad ibn Nazar ibn Maadd ibn Adnan erforscht worden, der seine Kamele mit den Juwelen und Reichtümern aus den Gräbern beladen habe. Da er jedoch nur eine Ladung hatte nehmen können, habe er den Eingang verschlossen und die Höhle so zurückgelassen, wie er sie vorgefunden hatte. Viele Jahre später habe Abdullah ibn Judan, der Kuraishite, die Höhle dann kurz vor der Offenbarung des Islam wiederentdeckt.

Abdullah ibn Judan war offenbar sehr vermögend und sehr großzügig, insbesondere gegenüber den Pilgern in Mekka. Wenn er nach der Herkunft seines Reichtums gefragt wurde, schilderte er, dass er einen Überfall angeführt und dabei 100 Kamele erbeutet hätte. Die Besitzer hätten sich daraufhin bei den Kuraishiten beschwert und ihnen gesagt, von ihrem Stamm habe jemand 100 Kamele gestohlen, und gedroht, solange die Kuraishiten sich nicht darum kümmerten, werde ihnen der Zugang zum großen Markt von Ukaz verwehrt. Da die Kuraishiten Händler waren, hatten sie es sich nicht leisten können, einen so wichtigen Markt zu verlieren, und sich verschworen, Abdullah ibn Judan töten zu lassen.

Als er von der Verschwörung erfahren hatte, war er vor den Kuraishiten, die ihm auf den Fersen waren, in den Olivenhain geflohen. Auf der Suche nach einem Ort, an dem er sich verstecken konnte, hatte er schließlich eine Spalte zwischen zwei Felsen gefunden, durch die er als Mann von schmächtiger Statur hindurchschlüpfen konnte. Nachdem er sich hindurchgezwängt und seinen Proviantbeutel hinter sich hergezogen hatte, war der Boden um die Felsen herum ins Rutschen geraten. Da er jedoch der Meinung war, es sei besser, in der Höhle als in den Händen seines eigenen Stammes zu sterben, war er weiter in die Höhle hineingelaufen, bis er schließlich zu einer Kammer gelangte, in der Juwelen, Smaragde, Silber und Gold gelagert waren.

Außerdem standen dort noch vier Totenbahren, und auf jeder dieser Bahren hatte er den Leichnam eines Mannes mit einer Marmortafel auf dem Kopf liegen sehen, die mit himjaritischen Schriftzeichen beschrieben waren. Als er die erste Tafel las, stellte er fest, dass es der Leichnam von al-Harith ibn Mudad al-Jurhumi war, dessen Volk die Bundeslade von den Israeliten erbeutet hatte. Es war die Lade, die Gott im Koran erwähnt hatte. Dann waren die Jurhumiten, Adnan, Tasm, Jadis, die Amalekiter und all die Araber gegen die Kinder Israels gezogen, hatten sie nach Jerusalem zurückgetrieben und die Lade erbeutet.

Abdullah ibn Judan war fünf Tage in der Höhle geblieben, hatte sich von den Vorräten ernährt, die er bei sich trug, und das Wasser getrunken, das er mitgebracht hatte. Die Kuraishiten hatten schließlich jede Hoffnung aufgegeben, ihn noch zu finden, und so war er im Schutz der Dunkelheit aus den Felsen herausgekrochen und hatte die Tafeln und den Schatz mitgenommen, falls die Kuraishiten nicht bereit wären, ihm seine Geschichte zu glauben. Er bezahlte zwar nun die Besitzer der Kamele, doch die Kuraishiten waren wegen seines neuen Wohlstands misstrauisch, bis er ihnen von der Höhle erzählt und ihnen als Beweis die Tafeln gezeigt hatte. Sie hatten ihn dann zusammen mit dem Vater von Khadidja, der Frau des Propheten, und dem Vater von Amina, der Mutter des Propheten, zur Höhle zurückgeschickt. In ihrem Beisein hatte er die Tafeln in die Höhle zurückgebracht und alles wieder an seinen Platz gelegt. Dann hatte er einen riesigen Stein vor den Eingang gerollt, um zu verhindern, dass die Grabstätte von Vandalen entweiht wurde.

Al-Hamdani beschrieb die Umstände, wie die Jurhumiten an die Lade gekommen waren, nach den von Wahb ibn Munabbih geschilderten Einzelheiten: Die Jurhumiten und ihre arabischen Verbündeten hatten sich für die erbeutete Lade nicht interessiert und sie einfach in einem Misthaufen vergraben. Al-Harith ibn Mudad al-Jurhumi und der Prophet Ismail ibn Alhamaysa hatten sie zwar davor gewarnt, sie hatten aber nicht darauf gehört und sie dennoch vergraben. Deshalb hatte Gott die Jurhumiten und alle Bewohner Mekkas vernichtet. Niemand hatte überlebt, außer den rund 40 Leuten, die die Lade nicht hatten vergraben wollen. Zweihunderttausend Menschen aber mussten sterben. Al-Harith ibn Mudad sei verzweifelt angesichts des Verlusts seines Volkes gewesen und 300 Jahre auf der Erde umhergewandert, bis er erblindete. Er hatte dann Ismail ibn Alhamaysa als Herrscher über den

Rest seines Volkes berufen und ihm befohlen, die Lade aus dem Misthaufen auszugraben und aufzubewahren. Und Ismail tat, wie ihm geheißen.

Der Koran spricht in der Zweiten Sure, »Die Kuh«, von der Bundeslade, und auf diesen Abschnitt bezog sich auch al-Hamdani:

»Und es sprach zu ihnen ihr Prophet: ›Siehe, das Zeichen seines Königtums ist, dass die Lade zu euch kommen wird, in der eine Gegenwart ist von euerm Herrn und ein Rest des Nachlasses des Hauses Mose und des Hauses Aaron; die Engel werden sie tragen. Siehe, hierin ist wahrlich ein Zeichen für euch, so ihr Gläubige seid.«« (Sure 2,248)

Genau wie bei den Juden wurde die Bundeslade auch bei den Arabern zum Gegenstand von Legenden. Al-Thalabi zufolge hatte Gott sie mit Adam beim Sündenfall aus dem Paradies hinabgeschickt. Darin befanden sich aus Rubin geschliffene Figuren von allen kommenden Propheten, insbesondere von Mohammed und seinen ersten vier Kalifen. Und genauso wie es Meinungsverschiedenheiten unter den Juden gab, so gab es auch Meinungsverschiedenheiten unter den muslimischen Autoritäten, wo sich die Lade befinden könnte. Ibn Abbas, der Cousin des Propheten, behauptete, die Lade und der Stab Mosis lägen im See von Tiberias und würden am letzten Tag ans Licht gebracht werden, während andere einfach davon ausgingen, dass diese bei der Zerstörung des Tempels verloren gegangen waren.

Die Lade wurde auch ein zentrales Element in den erbitterten Auseinandersetzungen zwischen Muslimen, Juden und Christen über die Genauigkeit, mit der ihre heiligen Bücher überliefert worden waren. Die Muslime nahmen für sich in Anspruch, auf die ursprüngliche Offenbarung der Propheten zurückzugreifen. Da die frühen Lehren als verfälscht galten, war dieses Thema offenkundig von zentraler Bedeutung, wenn es darum ging, darüber zu entscheiden, welche der drei Religionen authentisch war und geglaubt werden sollte. Den Muslimen war von Anfang an klar, dass sie die Authentizität aller prophetischen Überlieferungen nachweisen mussten. Sie taten dies, indem sie mehrere ununterbrochene Ketten der Überlieferung für den Koran oder den

Hadith nachwiesen, worin dem Propheten zugeschriebene Aussprüche gesammelt sind. Sie legten umgehend Methoden fest, um über die Zuverlässigkeit der einzelnen Gewährsleute befinden zu können, und betrachteten dies als den einzigen Weg, um die authentischen Lehren des Propheten zu erkennen.

Als sie sich die biblischen Texte des Alten wie des Neuen Testaments näher ansahen, waren sie erstaunt, dass es keine verlässlichen Überlieferungsketten gab und dass es weder den Juden noch den Christen ein dringliches Anliegen zu sein schien, solche nachzuweisen. Muslimische Gelehrte betonten hingegen nicht nur die ununterbrochene Kette der Überlieferungen ihres eigenen Koran, einige von ihnen behaupteten gar, der Glaube an die Thora oder das Evangelium hinge vom Koran ab. Diese Gewährsleute konnten den Beweis für deren göttlichen Ursprung erbringen und vieles von deren Lehren bestätigen.

Einer dieser Gelehrten, Ibn Hazm, hatte festgestellt, dass die aaronidischen Hohen Priester nur über ein einziges Exemplar des Pentateuch im Tempel von Jerusalem verfügten. Die Israeliten pflegten den Tempel nur dreimal im Jahr aufzusuchen, und die meisten von ihnen betraten ihn nie. Dies wurde mindestens vier Jahrhunderte lang so gehalten, und in der Zeit konnten korrupte levitische Priester leicht den heiligen Text geändert haben. Mit dieser Behauptung akzeptierte Ibn Hazm jedoch gleichzeitig die rabbinische Überlieferung, wonach es im Tempelarchiv immer eine autorisierte Abschrift des Pentateuch gegeben hatte, um einen Maßstab für die Aufdeckung von Verfälschungen zu haben. Er benutzte diese Überlieferung hingegen, um die Behauptungen der Juden, sie würden über eine verlässliche Schrift verfügen, in Zweifel zu ziehen. Ibn Hazm beschuldigte den Schriftgelehrten Esra, diesen biblischen Text bewusst mangels angemessener Kontrollen bei den Überlieferungen verfälscht zu haben.

Samaual al-Maghribi behauptete ein Jahrhundert später, nachdem er vom Judentum zum Islam konvertiert war, das fehlende Motiv für die Verfälschung liefern zu können: Als Priester habe Esra das Königshaus Davids gehasst. Er habe die Davidsche Dynastie diskreditieren und den Sieg der priesterlichen Familien sicherstellen wollen, die mit ihr um die Macht konkurrierten. Deshalb habe er Geschichten um sexuelle Affären den biblischen Genealogien hinzugefügt. »Ich schwöre bei Gott«, schrieb Samaual, »dass Esra seinen Zweck erreichte, denn im Zweiten Staatenbund, den sie in Jerusalem hatten, war es nicht mehr das Haus David, das regierte, sondern das Haus Aaron.«

Zudem behauptete Samaual, die Geschichte der Juden sei voller Invasionen und Kriege, die Palästina zugrunde gerichtet hätten, und unter solchen Bedingungen müsste zwangsläufig auch die Überlieferung ihres heiligen Textes gelitten haben. Infolgedessen sei es sogar denkbar, dass einige Teile ihrer Geschichte ganz verloren gegangen waren. Außerdem waren die Juden bekanntlich zwischenzeitlich dem Götzendienst verfallen und hatten ihre eigenen Propheten getötet. Angesichts all dessen sei es nur sehr schwer vorstellbar, dass der alte Text wirklich unbeschadet erhalten geblieben war.

Trotz der Überlieferung, dass Gott Mohammed angewiesen hatte, nicht mehr nach Jerusalem gerichtet zu beten, blieb das muslimische Interesse an der Stadt, in der einst die Lade und der Tempel gestanden hatten, unvermindert stark. Sie wurde als »das Heilige Haus« oder »die Stadt des Heiligen Hauses« bezeichnet. Im 10. Jahrhundert wurde die Bezeichnung auf »das Heilige« abgekürzt, und so wird Jerusalem bis heute im Arabischen genannt. Christliche Quellen bestätigen, dass die muslimischen Befehlshaber nach der Eroberung Jerusalems von der Tempelstätte fasziniert waren.

In seiner Chronik für das Jahr 635 n. Chr. berichtet Theophanes, dass Kalif Omar einen Feldzug gegen Palästina führte, in dessen Verlauf die Heilige Stadt zwei Jahre lang belagert wurde. Die Stadt ergab sich ihm schließlich, nachdem der Patriarch Sophronius einen Pakt ausgehandelt hatte. Omar war dann in völlig verschmutzten und zerrissenen Kleidern aus Kamelhaar in die Stadt eingezogen. Als Deckmantel für seine diabolische Scheinheiligkeit hatte er, nach Theophanes, eine Frömmigkeitsschau inszeniert und verlangt, zu der Stätte des von Salomo erbauten Tempels geführt zu werden, und hatte daraus, wie

Theophanes es nannte, »einen Andachtsraum der Gotteslästerung und Gottlosigkeit« gemacht. Als Sophronius dies sah, hatte er ausgerufen: »Dies ist der ›unheilvolle Gräuel‹, von dem Daniel, der Prophet, sprach [Dan 9,27], und jetzt steht er an dem heiligen Ort.« Dann hatte er zu weinen begonnen.

Auch wenn Theophanes offensichtlich aus christlicher Perspektive schrieb, bestätigen auch muslimische Quellen, dass Omar ein starkes Interesse an der Tempelstätte hatte. Sobald Omar den Vertrag ausgefertigt hatte, der es ihm erlaubte, in die Heilige Stadt einzuziehen, hatte er Sophronius gebeten, ihn zum Heiligtum Davids zu bringen. Als der Patriarch sich damit einverstanden erklärte, hatte Omar sich mit 4000 Mann seiner Truppen, die alle Schwerter trugen, auf den Weg gemacht. Eine Menschenmenge von Arabern, die zur Heiligen Stadt heraufgekommen waren, war ihm gefolgt, während der Patriarch an der Spitze der Prozession gegangen war.

Sophronius hatte alle zu der Kirche geführt, die als der »Misthaufen« bezeichnet wurde, und erklärt, dies sei das Heiligtum Davids. Omar hatte sie betrachtet und dem Patriarchen auf den Kopf zu gesagt, er lüge. Der Prophet hatte das Heiligtum Davids beschrieben, und diese Kirche ähnelte seiner Beschreibung nicht. Daraufhin hatte der Patriarch sie zur Zionskirche geführt und ihnen wiederum erklärt, dies sei das Heiligtum Davids. Und auch hier hatte der Kalif ihm entgegengehalten, dass er lüge. Schließlich hatte der Patriarch sie zum Tempelplatz der Heiligen Stadt geführt und sich neben das Tor gestellt, das später »das Tor Mohammeds« genannt wurde.

In jener Zeit hatte auf dem ganzen Tempelplatz Mist herumgelegen. Er lag auf den Stufen des Tores, sodass er sich, wenn das Tor geöffnet wurde, auf die Straße ergoss, und auf den Stufen war so viel aufgehäuft worden, dass er fast bis zur Spitze des Torralmens reichte. Der Patriarch sagte zu Omar, weiter könnten sie nicht gehen, es sei denn, sie würden auf Händen und Knien kriechen. Er hatte angefangen zu kriechen, und alle waren ihm hinterhergekrochen, bis er sie in den Hof des Tempelplatzes gebracht hatte.

Diese Faszination von der Tempelstätte stand in deutlichem Gegensatz zu der ansonsten scheinbar waltenden byzantinischen Gleichgültigkeit. Der Fels, auf den die Bundeslade einst gestellt worden war, und
die unmittelbare Umgebung waren verödet und mit Schmutz bedeckt.
Nach muslimischer Überlieferung hatten die Christen die Stätte vernachlässigt und nie versucht, eine Kirche darauf zu erbauen, da Christus prophezeit hatte, kein Stein werde auf dem anderen bleiben und
alles werde zerstört werden. Als sie den Tempelplatz erreicht hatten,
hatte der Patriarch Sophronius, während er mit Kalif Omar ibn al-Khat-
tab im Dreck stand, dessen Hand gehalten.

Dann hatte Omar seinen Umhang abgenommen, ihn mit Dreck ge-
füllt und ins Hinnomtal geworfen. Als die Muslime sahen, dass der Kalif mit eigenen Händen Schmutz aufgehoben hatte, hatten auch sie ihre
Umhänge und Schilde und was sie sonst finden konnten, genommen
und sich an die Arbeit gemacht, bis der ganze Ort gesäubert und der
Fels zu sehen war. Dann hatten sie verkündet, sie wollten ein Heiligtum
mit dem Fels als Mittelpunkt bauen. Omar war jedoch dagegen gewesen
und hatte gesagt, sie sollten ein Heiligtum bauen, bei dem der Fels am
Ende stehen sollte. Daraufhin war eine Moschee an der südlichen Ecke
der Plattform des Herodianischen Tempels errichtet worden. Im 7. Jahrhundert wurde aber noch ein anderes Gebäude errichtet, und zwar
über dem Fels, um ihm quasi als Schrein zu dienen, und das ist der
Qubbat al-Sakhra, der »Felsendom«.

Was in der Zeit zwischen der Zerstörung des Tempels im Jahr
70 n. Chr. und der Entscheidung der muslimischen Eroberer, auf dem
Tempelberg zu bauen, dort geschah, wissen wir nicht genau. Die Christen hatten offenbar ihre eigenen heiligen Orte in Jerusalem, sie scheinen sich nicht um den Tempel gekümmert zu haben. Der Pilger aus
Bordeaux berichtete, es habe dort »einen durchlöcherten Stein« gegeben, »zu dem die Juden kommen und den sie jedes Jahr salben« und
an dem »sie wehklagen und ihre Kleider zerreißen und dann wieder gehen«. Der Bibelforscher Jerome hatte dieses Ritual auch erlebt, das am
neunten Tag des Monats Ab stattfand, dem Jahrestag der Zerstörung

des Tempels und dem einzigen Tag, an dem die Juden von den christlichen Obrigkeiten nach Jerusalem hineingelassen wurden.

Wir wissen, dass Bar Kochba einen Teil der Trümmer wegräumen ließ, um nach 132 n. Chr. sein eigenes Heiligtum zu bauen, sein Aufstand gegen Rom wurde allerdings niedergeschlagen. Ein weiterer Versuch, den Tempel wiederherzustellen, wurde im Jahr 362 n. Chr. mit der Unterstützung von Kaiser Julian »Apostata« unternommen, der für seinen Hass auf das Christentum berüchtigt war. Im Jahr 614 gaben auch die Perser ihre Erlaubnis dazu, um sie dann 617 jedoch zu widerrufen. Das Gelände wurde geräumt, mehr geschah aber nicht.

Nachdem der byzantinische Kaiser Herakleios die Perser 627 besiegt hatte, kehrte er im Triumph mit den Überresten des heiligen Kreuzes nach Jerusalem zurück, das Helena, die Mutter von Kaiser Konstantin, im 4. Jahrhundert wiedergefunden hatte. Betrachtete er die jüdischen Versuche, Anspruch auf den Tempelberg zu erheben, als Bedrohung für die wahre Religion, und sollten damit die Jahrhunderte christlicher Gleichgültigkeit abrupt beendet sein? Als die Samaritaner 484 versucht hatten, Anspruch auf den Berg Garizim zu erheben, hatte Kaiser Zeno diesen Akt der Auflehnung gegen den wahren Glauben damit beantwortet, dass er eine Kirche auf dem Gipfel des heiligen Berges erbauen ließ. Könnte Herakleios auf den jüdischen Anspruch genauso reagiert haben? Eines der Rätsel des Tempelberges ist das Goldene Tor, das ohne Sinn und Zweck erscheint, wenn auf dem Berg nicht etwas gebaut oder wenigstens geplant worden war.

Die von Zeno auf dem Berg Garizim errichtete Kirche war als Achteck mit einem Wandelgang angelegt worden und zugleich Schrein einer Reliquie des Felsens von Golgatha. Ob Herakleios etwas Ähnliches auf dem Tempelberg geplant hatte und ob sein Vorhaben durch das Eintreffen der islamischen Armeen vereitelt wurde, ist alles in allem jedoch kaum mehr als eine spannende Spekulation. Fest steht aber, dass der Felsendom sich von jedem anderen Bau in der islamischen Welt unterscheidet und fast identisch mit den achteckigen Kirchen mit Wandelgängen ist, die christliche Architekten in jener Zeit bauten.

Die muslimische Faszination von Jerusalem und dem Fels wird oft auf die »Nachtfahrt« im Koran zurückgeführt: »Preis dem, der Seinen Diener des Nachts entführte von der heiligen Moschee zur fernsten Moschee, deren Umgebung Wir gesegnet haben, um ihm Unsre Zeichen zu zeigen. Siehe, er ist der Hörende, der Schauende.« (Sure 17,1) Der Diener dürfte Mohammed sein, und die heilige Moschee ist eindeutig das Heiligtum in Mekka. Was ist jedoch die »fernste Moschee«? Nach muslimischer Überlieferung ist dies Jerusalem. Diese Überlieferung scheint aber erst Ende des 7. Jahrhunderts, als die Muslime ihr eigenes Heiligtum auf dem Tempelberg errichteten, aufgezeichnet worden zu sein.

Jerusalem wurde auch als der Ort genannt, von dem Mohammed bei der *Mihraj* oder »Himmelsreise«, die in zwei Suren des Koran erwähnt wird, in den Himmel aufgefahren sein soll. Die »Nachtfahrt« und die »Himmelsreise« werden oft miteinander verwechselt oder zusammengeworfen. Der mysteriöse *Buraq*, auf dem der Prophet reiste, entstammt der »Nachtfahrt« und wurde in den Überlieferungen zum Aufstieg in den Himmel übernommen. In frühen Berichten erfolgte der Aufstieg in den Himmel über eine herrliche Leiter, ähnlich der, die im äthiopischen Jubiläenbuch erwähnt wird und fast die gleiche Bezeichnung trägt. Auch wenn der Aufstieg im Koran als Vision beschrieben wird, reiste der Prophet bei der »Nachtfahrt« in seinem Körper, und dies wird bei der Himmelsreise ebenfalls behauptet.

Wenn die Behauptung, Jerusalem sei die »fernste Moschee«, nach der Entscheidung, den Felsendom zu bauen, aufgestellt wurde, bleibt zu fragen, warum diese Entscheidung getroffen wurde. Muslimische Historiker haben diese Frage in aller Ausführlichkeit diskutiert. Al-Yaqubi glaubte, Kalif Abd al-Malik habe damit die Hoffnung verbunden, die jährlichen Pilgerreisen von Mekka nach Jerusalem umleiten zu können. Da er sich in Mekka mit Revolten konfrontiert sah, sei der Dom sein Ersatz für die Kaaba gewesen. Abd al-Malik verbot dem Volk Syriens offenbar, die Pilgerreise zu unternehmen, da sein Rivale Abdallah ibn as Subair die Wallfahrer oft gefangen nehmen ließ und zu seinen Untertanen machte. Als das Volk sich beschwerte, die Pilgerfahrt sei ein Gebot Gottes, antwortete der Kalif, der Prophet habe geschrieben, dass nur zu drei Moscheen gepilgert werden würde: Mekka, Medina und Jerusalem. Jerusalem konnte anstelle von Mekka gewählt werden, und der Fels, auf den der Prophet seinen Fuß setzte, als er in den Himmel auffuhr, konnte als Ersatz für die Kaaba dienen. Abd al-Malik ließ dann einen Dom über dem Fels erbauen, den er mit Brokatvorhängen verhüllte. So, wie die Pilger um die Kaaba herumgegangen waren, begannen sie nun, um den Fels herumzuschreiten, und diese Sitte wurde während der ganzen Zeit der Omaijaden-Dynastie beibehalten.

Auch wenn es für gewöhnlich als Polemik gegenüber den Omaijaden interpretiert wird, so behauptete der christliche Pilger Arculf doch, Muawija sei tatsächlich in Jerusalem die Kalifenwürde verliehen worden. An der Südecke der Tempelplattform sind auch Reste eines großen Palastes erhalten geblieben. Dieser hatte einen direkten Zugang zum Tempelberg und scheint während der Dynastie der Omaijaden errichtet worden zu sein. Wurde der Felsendom von Abd al-Malik als Teil seines Plans gebaut, von Jerusalem aus über die islamische Welt zu regieren? Sollte der Felsendom verkünden, dass der Islam das Byzantinische Reich abgelöst und Erbe des jüdischen Alten Bundes wie auch des Neuen Bundes der Christen geworden war? Er war fraglos öffentlicher Ausdruck islamischer Heiligkeit und übertraf in seiner Pracht und Schönheit jede christliche Kirche.

Al-Muqaddasi zufolge war der Dom die islamische Antwort auf die christliche Grabeskirche wie auch eine Bekräftigung der alten biblischen Behauptungen über die Heiligkeit der Tempelstätte, des Himmelstores und des Grundsteins der Erde. Er sei ursprünglich nicht zum Gedenken an die im Koran beschriebene »Nachtfahrt« gebaut worden, auch wenn dies traditionell so gedeutet werde. Als Abd al-Malik eines Tages mit seinem Onkel sprach, habe er bemerkt, Kalif al-Walid hätte nicht so viel Geld für die Moschee in Damaskus ausgeben sollen. Er hätte das Geld besser für den Bau von Straßen oder Karawansereien oder die Wiederherstellung von Moscheen verwenden sollen, die von den Christen mit Beschlag belegt worden waren. Aber die Christen besaßen immer noch so viele schöne Kirchen, darunter die Grabeskirche und die Kirchen von Lydda und Edessa. Deshalb hatte der Kalif eine Moschee errichtet, die diese Kirchen übertreffen, etwas Einmaliges, ein Wunder für die Welt sein sollte. Nachdem er die prächtige Grabeskirche gesehen hatte, fürchtete er, sie könnte mit ihrer Schönheit den Glauben der Muslime schwächen. Deshalb hatte er den Felsendom gebaut.

Selbst wenn der Felsendom nicht vor dem Hintergrund des muslimischen Glaubens gebaut worden war, Mohammed habe seine Nachtfahrt nach Jerusalem gemacht oder sei von dem Felsen, auf dem die Lade einst gestanden hatte, in den Himmel aufgefahren, dauerte es nicht lange, bis diese Annahmen verbreitet wurden. Sogar heute gibt es noch Zeichen und Abdrücke auf dem Tempelberg, die der Prophet und sein wundersames Ross hinterlassen haben sollen. Aber wenn der Dom ebenso sehr aus politischen wie aus religiösen Gründen gebaut wurde, so scheint dies doch keine Abweichung von den Ambitionen Salomos darzustellen, und es dauerte, wie wir noch sehen werden, nur wenige Jahrhunderte, bis die Christen, die nach Jerusalem pilgerten, anfingen zu glauben, der Felsendom sei tatsächlich der Tempel Salomos. Und dieser Glaube hielt sich trotz der Tatsache, dass die achteckige Form des Doms völlig im Widerspruch zu den Beschreibungen des Tempels in der Bibel oder den alten jüdischen Überlieferungen stand. Die Schilderungen des Doms spielten möglicherweise auch eine zentrale Rolle bei der Weitergabe jüdischer Themen nach Äthiopien, als die dortigen Überlieferungen über die Bundeslade in höchster Vollendung ausgeschmückt wurden – wenn die erklärtesten Verfechter eines alten jüdischen Erbes jenseits des Roten Meeres das auch nie registriert haben.

Doch die Muslime waren, bereits bevor der Dom gebaut wurde, von Jerusalem fasziniert, wie an den Diskussionen über die Gebetsrichtung ablesbar ist. Wie alt diese Debatte in jener Zeit schon war, wird durch die Tatsache bestätigt, dass die ältesten Moscheen nicht auf Mekka ausgerichtet waren. Die Gebetsrichtung wurde in Wirklichkeit wohl erst viel später geändert, als dies von der muslimischen Überlieferung angenommen wird. Am Ende stellte sich die Notwendigkeit, zwischen Jerusalem und Mekka zu wählen, offenbar nicht mehr so dringlich. Am Tag des Jüngsten Gerichtes wird die Kaaba, wie die muslimische Überlieferung uns sagt, von Mekka nach Jerusalem fliegen und als Braut auf dem Tempelberg erscheinen. Diese Vorhersage zeigt nicht nur, wie beständig die muslimische Verehrung Jerusalems ist, sondern auch, dass antike Ergebenheiten über die Jahrhunderte Bestand haben. Sie verändern sich und behalten dennoch ihre ursprüngliche Form. Sie können zerstört werden, sie können wieder aufgebaut werden, aber irgendwie bleiben sie immer gleich.

Bietet die arabische Faszination für Jerusalem und seinen Tempel einen Schlüssel zum Rätsel um die Bundeslade, die jenseits des Roten Meeres, in Äthiopien, erhalten geblieben sein soll? Könnte das arabische Zion erklären, wie man auch an das afrikanische Zion glauben könnte? Wenn der Schwarze Stein und Abrahams Stätte wie die Tafeln Mosis heilige Steine sind − Steine, die vom Himmel kamen, einen Bund bargen und in einer hölzernen Lade aufbewahrt wurden −, was könnte uns das über die Lade in Aksum sagen, mit der Iyasu sprach? Verrät es uns etwas darüber, was wir zu sehen bekommen hätten, als die Priester die große Reliquie dem Kaiser brachten? Gewiss kann ein Stein, der im 6. Jahrhundert verehrt wurde, bis zum 17. Jahrhundert und noch viele Jahrhunderte darüber hinaus erhalten geblieben sein. Die Steine in Mekka haben das allem Anschein nach geschafft.

Aber davon einmal abgesehen erzählen arabische Historiker uns auch, die Bundeslade sei nach Arabien gebracht worden und in die Obhut der Jurhum gekommen, jenes Stammes, der die Kaaba in Mekka kontrollierte. Interessant ist im Übrigen, dass Mekka nicht der einzige Ort in Arabien war, der eine Kaaba besaß. Es gab auch eine Kaaba in der Karawanenstadt Najran, die ebenfalls unter der Kontrolle der Jurhum stand.

Jüdische Priester aus Tiberias waren nach Najran gekommen, wo, wie wir noch sehen werden, ein jüdischer Fürst ein Massaker veranstalten sollte und dann selbst getötet wurde, nachdem der König von Aksum wegen der Gräuel einen Rachefeldzug gegen ihn geführt hatte. Der Fürst hatte, wie wir wissen, Schwüre bei der Lade geleistet.

Ehe wir uns jedoch dem Süden, Najran und Himjar, zuwenden, müssen wir uns erst noch mit anderen Erinnerungen an die Lade und die Wohnstätte befassen, die im Norden Arabiens bis in die heutige Zeit überlebt haben und die Reisenden, die sie sahen, und die Gelehrten, die davon gehört hatten, faszinierten.

12 DIE LADEN ISMAELS

Vor fast 70 Jahren kehrte der österreichische Abenteurer Carl Raswan zu den Beduinen zurück, mit denen er vor dem Ersten Weltkrieg im Norden Arabiens umhergezogen war. Sein Bericht über die Jahre bei den Ruala gehört zu den Klassikern der romantischen Abenteuerreisen im Osten und lieferte zugleich die Grundlage für eine der faszinierendsten Untersuchungen zur Bundeslade. Wenn der Prophet Ezechiel an den Strömen von Babel eine Vision erfahren hatte, so behauptete Raswan, mit eigenen Augen in der arabischen Wüste die Lade Ismaels gesehen zu haben und damit in den Kampf gezogen zu sein.

Er beschreibt, wie die Ruala sich zum Aufbruch sammelten, um sich auf die verzweifelte Suche nach neuem Weideland zu machen. Dazu mussten sie die Gebiete ihrer Feinde durchqueren. Wenn ihnen dies nicht gelang, wäre das ihr sicherer Tod. Der Stamm und seine Herden waren auf eine seit Generationen nicht da gewesene Größe angewachsen, und ein ganzes Volk schien sich in Bewegung zu setzen. Raswan wusste, dass dies keine der im Frühling oder Herbst üblichen großen Wanderungen, sondern einer jener historischen Kriegszüge war, die es in jedem Jahrhundert nur einmal gibt.

In seinem Bericht schildert er, wie Hunderttausende von Kamelen mit ihren langen, sich rhythmisch hebenden und senkenden Köpfen durch die Wildnis schwärmten und wie von einer unsichtbaren Kraft im Boden vorangetrieben wurden. Wie Heuschrecken, schrieb er, plünderten sie das spärliche Weideland, das sich vor ihren hungrigen Mäulern ausbreitete, und ließen den Boden nackt und zerstampft in einem Schleier von Staub und Dunst zurück, der noch Stunden später in der Luft hing.

An der Spitze des Zuges sah Raswan ein Kamel, das »ein einzigartiges Gestell« auf seinem Rücken trug. »Hunderte kleine Bündel schwarzer Federn vom wilden Strauß waren daran mit barbarischen Verzierungen befestigt.« Das große Gestell aus Akazienholz balancierte festgebunden auf einem besonderen Sattel. Es war das *Markab* oder »Schiff«, auch *Abu-duhur* genannt, der »Vater des Zeitalters«, wie Raswan die Lade Ismaels bezeichnete. Er beschrieb sie als den Altar, vor dem die Beduinen seit Jahrhunderten ihr Dankopfer dargebracht hatten. Und er glaubte, in ganz Arabien habe es nur eine Lade gegeben. Zeit der Geschichte sei sie von Stamm zu Stamm in dem Zuge weitergegeben worden, wie ein Stamm den anderen eroberte.

Die Ruala hatten sie seit fast 150 Jahren, als Raswan mit ihnen durch die Wildnis zog. Sie war zum Symbol ihrer Einheit und ihr Kriegsbanner geworden. Sie behaupteten, sie sei in kritischen Zeiten und insbesondere bei entscheidenden und für das ganze Volk schicksalhaften Kämpfen vom Geiste Allahs bewegt worden und habe ihnen offenbart, wo und wann sie dem Feind begegnen und ihn zum Kampf stellen sollten. Auch jetzt, bei ihrer Wanderung zu neuen Weidegründen, erwarteten sie, dass sich Gottes Kraft und Gegenwart durch mystische Zeichen offenbaren würde, die von dem uralten Heiligtum ausgehen sollten.

An einem kritischen Punkt bei ihrer Suche nach neuem Weideland erlebte Raswan, wie die Lade als Palladium benutzt wurde – als Banner, das den Stamm in den Kampf führen sollte. Er bahnte sich seinen Weg durch eine lärmende Menge von Menschen und Tieren, in der sich die Frauen- und Kinderstimmen mit dem Grölen und Klagen beladener Kamele vermischten, bis ihm eine Gruppe von Frauen auffiel, die sich, trillernd und ihre Schleier schwenkend, zu Fuß einen Weg durch das Gewimmel bahnte. Sie begleiteten eine junge Frau, die ruhig in ihrer Mitte einherschritt. Ihr klares Antlitz leuchtete, und ihre Augen waren ernst und hingebungsvoll. Ihr war unter allen Jungfrauen der Ruala die Gunst zugefallen, im *Markab* zu reiten.

Nachdem sie das Kamel, das die Lade trug und von einem Sklaven geführt wurde, erreicht hatte, lief sie eine Weile daneben her. Das Singen und Tücherschwenken der Frauen steigerte sich zu einer freudigen Ekstase, und plötzlich riss sich die junge Frau aus der Umklammerung der anderen los. Sie erfasste einen Gurt an der Schulter des Kamels, kletterte flink und gewandt auf den Rücken des Tieres und schließlich in das *Markab*. In einer der Ecken befand sich ein Sitz mit einem Steigbügel. »Hier ließ sie sich nieder und thronte«, schrieb Raswan, »wie eine Wüstenkönigin über ihrem Volke.« Dann löste sie ihr Kopftuch, sodass ihr das herrliche Haar über die Schultern fiel. Daraufhin gab sie den Frauen einen Wink, die neben den Kamelen einhergeschritten waren und nun auch in ihre Sänften stiegen.

Mitten aus der Menge heraus hörte Raswan sodann Freudenschüsse, und alsbald galoppierten aus allen Richtungen Männer herbei. Sie stürmten zusammen auf das *Markab* zu, und unter dem Donnern der Hufe stimmten sie einen wilden Gesang an, während sie ihre Königin umzingelten. Das Gesicht der jungen Frau in dem Akazienschrein war nun verklärt vor Freude. In einem Glückstaumel riss sie mit beiden Händen am Hals ihr Kleid auf und brach in einen Jubelgesang aus. Mit entblößter Brust reckte sie sich hoch über dem heiligen Banner auf und hielt in ihrer erhobenen Hand ein Bündel weißer Straußenfedern. Raswan meinte, sie habe wie eine Göttin ausgesehen, die kühnste und schönste Jungfrau ihres Stammes. Sie rief den jungen Männern leidenschaftliche Verheißungen zu und entflammte sie zu kriegerischer Begeisterung. Sie ermahnte sie, an die Helden des Stammes zu denken, die sich einst mit den eisernen Fesseln ihrer Stuten an diese Lade ketten ließen, sodass sie ihre Königin nicht verlassen konnten, sondern ihr beistanden und sie mit ihrem Leben verteidigten.

Obwohl sich der Stamm in einer verhängnisvollen Situation befand und bei der Suche nach Weideland am Rande der Verzweiflung war, hatte Raswan den Eindruck, dass das ganze Volk von einem festlichen Geist ergriffen und belebt wurde. »Es war ein Festtag, denn die Ruala hatten wieder eine Königin – eine Jungfrau in dem heiligen Straußenbanner, und sie schwärmten, mit ihr entführt, ihrem Schicksal entgegen.«

Raswan fand das, was er erlebt hatte, ebenso faszinierend wie aufregend, und er versuchte, die Geschichte des Heiligtums aufzuzeichnen – den Ursprung und die Bedeutung einer Tradition darzustellen, die seiner Meinung nach so sehr der Bundeslade ähnelte. Er behauptete, die Lade Ismaels, wie er sie nannte, habe für den Stamm, der sie jeweils hatte, Sicherheit und Macht bedeutet, während ihr Verlust eine Katastrophe gewesen sei. Ohne sie würde der Stamm sich zerstreuen.

Man hatte ihm erzählt, dass die Ruala ihre Lade schon seit fast 150 Jahren hatten und dass sie vorher im Besitz der Amarat gewesen sei. Nach einer Überlieferung der Ruala war der Stamm in jener Zeit mit den Wuld Ali verbündet gewesen, die sich mit den Amarat im Krieg befunden hatten. Einer der Ruala namens Jidua ibn Mudabir war damals bei den Wuld Ali zu Besuch gewesen und hatte an dem Feldzug teilgenommen. Auf dem Höhepunkt der entscheidenden Schlacht hatte Jidua offenbar die Reiter angegriffen, die das *Markab* und das darin thronende Amarat-Mädchen bewachten. Er hatte sich seinen Weg freigeschlagen und mit einem einzigen Schwerthieb das Kamel mit dem Stammesbanner an einem Bein so schwer verletzt, dass es zu Boden ging. Über den Sturz ihrer heiligen Lade entsetzt, hatten die Amarat daraufhin in Panik die Flucht ergriffen. Jidua hatte so allein einen großen Sieg errungen.

Die Wuld Ali hatten auf dem Schlachtfeld nach ihm gesucht, bis sie ihn schließlich tot am Boden liegend fanden. Er war aus dem Hinterhalt von einem Fußsoldaten getötet worden. Neben ihm lag das Amarat-Mädchen, das im *Markab* geritten war. Ihr Name war Jamila, und sie hatte sich selbst erstochen, um sich die Schmach der Niederlage zu ersparen. Bei den Wuld Ali wurde eine Legende weitergegeben, derzufolge Jidua und Jamila Liebende gewesen seien. Ihre leblosen Körper waren zusammen unter dem *Markab* gefunden worden – Jamila hielt mit der einen Hand immer noch den Griff ihres Dolches und mit der anderen die Hand des Helden umklammert.

Nach dem ruhmreichen Sieg hatte der Scheich der Wuld Ali den Ruala das *Markab* und das Schwert Jiduas geschenkt. Der Held war ein Ruali gewesen, und er hatte das Heiligtum zu Boden geworfen und damit den Sieg errungen. Seither hatten die Ruala bei all ihren Siegen das heilige Emblem dabei – ein Symbol ihrer herausragenden Stellung unter den Beduinen Arabiens.

Raswan war nicht der einzige Europäer, der Anfang des 20. Jahrhunderts mit den Ruala zusammen durch die Wildnis ritt oder über das *Markab* berichtete. Alois Musil nahm für sich gar die Auszeichnung in Anspruch, ein Blutsbruder Nuri Shaalans gewesen zu sein, eines Häuptlings, der bei allen Stämmen bekannt dafür war, dass er mit eigenen Händen 70 Menschen getötet hatte. Diese Zahl schloss offenbar auch die meisten seiner Brüder mit ein; getötete Türken zählte er jedoch nicht mit, da sie seiner Meinung nach nicht als Menschen anzusehen waren.

In seinem Bericht über die Ruala vermerkte Musil, dass sie das *Markab* als *Abu Zhur* bezeichneten, was »Vater der Zeit« bedeutete – weil es von Generation zu Generation über all die Jahrhunderte hinweg weitergegeben worden war und auf ewig erhalten bleiben würde. Jeder, der das *Markab* besaß, wurde Stammesfürst, und alle anderen folgten ihm in den Kampf. Jedes Jahr wurde dem *Markab* ein weißes Kamel geopfert, und seine Eckpfosten wurden dann mit dem Blut besprenkelt. Die Ruala glaubten, Gott wohne darin und offenbare dem Stamm die Richtung, in die er bei seinen Wanderungen durch die Wüste ziehen solle. Zitterten die Straußenfedern, obwohl es windstill war, oder neigte sich das *Markab* nach rechts, zeigte sich Gottes Wille. Sobald sich das Kamel mit dem Heiligtum in Bewegung setzte, folgte ihm der ganze Stamm, und wenn es anhielt, schlug er seine Zelte auf. Wurden sie von einem starken Feind bedroht, folgten sie dem *Markab* in den Kampf. Ging es bei den Kämpfen jedoch nur um kleinere Überfälle oder Scharmützel, setzten sie es nicht ein.

Der amerikanische Forscher Julian Morgenstern zitierte vor fast 60 Jahren ausführlich aus diesen Berichten und bemerkte eine »nahezu verblüffende« Ähnlichkeit zwischen dem *Markab* und der Bundeslade. Beide besaßen die Macht, den Weg zu wählen, den sie gehen wollten; beide führten ihr Volk durch die Wüste und bestimmten, wo bei Nacht das Lager aufgeschlagen wurde; beide ließen ihm Weissagungen zuteil

werden; beide führten ihr Volk in den Kampf, insbesondere in entscheidende Kämpfe, die für den Stamm Leben oder Tod bedeuten konnten; und beide verhalfen ihnen zum Sieg über den Feind. Aber vor
allem glaubte man von beiden, dass Gott darin wohnte, wenn nicht
dauerhaft, so doch wenigstens bei den Anlässen, bei denen das Volk
göttlicher Hilfe bedurfte.

Morgenstern legte quasi ein Kompendium derartiger Berichte vor.
Er begann mit einem der größten Orientreisenden, dem Schweizer For-
scher Johann Burckhardt, der 1808 in Cambridge Arabisch studierte
und die Sprache dann in Aleppo zu beherrschen gelernt hatte, in der
Hoffnung, nach Timbuktu zu kommen. Er hatte sich oft den Beduinen
im Norden Arabiens bei ihren Wanderungen angeschlossen, insbeson-
dere den Aneyzeh, und bereits ein Jahrhundert vor Raswan wie auch
Musil von der Existenz des *Markab* berichtet. Er behauptete sogar, mit
Männern gesprochen zu haben, die Jidua, den Helden der Ruala, den er
Gedoua nannte, gekannt hatten und dessen Schwert Raswan so viele
Jahre später gesehen haben wollte.

Die Heldenhaftigkeit Gedouas sei in Hunderten von Gedichten festgehalten, schrieb Burckhardt, und die Taten, die er mit dem Schwert
vollbrachte, seien von vielen Zeugen berichtet worden. Er war berühmt dafür, in einem Kampf 30 seiner Feinde erschlagen zu haben. Er
hatte sich nie in die Flucht schlagen lassen. Was er erbeutet hatte, war
enorm; doch während seine Freunde durch seine Großzügigkeit reich
geworden waren, hatte er in Armut gelebt. Und am Ende hatte er sein
Leben der Tapferkeit geopfert.

1790 war es zwischen den Stämmen Ibn Fadhel und Ibn Esmeyr
zum Krieg gekommen, bei dem die meisten Aneyzeh sich auf die eine
oder andere Seite geschlagen hatten. Nach zahlreichen kleinen Gefech-
ten waren die beiden Scheichs in der Nähe von Mezerib aufeinander getroffen, einer Stadt an der Pilgerstraße, etwa 80 Kilometer von Damaskus entfernt. Jeder hatte etwa 5000 Reiter bei sich, und jeder war für
sich zu dem Schluss gelangt, dass der Krieg nur durch eine richtige
Schlacht zu beenden sei. Die Armeen waren in Sichtweite voneinander

in Stellung gegangen, und es war bereits zu einigen Scharmützeln gekommen, als Gedoua sich entschloss, sein Leben für den Ruhm seines
Stammes zu opfern.

Er ritt zum Häuptling Ibn Esmeyr vor, unter deren Banner er kämpfte,
legte seinen Panzerharnisch ab, ging auf ihn zu und küsste ihm den
Bart, um ihm zu erklären, er werde sein Leben für ihn hingeben. Nur
mit seinem Säbel bewaffnet, ritt er dem Feind auf seiner Stute wild entschlossen entgegen. Jeder kannte seinen Mut und war gespannt, ob er
überleben oder sterben würde. Mit seiner unbändigen Stärke bahnte er
sich einen Weg durch die Reihen des Feindes. Als er ihr *Markab* erreichte, das in der Mitte ihrer Truppen befördert wurde, brachte er das
Kamel, das es auf dem Rücken trug, zu Fall, indem er ihm ein Bein abschlug. Dann wendete er sein Pferd und hatte das offene Feld zwischen
den beiden Armeen schon wieder erreicht, als er durch den Schuss
eines Fußsoldaten getötet wurde. Als seine Freunde sahen, wie das
Markab zu Boden fiel, stürmten sie unter lautem Jubelgeschrei auf ihre
Feinde los und vertrieben sie. Wann immer das *Markab* zu Boden fiel,
wurde der Kampf, wie Burckhardt berichtete, von der Partei für verloren gehalten, in deren Obhut es sich gerade befand.

An seiner Beschreibung des *Markab* wird deutlich, dass Burckhardt
den gleichen Schrein oder die gleiche Art von Schrein gesehen hatte,
wobei es in Bezug auf Einzelheiten jedoch gewisse Unterschiede zu geben schien. Er berichtet, wenn einige der Aneyzeh-Häuptlinge in den
Krieg gezogen seien, hätten sie ein »Kampfbanner« mit sich geführt,
das nur bei kritischen oder entscheidenden Aktionen hochgehalten
worden sei. Der Fall oder Verlust des Banners sei jeweils als Zeichen
der Niederlage gesehen worden. Nach seinem Dafürhalten hatte es
zwei Formen von Bannern gegeben. Das eine wurde *Markab* genannt,
was »Schiff« bedeutet, und es wurde aus etwa zwei Meter langen Holz-
stangen gefertigt. Diese wurden auf dem Rücken eines Kamels gegen-
einander gestellt und so befestigt, dass sie an der Spitze nicht mehr als
eine Handbreit auseinander standen, unten zwischen ihnen aber dennoch so viel Platz war, dass eine Person dazwischen auf einem Sattel

sitzen konnte. Der obere Teil des Banners war mit schwarzen Straußenfedern bedeckt. Das andere wurde *Otfe* genannt und bestand aus zwei
jeweils an den Seiten angebrachten Brettern, die ein etwa 1,50 Meter
hohes Rechteck bildeten. Genau wie das *Markab* war es mit Straußenfedern verziert. Bei Kämpfen scharten sich alle Reiter um das Banner,
und bei Angriffen richtete jede Partei ihr Hauptaugenmerk jeweils
auf das *Markab* oder *Otfe* des Feindes. Und wenn es erbeutet wurde,
brachte man es triumphierend zum Zelt des siegreichen Scheichs.

Morgenstern zitierte ausführlich aus buchstäblich jedem Bericht,
den er über diese Schreine hatte finden können, und hielt fest, welche
Übereinstimmungen und Abweichungen er bei dem, was die Autoren
jeweils gesehen oder die Stämme ihnen erzählt hatten, festgestellt
hatte. Es erschien ihm wichtig herauszufinden, ob es nur ein *Markab*
gab oder ob mehrere Stämme solche Banner besaßen. Er suchte nach
Belegen, ob das *Otfe* identisch mit dem *Markab* oder nur damit verwandt war. Eine tiefgreifendere theologische Frage, die Folgen für die
Geschichte der Bundeslade haben könnte, war, ob *Abu Zhur* der ursprüngliche Name der Stammesgottheit und, nachdem der Stamm zum
Islam übergetreten war, mit Allah gleichgesetzt worden war. Am wichtigsten war vielleicht: Morgenstern hoffte, die Herkunft und das Alter
des Schreins ermitteln zu können.

Zumindest ein zuverlässiger Zeuge setzte aus seiner Sicht das *Markab* mit dem *Otfe* gleich. Bei beiden handelte es sich um die gleiche Art
von Schrein, und ursprünglich hatte jeder Stamm möglicherweise
einen solchen Schrein besessen. Aber nur bei den Ruala, dem größten
Beduinenstamm, war der Brauch noch erhalten geblieben. Die Frage
von *Abu Zhur* war wohl nicht mehr zu klären, während Morgenstern
sich bei der Frage nach der Herkunft des *Markab* genötigt sah, in der
islamischen Welt nach weiteren Schreinen zu suchen.

1867 brach Charles Doughty von Damaskus mit einer Pilgerkarawane
nach Mekka auf. Er hoffte, trotz der Einwände der türkischen Behörden
zu den Ruinen von Madain Salih zu gelangen. Das war eine der sieben

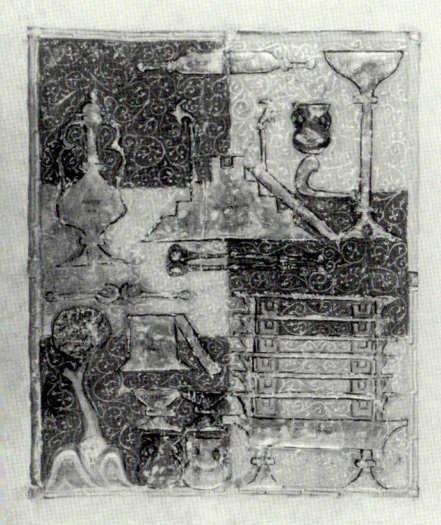

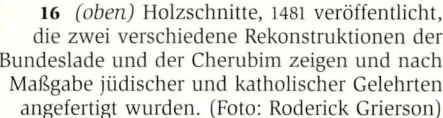

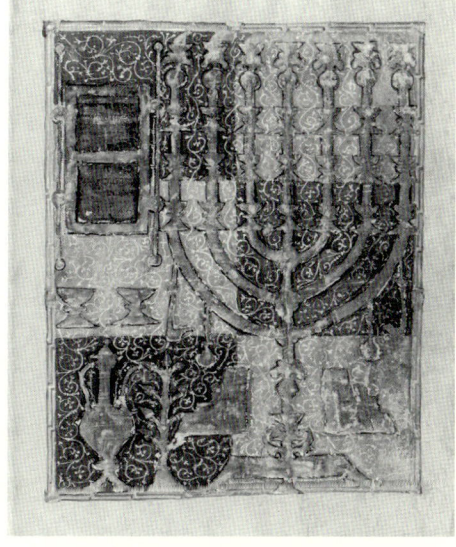

16 *(oben)* Holzschnitte, 1481 veröffentlicht, die zwei verschiedene Rekonstruktionen der Bundeslade und der Cherubim zeigen und nach Maßgabe jüdischer und katholischer Gelehrten angefertigt wurden. (Foto: Roderick Grierson)

17 *(unten)* Abbildung der Tempelgeräte, die eingangs einer Handschrift der Hebräischen Bibel erschien, die im 14. Jahrhundert in Nordspanien angefertigt wurde. (Foto: British Library)

18 Rekonstruktion des Offenbarungszeltes und seines Vorhofs, umgeben von den Stämmen Israels. Druckplatte, die zur Illustration der von La Fèvre de la Boderie 1569 veröffentlichten vielsprachigen Bibel hergestellt wurde. (Foto: British Library)

19 *(oben)* Eine klassische Rekonstruktion des Tempels Salomos. Druckplatte, die zur Illustration einer 1660 in Cambridge gedruckten englischen Bibel angefertigt wurde. (Foto: British Library)

20 *(links)* Die Stämme Israels lagerten mit den entsprechenden Tierkreiszeichen um das Offenbarungszelt. Aus *Explanationes in Ezechielem*, 1605 von Villalpando veröffentlicht. (Foto: British Library)

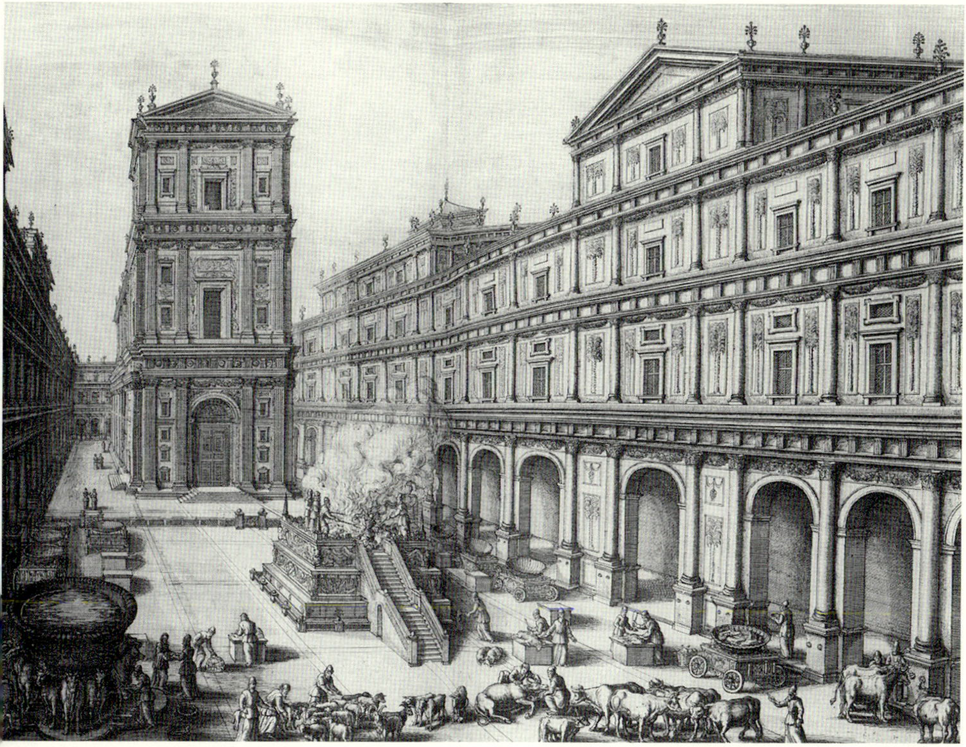

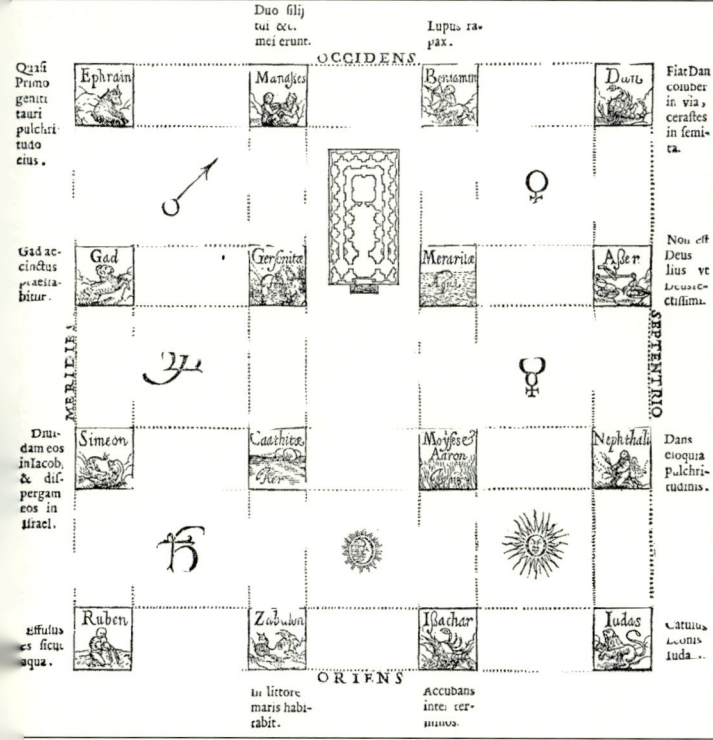

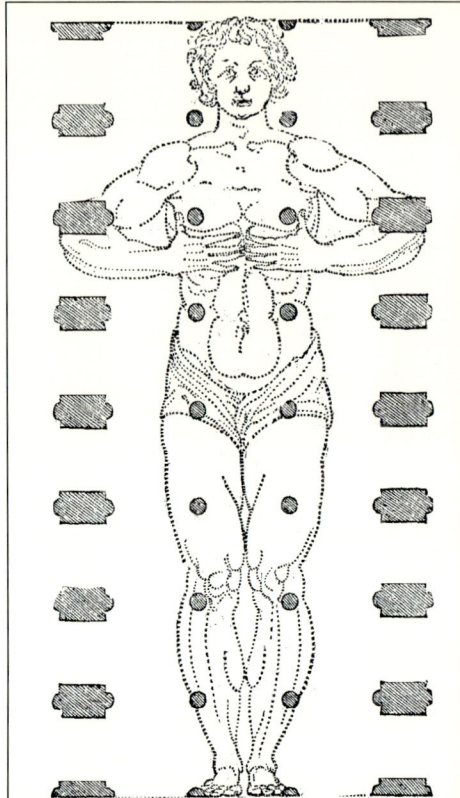

21 *(rechts)* Plan des Tempels mit dem kosmo-
logischen Menschen. Aus *Explanationes in
Ezechielem*, 1605 von Villalpando veröffentlicht.
(Foto: British Library)

22 *(unten)* Holzschnitt vom Tempelberg in
Jerusalem mit dem Felsendom, der als »Tempel
Salomos« bezeichnet wurde. 1486 in Mainz
veröffentlicht.
(Foto: British Library)

23 *(oben)* Blick vom Ölberg auf das Kidrontal und den Felsendom. Nach einer Zeichnung von avid Roberts 1842 von Louis Haghe hergestellter nd veröffentlichter Druck. (Foto: AKG London)

24 *(unten)* Der Felsendom, 691 n.Chr. von dem Omaijaden-Kalifen Abd al-Malik auf dem Tempelberg erbaut.
(Foto: Weidenfeld Archives)

25 Das Innere des Felsendoms r
dem Stein, auf dem die Bundeslade ei
im Tempel Salomos gestanden haben sc
(Foto: AKG London/Erich Lessir

26 *(links)* Der Prophet Mohammed, der von dem wundersamen Burak durch den Himmel befördert wird. Aus einer persischen Handschrift des 15. Jahrhunderts. (Foto: British Library)

27 *(unten)* Der Prophet Mohammed ersetzt den Schwarzen Stein in der Kaaba. Aus der Universalgeschichte von Rashid al-Din, 1314 in Tabriz hergestellt. (Foto: Edinburgh University Library)

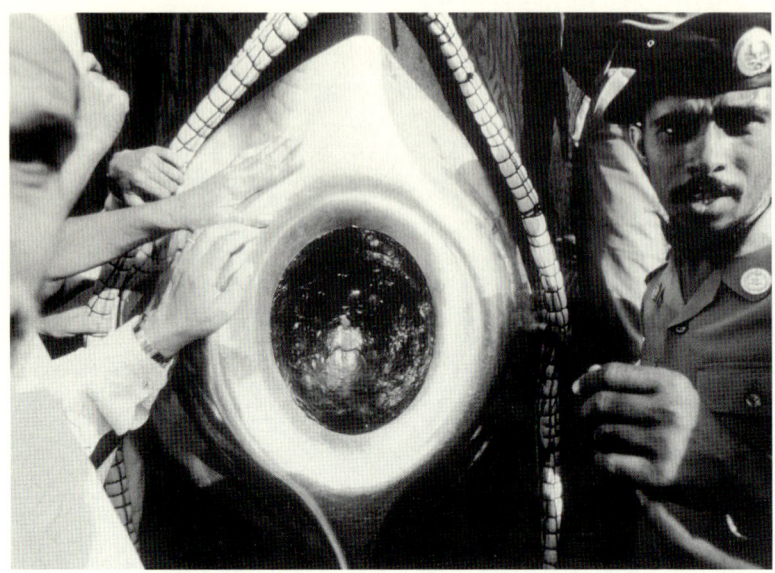

28 *(oben)* Der Schwarze Stein, der durch die Brokatdecke über der Kaaba zu sehen ist. (Foto: Rex Features/Kazuyoshi Nomachi)

29 *(unten)* Pilger beim Umschreiten der Kaaba in Mekka, was nach Überzeugung einiger muslimischer Kommentatoren die Wanderung der Sterne um den Pol symbolisiert. (Foto: Rex Features/ Kazuyoshi Nomachi) großen Städte, die der muslimischen Legende zufolge durch den Handel, der entlang der Weihrauchstraße von Arabia Felix betrieben wurde, reich geworden waren. Selbst der große Burckhardt hatte sie nie gesehen, und Doughty war erpicht darauf, ihn zu übertreffen.

Bei der Abfassung seiner Reiseberichte machte er sich einen eigentümlichen, altmodischen Stil zu Eigen, der, wie er es nannte, »das alte mannhafte Englisch, ganz mit Leib und Seele« geschrieben, offenbarte. Seine Erzählungen von der Pilgerkarawane und den Sklaven, die Holzkohle zum Anzünden der Pfeifen der *Hadschis* transportierten, von einem weißen Hahn, den die persischen Pilger dabei hatten, und Hunden, die 3000 Kilometer von Damaskus nach Mekka und wieder zurück neben der Karawane herliefen, sind ein erstaunliches Zeugnis seiner Kraft und Stärke wie auch seiner Exzentrizität. T. E. Lawrence, der als »Lawrence von Arabien« zu Ruhm und Prominenz gelangte, bezeichnete es als »ein Buch, das nicht wie andere Bücher, sondern etwas Besonderes, auf seine Art eine Bibel ist«.

Als Christ durfte Doughty nicht bis Mekka bei der Karawane bleiben, aber seine Reiseroute nach Madain Salih hätte ihn sowieso nach Westen geführt. Über die Zeit bei der Karawane schrieb er, er habe manchmal über den sich rhythmisch hebenden und wogenden Köpfen all der Menschen und Tiere den nackten Rahmen und die Pfosten des heiligen *Mahmal* gesehen. Es ähnelte, wie er fand, einem Bettgestell und war nach Art der von den Beduinenfrauen benutzten Kamelsänften gebaut. An Festtagen wurde es mit einer prächtigen grünen Samtdecke verhüllt, der Farbe des Propheten Mohammed, und die vier Pfosten wurden mit Silberschmuck verziert, in dem sich das Licht fing. Doughty wurde erzählt, die Sänfte sei das Banner des *Haj*, und man folge damit einem alten arabischen Brauch der Beduinen. Bei jeder großen Schlacht der Stämme wurde ein schönes Mädchen unter den Töchtern des Scheichs auserwählt, das sein Volk im Angesicht des Feindes inspirieren und die Herzen der jungen Männer so entflammen sollte, dass sie sich bereitwillig, ob um den Preis des Todes oder des Sieges, in die Schlacht warfen.

Neben dem Glaubensbekenntnis, den Gebeten, dem Fasten und den Almosen ist die Pilgerfahrt nach Mekka einer der fünf Grundpfeiler des Islam. Aber schon ehe der Engel Gabriel dem Propheten Mohammed das Wort Gottes zu offenbaren begann, war die Pilgerfahrt bei den Arabern von Hedschas Sitte. Sie fand möglicherweise jeden Herbst statt, so wie das in der hebräischen Bibel beschriebene Laubhüttenfest, das manchmal *Hag* genannt wurde. Nachdem der Prophet einen Mondkalender eingeführt hatte, begann der Monat der großen Pilgerfahrt, *Dhu l'hidjdja*, sich im Jahr zu verschieben. In der Hitze des Sommers konnte die Reise sich als äußerst beschwerlich erweisen, und der Prophet soll selbst gesagt haben, die Pilgerfahrt sei eine Art Strafe.

Aber es gab noch ein weiteres Problem: die Gefahr, von den Stämmen überfallen zu werden, durch deren Land die Pilgerkarawanen ziehen mussten. Wenn die Pilger sich ergaben und fügten, kamen sie für gewöhnlich mit dem Leben davon, aber die Plünderungen durch die Stämme nahmen oft unerträgliche Ausmaße an. Dem wurde offenbar auf zweierlei Weise begegnet. Die Obrigkeit in Mekka versuchte, die Stammeshäuptlinge damit abzufinden, dass sie ihnen eine Gebühr, eine *Surra*, bezahlte, und die Karawanen reisten unter so schwerer Bewachung, dass sie im wahrsten Sinne des Wortes bewaffnete Expeditionen waren.

Die größten Karawanen gingen von Damaskus, Bagdad, Kairo und dem Jemen aus. Wenn sie in Mekka eintrafen, trug das erste Kamel, das die Stadt betrat, das von Doughty beschriebene *Mahmal* auf dem Rücken, eine geschmückte, leere Sänfte, in der nur eine Ausgabe des Koran lag. Sie wurde mit großer Freude begrüßt.

Sie ist heute jedoch nicht mehr zu sehen. Sie wurde 1808 von den Nachfolgern des Reformers Muhammad ibn Abd al-Wahhab verboten, die alle Neuerungen ablehnten, die nach den ersten drei Jahrhunderten im Islam eingeführt worden waren. Burckhardt zufolge betrachteten die Wahhabiten das *Mahmal* als »unsinnigen Pomp, götzendienerischen Ursprungs, der dem Geist der wahren Religion widerspricht«. Da es weder unter den vier orthodoxen Kalifen noch während der Dynastie der Omaijaden oder Abbasiden eine derartige Tradition gegeben hatte, betrachteten sie das *Mahmal* als heidnisch. Angesichts der Zeugnisse jüngeren Datums, die beschreiben, wie, trotz des islamischen Verbots, bei religiösen Ritualen Flöten einzusetzen, zwei Flötenspieler im Gefolge des *Mahmal* in Mekka einhergingen, überrascht es wohl kaum, dass die Wahhabiten darüber entsetzt waren.

Das *Mahmal* wurde zwar schließlich wieder eingesetzt, jedoch ein Jahrhundert später, als der Haschimiden-Scherif Husain in Hedschas regierte, wegen eines Disputs mit der ägyptischen Regierung erneut abgeschafft. Nachdem Husain von Ibn Saud, dem Gründer des saudiarabischen Staates und Anhänger der Wahhabiten-Reform, entmachtet worden war, wurden die gleichen Einwände und Vorbehalte von neuem laut. Zudem betrachtete Ibn Saud die Militäreskorten als Affront gegen seine eigene Herrschaft.

Als der Disput 1926 gewalttätige Ausmaße annahm, musste er persönlich eingreifen. Es wurde ein Kompromiss erzielt: Die Musik, die das *Mahmal* einst begleitet hatte, wurde als heidnisch abgeschafft, die Sänfte 1929 dann jedoch wieder nach Mekka geschickt. Dabei blieb es jedoch nicht.

In früheren Jahrhunderten hatten die muslimischen Herrscher größten Wert darauf gelegt, dass ihr eigenes *Mahmal* in seiner Pracht die aller Rivalen übertraf. Dieser Wettstreit spiegelte die politischen Ambitionen der Herrscher und ihre Hoffnung wider, als Schutzherren der in Mekka herrschenden Scherifs anerkannt zu werden. In der Chronik von Mekka ist von einem *Mahmal* die Rede, das 1322 aus dem Irak entsandt worden und mit Gold, Perlen und kostbaren Edelsteinen bedeckt war; die größte Pracht besaß für gewöhnlich jedoch, dank der Macht und des Reichtums der Mamelucken-Sultane in Ägypten, das *Mahmal* aus Kairo. Dieser Konkurrenzkampf führte offenbar auch häufig zu militärischen Auseinandersetzungen zwischen den einzelnen Fraktionen, die die verschiedenen Herrscherhäuser vertraten, und bei diesen Kämpfen wurde das *Mahmal* als Banner eingesetzt.

Diesen Brauch brachten die ersten Europäer, die behaupteten, ihn erlebt zu haben, mit der Bundeslade in Verbindung. Im 16. Jahrhundert berichtete ein Reisender, der Koran sei »in einer kleinen Truhe aus reinem Edelholz, einem Abbild der Lade des Alten Testaments«, von Kairo nach Mekka transportiert worden.

Maundrel hinterließ eine detailliertere Beschreibung des *Mahmal*, das er 1699 in Damaskus, kurz ehe man sich damit auf den Weg zum Haj machte, gesehen hatte. Dabei handelte es sich um einen großen Pavillon aus schwarzer Seide, der von einem riesigen Kamel getragen wurde und an jeder Seite mit Goldfransen geschmückt war, die bis auf den Boden reichten. Unter diesen Pavillon wurde zusammen mit einem neuen wertvollen Teppich, den der Sultan jedes Jahr als Abdeckung für das Grab des Propheten nach Mekka schickte, sehr feierlich der Koran gelegt. Den alten Teppich nahm die Karawane wieder mit nach Hause, denn er galt als unbezahlbarer Schatz.

Ein gutes Jahrhundert später beschrieb Burckhardt das ägyptische *Mahmal* und lieferte auch eine Erklärung zu seinem Ursprung. Er glaubte, der Brauch sei aus den Kampfbannern der Beduinen entstanden, dem *Markab* und *Otfe*, die mit ihren hohen, von Kamelen getragenen Holzgestellen dem *Mahmal* ähnelten. Darin habe sich jedoch, wie er betonte, keine Ausgabe des Koran, sondern nur ein Gebetbuch befunden.

Genau wie bei dem *Markab* und *Otfe* schien es auch hier selbst bei aufmerksamen Beobachtern Abweichungen zu geben, was die Einzelheiten anging, an die sie sich erinnerten. Nachdem er jahrelang in Ägypten gelebt hatte, um Informationen für sein berühmtes Arabisches Lexikon zu sammeln, veröffentlichte William Lane *An Account of the Manners and Customs of the Modern Egyptians* (Ein Bericht über die Sitten und Gebräuche der modernen Ägypter). Er beschrieb darin das *Mahmal* nicht nur in einer Art und Weise, die darauf schließen ließ, dass er Burckhardt gelesen hatte, sondern unternahm auch den Versuch, seinen Ursprung zu erklären.

Dabei handelte es sich, wie er schrieb, um ein quadratisches Rahmengestell mit einem pyramidenförmigen Aufsatz. Es war mit einer schwarzen Brokatdecke verhüllt, die reich, teils auf einem Grund aus grüner oder roter Seide, mit Goldstickereien in Form von Inschriften und Ornamenten verziert war. An den Kanten war sie mit Seide eingefasst und mit Quasten und Silberkügelchen gesäumt. Die Decke scheint jedoch nicht immer auf die gleiche Weise verziert gewesen zu sein, aber auf jeder, die Lane gesehen hatte, prangte eine in Gold gewirkte Ansicht von der Moschee in Mekka und darüber das Monogramm des Sultans. Das *Mahmal* enthielt bis auf zwei Ausgaben des Koran nichts. Die eine war in Form einer Schriftrolle verfasst, die andere in Form eines kleinen Buches. Beide lagen in versilberten Kästchen, die an der Spitze des *Mahmal* befestigt waren. Das Kamel für das *Mahmal* war ob seiner Schönheit und Stärke ausgesucht worden und musste für den Rest seines Lebens keine Lasten mehr tragen.

Man hatte Lane erzählt, Baibars, der Sultan von Ägypten, sei der Erste gewesen, der um 670 (1272 n. Chr.) mit der Pilgerkarawane ein *Mahmal* nach Mekka gesandt habe. Allgemein ging man jedoch davon aus, dass der Brauch bereits einige Jahre vor seiner Thronbesteigung entstanden war. Demnach war eine wunderschöne türkische Sklavin die Lieblingsfrau des Sultans al-Salah Najm al-Din geworden. Als dessen Sohn und einziger Erbe starb, sorgte sie dafür, dass sie selbst als Herrscherin von Ägypten anerkannt wurde. Sie hatte die Pilgerfahrt in einer prächtig verhüllten Sänfte auf einem Kamel unternommen, und einige Jahre später war ihre leere Sänfte dann »rein des Zeremoniells wegen« mit der Karawane mitgesandt worden. Die nachfolgenden Sultane hatten den Brauch beibehalten, mit jeder Pilgerkarawane als herrschaftliches Emblem eine Sänfte mitzuschicken, und die Herrscher anderer Länder hatten diese Sitte dann ebenfalls übernommen – bis das *Mahmal* am Ende als »Gegenstand unsinnigen Pomps« von den Wahhabiten verboten worden war.

Wenn die von Lane über den Ursprung des *Mahmal* gelieferten Informationen korrekt sind, bedeutet dies, dass diese Institution über 700 Jahre alt ist. Und sofern diese Datierung akzeptiert wird, bedeutet dies auch, dass dieser Brauch sehr schnell sehr wichtig geworden war.

Aufzeichnungen in Mekka bestätigen, dass das Eintreffen des *Mahmal* aus dem Irak 1320 ein bedeutsames Ereignis war. Das *Mahmal* aus dem Jemen wurde 1380 vermerkt, und es war wahrscheinlich nicht das Erste, das aus dem Süden gekommen war. Sein Ursprung ist somit vielleicht sogar noch älter, als uns bekannt ist; aber wann es auch immer das allererste *Mahmal* gegeben haben mag, wir haben in jedem Fall Belege über ältere Schreine in Arabien, die sowohl mit dem *Markab* als auch mit dem *Mahmal* verwandt zu sein scheinen.

Am 4. Dezember 656 wurde nahe Basra der »Kamelkampf« ausgetragen. Ali Ibn Abi Talib, der Cousin des Propheten Mohammed und Ehemann von dessen Tochter Fatima, sah sich mit einem Bündnis konfrontiert, als sie sich weigerte, seinen Anspruch auf die Nachfolge des ermordeten Othman als Kalifen des Propheten zu akzeptieren. Dazu gehörte auch Aischa, »die Mutter der Gläubigen« und Lieblingsfrau des Propheten. Aischa hatte Ali jahrelang als Todfeind betrachtet. Er hatte Mohammed gedrängt, sie zu verstoßen, nachdem ihre Tugendhaftigkeit wegen eines Vorfalls infrage gestellt worden war: Sie war auf dem Weg nach Medina unterwegs von einer Karawane zurückgelassen und dann von einem jungen Mann gerettet worden und hatte sich anschließend Beschuldigungen erwehren müssen, die hinsichtlich ihrer Tugendhaftigkeit erhoben worden waren. Sie war erst 18 Jahre alt, als der Prophet starb, und entschlossen, sich Ali auch weiterhin entgegenzustellen.

Ihre Begegnung beim »Kamelkampf« wurde von dem arabischen Historiker al-Tabari beschrieben, der berichtete, Aischa habe in einer Sänfte auf dem Rücken eines kräftigen Kamels Platz genommen. Die Sänfte war an allen Seiten geschlossen und mit einer Panzerung geschützt. Aischa hatte eine Ausgabe des Koran bei sich; im Unterschied zur früheren Sitte waren keine weiteren Frauen dabei. Im Inneren der Sänfte hatte sie dann ihre Brüste entblößt, wobei sie jedoch, dem islamischen Gesetz der Sittsamkeit gehorchend, verborgen geblieben war. Den Blicken der Truppen entzogen, war sie ins dickste Kampfgetümmel vorgedrungen. Immer neue Krieger hatten die Zügel ihres Kamels gehalten, die nacheinander vom Feind getötet wurden, der ebenso erbittert wie verzweifelt versuchte, das Kamel samt der Sänfte zu erbeuten.

An einem kritischen Punkt hatte es in der Schlacht ganz so ausgesehen, als hätten ihre Krieger umkehren und das Weite suchen wollen, Aischa hatte ihnen dann jedoch befohlen, das Kamel mitten ins Gefecht, in die größte Gefahr zu führen. Ihre Krieger hatten sich um die Sänfte geschart, und auch wenn sie das weitere Vordringen des Feindes nicht hatten aufhalten können, war es diesem dennoch nicht gelungen, das Kamel zu erbeuten oder es vom Schlachtfeld zu vertreiben. Ali hatte seinen Männern schließlich befohlen, dem Kamel die Kniesehnen zu zerschneiden, was ihnen auch gelungen war. Das Kamel war zu Boden gesunken, und mit ihm die Sänfte und Aischa. Damit war der »Kamelkampf« beendet gewesen, und Ali hatte gewonnen.

In der Sänfte war Aischa als Person unverletzlich. Nach dem Kampf hatte Ali sie so, wie sie noch immer in der Sänfte verborgen war, ihrem Bruder Muhammad, dem Sohn von Abu Bakr, übergeben. Auch wenn der arabische Text den Vorfall nicht erwähnt, ist in der persischen Übersetzung vermerkt, als Muhammad seinen Arm durch die Vorhänge der Sänfte gestreckt habe, habe seine Hand die nackte Brust seiner Schwester berührt, die sehr verzweifelt gewesen sei.

Vielleicht hielten die arabischen Schriftgelehrten dieses Detail für zu schockierend, um es mit aufzunehmen. Ihr Bericht über die Schlacht bestätigt jedoch, dass die Sänfte, in der Aischa mit in den Kampf ritt, von roter Farbe war. Dies war traditionell die Farbe der Zelte, die in den Jahrhunderten vor dem Islam als Schreine dienten. Mohammed selbst hatte Rot als Farbe des Satans abgelehnt.

Bei einem früheren, ebenfalls von al-Tabari aufgezeichneten Vorfall ging es ebenfalls um Aischa und offenbar um einen ähnlichen Schrein. Ein Mädchen namens Selma, die Tochter von Malik von Banu Ghatafan, war bei einem Überfall von Mohammed gefangen genommen worden. Aischa hatte sie befreit und zum Islam bekehrt. Die Frau hatte dann zu ihrem Volk zurückkehren dürfen, um ihre Eltern zum Islam zu bekehren. Nach dem Tod Mohammeds hatte sie einen Aufstand angeführt, um Blutrache für ihren Bruder zu üben, der bei einem Überfall auf Medina ums Leben gekommen war. Als Khalid ibn Walid gegen sie marschiert war, hatte Selma sich ihm auf dem Schlachtfeld entgegengestellt. Inmitten ihrer Anhänger hatte sie hoch auf dem Rücken eines Kamels in einer Sänfte gesessen. Als Khalid sie sah, hatte er seinen Männern zugerufen: »Wenn dieses Kamel nicht zu Boden geworfen und die Frau getötet wird, können wir nicht siegen!« Obwohl er eine Belohnung von 100 Kamelen ausgesetzt hatte, hatte keiner seiner Krieger einen Versuch gewagt. Schließlich hatte Khalid selbst einige Männer um sich versammelt und war auf das Kamel losgestürmt. Nachdem sie einige Hundert Krieger, die es bewachten, getötet hatten, war er schließlich nahe genug an das Tier herangekommen, um ihm die Kniesehnen zu zerschneiden. Als es zu Boden stürzte, fiel Selma aus ihrer Sänfte. Khalid tötete sie und gewann den Kampf.

Al-Tabari sagt fast nichts über die Sänfte, in der Selma saß, als sie auf ihrem Kamel in den Kampf ritt. Die Aussage, dass Aischa in einer roten Sänfte in den Kampf ritt, obwohl der Prophet sich gegen die Farbe ausgesprochen hatte, und der Bericht im persischen Text, dass sie sich entkleidet hatte, lassen auf eine enge Verwandtschaft mit dem alten Schrein, der so genannten Kubbe, schließen.

Die Kubbe war ein aus rotem Leder gefertigtes Zelt mit einem kuppelförmigen Dach. Es war kleiner als ein gewöhnliches Zelt, sodass es auf einem Kamel befestigt werden konnte. Das rote Leder war ein Zeichen seines ehrwürdigen Alters, da die Beduinen einst selbst in Zelten aus rotem Leder gelebt hatten. Aber selbst nachdem sie zu Zelten aus schwarzem Ziegenhaar übergegangen waren, hatten sie das alte rote Leder für die Kubbe beibehalten, und dieser Brauch war auch von Völkern, die in Mekka und anderen Städten lebten, aufrechterhalten worden.

In der Kubbe wurden normalerweise die heiligen Bilder eines arabischen Stammes aufbewahrt und in einer heiligen Prozession mit in die Schlacht geführt. Sie wurde jedoch nie bei Überfällen, sondern nur bei entscheidenden Kämpfen mitgenommen. Ihr Anblick beflügelte die Krieger zu großen Heldentaten, während ihre Erbeutung durch den Feind einer Katastrophe gleichkam.

Die Kubbe wurde für gewöhnlich von zwei Frauen auf Kamelen begleitet. Sie folgten ihr, Trommel und Flöte spielend, in einer Prozession. Selbst im Kampf blieben die Frauen bei ihr. Wenn das Kampfgeschehen sich zuspitzte oder die Niederlage drohte, lösten sie ihr Haar und ließen es lose fliegen, entblößten ihre Brüste oder entkleideten sich ganz. Auch wenn viele Berichte über das *Markab* ausgesprochen sittsam verfasst sind, so glich dies offenbar doch dem modernen, bei den Beduinen gepflegten Brauch.

In Notzeiten konnte die Kubbe Hilfe leisten. Wenn der Stamm gezwungen war, sich auf die Suche nach neuem Weideland zu begeben, insbesondere wenn der Weg mit außergewöhnlichen Gefahren verbunden war, suchte der Wächter der Kubbe bei ihr Rat und teilte dem Volk dann den Orakelspruch mit.

Der Überlieferung zufolge stellten die Bilder in der Kubbe weibliche und nicht männliche Gottheiten dar. Die junge Frau im *Markab*, dem Zelt, das aus Raswans und Musils Sicht so sehr der Bundeslade ähnelte, hätte somit an dem Platz gestanden, den einst die Göttinnen aus der »Zeit der Unwissenheit« eingenommen hatten.

Eines der berühmtesten Vorkommnisse in Zusammenhang mit einer Kubbe ereignete sich in der Schlacht von Uhud. Abu Sufyan, der Anführer der Kuraishiten in Mekka, suchte Rache, als er 624 n. Chr. gegen den Propheten Mohammed zu Felde zog. Muslimische Räuber hatten mekkanische Karawanen angegriffen und bei der Schlacht von Badr die überlegenen mekkanischen Streitkräfte besiegt – in den Augen der Muslime ein Zeichen, dass Gottes Macht bei ihnen war. Die Schlacht von Uhud wurde am Fuße eines Hügels nahe Medina ausgetragen, und Abu Sufyan wurde von seinen Göttern begleitet. Er hatte die Bilder der beiden Göttinnen al-Lat und al-Uzza in ihrer Kubbe mit in die Schlacht genommen und den Kampfgefährten des Propheten zugerufen: »Uzza ist bei uns! Bei euch, da ist keine Uzza!«

Mohammed hatte ebenfalls sowohl im Kampf als auch auf dem Marsch eine Kubbe aus rotem Leder eingesetzt. Aber während die Kubbe seiner Feinde die Bildnisse heidnischer Göttinnen enthielt, wurde Mohammed von der *Kubbatu 'l-Islam*, der »Kubbe des Islam«, begleitet. Im Unterschied zur Kubbe von Jahiliyya war sie jedoch leer, nachdem inzwischen die »Zeit der Unwissenheit« vor dem Koran offenbart worden war. Die heiligen Steine von al-Lat und al-Uzza waren entfernt worden.

Die Entscheidung, sie herauszunehmen, war jedoch keineswegs so nahe liegend, wie es heute erscheinen mag. Eines der kontroversesten Ereignisse im Leben des Propheten betraf die »Satanischen Verse«, die einst im Koran nach Vers 19 der Sure 53, »Der Stern«, standen. Sie waren ursprünglich innerhalb des eingefriedeten Bereiches der Kaaba in Mekka verkündet worden, und es heißt, Mohammed habe auf eine Offenbarung gehofft, die die Händler der Stadt dazu bringen würde, zum Islam überzutreten, als ihm folgende Verse offenbart worden seien:

»Was meint ihr drum von al-Lat und al-'Uzza,
Und Manat, der Dritten daneben?
Dies sind die zwei hochfliegenden Schwäne,
Und ihre Fürsprache werde erhofft.«   (Sure 53,19−20)

Später erhielt der Prophet eine korrigierte Offenbarung und merkte, dass diese Verse nicht von Gott gekommen sein konnten. Und so enthält der Koran nunmehr die entsprechende Aufhebung:

»Siehe, nur Namen sind es, die ihr ihnen gabt,
ihr und eure Väter. Allah sandte keine Vollmacht
für sie hinab.«   (Sure, 53,23)

Die erste Version bezog sich auf die Fürsprache der lokalen Gottheiten, deren Bilder Abu Sufyan in ihrer Kubbe begleitet hatten. Die Geschichte der Satanischen Verse und ihre Aufhebung wird als historisch korrekt angenommen, da nur schwer vorstellbar ist, dass irgendein Muslim Derartiges über den Propheten erfunden haben könnte. Zudem geht man davon aus, dass sich der nachfolgende Vers aus Sure 22, »Die Pilgerfahrt«, auf dieses Vorkommnis bezieht:

> »Und nicht entsandten Wir vor Dir einen Gesandten
> oder Propheten, dem nicht, wenn er vorlas,
> der Satan in seine Lesung (Falsches) warf;
> aber Allah vernichtet des Satans Einstreuungen.
> Alsdann wird Allah Seine Zeichen bestätigen;
> und Allah ist wissend und weise.« (Sure 22,52)

Wenn es durch die Aufhebung der Satanischen Verse nicht mehr möglich war, die alten Gottheiten der »Zeit der Unwissenheit« als engelhafte Wesen, die bei Gott fürsprechen konnten, zu verehren, so scheint die Gegenwart Aischas in ihrer Sänfte beim »Kamelkampf« ein Widerhall jener Frauenbilder zu sein, die aus der Kubbe entfernt worden waren. Und dass der Koran mit in der Sänfte war, ist eine eindeutige Aussage, dass das offenbarte Wort Gottes der stärkste Beleg für göttliche Macht in der Welt war, weitaus größer als die irgendeines Götzen.

Die Kubbe wurde auch von den Kalifen des Propheten mit in den Kampf genommen. Genau wie sein Vater eine bei der Schlacht von Uhud im Kampf gegen Muhammad dabei hatte, hatte Muawija, der Begründer der Omaijaden-Dynastie, eine Kubbe in die Schlacht von Siffin mitgeführt, in der er Ali Ibn Abi Talib gegenüberstand. Die Kubbe, die er bei seinem Zelt aufstellen ließ, war leer – die Kubbe des Islam.

Darüber hinaus gibt es noch Aufzeichnungen über andere Schreine, und zumindest einer davon wurde ausdrücklich mit der Bundeslade verglichen. Fünf Jahre nachdem Husain, der zweite Sohn Alis, 680 n. Chr. in Kerbela den Märtyrertod gestorben war, ging al-Muktar ibn Ubaid Allah nach Kufa, um ihn zu rächen. Er nahm einen Thron mit und sagte seinen Truppen, er enthalte ein Mysterium, und er war für sie genau das, was die Lade für die Kinder Israels gewesen war. Als

Husain seine Armee zum Angriff auf Ubaid Allah ibn Zayad losge-
schickt hatte, war er mit seinem Thron, den ein Muli auf dem Rücken
trug, mit in den Kampf gezogen.

Abgesehen von der islamischen Literatur und der Literatur aus der
»Zeit der Unwissenheit« ist wenig über die Kubbe erhalten geblieben.
Es gibt jedoch drei faszinierende Bilder aus Arabien zur Zeit des Römischen Reiches. Das erste, das deutlich von roter Farbe geprägt ist, zeigt
zwei Göttinnen in einer Sänfte auf einem Kamel, und über den Figuren
ist ein Baldachin oder Zelt zu sehen. Könnte es sich bei dem Zelt um
eine Kubbe handeln, und könnten die Figuren al-Lat und al-Uzza sein?

Auch auf dem zweiten Bild sind zwei Figuren in einer Sänfte auf
einem Kamel dargestellt. Ihre Brüste sind entblößt, und die eine spielt
Flöte, während die andere eine Trommel schlägt. Könnte es sich
dabei um die Frauen handeln, die die Kubbe wie auch das *Mahmal*
begleiteten?

Des Weiteren gibt es ein Flachrelief aus Palmyra, auf dem ein nied-
riges Gebilde wie ein auf dem Rücken eines Kamels befestigtes Zelt zu
sehen ist. Es sind Spuren von roter Farbe zu erkennen, und auch hier
scheint wiederum eine Kubbe dargestellt zu sein. Das Kamel wird in
einer rituellen Prozession geführt, und drei weibliche Figuren folgen
ihm. Davor stehen andere Figuren mit hochgestreckten Armen, als Ges-
te der Ehrerbietung gegenüber der Kubbe und dem Bild, das sich wohl
darin befand.

All diese Bilder stammen aus der Römerzeit, wahrscheinlich aus
dem 2. oder 3. Jahrhundert. Alle drei kommen aus Syrien oder Palmyra,
die durch den Karawanenhandel in engem Kontakt mit anderen Teilen
Arabiens standen und in den ältesten Aufzeichnungen als Quelle der
in Mekka und bei den benachbarten Stämmen verwendeten Bildern
genannt sind.

Morgenstern sammelte seine Belege und veröffentlichte seine Einschätzung vor fast 60 Jahren. Damals sollte die Gründung des Staates Israel
noch einige Jahre auf sich warten lassen und wurden die großen Ölvor-

kommen Arabiens noch nicht ausgebeutet. Die Berichte von europäischen Orientreisenden, die er zitierte, und sein eigenes Interesse an möglichen starken Ähnlichkeiten zwischen den Institutionen des alten Israel und den Nomaden in den Wüsten Arabiens gehören einer vergangenen Welt an. Einst waren die Orientalisten von diesen Dingen fasziniert, heute sind sie es offenbar nicht mehr.

Der von Morgenstern veröffentlichte Artikel wird zwar noch immer zitiert, jedoch selten diskutiert. Die detaillierteste Kritik dazu erschien über 15 Jahre später und wurde in Hebräisch von Menahem Haran, einem führenden Experten auf dem Gebiet des Tempels und der Wohnstätte, verfasst, der an der Hebräischen Universität von Jerusalem lehrte. Auch dessen Artikel wird oft zitiert, aber nur selten diskutiert, vielleicht weil er in Hebräisch geschrieben und nie übersetzt wurde. Er ist gleichwohl hoch interessant.

1959, als Harans Artikel veröffentlicht wurde, war die Suche nach Ähnlichkeiten zwischen Juden und Arabern selbst für Forscher, die auf eine unvoreingenommene Sicht der Vergangenheit bedacht waren, problematischer geworden. Ähnlichkeiten schienen nun nicht mehr nahe zu legen, dass die Juden als Erben eines alten biblischen Vermächtnisses ein Recht haben sollten, in Palästina zu leben. Bei der Gründung des Staates Israel war das hingegen noch als evident betrachtet worden. Stattdessen schien die Entdeckung von Parallelen zwischen den Beduinen und der Bibel vielmehr darauf zu verweisen, dass die Israelis sich eine andere Einstellung zu den Arabern zu Eigen machen sollten, die bereits in Palästina gelebt hatten, ehe die Flüchtlinge aus Europa hierher gekommen waren. Die Frage, die in allen alten Texten auftaucht, war nun auch in der modernen Politik wieder relevant. Nämlich: Wer waren die Israeliten, und warum waren sie anders als ihre Nachbarn? Die sich daraus ergebenden Konsequenzen waren für die christlichen Forscher womöglich noch stärker als für ihre jüdischen Kollegen, und die Vorstellung der Orientalisten, das Alte Testament auf der Grundlage arabischer Etymologien und Szenen vom Kamelmarkt in Gaza interpretieren zu können, schien zunehmend eine ebenso kuriose wie male-

rische Erinnerung aus der verschwundenen Welt des Osmanischen Reiches oder des Britischen Mandats zu sein.

Haran bestritt einfach, dass es irgendeine Ähnlichkeit zwischen den
arabischen Schreinen und der Bundeslade geben konnte, und erklärte
angesichts mangelnder früher archäologischer Beweise, dass jede
augenscheinliche Ähnlichkeit reiner Zufall sei. Nachdem er klare Unterscheidungen für unverzichtbar gehalten hatte, tat er die Berichte über
das *Otfe* einfach mit der Begründung ab, sie würden Unterschiede nur
im Detail aufweisen und seien somit »nicht hinreichend geklärt«. Die
Genauigkeit, die bei seinen Erörterungen biblischer Texte so wertvoll
sein konnte, arbeitete hier gegen ihn. Es dürfte kaum überraschen,
wenn Angehörige der Stämme, mit denen Raswan oder Musil gesprochen hatten, vielleicht unterschiedliche Antworten auf deren Fragen
nach dem *Otfe* oder *Markab* gegeben hatten. Das gleiche Problem stellt
sich wahrscheinlich jedes Mal, wenn Forscher versuchen, den Kern
einer mündlichen Überlieferung zu eruieren. Unterschiedliche Personen sagen womöglich unterschiedliche Dinge. Haran leistete jedoch
einen wertvollen Beitrag, indem er einen Punkt wieder aufgriff, der
einige Jahrzehnte zuvor schon einmal angesprochen worden war:
Wieso sollte man arabische Zeltheiligtümer mit der Bundeslade vergleichen? Als Zelte ähnelten sie zweifellos dem Offenbarungszelt oder,
genauer, dem Offenbarungszelt der Priesterschrift.

Diese Art der Genauigkeit kann jedoch ein weiteres Problem auf-
werfen. Angesichts der fließenden Bedeutung religiöser Symbole können die scharfen Unterscheidungen, die Haran bevorzugte, hinderlich
und frustrierend sein oder ein wirkliches Verständnis der Symbole gar
verhindern. Mit ihren tragbaren Heiligtümern könnten die arabischen
Traditionen sowohl der Lade als auch dem Offenbarungszelt geähnelt
haben. Wir sahen bereits, dass die Lade und das Offenbarungszelt
möglicherweise separate, aber nebeneinander bestehende Institutionen waren, die bei der Abfassung der biblischen Quellen zusammen-
gebracht wurden, und Haran behauptete selbst, die Lade und ihre
Sühnplatte seien ursprünglich getrennte Elemente gewesen, die an

irgendeinem späteren Punkt zusammengeführt worden seien. Diese Frage ist jedoch von entscheidender Bedeutung, wenn wir herauszufinden versuchen, was Iyasu in der Kathedrale der heiligen Maria von Zion in Aksum möglicherweise vor sich hatte. Äthiopien ist, wie wir noch sehen werden, voller tragbarer Schreine, die als identisch mit der großen Reliquie beschrieben werden, und wir haben gelesen, dass Iyasu zumindest mit der Herstellung eines solchen Schreins selbst zu tun hatte.

Vieles wird davon abhängen, wie wir die Behauptung verstehen, die Lade selbst hätte inmitten dieser Tausende von Schreinen überlebt. Aus Harans Sicht behauptete Morgenstern, es habe eine einzige Institution gegeben, Haran verwarf aber die Möglichkeit, dass es eine derartige Institution gegeben haben konnte, beziehungsweise, dass man in Anbetracht der inzwischen verstrichenen Zeit überhaupt von der Existenz einer solchen Institution hätte wissen können. Morgenstern hingegen behauptete allem Anschein nach nicht, dass die Bundeslade ein und dasselbe wie das *Otfe* oder das *Mahmal* oder die Kubbe gewesen sei. Er behauptete vielmehr, dass es sich dabei um die gleiche Art von Gegenstand handelte, und das ist eine völlig andere Aussage.

Bedauerlicherweise gingen weder Morgenstern noch Haran auf den Zusammenhang zwischen den Schreinen und dem Schwarzen Stein oder Abrahams Stätte ein. Dabei handelt es sich wohl ursprünglich um heilige Steine, die vor der Offenbarung des Koran in die Kaaba gebracht worden waren. Sie sind möglicherweise identisch mit der Art von heiligen Steinen, die in der Kubbe mitgeführt wurden. Sie wurden in vielerlei Hinsicht zu Laden, und dennoch gibt es über die Bundeslade selbst getrennte, aber verwandte Überlieferungen. In der hebräischen Bibel haben wir Belege für verschiedene Formen der Bundeslade und für mehr als nur eine Lade sowie für andere Schreine gefunden, die in der gleichen Weise wie die Lade eingesetzt wurden. Und wir sind einer anderen Art von Lade begegnet – dem Thronwagen, der anfing, die Bundeslade zu ersetzen, im griechischen Neuen Testament aber schließlich parallel dazu auftaucht.

Angesichts all dessen ist die Anzahl von Schreinen, denen wir in

Arabien begegnen, faszinierend, aber nicht überraschend. Wir haben
eine Geschichte der Bundeslade gefunden, wir haben heilige Steine in
der Kaaba gefunden, die der Lade in vieler Hinsicht ähneln, und wir haben andere Arten von Schreinen gefunden, die mit ihnen verwandt zu
sein scheinen. Weder in Israel noch in Arabien begegnen wir einer einzigen großen Reliquie, die von Schweigen umgeben ist. Wir sind vielmehr auf eine reiche und fruchtbare Matrix von Symbolen gestoßen,
aus der neue Formen entstehen und sich miteinander verbinden – und
hinter denen jeweils der Versuch steht, eine gegenständliche Antwort
auf Fragen zu geben, die jahrhundertelang den menschlichen Verstand
oder den menschlichen Geist quälten: Was liegt jenseits der Welt der
Menschen? Gibt es einen Punkt, an dem der Himmel die Erde berührt?
Zeigt Gott sich in der Welt, die er erschaffen hat?

In Äthiopien erzählt die so genannte Große Überlieferung, das Ur-
epos des christlichen Reiches, die Bundeslade sei durch die Mission
einer Frau ins Land gekommen, die zu einem ebenso komplexen wie
vieldeutigen Symbol des Guten wie des Bösen wurde. Ihre Klugheit und
Frömmigkeit beeindruckten selbst Salomo, und sie wird oft mit der
äthiopischen Königin Candaze verwechselt, deren Eunuch der Apostelgeschichte zufolge den christlichen Glauben nach Äthiopien brachte.
Doch sie taucht auch bei den Dämonen des Roten Meeres als erste Frau
Adams auf, die noch vor Eva von Gott geschaffen und schon vor dem
Sündenfall aus dem Paradies vertrieben wurde.

13 DIE KÖNIGIN DES SÜDENS

Der Ruhm und die Weisheit Salomos verbreiteten sich bis nach Arabien und Ägypten und in der ganzen hellenischen Welt. Wie Alexander der Große zählt er zu den legendären Helden der Antike. Dank seiner magischen Kräfte konnte er mit Vögeln und Tieren sprechen und die Geister der Lüfte befehligen, und dennoch entglitt ihm diese Macht dann doch durch seine Liebe zu Frauen. Das war eine Warnung für all jene, denen Gott außergewöhnliche Gaben verliehen hatte, ein Mahnmal der Gebrechlichkeit und Schwäche des menschlichen Herzens, wenn es sich von Gott abwendet. Aber trotz des Verlusts seiner wundersamen Kräfte und Fähigkeiten nahm Salomos Ruf als Zauberer mit den Jahrhunderten noch zu. Zauberei wird oft mit dem Teufel oder irgendwelchen Dämonen in Verbindung gebracht, aber Salomos Schicksal ist dem der Königin von Saba im Zweifel immer noch vorzuziehen. Wir lernen sie zunächst als ein Symbol der Weisheit und Frömmigkeit kennen, doch am Ende verwandelt sie sich in einen Dämon.

Nach den Evangelien von Matthäus und Lukas erinnerte Christus selbst an die Begegnung Salomos mit der Königin von Saba. Er warnte die Juden, am Tag des Jüngsten Gerichts werde die Königin des Südens gegen sie Zeugnis ablegen. Denn sie sei vom Ende der Welt gekommen, um die Weisheit Salomos zu hören, aber nun, da eine größere Weisheit unter ihnen erschienen sei, hätten sie sich abgewandt (Mt 12,42, Lk 11,31).

Der ausführlichste Bericht über die Begegnung zwischen Salomo und der Königin von Saba sowie über das Kind, das aus ihrer Verbindung hervorging, bindet die Königin und ihre Nachfahren in die Geschichte der Lade ein. Aufgrund ihres Wunsches, mehr über die Weisheit Salomos zu erfahren, entstand in Äthiopien eine neue Dynastie, verfiel der König Israels ohne die Gegenwart Gottes, die ihn hätte führen können, der Götzendienerei und gelangte die Bundeslade durch ihre eigenen wundersamen Kräfte nach Afrika.

Diese Version ist im *Kebra Nagast*, dem altäthiopischen National-epos, zu finden – einem rätselhaften Werk, über das in Europa fast nichts bekannt war, bis der schottische Reisende James Bruce nach sei-ner Rückkehr aus Äthiopien der Bodleian Library in Oxford zwei Hand-schriften vorlegte. Das Buch stellt die Königin des Südens eingangs mit den oben angeführten Worten Christi vor. Dann wird uns ihre Schön-heit und Intelligenz, ihr großer Reichtum an Gold, Silber, Sklaven und Händlern und ihr erhabener Charakter geschildert, »der so war, dass sie der brennenden Sonne und ungeheurem Durst trotzte, um vom Ende der Welt zu Salomo zu reisen und seine Weisheit zu hören«.

Die Königin hieß Makeda, und sie hatte offensichtlich durch den Händler Tamrin von Salomos großer Weisheit erfahren. Tamrin besaß sage und schreibe 73 Schiffe und 520 Kamele und war nach Jerusalem gerufen worden, als Salomo den Tempel baute. An alle Händler des Ostens, Westens, Nordens und Südens waren Gesuche ergangen, damit Salomo den Tempel mit den feinsten und edelsten Dingen ausstaffieren konnte, die die Welt zu bieten hatte. Er hatte auch an Tamrin geschrie-ben und diesen ersucht, aus dem Land Arabien all das zu bringen, was er haben wollte, Saphire, rotes Gold und das schwarze Holz, das nicht von Würmern zerfressen wurde.

Als Tamrin mit seiner Karawane in Jerusalem eintraf, war er vom Reichtum Israels tief beeindruckt. Gold war ebenso alltäglich wie Bronze, und Silber wie Blei. Gott hatte Salomo offenbar im Überfluss mit Ruhm und Reichtümern und Weisheit und Tugend beschenkt, und Tamrin hatte noch nie jemanden wie ihn gesehen.

Nach seiner Rückkehr erzählte Tamrin seiner Königin in allen Ein-zelheiten von dem edlen Verhalten des israelitischen Königs, von des-sen gesundem Urteilsvermögen, seiner Güte und Freundlichkeit und dessen wachem Intellekt. Er berichtete, dass Salomo gerade einen herr-lichen Tempel baue und sich in alle Geheimnisse der Handwerker und Künstler einweihen lasse, die für ihn arbeiteten. Tamrin beschrieb die Feste, die Salomo für sein Volk gab, und die Gerechtigkeit, die in sei-nem Königreich waltete, wo niemand etwas von seinem Nachbarn stahl. Makeda kam aus dem Staunen nicht heraus und vergoss Freudentränen, als sie von so einem herrlichen Land hörte. Und so beschloss sie schließlich, es sich selbst anzuschauen.

Sie war zu der Überzeugung gelangt, dass Weisheit besser als Gold und Silber sei und dass es nichts unter dem Firmament gebe, das damit vergleichbar wäre. Weisheit war süßer als Honig und ließ das Herz mehr noch als durch Wein frohlocken. Sie war Licht für die Augen, ein Schild für die Brust und ein Helm für das Haupt. Sie konnte die Ohren hören und das Herz verstehen lassen. Kein Königreich konnte ohne sie bestehen. Aus all diesen Gründen entschied Makeda, den Spuren der Weisheit zu folgen, da sie glaubte, wenn sie die Weisheit fände, könnte diese sie auf immer beschützen.

Als sie sich für ihre Abreise nach Jerusalem rüstete, beluden ihre Diener 797 Kamele und zudem Maultiere und Esel, die zu zahlreich waren, um sie zu zählen. Im Vertrauen auf Gott machte sie sich auf die lange und gefährliche Reise und wurde bei ihrer Ankunft mit großen Ehren empfangen. Salomo lud sie ein, im Palast in der Nähe seiner eigenen Räume zu wohnen, ließ ihr Essen und Wein und den feinsten Honig bringen und schickte ihr Musikanten, die für sie spielten und sangen. Sie war erstaunt über seine Anmut, Freundlichkeit und Beredsamkeit.

Wie Tamrin ihr erzählt hatte, war der König mit dem Bau eines Tempels beschäftigt, und sie sah, wie er den Arbeitern beibrachte, wie sie messen und wiegen und den Hammer, Bohrer und Meißel benutzen sollten. Alles wurde nach seinen Anweisungen ausgeführt, und Makeda konnte sehen, welche Fähigkeiten Gott ihm verliehen hatte, als Salomo von ihm Weisheit statt Reichtümer oder den Tod des Feindes erbeten hatte.

Die Königin sagte Salomo, wie sehr sie ihn bewundere, dass er für sie eine Leuchte in der Dunkelheit, der Mond im Nebel, der Morgenstern am Himmel, die Herrlichkeit der Dämmerung und der aufgehenden Sonne sei. Salomo erwiderte ihr, er habe nur, was Gott ihm gegeben habe, dass sie selbst jedoch auch Weisheit besitze. Mehr noch, dass sie ihre Weisheit erworben habe, obwohl sie den Gott Israels nicht kannte. Er sei nur ein Sklave dieses Gottes, baue ein Heiligtum für seine Gebieterin, die Lade des Gesetzes Gottes, das heilige und himmlische Zion. Während sie miteinander sprachen, wies er auf einen seiner Arbeiter und meinte, er sei selbst nicht besser als dieser Mann in seiner zerlumpten Kleidung vor ihnen, dem der Schweiß vom Gesicht rann, während er einen Stein und einen Wasserschlauch schleppte. Menschen seien nichts weiter als Staub und Asche, sagte er der Königin. Das menschliche Leben habe keinen Sinn, wenn man einander nicht Liebe und Freundlichkeit entgegenbringe.

Makeda war entzückt über seine Worte und wollte unbedingt mehr hören. Sie erzählte Salomo, ihr Volk würde zum Teil Bilder aus Gold und Silber, Stein oder Holz anbeten. Sie selbst bete die Sonne an, aber sie habe gehört, dass Israel einen ihr völlig unbekannten Gott verehre und dass er vom Himmel eine Lade mit einer Tafel geschickt habe, auf der die durch die Hand Mosis, des Propheten, geschriebenen göttlichen Gebote offenbart seien. Und sie habe sogar gehört, dass dieser Gott vom Himmel herabkomme, um zu Salomo zu sprechen.

Dies sei alles wahr, versicherte ihr der König. Der Gott, der das ganze Universum erschaffen hatte, den Himmel und die Erde und alles, was darauf lebte, der sowohl die Engel als auch die Menschen erschaffen hatte, hatte den Kindern Israels eine Lade gegeben, die vor dem ganzen Universum geschaffen worden war. Als Makeda dies hörte, erklärte sie, sie werde nun die Sonne nicht mehr anbeten, sondern dem Gott dienen, der die Sonne ja erschaffen hatte, dem Gott Israels. Und von diesem Augenblick an werde die Lade des Gottes Israels ihre Gebieterin sein.

An den darauf folgenden Tagen suchte die Königin Salomo auf, um mehr von seiner Weisheit zu hören, und er suchte sie auf, um die Fragen zu beantworten, die sie ihm stellte. Nach sechs Monaten erklärte sie, so gerne sie auch in Jerusalem bleiben wolle, müsse sie nun doch zu ihrem Volk zurückkehren.

Als Salomo hörte, dass sie vorhatte, ihn zu verlassen, war er erstaunt. Sie war sehr schön. Vielleicht würde Gott ihm erlauben, ein Kind von ihr zu haben. Die Bibel berichtet, dass er ein Liebhaber von Frauen war und neben 700 fürstlichen Frauen noch 300 Nebenfrauen hatte (1. Kön 11,3). Das *Kebra Nagast* betont nachdrücklich, dies sei jedoch nicht damit zu erklären, dass er suchtartig Hurerei betrieben habe, sondern damit, dass er klug gewesen sei und Gott schließlich zu Abraham gesagt hatte, er werde seine Nachkommen so zahlreich werden lassen wie die Sterne des Himmels oder den Sand des Meeres. Zudem habe Salomo auch gewusst, dass seine Kinder die Königreiche, die Götzendienern gehört hatten, erben und die Götzenanbetung zerschlagen würden.

Vor diesem Hintergrund ließ er Makeda eine Botschaft zukommen, in der er sie einlud, mit ihm in seinem Zelt zu speisen, sodass sie erfahren könne, wie die Gerechten speisten. Dies war offenkundig ein wichtiger Teil der Weisheit, mit der ein weiser König sein Land regierte. Sie nahm die Einladung an, und Salomo ließ alles denkbar prunkvoll herrichten. Als sie erschien, staunte sie über die Teppiche, den Marmor und die kostbaren Steine und war entzückt über die Aromastoffe, die verbrannt wurden, und den Duft von Myrre- und Kassiaöl und Weihrauch. Salomo fügte den Speisen und Getränken, die er ihr gab, auch in großzügigen Mengen Pfeffer und Essig hinzu, »in weiser Absicht«, wird uns gesagt. Nach dem Festessen lud er sie ein, die Nacht mit ihm zu verbringen. Sie bat ihn aber, ihr zuvor zu schwören, dass er ihr ihre Jungfräulichkeit nicht mit Gewalt nehmen werde. Er erklärte sich einverstanden, sofern sie ihm schwören würde, ihm auch nichts zu nehmen. Sie lachte über den Vorschlag. Ihr Königreich war so wohlhabend wie seines. Was hätte sie ihm nehmen wollen? Sie war nur auf der Suche nach Weisheit zu ihm gekommen.

Salomo hatte seine Falle jedoch mit Bedacht gestellt und einen seiner Diener angewiesen, eine Schüssel mit Wasser in sein Zimmer zu bringen. Mitten in der Nacht wachte die Königin auf und wurde von Durst gequält. Ihr Mund war trocken, und als sie die Lippen bewegte, war selbst von ihnen jede Feuchtigkeit gewichen. Sie erblickte das Wasser, schaute nach Salomo und vermutete, dass er schlafe. In Wirklichkeit wartete er jedoch nur darauf, sie zu ertappen. Als sie sich leise zu dem Wasser schlich und die Schüssel hochhob, fasste Salomo sie, noch ehe sie trinken konnte, bei der Hand. »Warum hast du deinen Schwur gebrochen?«, fragte er sie. Sie erwiderte ihm, ob man einen Schwur denn einfach dadurch brechen könne, dass man Wasser trinke. Er fragte daraufhin, ob sie sich denn irgendetwas unter dem Himmel vorstellen könne, das kostbarer als Wasser sei. An diesem Punkt merkte sie, dass sie ihm in die Falle gegangen war, und als sie ihn von seinem Teil des beiderseitigen Pakts entband, erlaubte er ihr, das Wasser zu trinken. Nachdem sie ihren Durst gestillt hatte, stillte der König seinerseits sein Verlangen.

Mitten in der Nacht wurde Salomo jedoch von Unruhe und Unbehagen ergriffen. Er träumte von einer strahlenden Sonne, die vom Himmel herabkam und mit einem starken Licht über Israel schien. Nach einiger Zeit entschwand sie nach Äthiopien, wo sie mit noch größerem Glanz erstrahlte und für immer blieb. In seinem Traum wartete Salomo darauf, dass die Sonne wieder zurückkäme, sie kehrte jedoch nicht zurück. Während er wartete, kam ein gar noch stärkeres Licht aus dem Land Juda herab, aber die Israeliten weigerten sich, unter dem Licht dieser Sonne einherzugehen, und sie hassten es. Sie versuchten, es zum Erlöschen zu bringen, und es gelang ihnen, die Sonne in einem Grab einzuschließen, auf das sie Wachen setzten, und so die Welt in Dunkelheit zu tauchen. Dennoch stieg die Sonne wieder auf, als sie nicht darauf gefasst waren, und brachte Licht in die ganze Welt, insbesondere nach Äthiopien und Rom. Israel ignorierte sie hingegen einfach.

Nach dieser Vision wachte Salomo mit einer schlimmen Vorahnung auf, bewunderte die Königin jedoch weiterhin, ihre Schönheit und ihre Stärke und die Tatsache, dass sie Jungfrau geblieben war, obwohl sie bereits seit sechs Jahren regierte. Er bedachte sie mit wundervollen Geschenken und ließ 6000 Kamele und Wagen beladen sowie ein Schiff, das übers Meer, und ein weiteres, das durch die Lüfte segeln konnte, die er mit der Weisheit, die Gott ihm gegeben hatte, gebaut hatte.

Makeda war entzückt über ihre Geschenke, und der König verabschiedete sie mit einer großen Zeremonie und den besten Glückwünschen. Salomo gab ihr einen Ring und sagte ihr, wenn sie einen Sohn gebären sollte, so würde der Ring für ihn das Zeichen sein, dass er dessen Vater sei. Dann erzählte er ihr von dem Traum und meinte, Äthiopien würde vielleicht durch sie gesegnet werden. Gott wisse es. Sie möge in Frieden gehen, sagte er schließlich.

Neun Monate und fünf Tage nachdem sie Jerusalem verlassen hatte, brachte die Königin einen Sohn zur Welt. Sie nannte ihn Bayna-Lehkem, »der Sohn des weisen Mannes«, und nachdem die Tage ihrer Reinigung vorüber waren, zog sie mit großem Prunk und Gepränge feierlich wieder in ihr Land ein. Sie bedachte ihr Volk überschwänglich mit Geschenken und regierte es mit Weisheit.

Als ihr Sohn zwölf Jahre alt war, fragte er seine Freunde, ob sie wüssten, wer sein Vater sei. Sie nannten ihm den Namen Salomos, des Königs von Israel, und als er dies hörte, ging er zu seiner Mutter und bat sie um Erlaubnis, den Vater besuchen zu dürfen. Makeda versuchte, den Jungen davon abzubringen, und schaffte es, ihn noch zehn Jahre an ihrer Seite zu behalten, bis er die Kunst des Krieges, des Reitens, der Jagd und alles gelernt hatte, was junge Männer lernen mussten. Dann meinte er, es sei nun an der Zeit für ihn, zu seinem Vater zu gehen, aber mit Gottes Wille, dem Herrn Israels, werde er zu ihr zurückkehren.

Nachdem sie dies gehört hatte, wies die Königin den Händler Tamrin an, alles für die Reise vorzubereiten und den Prinzen auf dem langen Weg nach Jerusalem zu begleiten. Tamrin traf alle Vorkehrungen, und Makeda überreichte ihrem Sohn den Ring Salomos, damit sein Vater sich ihrer wie auch ihres feierlichen Gelöbnisses, den Gott Israels zu verehren, erinnern würde.

Als Salomo den jungen Mann schließlich zu Gesicht bekam, fand er, dass er noch besser als er selbst in diesem Alter aussah – wahrlich ein Abbild seines Vaters David. »Sieh an«, rief er aus, »mein Vater David hat seine Jugend erneuert und ist von den Toten auferstanden.« Bayna-Lehkem zeigte Salomo sodann den Ring und erinnerte ihn an das

Gespräch mit Makeda vor deren Abreise aus Jerusalem. Dann bat er
den Vater, ihm einen Teil des Besatzes der Decke auf der Gesetzeslade
zu geben, worum seine Mutter seinerzeit gebeten hatte. Und Tamrin
bat Salomo, Bayna-Lehkem zum künftigen Herrscher Äthiopiens zu
salben. Er sagte dem König, auch wenn er große Sorge gehabt habe,
den jungen Mann auf eine so gefährlichen Reise mitzunehmen, so habe
er doch auf das heilige himmlische Zion, die Gesetzeslade Gottes, vertraut, dass Salomo seinem Sohn seine Weisheit nicht vorenthalten
werde.

Salomo war in der Tat so angetan von seinem Sohn, dass er ihn zum
Bleiben zu überreden versuchte, damit er in Jerusalem das Haus Gottes
und die Gesetzeslade aufsuchen konnte. Bayna-Lehkem erwiderte jedoch, er sei nur nach Jerusalem gekommen, um die berühmte Weisheit
Salomos zu hören. Er werde unbesorgt abreisen, wenn er einen Teil des
Besatzes, der die Decke der Lade schmückte, mitnehmen dürfe. Er und
seine Mutter würden den Besatz in Äthiopien verehren, da die Königin
ihr Land vom Götzentum befreit und ihr Volk nach Zion, zur Lade des
Gesetzes Gottes, gebracht habe.

Da Salomo nicht nachgeben wollte, hielt sein Sohn ihm vor Augen,
dass der König bereits einen rechtmäßigen, ehelichen Sohn, Rehabeam, habe. Salomo setzte entgegen, er selbst sei auch kein ehelicher
Sohn Davids gewesen, und Rehabeam sei nicht sein erstgeborener
Sohn, auch wenn er mit dessen Mutter verheiratet sei. Aber trotz des
Drängens seines Vaters blieb Bayna-Lehkem dabei, dass er seiner Mutter geschworen habe, zu ihr zurückzukehren, und er glaube fest daran,
dass die Lade des Gottes Israels ihn auf allen seinen Wegen segnen
werde. Nachdem es ihm nicht gelungen war, seinen Sohn zum Bleiben
zu bewegen, rief Salomo seine Höflinge, Beamten und die Ältesten des
Königreiches zusammen und bat sie, sich von ihren erstgeborenen
Söhnen zu trennen, damit diese seinen Sohn nach Äthiopien begleiteten und ihm dort zu herrschen hülfen, und sie erklärten sich damit einverstanden.

Alsdann trafen der König und seine Priester alle Vorbereitungen, um den jungen Mann zum König zu salben. Das Volk Jerusalems erfüllte die Luft mit dem Klang von Flöten und Posaunen, Harfen und Trommeln, und es jubelte vor Freude. Bayna-Lehkem wurde ins Allerheiligste des Tempels gebracht, wo er die Hörner des Altars ergriff. Er wurde gesalbt, und zuletzt gab man ihm noch nach seinem Großvater den Namen David.

Nach seiner Salbung unterwies Zadok, der Hohe Priester, ihn über die Wege Gottes und warnte ihn vor der fürchterlichen Strafe, die ihn erwartete, wenn er den göttlichen Geboten nicht gehorchte. Das Land werde verflucht werden, samt dem ganzen Vieh, allen Herden und Schafherden, und selbst samt seinen eigenen leiblichen Kindern. Hungersnot und Pest würden über sein Königreich kommen. Der Himmel werde zu Messing und die Erde zu Eisen werden. Der Regen werde schwarz, und Staub werde vom Himmel fallen. Er werde von seinen Feinden im Kampf besiegt werden. Er werde sterben und von Aasgeiern gefressen werden. Er werde von Lepra und Plagen befallen werden. Die Liste der fürchterlichen Katastrophen ging noch seitenlang weiter.

Dann zählte Zadok die Segnungen auf, die über ihn kommen würden, wenn er die Gebote befolge – und sie erstreckten sich über so viele Seiten, dass sie es mit den Flüchen aufnehmen konnten. Die Früchte seines Landes würden gesegnet werden, die Quellen seines Wassers, die Frucht, die er pflanzte, sein Vieh und seine Schafe und seine Kornkammern. Der Segen des Himmels werde mit ihm sein, und er werde über Völker herrschen, aber selbst nicht beherrscht werden. Er werde siegreich im Krieg sein, sein Ruhm werde wie die Zeder wachsen oder wie der Morgenstern aufsteigen, und der Glanz seines Ruhmes werde vor allen Völkern der Erde erstrahlen. Gott werde immer bei ihm sein und mit seiner Herrlichkeit allen anderen Furcht einflößen. Für den Fall, dass immer noch nicht klar war, was Gott erwartete, erläuterte ihm Zadok dann die Zehn Gebote.

Während allenthalben große Freude herrschte, dass David nun zum König gesalbt war, waren die jungen Männer, denen befohlen worden war, ihn nach Äthiopien zu begleiten, indes unglücklich darüber, dass sie ihre Familien und ihr Heimatland verlassen sollten. Und vor allem bedrückte sie der Gedanke, dass sie ihre Gebieterin Zion verlassen sollten. Dies erschien ihnen einfach unerträglich, und so schlug Azarias, der Sohn des Hohen Priesters Zadok, schließlich vor, einen Pakt zu schließen. Er bat die anderen um das Versprechen, niemandem etwas von dem zu erzählen, was er ihnen sagen werde. Als sie ihm dieses Versprechen gegeben hatten, machte er den Vorschlag, die Gebieterin Zion mit nach Äthiopien zu nehmen. Was alles Weitere anginge, sagte er, habe er einen Plan. Jeder von ihnen sollte 20 Drachmen beisteuern, damit sie einen Zimmermann beauftragen konnten, Bohlen für eine Holzkiste von der Größe der Lade Zions anzufertigen. Falls dieser misstrauisch sein sollte, würde Azarias ihm sagen, dass er die Bohlen für die Herstellung eines Floßes bräuchte. Sobald die Bohlen fertig wären, würden sie sie ins innere Heiligtum des Tempels bringen und mit den Tüchern Zions bedecken. Dann würden sie Zion in einem Loch in der Erde so lange verstecken, bis sie Jerusalem verließen.

In der Nacht erschien der Engel des Herrn, um Azarias seine Hilfe anzubieten. Er sagte ihm, er solle David bitten, mit Salomo zu sprechen, um von diesem unter dem Vorwand, dass er, ehe er Jerusalem verlasse, der Gebieterin Zion gerne ein Opfer darbringen wolle, die Erlaubnis zum Betreten des Tempels zu erhalten. Salomo würde sicher damit einverstanden sein, und dann solle David den Vorschlag machen, dass Azarias das Opfer darbrachte. Als Sohn des Hohen Priesters wusste er über diese Dinge Bescheid. Sobald Azarias dann das Heiligtum betreten hatte, konnte er die Lade entfernen.

Als Azarias aus seinem Traum erwachte, war er von Freude erfüllt und berichtete seinen Gefährten von dem Plan, den der Engel ihm unterbreitet hatte. Sie befolgten seine Anweisungen, und der Engel erschien im Tempel, um ihnen zu helfen, und stand wie eine Lichtsäule über Azarias. Er öffnete die Türen des Heiligtums und sagte zu Azarias, er werde keine Schwierigkeiten haben, die Lade mit seinen drei Gefährten zu tragen, denn die Lade habe selbst beschlossen, Jerusalem zu verlassen.

Als sie zur Abreise nach Äthiopien bereit waren, segnete Salomo seinen Sohn und sagte zu ihm, die Lade Zions werde sein Führer sein, ohne zu wissen, dass seine Worte sich buchstäblich erfüllen sollten. Die jungen Männer stellten die Lade auf einen Wagen und versteckten sie unter schmutzigen Kleidern. Nachdem alle Wagen beladen waren, erhoben sich die Karawanenführer, und als die Hörner zum Aufbruch geblasen wurden, wurde das Volk der Stadt von einer seltsamen Erregung ergriffen. Die alten Männer begannen zu wehklagen, Kinder schrien und junge Frauen weinten, da sie der Söhne der großen Familien Israels gedachten, die nun von dannen gingen. Aber das war nicht der eigentliche Grund, heißt es. Die Menschen wurden von Trübsal erfasst, auch wenn sie nicht wussten warum. Auch die Tiere waren betrübt, die Hunde heulten, und die Esel schrien. Alle waren von Tränen erfüllt.

Salomo erschrak, als er ihren Schmerz vernahm. Er zitterte selbst, und seine Tränen fielen zu Boden, als er ausrief, er sei verloren. Sein Ruhm sei verschwunden, und die Krone seiner Herrlichkeit sei gefallen. Sein Sohn habe ihn verlassen. Seiner Stadt sei ihre Erhabenheit genommen. Von diesem Augenblick an sei sein Ruhm verblasst, und sein Königreich sei zu einem fremden Volk getragen worden, das Gott nicht kenne, so wie der Prophet gesagt hatte, das Volk, das mich nicht suchte, hat mich gefunden. Von nun an werde jenem das Gesetz und die Weisheit und das Verstehen gegeben werden. Sein Vater hatte prophezeit, Äthiopien werde sich vor Gott verbeugen und Gott seine Hände entgegenstrecken, der es mit Ehren empfangen werde, und das Volk Äthiopiens, das ohne das Gesetz geboren wurde, werde es erhalten. Es werde von Zion als seiner Mutter sprechen, wegen eines Mannes, der geboren werde. Sollte dieser Mann, fragte Salomo sich, der Sohn sein, den er mit der Königin von Saba gezeugt hatte?

Salomo bat Zadok dann, eine neue Decke ins Allerheiligste zu bringen und die Decke von der Lade David zu geben. David war hocherfreut, Azarias sagte indes zu ihm, wenn er sich so über die Decke freue, werde er sich noch viel mehr über die Lade selbst freuen.

Dann beluden die Reisenden ihre Wagen und brachen mit dem Erzengel Michael auf, der sie führte. Er breitete seine Flügel aus und sagte ihnen, sie sollten durch das Meer gehen, so, als befänden sie sich auf trockenem Land. Als sie über Land zogen, schlug er den Weg für sie frei und hielt seine Flügel wie eine Wolke über sie, um sie vor der großen Hitze der Sonne zu schützen. Er ließ ihre Wagen samt den Tieren und den Menschen durch die Luft fliegen, und sie reisten in den Wagen wie auf Schiffen auf dem Meer, wenn der Wind wehte, wie eine Fledermaus oder ein Adler durch die Luft, wenn ihr Körper im Wind dahingleitet. Als sie nach Ägypten kamen, merkten sie, dass sie an einem einzigen Tag eine Strecke zurückgelegt hatten, für die ein Mensch normalerweise einen 13-tägigen Fußmarsch benötigte. Keiner war müde, hungrig oder durstig, nicht einmal die Tiere.

David schien nicht einmal zu merken, dass irgendetwas ungewöhnlich war, bis die jungen Männer Israels ihn beiseite nahmen und fragten, ob er ein Geheimnis für sich behalten könne. Als er es versprach, beschrieben sie ihm, wie die Sonne vom Himmel herabgekommen und Israel auf dem Berg Sinai gegeben worden war. Nun habe Gott David als Diener des heiligen und himmlischen Zion, der Lade des Gesetzes Gottes, auserwählt. Sie werde ihn und seine Nachkommen stets leiten, vorausgesetzt, dass er die Gebote halte und den Willen Gottes erfülle. Selbst wenn er es wolle, könne er die Lade nicht nach Jerusalem zurückbringen. Die Lade gehe aus eigenem freiem Willen, wohin sie wolle, und sie lasse sich nicht tragen, wenn sie nicht selbst beschlossen habe zu gehen. Die Lade, sagten sie, sei ihre Gebieterin, ihre Mutter und ihr Heil, ihre Festung und ihre Zuflucht, ihre Herrlichkeit und der sichere Hafen für alle, die auf sie vertrauten.

Als David klar wurde, dass die Bundeslade mit ihnen aus Jerusalem gekommen war, war er überwältigt. Er holte dreimal tief Luft und fragte Gott, ob er sich in seinem Erbarmen an die Ausgestoßenen erinnert habe, das Volk, das er zurückgewiesen hatte. Er fragte, ob er das heilige Zion sehen werde, das im Himmel sei, und er fragte sich, wie er Gott all das Gute vergelten konnte, das dieser getan hatte. Dann hüpfte und sprang er wie ein Lamm oder ein Zicklein, das gerade mit der Milch seiner Mutter gefüttert worden war, genauso wie sein Großvater David vor der Lade des Gesetzes Gottes getanzt hatte. Er stampfte mit den Füßen auf den Boden, stieß in seinem Entzücken Jubelschreie aus und rief der Lade zu:

»Siehe Zion, siehe das Heil, siehe den, der vor Freude jubiliert, siehe den Glanz wie die Sonne, siehe den, der mit Ruhm geziert ist, siehe den, der wie eine Braut geschmückt ist, nicht mit den Gewändern einer vergänglichen Herrlichkeit, sondern den, der mit der Herrlichkeit und dem Ruhm geschmückt ist, die von Gott kommen, auf den die Menschen mit Verlangen schauen und den sie nicht verlassen sollten, den Menschen mehr als alles andere begehren und nicht zurückweisen sollten ... du bist die Wohnung des himmlischen Gottes.«

Dann spielten die Äthiopier auf ihren Flöten, bliesen ihre Hörner und schlugen ihre Trommeln, bis der Nil selbst über den Klang staunte. Die Götzen Ägyptens, die nach dem Abbild von Menschen und Hunden und Katzen gemacht waren, stürzten zu Boden, die Obelisken brachen in sich zusammen, und die aus Gold und Silber gefertigten Bildnisse von Vögeln fielen um und zerbrachen. Zion erstrahlte wie die Sonne, wird uns gesagt, und sie wurden angesichts seiner Herrlichkeit in Angst und Schrecken versetzt.

Früh am Morgen machten sich die Reisenden wieder auf den Weg, während sie Lieder zu Ehren Zions sangen. Und wiederum wurden sie alle hoch in die Lüfte emporgehoben und zogen wie Schatten vor den Augen des ägyptischen Volkes vorbei. Die Ägypter beteten sie an, als sie sahen, dass Zion wie die Sonne am Himmel entlangzog.

Als Mose mit den Kindern Israels das Rote Meer überquert hatte, war die Lade des Gesetzes Gottes nicht offenbar geworden. Das Wasser war an einer Seite einfach wie eine Wand stehen geblieben, sodass Israel hindurchziehen konnte. Nunmehr durchquerte jedoch die Lade Zions das Meer, während alle dabei waren und, begleitet von ihren Harfen und Flöten, sangen. Die Wellen hüpften vor Freude, und das Brausen des Wassers verschmolz mit der Musik der Instrumente. Als sie am Berg Sinai vorüberkamen, sangen die Engel dort die Loblieder Zions.

In Jerusalem ging unterdessen der Hohe Priester Zadok zu Salomo und fand ihn in einem jämmerlichen Zustand vor. Der König beschrieb ihm den Traum, den er in der Nacht, in der er mit der Königin von Saba schlief, gehabt hatte. Darin hatte er eine Vision, in der die Sonne über Israel schien. Dann sei die Sonne nach Äthiopien weitergezogen, und eine andere, noch strahlendere als die erste sei nach Juda gekommen. Nachdem die Israeliten sie aber ignoriert hätten, sei die Sonne weitergezogen, um Rom, Äthiopien und allen, die an sie glaubten, ihr Licht zu bringen.

Zadok war entsetzt, dass der König ihm nicht früher von dem Traum erzählt hatte. Nun vermutete er, dass die jungen Männer Zion mitgenommen hatten. Und Salomo seinerseits war erstaunt, dass Zadok beim Wechseln der Decke nicht nachgesehen hatte, ob die Lade noch da war. Zadok eilte daraufhin zum Tempel und öffnete das Heiligtum. Dort fand er die Bretter, die Azarias anstelle der Lade dagelassen hatte, und brach vor Schreck zusammen, als sei er tot. Als er wieder zu sich kam, war sein verzweifeltes Schreien bis in den Palast zu hören. Salomo schickte sofort Soldaten los, die die Verfolgung der jungen Männer aufnehmen und seinen Sohn samt der Lade nach Jerusalem zurückbringen und alle anderen töten sollten.

Bis nach Ägypten stürmten die Reiter den Truppen voraus, wo sie erfuhren, dass die Äthiopier neun Tage zuvor mit der Lade vorbeigekommen und durch die Luft geflogen seien. Salomo traf dann einen Gesandten, den der Pharao ihm geschickt hatte und der ihm berichtete, dass die Götzen Ägyptens vernichtet worden seien. Als die Ägypter ihre Priester gebeten hätten, ihnen zu erklären, was mit den Götzen geschehen sei, hätten diese ihnen gesagt, die Lade des Gottes Israels, die vom Himmel herabkam, reise mit den Äthiopiern und werde nun für immer bei ihnen bleiben. Der Gesandte war erstaunt, dass Salomo so etwas weggegeben haben sollte – die Lade, die Israel von seinen Feinden befreit hatte und die den Geist der Prophezeiung enthielt, die Lade, die zu den Israeliten gesprochen hatte und in der der Gott des Himmels wohnte.

Salomo weinte bitterlich, als ihm bewusst wurde, wie leichtfertig die Israeliten gewesen waren. Sie hatten nicht auf ihre Priester gehört und nicht an Reue gedacht. Sie hatten ihr Leben besudelt. Wegen ihrer Gottlosigkeit und Unmoral, ihrer Stehlerei, Grausamkeit und Hurerei, ihres Neids, ihren Betrügereien und ihrer Trunksucht und all ihrer anderen Sünden hatte Gott ihnen die Bundeslade genommen.

Der Geist der Prophezeiung antwortete ihm und fragte ihn, warum er so traurig und voller Selbstmitleid sei. Alles, was geschehen sei, sei nach dem Willen Gottes geschehen. Zion sei keinem Fremden, sondern dem erstgeborenen Sohn Salomos gegeben worden, der auf dem Thron Davids, seines Vaters, sitzen werde. Salomo werde dennoch den Tempel bauen, der ihm zum Ruhm gereichen und das Fundament seiner Herrschaft sein werde. Wenn er davon Abstand nehme, anderen Göttern zu dienen, werde er vom Gott Israels genauso geliebt, wie er seinen Vater David geliebt hatte.

Nachdem er die tröstenden Worte vernommen hatte, kehrte Salomo nach Jerusalem zurück und weinte mit den Ältesten der Stadt im Tempel. Gemeinsam beschlossen sie, den Verlust der Lade zu verheimlichen. Sie nahmen die Bretter, die Azarias im Heiligtum gelassen hatte, nagelten sie zusammen, verkleideten sie mit Gold, schmückten sie, wie die Gebieterin Zions geschmückt gewesen war, und legten das Gesetzesbuch in diese neue Lade. Ohne die Lade Zions, die ihn leitete, begann Salomo jedoch, seine Weisheit zu verlieren. Und durch seine exzessive Liebe zu den Frauen ließ er sich dazu verleiten, den fremden Göttern seiner ausländischen Ehefrauen zu folgen.

David kam wohlbehalten in der Stadt seiner Mutter an, und als er in den Himmel aufblickte, sah er, dass das himmlische Zion wie die Sonne leuchtete. Als Makeda es auch sah, dankte sie Gott, klatschte vor Entzücken in die Hände und tanzte vor Freude. Die Herzen des Volkes leuchteten, als sie Zion, die Lade des Gesetzes Gottes, sahen. Sie warfen ihre Götzen weg und verehrten ihren Schöpfer, den Gott, der sie erschaffen hatte, und angesichts des himmlischen Zion schworen sie jeder Unzucht ab und beschlossen, in Reinheit zu leben.

Die Lade Zions wurde in die Festung von Debre Makeda gebracht und von 300 Wächtern bewacht, die ihre Schwerter über das Zelt Zions hielten. Die Königin bot 300 Mann auf, während David nochmals 700 schickte, und sie ließ ihre Adligen schwören, dass in Äthiopien nie mehr eine Frau als Königin herrschen werde. Nur die männliche Linie Davids, des Sohnes König Salomos von Israel, sollte auf dem Thron sitzen.

Makeda übergab das Königreich an David und wies Elmeyas und Azarias an, ihn zu beschützen und ihn den rechten Weg des Königreiches Gottes und der Ehrung der Gebieterin Zions zu lehren. Sie sagte ihrem Sohn, er möge auf Gott und auf Zion, auf die Lade des Gesetzes Gottes, vertrauen. Azarias antwortete ihr, die Königin besitze große Weisheit und sei die einzige Person, die ihrem Sohn gleichkäme. Etwas später fügte er hinzu, nicht einmal Salomo könne bei ihrer Weisheit mithalten, da sie dafür gesorgt habe, dass die Lade des Gesetzes Gottes von Israel nach Äthiopien gekommen sei.

Azarias unterwies die Äthiopier, wie man nach dem Willen Gottes lebte, und brachte ihnen auch die Unterscheidung zwischen reinem und unreinem Essen bei. Dann bat er alle, ihre Instrumente zu holen und zur Lade zu kommen, um das Königreich Davids zu erneuern. Auch wenn sein Vater Zadok David bereits in Jerusalem gesalbt hatte, salbte Azarias ihn vor den Äthiopiern ein zweites Mal, die ihn mit Pfeifen und Trommeln, Singen und Tanzen feierten und vor Freude ihre Reit- und Waffenkünste zeigten. Anschließend gab es in der Festung ein Festmahl, bei dem David ein Gewand aus feinem Gold trug. All dies, heißt es, trug sich in der Hauptstadt Makedas, im Hause Zions zu, als das Gesetz durch den König Äthiopiens eingeführt wurde.

Nachdem er drei Monate regiert hatte, zog David in Begleitung seiner Mutter Makeda und der Gebieterin Zions in den Krieg. Die Leviten trugen die Bundeslade und andere, ihnen anvertraute Gegenstände mit sich, so wie sie in den Tagen Mosis und Aarons mit Zion durch die

Wildnis gezogen waren. Die starken Krieger Davids marschierten Psalmen singend rechts und links von der Lade, vor ihr und hinter ihr, als
wären sie Gastgeber des Himmels und nicht einfache, aus Staub geschaffene Menschen. Sie vernichteten ihre Feinde, einschließlich einer
Stadt von Nattern, die die Gesichter von Menschen und Schwänze von
Eseln an ihren Bäuchen befestigt hatten. Die Lade erschöpfte die Kraft
ihrer Feinde und brachte David den Sieg, wann immer er kämpfte.

Die Geschichte mag romantisch oder ausgefallen anmuten, aber uns
wird explizit gesagt, sie sei die Antwort auf eine ernste Frage. Die Geschichte Salomos, der Königin von Saba und der Lade Zions ist in Wirklichkeit ein Buch im Buch. Sie wurde mit einem Prolog und einem Epi-
log versehen, die beide in Form eines Dialogs zwischen dem heiligen
Gregor, dem Wundertäter, und einem Chor von 318 orthodoxen Kir-
chenvätern, den Bischöfen, die 325 n.Chr. am Konzil von Nizäa teil-
nahmen, geschrieben sind.

Im Prolog wird behauptet, die Geschichte sei in einer Handschrift
erhalten geblieben, die Domitius in der Kirche der Heiligen Weisheit
gefunden habe. Domitius soll Patriarch von Konstantinopel gewesen
sein, erscheint namentlich jedoch nicht in der Liste der Patriarchen. Die
Geschichte ist die Antwort auf eine Frage, die den heiligen Gregor beschäftigte. Bei diesem handelt es sich in Wahrheit jedoch nicht um Gregor, den Wundertäter, sondern um den armenischen heiligen Gregor,
den Erleuchter. Er war offenbar wegen seiner Hingabe zu Christus in
eine Höhle geworfen und 15 Jahre lang verfolgt worden. In seinem Leid
fing er an, über die Dummheit der armenischen Könige nachzudenken und sich zu fragen, worin eigentlich die Herrlichkeit der Könige
bestand. Beruhte sie auf militärischer Macht?, fragte er sich. Vielleicht
hing sie von Reichtum oder der Herrschaft über andere Menschen ab.

Vor dem Hintergrund dieser Meditationen wird dem Leser eine Geschichte der Welt präsentiert, die mit Adam beginnt und einen Bericht
mit einschließt, wie Gott sowohl Abraham als auch Noach offenbarte,
dass er in den kommenden Generationen eine Lade vom Himmel senden werde, die bei ihren Nachkommen bleiben werde.

Im Prolog werden die Entstehung und das Aussehen dieser Lade als
überaus wundersam beschrieben. Es heißt, sie habe wie aus Jaspis, To-
pas, Hyazinth und Kristall ausgesehen. Sie nahm das Auge gewaltsam
gefangen und verblüffte und betäubte den Geist des Menschen. Sie war
durch den Geist Gottes und nicht durch die Hand des Künstlers geschaffen worden. Gott selbst hatte sie als Wohnstätte für seine Herrlichkeit geschaffen. Sie war ein spiritueller, von Gnade erfüllter Gegenstand, ein himmlischer, von Licht erfüllter Gegenstand, ein Gegenstand
der Freiheit und das Haus Gottes, der im Himmel wohnte und auf Erden
weilte. Sie wohnte unter Menschen und unter Engeln – eine Stadt des
Heils für Menschen und eine Heimstätte für den Heiligen Geist.

Wir erfahren, dass die Lade nicht nur die in der hebräischen Bibel
erwähnten Gesetzestafeln enthielt, sondern auch die beiden anderen Gegenstände, die im Neuen Testament im Brief an die Hebräer
(Hebr 9,4) genannt werden: einen goldenen Krug mit dem Manna, das
vom Himmel kam, und den Stab Aarons, der Triebe angesetzt hatte, obwohl er verdorrt gewesen war und kein Wasser bekommen hatte. Zudem erfahren wir, dass ihre Entstehung ein ausgesprochen christliches
Ereignis war. Das unterscheidet sich sehr deutlich von dem, was wir in
der hebräischen Bibel lesen. Die Lade wurde von der christlichen Dreieinigkeit – Vater, Sohn und Heiliger Geist – als Wohnstätte für ihre
Herrlichkeit geschaffen.

Die Bischöfe, mit denen Gregor sprach, bestätigten, dass die Lade
vor allem anderen geschaffen worden sei. »Für uns steht zweifelsfrei
fest, dass er vor jedem anderen geschaffenen Ding, selbst vor den Engeln, vor dem Himmel und der Erde, vor den Säulen des Himmels und
dem Abgrund des Meeres, die Bundeslade schuf.« Des Weiteren erläu-
terten sie, wie wesentlich die Lade für Gottes Plan war, die Welt vor den
Folgen des Sündenfalls zu erretten. Sie war ein Urbild für die Geburt
des Erlösers aus dem Leib der Jungfrau Maria, da Gott in der Lade genauso gelebt hatte, wie er im Leib der Heiligen Jungfrau gelebt hatte,
ehe er in einem Körper aus Fleisch und Blut auf die Welt gekommen
war. Wäre das himmlische Zion nicht herabgekommen und hätte das

Fleisch Adams angenommen, sagten sie, dann wäre Gott, das Wort, nicht erschienen und die Erlösung unmöglich gewesen. Das himmlische Zion sollte als ein Bild Marias, der Mutter des Erlösers, verstanden werden. Das von Gott geschriebene Gesetz war in die Bundeslade gelegt worden. Gott selbst hatte Wohnung im Leib Mariens bezogen.

In der Grube sah Gregor die Zukunft der Welt und das Ende der Geschichte. Er sah, dass die Lade Zions in Äthiopien bleiben würde, bis Christus wiederum erscheinen und die Welt vom Berg Zion aus beherrschen würde, dann würde sie zu ihm zurückkehren. Sie würde geöffnet, und durch das Zeugnis der Tafeln, das Manna aus der Wüste, den Stab Aarons und das spirituelle Zion, das vom Himmel herabkam, würden die Juden verdammt werden. Dann wäre es für sie jedoch zu spät zu bereuen. Sie würden zu ewigen Qualen verurteilt, da sie bestritten hätten, dass Christus die Erfüllung aller alten Prophezeiungen war.

Wie Gregor und die orthodoxen Kirchenväter bestätigten, gab das in der Kirche der Heiligen Weisheit gefundene Dokument die Antwort auf die Frage, die der Heilige sich selbst in der Grube gestellt hatte. Die Herrlichkeit der Könige Äthiopiens war in der Gegenwärtigkeit der Lade Zions zu finden, und ihre Herrlichkeit übertraf die Herrlichkeit aller anderen Könige, selbst die der Kaiser des Byzantinischen Reiches.

Das *Kebra Nagast* gibt uns nach wie vor sehr viele Rätsel auf, und es war unserem Verständnis dieses Buches nicht gerade förderlich, dass so viele Gelehrte sich auf die vor über 75 Jahren von Sir Ernest Wallis Budge angefertigte englische Übersetzung des Textes, *The Glory of the Kings*, stützten. Zeit seiner Karriere arbeitete Budge mit einer erstaunlichen Geschwindigkeit und wurde vielfach wegen seiner Nachlässigkeit kritisiert. Angesichts der Inkonsistenz seiner Übersetzung ist es oft unmöglich zu verstehen, was über die Lade gesagt wird, ohne gleichzeitig entweder auf den 13 Jahre vorher von Carl Bezold veröffentlichten äthiopischen Text oder die Handschriften selbst zurückzugreifen, was aber nicht jeder getan hat oder tut.

Es sind grundlegende, hoch interessante Fragen, die sich bei diesem Buch aufdrängen. Wer schrieb es, wann und warum? Mehrere Handschriften enthalten nach dem letzten Kapitel ein Kolophon, das auf den Ursprung des Buches hinweist, wobei das Kolophon als solches jedoch rätselhaft ist. Teile davon sind nur sehr schwer zu glauben, und vieles bleibt ungesagt. Wenn es sich bei dem Buch tatsächlich um das äthiopische Nationalepos handelt, das behauptet, die Herrschaft der äthiopischen Könige habe von der Gegenwart der Bundeslade abgehangen, dann ist es natürlich wichtig zu wissen, warum es verfasst oder warum das Kolophon hinzugefügt wurde. Dazu müssen wir jedoch weiter zurückgehen und mit dem alten Königreich von Aksum beginnen, ehe die arabischen Götter wegen einer neuen Religion aus Syrien abgeschafft wurden. Aus diesen frühen Jahren sind andere Aufzeichnungen erhalten, und sie erzählen uns etwas völlig anderes.

14 DIE GEWÜRZSTRASSE

An den Wänden des großen Tempels von Dair al-Bahri verkündet das Orakel des Gottes Amun seit knapp 3500 Jahren: »Vom großen Thron wurde ein Befehl vernommen, ein Orakel Gottes, die Wege Punts sollen erforscht werden, die Hauptverkehrswege zu den Weihrauchterrassen sollen erschlossen werden.«

Im alten Ägypten und in den anderen Reichen des Nahen Ostens konnten die Götter nicht ohne Weihrauch leben. Man glaubte, sein Duft würde sie nähren und sie vom Himmel herabrufen, um unter den Menschen zu leben. Das Ritual des Weihrauchopfers sollte die Götter ermutigen, in den Bildern zu leben, die man für sie geschaffen hatte, und eine Tür zwischen Himmel und Erde öffnen. Eine der Inschriften auf den Pyramiden von Sakkara erklärt die Macht des Weihrauchs: »Eine Treppe zum Himmel wird für mich hingestellt, damit ich auf ihr in den Himmel aufsteigen kann, und auf dem Rauch des großen Weihrauchs steige ich auf.«

Für den alten Kult wurden riesige Mengen des aromatischen Harzes gebraucht, das nur mit hohem Kostenaufwand bei den Völkern zu bekommen war, die am Rande der Welt, im Land Gottes lebten. Mit seinem Orakel entsandte Amun die Königin Ägyptens, die selbst eine Göttin war, um das kostbare Weihrauch- und Myrreharz zu beschaffen und so die Bande zwischen den Göttern und den Menschen zu erhalten. Der Weihrauch war selbst göttlich, er gehörte den Göttern, und dass es ihn auf Erden gab, war der Beweis, dass die Götter noch immer bei den Menschen weilten.

Und so entsandte die Königin eine Expedition über Land und übers Meer – fünf Schiffe, die das Große Grün überquerten, wie die Schriftgelehrten Ägyptens das Wasser des Roten Meeres nannten. Bei ihrer Rückkehr waren sie mit Weihrauch und den Schätzen und Kuriositäten eines fernen Königreiches beladen: mit Gold, Leopardenfellen, Pavia-

nen, Affen, sogar einer Giraffe. Die Schiffe hatten auch Weihrauch-
bäume in Töpfen an Bord, da die Königin offenbar die Hoffnung hegte,
ihrem Gott sein eigenes Land Punt fern im Norden der Terrassen, in
Theben selbst, bieten zu können.

In den Inschriften hielt die Königin ihre Hingabe fest. Als Antwort
auf den göttlichen Befehl erklärte sie: »Ich habe sie übers Wasser und
über Land geführt, und ich habe die Weihrauchterrassen erreicht.« Auf
dem Wandrelief des Tempels ist zu sehen, wie sie ihrem Gott eigenhän-
dig ein Weihrauchopfer darbringt. »Auf allen ihren Gliedern ist das Beste des Weihrauchs«, wird uns gesagt, »ihr Duft ist göttlich benetzt, ihr
Geruch hat sich mit Punt vereinigt.«

Weihrauch wuchs auf beiden Seiten des Roten Meeres, in Afrika wie
in Arabien, und die in die Tempelwand gemeißelten Tiere belegen, dass
das ägyptische Land des Gottes an der afrikanischen Küste zu finden
war. Da die Expedition über Land und übers Meer gereist war, erscheint
dies durchaus einleuchtend, es wird jedoch seit eh und je darüber diskutiert, wo Punt genau gelegen hat. Auch wenn die Königin berichtete,
vor ihrer großen Expedition sei Weihrauch von »Hand zu Hand« nach
Ägypten gebracht worden, wissen wir, dass es noch verschiedene andere Expeditionen zu den Weihrauch-Königreichen auf der afrikanischen Seite gab. Die Herrschaft Hatschepsuts erscheint uns heute
unendlich fern, aber schon fast 1000 Jahre vor ihrer Geburt reiste ein
Gesandter des Pharaos Pepi II. über Land nach Tigre, der nördlichen
Provinz Äthiopiens, wo später das Königreich Aksum entstehen sollte,
und schickte Weihrauch nach Ägypten zurück.

Wir wissen, dass Weihrauch für den Gotteskult in Israel wie auch in
Ägypten und Babylon benötigt wurde. Als auf dem Berg Sinai die Anfertigung der Wohnstätte offenbart wurde, erhielt Mose zugleich die
Weisung, dass die Israeliten einen Altar aus Gold und Akazienholz anfertigen und ihn vor die Behänge der Bundeslade stellen sollten. Aaron
wurde angewiesen, jeden Morgen und jeden Abend darauf Weihrauch
zu verbrennen, sodass der Duft über Generationen hinweg zum Himmel aufsteigen würde. Und am Versöhnungstag, so wurde ihm gesagt,

sollte der Hohe Priester das Allerheiligste betreten und sich der Lade nähern, sich dabei jedoch durch eine Weihrauchwolke vor deren tödlicher Kraft schützen. Das Ritual wurde in dem von Salomo in Jerusalem erbauten Tempel fortgesetzt, in dessen Allerheiligstem die Lade, abgesehen von dem einen Tag im Jahr, an dem ein Mann sich ihr näherte, den Blicken der Israeliten verborgen war. Selbst als der Zweite Tempel erbaut und die Lade verschwunden war, wurde dieser Ritus beibehalten.

Das Erste Buch der Könige (1. Kön 10,1 ff.) erzählt uns, dass die Königin von Saba, als sie nach Jerusalem kam, um die Weisheit Salomos auf die Probe zu stellen, Geschenke mitbrachte – Kamele, die mit Gewürzen, Gold und Edelsteinen beladen waren. Die beiden Letzteren sind sicher bei einem König oder einer Königin hinreichend üblich, die Gewürze werden jedoch als Erste genannt. Der Begriff bezieht sich nicht nur auf Pfeffer oder Zimt, so wertvoll diese auch gewesen sein mögen. Er bezieht sich auch auf Weihrauch, und der Handel mit diesem seltenen Gut dürfte der Grund für den Reichtum der Königin gewesen sein. Ohne Weihrauch hätten die Götter die Menschen verlassen, und selbst der Hohe Priester Israels hätte das Heiligtum der Lade nicht betreten können. Weihrauch musste um jeden Preis gekauft werden, und das Zweite Buch der Chronik (2. Chr 9,9) versichert uns, dass die Gewürze, die die Königin von Saba mitbrachte, alle anderen übertrafen. In diesem Zusammenhang wurde sogar die Vermutung laut, der Weihrauch und nicht die Suche nach Weisheit sei der Grund für den Besuch der Königin gewesen – dass sie in der Hoffnung nach Jerusalem gekommen sei, einen lukrativen Handel zwischen Saba und Israel in die Wege leiten zu können.

Aus keinem der Berichte in der hebräischen Bibel geht hervor, wo das Königreich Saba zu finden ist. Das ist mehr als bedauerlich, wenn wir versuchen wollen, uns auf den Pfad zwischen der biblischen und der äthiopischen Überlieferung vom *Kebra Nagast* führen zu lassen. In der Bibel werden keine Schiffe erwähnt, und es heißt, die Königin sei mit einer Karawane gekommen. Fest steht, dass sie eindeutig über Land reiste, da Jerusalem im Landesinnern liegt und, egal, wo Saba lag, eine Reise über Land an irgendeinem Punkt in jedem Fall unumgänglich gewesen wäre. An anderer Stelle in der Bibel erfahren wir, dass der Stammvater Sabas sowohl von Sem als auch von Abraham abstammte, was bedeutet, dass das Volk Sabas sowohl mit den Israeliten als auch mit den Afrikanern verwandt gewesen wäre. Das ist die Kernaussage des *Kebra Nagast*, aber dies verrät uns immer noch wenig darüber, wo Saba gelegen haben soll.

Trotz der im *Kebra Nagast* vertretenen Überzeugung, dass es sich bei der Königin von Saba um eine äthiopische Königin namens Makeda gehandelt habe, wird angenommen, dass Saba sich in Arabien befunden haben muss. Das ist durchaus einleuchtend. In Südarabien gab es ein reiches Königreich namens Saba, das seinen Reichtum dem Handel mit Weihrauch und Myrre verdankte. Als der Engel Gabriel, wie die Muslime glauben, dem Propheten Mohammed den Koran diktierte, erinnerte er in einer der Suren an die Begegnung zwischen Salomo und der Königin von Saba (Sure 27,22 ff.) und gab in einer anderen (Sure 34,15–16) einen klaren Hinweis darauf, wo Saba zu finden war.

In Sure 27, »Die Ameise«, erfahren wir, dass Salomos Weisheit es ihm ermöglichte, die Sprache der Vögel zu verstehen, und dass er den Ameisen zuhörte, als sie miteinander sprachen. An einem Tag bemerkte er, dass der Wiedehopf nicht bei den anderen Vögeln war, die sich um ihn geschart hatten, und er überlegte, mit welcher Strafe er diesen Ungehorsam belegen sollte. Der Vogel kam jedoch bald, offensichtlich zufrieden mit sich, weil er etwas wusste, was nicht einmal Salomo wusste. Er erzählte dem König, er sei in Saba gewesen und habe dort eine Frau gesehen, die einen wundervollen Thron und große Reichtümer besaß, aber die Sonne anbetete. Offenbar hatte der Satan ihr Volk irregeleitet und vom wahren Glauben abgehalten.

Salomo war nicht sicher, ob er alles glauben konnte, was der Wiedehopf ihm erzählte, und so gab er dem Vogel einen Brief für die Königin. Als sie den Brief erhielt, las sie ihm ihren Rat vor. Salomo hatte ihr offenkundig geraten, sich ihm nicht mit Waffengewalt zu widersetzen.

Sie sollte vielmehr nach Jerusalem kommen und sich ihm ergeben. Ihre Berater wiesen sie darauf hin, dass Saba über eine hervorragende Armee verfügte und die Königin kämpfen könnte, wenn sie wollte. Sie erwiderte jedoch, dass Könige, wenn sie in eine Stadt einzogen, großes Unheil anrichten könnten. Sie beschloss, Salomo ein Geschenk zu schicken, in der Hoffnung, ihn damit wohlwollender zu stimmen. Leider war Salomo von ihrem Geschenk wenig beeindruckt und fand, es sei an der Zeit, gegen sie in den Krieg zu ziehen.

Als ersten Schritt fragte er jedoch seine Berater, wer von ihnen ihm den Thron der Königin bringen werde, ehe das Volk Sabas zu ihm käme, um sich zu ergeben. Einer der Dschinn erklärte sich dazu bereit, und als der Thron in den Palast gebracht wurde, ließ Salomo ihn unkenntlich machen, um zu sehen, ob die Königin ihn bei ihrer Ankunft trotzdem erkennen würde. Sie erkannte ihn; als sie jedoch in die Burg eintrat und den glänzenden Boden sah, hielt sie ihn für einen See. Damit ihre Kleider nicht nass wurden, hob sie die Kleider an und entblößte ihre Beine. Als sie ihren Irrtum erkannte und merkte, dass sie überlistet worden war, ergab sie sich mit Salomo dem einen wahren Gott, dem Herrn der Welten (Sure 27,15–44).

In Sure 34 mit der Überschrift »Saba« gibt der Koran einen klaren Hinweis, wo das Königreich zu finden war: »Wahrlich, Saba hatte in ihren Wohnungen ein Zeichen: zwei Gärten, (einen) zur Rechten und (einen) zur Linken.« (Sure 34,15) Da das Volk Sabas sich von Gott abgewendet hatte, schickte er eine Flut, um es zu vernichten. Anstelle der beiden Gärten, aus denen es sich ernährt hatte, blieben ihm nur Gärten mit bitteren Früchten und einigen Tamarisken (Sure 34,16).

Die meisten alten Korankommentatoren gingen davon aus, dass es sich bei den beiden Gärten und der Flut um den Bruch des berühmten Damms von Marib in Südarabien handelte, der in jenen Tagen ein bautechnisches Meisterwerk war. Als er im 6. Jahrhundert n. Chr. brach, wurde die ganze Region zerstört. Die gemauerten großen Abflusskanäle sind heute noch auf beiden Seiten der Ruine zu sehen. Mit dem Wasser, das durch sie hindurchfloss, waren zu beiden Seiten die Gärten bewässert worden. Dem Propheten und dem Engel, der zu ihm sprach, war die Katastrophe noch in lebhafter Erinnerung.

Nach einer arabischen Überlieferung war Marib die Hauptstadt der Königin von Saba, und die Ruinen eines großen, in der Nähe des Damms gelegenen Tempels tragen noch immer ihren Namen. Für die muslimischen Gelehrten, die über die Jahrhunderte vor der Offenbarung Mohammeds – über die »Zeit der Unwissenheit«, wie sie sagten – schrieben, gehörten die Reichtümer Sabas und seiner Königin bereits einer verlorenen Welt an. Die Ruinen der Königreiche im Süden, von Saba und dessen Rivalen Himjar, wurden zu einem Thema der Dichter:

>»Himjar und seine Könige sind tot, vernichtet durch die Zeit:
> Duran durch den Großen Planierer verwüstet.
> Rund um seine Höfe heulen die Wölfe und Füchse,
> Und Eulen wohnen dort, als habe es Duran nie gegeben.«

Die Herrschaft Salomos müsste jedoch fast 1000 Jahre vor der Blütezeit der Königreiche des Südens beendet gewesen sein. Wir wissen kaum etwas darüber, wie intensiv der Handel zur Zeit seiner Herrschaft in Jerusalem war. In assyrischen Dokumenten werden Araber ab dem 9. Jahrhundert v. Chr. erwähnt. Demnach hat möglicherweise ein großes Reich im Norden wegen der Reichtümer, die über die Karawanenstraßen vom Süden nach Gaza und dann nach Ägypten und in die Levante befördert wurden, Interesse an den Arabern entwickelt. Die Gewürzstraße hat womöglich bereits sehr viel früher existiert. Es sind jedoch wenig Belege über den Handel erhalten geblieben, und es wurden auf dieser Route nur sehr wenige Karawanenstädte ausgegraben.

Der Weihrauch von Tigre war in Afrika bereits zu einer sehr frühen Zeit bekannt. Aber konnte die Königin von Saba auf dem Landweg von Tigre nach Jerusalem gereist sein? Hatschepsut hatte vielleicht fünf Schiffe an der Küste Afrikas entlanggeschickt, es war jedoch mit Sicherheit nicht leicht, mit einem Segelschiff im Roten Meer zu navigieren. Der Landweg von Tigre nach Ägypten war passierbar, aber beschwerlich, und der Nil war zwischen Abessinien und Oberägypten nicht schiffbar. Wenn eine Königin von Tigre nach Jerusalem reiste, musste sie in jedem Fall irgendwann das Rote Meer überqueren. In Anbetracht der engen Verbindungen, die zwischen Abessinien und den Königreichen in Südarabien bestanden, mag sich eine afrikanische Königin vielleicht auch zu einer direkten Überquerung entschlossen haben, um dann eine der bekannten Routen nach Norden durch die Karawanenstädte in Hedschas zu nehmen.

Aber wenn wir wissen, dass es ein Königreich Saba in Arabien gab, was ist dann zu Afrika zu sagen? Die späteren, im Buch Jesaja enthaltenen Prophezeiungen erwähnen, dass neben Kuschitern und den groß gewachsenen Sebaitern Ägypter nach Zion kommen würden (Jes 45,14), und es dürfte davon auszugehen sein, dass dieser Vers sich auf drei afrikanische Völker bezieht. Josephus identifizierte Saba mit Meroë, einer Stadt am Weißen Nil, und der griechische Geograf Strabo behauptete, zwei Städte namens Saba und Sabai an der afrikanischen Küste zu kennen. In jüngerer Zeit wurden auch Inschriften gefunden, worin die Könige des altäthiopischen Königreiches Diamat behaupten, Saba läge innerhalb ihres Territoriums. Aber selbst die ältesten dieser Belege sind immer noch um einige Jahrhunderte jünger als die von der Bibel für Salomo ausgewiesene Zeit. Aber wenn Äthiopien und Eritrea ihre Kämpfe um ihre Grenze einmal beendet haben, werden wir vielleicht durch Ausgrabungen wesentlich mehr erfahren können. Am Horn von Afrika steht die Archäologie gerade erst am Anfang.

Eines der großen Rätsel der äthiopischen und arabischen Geschichte ist, ob die hoch entwickelte Zivilisation, die auf der afrikanischen Seite des Roten Meeres entstand, die Folge einer Kolonisation aus Südarabien war. In Äthiopien ist eine Mischung aus semitischen und kuschitischen Niederschlägen zu finden. Die Sprache, Schrift, Architektur und die heidnische Religion Aksums sind eng mit denen in Südarabien verwandt. Diese Frage hat in den letzten Jahren eine neue Qualität bekommen, da der Verdacht aufkam, frühere Gelehrte und Forscher wären einfach nicht bereit gewesen, einzuräumen, in Afrika hätte eine hoch entwickelte Zivilisation von selbst entstehen können, zumindest nicht, solange man behaupten konnte, sie sei von Kolonisten importiert worden. Dieses Argument wurde jedoch auch in entgegengesetzter Richtung vorgebracht, nämlich dass Südarabien durch die Ankunft eines hoch entwickelten Volkes aus Äthiopien gesegnet worden sei.

Aber der Wunsch, die eine Seite des Roten Meeres als Mutter und die andere nur als deren Kind zu sehen, führt möglicherweise zu Verwirrungen. Die beiden Regionen scheinen jedenfalls so eng miteinander verknüpft gewesen zu sein, dass es sicher besser ist, sie einfach als Teil derselben Welt zu sehen. Als sich die Macht der aksumitischen Könige in späteren Zeiten nach Arabien ausweitete, erhoben sie auch Anspruch auf den Titel von Saba. In jener Zeit dürfte es zumindest möglich gewesen sein, dass eine Königin in Afrika über ein Saba in Arabien herrschte.

Wäre es denkbar, dass die Königin von Saba tatsächlich von Äthiopien nach Jerusalem und wieder zurück gereist ist, wie das *Kebra Nagast* behauptet, und wäre es denkbar, dass ihr Sohn David, als er die gleiche Reise unternahm, eine israelitische Lade mitgebracht hat? Aber ganz abgesehen davon, dass es keinerlei zeitgenössische Belege, weder über die Königin noch über ihren Sohn, gibt, besteht das eigentliche Problem darin, dass die frühe Geschichte Äthiopiens sich so sehr von der im *Kebra Nagast* geschilderten Version unterscheidet und auch völlig anders ist, als man erwarten würde, wenn eine israelitische Lade in der unmittelbaren Umgebung von Aksum verehrt worden wäre.

Nach dem Schwinden von Diamat und Saba entstand im Hochland Tigres das Königreich von Aksum. Wir wissen, dass der Ort im 1. Jahrhundert v. Chr. und wahrscheinlich noch früher bewohnt war und sich bald zu einer regionalen Macht entwickelte. Auch wenn das *Kebra Nagast* den Namen nie erwähnt, ist es der Ort, an dem die Äthiopier die berühmte Königin und die von ihrem Sohn mitgebrachte Lade unterbringen. Als Francisco Alvarez die Stadt in den ersten Jahren des 16. Jahrhunderts sah, wurden ihm zwei Sarkophage gezeigt, bei denen es sich um die Schatztruhen der Königin von Saba handeln sollte. Ihm wurde gesagt, Aksum sei »die Stadt, der Hof und die Residenz der Königin von Saba, deren Name Makeda« gewesen sei. Alvarez beschrieb Aksum als »am Ende einer schönen Ebene gelegen ..., fast zwischen zwei Hügeln«, und die Monumente der alten Stadt waren so beeindruckend, dass sie einer berühmten Königin zur Ehre gereichten, auch wenn sie erst lange nach der Herrschaft Salomos errichtet worden waren.

Im *Liber Axumae* (Buch von Aksum) werden 58 Monolithen erwähnt, von denen einige noch stehen und andere umgefallen sind. Alvarez beschrieb sie ebenfalls und bemerkte dazu, dass »es oberhalb dieser Stadt viele stehende Steine und andere auf dem Boden liegende gibt, sehr groß und schön und voller beeindruckender Verzierungen«. Die größte der Stelen war, wie er fand, »sehr gerade und schön gearbeitet, mit Arkaden darunter und bis in Kopfhöhe wie ein Halbmond gemacht«. Zwei weitere sah er auf der Erde liegen, »sehr groß und schön, mit Mustern von großen Arkaden und ansehnlich großen Ornamenten«.

Die aksumitischen Stelen sind die größten monolithischen Denkmäler der antiken Welt und übertreffen in der Höhe sogar noch die ägyptischen Obelisken. Zwar haben nur wenige Menschen jemals von ihnen gehört, doch wer sie gesehen hat, war beeindruckt. »Ein ganz großartiges Kunstwerk, das aus einem einzigen Granitblock gestaltet und ganze 19 Meter hoch ist«, schrieb Ende des 18. Jahrhunderts der englische Reisende und Maler Henry Salt. »Es ist das bewundernswerteste und vollkommenste Monument seiner Art.« Er fand, dass die Verzierungen verwegen und elegant wären und dass die in der Mitte hochlaufende Vertiefung dem massiven Objekt eine Leichtigkeit in der Form gebe, die ihresgleichen suche.

Aber warum hat man sie errichtet? Ägyptologen, die sie kannten, waren der Meinung, sie seien wie die Obelisken in Ägypten dem Sonnengott gewidmet gewesen. Die in die Stelen gemeißelten Stockwerke und Türen hätten die neun Himmel der Götter dargestellt, über die der Sonnengott herrschte. Möglich, dass diese Vermutungen zutreffen,

auch wenn wir heute wissen, dass die Stelen die Gräber der aksumitischen Könige markieren und die unter ihnen dargebrachten Opfer in
die Gräber flossen, um die Toten zu ehren. Trotz der Geschichte, die
uns im *Kebra Nagast* erzählt wird, haben die Stelen bei der Verehrung
des Gottes Israels keine Rolle gespielt. Sie wurden lange nach Salomos
Herrschaft errichtet und gehörten zu einem heidnischen Kult.

In Aksum selbst gibt die Überlieferung kaum Aufschluss darüber,
wer diese Stelen errichtet haben könnte, obwohl dabei zweifelsohne
auch Dämonen im Spiel gewesen sein sollen. In der großartigen Geschichte, die man sich auf den Straßen der Stadt immer wieder erzählt,
geht es um die Königin von Saba aus dem Alten Testament, die Königin
Candaze aus dem Neuen Testament, den großen Drachen Arwe, König
Romha, der einige der Stelen errichten ließ, die Königin Gudit, die
einige der anderen zerstören ließ, und um Dutzende anderer Helden und
Heldinnen. Aufgrund einer anderen großen Errungenschaft des alten
Königreiches kann man allerdings auch eine völlig andere Geschichte
schreiben. Die Möglichkeit dazu eröffnet uns eine zeitgenössische
Belegquelle, die vor den Erfindungen oder Fehlbarkeiten der Schrift-
gelehrten gefeit ist – eine Quelle, die Salomo oder die Bundeslade übri-
gens mit keinem Wort erwähnt.

Die Macht und der Reichtum Aksums beruhten darauf, dass die
Karawanenrouten aus dem Hinterland Afrikas durch das Gebiet führten. Aus späteren Berichten über den Handel am Roten Meer geht
hervor, dass Elfenbein, Schildkrötenpanzer, Rhinozeroshörner, Fluss-
pferdhäute, Felle und Sklaven über Aksum zu fremden, ausländischen
Märkten befördert wurden. Im Gegenzug gelangten Stoffe, Waffen,
Glaswaren und Gefäße aus Bronze und Eisen über Aksum nach Afrika.

Die Fähigkeit, solche gewaltigen und anmutigen Stelen zu errichten,
ist ein Zeugnis für die Ressourcen, über die die aksumitischen Könige
verfügten, und der Handel, auf den sich das Königreich stützte, war
stark und ausgedehnt genug und so hoch entwickelt, dass im Königreich Goldmünzen im Umlauf waren. Dies war eine außergewöhnliche
Seltenheit in der antiken Welt, und die Münzen von Aksum waren nicht

nur etwas Außergewöhnliches, sondern auch außergewöhnlich schön. Sie wurden aus Gold, Silber und Bronze geprägt und stellten die mit Armreifen und prächtigen hohen Tiaras geschmückten Könige dar. Einige Münzen bestanden aus einer Legierung von Gold und Silber – eine verfeinerte Technik, die die abgebildeten Symbole besonders gut hervorhob. Die Münzen sind für sich genommen schon ein faszinierendes Thema. Sie sind aber auch ein historischer Beleg von immenser Bedeutung, der die traditionelle Geschichtsschreibung auf höchst subversive Weise ins Wanken gebracht hat.

Sie zeigen eine völlig andere Abfolge von Königen als die Listen in der mythischen Geschichte Äthiopiens. Aber sie tun noch ein Weiteres: Durch sie können wir den Zeitpunkt bestimmen, an dem die Könige von Aksum vom alten Sonnenglauben Arabiens abfielen und sich, wie die Königin von Saba im *Kebra Nagast*, dem Gott Israels zuwandten. Aber trotz der Behauptungen im Epos haben sich die aksumitischen Könige dem Gott Israels erst zugewandt, nachdem dieser sich im christlichen Messias offenbart hatte.

Der aksumitische König Ezana taucht auf keiner der traditionellen Listen auf. Er geriet in Äthiopien in Vergessenheit. Die Bekehrung wurde zwei mythischen Figuren, Abreha und Asbeha, zugeschrieben, aber auf den Münzen von Ezana, der im 4. Jahrhundert n. Chr. lebte, sehen wir, dass der alte Vollmond und die Mondsichel der Götter Arabiens schließlich durch das Kreuz Christi ersetzt wurden. Während die Inschriften aus den Anfängen seiner Regierungszeit ihn als den »Sohn Mahrems«, des alten aksumitischen Kriegsgottes, bezeichneten, verkündeten sie nun, dass er »im Glauben an Gott und mit der Macht des Vaters, des Sohnes und des Heiligen Geistes« regiere.

Die Geschichte, die die Münzen erzählen, wird von einer ausländischen und fast zeitgenössischen Quelle, dem christlichen Geschichtsschreiber Rufinus, bestätigt. Er behauptete, gegen Ende des 4. Jahrhunderts, einige Jahre nach den Ereignissen, die er beschrieb, einem Mann begegnet zu sein, der bei der Konversion eine entscheidende Rolle gespielt habe. Er liefert uns somit eine Darstellung, die auf einem direkten Bericht zu beruhen scheint, und seine Version wurde in den nachfolgenden Jahrzehnten von anderen Historikern wie Sokrates, Theodoret und Sozomenus aufgegriffen.

Rufinus überlieferte uns eine Geschichte von Abenteuern, Katastrophen und großem Lohn. Sie beginnt mit dem syrischen Händler Meropius, der von Tyrus eine Reise ins »ferne Indien« in Begleitung zweier Knaben unternahm, die mit ihm verwandt waren. Die Namen der Jungen waren Frumentius und Aedesius, und mit Aedesius behauptete Rufinus gesprochen zu haben.

Auf dem Rückweg von Indien ging ihr Schiff in einem Hafen vor Anker, um Proviant an Bord zu nehmen. Zu ihrem Entsetzen stellten sie allerdings fest, dass die Abkommen zwischen Rom und dem Volk der Region außer Kraft gesetzt waren. Das Schiff wurde angegriffen, und die Jungen kamen anscheinend als Einzige durch Zufall mit dem Leben davon. Sie waren an Land gegangen, wo man sie lesend unter einem Baum gefunden und gefangen genommen hatte.

Die Männer, die sie festnahmen, brachten sie zum König, der sie als Sklaven behielt. Als die Jungen älter wurden, bemerkte der König, wie klug und besonnen Frumentius war, und er ernannte ihn schließlich zum königlichen Schatzmeister und Sekretär. Aedesius, der als »treu und von Grund auf ehrlich«, aber von »schlichtem« Gemüt beschrieben wird, wurde königlicher Mundschenk – eine Stellung, die ehrenvoll war, aber kaum besondere Fähigkeiten verlangte.

Als der König starb, übernahm seine Witwe anstelle ihres kleinen Sohnes die Regentschaft. Frumentius und Aedesius erhielten beide zwar ihre Freiheit, aber die Königin ersuchte sie, sie bei der Regierung des Landes zu unterstützen, bis ihr Sohn alt genug sei, um selbst die Herrschaft zu übernehmen. Sie erklärten sich dazu bereit, und Frumentius erhielt die Position eines Ministers.

In dieser Zeit, erzählt Rufinus, »rührte Gott sein Herz an«, sodass Frumentius sich für die Lehren Christi zu interessieren begann. Aus Rom waren Händler ins Land gekommen, die den Glauben praktizierten, und Frumentius stellte Bauplätze bereit und ließ Kirchen für sie errichten. Als der junge König schließlich alt genug war, um selbst die Regierungsgeschäfte zu übernehmen, wollte er Frumentius und Aedesius gerne in seinen Diensten behalten, sie hatten inzwischen jedoch den Wunsch, in ihr Heimatland zurückzukehren. Aedesius begab sich nach Tyrus, wo Rufinus ihm später begegnen sollte.

Frumentius wollte sich hingegen für die Stärkung des christlichen Glaubens in Aksum einsetzen und reiste deshalb nach Alexandria, um dem Patriarchen Athanasios von den neuen Kirchen zu berichten. Er erzählte ihm von den »vielen Christen, die sich dort bereits versammelt« hatten, und von »den Kirchen, die auf barbarischem Boden gebaut« worden waren, und ersuchte ihn, für sie einen Bischof zu ernennen. Athanasios erklärte sich einverstanden, fragte dann aber Frumentius, ob er sich irgendjemand anderen vorstellen könne, der wie er selbst so eindeutig für diese Aufgabe durch den Geist Gottes prädestiniert sei. Der Junge, der seine Laufbahn einst als Sklave begonnen hatte, dann königlicher Schatzmeister und Minister geworden war, wurde nunmehr zum Bischof von Aksum geweiht und ins Hochland Tigres zurückgesandt, um über das Wachstum der neuen Kirche in Äthiopien zu wachen.

Auch wenn Rufinus nahezu die einzige Quelle für all das ist, was wir über Frumentius wissen, so gibt es doch auch noch eine sehr wichtige andere Bezugsquelle. Der Name Ezanas verschwand aus den äthiopischen Überlieferungen, aber Frumentius ist sehr wohl in Erinnerung geblieben, und die Geschichte wird von Athanasios, dem berühmtesten aller östlichen Kirchenlehrer, selbst bestätigt. Athanasios bekämpfte vornehmlich die arianische Häresie, eine Christologie, derzufolge Christus nur ein Mensch und nicht wesensgleich mit Gott war.

In seiner *Apologie* überliefert er einen Brief des römischen Kaisers Konstantins II. an die Herrscher von Aksum. Dieser wurde offensichtlich im Jahr 356 geschrieben und lässt erkennen, dass der Kaiser versucht hatte, den aksumitischen Bischof Frumentius kommen zu lassen, damit er dem arianischen Patriarchen von Alexandria seinen Glauben darlege. Dies war der verhasste Georg von Kappadokien, den der Histo-

riker Ammianus Marcellinus als »menschliche Schlange« bezeichnete.
Georg war anstelle von Athanasios zum Patriarchen ernannt worden,
und der Kaiser wollte seinen eigenen Mann darüber befinden lassen,
ob Frumentius »würdig war, als wahrer Bischof angesehen und nach
dem Gesetz geweiht zu werden«. Er fürchtete offensichtlich, Äthiopien
könne in den Händen von Klerikern sein, die seinem Feind Athanasios
treu ergeben waren.

Die Weihe eines Syrers in Alexandria war wohl ein passendes Symbol für die kommenden Jahrhunderte. Äthiopien sollte damit sowohl
Ägypten als auch Syrien verpflichtet bleiben, seine Könige und sein
Klerus sollten sich hingegen zunehmend fasziniert von der alten Welt
der Israeliten zeigen, die sie aus dem Alten Testament kannten – einer
Welt, der, wie das *Kebra Nagast* behauptet, das Christentum seine Geburt zu verdanken hatte. Aber wie wir bereits bei der in der Bibel prä-
sentierten Darstellung der frühen israelitischen Geschichte gesehen haben, so unterscheidet sich auch die im *Kebra Nagast* festgehaltene
Version über die Frühgeschichte Aksums völlig von den Belegen, die
anderweitig zu finden sind. In beiden Fällen haben wir es mit einer Ver-
quickung von Mythen und Geschichte zu tun, und es ist nicht immer
leicht zu erkennen, an welchem Punkt das eine das andere berührt.

Hinter dem *Kebra Nagast* steht der Versuch, die ferne Vergangenheit
eines Volkes zu erklären, dessen Geschichte in der Tat verloren gegangen
war. Die Diskrepanz zwischen den überlieferten Königslisten und den
Münzen und Inschriften ist ein Beweis hierfür. Die so entstandene Geschichtsschreibung ist in weiten Teilen Erfindung, auch wenn sie wesentliche Wahrheiten über das Erbe enthält, das die Autoren aus früheren Jahrhunderten übernommen hatten. Das Problem ist nicht, dass die
Bibel dem *Kebra Nagast* widerspricht, indem sie uns sagt, dass es lange
nach dem Tod Salomos eine Lade im Tempel von Jerusalem gab. Wir haben bereits gesehen, dass frühere Quellen in der biblischen Erzählung
offenbar mehr als nur eine Lade vor Augen hatten, und der Verfasser des
Kebra Nagast behauptet, dass die Juden eine weitere Lade anfertigten
und in den Tempel stellten, wenn er dies auch zutiefst missbilligte.

Das Problem besteht einfach darin, dass die überlieferte Geschichte Altäthiopiens und die Geschichte, wie wir sie aus zeitgenössischen Belegen kennen, sich so sehr unterscheiden. Wir haben beeindruckende Hinterlassenschaften aus dem heidnischen Äthiopien, und wir können den Punkt identifizieren, an dem das heidnische Äthiopien christlich wurde. Wir besitzen allerdings keinerlei Aufzeichnungen über eine altäthiopische Monarchie, die dem Gott Israels gefolgt wäre oder sich an irgendeinem Punkt offiziell zum Judentum bekannt hätte, auch wenn James Bruce und verschiedene jesuitische Autoritäten behaupteten, das Königreich sei dem Judentum verhaftet gewesen und dann einem heidnischen Götzendienst verfallen.

Wir haben aus dieser Zeit aber auch keine Aufzeichnungen über die Bundeslade. Nicht nur, dass die Könige von Aksum sie nicht in ihren Inschriften oder auf ihren Münzen erwähnten, auch niemand anderer tat es. Von einem Besucher in Aksum hätte man dies indes erwarten können. Die Rede ist von Kosmas Indikopleustes, dem alexandrinischen Kaufmann und »Indienfahrer«, der eine »Christliche Topografie« schrieb, in der er den Aufbau des Universums zu erklären versuchte. Er war der Überzeugung, dass die Lade ein Abbild des Himmels und das Offenbarungszelt ein Abbild der sichtbaren Welt sei, und er schrieb über beides in einer Art, die an die mystische Symbolik von Philo und Josephus erinnert. Er war offenkundig fasziniert von der Lade und dem Offenbarungszelt als Schlüssel zum Mysterium des Kosmos, und die Handschriften seiner Topografie enthalten detaillierte Illustrationen, die dem Leser ihre Konstruktion veranschaulichen sollen. Obwohl er im 6. Jahrhundert in Aksum für den damaligen aksumitischen König Abschriften von historischen Inschriften anfertigte, hat er über die Lade kein Sterbenswörtchen verloren. Er war im Übrigen auch der Überzeugung, dass die Königin von Saba nicht aus Afrika, sondern aus Arabien kam.

Es wird vielfach unterstellt, die Tatsache, dass die Kathedrale von Aksum der heiligen Maria von Zion geweiht wurde und dass äthiopische Kirchen nach dem Vorbild des salomonischen Tempels gebaut wurden, sei eine Widerspiegelung des alten Ladenkultes. Aber so interessant derartige Spekulationen auch sein mögen, überzeugend sind sie nicht.

Gewöhnlich wird behauptet, die »Kathedrale« von Aksum sei seit der Antike der heiligen Maria von Zion geweiht, aber nur wenige scheinen sich die Belege genauer angesehen zu haben. Dies wird auf der Grundlage der äthiopischen Texte wie dem »Leben der Heiligen« oder dem Buch von Aksum einfach als erwiesen vorausgesetzt, auch wenn diese über 1000 Jahre nach der angenommenen Grundsteinlegung der Kirche entstanden. In Wirklichkeit ist die Widmung jedoch in keinem Dokument aus der aksumitischen Zeit belegt. Sie könnte zwar alt sein, taucht in den Aufzeichnungen jedoch erst viele Jahrhunderte später auf. Tatsache ist, dass wir keine authentischen Informationen über die Kathedrale der heiligen Maria von Zion über den gesamten Zeitraum ihres Bestehens haben, sondern erst ab der Zeit, als Alvarez sie 1520 beschrieb.

Äthiopische Theologen haben Zion mit Maria identifiziert. Die Bundeslade mit dem Gesetz wurde als Vorläufer der Lade betrachtet, die in der Person Christi das Neue Gesetz enthielt. Aber ob es eine solche Gleichsetzung bereits in den frühen Tagen der äthiopischen Kirche gab, ist unbekannt. In keiner erhaltenen, auch nur annähernd so alten Quelle wird »Zion« als solches in Äthiopien überhaupt erwähnt. Wir besitzen auch keine Informationen über die Widmung irgendeiner Kirche in Aksum zu jener Zeit.

Die frühesten Aufzeichnungen über eine Widmung an »Zion«, die sich auf eine Kirche in Aksum bezogen haben könnten, datieren erst aus der Zeit der mittelalterlichen salomonischen Dynastie, konkret aus der Herrschaftszeit Amda Seyons, der 1312 den Thron bestieg. Zu dieser Zeit wurde der Name »Zion« als Bezeichnung für das Königreich benutzt, und der Ausdruck »Kirche von Zion« tauchte in den Gesandtschaftsberichten der Mamelucken unter den Ehrentiteln des Königs auf. Möglich, dass sich die Bezeichnung auf die Kathedrale der heiligen Maria von Zion bezog, ebenso gut möglich ist jedoch, dass damit das äthiopische Königreich in seiner Gesamtheit gemeint war.

Das *Kebra Nagast* schildert zwar die Ankunft der Lade in Äthiopien, und es wurde allgemein angenommen, dass die Lade sich in der Kathedrale der heiligen Maria von Zion befand. Doch die Kathedrale wird in dem Buch mit keinem Wort erwähnt und ebenso wenig der Standort der Lade, wenn man von der mysteriösen Debre Makeda, wo sie zu Lebzeiten Makedas, der Königin von Saba, hingebracht worden sein soll, einmal absieht. Wenn das *Kebra Nagast* vom *Nebura'ed* (geistliches Oberhaupt) von Aksum, der zugleich zivile Machtbefugnisse hatte, verfasst wurde – und wir werden sehen, dass dem wahrscheinlich so war –, dann ist dies in der Tat außergewöhnlich.

Die Kirchen Äthiopiens sind so zahlreich, dass Jeronimo Lobo dazu bemerkte: »Man kann nirgends aufschreien, ohne dass es zumindest in einer Kirche oder einem Kloster zu hören ist, und sehr oft in vielen Kirchen und Klöstern.« Die Kirchen gelten vielfach als äußeres und sichtbares Zeichen eines alten jüdischen Erbes. Man glaubt, dass sie den Tempel von Jerusalem repräsentieren und als Vermächtnis israelitischer Frömmigkeit in einem christlichen Königreich gebaut wurden. Insbesondere wird ihre Unterteilung in drei getrennte Bereiche als Nachahmung des Tempels interpretiert, eine Idee, die offenbar Ende des 16. Jahrhunderts mit Job Ludolf aufkam.

Jene, die diese vermeintliche Verwandtschaft zwischen den äthiopischen Rundkirchen und dem Tempel feststellten, haben jedem der drei Bereiche ein entsprechendes Pendant im israelitischen Modell zugewiesen. Nach dieser Theorie wurde die Form des israelitischen Heiligtums gegenüber der von den frühen Christen andernorts akzeptierten Basilika vorgezogen, da der äthiopische Kult auf der Bundeslade beruhte. Dass diese Theorie über die äthiopischen Rundkirchen aufgestellt wurde, ist allerdings sonderbar – denn der Tempel in Jerusalem wird in der Bibel nicht als rund beschrieben.

Die Rundkirchen, die inzwischen für so typisch äthiopisch gehalten werden, werfen eine Reihe von Fragen auf. Aus der Zeit des Aksumitischen Reiches ist kein entsprechendes Beispiel bekannt. Und es ist auch keines aus der Zeit der Zagwe-Dynastie bekannt, die im 11. Jahrhundert an die Macht kam, und keine dieser Kirchen kann zuverlässig auch nur auf die ersten Jahre der Salomonischen Dynastie datiert werden, die die Zagwe-Herrschaft ablöste. Es ist mit ziemlicher Sicherheit davon auszugehen, dass es sich bei der äthiopischen Rundkirche um eine Bauform aus späterer Zeit handelt. Einen frühen Vermerk über eine solche Kirche finden wir bei Manoel de Almeida, der die von Kaiser Naod – er regierte von 1495 bis 1508 – erbaute Rundkirche in Amba Geshen beschrieb.

Der Hauptgrund für den Bau von Rundkirchen war vielleicht der, dass die traditionellen Häuser im Zentralhochland Äthiopiens gewöhnlich rund waren. Dort befand sich in jener Zeit auch das Machtzentrum der salomonischen Kaiser. So spiegelt diese neue Kirchenarchitektur wohl die Ausbreitung des Christentums in jenen Regionen wider, in denen dieser Baustil bei Wohnhäusern vorherrschend war. Aber dies erklärt noch nicht die innere Struktur der Kirche. Wenn man nach einem Modell sucht, das zur Entstehungszeit der Rundkirchen den äthiopischen religiösen Ambitionen gerecht geworden wäre, so bieten sich dafür ganz eindeutig zwei Bauwerke an. Beide sind in Jerusalem zu finden, und bei beiden handelt es sich um ein achteckiges Bauwerk, in dem sich ein verehrter Stein befindet, der jeweils von Wandelgängen umgeben ist: Die Rede ist von der Grabeskirche und vom Felsendom.

Ehe die ersten Rundkirchen gebaut wurden, hatte es nachweislich regelmäßig Kontakte zwischen den salomonischen Kaisern Äthiopiens und Jerusalem gegeben. Yigba Seyon schrieb sogar an äthiopische Mönche und schickte ihnen Geschenke, die »an die Stadt Jerusalem und das Grab des Messias, meines Herrn« adressiert waren. Wie den Zagwe-Königen musste auch ihnen die Form eines so verehrten Grabes bekannt gewesen sein. Man weiß, dass sie ein starkes Interesse an der Heiligen Stadt hatten, und es heißt, Kaiser Yeshaq habe 1423 unter den Muslimen ein Massaker anrichten lassen, nachdem er erfahren hatte, dass die Auferstehungskirche geschlossen worden sei. Zudem gibt es Aufzeichnungen über die Botschaftsgesandten späterer Kaiser, wie etwa von Eskender im Jahr 1481, der mit einem Erlass des Sultans von Kairo eintraf, in dem den Äthiopiern erlaubt wurde, anlässlich der Feier des heiligen Feuers die Grabeskirche zu betreten. Und wir wissen, dass Äthiopier im gleichen Jahr das Kloster auf dem Berg Zion besuchten.

In den *Rules of the Church* (Regeln der Kirche) finden wir eine detaillierte Erklärung der symbolischen Bedeutung nahezu aller Aspekte einer äthiopischen Kirche; darin wird kein ausdrücklicher Vergleich zwischen der Kirche und dem Tempel in Jerusalem angestellt. Und die Bundeslade wird auch nie in Verbindung mit dem so genannten *Tabot*, der Altartafel, erwähnt, obwohl diese in der Regel miteinander identifiziert werden. Alle Objekte im Allerheiligsten der Kirche werden vielmehr mit dem Tod Christi und seinem Grab assoziiert. Sie erinnern an die Grabeskirche, nicht an den Tempel.

Noch interessanter ist vielleicht der Felsendom, und seltsamerweise ist dieser Punkt jenen, die behaupten, bei den äthiopischen Rundkirchen handele es sich um Nachbildungen des Tempels, nicht aufgefallen. Der Felsendom steht seit 691 n. Chr. auf dem Tempelberg, und es dauerte nicht lange, bis die aus Westeuropa kommenden christlichen Pilger anfingen, vom »Tempel Salomos« zu sprechen, auch wenn die Bibel ihnen sagte, dass dieser Tempel zerstört worden war. Ab dem 11. Jahrhundert wurde der Felsendom nicht nur oft für den Tempel gehalten, sondern seine achteckige Form auch als »rund« beschrieben. Bis zum 15. Jahrhundert taucht diese seltsame Tradition in den Berichten von Pilgern und Geistlichen auf, die Jerusalem besuchten, obwohl manche von ihnen zumindest gewusst haben dürften, dass der Dom als muslimisches Heiligtum erbaut wurde. Auch die Pilger aus dem Osten entwickelten ihre spezielle Bezeichnung für das Bauwerk und nannten es »die Kirche des Allerheiligsten«, was mit dem Glauben verbunden war, dass unter dem Fels ein geheimer Raum geschaffen worden sei, in dem zusammen mit anderen, einst in der Lade enthaltenen Reliquien der Stab Aarons und die Gesetzestafeln verborgen waren. Es wäre ironisch, wenn eine äthiopische Institution, die als Teil des jüdischen Erbes und des Ladenkultes gesehen wird, in Wirklichkeit die Kopie eines muslimischen Gebäudes wäre, das selbst wiederum nach dem Vorbild einer christlichen Kirche errichtet worden war. Damit würden wir uns in einem Netz von Symbolen wiederfinden, die uns im Kreis herumführen.

Wenn die im *Kebra Nagast* aufgestellten Behauptungen späteren Datums sein sollten, dann lautet die wichtigste Frage: wie viel später. Unsere Antwort wird davon abhängen, was wir darüber herausfinden, wer das Buch geschrieben haben könnte und aus welchem Grund. Es ist eine Geschichte, die von einem von Gott erwählten Volk und von einem von ihm verworfenen Volk erzählt. Die Entscheidung, um welche Völker es sich dabei handeln könnte, sowie der Versuch, mit dieser Entscheidung zu leben, wäre von enormer politischer Bedeutung.

15 DER AKSUMITISCHE KREUZZUG

Die syrischen Priester hatten das Lager der Lachmiden in Ramla erreicht, als der Bote eintraf. Das Glück schien offenbar nicht mit dem König zu sein, der den Brief geschrieben hatte. Er war Jude und hatte die unter den Juden in Südarabien lebenden Christen umbringen lassen. Jetzt hatte er sich an den persischen Kaiser und seine arabischen Vasallen gewandt und darauf gedrängt, dass sie seinem Beispiel folgten und jeden töteten, der den Glauben ihrer römischen Feinde teilte. Aber sein Brief an den Lachmiden-König Mundhir III. traf nicht nur ein, als der Gesandte des römischen Kaisers mit diesem gerade Friedensverhandlungen führte, sondern er fiel auch in die Hände des kaiserlichen Gesandten, des syrischen Erzbischofs Simeon von Beth Arscham. Die Briefe, die dieser nun schrieb, nachdem er gehört hatte, dass die Christen als Märtyrer verfolgt und getötet wurden, sollten den jüdischen Staat vernichten.

Simeon hoffte, seine Briefe würden den Patriarchen von Alexandria bewegen, an den christlichen König von Äthiopien zu schreiben und ihn zu drängen, zur Verteidigung des Glaubens Truppen nach Arabien zu entsenden. Und er hoffte auch, im ganzen Osten die Christen zu ermutigen, die neuen arabischen Märtyrer zu verehren. Er hatte mit beidem Erfolg.

Es war nicht nur eine Frage der Religion. Arabische Stämme, die an der Grenze zwischen dem Römischen und dem Persischen Reich lebten, waren in die Kämpfe zwischen den beiden Großmächten verwickelt. Sie konnten nützliche Verbündete sein, und Stammesfehden konnten als Vorwand für einen Einmarsch dienen, so man denn einen Vorwand brauchte. Anfang des 6. Jahrhunderts standen sich parallel zum Vorrücken der Großmächte auch zwei Stammesverbände gegenüber. Die Ghassaniden zogen durch die Wüsten im Süden und Westen und die Lachmiden durch die Wüsten im Norden und Osten. Sie hatten nicht nur die Politik ihrer imperialen Schutzmächte übernommen, sondern waren auch miteinander verfeindet. So wie sie von Rom und Persien benutzt wurden, versuchten sie umgekehrt, die Großmächte in ihre eigenen Kämpfe zu ziehen und die Rivalitäten ihrer Herren für ihre eigenen Zwecke auszunutzen.

Im Gegensatz zu den christlichen Ghassaniden waren die Lachmiden Heiden, wenngleich sie im 6. Jahrhundert, als ihre Macht schwand, schließlich ebenfalls konvertierten. Die Berichte, die über Mundhir III., den Lachmiden-König, erhalten blieben, sind verwirrend. Es heißt, er sei ein orthodoxer Christ gewesen, der den von Severos von Antiochia entsandten Geistlichen, die ihn zur monophysitischen Position bekehren sollten, eine Abfuhr erteilt habe. Aber es heißt auch, er sei dem christlichen Glauben mit entschiedener Ablehnung begegnet; er habe dabei auch vor Gewalt nicht zurückgeschreckt und 400 christliche Mädchen, die man in einer Kirche oder einem Kloster auf römischem Gebiet gefangen genommen hatte, der arabischen Göttin al-Uzza geopfert.

Der jüdische König hatte die Christen in Najran umbringen lassen, einer Karawanenstadt, die man an der Stelle erbaut hatte, wo sich die Handelswege aus Südarabien gabelten und der eine in den Irak und der andere über Hedschas zum Mittelmeer führte. Najran lag in einem Tal, das seine Fruchtbarkeit dem von den umliegenden Hügeln herabfließenden Wasser verdankte und dessen Dörfer von Palmen umgeben waren. Nur Ruinen sind davon geblieben. Unter den Christen von Najran gab es sowohl Monophysiten als auch Nestorianer, die jeweils überzeugt waren, dass die andere Seite einem häretischen Glauben anhinge, wenn es um die schwierige Frage ging, wie Christus menschlich und göttlich zugleich sein konnte. Offenbar haben die Nestorianer den Juden bei dem Massaker geholfen, das diese unter ihren monophysitischen Nachbarn anrichteten. Solange die Christen von Najran einfach Nestorianer waren, schienen die Beziehungen zwischen Christen und Juden hinlänglich freundlich gewesen zu sein. Erst nachdem die Monophysiten zahlreicher und mächtiger geworden waren, hatten Misstrauen und Feindseligkeiten zugenommen. Es sollte sich für die jüdischen Interessen als verhängnisvoll erweisen, dass die Monophysiten in Najran Kontakt zum syrischen Erzbischof hatten, der den Brief im Lager von Ramla las, und zum koptischen Patriarchen von Alexandria, der davon hören sollte, sowie zum König von Aksum, an den der Patriarch dann schreiben sollte.

Simeon von Beth Arscham war nicht nur ein monophysitischer Erzbischof, sondern auch ein höchst effektiver Apologet, geschickter Publizist und großer Briefeschreiber. Um so viele Obrigkeiten wie möglich zu mobilisieren, betonte Simeon die Rolle, die die Juden von Tiberias bei den Ereignissen gespielt hatten, und machte auf die Bedrohung aufmerksam, die sie auf internationaler Ebene bedeuteten. Tiberias lag innerhalb des Römischen Reiches, und angesichts der Geschichte des jüdischen Aufstandes gegen Rom konnte er die Angelegenheit als ernste Bedrohung darstellen. Vielleicht hatte man es mit jüdischen Agenten aus anderen Gegenden wie etwa Medina zu tun, die außerhalb der römischen Kontrolle lagen, aber die interessanteste Behauptung, die Simeon aufstellte, war, dass es sich bei den Agenten um »jüdische Priester«, nicht um Rabbis handelte.

In seinen Briefen gibt Simeon einen detaillierten Bericht über das Martyrium. Sie sind selbst heute noch erschütternd zu lesen. Vielleicht sind sie für uns heute sogar noch erschütternder als für die damalige Zeit. Von den Verfolgern heißt es, sie seien von einem ebenso findigen wie ungeheuerlichen Sadismus getrieben worden, und die Verfolgten hätten eine suizidal anmutende Todessehnsucht gezeigt. In seinem zweiten Brief schildert Simeon, wie eine Kirche voll mit Christen abgebrannt wurde. Offenbar hatten die Juden die Gebeine aller Märtyrer eingesammelt und in der Kirche auf einen Haufen geschichtet. Dann hatten sie die Priester, die Diakone, die angehenden Diakone, die Vorleser sowie die Söhne und Töchter der Geistlichen wie auch der Laien, Männer und Frauen, hineingebracht. Den Männern zufolge, die aus Najran kamen, drängten sich in der Kirche etwa 2000 Menschen. Nachdem man außen um die Kirche Holz aufgestapelt hatte, setzte man sie in Brand und ließ das Gebäude samt allen, die darin waren, in Flammen aufgehen. Einige Frauen waren von den Juden nicht geschnappt worden. Als diese sahen, dass die Kirche lichterloh brannte, liefen sie darauf zu und riefen sich dabei gegenseitig zu, sie müssten sich beeilen, um den süßen Duft des Opfers genießen zu können. Dann stürzten sie sich in die Flammen und verbrannten bei lebendigem Leibe.

Aber die Märtyrer von Najran waren nicht nur bei lebendigem Leibe verbrannt, sondern auch bei lebendigem Leibe zerquetscht, mit kochend heißem Öl verbrüht, von Tieren zerrissen und gezwungen worden, das Blut ihrer Kinder zu trinken. All dies mag syrische Leser nicht überrascht haben, die es gewohnt waren, dass ihre Helden eine grausame Askese bewiesen und die Überzeugung unter Beweis stellten, dass der Körper um jeden Preis zu besiegen war. Je entsetzlicher die Folterung, desto größer der Sieg für Christus.

Die Hauptquelle für das Massaker ist das *Book of the Himyarites* (Buch der Himjariten), das durch Zufall entdeckt wurde, als Axel Moberg Anfang des 20. Jahrhunderts den Einband einer liturgischen Handschrift untersuchte. Es war etwa 500 Jahre zuvor zerschnitten und als Füllmaterial für den Buchdeckel verwendet worden. Nur Teile davon sind noch vorhanden, wobei wir jedoch das Inhaltsverzeichnis besitzen. Das Buch dürfte die ganze Geschichte der Christenheit in Himjar bis zur Rückkehr Kalebs nach Aksum enthalten haben; der Autor ist zwar nicht bekannt, es ist jedoch denkbar, dass es von Simeon selbst geschrieben wurde.

Das darin geschilderte Märtyrertum ist überaus entsetzlich, aber das Buch ist insgesamt faszinierend und in einem lebendigen und dramatischen Stil verfasst. Mitten in einer besonders erschütternden Beschreibung des Todes einer älteren Frau und ihrer Enkelin unterbricht der Verfasser die Erzählung, um seine Leser darüber zu informieren, dass gerade Männer aus Najran angekommen seien, die die von ihm berichteten Ereignisse bestätigt und erklärt und ihn in ein oder zwei Details korrigiert hätten. Bei dem Martyrium haben wir es zweifellos mit

einer Menge übelster herkömmlicher Misshandlungen zu tun, die von
der einen oder anderen Seite am jeweiligen Feind verübt wurden, und
dies ist der Punkt, der für den modernen Leser im Zweifel grässlicher
ist als die beschriebenen Gräuel selbst, und sei es nur, weil wir um die
Verderbtheiten und Entartungen wissen, die in unserer heutigen Zeit
begangen werden. Als der jüdische König die ältere Frau zu überreden
versuchte, dem Tod mit dem Eingeständnis zu entrinnen, dass Christus
einfach nur ein Mensch gewesen sei, spuckte ihre Enkelin ihn an und
sagte, sie habe dies getan, weil er sie alle gezwungen habe, das Kreuz
zu bespucken. Sie verschmähe ihn, und sie verschmähe jeden, der
ihnen sage, sie sollten Christus verschmähen. Dann äußerte sie den
Wunsch, er möge seinen Mund halten, und prangerte ihn als Juden an,
der seinen Herrn getötet habe.

Dieser Vorwurf des Gottesmordes genügte einem distinguierten jüdischen Gelehrten, in dem ganzen Vorfall nur den üblichen christlichen Versuch zu sehen, ein Niedermetzeln der Juden zu provozieren,
indem sie für das denkbar schlimmste Verbrechen verantwortlich gemacht wurden. Der Vorwurf war im mittelalterlichen und modernen
Europa ein sicherer Weg, Feindseligkeit und Gewalt zu schüren, und er
führte zu einem von Hass und Bigotterie geprägten Klima, das zu den
Gräueltaten des Dritten Reiches beitrug.

Aber selbst wenn sich die Briefe von Simeon und das Buch der Himjariten sprachlich in nichts von einer gewöhnlichen Hetz- und Schmäh-
schrift unterscheiden und selbst wenn der dem jüdischen König zugeschriebene Brief nichts weiter als eine Fälschung ist, so machen in
diesem Fall doch die vom König selbst aufgestellten Inschriften deutlich, dass er stolz darauf war, Kirchen zerstört und Menschen umge-
bracht zu haben, die er als Feinde betrachtete.

Er hat den Konflikt anscheinend jedoch nicht selbst angezettelt und
die schlimmste seiner Gräueltaten wohl in Reaktion auf die Tatsache
verübt, dass die Christen eine Synagoge in Brand gesteckt hatten. Wie
bei den meisten religiösen Konflikten fällt es auch hier äußerst schwer,
die eine oder andere Seite von jeglicher Schuld freizusprechen. Auch

ein Jahrhundert früher war es nachweislich in Südarabien bereits zu Feindseligkeiten zwischen Juden und Christen gekommen. Die »Werke des Märtyrers Azqir« sind in Äthiopisch erhalten und beschreiben, wie der Heilige während der Herrschaft von Sharah-bil Yakkuf, dem König von Saba, Raydan, Hadramawt und Yamanat, der nachweislich 467 n. Chr. auf dem Thron saß, seinem Tod begegnete.

Aber es ging im Kern um weitaus mehr als die reine Abscheu, die Juden und Christen füreinander empfanden. Wie bei den Rivalitäten zwischen den Ghassaniden und den Lachmiden versuchten die Großreiche, die Ambitionen des Feindes jeweils zu vereiteln und ihre eigenen Interessen zu verfolgen. Rom unterstützte die Christen, und Persien unterstützte die Juden. Auch wenn sie Anfang des 6. Jahrhunderts einen Waffenstillstand vereinbart hatten, setzten sie durch ihre Agenten in Südarabien ihre Intrigenspiele fort. In einem römischen Feldzug wurde die jüdische Handelskolonie auf der Insel Yotabe besetzt, und um 520 n. Chr. marschierten äthiopische Truppen in Südarabien ein. Schon bevor der jüdische König Dhu Nuwas den Thron bestieg, scheinen die Kämpfe eine religiöse Dimension angenommen zu haben. Sein Vater hatte mit der Verfolgung von Christen begonnen, weil er sie wohl als Agenten im Dienste der äthiopischen Expansionsbestrebungen betrachtete.

Als der christliche Missionar Theophilus im 4. Jahrhundert nach Südarabien kam, fand er dort sehr viele Juden vor. Den von Juden Südarabiens überlieferten Legenden zufolge war die Religion nach der Rückkehr der Königin von Saba aus Jerusalem eingeführt worden. Aus ihrer Vereinigung mit Salomo war ein Sohn hervorgegangen, der als Jude in Südarabien erzogen worden war. Salomo hatte aus Israel Juden geschickt, um seine Erziehung und Ausbildung zu überwachen, und diese hatten bei ihrer Ankunft in der Nähe von Sanaa eine Festung gebaut.

Der arabische Historiker Ibn Ishaq berichtet darüber hinaus, dass der letzte Tubba-König von Jemen, Tiban Asad Abu Karib, missionierende Rabbis nach Südarabien gebracht hatte. Er war mit seinen Armeen gegen die Juden von Medina gezogen, aber nachdem zwei Rabbis ihn mit ihrem Wissen beeindruckt hatten, war er zum Judentum übergetreten und hatte sie nach Himjar gebracht. Sein Volk hatte sich jedoch geweigert, die Rabbis ins Königreich hineinzulassen, ehe sie nicht vor den heimischen heidnischen Priestern eine Reihe von Feuerproben bestanden hatten. Wie die Helden in der Bibel kamen die Rabbis auch unverletzt aus den Flammen wieder hervor.

Ibn Ishaq berichtet uns auch, dass der Sohn von Tiban Asad Abu Karib durch Lakhnia Yanuf Dhu Shanatir gestürzt wurde, dessen Machterhaltungsstrategie auf zwei Taktiken beruhte. Er ließ die Führer der Großfamilien entweder umbringen oder sie sodomisieren, sodass sie allein schon aufgrund ihrer Scham nicht mehr herrschaftsfähig waren. Dhu Nuwas war offenbar attraktiv genug, um für Letzteres infrage zu kommen, und Ibn Ishaq schildert, wie er den König tötete und sich selbst den Thron sicherte.

Der Name »Dhu Nuwas« scheint »der Herr der Locke« oder etwas Ähnliches zu bedeuten, und auf den Münzen und Statuen werden die himjaritischen Könige mit langem, in Locken über die Schultern herabfallendem Haar dargestellt. In den Inschriften wird sein Name jedoch mit Yusuf Asar Yathar angegeben. Seine Mutter war Jüdin und kam aus Nisibis, einem wichtigen Zentrum des jüdischen intellektuellen Lebens, wo auch die Schule Juda Bar Bathyras beheimatet war. Die Stadt lag im persischen Einflussbereich, und sowohl ihr jüdisches Erbe als auch ihre Bindungen zu Persien sollten sich in der Karriere des jungen Königs als wichtig erweisen.

Eines Tages, so berichtet Ibn Ishaq, ließ der König nach Dhu Nuwas, dem Sohn Tiban Asads und Bruder Hassans, schicken. Er war noch ein kleiner Junge, als Hassan ermordet wurde, und inzwischen zu einem stattlichen jungen Mann herangewachsen, der Charakter und Intelligenz besaß. Als der Bote zu ihm kam, begriff Dhu Nuwas, was der König vorhatte, nahm ein scharfes Messer und versteckte es unter seiner Fußsohle. Als er mit dem König allein war, stürzte er sich auf ihn und erstach ihn. Er schnitt ihm den Kopf ab und stellte diesen ins Fenster, das sich direkt über dem Wachposten befand. Als er hinausging, fragten sie ihn, was geschehen sei, und er sagte ihnen, sie sollten mit dem Kopf im Fenster reden. Als sie hochblickten und den abgetrennten Kopf sahen, liefen sie Dhu Nuwas hinterher. »Du musst König werden«, sagten sie zu ihm, »nun, da du diesen abscheulichen Mann erledigt hast.« So machten sie ihn zum König, und alle Stämme Himjars schlossen sich ihm an. Er war der letzte der jemenitischen Könige. Als er zum Judentum übertrat, folgte Himjar ihm.

Diese unheimliche Geschichte über den Machtwechsel lässt möglicherweise einige der damit verbundenen politischen Implikationen außer Acht. Zacharias von Mytilene vermerkt in seiner Chronik, dass aksumitische Könige das Recht hatten, die Könige von Himjar zu ernennen. Da Dhu Nuwas den Thron für sich selbst beanspruchte, legte er somit möglicherweise eine gefährliche Unabhängigkeit an den Tag. Als er sich dann mit römischen Kaufleuten anlegte und auch noch anfing, ein Blutbad unter den Christen anzurichten, wurde das Ganze dem aksumitischen König anscheinend doch zu viel.

Politische und zivile Unruhen bedeuteten zwangsläufig, dass der Handel zum Erliegen kam, und dies mag vielleicht auch der Grund gewesen sein, warum Dhu Nuwas sich offenbar große Geldbeträge von einem Christen in Najran lieh. Das Darlehen scheint seine finanziellen Probleme jedoch nicht gelöst zu haben, da er gezwungen war, noch mehr zu erbitten. Die Kriegsbeute konnte eine Einnahmequelle sein, selbst wenn der Handel zusammenbrach, und sein Feldzug gegen die Äthiopier, die sich in Zafar, Mukha und Najran angesiedelt hatten, diente möglicherweise auch dem Abbau seines Schuldenberges. Als er ihre Kirchen zerstörte, hat er anscheinend so nebenbei auch eine enorme Kriegsbeute gemacht.

Als es zwischen den Juden und Christen zu Spannungen kam, wurde die Synagoge in Najran niedergebrannt. Es heißt, Hayyan ibn Hayyan, eine führende Figur in der monophysitischen Gemeinschaft, sei der Anstifter dieses Angriffes gewesen. Dhu Nuwas begann sodann mit der Verfolgung, die schließlich zu seinem Sturz führte. Er hatte das Judentum in Himjar bereits als Staatsreligion eingeführt und begegnete jedem Widerstand mit Gewalt. Das *Book of the Himyarites* (Buch der Himjariten) berichtet, er habe Schwüre bei der Bundeslade und dem Gesetz Mosis geleistet, was an einen israelitischen Krieger aus den Tagen Josuas erinnert.

Die Chronik von Zacharias von Mytilene behauptet, den Brief, den Dhu Nuwas an Mundhir III., den König der Lachmiden, schickte, erhalten zu haben:

»Ich wurde König über das ganze Land der Himjariten, und ich entschloss mich, alle Christen zu töten, die sich zu Christus bekannten, sofern sie nicht Juden wie wir wurden. Und ich tötete 280 Männer, die Priester, die ich fand, wie auch die Äthiopier, welche die Kirche bewachten. Und ich machte ihre Kirche zu einer Synagoge für uns. Dann zog ich mit einer Streitmacht von 120 000 Männern nach Najran, in ihre königliche Stadt. Als ich einige Tage vor ihr lagerte und nicht imstande war, sie einzunehmen, habe ich ihnen Schwüre gegeben, und ihre Anführer kamen zu mir heraus. Ich hielt es jedoch für richtig, mein Wort gegenüber den Christen nicht zu halten, die meine Feinde waren. Ich verhaftete sie und brachte sie dazu, mir ihr Gold und ihr Silber und ihre Besitztümer zu bringen. Sie brachten sie mir, und ich nahm sie. Ich fragte auch nach Paulus, ihrem Bischof, und als sie mir sagten, er sei tot, glaubte ich ihnen nicht, bis sie mir sein Grab zeigten. Dann grub ich seine Knochen aus und verbrannte sie zusammen mit ihrer Kirche und ihren Priestern und jedem, der zu fliehen versuchte.«

Es erscheint unwahrscheinlich, dass ein König sich auf diese Art damit brüsten sollte, sein Wort gebrochen zu haben, und man fragt sich, ob dieser Teil des Briefes nichts weiter als christliche Propaganda ist. Aber nichtsdestotrotz wird die allgemeine politische Linie von den Inschriften bestätigt, die Dhu Nuwas selbst anbringen ließ. Auf einer, die an der Straße nach Najran gefunden wurde, ist zu lesen, dass er in Zafar, der Hauptstadt von Himjar, die Kirche zerstört und die Äthiopier getötet hat.

Die Nachricht von den Gräueln erreichte auch bald den aksumitischen König. Das *Book of the Himyarites* (Buch der Himjariten) erzählt von einer Frau namens Hammayya, die nach Äthiopien floh und den Bischof und den König darüber informierte, was geschehen war. Arabische Historiker berichteten, ein Najraniter namens Daur Dhu Thalaban sei dem Massaker entkommen, habe König Kaleb die Nachricht davon überbracht und die Wahrhaftigkeit seiner Aussage damit belegt, dass er dem König eine Ausgabe des Evangeliums gezeigt habe, die in den Flammen beschädigt worden war. Er habe den König und den Bischof inständig gebeten, den Christen Arabiens zu helfen und gegen den jüdischen König eine Armee zu entsenden.

Als der Brief Simeons von Beth Arscham Konstantinopel erreichte, schrieb der römische Kaiser Justin I. an den Patriarchen von Alexandria und bat ihn, Kaleb dazu zu bewegen, einen Feldzug gegen Arabien zu organisieren, um die Märtyrer zu rächen. Der Patriarch tat dies und entsandte zwölf Priester an den Hof von Aksum, denen er Weisungen mit auf den Weg gab, die sie dem König überbringen sollten. Sie stellten bei ihrer Ankunft allerdings fest, dass der König bereits dabei war, seine Truppen für eine Invasion zu rüsten. Er ließ in Adulis 70 große und 100 kleinere Schiffe bauen. Er stellte am Ende eine Flotte von über 200 Schiffen zusammen, und ehe er sie übers Rote Meer nach Arabien schickte, bat er um den Segen von Abba Pantelewon, einem der neun Heiligen, der in einer Höhle bei Aksum lebte. Der Heilige versprach, unablässig für den König zu beten, der siegreich zurückkehren werde.

Nachdem die Expeditionsstreitkräfte in Arabien eingetroffen waren, gelang es Kaleb, Dhu Nuwas bei einem Angriff von zwei Seiten einzuschließen. Einer arabischen Überlieferung zufolge konnte der jüdische König seinem Feind jedoch in einer dramatischen Aktion die Stirn bieten und entkommen. »Als er sah, welches Schicksal ihn und sein Volk ereilt hatte, drehte er Richtung Meer ab und gab seinem Pferd die Sporen, er ritt durch das seichte Wasser, bis er das tiefe Wasser erreichte.« Dhu Nuwas stürzte sich in die Wellen des Roten Meeres und ward nie mehr gesehen.

Nach seinem Sieg, heißt es, habe Kaleb den Sohn des Märtyrers Arethas zum Oberhaupt von Najran ernannt und dort drei Kirchen gebaut, von denen eine »Den heiligen Märtyrern und dem glorreichen Arethas« gewidmet wurde. Najran und seine Märtyrer wurden zum Gegenstand eines Kultes, der sich, wie Simeon gehofft hatte, in der ganzen christlichen Welt verbreitete. Selbst der Koran erinnert offenbar an ihren Tod. Die Sure 85, »Die Türme«, enthält nach Meinung vieler ein Echo jenes Märtyrertums. Ibn Hisham und al-Tabari sagen uns, die Juden des Jemen seien die »Gefährten des Grabens« gewesen. Und ihre Opfer wurden einfach als »die Gläubigen« bezeichnet.

»Getötet werden die Gefährten des Grabens,
Des brennstoffreichen Feuers,
Da sie an ihm saßen
Und Zeugen waren dessen, was man den Gläubigen antat.
Und sie rächten sich an ihnen allein darum, dass sie an
Allah glaubten ...«
(Sure 85,4–6)

Nachdem Dhu Nuwas besiegt worden war, setzte Kaleb Sumyafa Ashwa als Vizekönig von Himjar ein, der nach vier oder fünf Jahren wiederum von Abraha, einem Aksumiter, abgelöst wurde. Der griechische Geschichtsschreiber Prokop beschrieb Sumyafa als Himjariten von Geburt, und er sagte, Abraha sei einst der Sklave eines griechischen Händlers in Adulis gewesen. Von der äthiopischen Armee, berichtete er, hatten viele der Sklaven und all die anderen Soldaten, die dazu neigten, das Gesetz zu brechen, nicht die Absicht, dem König zu folgen. Sie blieben in Arabien mit dem Ziel, sich des Landes der Himjariten zu bemächtigen, das extrem reich war. Und es dauerte nicht lange, bis sie sich gegen Esimiphaios erhoben, wie er Sumyafa nannte. Sie warfen ihn ins Gefängnis und ernannten einen anderen zum König der Himjariten. Der neue König war Abramos oder Abraha.

Der arabische Historiker al-Tabari bestätigt, dass die im Jemen gebliebenen Äthiopier sich gegen die Obrigkeit Aksums und den Vizekönig erhoben. Kaleb hat dann offenbar versucht, mit der Entsendung einer 3000 Mann starken Armee, die dem Befehl eines seiner Verwandten unterstand, die aksumitische Kontrolle wiederherzustellen. Die Armee lief jedoch zum Feind über, brachte ihren eigenen Anführer um und schloss sich Abraha an. Kaleb entsandte einen weiteren Truppenverband; nachdem Abraha auch diesen geschlagen hatte, ließ man ihn schließlich herrschen und walten, wie es ihm gefiel.

Abraha benutzte den Titel »König von Saba, Himjar, Hadramawt, Yamanat und all ihrer Araber der Küstenebene und des Hochlandes« und baute als christlicher König von Jemen eine neue Kirche in Sanaa. Muslimische Quellen behaupten, er habe versucht, ein Konkurrenzheiligtum zu schaffen, das die Pilger von Mekka abbringen sollte. Das Heiligtum, das er diesbezüglich im Auge hatte, war in jener Zeit ein heidnisches Heiligtum, das sich in den Händen der Kuraishiten befand. Als seine Pläne von den Kuraishiten vereitelt wurden – und einige Quellen behaupten, es sei ihnen gelungen, die Kirche in Sanaa zu schänden –, entsandte er eine Strafexpedition nach Mekka. Zu dieser Armee gehörten auch Elefanten, und nach islamischen Überlieferungen fand der Feldzug in dem Jahr statt, in dem der Prophet geboren wurde. Es wird als das »Jahr des Elefanten« gefeiert, und man geht allgemein davon aus, dass sich die Sure 105 im Koran, »Der Elefant«, darauf bezieht.

>
> »Sahst du nicht, wie dein Herr mit den Elefantengefährten verfuhr?
> Führte Er nicht ihre List irre
> Und schickte über sie Vögel in Scharen,
> Die sie bewarfen mit Steinen aus gebranntem Ton?
> Und Er machte sie wie abgefressene Saat.«   (Sure 105, 1–4)

Nach seiner Niederlage, die der Koran als ein von Allah gesandtes Wunder beschreibt, griffen die Juden im Jemen erneut zu den Waffen. Die Region wird als ein Kampfplatz für die rivalisierenden Religionen im Osten bezeichnet, und letztendlich hatte Kaleb wenig mit seinem Sieg erreicht. Er hatte ein Machtvakuum geschaffen, das Aksum selbst nicht füllen konnte. Die Perser warteten schon und konnten nicht außen vor gehalten werden. Sie blieben, bis sie mit den Armeen des Propheten konfrontiert wurden.

Dies war das einzige Mal in der langen Geschichte des Judentums wie des Christentums, dass sich beide als rivalisierende Staatsreligionen gegenüberstanden. Der Sieg des christlichen Königs über den jüdischen König mag inzwischen fast in Vergessenheit geraten sein, und beide Religionen sind innerhalb weniger Jahre weitestgehend aus Arabien verschwunden. Der Islam begann als Wiederbelebung des Urglaubens Abrahams, aber dass die Juden und Christen die Bewegung als solche nicht erkannten, führte dazu, dass er die dritte der großen semitischen Religionen wurde. Er vertrieb seine Rivalen aus dem heiligen Land, in dem der Prophet geboren worden war. In Äthiopien geriet der Sieg Kalebs jedoch nie in Vergessenheit, und während viele Könige von Aksum, deren Namen auf den späteren Listen auftauchen, lediglich legendär sind, ist Kaleb ein historischer König geblieben, dessen Leistungen wahrlich Stoff für Legenden boten.

Er ist der einzige äthiopische König, der im *Kebra Nagast* Erwähnung fand, und dies hat zu der These geführt, dass das große Epos in Wirklichkeit vielleicht wesentlich früher geschrieben wurde, als sein Kolophon vermuten läßt. Warum sollte kein anderer König darin vorkommen, insbesondere wenn es zu einer Zeit entstand, in der die Zagwe- und die nachfolgende Salomonische Dynastie um das Recht kämpften, im Namen des Neuen Israel zu regieren? Wenn dies für spätere Könige ein solcher Ruhmespunkt – die Grundlage ihres Herrschaftsanspruches – war, warum sollte dann keiner von ihnen im Epos selbst statt nur im Kolophon erwähnt worden sein? Warum wurden die Zagwe-Könige nicht als Usurpatoren angeprangert oder die salomonischen Könige als rechtmäßige Könige gepriesen?

Es erschien auch seltsam, dass das *Kebra Nagast* sich so ubertrieben mit den Juden und der Überlegenheit des Christentums gegenüber dem Judentum beschäftigt hat, ohne auch nur mit einem Wort auf den Islam einzugehen. In späteren Jahrhunderten stellten die Juden in Äthiopien keine Bedrohung mehr dar, wohl aber die Muslime. Rom wird auch als die Großmacht in der Welt dargestellt, die es während der Herrschaft Kalebs war, aber mit Sicherheit nicht zu der Zeit, als das *Kebra Nagast*, wie für gewöhnlich angenommen, verfasst worden sein soll.

In dem Versuch, eine Erklärung für diese Merkwürdigkeiten zu finden, hat eine der größten Autoritäten auf dem Gebiet Altarabiens die Vermutung geäußert, das Epos sei weitestgehend in der Zeit geschrieben worden, in der sich Judentum und Christentum in der Region als Rivalen gegenüberstanden, und es stelle einen Kampf dar, der als solcher zwischen zwei Königen episch gewesen sei, die entschlossen waren, nach biblischem Vorbild zu herrschen. Beide hatten die Namen israelitischer Helden angenommen. Kaleb mochte Südarabien vielleicht sogar als ein Gelobtes Land betrachtet haben, das von ihm regiert werden sollte, da er ein Nachfahre der Königin von Saba war. Zudem schien er einen »Salomo-Komplex« gehabt zu haben: Er schien besessen davon, Kirchen zu bauen, so wie sein Vorfahr den großen Tempel in Jerusalem gebaut hatte. Er wurde als fantasievoller und der Mystik zugeneigter Kreuzfahrer beschrieben.

Die These ist verführerisch, vielleicht, weil sie selbst fantasievoll ist und etwas Mystisches hat. Sie vermag jedoch keine überzeugenden Antworten zu geben. Das *Kebra Nagast* wird als ein Dokument aus dem Altertum vorgestellt, und folglich sollte auszuschließen sein, dass es sich auf spätere Könige oder spätere Ereignisse bezieht. Welche Bedrohung der Islam in späteren Jahrhunderten auch immer dargestellt haben mag, Tatsache bleibt, dass das Christentum sich seit jeher stets selbst gegenüber den jüdischen Traditionen abgrenzen musste, aus denen es hervorgegangen ist. Es mag den Anschein haben, als sei der Islam für die christlichen Reiche eine weitaus größere Bedrohung als das Judentum gewesen, und dass Christen in den eroberten Gebieten zum Islam konvertierten, mag einen dramatischen zahlenmäßigen Rückgang der Gläubigen nach sich gezogen haben.

Das Judentum hat jedoch in der Regel seit jeher eine wesentlich größere Herausforderung für den christlichen Glauben dargestellt. Christen und Juden teilen eine gemeinsame Schrift, was bei Christen und

Muslimen nicht der Fall ist, und allein schon daraus resultieren tiefgreifende Spannungen zwischen den beiden rivalisierenden Interpretationen. Darüber hinaus werden wir sehen, dass die salomonischen Kaiser Äthiopiens der Überzeugung waren, sie würden von einem Volk, den so genannten *Ayhud* oder »Juden«, bedroht. Angesichts all dessen könnte es gut sein, dass die Polemik im *Kebra Nagast* in Wirklichkeit die Ängste einer späteren Ära widerspiegelt.

Das eigentliche Problem bei dem Versuch, das *Kebra Nagast* auf das 6. Jahrhundert zu datieren, ist, dass wir so wenig Beweise haben. Die These basiert in weiten Teilen auf der Annahme, dass die Überlieferungen von Salomo und Saba, auf die sich das Epos stützt, den Äthiopiern schon geläufig waren und dass man bereits glaubte, die Bundeslade werde in Aksum aufbewahrt. Dafür gibt es jedoch keinerlei Belege. Wir haben keinen Grund zu der Annahme, dass die Könige von Aksum bereits begonnen hatten, sich auf eine Abstammung von Salomo und Saba zu berufen, und genauso wenig können wir davon ausgehen, dass sie behauptet hätten, die Lade befände sich in Aksum. Möglich, dass es so war, aber wir haben es hier mit einer These zu einer verschwiegenen, in Vergessenheit geratenen Geschichte zu tun. Es lässt sich schwer beweisen, dass sie falsch ist, aber es ist noch schwerer zu beweisen, dass sie richtig ist.

Interessant ist allerdings, dass alle, die glauben, das *Kebra Nagast* sei zu einem so frühen Zeitpunkt geschrieben worden, dennoch nicht geltend gemacht haben, dass dies genau die Zeit war, in der die Äthiopier ihre Faszination für die Lade und ihre israelitische Abstammung entwickelten. Könnte es inmitten des Kreuzzugs entstanden sein, den Kaleb gegen die Juden Arabiens führte? Dieser war zweifellos ein Religionskrieg, und er wurde zwischen zwei Königen ausgetragen, deren Religionen Anspruch auf dasselbe alte Erbe erhoben. Von einem wurde gesagt, er habe bei der Bundeslade und dem Gesetz Mosis geschworen. Der andere kämpfte im Namen eines Erlösers, der kam, um das Gesetz zu erfüllen, und für den die Lade eine Prophezeiung oder ein Urbild gewesen sein soll.

Arabische Überlieferungen behaupten mit Bestimmtheit, dass die
Lade in Arabien war und zu den Jurhum kam, einem Stamm, der das
Heiligtum in Najran kontrollierte. Ist es denkbar, dass der jüdische
König die Kontrolle über die Lade gewonnen hatte? War sie wiederum
eine Waffe im Kampf um die Etablierung und Sicherung eines jüdischen Staates geworden? Uns wird gesagt, es habe jüdische Priester
in Najran gegeben. Diese hätten wohl am ehesten das Wissen um die
Lade und auch ein Interesse an dem dazu notwendigen Tempelritual
bewahrt. Für sie könnte das eine Frage beruflicher Verantwortung
und Aspirationen gewesen sein. Ist es denkbar, dass Kaleb sie in der
Schlacht erbeutete und dass die bereits verworfene fantasievolle und
mystische Theorie noch nicht fantasievoll und mystisch genug ist?

Sollte die Lade von Äthiopien nach Arabien gebracht worden sein,
dann zweifellos zu der Zeit, als die Äthiopier in Arabien zahlenmäßig
stark vertreten waren. Nachdem Abraha versucht hatte, gegen Mekka
zu marschieren, sollten nur noch wenige Jahre bis zur Offenbarung des
Islam verbleiben. Die politische Situation sollte sich bald drastisch verändern; die Macht Aksums sollte schwinden, bis seine Könige nach
Süden zogen; und das finstere Mittelalter sollte anbrechen, aus dem
dann die Zagwe-Dynastie hervorging. Abu Salih sollte behaupten, dass
die Lade in Äthiopien sei; und rivalisierende Dynastien sollten darum
kämpfen, im Namen der Könige Israels zu herrschen.

Das einzige weitere Mal, dass Äthiopien und Arabien so eng in Kontakt miteinander standen, ergab sich, nachdem der Prophet Mohammed festgestellt hatte, dass die Offenbarung, die er von Allah erhalten
hatte, bei der Bevölkerung Mekkas weitestgehend auf Ablehnung stieß.
Als ihre feindselige Haltung wuchs und sein Verbleib in Mekka prekär
geworden war, fanden einige seiner ersten Anhänger Zuflucht beim König von Aksum. Darunter war auch die Frau des Propheten. Von allen
christlichen Königen, an die der Prophet Briefe schickte, um sie darüber zu informieren, dass Gott zu ihm gesprochen hatte, war der
äthiopische am entgegenkommendsten, und damit, dass er die Flüchtlinge aufnahm, sicherte er eine Freundschaft, die über mehrere Gene-

rationen hinweg zwischen den äthiopischen Christen und der neuen muslimischen Macht im Norden Bestand haben sollte.

Dennoch gibt es keine offizielle Verlautbarung, dass die Lade angekommen war. Es sollte noch fast sieben Jahrhunderte dauern, bis Abu Salih davon in Kairo hörte. Dennoch, die Geschichte der Lade ist eine seltsame Sache, und die Bibel schweigt sich oft über anscheinend lange Zeitspannen hinweg über sie aus. Vielleicht maß ein christlicher König, für den die Gegenwart Gottes in der Person Christi offenbar geworden war, der Lade auch nicht so viel Bedeutung bei, wie wir vielleicht erwarten würden. Vielleicht hatte sich auch die Prophezeiung Jeremias erfüllt, dass die Lade niemandem mehr in den Sinn kam. Das Schweigen ist rätselhaft, es sollte uns jedoch nicht entmutigen. Die Lade wird wieder auftauchen.

Auch in Südarabien scheinen die Träume von einer Lade über die Jahrhunderte hinweg lebendig geblieben zu sein. Der Historiker al-Himyari berichtete von einem Propheten namens al-Mukhtar ibn Ali Ubayd al-Thaqafi, der eine Lade gehabt haben soll, die er in Brokat hüllte und auf einem grauen Maulesel beförderte. Er behauptete, der Engel Gabriel habe ihm genau wie dem Propheten Mohammed einen Koran offenbart. Zusammen mit seinen Anhängern sei er um seine Lade herumgeschritten, als wäre sie die Kaaba, und sie hätten erklärt, die Lade sei bei ihnen, so wie die Lade des Volkes Mosis.

16 DIE LADE LALIBELAS

Francisco Alvarez stand neben dem Maulesel, auf dem er seit dem frühen Morgen geritten war, und blickte voller Erstaunen um sich. Selbst 15 Jahre nachdem die portugiesische Mission nach Lissabon zurückgekehrt war und er seinen Bericht über all das Wundervolle veröffentlicht hatte, das er in Äthiopien gesehen hatte, erschien ihm der Blick, der sich ihm bot, immer noch unbeschreiblich. »Ich bin es satt, mehr über diese Bauten zu schreiben, denn mir will scheinen, dass man mir ohnehin nicht glauben wird, wenn ich noch mehr schreibe«, klagte er. »Ich schwöre hiermit bei Gott, in dessen Gewalt ich bin, dass alles, was ich geschrieben habe, der Wahrheit entspricht und dass es noch sehr viel mehr zu berichten gäbe, als ich geschrieben habe.«

Er war in der heiligen Stadt Roha eingetroffen, die später nach dem König, der sie gegründet haben soll, benannt wurde und heute Lalibela heißt. Die Stadt war ein einziger Komplex aus Kirchen, »dergleichen und so viele, wie mir scheint, auf der ganzen Welt nicht zu finden sind, und es sind Kirchen, die ganz in den Fels gegraben, sehr gut geschlagen sind«. Das hier gezeigte handwerkliche Geschick war so groß, »dass es weder ein Juwelier mit Silber noch ein Wachsfachmann es mit Wachs hätte besser machen können«.

Der Überlieferung zufolge hatte Lalibela die Stadt im Hochland der Provinz Lasta aus dem Fels meißeln lassen, und zwar mehr als 300 Jahre bevor Alvarez im Jahr 1520 in Massawa an Land ging, zu einer Zeit, als man sich an den Höfen in Europa Legenden von einem mysteriösen äthiopischen Priester-König zu erzählen begann. Am Tag vor seiner Ankunft in Roha hatte man Alvarez das Grab dieses »Priesters Johannes« gezeigt, nach dem die Prinzen von Europa gesucht hatten, und ein Buch, das seinen außergewöhnlichen Status als König wie als Priester schilderte. »Sie sagen auch, dass dieser König als Priester 40 Jahre lang die Messe feierte«, berichtete Alvarez. »Zu anderen Wundern, die

sie von diesem König erzählten und die sie mir aus diesem Buch vor-
lasen, gehörte, dass, wenn er die Messe feiern wollte, die Engel ihm
assistierten und ihm Brot und Wasser reichten, und dies war in den
40 Jahren, in denen er zurückgezogen lebte.«

Die Entdeckungen, die Alvarez im Hochland von Lasta machte, waren der Höhepunkt einer langwierigen Aktion, die verlorenen Christen
des Orients zu lokalisieren, da es verschiedene Versionen gab, wo
der Priester Johannes herrschen sollte – unter den türkischen Nomaden und in den Karawanenstädten Zentralasiens, unter den Christen
von St. Thomas in Südindien und in den afrikanischen Königreichen
von Nubien und Äthiopien. Er wurde erstmals in der *Historia de dua-*
bus civitatibus (Über zwei Reiche) des Otto von Freising erwähnt, dem
1145 bei einem Gespräch in Viterbo mit Hugo, dem Bischof von Jabala
im Libanon, ein Gerücht über diesen Johannes zu Ohren gekommen
war. Rund 20 Jahre später tauchte in Europa ein in Latein verfasster
Brief auf, der angeblich von dem König selbst sein sollte. »Priester
Johannes«, verkündete er, »der durch die Gnade Gottes mächtigste König über allen christlichen Königen, an den Kaiser von Rom und den
König von Frankreich, unsere Freunde.« Der Brief tat kund, dass der
Priester Johannes die höchste Krone auf Erden sowie Gold, Silber, Edelsteine und starke Festungen, Städte, Ortschaften, Burgen und Burg-
flecken besaß. Er herrschte über 42 Könige, die alle tapfere und wahre
Christen waren, und er hatte einen Schwur geleistet, die Grabeskirche
und das ganze Gelobte Land zu erobern.

Die Implikationen des Schwurs waren für die europäischen Königshäuser von weitaus größerem Interesse als die Beschreibungen von
Einhörnern, Phönixen und anderen wundervollen Geschöpfen, die im
Königreich lebten, oder die Flüsse voller Edelsteine, die wundersamen
Brunnen und die von Salamandern gewebten Gewänder, mit denen man
durch Flammen gehen konnte, als ginge man durch Wasser. Ein Verbün-
deter, der jenseits der muslimischen Mächte Ägyptens und der Levante
herrschte und der helfen konnte, die Armeen der Ungläubigen zu um-
zingeln, konnte den Lohn sichern, um den die Kreuzfahrer kämpften.

Das Problem bestand darin, ihn zu finden. Er war »Priester Johannes von Indien« genannt worden, aber »Indien« war ein vager Begriff, der kaum mehr als »der Osten« bedeutete, und man glaubte, es gäbe ein Nahes, Mittleres und Fernes Indien, und in jedem davon konnte sein Königreich liegen. Auch wenn europäische Forscher und Diplomaten genaue Kenntnisse von einigen dieser Regionen hatten, wurden präzise Informationen und fantastische Spekulationen für gewöhnlich unauflösbar miteinander vermengt.

Als sich herauskristallisierte, dass sein Reich wahrscheinlich in Äthiopien zu suchen war, kam der erste Nachweis über einen afrikanischen Priester Johannes allerdings nicht von einer europäischen Forschergruppe, sondern von einer Mission aus Äthiopien selbst. In seiner 1483 in Venedig veröffentlichten »Ergänzung zu den Chroniken« berichtete Jacopo Filippo Foresti von Bergamo, dass eine diplomatische Mission, die der Priester Johannes zum König von Spanien entsandt hatte, 1306 durch Gegenwind in Genua aufgehalten worden war. Der Pfarrer von St. Markus, der Kartograf Giovanni da Carignano, ging zum Hafen, um die Gesandten über ihr Land zu befragen; die Karte, die er erstellte, wurde zwar schwer beschädigt und schließlich zerstört, doch die von späteren Kartografen aus Genua gezeichneten Karten zeigen, dass er das Königreich am oberen Nil eingetragen hatte. Die Genauigkeit seiner Information wurde 1438 bestätigt, als ein authentisches Schreiben von »Johannes, dem Kaiser von Äthiopien« der Ratsversammlung von Florenz vorgelegt wurde, und nochmals 1441, als äthiopische Mönche aus Jerusalem in Rom eintrafen.

Erste ernsthafte europäische Versuche, das Königreich von Priester Johannes zu finden, wurden 1487 unternommen, als König Johann II. von Portugal seinen Adjutanten Pero de Covilha losschickte, um das Reich jenseits der islamischen Länder zu suchen. Inzwischen waren sogar die Dichter der italienischen Renaissance von der Idee von einem fernen christlichen Kaiser fasziniert, und Ariost schrieb in seinem Epos *Rasender Roland* über den äthiopischen Kaiser: »Als Zepter trägt das Kreuz er in den Händen.« Er stellte den Kaiser als jemanden dar, der in einem prunkvollen Palast voller leuchtender Kristalle lebte. Auch wenn seine Beschreibung die üblichen romantischen Elemente enthielt, stellte er sie in den Rahmen eines heroischen Kampfes zwischen Christen und Sarazenen. Ariost zufolge zwang der äthiopische Kaiser den Sultan von Ägypten zu Tributleistungen, der fürchtete, sein Feind könnte den Fluss des Nil unterbrechen und Kairo durch eine Hungersnot vernichten. Die europäischen Königshäuser dürften erfreut gewesen sein, als sie erfuhren, dass dies stimmte. Unter den modernen Forschern und Gelehrten wird darüber diskutiert, ob die portugiesischen Seefahrer, die das Zeitalter der Entdeckungen einläuteten, auf der Suche nach dem Priester Johannes oder nach den Gewürzen Indiens waren. Faktisch hätten beide Ziele allerdings dem gleichen militärischen Zweck gedient.

Anfang des 14. Jahrhunderts schrieb der Dominikaner Guillaume Adam eine Abhandlung mit dem Titel »Wie die Sarazenen ausgerottet werden können«, in der er vorschlug, die muslimische Macht in Ägypten zu vernichten, indem am südlichen Zugang zum Roten Meer Kriegsschiffe stationiert wurden und auf diese Weise der Handel mit Indien unterbrochen werden sollte. Alle Produkte, die auf den ägyptischen Märkten verkauft wurden, waren aus Indien importiert worden, einschließlich Pfeffer, Ingwer sowie andere Gewürze, Gold und Edelsteine, Seide und kostbare, mit indischen Farben gefärbte Textilien. Guillaume Adam beschrieb die Handelsrouten des Indischen Ozeans, als wären sie ein menschlicher Körper und ebenso verwundbar. So wie Essen vom Mund in den Rachen gelangte, meinte er, und vom Rachen in den Magen und vom Magen in die anderen Körperteile, so fanden kostbare Waren vom Indischen Ozean wie vom Kopf aus Durchlass und wurden durch den Golf von Aden wie durch den Rachen weiterverteilt. Dann gelangten sie durch das Rote Meer wie durch den Magen nach Ägypten und von da wie zu den anderen Körperteilen in die anderen Länder der Welt. Wenn der Kopf abgeschnitten wurde, würde der Magen mangels Nahrung von selbst schwinden, und die anderen Glieder würden vergehen.

Zehn Jahre nachdem Johann II. Pero de Covilha über Land auf Ent-
deckungsreise geschickt hatte, umsegelten Portugiesen auf dem Weg in
den Indischen Ozean das Kap der Guten Hoffnung, und 1507 machte
João Gomes sich im Auftrag von Tristão da Cunha wiederum auf die Suche nach dem Hof des Priesters Johannes. Der Wunsch der Portugiesen, sich mit dem mächtigen Feind des Sultans von Ägypten zu verbünden, wurde umso dringlicher, nachdem sie 1510 Goa besetzt hatten,
und obwohl sie damit zu kämpfen hatten, ihre Seewege gegen die Araber zu verteidigen, nahm ihr König Emanuel I. den großspurigen Titel
»Herr der Eroberung, der Seefahrt und des Handels mit Äthiopien, Indien, Arabien und Persien« an.

1520 kam dann schließlich eine von Dom Rodrigo da Lima angeführte portugiesische Gesandtschaft in Äthiopien an, wo sie erfuhren,
dass es dem ersten Gesandten, Pero de Covilha, bereits vor mehreren
Jahren gelungen sei, den königlichen Hof zu erreichen, und dass dieser dort glücklich mit einer Äthiopierin und ihren gemeinsamen Kindern lebte. Er erfreute sich der Gunst des damals regierenden Königs
Lebna Dengel, der ihm ein Gut zur Verfügung stellte, und nutzte seine
sprachlichen Fertigkeiten, die er im Amharischen erworben hatte, im
Dienst seiner Landsleute. Dennoch war der Gesandtschaft kein Erfolg
beschieden. Lebna Dengel hatte sich gerade erst eines muslimischen
Überfalls erwehren müssen, und das Blutbad, das Ahmed Gragn mit
seinem Kriegszug anrichten sollte und dem nur mit europäischen Verbündeten und europäischen Waffen begegnet werden konnte, hatte
noch nicht begonnen. Somit schien ein Pakt mit Portugal keine Priorität
zu haben.

Francisco Alvarez war jedoch als Kaplan mit der Mission betraut
und entsandt worden, und sein Bericht über das Land ist für Historiker
von enormer Bedeutung. Es ist nicht nur die erste Beschreibung seitens
eines Europäers, der Äthiopien tatsächlich besucht hat, sondern auch
die einzige Beschreibung eines Europäers von einem äthiopischen
Reich in seinem mittelalterlichen Glanz, ehe Ahmed Gragn mit seinen
Verwüstungen dessen alte christliche Kultur in weiten Teilen zerstörte

und ehe infolge des äthiopischen Gesuchs um militärische Unterstützung gegen ihn portugiesische Soldaten und jesuitische Missionare ins Land kamen. Auch wenn der äthiopische Kaiser Fasiladas die Jesuiten 1632 des Landes verwies, verdeutlichen die Handschriften und die für seine neue Hauptstadt Gondar angefertigten Ikonen den nachhaltigen Einfluss von westeuropäischem und indischem Stil, der durch die jesuitische Mission ins Land gelangte. Gondar war eine völlig andere Gesellschaft im Vergleich zu der, die Alvarez im mittelalterlichen Reich hatte sehen dürfen.

Jedenfalls gehörten die Felsenkirchen von Roha bereits einer untergegangenen Zeit an, als Alvarez sie zu sehen bekam, und die Könige, deren Hauptstadt sie geschmückt hatten, waren gestürzt worden. Im Jahr 1520 befand sich der königliche Hof auf Wanderschaft, der König suchte seine Würdenträger in der Provinz auf und plünderte ihre Reichtümer, um zu verhindern, dass ihre Ambitionen zu einer Gefahr für seine eigene Autorität wurden. Die bemerkenswerte Ähnlichkeit zwischen den Kirchen von Lalibela und der altertümlichen Stadt Aksum, die angeblich fast 1000 Jahre früher erbaut worden war, legt die Vermutung nahe, dass Lalibela vielleicht doch sehr viel älter als der König sein könnte, mit dem die Stadt für gewöhnlich assoziiert wird. Fest steht gleichwohl, dass die Zagwe-Könige sie als religiöses und zeremonielles Zentrum nutzten, das von ihrem Regierungssitz in Adafa aus gut erreichbar war. Ihre bleibende Bedeutung als Pilgerzentrum ist auch an einem äthiopischen Sprichwort ablesbar: »Wer sich nicht in die heilige Stadt Roha aufmacht, ist wie ein Mann, der kein Verlangen hat, das Angesicht unseres Herrn und Erlösers Jesus Christus zu schauen.« Lalibela war jedoch nicht nur ein Ort von unbeschreiblicher Schönheit oder eine heilige Stätte für religiöse Hingabe und Verehrung. Die Stadt war auch das Zeichen für einen letzten verzweifelten Vorstoß in der äthiopischen Dynastiepolitik des 13. Jahrhunderts.

Wenn man über die rote Erde wandert und die Anhöhen zur heiligen Stadt Lalibela erklimmt, kann man zunächst nichts von den Kirchen sehen, die den portugiesischen Kaplan Alvarez vor nahezu fünf

Jahrhunderten in solches Erstaunen versetzten. Zwischen den gelben Grasbüscheln, jenseits der Mauern aus rotem Stein, trotzen alte und knorrige Bäume dem Anschein des Verdorrtseins, indem sie einige Blätter sprießen lassen, die sich der Sonne zuwenden und einem Jungen mit seinen Ziegen Schatten spenden. Abgesehen von diesen wenigen Zeichen für den Überlebenskampf in einer kargen Umwelt, unterscheidet sich die Szenerie kaum von anderen Teilen des Hochlandes von Lasta.

Etwas weiter die Straße aufwärts stehen zwei oder drei Häuser aus Lehm oder groben Steinen mit Wellblechdächern. Kinder laufen herum, und ernste junge Mönche weisen den Weg. Aber noch immer ist nicht zu erkennen, wo sich die Kirchen befinden könnten. Warum sie so berühmt sind, versteht man erst richtig, wenn man tatsächlich zwischen ihnen steht. Lalibela erhebt sich nicht auf überirdischen Fundamenten in den Himmel. Es liegt verborgen in der Erde, in tief ausgeschachteten Steingräben.

Die Überlieferung schildert die Entstehung der Kirchen als ein Wunder, und so erscheinen sie auch. Einige der Gräben sind 14 oder 15 Meter tief, und es ist schwer vorstellbar, wie der Fels von oben herab mit Spitzhacken und Äxten weggeschlagen wurde. Die Kirchen scheinen sich aus dem Felsstock zu erheben, als ob sich das Herz der Berge geöffnet und die Stadt gezwungen hätte, als Zeuge einer Wahrheit im Himmel gen Himmel zu blicken. Der Überlieferung zufolge ist der Himmel an der Stelle, wo die Kirchen dem König im Traum offenbart wurden, der sie während seiner Herrschaftszeit erbaut haben soll und nach dem sie benannt sind. Demnach brachte ein Engel Lalibela ins himmlische Jerusalem, wo Gott ihm zehn Kirchen zeigte, alle nach einem anderen Muster gebaut, und ihm befahl, sie in seinem eigenen Königreich aus dem Fels hauen zu lassen. Dieser Versuch, ein Neues Jerusalem zu schaffen, wird oft als Teil der äthiopischen Faszination vom Erbe der Israeliten gesehen. In Lalibela sind zweifellos genügend Namen zu finden, die auf ein Zweites Jerusalem hinweisen: Betanien, Golgatha, ein Ölberg, ein Berg der Verklärung, ein Fluss Jordan – dies sind jedoch alles Namen von heiligen Stätten der Christen. Wenn Lalibelas Topografie einen mystischen Hintergrund hat, dann kommt dieser aus dem Neuen und nicht aus dem Alten Bund. Vor allem hat man anscheinend nicht den Versuch unternommen, eine Nachbildung des Tempels zu bauen, in dem die Bundeslade einst stand.

Inzwischen sind an einigen Wänden Risse entstanden, und teilweise fallen die Kirchen zusammen und werden so im wahrsten Sinne des Wortes wieder zu Staub. Manchmal ist tief unten im Fels der Widerhall von Gesang und Trommeln zu hören, langsamer als der Herzschlag, als würde ein alter Geist es auf sich nehmen, den Lobgesang Gottes auf seine eigene Weise zu singen und so die Vergänglichkeit der Jahrhunderte zu verdeutlichen – eine Stimme, die aus einer Zeit spricht, ehe die Menschen begonnen hatten, Gott auf dem Berg zu huldigen. Einige der Kirchen in Lalibela scheinen in der Tat nicht für Menschen errichtet worden zu sein. Fenster und Türen wurden in die Wände geschlagen, manche davon extrem hoch und schmal, als sollten sie für Engel sein, andere wiederum sind so niedrig, dass selbst alte Nonnen den Kopf beugen müssen, um hindurchgehen zu können. Als Lalibela seine große Aufgabe in Angriff nahm, so erzählt die Legende, hätten Engel am Tage zusammen mit den Steinmetzen von Lasta gearbeitet und auch des Nachts, wenn die Männer schliefen, nicht geruht.

Noch immer sind die Gräber der Heiligen zu sehen, deren Staub Wunder wirken soll. Wenn man jedoch zwischen den Kirchen umherwandelt, begegnet man eher den Lebenden als den Toten. Mönche flüstern in ihrer Meditation mit den abgegriffenen Abschriften der Psalmen in Händen die heiligen Verse. Plötzlich tauchen Priester mit den Schätzen aus früheren und glorreicheren Zeiten auf und halten ein aufgeschlagenes Evangelium oder ein in einem komplizierten Muster von Kreuzen innerhalb von Kreuzen gefertigtes Prozessionskreuz hoch, als würde die einfache Tatsache ihrer Enthüllung, der Beweis ihres Glaubens, der vor den Augen der Besucher aus einer reichen, aber weniger gewissen Welt entfaltet wird, bereits die Überzeugung wachrufen, dass der alte Glaube nach wie vor wahr ist.

Bei großen Festen tanzen Reihen von Priestern und Depteras auf dem Fels über den Kirchen. Von unten sind nur der Fels, der Himmel und die heiligen Männer zu sehen, und sie scheinen dem menschlichen Leben entglitten zu sein, engelhafte Gestalten zwischen Himmel und Erde. Sie singen vor den Gläubigen unter ihnen, auf dem Boden des Felsens, und erhalten von dort die Antwort, die Verse, die zwischen Himmel und Erde gesprochen werden und die Worte wiederholen, die zwischen Gott und seiner Schöpfung gesprochen werden.

Mit den Zagwe gelangte eine neue Dynastie an die Macht, die von Lalibela aus herrschte und durch die Heirat mit einer Prinzessin aus dem vorhergehenden Königshaus möglicherweise einen gewissen Anspruch auf den Thron hatte. In den Hagiografien und Chroniken wurde eine Reihe fantastischer Geschichten über ihre Machtergreifung überliefert, wir wissen jedoch nicht genau, was sich tatsächlich ereignete. Wir wissen nur, dass irgendwann vor 1152 etwas geschehen sein muss, das in den Augen des Patriarchen von Alexandria und seines Erzbischofs in Äthiopien eine widerrechtliche Machtergreifung darstellte. Spätere äthiopische Legenden deuten darauf hin, dass es wegen einer Frau zu einem Machtwechsel gekommen sei. Es wurde sogar vermutet, die Verfasser des *Kebra Nagast* könnten dadurch ermutigt worden sein, Frauen mit Argwohn zu betrachten. Aber natürlich hört man auch oft die Meinung, schon die Bibel liefere dafür genügend Gründe.

Die Zagwe stammten von den Agau ab, den Ureinwohnern der Regionen südlich von Aksum, die Kuschitisch sprachen. Sie waren, wie das Kolophon des *Kebra Nagast* erklärt, keine »Israeliten«, und dieser Vorwurf wird auch im Text erhoben. Gott hatte den König Äthiopiens als den einzigen König über die Lade des Gesetzes des himmlischen Zion erwählt. »Und was diejenigen anging, die herrschten, die nicht Israel waren, so war dies auf die Übertretung des Gesetzes und des Gebotes zurückzuführen, die Gott nicht gefiel.«

Sollte Gott verärgert über die Zagwe gewesen sein, so zeigte er seinen Ärger jedenfalls nicht sofort. Man geht im Allgemeinen davon aus, dass die Zagwe etwa von 1137 bis 1270 in Äthiopien an der Macht waren.

Während die äthiopischen Aufzeichnungen absolut verwirrend sind und unterschiedliche Zeitspannen, von 133 Jahren bis zu über drei Jahrhunderten, aufweisen, liefern die Biografen zweier Patriarchen von Alexandria hingegen einige Belege, die die vorgenannten Daten bestätigen. Unterdessen lag die Monarchie in den Händen verschiedener Zagwe-Herrscher, die als Heilige anerkannt wurden, selbst wenn ihre Feinde dann an ihrer Stelle Könige geworden waren.

Trotz der Verachtung, die das Kolophon des *Kebra Nagast* gegenüber den Zagwe-Königen erkennen lässt, hören wir gerade während der Herrschaft Lalibelas zum ersten Mal etwas von der Bundeslade in Äthiopien. Abu Salih, ein Armenier, der Ende des 12. oder Anfang des 13. Jahrhunderts in Ägypten lebte und in Arabisch schrieb, machte darüber Aufzeichnungen. Er verwies indes nicht nur auf die Lade, sondern behauptete auch, die Zagwe seien gänzlich israelitischer Abstammung, direkte Nachkommen des Hauses von Mose und Aaron.

Es ist nicht ganz klar, wie Abu Salih zu seinem Wissen über Äthiopien kam, das er »Abessinien« oder »Indien« nannte. Vielleicht war er in Ägypten abessinischen Besuchern begegnet oder hatte die Geschichten von jemandem gehört, der abessinischen Reisenden begegnet war. Andere Einzelheiten könnte er von ägyptischen Predigern und Geistlichen erfahren haben, die einiges über das ferne Land im Süden wussten, das im Zuständigkeitsbereich ihres Patriarchen lag. Einige seiner Feststellungen zu Nubien und Abessinien sind verworren und möglicherweise kaum mehr als Gerede, bei dem die Fakten bei der Weitergabe von einer Person zur nächsten verzerrt wurden. Bei manchen dürfte es sich in der Tat um nichts weiter als fantastische Geschichten handeln, die Nubier oder Äthiopier erzählten, die in der herrlichen Hauptstadt der Fatimiden und später der Aijubiden in Ägypten Eindruck machen wollten. Nichtsdestotrotz gibt es Gründe, das, was er zu sagen hatte, sehr ernst zu nehmen.

In den Jahren, als Abu Salih schrieb, also zwischen 1200 und 1210, entspann sich eine außergewöhnlich intensive diplomatische Korrespondenz zwischen Äthiopien und dem Patriarchat in Ägypten. Ein

beispielloses Ereignis bahnte sich an: Der Erzbischof von Abessinien
sollte abgesetzt und exkommuniziert werden. Zwischen den beiden
Hauptstädten wurden Boten mit Briefen für den Patriarchen Johannes VI. von Alexandria beziehungsweise für König Lalibela in Äthiopien hin- und hergeschickt. Der fragliche Erzbischof, Michael von
Fuwa, lebte zu der Zeit aber in Kairo. Er war dorthin geflohen, und man
hatte ihm ein Haus zur Verfügung gestellt, wo er voller Unbehagen der
Dinge harrte, während in Äthiopien Erkundigungen über sein Verhalten eingezogen wurden. Abu Salih war fasziniert von Kirchenangele-
genheiten, und während er für sein Buch Informationen über die Kirchen von Ägypten und deren Dependancen in Nubien und Abessinien
sammelte, war er sicher am richtigen Ort, um alles mögliche Interessante zu hören.

In Anbetracht der Tatsache, dass wir so wenig über Äthiopien
im 13. Jahrhundert wissen, ist die Geschichte von Michael von Fuwa
erstaunlich detailliert dokumentiert. Zu Beginn des Jahrhunderts,
während der Herrschaft des Aijubiden-Sultans al-Adil, vermerkt die
»Geschichte der Patriarchen von Alexandria«, dass der König von
Äthiopien und Nubien Boten mit der Bitte zum Sultan sandte, Patriarch
Johannes VI. möge einen neuen Erzbischof ernennen. Tradition und
Protokoll verlangten offenbar, dass dem Sultan ein Schreiben zusammen mit auserlesenen Geschenken überbracht wurde. In dem Brief
wurde der Sultan aufgefordert, den Patriarchen um die Weihe eines
neuen Erzbischofs zu ersuchen, und die Boten blieben für gewöhnlich
etwa drei Monate in Ägypten, während der Patriarch in die entlegenen
Klöster der ägyptischen Wüste schicken ließ, um einen geeigneten Kandidaten zu finden.

Nachdem der Patriarch Johannes VI. das Gesuch erhalten hatte,
begann er mit der Suche, konnte jedoch weder in den Klöstern noch in
Kairo selbst jemanden finden, der geeignet gewesen wäre. Er bemerkte,
dass die Boten »aufgrund der Dauer ihres Aufenthalts ungeduldig«
wurden, weil sie vermutlich länger als die üblichen drei Monate
in Ägypten geblieben waren. Als er hörte, dass sie sich beim Sultan

beschweren wollten, wandte er sich an die Bischöfe, in der Hoffnung, einen Kandidaten zu finden, obschon diese Lösung äußerst ungewöhnlich war. Die koptische Kirche erlaubte es Bischöfen nicht, von einem bischöflichen Stuhl auf einen anderen zu wechseln. Gleichwohl war es wichtig, einen Erzbischof zu finden, und mit der Zustimmung aller betroffenen Obrigkeiten verständigte man sich auf die Ernennung von Michael, dem Bischof von Fuwa.

Der neue Erzbischof und die Boten brachen dann nach Süden auf, und die »Geschichte« beschreibt den prächtigen Empfang, der ihm dort bereitet wurde. Lalibela selbst ritt ihm, begleitet von Priestern und Bischöfen, drei Tage von der Hauptstadt aus entgegen, um ihn zu begrüßen. Als Michael in der königlichen Stadt ankam, zog er unter einem goldenen, mit Edelsteinen geschmückten Sonnenschirm ein, und als er die Liturgie feierte, wurde Gold über ihm verteilt, während aus den Räuchergefäßen der Duft von Aloeholz und Ambra stieg. Im Hause des Erzbischofs dienten ihm zehn Priester und bewachten den Reichtum seiner Kirche, nachdem ihm Pferde, Maultiere und Sklaven gebracht worden waren. Der glückliche Zufall wollte es, dass die Regenfälle wieder einsetzten, und Michael wurde großer Respekt entgegengebracht. Der König, heißt es, sei immer wieder zu Michaels Haus zu Besuch geritten.

Dieser Gnadenstand währte nur vier Jahre. Im fünften Jahr traf in Kairo die Nachricht ein, dass Michael sich auf dem Rückweg nach Ägypten befand. Der Grund für seine Rückkehr, behauptete er später, sei gewesen, dass die Königin ihn gezwungen habe, ihren Bruder zum Bischof der Hauptstadt zu weihen. Nach seiner Einsetzung hatte der neue Bischof dann unter dem Schirm des Staates seines Amtes gewaltet, widerrechtlich die Vorrechte Michaels an sich gerissen, gegen ihn intrigiert und sogar ein Mordkomplott gegen ihn geschmiedet.

Michael erklärte, diese Verfolgung sei der Grund für seine Flucht aus Äthiopien gewesen. Er hatte seine Reise mit großem Gefolge angetreten, später die meisten jedoch zurückgeschickt. Dennoch begleiteten ihn rund 100 Personen weiter nach Ägypten, von denen allerdings

viele dann unterwegs entweder durch die Hitze oder die Habgier ört-
licher Herrscher ums Leben kamen. Nichtsdestotrotz gelangte Michael
schließlich mit einer Sklavin, zwei Sklaven und einer Zibetkatze nach
Ägypten. Der Patriarch gewährte ihm Unterkunft und sandte dem
äthiopischen König durch den Priester Musa und einen seiner persönlichen Diener ein Schreiben.

Ein Jahr später traf schließlich die Antwort ein. Dem König zufolge
hatte Michael einen der Priester getötet, die den Kirchenschatz behüte-
ten, und die Verwandten des Toten hatten daraufhin versucht, ihn aus
Rache zu töten. Der König schilderte die Extravaganz und Verschwen-
dungssucht, die Michael betrieben hatte – dass er ein riesiges Haus mit
Bäumen und Wasserläufen, die so genannte »Burg«, in der königlichen
Hauptstadt gebaut hatte. Es war weiß getüncht und hatte lange Korri-
dore, sodass »derjenige, der sie betritt, bereits erschöpft ist, ehe er den
unteren oder obersten Teil erreicht«. Michael verließ die Burg nur an
Sonntagen, in vollem Staat, mit 500 Gefolgsmännern, auf einem Maul-
tier sitzend und von einem Sonnenschirm beschattet, der über ihm aufgehalten wurde. Er betrat das Heiligtum in Gewändern, die mit Gold ge-
webt und mit Edelsteinen besetzt waren.

Die Boten überbrachten den Brief mit dem offiziellen Gesuch, einen
neuen Erzbischof einzusetzen, und übergaben ihn, wie der Brauch es
vorschrieb, zusammen mit den Geschenken. Diese bestanden aus einer
goldenen Krone für den Patriarchen und Präsenten für den Sultan,
darunter ein Elefant, ein Löwe, eine Giraffe und ein Zebra. Die »Geschichte« vermerkt, dass der Patriarch alle äthiopischen Geschenke mit
zu Prinz al-Kamil nahm, da der Sultan selbst sich gerade nicht in Kairo
aufhielt. Der Prinz bewunderte die Krone und erklärte, er habe gar
nicht gewusst, dass die Äthiopier solche Dinge machen könnten. Der
Bote, der sie überbracht hatte, erwiderte, jeder wisse, dass der Patriarch zu bescheiden sei, um eine Krone zu tragen, wenn er es jedoch getan hätte, dann hätte der Kaiser sie mit Edelsteinen geschmückt, um mit
dem Reichtum Ägyptens konkurrieren zu können. Als der Bote das Gesuch um einen neuen Erzbischof vortrug, meinte al-Kamil, dies könne

sofort geregelt werden. Der Bote brachte dann ein noch übertriebeneres Lob auf den äthiopischen König und seine Macht vor, worüber al-Kamil lächelte. Nach einigen höflichen Zänkereien wurde der Patriarch schließlich überredet, seine Geschenke mitzunehmen, und er verabschiedete sich, um alle Vorkehrungen für die Weihe eines neuen Erzbischofs zu treffen.

Die Zeremonie sorgte für große Aufregung. Jeder schien in der Kirche von al-Muallaqah dabei sein zu wollen, und am Zuwailahtor schnellte die Leihgebühr für Esel auf drei Drachmen in die Höhe. Die Zeremonie begann mit der Absetzung und Exkommunikation des alten Erzbischofs »wegen des Missbrauchs seines Verwalteramtes«. Er »stieg von der Kirche von al-Muallaqah mit großer Scham, unter Wehklagen und Jammern herab und warf Staub auf sein Haupt«. Dann wurde ein vom Patriarchen auserwählter Mönch namens Isaak zum Erzbischof geweiht. Er kam wie sein älterer Bruder Josef, der ihn als Priester begleiten sollte, aus dem Kloster St. Antonius. Die Weihe fand am 7. März 1210 statt.

All das ist recht bemerkenswert, wenn man bedenkt, dass das damalige Äthiopien für uns fast in jeder Hinsicht ein Mysterium bleibt. Die »Geschichte der Patriarchen« erwähnt Lalibela sogar namentlich, mit Einzelheiten über seine Familie und Vorfahren – etwas, was in keiner anderen Aufzeichnung über die kirchlichen Beziehungen zwischen Alexandria und Äthiopien vermerkt ist. Es ist die einzige unabhängige ausländische Bestätigung für die Existenz dieses großen äthiopischen Königs. Doch die Bedeutung dieser Quelle für die Geschichte der Lade ist noch ungleich größer. Bei allen Schwierigkeiten, mit denen wir uns bei dem Versuch konfrontiert sehen, die wenigen Dokumente aus dieser Zeit zu verstehen, zeigt dies doch, dass detaillierte und präzise Informationen über Äthiopien zur Zeit Abu Salihs in Kairo durchaus verfügbar waren. Und es ist diese Tatsache, die seinem Bericht eine so erstaunliche Qualität verleiht.

Abu Salih berichtete über eine Reihe äthiopischer Reliquien. Der König, so behauptete er, besaß den Thron Davids, der mit goldenen

Kreuzen bedeckt war. Und er besaß natürlich auch die Bundeslade, die Abu Salih ziemlich detailliert beschrieb. Hoch interessant daran ist, dass die Beschreibung kaum etwas mit den Laden zu tun hat, die in der hebräischen Bibel oder im *Kebra Nagast* erwähnt werden. Abu Salih schrieb:

»Die Abessinier besitzen die Bundeslade, in welcher sich zwei Steintafeln befinden, auf denen, durch den Finger Gottes geschrieben, die Gebote stehen, die er für die Kinder Israels erließ. Die Bundeslade steht auf einem Altar, ist jedoch nicht so breit wie dieser; sie ist so hoch wie das Knie eines Mannes und mit Gold überzogen; und über ihrem Deckel sind Kreuze aus Gold; und darauf sind fünf kostbare Steine, einer an jeder der vier Ecken und einer in der Mitte. Viermal im Jahr wird mit der Lade im Palast des Königs ein Gottesdienst gefeiert; und ein Baldachin wird über sie gespannt, wenn sie von ihrer Kirche zu der Kirche im königlichen Palast gebracht wird: nämlich zum Fest der Geburt Christi, zum Fest der Taufe, zum Fest der Wiederauferstehung und zum Fest der Kreuzerhöhung. Und die Lade wird von einer großen Zahl von Israeliten bewacht und getragen, die aus der Familie des Propheten David abstammen, die weiß und rot sind und blondes Haar haben. Es heißt, dass der Negus eine weiße und rote Hautfarbe und blondes Haar hatte, und so ist es bis auf den heutigen Tag bei seiner ganzen Familie; und es heißt, dass er aus der Familie von Mose und Aaron kam, da Mose nach Abessinien gekommen war. Und Mose heiratete die Tochter des Königs.«

Das klingt zwar nicht sehr glaubhaft, doch die Stelle erhält durch die Detailgenauigkeit, die Abu Salih hier im Vergleich zu manchen anderen seiner Behauptungen – zum Beispiel, dass die Nubier die Lade Noachs besaßen – an den Tag legt, mehr Gewicht. Einiges wirkt legendenhaft, vieles scheint jedoch auf einem präzisen Bericht über die äthiopische Praxis zu beruhen. Sein Bericht ist umso erstaunlicher, da er so unerwartet daherkommt. Es gibt keine älteren Quellen, die uns auf das, was Abu Salih zu sagen hat, vorbereiten würden.

Die Aussage, Mose sei nach Abessinien gekommen und habe eine abessinische Prinzessin geheiratet, macht auch Josephus in einer Geschichte. Sie taucht ferner in der *Midrasch*-Literatur auf und scheint zur Erklärung oder Ausschmückung der Feststellung im Buch Numeri, dass Mose eine Äthiopierin geheiratet habe, entstanden zu sein. Josephus berichtet, dass Ägypten von äthiopischen Truppen aus Saba angegriffen worden sei und Mose zum Oberbefehlshaber des königlichen Heeres ernannt wurde, um sie zu vertreiben. Er habe das Heer nicht zu Wasser, sondern zu Lande dem Feind entgegengeführt und die Invasoren in ihre königliche Residenzstadt zurückgedrängt. Als er mit seinem Heer an den Stadtmauern kämpfte, habe eine äthiopische Prinzessin namens Tharbis ihn gesehen und sich in ihn verliebt. Sie habe daraufhin einen Boten zu Mose geschickt, um ihm die Ehe anzubieten, und nachdem er siegreich gewesen sei, habe er die Prinzessin zur Frau genommen.

Die Behauptung, dass eine israelitische Elite in Äthiopien eine weiße oder rote Hautfarbe und blondes Haar gehabt habe, führte zu Befremdung und Kontroversen und sogar zu der Vermutung, die Tempelritter seien in jener Zeit in Äthiopien gewesen. Sie beruht möglicherweise jedoch einfach auf einer Fehlinterpretation der Sitte, wonach die Äthiopier sich im Gegensatz zu den benachbarten »schwarzen« Völkern selbst als »rotes« Volk bezeichnen. Dies war eine im Altertum übliche Form, um zwischen den Rassen zu unterscheiden. Sie taucht beispielsweise in der Inschrift von Ezana auf, in der er zwischen den schwarzen Noba und den roten Noba unterscheidet, und wir finden sie selbst in den Inschriften der voraksumitischen Herrscher von Diamat und Saba.

Dies kann für Lalibela selbst jedoch kaum zugetroffen haben, da seine Familie von den Agau abstammte und damit schwarz und nicht »weiß und rot« war. Sein Erzbischof, Michael von Fuwa, wurde in der »Geschichte der Patriarchen« jedoch als »von fröhlichem Gemüt, großer Statur, mit schwarzen Augen, von brauner, rötlicher Farbe, sehr stattlich in der Erscheinung« beschrieben. Vielleicht sprach Abu Salih hier von der Hautfarbe des Erzbischofs und seiner ägyptischen Begleiter. Sie dürften bei diesen Festen eine herausragende Rolle gespielt haben und als Priester dazu ausersehen gewesen sein, das Tabot zu tragen.

Natürlich ist der ganze Abschnitt möglicherweise auch nichts weiter als ein reines Fantasiegebilde über die mysteriösen Länder im Süden. Die einleuchtendste Erklärung steht wohl in der Bibel. Im Hohen Lied wird vom Helden gesagt, er sei weiß und rot und sein Haupt sei reines Gold (Hld 5,10–11). Wenn man von den Priestern in Äthiopien glaubte, dass sie vom Haus David abstammten, wäre es nur natürlich gewesen, dass sie in ihrem Äußeren Salomo, dem Sohn Davids, gleichen mussten. Im Ersten Buch Samuel wird David selbst auch als Mann von roter Hautfarbe beschrieben. Es gibt keinen Grund zu der Annahme, der Bericht sei ein Beleg, dass in jener Zeit Europäer in Äthiopien gewesen seien.

Die von Abu Salih beschriebene Lade wird offenbar in einer Weise bei der Liturgiefeier verwendet, die an das Tabot, die Altartafel, erinnert, die heute in jeder äthiopischen Kirche zu finden ist. Es ist auch dieses Tabot, das geweiht wird, und nicht die Kirche selbst. Auf dem Land, wo die Bevölkerung in kleineren Kirchen ihren Gottesdienst feiert, wird dem Tabot in ganz Äthiopien eine tiefe Verehrung und Hingebung entgegengebracht. Für die Äthiopier ist es, um es mit den Worten eines modernen Aksumiters zu sagen, »buchstäblich Gott selbst«. Man glaubt, dass es die Macht des Heiligen oder des Engels besitzt, dem es gewidmet ist. Es kann heilen, und es kann töten, und es gilt im wahrsten Sinne des Wortes als furchteinflößend.

Die meisten Christen in Äthiopien haben keinen Zweifel daran, dass die Bundeslade in Aksum in der Kathedrale der heiligen Maria von Zion aufbewahrt wird und dass sie auch in jeder Kirche Äthiopiens in jedem Tabot existiert. Die Priester und Depteras, die, was die alten Traditionen und Überlieferungen der Kirche angeht, bewanderter sind, vertreten bezüglich dieser Gegenstände jedoch unterschiedliche Meinungen. Es scheint keine einvernehmliche und allgemein verbindliche oder akzeptierte Definition zu geben, was ein Tabot ist oder was es darstellt. In den *Rules of the Church*, die detailliert die mystische Bedeutung buchstäblich jeden Teils einer äthiopischen Kirche beschreiben, werden die Lade oder die Tafeln Mosis mit keinem Wort erwähnt. Das Tabot ist vielmehr ein Symbol für das Grab Christi. Die Identifizierung mit der Bundeslade ist offenbar nicht so absolut, wie die meisten Äthiopier und die Mehrheit der westlichen Forscher annehmen.

Ein Grund für die Verwirrung bezüglich des Tabot liegt in der Symbolik, die oft mit dem Wort verbunden wird. Im äthiopischen Alten Testament wird die Bundeslade als Tabot bezeichnet, und das Wort wird auch oft für das große Heiligtum in Aksum verwendet. Selbst wenn Äthiopier über Kirchen weitab von Aksum sprechen und insbesondere, wenn sie das auf Englisch tun, wählen viele für eines der Tausende von Tabots im ganzen Land den Ausdruck »Bundeslade«. Verschiedene Male wurde berichtet, die Lade sei gestohlen worden, und auch wenn der Diebstahl der Bundeslade höchst alarmierend klingt, so bedeutete diese Formulierung doch nichts anderes, als dass ein unbedeutenderes Tabot entwendet wurde. Dies mag für jeden äthiopischen Christen ein schockierendes Verbrechen sein, es ist aber mit dem Raub des Schreins der Tafeln Mosis kaum vergleichbar.

Die Verwendung des Wortes Tabot im Alten Testament wirft noch ein weiteres Problem auf. Wenn die Bundeslade ein Tabot ist, dann dürfte die Altartafel allerdings mit Sicherheit kein Tabot sein. Die Truhe, in der die Tafel aufbewahrt wird, das *Manbara Tabot*, dürfte demgegenüber eher einer Lade entsprechen, und die Tafel selbst wäre ein Äquivalent der Gesetzestafeln. Die Symbolik ist in der Regel jedoch eher fließend denn präzise. Und so wird das Manbara Tabot für gewöhnlich auch nicht als eine Lade verstanden, während das Tabot selbst sowohl der Tafel als auch der Lade entspricht. Aus diesem Grund kann sowohl von einem *Sellat* als auch von einem *Tabot* gesprochen werden. Ausländische Reisende und geistliche Besucher haben oft die logischere Version beschrieben, auch wenn sie falsch oder irreführend ist.

Das Tabot wird aus Stein oder einem harten Holz, etwa aus Sykomore, gefertigt. Es gibt jedoch auch Aufzeichnungen über königliche,

aus Gold gefertigte Tabots. Sie haben eine quadratische oder rechteckige Form, sind klein genug, um von einem Priester allein getragen
zu werden, und oft mit Kreuzen oder Flechtmustern verziert. Häufig
scheinen sie mehr als nur einem Schutzheiligen gewidmet zu sein –
Gott, Christus, der heiligen Maria von Zion oder dem Bund der Gnade
oder einem der unzähligen Heiligen, Märtyrer und heiligen Männer –
und tragen als Inschriften deren Namen. Sie werden von den Geistlichen angefertigt und vom *Abun*, dem Patriarchen selbst, geweiht.

Während der Liturgiefeier ruht das stets verhüllte Tabot auf dem
Manbara Tabot, der Truhe, in der es aufbewahrt wird. Auf das Tabot
werden sodann die Patene und der Kelch gestellt, und darüber wird
dann die Messe gefeiert. An Festtagen wie beim Timkat-Fest wird das
Tabot aus dem Allerheiligsten der Kirche herausgeholt, wie in »den
Mantel Christi« in Brokat oder Samt gehüllt und in einer Prozession auf
dem Kopf eines Priesters umhergetragen.

Es gibt zwar keine Belege darüber, dass das Tabot bereits in aksumitischen Zeiten verwendet wurde, es ist jedoch bekannt, dass die sy-
risch-orthodoxe und die koptische Kirche schon zu einer frühen Zeit
hölzerne Altartafeln oder tragbare geweihte Altäre benutzt haben. In
der koptischen Kirche ist es immer noch Usus, oben in den Altar eine
geweihte Altartafel einzulegen. Bei dieser Altartafel, die als *Maqt* bezeichnet wird, handelt es sich um eine rechteckige Tafel, die als Ersatz-
reliquie in einer speziellen Aussparung auf dem Altar versenkt wird.
Sie ist gewöhnlich mit einem Kreuz verziert, und in den vier Quadra-
ten, die durch die Arme des Kreuzes entstehen, steht in griechischen
Buchstaben eine Abkürzung des göttlichen Namens: »Jesus Christus,
Sohn Gottes«. Auch wenn es nur einen kleinen Teil der gesamten Altar-
oberfläche einnimmt, ist das Maqt das wichtigste Element. Bei der
Liturgiefeier werden die Patene und der Kelch daraufgestellt. Wenn
kein ordnungsgemäß geweihter Altar zur Verfügung steht, kann auch
das Maqt selbst für die Liturgiefeier verwendet werden.

Welche Symbole und Rituale des Alten Testaments auch immer auf
das Tabot in Äthiopien übertragen worden sein mögen, nach diesen

Beschreibungen sieht es jedenfalls so aus, dass die koptische Kirche einen Gegenstand verwendet, der dessen Vorläufer gewesen sein könnte. Im Unterschied zu den koptischen oder syrischen Altartafeln war das äthiopische Tabot im Wesentlichen jedoch kein tragbarer Altar, auch wenn es bei festlichen Prozessionen herumgetragen wurde, und in Heiligengeschichten wird gelegentlich erwähnt, dass Mönche, die Klöster gründeten, Tabots in ihrem Gepäck hatten.

Wichtiger ist jedoch, dass das Maqt in der koptischen Kirche nicht als Symbol für die Lade betrachtet wird. Die koptische Kirche hat ihre eigene »Lade«, einen hölzernen Kasten, der im Koptischen als *Thronos ente pipoterion* oder im Arabischen als *Kursi al-Kas* bezeichnet wird, worin sich der Kelch befindet, in dem bei der Liturgiefeier Wein und Wasser miteinander gemischt werden. Er steht mitten auf dem Altar und wird mit einer komplexen Reihe von Symbolen verbunden, wie dem Thron Christi, der Lade Noachs, der Bundeslade und der Heiligen Jungfrau.

Trotz der allgemeinen Annahme, dass das Tabot bei den Feiern der äthiopischen Kirche seit jeher eine zentrale Rolle spielt, gibt es keine Belege dafür, dass es während der aksumitischen Zeit in Äthiopien bereits bekannt war. Und da ein solcher Nachweis fehlt, haben wir auch keinen Grund zu der Annahme, dass die aksumitische liturgische Praxis in irgendeiner Form von der in Alexandria abgewichen wäre. Derartige Änderungen in der äthiopischen Kirche dürften eher eine spätere, hauptsächlich durch die Isolation begründete Entwicklung gewesen sein.

Zur Zeit des Erzbischofs Severus, der gegen Ende des 11. Jahrhunderts, während des Patriarchats von Cyril II., im Amt war, gab es dann zumindest in einigen Bereichen der äthiopischen Kirche Abweichungen, die so gravierend waren, dass der Erzbischof sich veranlasst sah, an seinen Vorgesetzten zu schreiben und diesen um Unterstützung zu bitten, »ihnen zu verbieten, die Bräuche des Alten Testaments zu pflegen, und ihnen die spirituellen Anweisungen der heiligen Bücher des Alten und Neuen Testaments vor Augen zu halten und ihnen zu erklären, was darin die Richtigkeit seiner Worte ihnen gegenüber unterstützt«.

Ob ihm bei seinen Bemühungen, die »Bräuche des Alten Testaments« zu verbieten, Erfolg beschieden war, wissen wir nicht. Diese Bräuche waren unter den vorangegangenen Bischöfen aufgekommen, die den Besonderheiten, die sich in der äthiopischen Kirche herauskristallisierten, gleichgültig gegenübergestanden hatten. Unter den späteren Bischöfen sollten sie jedoch wieder zunehmen. Severus scheint mit seinem Eifer aber etwas bewirkt zu haben. Ihm wurde unter Druck aus Ägypten, wo der Patriarch und die Mutterkirche durch die muslimischen Obrigkeiten gefährdet waren, vorgeworfen, in Äthiopien den Bau von Moscheen zu unterstützen. Aufgebrachte Äthiopier drohten, ihn umzubringen, und der König ließ ihn verhaften. Danach war die Begeisterung ägyptischer Erzbischöfe für Reformen in Äthiopien anscheinend gedämpft, und welche Besonderheiten sich auch immer entwickelt hatten oder später entwickeln würden, sie sollten sich mehr oder weniger ungehindert entfalten können.

Schwerer zu beantworten ist die Frage, ob die Tabots bereits unter der Zagwe-Dynastie verwendet wurden. Die Lebensgeschichten der Zagwe-Heiligen wurden zu einem späteren Zeitpunkt niedergeschrieben und könnten somit auch die Sitten und Bräuche ihrer eigenen Zeit widerspiegeln. Es sind Manbara Tabots erhalten geblieben, die Lalibela zugeschrieben oder gar auf seine Herrschaftszeit datiert werden. Es mag zwar übertrieben misstrauisch sein, dies zu bezweifeln, aber sie könnten ebenso gut erst später mit den Inschriften zu Ehren des königlichen Heiligen versehen worden sein.

Interessant ist, dass Abu Salih von den koptischen Altartafeln wusste und dass er, obwohl er über ihre Verwendung schrieb, sie nicht mit der Zagwe-Lade verglich. Wenn es heißt, Tabots seien Laden, war die Zagwe-Lade dann ein Tabot, das jenen ähnelte, die wir heute kennen? Dies kann eine Erklärung sein, aber Abu Salih sagt dazu nichts, folglich kann es sich bei der Zagwe-Lade auch um etwas völlig anderes gehandelt haben.

Abu Salih erzählt uns, die Bundeslade sei bei den vier großen Festen des Jahres einbezogen worden, wenn die Liturgie im königlichen Palast gefeiert wurde. Nach seiner Beschreibung hat es sich dabei um folgende Feste gehandelt: *Ledat*, das äthiopische Weihnachtsfest, *Timkat* oder Epiphanie, *Tensae* oder Ostern und *Masqal*, das Fest des heiligen Kreuzes. Wenn die Lade von der Kirche, in der sie für gewöhnlich stand, zum Palast getragen wurde, bedeckte man sie offenbar mit einem Baldachin, so wie jedes Tabot heutzutage mit glänzenden Brokattüchern vor den Augen der Laien verhüllt wird, wenn es auf den Schultern der Priester umhergetragen wird. Abu Salih spricht zwar vom königlichen Palast und der Palastkirche, er erklärt jedoch nicht, wo sie sich befanden. Verbindet sein Bericht die Lade mit der Kathedrale der heiligen Maria von Zion oder mit der alten Hauptstadt Aksum? Die Zagwe kontrollierten offenbar zumindest einen Teil der Provinz Tigre, in der Aksum liegt, die Stadt war zu der Zeit jedoch schon lange keine Hauptstadt mehr.

Beginnend mit al-Yaqubi im späten 9. Jahrhundert, erklären arabische Geografen und Historiker uns, die Hauptstadt sei Kubar und nicht Aksum gewesen. In den detaillierten Anmerkungen über Äthiopien, die in der »Geschichte der Patriarchen« zu finden sind, wird während der Herrschaft Lalibelas eindeutig die Zagwe-Stadt Adafa als Hauptstadt betrachtet. Es erscheint somit wahrscheinlich, dass die mit einem Deckel versehene und mit Kreuzen und Edelsteinen geschmückte Truhe, die Abu Salih als die Bundeslade identifiziert, sich nicht in Aksum und nicht in der Kathedrale der heiligen Maria von Zion in der alten Hauptstadt, sondern in einer anderen Kirche in einer anderen Stadt befand. Es ist schwer vorstellbar, dass der König zugelassen haben sollte, dass ein derart mächtiges Zeichen seines himmlischen Mandates nicht in seiner eigenen Hauptstadt aufbewahrt wurde.

Wenn wir davon ausgehen, dass die heilige Reliquie in der Zagwe-Hauptstadt aufbewahrt wurde, ist es dann möglich festzustellen, in welcher Kirche sie sich befunden haben dürfte? In Lalibela bieten sich natürlich eine Reihe ausgezeichneter Möglichkeiten an, aber von den uns heute bekannten elf Kirchen waren einige ursprünglich nicht als Kirchen gedacht. Wir wissen fast nichts über die Frühgeschichte der Stadt. Einige Kirchen waren früher möglicherweise einfach ein Teil der königlichen oder kirchlichen Paläste und wurden erst später als Gotteshäuser genutzt. Zudem sind die ausgegrabenen Kirchen und Paläste nicht die einzigen möglichen Stätten in der Stadt, an denen sich das Heiligtum befunden haben könnte. Durch eine Vielzahl von Gräben, die durch den Fels gezogen wurden, sind Höfe und Galerien, Terrassen und Tunnel, ein Labyrinth von Gängen entstanden, die zwischen den Hauptgebäuden nach oben und nach unten führen, und es sind auch Spuren von inzwischen verschwundenen massiven Gebäudekomplexen zu finden. Eine dieser »Kirchen« mag denn vielleicht auch das großartige Haus des Erzbischofs Michael gewesen sein, »die Burg« mit ihren endlosen Korridoren. Und eine andere bildete möglicherweise ursprünglich einen Teil des königlichen Palastes.

Einige Galerien und Balkone im Labyrinth der Gänge führen zu einer großartigen Kirche, deren Eingänge tief in einem ausgegrabenen Hof liegen, und wenn man nach einem Kandidaten für eine Palastkirche Ausschau halten wollte, würde die Wahl wahrscheinlich auf Beta Emmanuel fallen. Sie hat in der Tat große Ähnlichkeit mit dem aksumitischen Palastbaustil. Falls die von Abu Salih beschriebene Lade einst in einer Kirche in Lalibela gestanden haben sollte, bliebe zu fragen, ob dieses Gotteshaus genau wie die Kirche, in der sich die Lade und die Tafeln später befunden haben sollen, der heiligen Maria gewidmet worden wäre. Wenn ja, könnte die Lade dann in Lalibela in der Kirche Beta Maryam aufbewahrt worden sein und bei den vier Anlässen im Jahr, wenn sie zur Palastkirche gebracht werden musste, in einer Prozession nach Beta Emmanuel getragen worden sein? Weder Abu Salih noch irgendeine der anderen mittelalterlichen Quellen gibt uns Auskunft darüber.

In welcher Kirche die Lade gestanden haben könnte, bleibt ein Geheimnis. Aber was war mit der Lade selbst? Obwohl zumindest ein prominenter Forscher der Meinung war, dass Abu Salihs Beschreibung

(oben links) Die »Lade Ismaels«, fotografiert von Carl Raswan, als er mit den Ruala-Beduinen durch e Wüste ritt. Aus seinem Buch *Im Land der schwarzen Zelte. Mein Leben unter Beduinen*, 1935. (Foto: Roderick Grierson)

31 (oben rechts) Das *Mahmal*, das in den ersten Jahren des 20. Jahrhunderts noch immer auf dem Rücken des Leitkamels der *Haj*-Karawane mitgeführt wurde. (Foto: Middle East Centre, St Antony's College, Oxford)

32 (unten) Die »Lade Ismaels«, die die Ruala durch die Wüste führt, fotografiert von Carl Raswan. (Foto: Roderick Grierson)

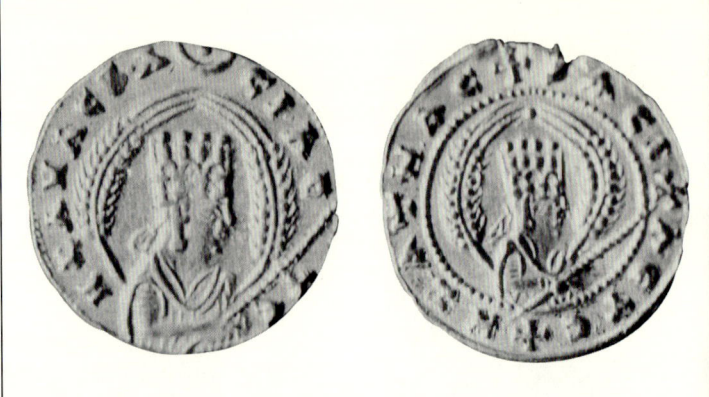

33 Aksumitische Goldmünzen, die von Ezana vor und nach seiner Bekehrung zum Christentum im 4. Jahrhundert herausgegeben wurden. Auf der linken Münze sind oben der heidnische Vollmond und die Mondsichel abgebildet; auf der rechten Münze ist oben das Kreuz Christi zu sehen. (Foto: Bent Juel-Jensen)

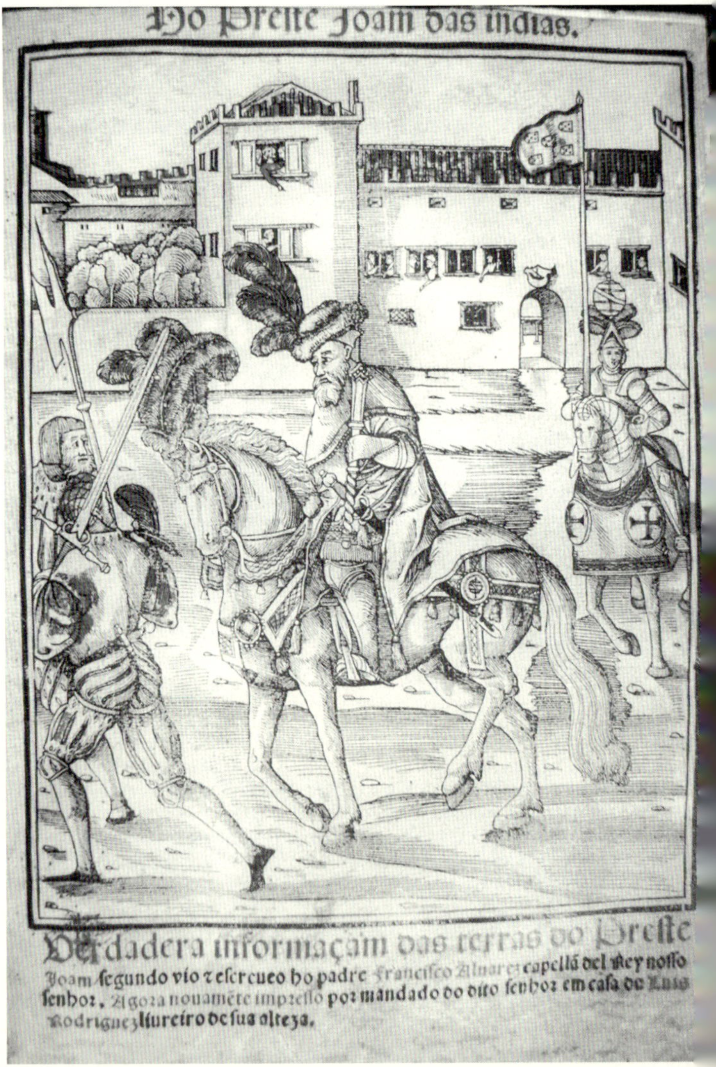

Ho Preste Joam das indias.

Verdadera informaçam das terras do Preste Joam segundo vio r escreueo ho padre Francisco Aluarez capellã del Rey nosso senhor. Agora nouamête impresso por mandado do dito senhor em casa de Luis Rodriguez liureiro de sua alteza.

34 Die Titelseite des von dem portugiesischen Kaplan Francisco Alvarez verfassten Buches über den »Priester Johannes«, das der erste in Europa veröffentlichte Bericht über Äthiopien war und 1540 in Lissabon gedruckt wurde. (Foto: Bent Juel-Jensen)

35 *(oben)* Die aus dem Fels gehauene Kirche St. Georg in Lalibela. (Foto: Pamela Taor)

36 *(links)* Moses nimmt die Gesetzestafeln in Empfang. Aus einem äthiopischen Oktateuch des späten 16. Jahrhunderts, der 1868 aus der kaiserlichen Bibliothek von Theodoros II. dem British Museum überstellt wurde. (Foto: Staatsbibliothek, Berlin)

37 Die Heilige Jungfrau Maria, als Kind zum Tempel in Jerusalem gebracht. Aus einer Handschrift über die »Wunder Mariens« aus dem 17. Jahrhundert. Der Tempel wird als Rundbau dargestellt, was an die äthiopischen Rundkirchen erinnert. (Foto: British Library)

38 Christus nimmt die Heilige Jungfrau in den Bund der Gnade auf. Aus einer Handschrift über die »Wunder Mariens« aus dem 17. Jahrhundert. (Foto: British Library)

39 *(links)* David zieht
mit der unter einer Brokatdecke verborgenen und
von einem Priester - wie
ein *Tabot* - auf dem Kopf
getragenen Bundeslade in
Jerusalem ein, während
seine Frau Michal entsetzt
aus dem Fenster schaut.
(Foto: Staatsbibliothek,
Berlin)

40 *(unten)* Moses nimmt
die Lade Zions in Form
eines *Tabots* in Empfang,
das dann in Brokattücher gehüllt und nach zeitgenös-
sischer äthiopischer Sitte auf
dem Kopf getragen wurde.
Aus einer Handschrift des
18. Jahrhunderts.
(Foto: Stuart Munro-Hay)

41 Ein verziertes *Tabot* mit der Inschrift »Lade Zions«. Aus dem Buch *Narrative of the British Mission to Theodore* von Hormuzd Rassam, 1869. (Foto: Stuart Munro-Hay)

42 Bildnis des äthiopischen Kaisers Johannes IV., der vom British Museum die Rückgabe der Handschrift des *Kebra Nagast* verlangte, die Kaiser Theodoros II. gehört hatte. (Foto: Stuart Munro-Hay)

43 *(oben)* Die moderne Tafelkapelle, die
e der alten Kirche der heiligen Maria von Zion
in Aksum steht. (Foto: Paul B. Henze)

44 *(unten)* Die Rundkirche von Entoto
Maryam, im 19. Jahrhundert oberhalb von Addis
Abeba erbaut. (Foto: Paul B. Henze)

45 *(rechts)* Priester
bei einer Prozession
während des *Timkat*-
Festes tragen die in
Brokattücher gehüllten
Tabots auf dem Kopf.
(Foto: Thomas
Pakenham)

46 *(unten)* Depteras
beim Tanz anlässlich
des *Timkat*-Festes, m
Gebetsstöcken und
Sistren in den Hände
(Foto: Thomas
Pakenham)

»ganz klar eine auffällige Ähnlichkeit mit der Bundeslade des Alten Testaments zeigt«, bleibt es eine Tatsache, dass ein ins Auge stechendes Merkmal von Abu Salihs Lade der mit Kreuzen verzierte Deckel ist. Im Übrigen ähnelt an dem Deckel nichts dem im Buch Exodus überlieferten Bericht von der Lade, mit dem Abu Salih mit Sicherheit vertraut gewesen sein dürfte. Insbesondere gibt es keinen Hinweis auf die Cherubim, deren Flügel die Lade beschirmten und den Thron bildeten, von dem aus Gott versprochen hatte, zu Mose zu sprechen. Aber ganz abgesehen davon sind die Kreuze ein klares Indiz dafür, dass Abu Salih einen von Christen geschaffenen Gegenstand beschreibt. Gleichwohl schien er der Überzeugung zu sein, dass er die Tafeln Mosis enthielt, und dies ist vielleicht der interessanteste Teil seines Berichts.

Der nächste erhalten gebliebene Bericht über den heiligen Gegenstand wurde drei Jahrhunderte später von Francisco Alvarez abgefasst, dem Kaplan der portugiesischen Mission, der als erster Europäer die heilige Stadt Lalibela beschrieb. Dieser Gegenstand befand sich jedoch nicht mehr in Lalibela. Er war in Aksum. Und es ging dabei auch nicht um die von Abu Salih beschriebene Bundeslade. Es ging überhaupt nicht um eine Lade. Es ging um eine Tafel. Die Bedeutung, die Abu Salihs Bericht als einem Zeugnis zukommt, liegt möglicherweise genau in der Tatsache, dass es sich bei seiner Lade ganz offenkundig nicht um die Bundeslade des Alten Testaments handelte und dass ihn diese Tatsache anscheinend überhaupt nicht störte. Das Geheimnis liegt möglicherweise in dem, was sie enthielt.

Um das Jahr 1270 war der letzte der Zagwe-Könige schließlich in der Kirche von St. Qirqos gefangen. Verzweifelt flehte er den Heiligen um Schutz an, aber sein Feind, der salomonische Thronanwärter Yekunno Amlak schrie seine Gnadenappelle nieder. Nachdem er sich mit der Bitte an den Heiligen gewandt hatte, ihm den Zagwe-Usurpator auszuliefern, brachte Yekunno Amlak den König in der Kirche um. Damit war die Dynastie, der Äthiopien den größten seiner königlichen Heiligen zu verdanken hatte, gestürzt, und das Geschlecht Salomos gelangte wieder auf den Thron – so behaupteten zumindest dessen Apologeten.

Als Junge hatte man Yekunno Amlak Zuflucht in dem großen, auf einer Insel im Haik-See gelegenen Kloster Debre Istephanos gewährt, das nach dem ersten christlichen Märtyrer, dem heiligen Stephanus benannt war. Dort war er unter der Anleitung des größten äthiopischen Königmachers, Abt Iyasus Moa, aufgewachsen. Fünf Jahrhunderte nach dem Zusammenbruch ihrer Macht schien die tote Hand von Aksum von neuem nach der Krone zu greifen. Die Salomoniden beharrten darauf, dass sie von Salomo und der Königin von Saba abstammten und das alte Königsgeschlecht durch sie erhalten blieb, und sie sollten eine zunehmende Hingabe zu Zion und der heiligen Maria als einer Neuen Bundeslade an den Tag legen. Bei dem Kampf der Salomoniden um den Thron hatten die Äbte der alten Klöster eine entscheidende Rolle gespielt.

Diese salomonische Behauptung war im Zweifel mehr eine Waffe, die gegen die Könige der Agau eingesetzt wurde, denn ein Faktum, das dem tatsächlichen Sachverhalt entsprach. Auch wenn die Zagwe, zumindest Abu Salih zufolge, ihrerseits ebenso Anspruch auf eine israelitische Abstammung erhoben, schien die Waffe jedenfalls effektiv gewesen zu sein. Iyasus Moa war aus dem ältesten der Klöster im Norden, Debre Damos, in den Süden gekommen, um hier ein neues klösterliches Machtzentrum zu errichten. Er entstammte einer mächtigen

Familie, genau wie Abt Abba Johannes, der ihn erzogen hatte. Und dies war kein Zufall. Die großen äthiopischen Klöster boten keine Zuflucht vor den weltlichen Sorgen. Die Reichen mussten die klösterlichen Bibliotheken und Schreibstuben unterstützen, die ein Fundus des christlichen Glaubens waren, und die Kultur basierte auf einem seltsamen System des Grundbesitzes, der so genannten *Gült*.

Unter diesem System wurde denjenigen, die sich der Gunst des Hofes erfreuten, das Recht zugestanden, statt des Grundbesitzes dessen Ertrag zu besteuern und entsprechend Abgaben zu erheben. Dieses Recht konnte widerrufen werden. So bot die Gült dem Kaiser nicht nur theoretisch eine Handhabe, die Führer in der Provinz zu kontrollieren, sie funktionierte auch in der Praxis, da die Nutznießer in der ständigen Furcht lebten, ihre Privilegien zu verlieren. Sie mussten sie gegen ehrgeizige Rivalen verteidigen, und ein Abt stützte sich auf die Macht, die er sich durch familiäre Allianzen und die intime Kenntnis des abessinischen Establishments erwarb. Er hatte Verantwortlichkeiten in der Menschenwelt, auch wenn er vermeintlich außerhalb stand. Er hatte durch seine erschreckende asketische Disziplin den Status eines Toten angenommen.

In der »Lebensgeschichte« von Iyasus Moa wird der Augenblick beschrieben, in dem diese Transformation stattfand. Als er ins Kloster Debre Damos kam, hatte man ihn für eine schwere Arbeit in der Mühle eingeteilt. Sieben Jahre lang litt er unter Hunger, Durst und Erschöpfung. Er war nackt der Hitze der Sonne und der bitteren Kälte der Nacht ausgesetzt, hatte bis an die Grenze des Verhungerns gefastet und sich Beten und Nachtgebeten hingegeben, während andere schliefen. Ein Mann, der in dieser Welt seine Kräfte so verausgabe, werde ewig leben, hatte Abba Johannes ihm vor Augen gehalten und ihm befohlen, schwere Holzlasten ins Kloster zu schleppen. Über die Grenzen der menschlichen Leidensfähigkeit hinweg strapaziert, war der erschöpfte Körper schließlich gequält zusammengebrochen und plötzlich von der Kraft und Stärke Gottes erfüllt worden. Sein altes Leben war gestorben, und er war in eine andere Welt hineingeboren worden.

Nun, da er ein wahrhafter Mönch war, hatte der Engel Gabriel ihm befohlen, in den Süden zum Haik-See aufzubrechen. Er sollte Debre Damos um eines Ortes willen verlassen, der im Ruf stand, schon drei Jahrhunderte zuvor durch den letzten aksumitischen König Del Naod geheiligt worden zu sein, der dort eine Kirche gebaut hatte. Als ein Sohn von Debre Damos, einem Kloster im Norden, das für sich den Anspruch erhob, Teil des aksumitischen Ancien Régime zu sein, war Iyasus Moa von einem Abt im Norden in sein Mönchsleben eingeführt worden, der sich für die Macht in der Kirche statt am Zagwe-Hof entschieden hatte. Auf dem durch den letzten der alten Könige geheiligten Boden sollte Iyasus Moa sein Schicksal als geistiger Vater von Yekunno Amlak erfüllen und damit dem, wie es hieß, alten Geschlecht der aksumitischen Könige wieder zur Macht verhelfen.

Die Feindseligkeit, die zwischen den Zagwe und den alten Klöstern im Norden herrschte, ist in den Dokumenten ablesbar, in denen die Zuteilung der Gült festgehalten wurde. Die Zagwe-Könige hatten die alten Stiftungen, einschließlich Debre Damos, ignoriert. Sie hatten ihnen ihre Unterstützung entzogen und sie an das Kloster Debre Libanos von Schemazana übertragen, dessen Abt in Lasta, dem Heimatland der Zagwe, geboren war. Die Dynastie verfolgte damit ganz klar die Absicht, sich in der Region unter freundlich gesinnten Klerikern eine Machtbasis zu schaffen. In den nördlichen Provinzen war der Widerstand möglicherweise schwierig geworden, und dies würde erklären, warum Iyasus Moa zum Haik-See aufbrach.

Nach dem Sieg Yekunno Amlaks und der neuerlichen Begründung der Salomonischen Dynastie finden wir Spuren für ein intensiveres Interesse an Zion und anderen israelitischen Sujets. Insbesondere unter Zara Yaqob, der 1433 den Thron bestieg, wurde die Heilige Jungfrau Maria zum Mittelpunkt eines kaiserlichen Kultes erhoben, in dem sie offenbar nicht nur über Christus selbst erhöht, sondern auch explizit mit der Bundeslade identifiziert wurde. Aber wie in den Zeiten der Zagwe-Herrschaft ist nicht immer exakt feststellbar, wann die Tradition genau einsetzte. Viele der königlichen Chroniken oder Heiligengeschichten datieren aus viel späterer Zeit als die Ereignisse, die sie angeblich aktuell beschreiben.

Von der äthiopischen Literatur ist vieles verloren gegangen, und von dem, was erhalten geblieben ist, wurde sehr viel immer noch nicht gesichtet. Und selbst wenn wir darin lesen, haben wir oft Schwierigkeiten, wirklich zu verstehen, was der Verfasser uns sagen möchte. Dies gilt insbesondere für die Rolle Zions. Bezieht sich das Wort auf die Lade, auf Aksum, auf Äthiopien, auf die christliche Kirche insgesamt? Symbole dieser Art beziehen sich oft auf mehr als nur eine Sache. Das mag für Theologen oder Mystiker durchaus reizvoll sein, für spätere Historiker ist es aber oft frustrierend.

Einen eindeutigen Hinweis auf Zion gab 1312 der salomonische Kaiser Amda Seyon in seinem Herrschaftstitel, »die Säule Zions«. Darüber hinaus wird der Titel wie auch die »Kirche Zions« in Verwaltungsdokumenten der Mamelucken erwähnt. In den kaiserlichen Chroniken finden wir einen Hinweis auf »die Hilfe Zions, der Braut des Himmels und des Ruhmes der ganzen Welt«, während von einem muslimischen Geistlichen berichtet wird, dass er dem König von Hadya gesagt haben soll, er solle nicht »zum König von Zion gehen«. Aber dennoch ist es schwierig, genau zu sagen, was Zion in jener Zeit wirklich bedeutete.

Die wichtigsten Belege für die salomonische Faszination von Zion und den vielfältigen Assoziationen mit Aksum, der Bundeslade, der salomonischen Abstammung und der Heiligen Jungfrau Maria sind ein Jahrhundert nach Amda Seyon, während der Herrschaft von Zara Yaqob, zu finden. Er sorgte nicht nur für die Ausbreitung eines Marienkultes und beschrieb sie als Lade, sondern wählte Aksum auch als den Ort, an dem er gekrönt werden wollte. Im Buch von Aksum ist zu lesen, dass Zara Yaqob das alte Krönungsritual der aksumitischen Könige wieder belebte. Die Zagwe schienen die Stadt mehr oder weniger ignoriert zu haben, Zara Yaqob lebte hingegen drei Jahre dort und hatte wohl ein reges Interesse an ihr. Er erließ Gesetze, wonach die Bevölkerung der Stadt nicht gezwungen werden konnte, einem König, der in die Stadt kam, Tribut zu zollen oder Speisen anzubieten, und wonach bestimmte

Beamtenränge den eingefriedeten Bereich »unserer Mutter Zion, der Kathedrale von Aksum« nicht betreten durften.

Die Chronik seiner Herrschaft beschreibt, wie der Kaiser nach Aksum ging, »um das Gesetz und die Zeremonie der Tonsurierung zu erfüllen, gemäß den Riten, die seine Vorfahren befolgten«. Als er sich der Stadt näherte, kamen die Priester und die ganze Bevölkerung ihm entgegen, um ihn mit großen Freudenbekundungen zu empfangen. Der Adel von Tigre ritt ihm, mit Schilden und Speeren bewehrt, auf Pferden entgegen, während Frauen, »der alten Sitte folgend«, einen Tanz aufführten. Als Zara Yaqob die Stadt betrat, standen der Gouverneur von Tigre und der Nebura'ed von Aksum ihm rechts und links zur Seite. »Gemäß der Sitte«, heißt es, trugen sie Olivenzweige in den Händen, mit denen sie winkten. Nachdem er die Stadtmauern passiert hatte, gab der König Anweisung, Gold herbeizubringen, und warf es auf die Teppiche, die man für ihn auf seinem Weg ausgebreitet hatte. Er tat dies, heißt es, »für die Erhabenheit Zions«.

Die Chronik wurde in Wirklichkeit jedoch erst im darauffolgenden Jahrhundert, unter der Herrschaft von Lebna Dengel, erstellt. Selbst wenn wir davon ausgehen, dass der Bericht korrekt ist, ist es dennoch schwer vorstellbar, wie man sich nach über 600 Jahren noch an so vieles vom alten aksumitischen Ritual hätte erinnern sollen. Höfische Zeremonien werden nicht immer aufgezeichnet, nicht einmal in neuerer Zeit. Als Königin Viktoria 1901 starb, musste vieles, was die Beisetzungszeremonie anging, sozusagen neu erfunden werden. Sie hatte so viele Jahrzehnte regiert, dass fast kein Höfling sie überlebt hatte, der sich noch an die Beisetzung von Wilhelm IV. hätte erinnern können.

Indes ist es interessant, dass es heißt, der Gouverneur von Tigre und der Nebura'ed von Aksum hätten Olivenzweige in den Händen gehalten und damit wie mit Fliegenwedeln gewunken. Derartige Fliegenwedel wurden offenbar auch auf aksumitischen Münzen abgebildet, und auf einigen der schönsten Exemplare sind immer noch Zweige mit Olabtrauben zu sehen. Vielleicht war doch nicht alles in Vergessenheit geraten.

Es überrascht nicht, dass Zara Yaqob so bemüht war, den alten Glanz wiederherzustellen oder neu einzuführen, insbesondere was die Verehrung der Heiligen Jungfrau anging. Er scheint intelligent und gebildet gewesen zu sein und war unter ungewöhnlichen Umständen geboren worden. Sein Vater, Kaiser Dawit, hatte selbst die Heilige Jungfrau verehrt. Als seine Feinde versucht hatten, ihn vom Thron zu drängen, hatte er sich mit seinem Militärberater und dem Abt von Debre Istephanos in die Abgeschiedenheit zurückgezogen. Sechs Tage lang hatten die drei Männer zusammen gefastet und gebetet. Am siebten Tag war Maria Dawit erschienen und hatte ihm verkündet, durch ihre Fürsprache sei ein Bund mit der Heiligen Dreifaltigkeit geschlossen worden. Das Alte Testament berichtet von einem Bund, den Gott mit dem israelitischen König David schloss. Nun hatte Maria einem nach ihm benannten äthiopischen König versichert, dass auch seine Familie über Generationen hinweg herrschen werde.

Zara Yaqob war der Sohn von Dawits dritter Frau und offenbar durch die Fürsprache der Heiligen Jungfrau geboren worden. Noch während der Schwangerschaft, heißt es, sei eine Fehlgeburt dank der Gebete zur heiligen Maria abgewendet worden. Er war überzeugt, dass er ihr sein Leben zu verdanken hatte, und die Verehrung, die er ihr entgegenbrachte, ging sogar noch über die seines Vaters hinaus. Als Junge und junger Mann zählte der berühmte Gelehrte Abba Giyorgis von Sagla zu seinen Lehrern. Im Alter von 35 Jahren bestieg Zara Yaqob den Thron, und noch vor Ablauf eines Jahres hatte er bereits damit begonnen, das »Evangelium der Menschlichkeit« zu schreiben, worin er die Regeln festlegte, nach denen seine Untertanen als Christen leben sollten.

Dawit hatte die Heilige Jungfrau im Sinne eines persönlichen Glaubens verehrt, sein Sohn Zara Yaqob beschloss jedoch, dass die ganze Nation sie mit einer beispiellosen Hingabe verehren sollte. Jede Kirche musste ein Tabot haben, das der heiligen Maria geweiht war, und das ganze Volk musste sich zu Boden werfen, wann immer ihr Name erwähnt wurde. Obwohl jeder, der sich weigerte, exkommuniziert wurde, weckte die fanatische Unerbittlichkeit, mit der der Kult verordnet wurde, trotz der Konsequenzen Widerstände.

Der von Zara Yaqob eingeführte Ritus verlangte, dass bei der sonntäglichen Liturgiefeier wie auch an den über 30 Marienfesten während des Jahres jeweils drei Abschnitte aus der Schrift über die »Wunder Mariens« gelesen wurden. Dieses Vorlesen wurde von Lobgesängen begleitet, und dabei wurde eine gemalte Ikone Mariens beweihräuchert. Das wichtigste der Feste wurde im Gedenken an den Bund der Gnade begangen, der jedem, der die Marienfeste hielt oder auch einen Tropfen Wasser im Namen der Heiligen Jungfrau gab, die Vergebung all seiner Sünden versprach.

Eines der »Wunder Mariens«, die möglicherweise von Zara Yaqob oder einem seiner Hofgeistlichen geschrieben wurden, schildert, wie der Bund entstanden war. Nach der Himmelfahrt Christi war Maria von den Engeln in den Himmel emporgehoben worden. Die Patriarchen Israels hatten sich alle vor ihr zu Boden geworfen: »Ruhm dem Gott, der dich für uns erschaffen hat«, hatten sie gerufen. »Fleisch von unserem Fleisch und Gebein von unserem Gebein, durch dich haben wir Erlösung gefunden. Du wurdest zur Zuflucht des Lebens vor dem Untergang, da der Sohn Gottes durch dich Fleisch wurde.« Maria war zum Thron Christi gebracht worden, wo sich vor ihr ein Vorhang aus Flammen geteilt hatte. Ihr göttlicher Sohn hatte sie geküsst und sie zu seiner Rechten gestellt. Sie hatte David, den König Israels, unter dem Thron gesehen und war betrübt, als sie den Ort erblickte, an dem die Verdammten gepeinigt wurden. Sie fragte, wer die Lebenden warnen würde, und ein Engel sagte ihr, sie solle sich nicht fürchten, Gott sei mit ihr und mit denen, die an sie glaubten.

Nach ihrer Rückkehr auf die Erde hatte sie sich an den furchtbaren Anblick erinnert und sich ganz der Aufgabe hingegeben, für die Sünder zu beten. Als Christus sah, wie seine Mutter von deren Leiden berührt wurde, war er ihr erschienen und hatte sie gefragt, was er tun könne. Sie hatte ihm daraufhin vorgeschlagen, ihr ein Versprechen zu geben: Jeder, der in ihrem Namen eine Kirche baute, der die Nackten kleidete, die Kranken besuchte, den Hungrigen zu essen und den Dürstenden zu trinken gab, die Trauernden tröstete, heilige Bücher abschrieb oder Loblieder sang, sollte den Strafen der Hölle entgehen. Auf diese Bitte hin hatte Christus den Bund der Gnade verkündet.

Obgleich dieser Bund der Gnade neu war, glaubte man, er sei von dem Augenblick, da Adam und Eva aus dem Paradies vertrieben wurden, in Kraft gewesen. Gott hatte zu Adam gesagt, er werde aus Maria geboren und ihn erlösen. Und er hatte Mose Maria auch als die Tafel des Bundes gegeben und sie Zion genannt. Sie war die Erlöserin Israels, größer als alle Propheten, Apostel, Heiligen und Märtyrer, und der Bund der Gnade war das größte aller Bündnisse. Maria wurde als die Lade, aber auch als die zweite Wohnstätte und das Allerheiligste bezeichnet, in dem die Bundeslade gestanden hatte.

In der »Offenbarung des Wunders« schrieb Zara Yaqob, die Propheten hätten auf bildhafte Weise durch einen geistigen Spiegel die Jungfrau Maria mit ihrem Sohn gesehen. Mose habe Maria auf dem Berg Sinai in dem Baum gesehen, der brannte, ohne vom Feuer verzehrt zu werden. Der Baum sei Maria gewesen, die das Feuer der Göttlichkeit in ihrem Leib getragen habe und durch seine Hitze nicht verbrannt sei. Als Gott Mose die Gesetzestafeln mit den Zehn Geboten gegeben und ihn angewiesen habe, eine goldene Lade anzufertigen, in die er die Tafeln legen konnte, sei die Lade das Abbild Mariens und die Tafeln das Abbild ihres Schoßes gewesen. Und die auf den Tafeln geschriebenen Zehn Gebote seien das Abbild ihres Sohnes gewesen, der das Wort des Vaters sei.

Die Gelehrtheit und Energie, die Zara Yaqob an den Tag legte, ist beeindruckend, doch all dies erinnert auch an Joschija, den König von Juda, der den Kult in Jerusalem reformierte und alles zerschlug, was er als heidnische Götzenanbetung betrachtete. Zara Yaqob war sich des Umstands bewusst, dass sein Reich innerhalb wie außerhalb der Landesgrenzen mit Feinden konfrontiert war. Er zeigte eine starke Feindseligkeit gegenüber allem, was er für Zauberei oder Götzentum hielt, wozu auch der Gebrauch von magischen Gebeten durch Christen gehörte. »Wenn du jemanden siehst, der dem Satan Opfer darbringt«, schrieb er in seinem Werk *Mashafa Milad* (Buch der Geburt), »so töte ihn mit einem Speer oder mit einer Keule oder mit Steinen ...« Er glaubte, dass Gott ihn auf den Thron gesetzt hatte, damit er die Götzenverehrung ausmerzen konnte, und er war überzeugt, dass jeder, der sich magischer Gebete bediente, dieses Verbrechens schuldig war.

So wie der Deuteronomist behauptete, die Israeliten seien durch die Vermischung mit anderen Völkern, die im Gelobten Land lebten, verdorben worden, so war Zara Yaqob der Überzeugung, dass die äthiopischen Christen durch die heidnischen Kulte, von denen sie umgeben waren, verdorben worden waren. Pfarrer teilten für gewöhnlich das Leben ihrer Gemeinde und hielten den Glauben aufrecht, indem sie nicht zu viel von den Bekehrten verlangten, die im Glauben an Geister erzogen worden waren, die in Bergen, Bäumen, Flüssen und Seen wohnten. Die »Lebensgeschichten« äthiopischer Heiliger sind jedoch voll von dramatischen Berichten über unnachgiebige heilige Männer, die eine härtere und rigorosere Linie einschlugen, heidnische Kulte anprangerten und Zauberer und Magier bekämpften. In seinem Kampf zur Zerschlagung des Heidentums in den Provinzen Schewa und Amhara setzte Zara Yaqob heilige Männer aus dem Kloster Debre Libanos ein. Wenn er erfuhr, dass die Menschen wieder zu alten Bräuchen zurückgekehrt und in Bäumen lebenden Schlangengöttern Kühe und Schafe geopfert hatten, dann ließ er Kirchen an der Stelle bauen, wo die heiligen Bäume gestanden hatten, und schickte Priester aus Debre Libanos, um in diesen Kirchen Dienst zu tun.

In seinem Werk *Mashafa Berhan* (Buch des Lichtes) hob er besonders die Lehrverantwortung der Geistlichen hervor. Jeden Samstag und Sonntag mussten die Menschen zur Kirche kommen, um sich unterrichten zu lassen. Sofern der Weg zur nächsten Kirche zu weit war, wurde ein Priester zu ihnen geschickt, und wenn es nicht genügend Bücher gab, ließ Zara Yaqob Büchereien einrichten. Der Eifer, mit dem er sich dem Lernen verschrieben hatte, mag aufgeklärt erscheinen, aber das von ihm verordnete System muss ein Albtraum gewesen sein.

Jeder Christ musste einen Beichtvater haben und konnte ohne dessen Zustimmung die heilige Kommunion nicht empfangen. Heidnische Kulte wurden unter Androhung der Todesstrafe abgeschafft, und jeder, der heidnischen Göttern Opfer darbrachte, Zauberer konsultierte oder magische Gebete sprach, wurde getötet. Heidnische Priester wurden ausgepeitscht, und ihre Häuser wurden zerstört. Christen hatten sichtbar das Zeichen des Kreuzes zu tragen, das auf Waffen und Werkzeugen wie auch auf Pflügen angebracht sein musste. Und als ob dies noch nicht genug gewesen wäre, verfügte der Kaiser, dass jeder Christ sich auf der Stirn den Namen des Vaters, des Sohnes und des Heiligen Geistes einbrennen lassen sollte. In Ägypten wurde den Kopten das Kreuz auf die Hände tätowiert, und Zara Yaqob fand, dass die Äthiopier sie in ihrer Gottesverehrung übertreffen sollten. Er war der Meinung, dass das Brandmal nach dem Buch der Offenbarung verlangt werde, und verfügte, dass alle seine Untertanen sich auf dem rechten Arm die Worte »Ich widersage dem Teufel« und auf dem linken »Ich bin der Sklave Marias« einbrennen ließen.

Er war völlig irritiert, als selbst diese Ansätze und Anstrengungen nicht genügten, um das Götzentum auszumerzen. Die Priester schienen machtlos zu sein, und er hegte den Verdacht, dass Äthiopien voller Magie und Aberglaube war, da es offenbar keine Priester gab, die das Wort Gottes mit genügend Nachdruck und Eifer verkündet hätten. Er war überzeugt, dass der Satan das Volk Äthiopiens zur Sklaverei degradiert hatte.

Trotz der verhängten Strafen widerstrebte manchen der kaiserliche Kult, und sie widersetzten sich ihm entschlossen. Als die Anhänger des Mönches Estifanos sich weigerten, sich vor den Marien-Ikonen Zara Yaqobs zu Boden zu werfen, wurden sie als Ayhud oder Juden gebrandmarkt. Sie brandmarkten ihrerseits hingegen auch andere Gruppen als Juden, und es scheint eine ganze Reihe von Dissidenten gegeben zu haben, die allesamt als Juden bezeichnet wurden. Zara Yaqob kämpfte in Sallamt und Semien gegen Rebellen, die »Juden geworden und vom Christentum abgefallen waren«. Als sein Sohn Galawdewos sich einer

Gruppe anschloss, die gegen ihn einen Putsch unternehmen wollte, und heidnische Magier und Zauberer konsultierte, hieß es von ihm, »er wurde ein Jude, fiel vom Christentum ab und leugnete Christus«. In einem Königreich, das angetreten war, die jüdische Tradition nachzuahmen, und dann dazu überging, seine Feinde als Juden zu denunzieren, war es ironischerweise anscheinend möglich, dass man gleichzeitig Heide und Jude war.

Der Marienkult und der damit einhergehende Bedarf an Ikonen brachte einige der schönsten Werke der mittelalterlichen äthiopischen Malerei hervor, wozu vor allem die von dem Hofmeister Fere Seyon, »der Frucht Zions«, hergestellten Gemälde auf Holz zählen. Aber je mehr wir über die Herrschaft Zara Yaqobs erfahren, desto mehr drängt sich der Verdacht auf, dass hier ein Volk oder zumindest ein König verrückt geworden war. Es erinnert an die Hysterie im mittelalterlichen Europa. Die Legenden vom Heiligen Gral sind noch immer inspirierend, sie tauchten jedoch zusammen mit einem starken Argwohn gegen die Juden und einer Verfolgung der Juden sowie einer feindseligen Haltung gegenüber den Muslimen auf, durch die die Kreuzfahrer sich zu ihrem entsetzlich grausamen und barbarischen Feldzug veranlasst sahen. Die Paranoia Zara Yaqobs scheint ganz ähnlich geartet gewesen zu sein. Er verordnete die denkbar intensivste Verehrung Mariens und der Bundeslade, und das hatte allem Anschein nach nur Schreckliches zur Folge. Wäre Jeremias Vision von der Zukunft dem vorzuziehen gewesen? Wäre es besser gewesen, wenn die Lade in Vergessenheit geraten und irrelevant geworden wäre?

Eine der Ironien der Geschichte war, dass das äthiopische Establishment schon bald selbst als jüdisch denunziert werden sollte. Das von den kriegerischen Königen der Salomonischen Dynastie errichtete Reich sollte von muslimischen Stämmen bedroht werden, die von den osmanischen Türken mit Feuerwaffen ausgerüstet worden waren. Als die Äthiopier sich hilfesuchend an die Portugiesen wandten, um sich gegen die stärker werdende Macht des Islam zur Wehr zu setzen, kamen jesuitische Missionare ins Land, die die hier praktizierte Form der

Orthodoxie als eine besonders schändliche Form der Häresie betrachteten. Auch wenn es heißt, Zara Yaqob habe die alten Krönungsriten wiederbelebt und ein besonderes Interesse an Aksum gehabt, waren es doch nur sehr wenige mittelalterliche Könige, die sich zu ihrer Tonsurierung dorthin begaben. Sie veranstalteten jeweils nur eine kurze Inthronisationszeremonie, in der Absicht, sich später tonsurieren zu lassen, wobei sie dann jedoch von den weiteren Ereignissen überrollt wurden. Die meisten verloren ihr Leben bei einem Feldzug, und nur wenige starben an Altersschwäche. Baeda Maryam, der Sohn Zara Yaqobs, wurde nicht in der alten Stadt gekrönt, doch scheint er ganz Aksum zu seiner Krönung bestellt zu haben. Sein Chronist berichtet, er habe jedem, der eine Rolle bei dem Ritual zu spielen hatte, befohlen, »zusammen mit den Bewohnern der Stadt« zu ihm zu kommen.

Nach der Krönung Zara Yaqobs sollte Sarsa Dengel der nächste Kaiser sein, der 1563 in Aksum gekrönt wurde. Das Krönungsritual wurde mit großem Aufwand zelebriert, und der Chronist liefert uns einen ausführlichen Bericht darüber. Zunächst, heißt es, habe der Kaiser eine Botschaft an die Priester von Aksum geschickt und angekündigt, er werde kommen, um wie seine Väter David und Salomo vor seiner Mutter Zion, der Lade des Gottes Israels, die Zeremonien der Königswürde zu feiern. Als er in der Stadt eintraf, sei er zur Kirche von Aksum gegangen, wo er von den Priestern und Diakonen mit dem goldenen Kreuz, dem silbernen Weihrauchgefäß und zwölf Sonnenschirmen empfangen wurde. Sie hatten jeweils einfarbige Seiden- und Samtvorhänge in verschiedenen Farben hochgehalten. Alle Superioren der Klöster von Shire und Tigre hatten sich mit den für ihr Amt angemessenen Gewändern geschmückt, Kreuze und Weihrauchgefäße in den Händen gehalten und Loblieder des heiligen Yared gesungen. »Gesegnet seiest du, oh König Israels!«, sangen sie.

Vor den Priestern stehend, warteten die Töchter Zions am Markstein, östlich der großen Kirche auf ihn. Der Platz wurde »Durchschneiden des Stricks« genannt, und die auf beiden Seiten der Straße stehenden Töchter hielten einen langen Strick zwischen sich in die Höhe. Als der König auf seinem Pferd ankam, erhoben zwei alte Frauen, die bei den Töchtern standen, ihre Stimme und forderten den König in einer, wie der Chronist meinte, arroganten und anmaßenden Weise auf, ihnen den Namen seines Stammes und seiner Familie zu nennen.

»Ich bin der Sohn Davids«, erwiderte er, »der Sohn Salomos, der Sohn Ebna Hakims.« Sie fragten ihn noch einmal, und er antwortete ihnen: »Ich bin der Sohn Zara Yaqobs, der Sohn Baeda Maryams, der Sohn Naods.« Und sie befragten ihn ein weiteres Mal, und der König erhob seine Hand und entgegnete: »Ich bin Malad Sagad, der Sohn des Königs Wanag Sagad, der Sohn Asnaf Sagads, der Sohn Admas Sagads!« Nachdem er seine Abstammung kundgetan hatte, erhob er sein Schwert und durchschnitt den Strick, den die Töchter hielten. Die alten Frauen riefen daraufhin laut: »Wahrlich, wahrlich, du bist der König Zions, der Sohn Davids, der Sohn Salomos!«

Daraufhin begannen die Priester von Aksum auf der einen Seite zu singen, während die Töchter Zions voller Freude auf der anderen sangen. Der König betrat dann den Hof des Hauses des himmlischen Zion und warf »für die Verwaltung des Gesetzes« eine große Menge Gold auf den Boden. Über einen alten Steinsitz, »Thron Davids« genannt, wurden kostbare Tücher gebreitet. Der König ließ sich darauf nieder, und nachdem das Ritual der Tonsurierung abgeschlossen war, nahm er an einer Liturgiefeier und einem Festmahl teil.

Der spanische Jesuitenpater Pero Pais beschrieb die Krönung von Susneyos, die 1606 in Aksum stattfand. Er merkte an, die Könige würden manchmal »in der Garangaredaz-Kirche im Königreich von Amhara« gekrönt. Aber dennoch hielten sie es für eine größere Ehre, die Krönung in Aksum zu zelebrieren, da dies der Sitz der Königin von Saba und ihres Sohnes Menelik gewesen sei. Sie hätten die Zeremonie sogar lieber verschoben, als sich andernorts krönen zu lassen.

Nach den Aufzeichnungen von Pais hatte man Sarsa Dengel andere Fragen bezüglich seiner Abstammung gestellt. Als Susneyos den Platz erreicht hatte, an dem die Priester ihn erwarteten, hatten zwei Mädchen, die einen gedrehten Strick zwischen sich gespannt hielten, den König gefragt, wer er sei, und er hatte ihnen geantwortet, er sei der König. Die Mädchen hatten ihm dann entgegengehalten, er sei nicht der König. Daraufhin hatte er sich abgewandt, war fünf oder sechs Schritte gegangen und dann wieder zu ihnen zurückgekommen. Die Mädchen hatten die Frage wiederholt und wollten wissen, wessen König er sei. Er hatte erwidert, er sei der König Israels, worauf die Mädchen ihm jedoch nochmals entgegengehalten hatten, er sei nicht ihr König. Und wiederum hatte er sich umgewandt. Als die Mädchen ihn ein drittes Mal gefragt hatten, hatte er sein Schwert ergriffen, den Strick durchschnitten und ihnen erklärt, er sei der König Zions. Daraufhin hatten die Mädchen verkündet, er sei wahrhaftig der König Zions und solle in die Stadt eintreten. Und das ganze Volk hatte gerufen: »Lang lebe der König Zions!« und begonnen, die Trommeln zu schlagen, Trompeten zu blasen und Gewehrsalven abzugeben.

Nachdem das Salomonische Reich im 18. Jahrhundert zerfallen war, versuchte Johannes IV. den Ruhm der heiligen Maria von Zion wiederzubeleben, wozu auch die Krönungszeremonien in Aksum gehörten. Er war der letzte äthiopische Herrscher, der in der Kathedrale der heiligen Maria von Zion gekrönt werden sollte und, wie es hieß, dem alten Kult anhing. Sein Chronist berichtet, er sei oft nach Aksum gegangen, »um Zion, dem Tempel seiner Väter, der Könige, zu huldigen«. Als er krank gewesen sei, habe »er seine Hoffnungen auf seine Mutter Zion gesetzt«. Seine Ratsherren hätten »zu Gott und zu Unserer Lieben Frau, der heiligen Maria von Zion, der Bundeslade« gebetet, und nachdem er geheilt gewesen sei, hätten »die Sänger von Zion und die anderen, Männer und Frauen, die Alten und Jungen Unsere Liebe Frau von Zion gerühmt, da er der König von Zion genannt« worden sei.

Die Chronik von Johannes IV. berichtet nicht nur über seine Krönung, sondern erklärt auch die Bedeutung des Rituals. Wenn der Kaiser von den Töchtern Zions mit dem gespannten Strick angehalten wurde, so bedeuteten sie ihm mit ihren Gesten, dass seine Feinde sich ihm entgegenstellen und wie der Faden einer Spinne auf ihn warten konnten.

Wenn er den Strick durchschnitt und dem Volk Gold darbot, so bedeutete dies, dass der Kaiser das Böse nicht mit Bösem, sondern mit guten Taten überwinden wollte.

Während des Festmahls, das nach der Krönung gegeben wurde, erzählte einer der Geistlichen nochmals, was die Propheten und die Apostel zum Namen Zions gesagt hatten: Das Gesetz werde von Zion ausgehen. Die Trompete werde in Zion ertönen. Weil der König gekommen sei, werde Zion jubilieren. Gott habe Zion errettet und Zion aus der Gefangenschaft befreit. Schließlich sagte er, die Töchter Zions sollten vortreten und Johannes, den König der Könige, anschauen und beten, dass Gott ihm den Stab der Macht von Zion senden möge. Offenbar wurden dann noch weitere Themen aus dem Alten und dem Neuen Testament rezitiert, und Johannes hatte seine Freude daran, »da er Zion von ganzem Herzen liebte«.

Johannes IV. war nicht nur ein Verehrer Zions, sondern auch ein Verehrer des großen Heldengedichts über Zion, des *Kebra Nagast*. Wie begeistert er von dem Buch war, wird durch eine der dramatischsten Begebenheiten in der Geschichte des europäischen Imperialismus deutlich. Als sein Vorgänger, Kaiser Theodoros II., 1855 gekrönt wurde, hatte dieser in der Hoffnung auf eine Intensivierung der diplomatischen Beziehungen zwischen dem Äthiopischen und Britischen Reich an Königin Viktoria geschrieben. Leider hatte das Außenministerium es dann jedoch versäumt, darauf zu antworten. Nachdem Theodoros II. in einem Buch des Missionars Henry Stern eine beleidigende Bemerkung über seine Mutter gelesen und auch noch erfahren hatte, dass der britische Konsul die türkischen Paschas in Kasala und Metemma besucht hatte, ging er davon aus, dass die Briten ein Komplott gegen ihn schmiedeten. Daraufhin ließ er den Konsul samt seinem Sekretär ins Gefängnis werfen, in Ketten legen und auspeitschen.

Als die Nachricht London erreichte, sorgte sie für Aufruhr. Durch Hormuzd Rassam, einen Nestorianer, der später Berühmtheit erlangte, da er Ernest Wallis Budge wegen Verleumdung vor Gericht verklagte, ließ Königin Viktoria Theodoros II. ein Schreiben überbringen. Als Ras-

sam ebenfalls in Ketten gelegt wurde, beschloss die Regierung, unter
dem Kommando von Sir Robert Napier Expeditionsstreitkräfte zu entsenden. Zwölftausend Mann starke britische und indische Truppen-
verbände stachen in Bombay in See und segelten über den Indischen
Ozean. Nachdem sie in Mulkotto gelandet waren, marschierten sie
rund 650 Kilometer querfeldein durch schwieriges Gelände, wobei Elefanten ihre Geschütze schleppten. Auch wenn Theodoros II. und seine
Truppen bemerkenswerten Mut bewiesen, waren sie der europäischen
Feuerkraft nicht gewachsen. Als die Invasoren seine Festung in Magdala stürmten, erschoss er sich.

Sobald die Truppen in den Palast eingedrungen waren, begannen
sie, den kaiserlichen Schatz zu plündern, wozu unzählige Handschriften gehörten. Theodoros II. hatte die Absicht, in Magdala eine große
Kirche zu gründen, die, nach ehrwürdigen Kirchen in Lalibela und
Gondar benannt, »die Erlöserin der Welt« heißen sollte. Kaiserliche Stiftungen dieser Art waren Zentren der Gelehrsamkeit wie auch der Anbetung, und um sie mit der notwendigen Bibliothek auszustatten, hatte
der Kaiser Handschriften gesammelt, die er unter Zwang aus Kirchen
und Klöstern im ganzen Land hatte herbeischaffen lassen.

Trotz der Proteste der britischen Soldaten wurde die Beute aus Magdala von einem Kriegsbeutemeister sichergestellt, sodass eine Versteigerung veranstaltet und der Erlös gerechter verteilt werden konnte.
Napier mag zwar berichtet haben, dass »in Magdala kein Beutegut gefunden wurde«, in Wirklichkeit hat man jedoch 15 Elefanten und fast
200 Maultiere benötigt, um den Schatz aus der Festung wegzuschaffen
und in die Ebene von Dalanta zu bringen, wo die Versteigerung stattfand. Da nur wenige Offiziere den Wert und die Bedeutung der Handschriften erkannten, war der Vertreter des British Museum »voll in
seinem Element« und überbot fast jeden, womit er 359 Bücher sicher-
stellte, die seiner Einschätzung nach von besonderem wissenschaftlichen Interesse waren. Als der bessere Teil der kaiserlichen Bibliothek
im British Museum schließlich eintraf, bedeutete dies einen Wandel für
die europäische Äthiopien-Forschung.

Von allen Handschriften, die in die Hände des British Museum gelangten, wurde nur eine zurückgegeben, und zwar unter durchaus außergewöhnlichen Umständen. Zu der Sammlung gehörte ein Exemplar des *Kebra Nagast*, das unter der Herrschaft von Iyasu I. geschrieben worden war, der fast zwei Jahrhunderte zuvor zur Lade gesprochen hatte. Es war bereits von William Wright katalogisiert worden, der später in Cambridge Budges Lehrer sein sollte, als ein Schreiben des neuen Kaisers Johannes IV. eintraf. Die offizielle Übersetzung des Briefes aus dem Amharischen ins Englische sprach von »einem Buch, das Kivera Negust genannt wird und die Gesamtheit der Gesetze Äthiopiens und die Namen der Shums (Oberhäupter) und Kirchen und Provinzen enthält«. In der Übersetzung stand auch ein Satz, der im amharischen Original fehlte: »Ich bete, dass Sie herausfinden werden, wer dieses Buch hat, und es mir zusenden, da mein Volk in meinem Land meinen Befehlen ohne dieses Buch nicht gehorchen wird.«

Johannes IV. hatte mit der Napier-Expedition kooperiert, und die Regierung in London legte Wert auf den Fortbestand der guten Beziehungen zu ihm. Der Außenminister appellierte an die Kuratoren des Museums, die von dem verzweifelten Appell in der Übersetzung des Briefes zweifellos auch bewegt waren. So entschlossen sie sich zu dem außergewöhnlichen Schritt, das Eigentum des Museums wieder herauszugeben. Die Handschrift wurde mit einem Begleitschreiben von Königin Viktoria nach Äthiopien zurückgeschickt.

Johannes trug die Handschrift bei sich, als er an der Spitze seines Heeres in Metemma gegen die Derwische in den Kampf zog, und als er durch feindliche Kugeln starb, glaubte man, sie sei verloren gegangen. Sie muss jedoch von seinem Beichtvater oder einem der Mönche in seinem Gefolge gerettet worden sein, da sie 1904 dem französischen Gesandten Hugues Le Roux gezeigt wurde. Le Roux war äußerst neugierig auf das Buch, man hatte ihm jedoch nie erlaubt, es zu sehen. Aber nachdem er schließlich Kaiser Menelik II., dem Nachfolger von Johannes IV., einen besonders wertvollen Dienst erwiesen hatte, hatte man ihm eine Bitte gewährt. Der Kaiser hatte angenommen, dass Le Roux auf Elefantenjagd gehen wollte, und war überrascht, als dieser ihn statt-dessen gebeten hatte, die Handschrift sehen zu dürfen.

Le Roux beschrieb später ihre Unterhaltung:»Menelik überlegte eine Weile. Schließlich sagte er: ›Ich bin der Meinung, dass ein Volk sich nicht nur mit seinen Waffen, sondern auch mit seinen Büchern verteidigt. Das, von dem Sie sprechen, ist der Stolz dieses Königreiches. Angefangen bei mir, dem Kaiser, bis zu den ärmsten Soldaten auf der Straße, werden alle Äthiopier glücklich sein, wenn das Buch in die fran-zösische Sprache übersetzt und den Freunden, die wir in der Welt haben, zur Kenntnis gebracht werden sollte. So werden die Menschen klar erkennen, welche Bindungen uns mit dem Volk Gottes verbinden und welche Schätze uns zur sicheren Verwahrung anvertraut wurden. Die Menschen werden besser verstehen, warum Gottes Hilfe uns gegen die Feinde, die uns angriffen, niemals versagt blieb.‹«

Auch wenn die Mönche zutiefst wegen des Ansinnens beunruhigt waren, einem Fremden einen derart heiligen Gegenstand zu zeigen, be-stand Menelik II. darauf, und eine Woche später hielt Le Roux die Handschrift in Händen. Alle Zweifel, die er bis dahin vielleicht gehegt haben mochte, waren schnell verschwunden. Auf dem Titelblatt fand er einen Eintrag:»Off Reg. 819. Überreicht vom Minister für Indien, Aug. 1868.« Als er zur ersten Textseite blätterte, sah er den Stempel des British Museum, mit dem Löwen und dem Einhorn, und auf dem letz-ten Blatt den Vermerk:»Dieser Band wurde im Auftrag der Kurato-ren des British Museum an den König von Äthiopien zurückgesandt, 14. Dez. 1872, J. Winter Jones, Bibliotheksleiter.«

Le Roux schilderte, wie aufgeregt er war, als er feststellte, dass der Band die außergewöhnlichen Abenteuer überlebt hatte. Es gibt über-haupt keinen Zweifel mehr, schrieb er. Das Buch, das er in Händen hielt, war die Abschrift der Geschichte der Königin von Saba, die in den Augen der Kaiser und Priester von Äthiopien die älteste Handschrift von allen war, die in abessinischen Klöstern verstreut waren oder ihren Weg in die Bibliotheken Europas gefunden hatten. Dies war das Buch, das Theodoros II. unter sein Kissen gelegt hatte, ehe er sich selbst tötete.

Es war das Buch, das die britischen Truppen mit nach London genommen hatten und das mit einer Sondergesandtschaft an Kaiser Johannes zurückgeschickt worden war. Es war das Buch, das Johannes IV. an dem Tag in seinem Zelt bei sich hatte, als er von den Derwischen getötet wurde. Le Roux schrieb, dass er es irgendwie faszinierend fand, ein solches Buch zu berühren, in dem »ein Volk der Träume, streng behütet und wie in einem kostbaren Gefäß, das köstliche Parfum der Traditionen festhielt, die es am höchsten schätzt«. Er glaubte, dass jeder, für den Bücher etwas Heiliges waren, die Gefühle, die er in dem Moment empfand, verstehen würde.

Wie kam es, dass ein so bedeutendes Buch, ohne das ein Königreich nicht regiert werden konnte, geschrieben wurde? War das *Kebra Nagast* Teil des Propagandakrieges zwischen den Salomoniden und den Zagwe gewesen? Das Kolophon, das in verschiedenen Handschriften erscheint, sagt uns, das Buch sei in den Tagen Lalibelas aus dem Koptischen ins Arabische übertragen worden. Es wurde offenbar nicht ins Äthiopische übersetzt, da die Zagwe in jener Zeit auf dem Thron saßen, und diese kamen nicht aus Israel. Wären sie aus Israel gewesen, hätten sie es übersetzt.

Es fällt schwer, voll auf das Kolophon zu vertrauen. Es erwähnt auch, dass das *Kebra Nagast* von Abalez und Abalfarog abgeschrieben worden sei. Bei Abalfarog handelt es sich jedoch eindeutig um den großen syrischen Universalgelehrten Abu 'l-Faraj, auch unter dem Namen Bar Hebraeus bekannt, und nach seinen Berichten über die Bundeslade wissen wir, dass er ihr Schicksal völlig anders interpretierte, als im *Kebra Nagast* beschrieben. Es scheint auch keine koptischen Handschriften des Buches zu geben. Das koptische Fragment, das Salomo und Saba erwähnt und oft als Beweis herangezogen wird, lässt keine Kenntnis des *Kebra Nagast* aufscheinen. Es basiert auf Salomos Testament.

Während vieles im Kolophon irreführend ist, mag einiges auch zuverlässig sein und den Schluss gestatten, dass das Buch unter völlig anderen Umständen zustande kam, als für gewöhnlich angenommen wird. Wenn das Buch zur Rechtfertigung der Ansprüche der Salomonischen Dynastie geschrieben worden ist, dann ist es erstaunlich, dass sie nicht konkreter erwähnt wird. Stattdessen wird uns ein Übersetzer namens Yeshaq und namentlich der gottesfürchtige Gouverneur Yaibika Egzi genannt. Es ist kaum vorstellbar, dass jemand den Gouverneur im Kolophon aufgenommen hätte, wenn die Information nicht authentisch gewesen wäre. Er führte einen Aufstand gegen die Salomonische Dynastie an.

Yeshaq von Aksum, dessen Name als der Übersetzer des *Kebra Nagast* überliefert ist, lebte in einer entscheidenden Zeit. Er stellt sich im Kolophon mit der von einem christlichen Gelehrten zu erwartenden Bescheidenheit vor: »Euer Diener Yeshaq, der armselige Mensch.« Er dürfte wahrscheinlich der Nebura'ed von Aksum und damit Inhaber des höchsten Amtes in der Stadt gewesen sein. Aus dem Kolophon ist zu erfahren, dass er zu der Zeit lebte, als Yaibika Egzi Gouverneur von Intarta, einer Region im Norden Tigres, war. In einem im Goldenen Evangelium von Debre Libanos enthaltenen, mit einer Handschrift aus dem 16. Jahrhundert geschriebenen Dokument, bei dem es sich jedoch um die Abschrift des Textes von einer durch Yaibika Egzi veranlassten Landzuweisung zu handeln scheint, wird »Yeshaq *Nebura'ed* von Aksum« in einer Zeugenliste erwähnt. Es ist durchaus wahrscheinlich, dass dies derselbe Yeshaq ist. Das Kolophon schildert einen gebildeten Mann, der Zugang zum Gouverneur und ein tiefes Verantwortungsgefühl gegenüber dem himmlischen Zion und dem Ruhm des Königs von Äthiopien hatte. Dies waren mit Sicherheit für das höchste kirchliche Amt in Aksum angemessene Qualitäten.

Yaibika Egzi und seine Familie stellten eine mächtige lokale Dynastie dar, die in den ersten Jahren, als die Salomonische Dynastie ihre Herrschaft konsolidierte, im wahrsten Sinne des Wortes Tigre kontrollierte. Ihr Aufstieg ist an den Titeln, Eigentumsrechten und sonstigen Informationen, die in den Landzuweisungen im Goldenen Evangelium vermerkt sind, ablesbar. Während die Nachfolger des salomonischen Kaisers Yekunno Amlak anscheinend vollauf damit beschäftigt waren, den Thron nicht zu verlieren, nutzten die großen Gouverneure im Norden die Gelegenheit, ihre eigene Position zu stärken. Zu Beginn der

Herrschaft Amda Seyons hielt Yaibika Egzi es nicht einmal für nötig, den Kaiser in einer der Landzuweisungen im Goldenen Evangelium zu erwähnen. Und exakt in einer solchen Zuweisung, die mit Unabhängigkeit verbunden war, wurde aber auf Yeshaq, den Nebura'ed von Aksum, verwiesen.

Yaibika Egzi sollte später eine offene Rebellion gegen den Kaiser anführen. In der »Lebensgeschichte« von Abiya Egzi ist zu lesen, dass er den Gouverneur von Tamben zu überreden versuchte, ihn bei der Revolte zu unterstützen, allerdings ohne Erfolg. Die Herrscher von Intarta schätzten die Lage aber falsch ein, mit fatalen Folgen. Kaiser Amda Seyon war ernster zu nehmen als seine Vorgänger. Nachdem er Damot, Kadya und Gojam erobert hatte, gelang es ihm, im Norden Tigres eine Rebellion zu zerschlagen. Er marschierte bis zum Roten Meer, wo er auf einen Elefanten stieg und ins Wasser ritt. Dieser Feldzug bedeutete das Ende der Intarta-Dynastie, deren Besitztümer »bis zur Kathedrale von Aksum« erobert und beschlagnahmt wurden. 1322 gab es keine Spur mehr von ihnen, und wir haben keine Ahnung, was mit dem Nebura'ed von Aksum geschehen ist.

Der russische Gelehrte Sevir Tschernetsow stellte vor einiger Zeit die These auf, die Intarta-Dynastie habe einen alten aksumitischen Stammbaum besessen, und wenn man den legitimen Anspruch auf den Thron, so wie er im *Kebra Nagast* dargelegt werde, bewerte, so seien die Ansprüche Yaibika Egzis offenbar höher als die von Yekunno Amlak und seiner Familie gewesen. Zudem habe sich die Lade Zions, die wichtigste Reliquie des christlichen Königreiches, im Besitz von Yaibika Egzi befunden. Sie sei in der großen Kirche von Aksum aufbewahrt worden, wo einer seiner Höflinge Nebura'ed gewesen sei. Yaibika Egzi sei möglicherweise weitaus mehr als ein regionaler Separatist oder widerspenstiger Vasall gewesen und habe vielleicht selbst den Thron des christlichen Königreiches vor Augen gehabt. Und während der Gouverneur seine Rebellion geplant und Verbündete gesucht habe, habe der Nebura'ed Yeshaq die ideologische und moralische Rechtfertigung verfasst: das *Kebra Nagast*.

Könnte dies stimmen? Das Kolophon Yeshaqs erwähnt mit keinem Wort namentlich den regierenden Kaiser Amda Seyon. In einem Kapitel im Text wird möglicherweise mit seinem Thronnamen, Gabra Masqal, auf ihn hingewiesen, aber das ist auch schon alles. Yaibika Egzi wird als Gouverneur aber erwähnt, und zudem in schmeichelhafter Weise. Dies impliziert, dass Yeshaq während der Abfassung seines Werkes dem Gouverneur diente und das Buch beendete, bevor dieser entmachtet wurde. Vielleicht stammte Yaibika Egzi tatsächlich von einem alten äthiopischen Königsgeschlecht ab. Fest steht, dass er der Nachfolger anderer, aus derselben Familie stammender lokaler Herrscher in Tigre war, in einer Region, die von der neuen Dynastie nie völlig kontrolliert wurde.

Unter diesen Umständen könnte das *Kebra Nagast* Yaibika Egzi ebenso gut gedient haben, wie es Amda Seyon oder dessen Nachfolgern in den darauffolgenden Jahren dienen sollte. Vielleicht war es nur irrtümlich oder durch schlichte Übernahme das »amharische Nationalepos« geworden. Da Amda Seyon den Kampf zwischen den Intarta-Herrschern und der Salomonischen Monarchie gewonnen hatte, hätte er das Werk Yeshaqs und seiner Kollegen durchaus für sich nutzen können. Dies mag einer der Gründe für die »Drangsal« sein, von der das Kolophon spricht. Die so entstandene Version des *Kebra Nagast* hätte man dann zur Förderung des Ansehens Amda Seyons und seiner Dynastie sowie seines Traums von einem Zion in Afrika heranziehen können.

Das *Kebra Nagast* bleibt ein Rätsel. Wenn es wirklich das Nationalepos war und wenn es so wichtig war, dass Kaiser Johannes IV. ohne eine berühmte Ausgabe dieses Werkes sein Land nicht regieren konnte, dann ist es erstaunlich, dass nur so wenige Exemplare davon bekannt sind. Im Äthiopischen sind mehr Handschriften als in irgendeiner anderen Sprache des christlichen Orients erhalten geblieben. Es gibt Tausende von Handschriften vom Neuen Testament. Wenn das *Kebra Nagast* so wichtig wie die Bibel oder der Koran war, warum gibt es dann nur eine Hand voll Handschriften davon?

18 DIE TAFEL MOSIS

Von der von Kaiser Haile Selassie I. erbauten Tafelkapelle aus kann der Wächter seinen Blick über die eingefriedeten Bereiche der Kathedrale der heiligen Maria von Zion, über die Ruinen und Ausgrabungsstätten der alten Bauwerke schweifen lassen. Als wir uns in den länger werdenden Schatten des Nachmittags der Kapelle näherten und die Stufen hinabstiegen, sahen wir ihn am Eingang stehen. Wir riefen ihn, und er kam zu uns herüber, ein Silberkreuz in der einen und einen Fliegenwedel in der anderen Hand. Als er vor uns stand, neigten wir den Kopf, um seinen Segen zu empfangen, und küssten durch das Gitter sein Kreuz.

Der Wächter war noch nicht lange auf seinem Posten. Er war noch ein junger Mann und trug eine schwarze Soutane mit einem weißen *Shamma*, das um seine Schultern geschlungen war. Während er mit seinem Wedel jedes Insekt vertrieb, das ihm zu nahe kam, beantwortete er unsere Fragen über seine Pflichten im verborgenen Heiligtum der Kapelle. Der Wächter war nicht nur Mönch, sondern auch jungfräulich. Aber er war kein Priester. Er wurde von seinem Vorgänger auf Lebzeiten zum Wächter auf diesem Posten ernannt. Doch trotz seines Titels war sein Leben der Verehrung der Tafel und nicht ihrer Bewachung gewidmet. Schließlich war die Tafel durchaus in der Lage, sich selbst zu bewachen. Das Ritual, das er beschrieb, beinhaltete Rauchopfer und das Rezitieren von Psalmen vor der Tafel Mosis. Bisweilen schritt er mit brennendem Weihrauch um die Tafel herum. Dies waren die beiden Rituale, die er vollzog, und dies war seit seiner Berufung zum Wächter der Sinn und Zweck seines Lebens und würde es bis zu seinem Tode bleiben.

Er erzählte auch von dem Wunder des heiligen Wassers, dem *Sebel* aus der Tafelkapelle, und schilderte, wie in der Kapelle das Wasser von den Seiten eines Kreuzes tropfte. Das Wasser schmeckte nach Weihrauch und war früher an den Pforten der Kapelle an die Gläubigen verteilt worden. Nun blieben die Pforten jedoch geschlossen, seit vor sechs Jahren in einem populären Buch die wundersamen Kräfte der Bundeslade beschrieben worden waren.

Für jeden, der die äthiopische Geschichte oder das sensationelle Buch des Journalisten Graham Hancock kennt, ist es bemerkenswert, dass der Wächter während des ganzen Gesprächs von der großen Reliquie als von der Tafel Mosis, *Sellata Muse*, sprach. Er sprach nicht von der Lade Zions oder der Bundeslade und verwendete auch keinen anderen Ausdruck. Er glaubte eindeutig, sein Leben der Verehrung einer Tafel verschrieben zu haben.

Interessant war auch, dass unser Gespräch mit dem Wächter, trotz seiner einmaligen Position, im Grunde genau wie jedes Gespräch mit irgendeinem anderen äthiopischen Mönch, insbesondere in Aksum, verlief. Als er von den über die Jahrhunderte hinweg erhalten gebliebenen Ritualen sprach, waren seine Gedanken unverkennbar nicht auf die Sorgen und Belange des Heute und Morgen, sondern auf die Ewigkeit gerichtet. Seine Sorgen waren nicht die der modernen Welt. Aber wenn man einmal die Sichtweise des Mönchslebens akzeptiert hat, mag dies nur folgerichtig und einleuchtend sein. Diese Einstellung war auch sehr praktisch, und der Wächter schien sich überhaupt nicht mit seiner Position auseinander zu setzen, sondern seine Aufgabe einfach nur hingebungsvoll zu erfüllen. Ein Leben, das ganz der Sorge um heilige Reliquien oder heilige Rituale geweiht ist, setzt ein entsprechendes Temperament und Disziplin voraus. Es gibt Verantwortung, die zu tragen, und Pflichten, die zu erfüllen sind. Der Wächter der Tafel sah sein Leben nicht so, wie ein durch unheimliche Spekulationen aufgeregter Besucher oder ein Journalist es sich vielleicht vorstellen würden. Er schien die Macht Gottes nicht zu fürchten, nicht mehr jedenfalls als jeder andere Mönch oder Priester oder andere fromme Gläubige auch.

Er erzählte uns keine Geschichten von Feuer- oder Wolkensäulen, die im Heiligtum auftauchten, und es schien ihn auch nicht zu beunruhigen, dass sein Leben von den Grillen einer launenhaften, aber omnipotenten Gottheit abhing und jederzeit durch starke Strahlenemissionen verkürzt werden konnte. Es war gleichwohl eine tief bewegende Erfahrung, mit dem Wächter zu sprechen. Er war ein ernster Mann mit einer ernsten Aufgabe, und dass er sich ihr verpflichtet fühlte, war nur zu offensichtlich. Statt auf okkulter Pyrotechnik beruhte das Mysterium der Kapelle auf dem Mysterium des Glaubens, und ihre Macht war die Macht des Glaubens.

Auch wenn der Wächter ausgesprochen sachlich über seine Pflichten sprach, begegnet man in Äthiopien oft dem Wundersamen und Okkulten, und so überrascht es denn kaum, wenn man außergewöhnliche Geschichten von der Reliquie in der Kapelle zu hören bekommt. Der Wächter sieht die Tafel nie. Sie ist stets verhüllt. Aber es gibt in Aksum auch Menschen, die behaupten, sie erstrahle in einem mysteriösen Licht und sei furchteinflößend.

Diese Menschen glauben, dass der heilige Gegenstand nicht gegen seinen Willen entfernt werden könne. Trotzdem macht man sich in Aksum derzeit große Sorgen. Viele Geistliche in Addis Abeba sind den Umgang mit ausländischen Geistlichen, Diplomaten, Journalisten und Forschern gewohnt; doch Aksum war seit jeher eine abgeschlossene Welt. Der Patriarch von Addis Abeba arbeitete zwar früher einmal als Gemeindepfarrer in Manhattan und promovierte an der Princeton University, aber in Aksum kann fast niemand aus dem Klerus Englisch sprechen oder lesen, und keiner von ihnen verfügt über einen Computer. Der enorme Wirbel, der 1992/1994 mit der Veröffentlichung von Hancocks Buch *Die Wächter des heiligen Siegels* über Aksum hereinbrach, hat die Geistlichen irritiert und aufgeschreckt.

Sie fragen sich besorgt, was die Ausländer wohl als Nächstes unternehmen könnten, und es sind bereits schwarz auf weiß Gerüchte in Umlauf, dass internationale Spionage- und Geheimdienstgruppen vorhätten, die Bundeslade zu stehlen. Geistliche, die früher offen über die große Reliquie in Aksum sprachen, sind jetzt nervös und haben Angst, überhaupt noch etwas zu sagen, und jene, die sich dennoch gegenüber alten Freunden darüber äußern, befürchten, ihre Namen könnten bekannt werden. Als Graham Hancock sein Buch schrieb, beabsichtigte er sicher nicht, das Leben der aksumitischen Geistlichen zu sprengen, aber genau das war zweifellos das Ergebnis. Der große Erfolg des Buches, das eine Leserschaft ansprach, die bis dahin sehr wenig über Äthiopien wusste, die sich für die Reliquie in Aksum nur im Rahmen einer allgemeinen Wissbegierde bezüglich der verloren gegangenen Weisheit der Antike interessiert, hat eine Art Krise ausgelöst.

Nach dem Gespräch mit dem Wächter war es uns wichtig, mit einem der Depteras zu sprechen, die hoch geachtet und ob ihrer großen Gelehrtheit sogar gefürchtet sind. Ihre enorme Gelehrsamkeit schloss medizinische Kenntnisse und entsprechende magische Fähigkeiten mit ein. In Äthiopien wurden Lesen und Schreiben oft mit Argwohn betrachtet, als etwas Beschämendes und Degradierendes, aber gleichzeitig als etwas so Heiliges, dass es über eine kleine und hochgebildete Klasse hinaus keine Verbreitung finden durfte. Die Kenntnis dieser Geheimnisse gewährte Zugang zu magischen Kräften, zu der Fähigkeit, sowohl Böses als auch Gutes zu tun. Die Depteras sind dafür bekannt, dass sie Amulette oder Talismane anfertigen oder auch die magischen Texte, die für Weissagungen benötigt werden. Sie können Geister beschwören, um Wunder zu vollbringen, und König Salomo und die Heiligen herabflehen. Und sie können ihre Kräfte zur Abwendung von Hagelschauern einsetzen.

Der Ursprung des Titels *Deptera* ist ungeklärt, er erinnert jedoch an die Wohnstätte, in der die Bundeslade, der Priesterschrift zufolge, untergebracht wurde. In der äthiopischen Übersetzung des Alten Testaments wird die »Wohnstätte« mit *Dabtara Orit* übersetzt, und in Aksum wie am königlichen Hof gab es bekanntlich *Kahnata Dabtara*, »Priester der Wohnstätte«. Der Begriff *Dabtara Martul*, »Wohnstätte des Zeugen«, wurde zur Beschreibung des Kirchenzeltes verwendet, das der salomonische Kaiser Amda Seyon bei einem seiner Feldzüge mitführte. Ebenso wurde, zumindest nach Aussage der deutschen Aksum-Expedition, die heilige Einfriedung um die Kathedrale der heiligen Maria von Zion zu Beginn des Jahrhunderts als Dabtara bezeichnet. Das scheint heute in Aksum niemand mehr zu wissen. Doch im Buch von

Aksum wird von »vielen zerstörten Kirchen auf dem Territorium des *Dabtara*« gesprochen und mehrere werden jeweils mit einer Beschreibung »des *Dabtara*« aufgelistet.

Es gibt auch Überlieferungen, wonach der Name Deptera während der Regierung Dagnajans erstmals benutzt worden sein soll, eines Königs, der unmittelbar vor der Machtergreifung der Zagwe-Dynastie geherrscht haben soll. Der König, so heißt es, habe 150 Priester von Aksum nach Amhara gebracht. Er habe 60 Tabots gehabt, die ihn auf das Schlachtfeld begleiteten. Da er diese in Zelten, den so genannten Depteras, aufbewahrte, sei der Name dann auf die Priester übertragen worden, die die heiligen Gegenstände weihten.

Wir hofften, einen Deptera sprechen zu können, der in einem der Vororte Aksums lebte, und nachdem wir im Garten von Ezana türkischen Kaffee getrunken hatten, machten wir uns in der kühlen Morgenluft auf den Weg zu ihm. Er lebte in einem einzigen Raum, der separat in einem großen, von einer Mauer umgebenen Garten stand. Der Raum war schlicht möbliert, jedoch mit Fotografien von seiner Familie und mit Drucken von Christus und Unserer Lieben Frau Maria dekoriert. Aus den anderen Räumen kamen die Frauen seiner Familie, um Weihrauch zu bringen und Kaffee zu kochen: Tanten, Schwestern, eine Ehefrau und mehrere Töchter. Nachdem der Deptera auf seinem Bett Platz genommen hatte, konnten wir den Duft der Bohnen riechen, die derweil in einer Pfanne auf dem Kohlenfeuer in der Küche geröstet und dann unter dem rhythmischen Klopfen des Messingstößels zerstampft wurden.

Der Deptera trug weiße Gewänder, wobei der untere Teil seines Gesichts oft von seinem *Shamma* verdeckt wurde und der Schatten seines Turbans die obere Hälfte des Gesichts fast ganz verdunkelte. Er hatte wachsame Augen, und seine Gesprächsbeiträge ließen die Gelehrtheit und hohe Intelligenz erkennen, die man von einem Meister der alten Tradition erwartete. Von Zeit zu Zeit griff er unter sein Bett, um eine in Ge'ez, der klassischen Sprache Äthiopiens, verfasste Bibel hervorzuholen. Seine Gelehrsamkeit mochte viele geheimnisvolle oder auch okkulte Dinge mit einschließen, aber die Hauptquelle seines Wissens über die größten Mysterien war eindeutig die Bibel selbst. Er hielt einen Wedel in der Hand, obwohl der Rauch des Weihrauchs ganz von selbst die Fliegen durch die Tür vertrieb und daneben auch den Besuchern zur Freude gereichte.

Er erzählte zunächst von der verschlüsselten Schrift, die die Depteras benutzten, um ihre Geheimnisse zu bewahren, beharrte jedoch darauf, dass die Schriftzeichen niemandem außerhalb seines Raumes gezeigt werden durften. Dann kritzelte er einige Zeilen in dieser Schrift auf ein Blatt Papier und bat darum, dass alles, was wir über die Geschichte Aksums und die äthiopische Kirche schreiben würden, edelmütig gegenüber den Depteras sein sollte. Es wäre ein Leichtes, sagte er, sich lustig zu machen über das alte, von den Depteras bewahrte Wissen oder Anstößiges zu verbreiten oder Menschen damit in Schrecken zu versetzen, die noch nie in Äthiopien gewesen seien und seine Traditionen nicht verstünden.

Dann sprach er über die Anfänge der Depteras. Sie seien keine Priester, erinnerte er uns, sondern weise Männer, so wie Salomo einst weise war. Sie kannten sich in medizinischen und magischen Dingen aus. Sie konnten die Heiligen anrufen, um Wunder zu vollbringen, und sie konnten die Geister, die *Zar*, herbeirufen. Er erzählte von den alten Liedern, die Gott dem heiligen Yared offenbart hatte, von dem Dienst, den die Depteras der Kirche erbrachten, indem sie heilige Musik und Tänze lehrten, und von den Ritualen bei den großen Festen Timkat und Hedar Seyon, bei denen die Tabots in einer Prozession umhergetragen wurden. Die Priester, erklärte er uns, stammten von den Leviten ab, die mit der Tafel Mosis hierhergekommen waren, und nur die Priester durften ein Tabot tragen.

Keine andere Kirche verwendet das Tabot, da nur die äthiopische Kirche die Tafel Mosis habe. Die Tafelkapelle enthalte, was ihr Name besage: die Tafel Mosis. Die heilige Reliquie sei die Tafel. Darin sei Gott. Sie sei die einzige auf der Welt. Die Bibel sagte uns, dass das Gesetz von Zion käme. Somit käme das einzige Gesetz von Aksum.

Die Tabots wären etwas anderes als die Tafel. Sie gehörten zum Neuen Bund. Sie wären christlich. Bei der Liturgiefeier würden Wein und Brot auf das Tabot gestellt. In der Bibel steht, dass die Macht Gottes auf Maria überging und dass Christus durch Maria Fleisch annahm. Das Kreuz auf dem Tabot sei wie Christus selbst. Das Brot und der Wein des heiligen Abendmahls würden auf das Tabot gestellt. Sie wären wie das Fleisch und das Blut Christi. Dann beteten und sängen die Priester, und der Heilige Geist käme für einen Augenblick darauf herab, um das Wunder zu vollbringen.

Auch wenn das Alte Testament von Tieropfern gesprochen habe, brächten die Priester keine Opfer mehr dar, nachdem eine neue Kirche gebaut und das Tabot eingesetzt worden war. Jesus selbst war das letzte Opfer, sagte er, und darüber hinaus seien keine weiteren Opfer mehr notwendig. Oft ereigneten sich in Zusammenhang mit den Tabots Wunder, die jedoch nicht falsch verstanden werden dürften.

Um uns diesen Punkt begreiflich zu machen, erzählte er uns ein Gleichnis von einem Mann, der hungrig und durstig war. Als man ihm einen Korb mit etwas Brot zu essen und eine Tasse mit etwas Wasser darin reichte, waren es da der Korb und die Tasse, die seinen Hunger und Durst stillten, oder waren es das Brot und das Wasser in den Behältnissen? Holz oder Stein als solche haben keinen Wert, sagte der Deptera, aber durch sie konnte die Macht Gottes wirksam werden.

Er erzählte von den Ursprüngen der Kathedrale der heiligen Maria von Zion und ihren Tabots. In den Tagen von Frumentius, dem ersten Bischof Äthiopiens, hatte es drei Tabots in der Kirche gegeben. Die alten Könige Abreha und Asbeha hatten zwölf Kirchen gebaut, von denen jede ein Tabot hatte. Damit meinte der Deptera offenkundig zwölf Kapellen innerhalb der großen Kirche statt zwölf separate Kirchen, da er anschließend erklärte, dass Anbassa Wudem fünf Kirchen wiederaufbaute, nachdem die furchtbare Königin Judith die Kirche zerstört hatte. Und noch später, als nach der Invasion des Gragn die Kathedrale der heiligen Maria von Zion von Failadas wiederaufgebaut worden war, hatte der Kaiser drei Kirchen errichten lassen.

Obwohl viele glauben, dass die heilige Reliquie beim großen Tim-kat-Fest, mit dem die Taufe Christi gefeiert wird, aus der Tafelkapelle herausgebracht und öffentlich herumgetragen wird, beharrte der Dep-tera darauf, dass dies keineswegs üblich sei. Die Priester würden viel-mehr das Tabot Jesu aus der Kathedrale der heiligen Maria von Zion bei diesem Anlass mit sich führen.

Seine Erklärung dieser Sitte war interessant, auf seine nachfolgen-den Bemerkungen waren wir allerdings absolut nicht vorbereitet. Die Tafel in der Kapelle sei einmalig, erklärte er uns, sie sei jedoch nicht die einzige. Eine weitere Tafel sei aus Cäsarea gebracht worden. Nach der Überlieferung hatte Christus sie seinen Schülern gegeben. Sie war ebenfalls einmalig und das Vorbild für alle Tabots, die es in Äthiopien gab und die ihr alle in Größe und Form glichen. So wie die Tafel Mosis, sagte er, sei sie ein Original und werde die Tafel Mariens genannt.

Sowohl der Wächter als auch der gelehrteste Deptera, den wir in Ak-sum kennen gelernt haben, hatte erklärt, dass die Tafelkapelle genau das enthielt, was ihr Name besagte: die Tafel Mosis. Würde der höchste Priester in Aksum, der Nebura'ed, ihnen beipflichten? Und würde er et-was über eine zweite Tafel zu sagen haben? Dies war in vielerlei Hin-sicht die faszinierendste Bemerkung, die der Deptera gemacht hatte. Wenn es mehr als eine Lade gäbe, ließen sich die Belege in der hebräi-schen Bibel, in den Büchern der Rabbis, die sie zu verstehen ver-suchten, und in den Berichten der arabischen Historiker leichter kol-lationieren. Auch wenn die Verfasser der Bibel anscheinend davon ausgegangen sind, dass mehr als eine Lade auch mehr als einen Gott bedeuten musste, und diese Idee für absolut unannehmbar hielten, so war man in früheren Jahrhunderten möglicherweise anderer Ansicht. In Aksum war von dem alten Glauben vielleicht noch etwas zu spüren. Die Tafel in der Kapelle war einmalig, aber gleichwohl gab es noch eine weitere Tafel.

Der Titel Nebura'ed wurde von der Methode abgeleitet, wie er ver-liehen wird, nämlich durch Handauflegen. In den frühen Jahren der Salomonischen Dynastie gab es in Äthiopien viele Nebura'ed, insbe-

sondere als Äbte der großen Klöster. Heute ist nur noch der Nebura'ed
von Aksum geblieben. Seine Vorgänger waren mächtige Männer, die
riesige Lehnsgüter kontrollierten und bei Hofe große Privilegien genos-
sen. Sie durften in Gegenwart des Kaisers sitzen bleiben, während fast
alle anderen gezwungen waren zu stehen.

Der derzeitige Nebura'ed, der höchste Priester von Aksum, verwaltet
von seinem Büro aus, das in einem einfachen Plattenbau nördlich der
Tafelkapelle mehrere Räume umfasst, das religiöse Leben der alten
Stadt. Er ist ein alter Mann mit einem dünnen weißen Bart, und als wir
ihn trafen, trug er ein *Shamma* und einen Turban und hielt ein Hand-
kreuz in Händen. Seine Verantwortung lastete schwer auf ihm. Wir
mussten offiziell einen Termin mit ihm vereinbaren, und während unseres Besuches wurde er immer wieder von Diakonen unterbrochen,
die das Büro betraten, sich ihm näherten, sich vor ihm verneigten, seine
Hand küssten und ihn wegen dringender Angelegenheiten befragten
oder einen Brief abgaben. Seine Unterschrift und sein amtlicher Stempel
erschienen auf Dutzenden öffentlicher Mitteilungen, und die Bürokratie und das Protokoll waren sichtlich anstrengend. Er schien besorgt zu
sein und wog während des ganzen Gespräches seine Antworten sorgfältig ab, als sei ihm bewusst, dass ein unbedachtes Wort noch mehr Öffentlichkeit und noch mehr neugierige Besucher in seine alte Kirche ziehen und die Last der Verwaltung noch erdrückender machen könnte.

Er sprach von der Tafel in der Kapelle, vom Bund der Gnade, von der
Bedeutung Mariens für Äthiopien und von der Geschichte der Kirche
und der Stadt, wurde dabei aber oft durch die Diakone unterbrochen
und abgelenkt, weshalb er zu jedem Thema jeweils nur ein paar Sätze
sagte. Er ließ sich dadurch allerdings nicht beirren und setzte das Gespräch immer wieder fort. Er sprach von der Identität Unserer Mutter
Zion. Unter dem Alten Bund sei Zion die heilige Stadt Jerusalem gewesen, aber unter dem Neuen Bund schloss Zion alle Christen mit ein.
Dann beschrieb er die Tafel in der Kapelle als die Tafel des Gesetzes des
Bundes zwischen Maria und Äthiopien.

Trotz der Unterbrechungen war seine Schilderung der aksumi-

tischen Tradition faszinierend. Genau wie der Wächter glaubte er eindeutig, dass der heilige Gegenstand in der Kapelle eine Tafel ist. Und er
glaubte auch, dass diese Tafel das Zeichen eines Bundes ist, wobei er jedoch nicht von dem zwischen Gott und Israel auf dem Berg Sinai geschlossenen Bund, sondern von dem Bund zwischen Maria und Äthiopien, dem Bund der Gnade, sprach, durch den Christus seiner Mutter
gestattet hatte, ihr Erwähltes Volk zu retten. Zudem erklärte der Nebura'ed übereinstimmend mit dem Deptera, dass es nicht nur eine Ori-
ginaltafel, sondern deren zwei gibt. Auch er erzählte von der Überlieferung, wonach sie aus Cäsarea gebracht worden war, wo Christus sie
seinen Schülern gegeben hatte. Wie der Deptera war auch er der Meinung, dass diese Tafel, genau wie die Tafel Mosis, einzigartig und ein
Original wäre.

Die Überzeugung des Wächters, des Deptera und des Nebura'ed,
dass sich in der Tafelkapelle in der Tat die Tafel Mosis befindet, stand
in deutlichem Gegensatz zu der im *Kebra Nagast* und in vielen neueren
Studien über Äthiopien gemachten Aussage bezüglich der Bundeslade.
Gleichwohl gibt es Belege aus früheren Jahrhunderten, die dieselbe Behauptung aufstellen und bislang weitestgehend ignoriert wurden.

Aus der Herrschaftszeit des äthiopischen Kaisers Yeshaq, zwischen
1414 und 1429, haben wir Belege, die auf die Tafeln statt auf die Lade
zu verweisen scheinen. Der Kardinal Guillaume Fillastre fügte der von
Giacomo Angelo angefertigten Übersetzung von Ptolemäus' *Einfüh-
rung in die Geographie* eine Karte hinzu, auf der er vermerkte, dass der
»Priester Johannes« 1427 zwei Botschafter nach Spanien entsandt hatte.
Als die Äthiopier in Valencia ankamen, hatten sie einen Brief des Kaisers an Alfonso V., den König von Aragon, bei sich. Kardinal de Foix,
Gesandter des Heiligen Stuhls, war bei der Audienz beim König anwe-
send und berichtete später Papst Martin V. darüber; bei diesem Gespräch war Fillastre wiederum dabei. Nach der Antwort, die Alfonso V.
für Yeshaq vorbereitet hatte, scheint der äthiopische Kaiser den Titel
»Yeshaq, Sohn Dawits, Besitzer der Tafeln des Gesetzes und Inhaber
des Thrones Davids« verwendet zu haben.

Der Brief enthielt den Vorschlag, die aragonesische Flotte aufzu-
rüsten und die Allianz zwischen Äthiopien und Aragon mit einer Dop-
pelhochzeit zu zementieren. Yeshaq sollte die Infantin Doña Juana und
der Infant Don Pedro sollte eine äthiopische Prinzessin heiraten. Dieser Vorschlag wurde offenbar akzeptiert, denn es wurden zwei Priester
entsandt, um in Äthiopien die Unterkunft für die Prinzessin herrichten
zu lassen und den Zustand der äthiopischen Armeen zu prüfen. Über
dieses Abenteuer ist jedoch sonst nichts weiter bekannt, abgesehen von
den Briefen, die der König von Aragon an den Großmeister in Rhodos
und an den König von Zypern schrieb und aus denen hervorgeht, dass
seine Bevollmächtigten durch Jerusalem und dann nach Ägypten reisen sollten.

Der Titel, den Yeshaq für sich beanspruchte, nennt zwei der Gegenstände, die Abu Salih mit dem Zagwe-König in Verbindung brachte: die
Gesetzestafeln und den Thron Davids. Die Bundeslade schien hingegen
in Vergessenheit geraten zu sein.

Von dem Bericht, den Francisco Alvarez über seine Mission nach
Äthiopien verfasste, sind verschiedene Versionen erhalten geblieben.
Eine davon, eine Abschrift, die der Erzbischof von Ragusa, Ludovico
Beccadelli anfertigte, enthält einige Zusätze von äthiopischen Priestern, die in Rom lebten. Als Alvarez auf die 13 Zeltkirchen zu sprechen
kommt, die den kaiserlichen Hof auf seiner Wanderschaft begleiteten,
erklärt eine dieser Notizen: »Die Äthiopier sagen, dass es zwölf Kirchen
sind, da es auch zwölf Stämme gibt, und darüber hinaus gibt es noch
die Kirche des Königs, in der sich die Gesetzestafeln befinden, die Mose
gegeben wurden.« Auch hier werden die Tafeln wiederum gesondert
erwähnt.

In den arabischen Aufzeichnungen über den muslimischen Krieg
gegen das christliche Reich, der recht optimistisch *Futuh al-Habasha*,
»Die Eroberung Abessiniens«, genannt wurde, wird berichtet, dass Kaiser Lebna Dengel mit seinen Adligen und seinen Truppen nach Aksum
marschierte. Nachdem sie sich dort versammelt hatten, befahl der Kaiser, »den großen Götzen« aus der Kirche von Aksum herauszubringen.

Dabei handelte es sich offenbar um einen mit Gold überzogenen weißen Stein, der so groß war, dass er nicht durch die Kirchentür passte. So musste ein Loch von der Größe des Götzen in die Mauer geschlagen werden, und es waren 400 Männer nötig, um ihn zu tragen. Sie brachten den Götzen in eine Festung im Land Shire.

Die Feststellung, dass 400 Männer benötigt wurden, um den Götzen zu tragen, lässt auf einen Gegenstand schließen, der wesentlich größer als alles war, worüber in anderen Quellen berichtet wurde; wenn Arab Faqihs Schilderung korrekt ist, dürfte es sich bei diesem gewaltigen steinernen Gegenstand nicht um eine hölzerne Truhe, sondern um eine Tafel gehandelt haben. Mit anderen Worten, die dem Bericht zugrunde liegenden Quellen dürften eine Tafel und keine Lade vor Augen gehabt haben. Der Bericht wurde mehr oder weniger zur gleichen Zeit verfasst, als Francisco Alvarez über einen Altarstein in Aksum schrieb, der von Jerusalem dorthin gebracht worden war, und scheint somit die Aufzeichnungen von Alvarez zu bestätigen.

Aber es existiert noch eine weitere Version der Geschichte, die ebenfalls mehr oder weniger zeitgleich mit der von Alvarez erschien und zunächst von Damião de Góis und dann von Michael Geddes in seiner *Church History* (Kirchengeschichte) veröffentlicht wurde. Es handelt sich dabei um die Übersetzung eines von Saga Za-Ab, dem Gesandten des Kaisers Lebna Dengel, bei seiner Ankunft in Lissabon 1527 erstellten Dokuments.

Saga Za-Ab war ein hoch gestellter Geistlicher, und er fasste auf wenigen Seiten die Geschichte des *Kebra Nagast* zusammen – als »die Geschichte des besagten Königs David, bei der es sich um ein Buch etwa vom Umfang der Briefe des heiligen Paulus handelt und die sehr angenehm zu lesen ist«. Er erwähnte die Lade und andere Einzelheiten, so wie sie im *Kebra Nagast* vorkommen, im Besonderen stellte er jedoch fest, dass nur die Bundestafeln nach Äthiopien gebracht worden seien: »Nachdem Azarias unter großer Eile und Geheimhaltung die als Nachbildung der Bundestafeln des Herrn angefertigten Tafeln beschafft hatte, stahl er mit großem Geschick, während er ein Opfer darbrachte, die wahrhaftigen Tafeln der Bundeslade und legte seine neuen an deren Stelle, und niemand, außer Gott und ihm selbst, wusste, was er getan hatte ...« Azarias offenbarte Menelik schließlich, dass »er die Bundestafeln des Herrn mitgebracht hatte«, und der junge König ging »zu dem Ort, an dem sich diese Tafeln befanden«, und tanzte vor Freude vor ihnen. Die Lade wird dabei, außer als ursprünglicher Aufbewahrungsort der Tafeln, weiter nicht mehr erwähnt.

Erstaunlicherweise haben wir es hier mit dem Zeugnis eines hohen äthiopischen Klerikers zu tun, der um 1534 der Überzeugung war, dass nur die Tafeln Mosis nach Äthiopien gekommen waren. Selbst zu einem so späten Zeitpunkt, als das *Kebra Nagast* schon seit Jahrhunderten die offizielle Darstellung der nationalen und dynastischen Identität gewesen sein soll, stellte ein äthiopischer Bischof eine Behauptung auf, die der allgemein akzeptierten Sicht der äthiopischen Geschichte vollkommen widerspricht.

Das *Kebra Nagast*, wie wir es nach den veröffentlichten Ausgaben kennen, enthält jedoch nicht die einzige Version der Behauptung, dass das äthiopische Königshaus von Salomo und der Königin von Saba abstamme. Der portugiesische Reisende und Historiker João de Barros hinterließ einen ausführlichen Bericht über diese Tradition, in dem er im Übrigen ebenfalls von den Tafeln Mosis und nicht von der Lade sprach.

Nach den Schriften des abessinischen Volkes, erklärte er, hatte die Königin von Saba in Äthiopien erfahren, dass Salomo, der König von Juda, hohes Ansehen wegen seiner Macht und seiner Weisheit gewonnen habe. Um die Wahrheit über ihn zu erfahren, hatte sie einen Gesandten nach Jerusalem geschickt, und als er zurückkehrte und ihr erzählte, was er alles gesehen und gehört hatte, hoffte sie, selbst etwas von dieser Weisheit erwerben zu können, obwohl sie Götzen verehrte. Sie brach mit großem Pomp und Gefolge nach Jerusalem auf und segelte vom Hafen Sabath aus übers Rote Meer, wo zum Gedenken an diesen Anlass eine Stadt nach ihr benannt wurde. Nachdem sie über das Rote Meer nach Arabien gelangt war, traf sie schließlich nach einer langen Reise durch die Wüste in Jerusalem ein. Eines der ersten Dinge, die sie sah, war eine Art Brücke aus Holzbalken, die über einen See führte. Von einem prophetischen Geist erfasst, weigerte sie sich, darüber zu gehen, und erklärte, dass sie ihren Fuß nicht auf Holz setzen könne, das dem Erlöser der Welt so viel Leid gebracht hatte. Später bat sie bei Salomo darum, die Balken entfernen zu lassen.

Salomo empfing sie mit allen Ehren, zum Teil auch wegen der Mengen an Gold, Parfum und Edelsteinen, die sie für den Tempel und für den König zur Verwendung in seinem Palast mitgebracht hatte. Sie blieb bei ihm, bis sie im Gesetz unterwiesen worden war und einen Sohn von ihm empfangen hatte. Auf der Rückreise in ihr Königreich brachte sie das Kind zur Welt, und als der Junge herangewachsen war, schickte sie ihn mit einer Bitte zu seinem Vater. Sie bat Salomo, den Sohn vor der Wohnstätte des Heiligtums zum König von Äthiopien zu salben, damit er ihr Nachfolger werden konnte. Sie brachte diese Bitte trotz des Umstands vor, dass die Thronfolge in ihrem Königreich stets über die weibliche und nicht über die männliche Linie lief. Dies war offenbar der Brauch der Heiden in ihrem Land.

Der Junge wurde Meilech genannt und mit großer Zärtlichkeit von seinem Vater empfangen, als er in Jerusalem ankam. Seine Bitte wurde ihm erfüllt, und als der Zeitpunkt für die Salbung gekommen war, änderte er im Gedenken an seinen Großvater seinen Namen in David. Nachdem er im Gesetz Gottes unterwiesen worden war, beschloss Salomo, ihn zu seiner Mutter zurückzuschicken. Von jedem der zwölf Stämme Israels gab er ihm hohe Vertreter, wie sie auch in seinem eigenen Haushalt lebten, mit, und als obersten Priester Azarias, den Sohn Zadoks, der wiederum der oberste Priester im Tempel von Jerusalem war.

Einige Tage vor ihrer Abreise bat David seinen Vater um die Erlaubnis, Azarias das Allerheiligste betreten zu lassen, um für eine erfolgreiche Reise zu beten und Opfer darzubringen. Als Azarias dies gewährt wurde, stahl er die Gesetzestafeln aus dem Heiligtum. An ihre Stelle legte er andere Tafeln, die er für diesen Zweck hatte anfertigen lassen, ohne David davon etwas zu sagen. Erst nachdem sie Jerusalem verlassen und die Grenzen Äthiopiens erreicht hatten, erzählte er es ihm. Da David es seinem Großvater in seiner Verehrung des Gesetzes Gottes gleichtun wollte, ging er hocherfreut zum Zelt von Azarias, nahm die Tafeln von der Stelle, an der sie gelegen hatten, und begann zu tanzen und Gott Loblieder zu singen. Alle, die bei ihm waren, tanzten und sangen mit ihm, nachdem sie den Grund für seine Freude gesehen hatten. Als David zu seiner Mutter zurückgekehrt war, vertraute sie ihm das Königreich an. Und seit jenem Tag stammten, den Abessiniern zufolge, all ihre Könige von ihm ab. Keine Frau hat nach ihm mehr regiert. Und alle hohen Vertreter, die den Königen dienten, stammten von den jungen Männern ab, die mit dem neuen König aus Jerusalem gekommen waren.

1660 berichtete Balthasar Telles von Äußerungen, die der römisch-katholische Patriarch von Äthiopien, Alfonso Mendes, fünf Jahre zuvor über eine mysteriöse Tafel in Aksum gemacht hatte. Es sollte angeblich eine der Gesetzestafeln sein, die jedoch, wie es hieß, aus Holz und nicht aus Stein war. Mendes wollte deshalb selbst nicht glauben, dass es sich dabei tatsächlich um eine der Tafeln vom Berg Sinai handelte.

Mendes zufolge kursierte unter äthiopischen Historikern eine Geschichte, der sie Glauben schenkten. Demnach sei eine der Gesetzestafeln der Altarstein in der Kirche von Aksum, das in der Vergangenheit die Hauptstadt Äthiopiens und der Sitz des Patriarchats gewesen sei. Dieser Altarstein, sagten sie, sei eine Tafel aus sehr kostbarem Holz. Aber wenn es sich dabei um eine der Gesetzestafeln handeln sollte, die in der Bundeslade waren, argumentierte Mendes, dann wäre sie nicht aus Holz. Die Tafeln, die Gott Mose gegeben hatte, die beiden ersten wie die zweiten, waren aus Stein. Es sei reine Erfindung, dass Tafeln aus Holz in der Lade gewesen seien und dass sich eine davon in Aksum befinde.

Was immer man Mendes auch erzählt haben mag, es gibt Aussagen früherer Zeugen, die behaupteten, die Tafel sei tatsächlich aus Stein gewesen, und jüngere Zeugen, die für sich den Anspruch erhoben, sie wirklich gesehen zu haben, und ebenfalls keinen Zweifel daran hatten, dass sie aus Stein war. Ist es denkbar, dass ihnen nicht derselbe Gegenstand gezeigt wurde, den die älteren Historiker beschrieben haben?

Im späten 18. Jahrhundert reiste ein armenischer Kaufmann namens Johannes Tovmacean nach Äthiopien, in der Hoffnung, der kaiserlichen Familie Edelsteine verkaufen zu können. Als Gegenleistung für die Geschenke, die er der Kaiserin Mentewab und ihrem Sohn Iyoas überreichte, erhielt er allerdings nur einige Tiere und Hühner sowie ein mit einem einzigen kleinen Teppich ausgestattetes Haus innerhalb der Palastanlage. Er war enttäuscht, blieb aber in Äthiopien, um über den Staatsschatz zu wachen. Als er 1764 zusammen mit seinem Gefährten Bijo in Aksum war, behauptete er, einen Stein in der Kirche gesehen zu haben, zu dem man ihm erklärt habe, dass er zu den Tafeln gehöre, auf denen die Zehn Gebote stünden.

Es gab auch eine große und alte abessinische Kirche, schrieb er, in der, wie es hieß, ein Teil der Steintafel mit den Zehn Geboten, die Mose getragen hatte, sei. Er behauptete, er sei zusammen mit Bijo in die Kirche geführt worden und man habe ihnen einen geschlossenen Altar gezeigt, in dem sich diese Tafel befinden sollte. Die Priester hätten ihn jedoch nicht geöffnet. Bijo habe daraufhin erklärt, er sei ein Verwandter des Königs, und nachdem er darauf bestanden hatte, dass der Altar geöffnet wurde, hatten sie sich schließlich, wenn auch unter großem Zögern, dazu bereit erklärt. Sie hatten daraufhin dem Altar ein in Tücher geschlagenes Paket entnommen und begonnen, es feierlich auszuwickeln. Tovmacean sah, dass in dem Paket noch ein weiteres Samtpaket verpackt war, und erst nachdem die Priester offenbar 100 dieser Hüllen entfernt hatten, hätten sie schließlich ein Stück Stein mit einigen unvollständigen Schriftzeichen zutage gefördert. Sie hatten sich dann vor dem Stein niedergekniet, das Kreuzzeichen gemacht und ihn geküsst. Danach hatten sie den Stein wieder eingewickelt und verpackt und in den Altar zurückgelegt, der dann verschlossen wurde. »Das war eine große Reliquie«, berichtete Tovmacean, »wenn es denn tatsächlich ein

Stück von der Tafel mit den Zehn Geboten war, die Gott Mose gegeben hatte.«

Niemand scheint gegenüber Tovmacean behauptet zu haben, dass es sich bei dem Altar um die Lade handele. Vielleicht hat man ihm ein Fragment einer alten Inschrift gezeigt oder auch ein Stück eines alten und zerbrochenen Tabots, das aus irgendeinem Grund besonders verehrt wurde. Vielleicht glaubte man auch wirklich, es sei ein Stück von einer der Tafeln Mosis. Wenn sich der »geschlossene Altar« im Heiligtum befand, was höchstwahrscheinlich der Fall war, kann es sich dann bei dem Gegenstand um eines der Tabots gehandelt haben, die in jener Zeit in der Kirche eingesetzt wurden?

Es erscheint allerdings sehr unwahrscheinlich, dass die Priester einem dahergelaufenen armenischen Goldschmied etwas gezeigt hätten, das sie seit so langer Zeit hüteten und selbst vor Kaisern wie Susneyos beschützt hatten. Weder sein damaliger Rang als kaiserlicher Beamter noch die königlichen Beziehungen, die sein Gefährte Bijo zu haben vorgab, hätten die Priester der heiligen Maria von Zion beeindruckt. Sie hatten sehr wohl bewiesen, dass sie sich selbst einem Kaiser widersetzen konnten. Man hat Tovmacean und Bijo wahrscheinlich ein lokales Stein-Tabot gezeigt. Aber was immer es auch war, er berichtet von einer Tradition, bei der eine Tafel und keine Lade im Vordergrund stand.

Ein Jahrhundert später, während der Herrschaft von Theodoros II., kam ein weiterer armenischer Besucher, Hochwürden Vater Dimotheos Vartabet Sapritchian, nach Äthiopien. Als Gesandter des armenischen Patriarchen von Jerusalem begleitete er »Seine Hoheit«, den Erzbischof Isaak de Kharpert. Sie hofften, die durch den Kaiser in Magdala festgehaltenen britischen Gefangenen freizubekommen. Als Mitglied einer solchen Delegation war Dimotheos ein Kleriker in einer über jeden Zweifel erhabenen Position. Nach seinen Aufzeichnungen hatte man ihm im Mai 1869 die Erlaubnis erteilt, den heiligen Gegenstand zu sehen, die Tafel der Zehn Gebote, die in der Kathedrale der heiligen Maria von Zion aufbewahrt wurde.

Erzbischof Isaak und seine Delegation wurden von Dejazmatch

Kassa, dem künftigen Kaiser Johannes IV., mit großem Respekt empfangen. Sie gingen zur Kirche, um zu beten, und Dimotheos gibt eine
kurze Beschreibung des Ortes und einiger aksumitischer Stelen, die
sich ganz in der Nähe befanden. Dann schildert er in allen Einzelheiten
die heilige Reliquie der Kirche und zitiert dabei ausführlich, was er
selbst bei diesem Anlass gesagt hat.

Dimotheos schreibt, dass die Abessinier einer bestimmten Steintafel eine sehr tiefe Verehrung entgegenbrachten, der so genannten Tafel
der Zehn Gebote. Sie glaubten, dass es dieselbe Tafel war, die Gott dem
Propheten Mose gegeben hatte, und dass sie während der Herrschaft
Meneliks, des ersten Königs von Äthiopien, von Jerusalem hierherge-
bracht worden war. Zur Zeit von Jesus Christus, so sagten die Abessinier, habe ein frommer Mann namens Ezechiel die Tafel mit nach Jerusalem genommen. Nachdem er sich Christus vorgestellt hatte, habe er
ihn um Rat wegen der göttlichen Gebote auf der Tafel gefragt. Sollten
sie angenommen werden oder nicht? Ohne den Mund zu öffnen, habe
Jesus die Tafel genommen und auf die andere Seite der Tafel in Gold-
buchstaben geschrieben: »Nehmt alles an, was hier geschrieben steht.«
Seither habe man die Tafel als von Gott selbst geschrieben betrachtet.

Dimotheos war jedoch mehr als skeptisch. Die Abessinier behaupten, schrieb er, dass diese Legende in ihren alten Büchern zu finden sei,
sie widerspreche jedoch der Heiligen Schrift, in der ausdrücklich stehe,
dass die Tafel in die Bundeslade gelegt wurde. Er war erzürnt und aufgebracht, miterleben zu müssen, dass eine, wie er es nannte, »empö-
rende Lüge« im ganzen Königreich von Abessinien als Wahrheit akzeptiert wurde. Und umso erpichter war er darauf, den Stein zu sehen,
damit er jedem von dem Irrtum erzählen konnte.

Man hatte ihm gesagt, dass sich die Tafel in der Kirche von Aksum,
in einer kostbaren Truhe, befände und dass niemand sie sehen oder berühren könne, ohne für seine Anmaßung bestraft zu werden. Offenbar
hatte Kaiser Theodoros II. sie sehen wollen, Gott hatte ihn jedoch nicht
für würdig befunden.

Dimotheos und seine Delegation hatten Dejazmatch Kassa gebeten, den Priestern Order zu geben, ihnen den Stein zu zeigen, wenn sie die Kirche besuchten. Sie wollten ihm ihre Ehrfurcht erweisen, sagten sie. Die Priester in Aksum mussten sich den Kopf darüber zerbrochen haben, wie sie mit den Armeniern umgehen sollten, und ihre Ausflüchte scheinen Dimotheos sichtlich verärgert zu haben. Zunächst behaupteten sie, nur der »große Abounas« könne dazu die notwendige Erlaubnis geben. Der neue Erzbischof wurde bald in der Stadt zurückerwartet, und dann könnten sie ihm das Gesuch vortragen. Dimotheos hob zu einer Rede an, in der er bemerkte, dass Traditionen natürlich respektiert werden sollten, die ihren aber einfach nur erstaunlich seien. Sie verhinderten, dass Christen einem so heiligen Gegenstand ihre Ehrerbietung erweisen konnten.

Was war verehrungswürdiger, fragte er, die Tafel oder das heilige Kreuz? Nachdem man eine Weile diskutiert hatte, pflichteten die Priester bei, dass das heilige Kreuz die größere Reliquie sei. Warum, fragte Dimotheos dann, wenn das Kreuz nicht verborgen, sondern überall gezeigt wurde, warum sollte dann irgendwer davon abgehalten werden, die von der Hand Gottes geschriebene Tafel zu berühren und zu verehren? Das Versteckspiel und die Geheimnistuerei um diese Tafel, fügte er hinzu, würden die Zweifel an ihrer Echtheit nur verstärken: »Es wäre somit besser, wenn alle kommen und sie öffentlich verehren könnten, dann wäre der Glaube an ihre Echtheit besser untermauert, und er würde stärker respektiert.«

Nachdem er den aksumitischen Priestern weiter Vorträge über ihr Unvermögen gehalten hatte, den ehebrecherischen, mordgierigen, verlogenen und scheinheiligen Äthiopiern das Evangelium zu lehren, während sie jedoch sehr wohl diese viel unwichtigere Tradition zu wahren wüssten, hätten sie, behauptete Dimotheos, versprochen, sich zu beraten. Sie hofften, sagten sie, »dass Ihrem Gesuch stattgegeben wird, was bisher noch nie jemandem zuteil wurde«.

Die Beratung fand statt. Ob vom Hörensagen oder auch nur seiner eigenen Fantasie entsprungen, Dimotheos wusste darüber zu berichten. Er beschrieb, wie Dejazmatch Kassa geklagt hatte, dass »die Tafel des Tabots von Mose« durch die Weigerung der Priester an Ansehen verlor: »Es ist ein großer Schlag für die Tafel, die bis heute von uns als ein Gegenstand betrachtet wird, der achtenswerter als das heilige Kreuz selbst ist, und dem wir, so wage ich zu behaupten, unsere Verehrung nur aufgrund seiner Göttlichkeit erweisen.« Die Priester beschlossen daraufhin, die Tafel zu zeigen, und kamen, um diese gute Neuigkeit zu überbringen.

Unterdessen hatte Dimotheos jedoch seine Taktik geändert. Hochmütig erklärte er ihnen nun, sie selbst hätten als Christen genügend Glauben. Sie bräuchten den Gegenstand nicht zu sehen. Jedenfalls, fügte er hinzu, hätten sie ein Stück vom heiligen Kreuz bei sich, das ihre ganze Achtung und Verehrung verdiene: »Die auf Eurer Tafel gemeißelten Gesetze tragen wir bereits tief in unseren Herzen geschrieben bei uns.« Daraufhin hatten sich die Würdenträger von Aksum irritiert zurückgezogen.

Inwieweit das Folgende der Wahrheit entsprach, werden wir wohl nie erfahren. Jedenfalls berichtete Dimotheos weiter, dass Kassa, nachdem er davon gehört hatte, gekommen sei und gesagt habe: »Sie sind alle ignorant, ich bitte euch, sie zu entschuldigen und zur Kirche zu gehen und sich das Tabot Mosis anzusehen.« Und so sei Kassa, der »hoheitliche Prinz«, mit allen hohen Beamten seines Hofes und dem Klerus zusammen mit ihnen zur Kirche marschiert.

Als sie dort ankamen, so Dimotheos, seien alle in den Vorhof gegangen. Dann seien sie von mehreren Geistlichen in die Sakristei geführt worden, die außerhalb, links der Kirche am Ende einer Reihe anderer Räume lag. In der Sakristei gab es über dem Erdgeschoss einen Dachboden aus Holz, der nur über eine tragbare Leiter zu erreichen war. Einer der Priester sei hochgeklettert und habe zwei Bretter aus der Decke entfernt, um für die anderen, ihm nachfolgenden Priester Platz zu machen. Mit einem Weihrauchgefäß in der Hand habe ein Diakon sich dann einer Truhe genähert, und nachdem er sie beräuchert hatte, habe er das Gefäß an die Besucher weitergegeben, damit sie es ihm gleichtun konnten. Bei der Truhe habe es sich um eine handgearbeitete Schatulle aus Indien gehandelt. Als sie geöffnet wurde, hätten sie darin die Tafel der Zehn Gebote erblickt.

Sie hätten die Tafel herausgenommen, um sie besser untersuchen zu können. Der Stein sei augenscheinlich aus rosafarbenem Marmor der Art gewesen, wie er für gewöhnlich in Ägypten zu finden sei. Er sei viereckig, 24 Zentimeter lang und 22 Zentimeter breit und nur 3 Zentimeter dick gewesen. An den Ecken sei er mit eingemeißelten Blumen verziert gewesen. In der Mitte habe es nochmals eine zweite viereckige Linie in Form einer feinen Kette gegeben, und in dem Raum zwischen den zwei Rahmen hätten die Zehn Gebote gestanden, fünf auf der einen und fünf auf der anderen Seite. Sie waren, erklärte Dimotheos, »nach türkischer Art schräg« geschrieben, und unten auf der Tafel, zwischen den zwei Rahmen, hätten drei Schriftzeichen gestanden. Er glaubte, dass es sich dabei um irgendeine Form von Datum handelte, das anscheinend niemand entziffern konnte. Als Schlussbemerkung zu dieser großen Reliquie schrieb Dimotheos, der Stein sei nahezu unversehrt gewesen und habe keine Abnutzungserscheinungen aufgewiesen. Er glaubte, dass er höchstens aus dem 13. oder 14. Jahrhundert sein konnte, gab aber nicht preis, wie er zu dieser Einschätzung gelangte.

Dann kehrte die Gruppe zu Dejazmatch Kassa zurück, der mit seinem Gefolge und dem Klerus im Vorhof der Kirche auf sie gewartet hatte. Einer der Geistlichen habe sie gefragt, was sie gesehen hätten: »Waren nicht die alten Gesetze auf beiden Seiten der mosaischen Tafel geschrieben, genau wie sie es auf der Tafel sind, die ihr gerade gesehen habt?« Die Besucher hätten darauf geantwortet, dass die Gebote auf beiden Seiten der Tafel geschrieben standen, und Dimotheos bemerkte, dass das Gespräch nicht fortgeführt worden sei, da die Geistlichen offensichtlich fürchteten, die Wahrheit könnte entdeckt werden. Der »hoheitliche Prinz« sei zumindest mit der Antwort zufrieden gewesen und habe gesagt: »Das Misstrauen, das den Geist einiger beschäftigte, ist nun geschwunden; sie glaubten, dass die Zehn Gebote in der Mitte geschrieben waren, jetzt wird diese Tafel von ihnen nicht mehr als apokryph betrachtet.«

Dimotheos fügte hinzu, dass sie in Gegenwart des Kassa und des verunsicherten Klerus nicht darauf hinweisen wollten, »dass der Stein, den sie mit so großer Verehrung hüteten, nicht das echte Original war, aber diejenigen, die die Heilige Schrift kennen, brauchen keinen Beweis, um dies einzuräumen«. Er verwies auf die biblische Geschichte, wonach die göttlichen Gesetze auf zwei Tafeln geschrieben und in die Bundeslade gelegt wurden, bis sie für immer verloren gingen. Darüber hinaus war das Original in Hebräisch, nicht in Äthiopisch verfasst worden und hatte kein Datum getragen. Für Dimotheos war klar, dass es sich hierbei um eine Fälschung handelte. Die Priester wussten dies, meinte er, aber sie benutzten sie, um dem Volk etwas vorzumachen, und hatten die »traditionelle Abwehr« erfunden, um Laien den Zugang zu verwehren.

Höchstwahrscheinlich hatte man Dimotheos, genau wie Tovmacean ein Jahrhundert zuvor, ein typisches Stein-Tabot gezeigt. Einige der Exemplare, die sich in Sammlungen außerhalb Äthiopiens befinden, sind in einem seiner Beschreibung sehr ähnlichen Stil verziert. Ein interessanter Punkt bleibt jedoch. Bei der von Dimotheos beschriebenen »Sakristei« könnte es sich vielleicht um die Tafelkapelle gehandelt haben, sofern in jener Zeit bereits eine separate Kapelle existierte. Wenn er sich der Kathedrale der heiligen Maria von Zion näherte und »nach links« ging, hätte sein Weg ihn nach Norden und am Ende »einer Reihe mit weiteren Räumen« dorthin geführt, wo 1906 die Kapelle stand, jenseits der kleinen Kirche von Maria Magdalena und des Mausoleums von Tewoflos. Aber was immer ihm auch gezeigt worden sein mochte, ihm wurde zweifelsohne ein außergewöhnliches Privileg zuteil. Selbst wenn der Klerus zu der Entscheidung gelangt war, dass man ihm die heilige Reliquie nicht vorführen konnte, und beschlossen hatte, einen Ersatz zu präsentieren, so ist die Geschichte doch ein weiteres Zeugnis für die Bedeutung, die der Tafel, und nicht einer Lade, beigemessen wurde.

Da all diese Berichte über die große Reliquie in Aksum eine Tafel statt eine Lade beschreiben, ist es interessant, dass die äthiopische Kirche das Buch der Jubiläen in ihren Kanon des Alten Testaments mit einbezieht. Fragmente des hebräischen Textes wurden bei den Schriftrollen vom Toten Meer entdeckt, und Abschnitte davon sind in griechischen, syrischen und lateinischen Übersetzungen erhalten, aber eine vollständige Abschrift hat nur in Äthiopien überlebt. Das Buch der Jubiläen beinhaltet auch eine andere Version über die Offenbarung auf dem Berg Sinai, wonach Mose die Tafeln von einem Engel erhielt. Die Bundeslade wird hingegen nirgends erwähnt. Es berichtet uns ferner, dass die Kinder Israels, wenn sie ins Gelobte Land kommen, das Offenbarungszelt des Herrn errichten werden. Darin werde ein Altar stehen. Aber auch hier wird eine Lade mit keinem Wort erwähnt.

19 DIE WIEDERAUFERSTEHUNG
VON OSIRIS

Im Oktober 1922 war Howard Carter verzweifelt. Seit sechs Jahren grub er im Tal der Könige, ohne irgendetwas Nennenswertes gefunden zu haben, und seine Freunde machten sich inzwischen Sorgen, er könne am Rande eines Nervenzusammenbruchs stehen. »Taten wir recht, nach diesen unfruchtbaren Jahren mit unseren Arbeiten hier fortzufahren?«, fragte er sich. »Wir hatten monatelang in einem Zug gearbeitet und nichts gefunden; wie verzweifelt niederdrückend das sein kann, weiß nur ein Ausgräber. Wir waren nahe daran, einzugestehen, dass wir geschlagen waren ...«

Nichtsdestotrotz war er entschlossen, durchzuhalten und noch einen letzten Vorstoß zu wagen. Sein Geldgeber, der Earl of Carnarvon, hatte bereits beschlossen, die Grabungen einzustellen, aber es gelang Carter, ihn zu überreden, seine Entscheidung noch einmal zu revidieren und die Kosten für einen letzten Grabungsversuch zu übernehmen. Bis zum 1. November hatte Carter Arbeiter angeworben und war bereit, anzufangen. Bei den letzten Grabungen waren sie an der Nordostecke des Grabes von Pharao Ramses VI. stecken geblieben. Von dort aus ließ er nun in südlicher Richtung weitergraben und die Hütten der Arbeiter entfernen, die vor 3000 Jahren an dem Grabmal gearbeitet hatten. Er hatte vor, bis zum gewachsenen Fels alles freilegen und wegräumen zu lassen.

Als er am Morgen des 4. November an der Grabungsstätte erschien, stellte er zu seiner Überraschung fest, dass seine Männer die Arbeit unterbrochen hatten und schweigend auf ihn warteten. Etwas Außergewöhnliches musste passiert sein, dachte er, und dann wurde er auch schon mit der Nachricht begrüßt, dass sie auf eine in den Fels gehauene Stufe gestoßen waren. Die Nachricht war zu erfreulich, um wahr zu sein; aber in der verzweifelten Hoffnung, doch noch ein ungeöffnetes Grab gefunden zu haben, arbeitete er fieberhaft den ganzen Tag und am nächsten Morgen weiter. Mit jeder neuen Stufe, die zum Vorschein kam, wurde Carter in Anbetracht aller bisherigen Enttäuschungen von stärkeren Zweifeln gequält. Vielleicht war das Grab nie benutzt worden. Vielleicht war es nie vollendet worden. Vielleicht war es bereits vor Urzeiten von Grabräubern geplündert worden. Aber die Ausgrabung schritt schnell voran. Stufe um Stufe wurde freigelegt, und bei Sonnenuntergang des zweiten Tages wurde der obere Teil einer verschlossenen, vermörtelten und versiegelten Tür sichtbar.

Zitternd vor Aufregung und Erleichterung, dass sein Glaube an das »Tal der Könige« belohnt worden war, so schrieb Carter später, habe es ihn seine ganze Selbstbeherrschung gekostet, die Tür nicht aufzubrechen. »Allein, abgesehen von meinen eingeborenen Arbeitern, fand ich mich nach Jahren verhältnismäßig unfruchtbarer Arbeit an der Schwelle einer vielleicht großartigen Entdeckung. Alles, buchstäblich alles konnte hinter jenem Gang liegen.«

Selbst in seiner Euphorie vergaß er nicht, dass sein Geldgeber die Kosten so vieler Ausgrabungsjahre getragen hatte, und am nächsten Morgen schickte er sein berühmtes Telegramm nach England: »Habe endlich wunderbare Entdeckung im ›Tal‹ gemacht; ein großartiges Grab mit unbeschädigten Siegeln; bis zu Ihrer Ankunft alles wieder zugedeckt. Gratuliere.«

Innerhalb von drei Wochen hatte Carnarvon seine Reise per Schiff bis nach Alexandria und dann den Nil aufwärts von Kairo nach Luxor zurückgelegt, wo Carter ihn erwartete. Im Beisein seiner Tochter Lady Evelyn Herbert und von Carters Assistent Arthur Callender öffneten sie das Grab, ehe die ägyptischen Inspektoren der Altertümerverwaltung eintrafen. »Langsam, verzweifelt langsam«, schrieb Carter später, »so schien es uns, wurden die Geröllreste aus dem Gang fortgeschafft, die das untere Ende der Tür versperrten, bis wir endlich die ganze Tür frei vor uns hatten.«

Hinter dieser Tür stießen sie am Ende eines langen Ganges auf eine zweite versiegelte Tür. Ehe sie diese aufbrachen, legte Carter eine Öffnung in der oberen linken Ecke frei, hielt eine Kerze hinein und spähte ins Innere, während Lord Carnarvon, Lady Evelyn und sein Assistent nervös neben ihm warteten. Zuerst konnte er überhaupt nichts sehen. Die Kerze flackerte in der heißen, aus der Grabkammer entweichenden Luft. Nachdem sich seine Augen an die Lichtverhältnisse gewöhnt hatten, begannen Einzelheiten des Raumes aus dem Dunst aufzutauchen: seltsame Tiere, Statuen und Gold. Einen Augenblick lang verschlug es ihm die Sprache. Carnarvon konnte die Anspannung schließlich nicht mehr länger ertragen und fragte Carter, ob er irgendetwas sehen könne. Carter vermochte kaum Worte zu finden und brachte nur heraus: »Ja, wunderbare Dinge.«

Als er in die Vorkammer des Grabes spähte, sah Carter die großen vergoldeten Betten und zerlegten Wagen, die Thronsessel und vergoldeten Truhen, kunstvolle Alabastergefäße, Möbelstücke mit Elfenbeinintarsien, Fayencevasen, Glasgefäße und Halbedelsteine. Zwischen den Bergen von Gegenständen auf dem Boden der Vorkammer, vor der berühmten Löwenbahre, stand ein Kasten, der völlig anders als die anderen aussah, die mit dem Pharao begraben oder sonst irgendwo in Ägypten gefunden worden waren. Die bei Tutanchamun entdeckten Schätze haben in den letzten 75 Jahren die Fantasie der Öffentlichkeit beschäftigt; die Faszination durch die Särge aus massivem Gold und all die anderen Utensilien der ägyptischen Toten ist nur zu verständlich. Aber bei der ganzen Aufregung wurde dieser Kasten oft übersehen, dabei war er in vielerlei Hinsicht die faszinierendste Entdeckung überhaupt. Von allen bekannten Gegenständen, die aus der Antike erhalten geblieben sind, entspricht diese Truhe noch am ehesten der biblischen Beschreibung der Bundeslade.

Die Truhe, die kleiner als die Lade, aber von den Proportionen her fast mit ihr identisch ist, steht auf vier Beinen, die an den Füßen mit Bronze überzogen sind. Darüber erhebt sich das vergoldete Kastenteil bis zu einer nach außen gewölbten Randleiste, auf der abschließend ein Satteldachdeckel ruht. Wegen ihrer Größe und ihres Gewichtes wurde die Truhe mit vier Tragstangen versehen, sodass sie genau wie die Lade von dahinter und davor stehenden Männern getragen werden konnte.

Diese verschiebbaren Stangen werden von Bronzekrampen gehalten, die an der Unterseite des Kastens an Leisten befestigt sind.

Sowohl der Satteldachdeckel als auch der Kasten wurden aus einem Ebenholzrahmen und darin eingelegten Einsätzen aus Rotholz, wahrscheinlich Zedernholz, gefertigt. Jeder Einsatz ist in eine Zierleiste aus abwechselnd eingelegten Streifen von Elfenbein und poliertem Ebenholz gefasst, und die Ebenholzstreifen weisen geschnitzte und mit gelber Farbe gefüllte Hieroglyphen-Inschriften auf. Nach den Worten der Götter wird dem König versprochen, dass sich sein Mund, seine Augen und seine Ohren von neuem öffnen und seine Glieder wieder erstarken werden. Der Himmel werde seine Seele und die Erde seinen Körper aufnehmen, und er werde in jeder Form versorgt werden. Im Gegenzug für die ihnen dargebrachten Opfergaben versichern die Götter dem König, er werde die kühle Brise genießen, Wein trinken und den Duft des Weihrauchs atmen. Wie der Sonnengott werde er jede von ihm gewählte Form annehmen, im Boot seines Vaters Re in der Gesellschaft der Götter leben und an jedem Tag wiedergeboren werden. Er werde so lange wie die Sonne leben und alle Segnungen erhalten, die einem König unter den glückseligen Toten zuteil werden.

Am einen Ende der Truhe, in einem rechteckigen Rahmen, der das Hieroglyphen-Zeichen für »Himmel« trägt, sind zwei einander gegenüberstehende Figuren in den Zederneinsatz geschnitzt: ein Gott und ein König. Die Inschrift erklärt, dass es sich bei dem Gott um »Onnophris, den großen Gott, den Herrn der Stadt der Toten« handelt. Wie eine Gestalt des Osiris, des Gottes des Todes und der Auferstehung, trägt er eine mit Straußenfedern und dem Uräus, der königlichen Schlange Unterägyptens, geschmückte Krone und ist in das lange weiße Hemd der mumifizierten Toten gehüllt. Der König, der vor ihm steht, ist Tutanchamun, und die Hieroglyphen-Inschrift weist darauf hin, dass der Pharao, wenn er das Ritual vor dem Gott vollzieht, gestorben ist.

Die Truhe dürfte bei der Beisetzungsfeier mitgeführt worden sein, nachdem die lange, der stillschweigenden Trauer vorbehaltene Zeit vorüber war. Bei der Prozession waren auch Priester zugegen, die die Einbalsamierung des Leichnams vornahmen, und Höflinge, die die für das Grab wichtigen Möbelstücke trugen: Thronsessel, Betten, Truhen mit Juwelen und rituellen Gewändern, Kisten mit Opfergaben, Vasen mit Salben und die vier Kanopen mit den lebenswichtigen Organen des Toten. Vor der Mumie hergehend, gossen die Priester Trankopfer aus Milch aus, um sicherzustellen, dass der Pharao unter den Göttern wiedergeboren wurde.

Nachdem die Prozession den Nil erreicht hatte, stiegen die Männer und die Frauen in Boote, die dann von den Priestern eine durch die uralte Liturgie festgelegte Route entlanggesteuert wurden – eine Pilgerfahrt zu den heiligen Städten am Delta. Ihr erstes Ziel war die Stadt des Westens, Saïs, die die Erde symbolisierte, in der der Leichnam beigesetzt werden sollte. Von Saïs fuhren sie weiter nach Buto im Norden, deren berühmter Kanal an das Wasser des Urozeans und an das Fruchtwasser im Mutterschoß erinnerte. Im Osten stand Mendes, deren Name bei den zwei Säulen des Osiris, des Totengottes, in Hieroglyphen geschrieben stand, und die das Element der Luft versinnbildlichte. Weiter im Süden, in Heliopolis, fanden sie das vierte Element. Hier war die Stadt der Sonne, wo der Schöpfer des Lebens in der Morgendämmerung erschien, dessen Feuer durch die lange Reise über die Gewässer der Nacht nicht getrübt oder geschwächt wurde.

In jeder der vier Städte gingen die Priester an Land, enthüllten Gegenstände aus den Truhen und ließen am Ufer des Flusses Opfergaben zurück. Wenn sie den Kai des königlichen Beisetzungstempels erreicht hatten, versiegelten sie die Kisten und Truhen, in denen sich die Tücher und Juwelen befanden, die sie während der Prozession gezeigt hatten, und bereiteten die letzten Beisetzungsriten vor. Nachdem das Grab verschlossen worden war, hielten sie zum Zeichen, dass die Zeit der Trauer zu Ende war, ein Festmahl mit Liedern und Tänzen, mit denen der Akt der Schöpfung und das Ritual des Weinrausches der Göttin Hathor dargestellt wurden, die über die Toten und über die Liebesakte wachte, aus denen neues Leben hervorgehen würde. Das Festmahl sollte dem Pharao helfen, der, wie man glaubte, an den Freuden teilhatte, den Weg bis zur Wiedergeburt zu gehen.

Die Truhe, die die Priester im Grab Tutanchamuns zurückließen, als sie den Eingang versiegelten, ist möglicherweise das einzige erhaltene Exemplar. Wir wussten jedoch auch schon vor ihrer Entdeckung, dass solche Truhen in ägyptischen Beisetzungsprozessionen mitgeführt wurden. 1893 entdeckte der französische Direktor des Egyptian Antiquities Service, Jacques de Morgan, in Sakkara, der Hauptnekropolis der altägyptischen Hauptstadt Memphis, das Mastaba-Grab des Großwesirs Mereruka. Mereruka hatte Pharao Teti zu Beginn der 6. Dynastie gedient, zwölf Dynastien und 1000 Jahre vor Tutanchamun. Lange ehe der französische Archäologe dort mit den Ausgrabungen begann, hatte der arabische Historiker Abd al-Latif bereits die alten Gräber als unglaublich und wundersam beschrieben. »Je mehr man über sie nachdenkt«, schrieb er, »desto größer wird die Bewunderung; und je länger man sie betrachtet, desto mehr versetzen sie in Staunen.«

Die Reliefs in der Mastaba Mererukas gehören sicher zu den hervorragendsten, die je von ägyptischen Künstlern gemeißelt wurden. Sie gelangten zu Berühmtheit wegen ihrer Darstellung der Jagd im Schilf des Nilufers, von Vögeln, Krokodilen und Nilpferden sowie der Szenen, in denen die Tochter eines Pharao für ihren Ehemann Harfe spielt und sich bei ihren tanzenden Mädchen amüsiert. Sie sind aber auch als Zeugnis für das antike Ritual von immenser Bedeutung. An der Beisetzungsprozession nehmen Diener mit vom Pharao gesandten Opfergaben von Öl und Leinen teil, und viele von ihnen tragen rechteckige Truhen mit gewölbten Deckeln, die vorne und hinten auf langen Stangen ruhen. Der Künstler stellte offenbar eine Truhe dar, die mit der von Howard Carter im Grab Tutanchamuns entdeckten fast identisch ist.

Aber selbst wenn diese Truhen von ihrem Aussehen her der Bundeslade am nächsten kommen, so handelte es sich doch allem Anschein nach um Truhen für rituelle Gewänder, und so wichtig sie im Leben des Toten auch gewesen sein mögen, sie besaßen einen völlig anderen Status als der Thron Gottes. Es gab allerdings noch andere Prozessionen und andere Schreine, die mehr Ähnlichkeit mit dem Kult der Bundeslade haben, zumal das Buch Exodus uns berichtet, dass Mose am ägyptischen Hof, am Pulsschlag des königlichen Kultes, aufwuchs und erzogen wurde.

Trotz seiner kurzen Herrschaft und seines frühen Todes (1337 v.Chr.) im Alter von nur 16 oder 17 Jahren hinterließ Tutanchamun ein beeindruckendes Relief an den Wänden des Prozessionssäulenganges in Luxor. Der Tempel war schon früher während der 18. Dynastie unter Amenophis III. (1402–1364 v.Chr.) als Arena für das Opet-Fest erbaut worden und ist nicht zum Nil, sondern auf den Großen Tempel von Karnak ausgerichtet. Das Fest wurde im zweiten Monat der Nilschwemme gefeiert, und zu ihm gehörte eine feierliche Prozession, bei der der Gott Amun und seine Gemahlin, die Göttin Mut, begleitet von dem Gott Chon, von Karnak nach Luxor und wieder zurückgebracht wurden.

Den Weg legte die Trias von Theben, wie die Gottheiten genannt wurden, in ihren heiligen Barken zurück. Als das Opet-Fest zur wichtigsten Feier im Neuen Königreich aufstieg, entwickelten sich die tragbaren Barken der Götter zum dominierenden Element im ägyptischen Kult. Die Barken selbst wurden als göttliche Wesen verehrt, und Tempelinschriften bezeugen, wie sie den Pharaonen ihre Segnungen zuteil werden ließen. Wie in den biblischen Berichten über die Bundeslade glaubte man, dass auch sie den Weg wählten, den sie getragen werden sollten, und den Priestern irgendwie auf mysteriöse Weise ihre Absichten kundtaten.

Auf der Westwand des besagten Säulenganges stellten die von Tutanchamun beauftragten Künstler die Prozession der Götter nach Luxor und auf der Ostwand deren Rückkehr nach Karnak dar. Das Boot des Pharao eskortiert die heiligen Barken der Trias von Theben, und man kann sehen, wie Tutanchamun ein Trankopfer über die Blumen und anderen Opfergaben gießt und sie mit Weihrauch segnet. Priester aus dem Tempel tragen die heiligen Barken in Schulterhöhe und schreiten an Bord der Flussboote, um damit den Nil aufwärts nach Luxor zu fahren. Als Tutanchamun an Bord seines eigenen Bootes geht, gibt er der Flottille das Signal zum Ablegen, und sein Boot wird von Bootsmännern am Flussufer gegen den Strom nach Süden geschleppt. Fähnchen flattern in der kühlen Luft am Wasser, Musiker und Sänger spielen zu Ehren der Götter auf und singen, und die Ufer des Nil sind mit Menschen gesäumt.

Das Relief zeigt, wie die große Barke Amuns, nachdem sie in Luxor festgemacht hat, in einer Prozession zum Tempel getragen wird. Der Pharao hält an, um Frauen zuzuschauen, die zum Sistrum tanzen, und betritt dann mit der Prozession den Tempel. Während die heiligsten Riten innerhalb des Tempels vollzogen werden, singen und tanzen draußen auf den Straßen die Menschen und warten darauf, ihrem König zujubeln zu können, wenn er aus dem Heiligtum als Gott wieder herauskommt.

Mit den Reliefs und Inschriften an den Wänden des Tempels in Luxor ist eine klare und detaillierte Darstellung der Riten, für die er errichtet wurde, erhalten geblieben. Einige der Rituale sind zwar nicht ganz klar oder stellen uns vor Rätsel, aber wir wissen doch weitaus mehr darüber als über den Kult der Lade in Jerusalem. Luxor war als das wichtigste Heiligtum in Ägypten dem Kult eines lebenden göttlichen Herrschers gewidmet. Zu den Ritualen gehörten die symbolischen Darstellungen der göttlichen Empfängnis und der Geburt des Pharao, seiner Anerkennung durch Amun-Re und durch die Götter der Götterneunheit, seiner Krönung sowie der Verkündung seines *Ka*-Namens. Die Erneuerung des göttlichen Königtums vollzog sich während dieses Festes, bei dem die heiligen Barken in Prozessionen getragen wurden, und sie war ein Teil des großen Dramas der alljährlichen Wiedergeburt von Amun-Re selbst. Der durch die Wiedergeburt eines göttlichen Königs dargestellte Triumph über das Chaos gewährleistete auch die Wiedergeburt des Gottes.

Dieses dramatische Ereignis wurde durch das Weihrauchritual herbeigeführt, dessen Mysterien dazu dienten, den herrschenden Pharao mit seinen göttlichen Vorfahren zu identifizieren, und während dieses

Rituals wurde der König denn auch zum Gott. Tutanchamun trat in das Barkenheiligtum ein, und Amun-Re schritt hinaus. Die Transformation geht aus den Inschriften an den Wänden deutlich hervor. Der Name des Pharao ändert sich plötzlich in den Namen des Gottes.

So wie das Weihrauchopfer vor seinem Bildnis einen Gott dazu bewegen konnte, sich in seiner Statue niederzulassen, so konnte auch das vor dem Pharao vollzogene Ritual die Götter dazu bewegen, in ihm zu leben. In der Vorhalle vor dem Heiligtum erlebte der Pharao eine Reihe von Transformationen, und mit jedem Schritt, den er seinem Gott näher kam, wurde sein Ka erneuert, und erfüllt von dieser Kraft des göttlichen Lebens ging er weiter in das Barkenheiligtum hinein. Auf den Reliefs an der Westwand ist der Pharao ein sterblicher König, und an der Ostwand erscheint er als der lebende königliche Ka. Der Tempel von Luxor war nach den Worten seines Erbauers Amenophis III. »sein Ort der Rechtfertigung, an dem er wiedergeboren wird; der Palast, von dem er in Freuden im Augenblick seines Erscheinens aufbricht, seine Transformationen für alle sichtbar sind«.

Das Opet-Fest war zwar von enormer Bedeutung, aber keineswegs die einzige Prozession von heiligen Barken. Aus den Reliefs und Inschriften im Tempel von Dendera kennen wir die Barke des Osiris, die eine herausragende Rolle in den Osiris-Mysterien spielte. Die Barke von Amun-Re taucht in den Reliefs im Tempel von Medinet Habu auf. Die drei Barken von Amun, Mut und Chon, die beim Opet-Fest getragen wurden, wurden beim Fest des Tales auch nach Deir el-Bahri gebracht. Die Göttin Hathor reiste alljährlich in ihrer Barke nach Edfu, und im Hathor-Tempel in Dendera gab es Barken, die Osiris, Sokaris, Isis, Nephthys, Horus und Hathor selbst geweiht waren. Nach der Beschreibung der Mysterien des Osiris in Dendera waren es sage und schreibe 34 Barken, die bei Zeremonien mitgeführt wurden und von denen fünf Anubis, Isis, Nephthys, Horus und Thot geweiht waren.

Nach der im Buch Exodus überlieferten Geschichte wurde Mose von der Tochter des Pharao am ägyptischen Hof aufgezogen. Die Geschichte ist eine der berühmtesten in der Bibel. Offenbar war ein neuer

König auf den Thron gekommen, der nichts von den loyalen Diensten wusste, die der israelitische Erzvater Josef den Königen vor ihm erbracht hatte. Er argwöhnte, das sich so stark vermehrende Volk der Israeliten könnte im Falle eines Krieges mit seinen Feinden gemeinsame Sache machen, gegen die Ägypter kämpfen und sich des Landes bemächtigen.

Er beschloss, sie mit harter Hand zu regieren, aber je mehr er die Hebräer unter Druck setzte, desto stärker vermehrten sie sich. Nachdem er vergeblich versucht hatte, sie durch schwerste Zwangsarbeit zu zermürben, fasste er den Entschluss, sie zu vernichten, und befahl den Hebammen, jeden israelitischen Knaben sofort nach der Geburt zu töten. Als sich die Hebammen aus Furcht vor Gott dem Befehl widersetzten, gab er seinem ganzen Volk den Befehl, jeden Sohn, der den Hebräern geboren wurde, in den Nil zu werfen (Ex 1,8–22).

Als Mose geboren wurde, versteckte seine Mutter ihn, bis er drei Monate alt war und ihr klar wurde, dass sie das heranwachsende Kind nicht länger verbergen konnte. Sie dichtete einen Binsenkorb mit Pech und Teer ab, legte den Jungen hinein und setzte ihn am Nilufer im Schilf aus, während Mosis Schwester sich in der Nähe versteckt hielt, um zu beobachten, was geschehen würde. Als die Tochter des Pharao zum Fluss kam, um darin zu baden, fand sie das Kind und beschloss, da ihr klar war, dass es ein Hebräerkind war, eine Amme zu suchen, die sich um das Kind kümmern sollte. Glücklicherweise wurde seine Mutter für diese Aufgabe ausgewählt, und als Mose größer geworden war, brachte sie ihn zum Palast, wo er dann als Sohn der Tochter des Pharao großgezogen wurde (Ex 2,2–10).

Es ist seit langem bekannt, dass der Name »Mose« ägyptischen Ursprungs ist, trotz der hebräischen Herleitung in der Bibel. Wenn Mose unter so privilegierten Umständen unter der ägyptischen Elite, so nahe am Hofe und in unmittelbarer Nähe der aufwändigen Rituale erzogen wurde, von denen der göttliche Pharao umgeben war, wäre es dann denkbar, dass die Religion, die Mose dem Volk Israel präsentierte, als er es durch die Wüste führte, ägyptischen Ursprungs war? Wäre es denkbar, dass die Lade nicht nur im Aussehen der in Tutanchamuns Grab gefundenen Truhe ähnelte, sondern in ihrer Funktion auch den ägyptischen Prozessionsschreinen?

Die seltsame Position von Mose auf beiden Seiten der Wasserscheide zwischen Ägypten und Israel hat den Forschern seit Generationen Rätsel aufgegeben. Diese Frage wurde im 20. Jahrhundert nach der Entdeckung und Übersetzung der Inschriften des häretischen Pharao Echnaton noch interessanter, der in der 18. Dynastie herrschte und möglicherweise der Vater Tutanchamuns war. Er revolutionierte die ägyptische Religion und propagierte einen monotheistischen Kult des Gottes Aton, der alleinigen Schöpferkraft im Universum. Man geht davon aus, dass die berühmte »Hymne von Aton« die Vorlage für Psalm 104 war. Auch wenn der ägyptische Ursprung des Psalms nicht so offensichtlich ist wie bei den berühmten Abschnitten im Buch der Sprichwörter, so unterscheidet sich die »Hymne« doch stark von der konventionellen ägyptischen Religion. Könnte Mose der Gründer einer monotheistischen Religion gewesen sein, die sich an einem in Ägypten bereits vorgegebenen Muster orientierte?

Diese These sorgte für Aufsehen, als sie erstmals präsentiert wurde, da sie allem zu widersprechen scheint, was die Bibel uns über Ägypten und Israel sagt. Ägypten war einfach ein Land der Götzendienerei. Es stand für alles, was Israel ablehnen sollte, nachdem das Auserwählte Volk ins Gelobte Land aufgebrochen war. Darüber, dass Mose, nachdem der Gott Israels sich ihm auf dem Berg Sinai offenbart hatte, nach seiner Rückkehr ins Lager feststellte, dass die Kinder Israels ein Goldenes Kalb angefertigt hatten, sagt der hebräische Text sehr wenig.

Moderne Forscher mutmaßten, bei dem Vorfall habe es sich um eine verschleierte Anprangerung des späteren, von dem israelitischen König Jerobeam in Dan und Bet-El als Alternative zum Tempel von Jerusalem eingeführten Kultes gehandelt. Aus der aramäischen Übersetzung im Jerusalemer Targum geht jedoch eindeutig hervor, dass das Götzenbild ein Bildnis des Apis-Stiers war, einer Inkarnation des ägyptischen Gottes Osiris. Der damit verbundene Kult war sehr alt. Der Apis-Stier tauchte, Aufzeichnungen zufolge, bereits in der 1. Dynastie (um 2900 v. Chr.) auf und war von immenser Bedeutung. 1851 entdeckte Auguste Mariette das Serapeum in Sakkara und fand 28 riesige Sarko-phage, die in mumifizierter Form die Inkarnation jedes Apis-Stiers von der Herrschaft Ramses' II. bis zur 26. Dynastie enthielten.

Die Bibel stellt das Goldene Kalb als absolut verabscheuenswert und als Gräuel dar. Es war eine Verletzung des Bundes zwischen Gott und seinem Auserwählten Volk. Die Geschichte wurde Teil der Litur-giefeier am Versöhnungstag – der Israel an die am Sinai begangene Sünde erinnern sollte, in der Hoffnung, dass Gott seinen Zorn fallen lassen, den Bund erneuern und damit das Leben ein weiteres Jahr wei-terbestehen lassen werde.

Was erzählen andere alte Berichte über Mose und seine Erziehung in Ägypten? In ägyptischen Papyri oder Inschriften sind keine Belege über das Leben Mosis oder über die Ereignisse des Auszugs aus Ägyp-ten gefunden worden. Der älteste, außerhalb der Bibel erhaltene Be-richt über den Auszug aus Ägypten wurde im 4. Jahrhundert v. Chr. von Hekataios von Abdera verfasst. Er beschrieb Ägypten als ein unter einer Plage leidendes Land. Die Ägypter deuteten diese Strafe als gesandt von den Göttern, die erbost darüber waren, dass man Fremde ins Land ge-lassen hatte, die ausländische Riten und Sitten mitgebracht hatten. Die einzige Lösung war offenkundig, die Fremden zu vertreiben. Unter der Führung von Kadmos und Danaos brachen einige von ihnen nach Grie-chenland auf. Andere folgten Mose nach Palästina. In einer drastischen Abkehr von der ägyptischen Orthodoxie wies Mose seine Anhänger an, nie Bildnisse anzufertigen oder zu verehren. Er sagte ihnen, dass Gott keine menschliche Gestalt besitze. Gott sei in Wirklichkeit der Himmel, der die Erde umgebe. Er sei der Herr von allem und könne nicht auf Bildern dargestellt werden.

Hekataios war nicht der einzige Geschichtsschreiber der Antike, der in diesem Sinne schrieb. Auch wenn es eine Reihe von Themen gab, auf die sie gemeinsam eingingen, lassen die Unterschiede zwischen ihren

Berichten doch darauf schließen, dass sie sich auf mehr als nur eine Quelle stützten, von denen allerdings keine erhalten geblieben ist. Für jeden, der nur die biblische Darstellung gelesen hat, ist der Effekt recht irritierend, als würde die Bibel seitenverkehrt, durch einen Spiegel betrachtet. Die Israeliten waren demnach kein Auserwähltes Volk, das auf der Suche nach dem Gelobten Land der ägyptischen Sklaverei entfloh. Sie waren ein unreines Volk, das aus dem heiligen Land Ägypten vertrieben wurde, da sie nicht würdig waren, dort zu leben. Das extravaganteste Beispiel dieses Standpunktes hinterließ der ägyptische Priester Manetho, dessen Schrift eindeutig als ägyptische Weigerung zu verstehen ist, die in der Bibel beschriebene Sicht Ägyptens und seiner Religion zu akzeptieren.

Als der ägyptische König die Götter sehen wollte, wurde ihm, so behauptet Manetho, gesagt, er werde sie nur sehen können, wenn er alle Aussätzigen aus seinem Königreich vertreibe. Er befolgte die Anweisungen und schickte die Aussätzigen in die Steinbrüche der Östlichen Wüste. Dort wählten diese einen Priester aus Heliopolis zu ihrem Anführer, der eine Reihe von Geboten aufstellte. Danach durften sie die Götter der Ägypter nicht verehren, keines von deren heiligen Tieren verschonen, sich nicht von anderen verbotenen Speisen fern halten oder sich mit anderen Völkern verbinden. Mithilfe der Hyksos rebellierten sie gegen den König, der dann nach Äthiopien floh. Ihr Anführer nahm den Namen Mose an und entfesselte eine Terrorherrschaft, unter der alles Heilige zerstört und geschändet wurde. Tempel wurden verwüstet, die Bildnisse von Göttern wurden zerstört, und heilige Tiere wurden über dem Feuer geröstet. Nach 13 Jahren solcher Gräuel schaffte es der ägyptische König zurückzukehren und die Aussätzigen aus seinem Land zu vertreiben.

Während die Bibel behauptet, Mose habe eine Religion eingefuhrt, die von ihren Anhängern die Abkehr von der Gottlosigkeit Ägyptens und die Hinwendung zum Weg der Rechtschaffenheit verlangte, kehrte Manetho die hebräische Schrift um und behauptete, Mose habe sich von der Rechtschaffenheit Ägyptens ab- und der Gottlosigkeit zugewandt. Aber nicht alle antiken Quellen haben Ägypten und Israel in so krassem Gegensatz zueinander dargestellt.

Apion, ein griechischer, in der Oase El Kargeh geborener Grammatiker, glaubte, Mose sei ein ägyptischer Priester aus Heliopolis gewesen, der den Juden einen ägyptischen Sonnenkult gepredigt hätte. Pompeius Trogus, ein Kelte aus Narbonne, der zur Zeit von Kaiser Augustus in lateinischer Sprache schrieb, berichtete, Mose habe in Ägypten einen Kult eingeführt. Und später habe er in Jerusalem ebenfalls einen ägyptischen Kult eingeführt. Er habe dies tun können, weil er »heimlich die heiligen Gegenstände der Ägypter genommen« habe. Die Ägypter versuchten diese Gegenstände gewaltsam zurückzuholen, kamen jedoch in einem Sturm um.

Diese Bemerkungen deuten darauf hin, dass die Quellen, die der Historiker benutzte, davon ausgingen, dass die Bundeslade nicht nur etwas Ähnliches, sondern tatsächlich ein ägyptischer Schrein war. Sie wird zwar namentlich nicht erwähnt, aber sie war der heilige Gegenstand, um den der israelitische Kult in der Bibel kreiste; und er wird in einem Sinne beschrieben, der deutlich macht, dass er es wert gewesen wäre, eine Armee loszuschicken, um ihn zurückzuholen.

Die vielleicht gewagteste Schilderung, die Mose als Ägypter darstellt, ist in der Abhandlung »Über die Juden« zu finden, die im 2. Jahrhundert v. Chr. von Artipanos verfasst wurde, der selbst Jude war. So wie Manetho die Bibel widerlegen wollte, beabsichtigte Artipanos, Manetho zu widerlegen. Obwohl selbst jüdischer Abstammung, zeichnete er ein Bild von Mose, das von dem der Bibel stark abwich. Der Jude Mose war, Artipanos zufolge, der Gründer der ägyptischen Religion und Zivilisation. Er erfand die Hieroglyphen-Schrift, verfasste heilige Texte und führte eine Religion ein, wonach Ägypten in 35 Gaue unterteilt und eine Gottheit sowie heilige Gegenstände, Bildnisse und sogar Tiere eingeführt wurden, die von jedermann angebetet werden sollten. Anders als bei Manetho war Mose demnach kein ägyptischer Priester, der die Religion der Juden begründete, sondern ein Jude, der die Religion der Ägypter begründete.

Beim Unterschied zwischen der ägyptischen und der israelitischen Religion ging es um einen unterschiedlichen Zeitbegriff und um zwei verschiedene Antworten auf die Frage, wo die Macht Gottes zu lokalisieren war. Nach ägyptischer Anschauung wurde alles durch den Zyklus der Jahreszeiten, insbesondere durch die alljährliche Wiederkehr von Tod und Wiedergeburt, symbolisiert durch die Nilschwemme, bestimmt. Nach israelitischer Sicht waren die Rhythmen der Natur einem Gott untergeordnet, der außerhalb der Zeit stand und sich in einer Reihe von rettenden Taten offenbarte: ein Volk erwählte, es aus der Knechtschaft befreite, einen Bund mit ihm schloss und es in ein verheißenes Land führte. Dies war ein linearer Prozess einer historischen Zeit. Die Bundeslade wird eindeutig als Bestandteil der rettenden Taten Gottes dargestellt. Sie wurde auf dem Berg Sinai offenbart und dann nach einem Original im Himmel angefertigt. Sie enthielt die Tafeln des Gesetzes, das die Regularien des Bundes festhielt, den Gott geschlossen hatte, und sie führte das Auserwählte Volk ins Gelobte Land und vernichtete dessen Feinde. Sie offenbarte eine Macht, die jenseits der natürlichen Welt lag und die natürliche Ordnung bedrohte. Um dem Tod zu entrinnen, waren strenge Vorsichtsmaßnahmen erforderlich, ehe man sich ihr auch nur nähern, geschweige denn sie berühren konnte.

Aber nachdem die Lade in den Tempel gebracht worden war, wurde sie dann Teil eines Systems, durch das nicht nur der Bund mit Israel aufrechterhalten und erneuert wurde, sondern auch die natürliche Harmonie der Welt. Die Lade konnte das Leben wie auch den Tod bedeuten, und dies wird selbst in der Bibel deutlich, als David sie in das Haus Obed-Edom stellen ließ, nachdem Usa zu Tode gekommen war, und er überlegte, ob es nicht zu gefährlich war, sie nach Jerusalem zu bringen (1. Chr 13,10–13). Die kosmische Natur des Tempels wird auch schon in der Bibel deutlich, aber in späteren jüdischen Abhandlungen noch deutlicher und ausführlicher dargestellt.

Die Ordnung und Harmonie der Schöpfung wurde mit dem Neujahrsfest gefeiert, bei dem man die Lade in einer Prozession mitführte.

Es war das wichtigste Fest, das im Tempel begangen wurde, das Fest der Manifestation Gottes, der Inthronisierung Gottes. Von den drei großen jüdischen Festen war es für Josephus mit Abstand das größte und heiligste, und es scheint eine Zeit gegeben zu haben, in der das Königtum Gottes szenisch zelebriert und die Lade im Triumphzug durch die Straßen von Jerusalem und wieder zurück zum Tempel getragen wurde. Mit dieser Prozession wurde der Triumphzug Gottes durch die Himmel wiederholt, und Massen von Gläubigen sahen und hörten die Offenbarung der rettenden Macht Gottes. Nachdem die Lade in den Tempel zurückgebracht worden war, saß Gott wiederum auf seinem Thron in Zion.

Auf der Grundlage des Buches der Psalmen haben Forscher behauptet, dass es bereits sehr früh ein alljährlich stattfindendes Fest gegeben habe, bei dem die Lade in einem feierlichen Zug zum Tempelberg getragen worden sei. Diese Theorien stießen jedoch auf Kritik, da ein solches Fest zum einen in der hebräischen Bibel nirgends ausdrücklich erwähnt ist und da sie sich zum anderen auf Zeugnisse aus einem allzu breiten Spektrum von Kulten stützten, die zu unterschiedlichen Zeitpunkten an unterschiedlichen Orten praktiziert worden waren.

Diese Kritik resultierte aus der Überzeugung, dass Religionen wissenschaftlich untersucht werden können und dass sie nach historisch erforschbaren Gesetzen in jeder Kultur ähnlichen Entwicklungsstufen unterliegen. Auf dieser Grundlage entstand auch das imposante Gebäude einer Weltreligion, der Beweis, dass alle in eine Richtung marschieren und alle ihre Spuren in der Zeit hinterlassen. Ergänzt wurde das Ganze mit Elementen aus einer Vielzahl von Quellen, wobei Unterschiede vernachlässigt wurden, um Ähnlichkeiten zu betonen.

Aber welche Exzesse der skandinavische Schematismus oder die Mythen- und Ritenschule auch immer hervorgebracht haben mögen, in den Psalmen scheinen gleichwohl liturgische Lieder von einem solchen Fest überlebt zu haben. Leider verraten sie uns nicht, wann genau es gefeiert wurde. Vielleicht handelt es sich dabei sogar um mehrere heilige Tage, die später als das jüdische Neujahrsfest, das Versöhnungsfest und die Zehn Tage der Umkehr begangen wurden.

Diese Tage wurden im Herbst gefeiert, zu einer Zeit, in der sich das Volk Palästinas nach Regen sehnte. Ohne Regen würde nach den trockenen Sommermonaten die Ernte des kommenden Jahres nicht wachsen. Bei dem Fest wurde Gott als allmächtig gegenüber den alles Leben bedrohenden Chaoskräften offenbart, der während seiner ganzen königlichen Herrschaft Ordnung und Harmonie im Universum schuf. Der Tag, an dem Gott König über die Erde wird und sein Gericht über seine Feinde kommen lässt, wird von dem Propheten Sacharja beschrieben, der verkündet, der Segen Gottes werde als Wasser offenbar werden: »An jenem Tag wird aus Jerusalem lebendiges Wasser fließen... Dann wird der Herr König sein über die ganze Erde...

Wer aber nicht nach Jerusalem hinaufzieht von allen Stämmen der Erde, um den König, den Herrn der Heere, anzubeten, bei dem wird kein Regen fallen.« (Sach 14,8–9; 14,17)

Bei dem in Psalm 68 beschriebenen Triumphzug begleiten Musikanten und Fürsten die Lade und erzählen von den rettenden Taten Gottes in der Geschichte. Bei der Wanderung durch die Wüste und bei der Offenbarung auf dem Berg Sinai ist Wasser das Zeichen der Gegenwart Gottes und seiner Macht: »Da ergossen sich die Himmel vor Gott, vor Gott, dem Herrn vom Sinai... Gott, du ließest Regen strömen in Fülle und erquicktest dein verschmachtendes Erbland.« (Ps 68,9–10) Ebenso sah Ezechiel in seiner Vision, die an Neujahr während des Laubhüttenfestes im Tempel stattfand, wie unter der Türschwelle des Tempels Wasser hervorströmte und nach Osten floss (Ez 47,1–2). Wasser aus dem Heiligtum des Tempels brachte Leben und Fruchtbarkeit in die Welt.

In der Zeit des Zweiten Tempels, als die Lade sich nicht mehr dort befand, gab es ein Ritual für Regen, das mit dem Laubhüttenfest verbunden war. Es wird in der Mischna als eine Zeit großer Freude beschrieben – mit einer Volksfestatmosphäre, bei der Männer mit brennenden Fackeln tanzten und die Leviten die ganze Nacht hindurch auf ihren Instrumenten spielten. Die Priester geleiteten eine Prozession durch das Osttor, das Wassertor, nach Siloam, wo sie zwei goldene

Krüge mit Wasser füllten. Bei der Rückkehr der Prozession wurde das Wasser im Tempel mit den Worten des Propheten Jesaja in Empfang genommen: »Ihr werdet Wasser schöpfen voll Freude aus den Quellen des Heils.« (Jes 12,3) In der Morgendämmerung stieg ein Priester zum großen Altar hoch und brachte zwei Trankopfer aus Wasser und Wein dar, die unter dem Altar nach Westen in die Richtung rannen, aus der die Regenwolken kommen würden. Das Wasser und der Wein flossen ins Kidrontal und von dort, wie man glaubte, in den Jordan.

Die großen jüdischen Feste wurden in der neuen Religion, die nach dem Tod Jesu Christi aus dem Judentum hervorging, alle übernommen, und das Laubhüttenfest, bei dem einst die Lade herumgetragen worden war, wurde dann als Epiphanie begangen. In den westlichen Kirchen wird das Fest heute zum Gedenken an die Offenbarung des Jesuskindes gegenüber den Heiligen Drei Königen gefeiert, den drei Weisen, die zu seiner Anbetung aus dem Morgenland gekommen waren. Im Osten hat Epiphanias hingegen seinen ursprünglichen Sinn bewahrt. Es wird im Gedenken an die Offenbarung Christi als Gott gefeiert, als er von seinem Cousin, Johannes dem Täufer, im Jordan getauft wurde und die Stimme Gottes erklärte, dass er sein geliebter Sohn sei, und der Heilige Geist über ihm in Form einer Taube erschien (Mk 1,9–11).

In Alexandria und ganz Ägypten wurde Epiphanias jedoch nicht nur im Gedenken an die Taufe Christi begangen. Genau wie das alte Herbstfest in Jerusalem markierte es gleichzeitig den Beginn des neuen Jahres. Die ägyptischen Christen folgten dem alten Brauch, das Jahr in drei Jahreszeiten zu unterteilen: Überschwemmung, Aussaat und Ernte. Bei den Daten gab es leichte Abweichungen, und nach dem christlichen Kalender wurde der Beginn der Jahreszeit der Ernte auf den 6. Januar festgelegt. Epiphanius schrieb im 4. Jahrhundert, die Ägypter glaubten, dieses Datum markiere die Geburt Christi und zugleich die Vollbringung seines ersten Wunders in Kana 30 Jahre später, wo Jesus Wasser in Wein verwandelte. Er fügte hinzu, viele Ägypter würden sich an diesem Tag Wasser aus dem Nil holen und glauben, das Wasser werde sich in Wein verwandeln. Der Ursprung dieses Glaubens geht auf den Kult der Überschwemmung des Nil zurück, der im Juni steigt und im Juli wieder fällt. Wenn die Flut einsetzt, färbt sich das Wasser durch die mitgeschwemmte Erde aus Äthiopien und Nubien rot. Und dieser drastische Farbwechsel wurde für ein von den Göttern vollbrachtes Wunder gehalten.

Tausende von Jahren waren die Ägypter der Überzeugung, dass sich mit jeder Nilüberschwemmung die einzelnen Schritte wiederholten, mit denen die Welt erschaffen worden war. Als das urzeitliche Wasser zurückzuweichen begann, war am ersten Tag an einer seichten Stelle eine Lotusblüte erblüht, und aus dieser Blüte war der Sonnengott hervorgegangen. Nachdem das Wasser noch weiter zurückgewichen war, war das erste Land erschienen, auf dem der Sonnengott sich ausruhen konnte. Und in jedem Sommer, wenn der Fluss mit dem Sommerregen aus Äthiopien und dem Sudan stieg, kehrten die Felder und Marschen des Niltales zu diesem urzeitlichen Wasser zurück. Und im Herbst, wenn das Hochwasser ins Mittelmeer abfloss, tauchten aus dem Wasser wieder die mit einer neuen Schicht fruchtbarer Erde bedeckten Felder auf.

Das Hochwasser wurde als Gott Hapi, »die Flut«, verehrt, den man sich als wohlgenährten Mann mit Hängebusen vorstellte, der nach der Flut die Früchte der Erde gebar. Seine Freigebigkeit wurde als das Geschenk des Gottes Osiris angesehen, des Königs des Totenreiches und des Gottes der Wiederauferstehung. Osiris war von seinem Bruder Seth, dem Gott des Chaos und Bösen, ermordet worden. Der Leichnam des toten Osiris versank im Wasser des Nil, doch die Göttin Isis, seine Schwester und Frau, konnte ihn wieder zum Leben erwecken. Tod und Wiederauferstehung des Gottes wurden in den Jahreszeiten der Flut und Ernte widergespiegelt, die das Leben Ägyptens bestimmten. In den Pyramidentexten der 5. Dynastie wurde Osiris mit der fruchtbringenden Kraft des »neuen Wassers« der Nilflut identifiziert, während in den Sargtexten aus der Zeit des Mittleren Reiches geschildert wird, wie die Götter um Osiris trauerten.

»Heil dir, du bist Osiris, der Große an den Ufern des Flusses,
auf dessen Geheiß Hapi aus seiner Höhle hervorkommt...
Heil dir, du bist der, der das Korn macht, der mit dem Wasser
seiner Glieder den Göttern Leben gibt, und mit dem Wasser,
das unter dir Form annimmt, jedem Land Brot.«

Im *Totenbuch der Ägypter* heißt es, der Nil erscheine auf Befehl von Osiris: »... für jenen großen Gott, für den die Überschwemmung kommt,
für den sich die Pflanzen erneuern, für den die Gewächse wachsen und
die Vegetation grünt.«

Schon bevor Alexander der Große Ägypten eroberte, hat der Nil
griechische Geschichtsschreiber und Philosophen fasziniert. Plutarch
nannte den Nil »einen Ausfluss des Osiris«, und in den neuen Versionen des Osiris-Mythos wurde der alte Kult der griechischen Tradition
etwas angepasst. Nach dem Kult des Apis-Stiers als einer Inkarnation
des Osiris begann man, einen neuen Gott zu verehren – eine ägyptische
Version des griechischen Gottes Dionysos namens Serapis. Entsprechend wurden dann auch Riten eingeführt, die Osiris-Serapis mit der
Überschwemmung des Flusses verknüpften, und der hellenische Mythos verbreitete sich bis zu den alten Osiris-Kulten in Abydos. Neue
Tempel wurden gebaut, der berühmteste in Philae, der, wie man glaubte,
die letzte Ruhestätte des Gottes war. Beim Fest der Überschwemmung
wurden Trankopfer aus Wein in den Fluss gegossen, womit die Rotfär-
bung des Wassers gefeiert wurde. Im ptolemäischen Tempel in Philae
wurde der tote Osiris auf einer Grabsteinplastik mit erigiertem Penis
dargestellt. Selbst jenseits des Grabes konnte der Gott eindeutig noch
Leben zeugen.

Der griechische Geschichtsschreiber Herodot berichtet, dass das
Ansteigen des Nil von Riten und Festen begleitet wurde. Bei brennenden Fackeln wurde die ganze Nacht hindurch gebetet und Wache gehalten. Es gab Prozessionen vom Heiligtum zum Flussufer, bei denen die
Betenden eine Statue des Nil und ein Gefäß für das heilige Wasser mit-
trugen oder Palmzweige oder Schilf in Händen hielten. Am Fluss spra-

chen die Priester Gebete und warfen zusammen mit Opfergaben einen Papyrus mit der »Hymne an die Flut« ins Wasser, in der die Götter gebeten wurden, den Nil großzügig anschwellen zu lassen. Während die Priester zum Tempel zurückkehrten, um ihre Dankopfer für die Flut darzubringen, blieb das Volk am Fluss, um dort weiterzufeiern.

Muslimische Historiker, wie etwa al-Masudi im 10. Jahrhundert, beschrieben Feiern, die starke Ähnlichkeit mit jenen in den Berichten griechischer und römischer Autoren aufweisen oder wie sie auch in ägyptischen Dokumenten über die ptolemäische, römische oder byzantinische Zeit zu finden sind. Al-Masudi glaubte, dass es in Ägypten nichts vergleichbar Schönes gab. Die ganze Nacht hindurch hielten ägyptische Christen mit Gold- oder Silbergefäßen im Licht von Tausenden von Lampen und Fackeln Wache. Mönche und Priester gingen in einer Prozession hinter dem Kreuz her und sprachen Gebete.

Doch warum hat das christliche Fest im Januar und nicht zu dem Zeitpunkt, an dem der Nil tatsächlich über die Ufer trat, stattgefunden? Im Januar hat der Fluss in Wirklichkeit seinen niedrigsten Pegelstand erreicht. Dies scheint damit zu erklären zu sein, dass die alten Ägypter einen Sonnenkalender benutzten, der aus zwölf Monaten bestand. Jeder Monat hatte 30 Tage, und daneben gab es fünf Schalttage im Jahr, wobei der zusätzliche Vierteltag des astronomischen Jahres jedoch nicht berücksichtigt wurde. So rückten im Laufe der Jahrhunderte die im Kalender festgelegten Festtage im tatsächlichen Natur- oder Sonnenjahr immer weiter vor – ein Phänomen, das als die Sothis-Periode bekannt ist. Aus Papyri und Inschriften geht hervor, dass das Fest des Nil somit schließlich an einer ganzen Reihe von Daten zwischen Juni und Januar begangen wurde. Ein in Oxyrhynchos gefundener Papyrus besagt, dass das Fest des Nil im 2. Jahrhundert n. Chr. im Monat Tybi stattfand, der am 27. Dezember begann und am 25. Januar endete.

Die ägyptischen Christen legten den Gedenktag der Taufe Christi auf den 11. Tybi fest, um die heidnischen Feiern in einen neuen Rahmen zu stellen. Dies geschah mit sehr vielen heidnischen Festen, nachdem das Christentum in neue Gebiete vorgedrungen war. Die Nilüberschwemmung war jetzt das Geschenk des christlichen Gottes, da sein Wasser durch die Taufe Christi geheiligt worden war.

Bis 1959 unterstand die äthiopische Kirche der Autorität der älteren Kirche in Ägypten, und so überrascht es wohl kaum, dass das Epiphaniefest in Äthiopien mit großer Begeisterung begangen wird. In Aksum wie auch in jedem Dorf und in jeder Stadt des christlichen Äthiopien ist dies der wichtigste Tag, an dem die Tabots in Prozessionen herumgetragen werden. Da das Fest zum Gedenken an die Taufe Christi gefeiert wird, ist natürlich auch *Timqata Bahr*, entsprechendes »Taufwasser«, erforderlich. Die neue Kirche, die Aregawi, dem ältesten der Neun Heiligen, geweiht ist, steht neben dem »Bad der Königin von Saba«, wie das große Wasserbassin, Mai Schum, genannt wird. Dies ist das Ziel des sehr feierlichen Festzuges mit den Tabots.

An mehreren Tagen des Jahres ist ein neunstündiges allgemeines Fasten vorgeschrieben, unter anderem am Tag vor Weihnachten und am Tag vor dem Timkat-Fest. Nachdem die Priester gefastet haben, nehmen sie in allen Kirchen die Tabots aus dem Allerheiligsten, dem *Maqdas*, und hüllen sie, wie in »den Mantel Christi«, in Brokat- oder Samttücher. Jedes Tabot wird auf dem Kopf eines Priesters aus der Kirche hinaus und dann in einer Prozession zu einem Sammelplatz an einem Fluss, Teich oder See getragen. Oft finden sich dort mehrere Tabots aus verschiedenen Kirchen ein, und die reich bestickten Samt- oder Brokattücher, in die sie gehüllt sind, rahmen, in losen Falten herabhängend, die Gesichter der Priester ein, die sie tragen.

Diesen Trägern und den neben ihnen her gehenden Priestern und Diakonen wird durch zeremonielle Sonnenschirme Schatten gespendet, die mit Quasten und, als Abbild des Firmaments, mit Silbersternen und Sonnen geschmückt sind. Einige Geistliche haben, auf langen Holzstöcken befestigt, Prozessionskreuze dabei, die aus Bronze oder Silber und mit prächtigen Mustern gefertigt sind, Symbole der kupfernen Schlange, die Mose dem Buch Numeri zufolge an einer Fahnenstange mitführte (Num. 21,9). Im strahlenden Sonnenlicht erinnern die funkelnden Silber- und Goldverzierungen auf den Sonnenschirmen, die schweren Kronen der Priester und die in prächtigen Farben leuchtenden Gewänder der Geistlichen an die Herrlichkeiten des Paradieses, einer verklärten Welt, die ihre beim Sündenfall verlorene Herrlichkeit wiedererlangt hat. Mit wachsender Begeisterung, Ehrfurcht wie auch Ehrerbietung sind die Augen der Gläubigen wie gebannt auf die Tabots gerichtet, die inmitten der Prozession hoch über den Köpfen der Priester getragen werden.

Trotz seiner immensen Bedeutung zur Proklamierung des Sieges Christi über die Mächte der Finsternis ist das Timkat-Fest keineswegs nur ein feierliches Ritual. Es ist ein Fest, bei dem die Straßen von Einheimischen und Pilgern in leuchtend weißen *Shammas* überquellen, die sich freuen, an einem so heiligen Tag ihre Freunde zu treffen, zu reden, den Kindern zuzuschauen und dabei auch die Loblieder ihres Gottes zu singen. An der Spitze der Prozession wird eine große *Kebera*, die Kirchentrommel, vorangetragen, während die Priester und Depteras Lieder zu Ehren der Taufe Christi singen. Die Menschen jubeln vor Freude, während die Prozession an den zu Ehren der toten Könige Aksums errichteten großen Stelen vorbei zum Wasser zieht.

Vielleicht gab es einmal eine Zeit, als neben den Tabots auch die Bundeslade mit dabei war. In neuerer Zeit verlässt der heilige Gegenstand sein Heiligtum jedoch nie, und die Tabots der einzelnen Kirchen werden von dem Tabot Mariens angeführt, das gegenüber denen der anderen Heiligen stets eine Vorrangstellung einnimmt. Wenn die Prozession die Kirche von Aregawi erreicht, werden die Tabots ins Allerheiligste gebracht, während draußen vor der Kirche ein Zelt errichtet wird. In diesem Zelt intonieren die versammelten Chöre während der ganzen kalten Nacht im Hochland Tigres die heiligen Lieder und Gebete von Epiphanias. Und alle anderen Männer oder Frauen, deren Frömmigkeit und Hingabe ihnen Kraft und Stärke verleiht, halten die Nachtwache mit ihnen.

Während der ganzen Nacht wird der Gesang von den Depteras geleitet, deren gewaltiger Wissensschatz an heiligen Liedern Respekt und sogar Furcht einflößt. In ihren Gewändern und mit ihren Turbanen be-

wegen sie sich im Takt der Lieder und tanzen manchmal mit einigen
schlurfenden Schritten den so genannten *Aqwaqwam*. In einer Hand
hält jeder Deptera ein Sistrum, die alte Rassel, die bei den Kulten der
ägyptischen Göttinnen Hathor und Isis verwendet wurde. In der anderen schwenken sie lange Gebetsstöcke, die so genannten *Maqwamia*.
Diese haben an der Spitze oft einen mit einer beidseitigen schnecken-
förmigen Einrollung versehenen kleinen, flach liegenden metallenen
Abschlussknauf, der wie ein ionisches Kapitell aussieht und auf den
sich die Männer während des langen nächtlichen Gottesdienstes stützen können. Wenn die Sistren im Einklang nach rechts und links bewegt werden, fallen mit einer Art leisem Klirren die kleinen Metall-
scheiben aufeinander und geben damit den langsamen Rhythmus des
Gesangs vor.

Das Singen und Tanzen der äthiopischen Depteras erschien manchen Fremden offenbar skandalös. Als Wassilij Posniakow, der Gesandte des russischen Zars Iwan des Schrecklichen 1558 nach Jerusalem kam, um den Patriarchen zu besuchen, war er entsetzt über das
Verhalten der Äthiopier in der Grabeskirche. Er konnte absolut nicht
verstehen, dass es eine Form der Gottesverehrung gab, die anscheinend
christlich, aber dennoch so ganz anders als seine eigene war. Er hielt sie
natürlich für Häretiker und hatte zudem den Verdacht, dass sie verrückt waren. Er beklagte sich, dass sie in der Grabeskirche umhergin-
gen, dabei vier große Trommeln schlugen und wie Clowns herum-
sprangen und tanzten, und er wunderte sich, dass Gott etwas tolerierte,
das er selbst kaum ertragen konnte. Das war Teufelei, meinte er.

Die Äthiopier hatten dafür natürlich ihre eigene Erklärung. Mit dem
zeremoniellen Tanz der Depteras wurde der Abschnitt im Zweiten
Buch Samuel zum Leben erweckt, als König David beim Einzug der
Bundeslade in Jerusalem vor Freude vor ihr tanzte. Nach dem *Kebra
Nagast* wurde der gleiche Tanz von seinem Enkelsohn Bayna-Lekhem
am Nil aufgeführt, als er erfuhr, dass sie die Lade bei sich hatten und
diese mit ihnen auf dem Weg nach Äthiopien war.

Am Morgen nach der Nachtwache, dem eigentlichen Tag des Epiphaniefestes, erreicht das Timkat-Fest seinen Höhepunkt, wenn das Volk und die Geistlichen zum Wasser gehen. Im Duft des Weihrauchs wird das Wasser gesegnet. Die Priester besprengen das Volk mit dem Wasser, aber viele Jungen und Männer springen auch hinein und bespritzen einander und viele der Umstehenden.

Dieser Aspekt des Timkat-Festes stieß in der Vergangenheit bei europäischen Besuchern, insbesondere bei Geistlichen, auf dieselbe Missbilligung wie die Aufführung der Depteras in der Grabeskirche. Obwohl damit die Taufe Christi zelebriert wurde, sahen die Jesuiten und andere Europäer, die im 16. Jahrhundert nach Äthiopien kamen, in dem Fest eine alljährliche Taufe, die alljährliche Wiederholung eines heiligen Ritus, der im Leben eines jeden Christen nur einmal vollzogen werden sollte. Wie die Beschneidung, die samstägliche Sabbatfeier und die verheirateten Priester war dies eine äthiopische Tradition, die sie mit ihren eigenen Glaubensvorstellungen nicht vereinbaren konnten. Francisco Alvarez beschrieb ausführlich die Timkat-Zeremonie, die er in der Kirche von Makana Sellassie miterlebte. Als katholischer Priester hielt er eine alljährlich wiederkehrende oder auch nur eine zweite Taufe für Häresie. Er war überzeugt, dass »es bei ihnen Brauch ist, sich jedes Jahr taufen zu lassen, da dies der Tag war, an dem Christus getauft wurde«. Die gleiche Überzeugung äußerten auch andere, wie beispielsweise Lobo ein Jahrhundert später, der bestätigte, dass »sie jedes Jahr die Taufe wiederholen«. Es fiel ihnen offenkundig schwer zu begreifen, dass die Feier *Timqata Kristos*, Taufe Christi, im Gedenken an die Taufe Jesu zelebriert wurde und nicht eine jedes Jahr erneuerte Taufe darstellte.

Alvarez war auch schockiert, dass die Äthiopier in Anwesenheit von Männern und Frauen Nacktheit tolerierten. Er behauptete, gesehen zu haben, wie der kaiserliche Kaplan so nackt wie an dem Tag, an dem seine Mutter ihn geboren hatte, beim Timkat-Fest im Wasser stand. Es habe eine eisige Kälte geherrscht, und er sei fast erstarrt gewesen. Die Täuflinge seien mit dem Kaiser zugewandtem Rücken die Stufen ins Wasser hinabgestiegen. Als sie wieder herausgekommen seien, seien jedoch die Männer wie die Frauen seinem Blick vollständig entblößt ausgesetzt gewesen.

Das äthiopische *Synaxarion*, das die Feste des Kirchenkalenders beschreibt, dürfte die äthiopische Lehre zum Timkat-Fest eigentlich hinreichend verdeutlicht haben. Es erklärt den Tag als ein großes, bei allen christlichen Völkern begangenes Fest, an dem sie sich in Nachahmung der Taufe Christi mit heiligem Wasser reinigen. Bei diesem Fest wird ihnen die Vergebung all ihrer Sünden gewährt, vorausgesetzt, dass sie weiterhin in der Reinheit leben, die ihnen in der Zeremonie zuteil wird. Nichtsdestotrotz scheinen die Äthiopier selbst nicht ganz schuldlos daran zu sein, dass ihre Position so schwer zu verstehen war, was vielleicht aber auch an den Schwierigkeiten der Übersetzung aus dem Ge'ez oder Amharischen ins Lateinische oder Portugiesische lag.

Anfang des 16. Jahrhunderts wurden zwei Gesandte von Äthiopien nach Europa geschickt: 1513 Matthäus, der Armenier, und 1524 Saga Za-Ab. Beide gingen auf diese Frage ein. Die Bemerkungen von Matthäus zu diesem Thema waren in der »Gesandtschaft an den Großen Kaiser von Indien« von Damião de Góis enthalten, wobei im lateinischen Text jedoch unglücklicherweise das Wort »wiedertaufen« verwendet wird. Dies dürfte kaum weitergeholfen haben. Und Kaiser Galawdewos stellte in seinem »Bekenntnis« lediglich fest, dass »wir an eine Taufe zur Vergebung der Sünden glauben«. So überrascht es denn vielleicht nicht, wenn römisch-katholische Autoren weiterhin die Überzeugung vertraten, das Fest wäre eine Erneuerung der Taufe und keine Gedenkfeier.

Der schottische Forschungsreisende James Bruce war kein Mann, der römische Erklärungen zu Lehrmeinungen einfach hingenommen hätte, und er sprach die Frage unverblümt an. Er hatte die jesuitischen Autoritäten in Äthiopien-Fragen gelesen und ging in seinem Werk über mehrere Seiten hinweg darauf ein, um zu beweisen, dass diese Experten große Ignoranz und Böswilligkeit an den Tag gelegt und diese noch durch Falschheit und Erfindungen verschlimmert hatten, insbesondere was die Frage der Wiedertaufe betraf. Er beschrieb die Timkat-Feier, die er in Adwa gesehen hatte, und fand sie hinreichend ehrbar, auch wenn anschließend zwei- oder dreihundert Jungen, die sich selbst Diakone nannten, ins Wasser gesprungen waren und sich mit dem völlig verschlammten Nass gegenseitig bespritzt hatten und die »große Feierlichkeit« von Saga Za-Ab schließlich »in ein Chaos ausgeartet« war.

Bruce hat die Feier später auch in Anwesenheit des Kaisers von Qaha in Gondar miterlebt. In einem Frontalangriff auf die jesuitischen Verlautbarungen führte Bruce viele Punkte an, die dem Bericht von Alvarez über das Timkat-Fest widersprachen. Diese reichten von einem Dementi, dass der König, die Königin und der Erzbischof hätten nackt gewesen sein können, bis zu einer ausführlichen Abhandlung über das Wetter. Alvarez hatte behauptet, dass es fror, und nachdem Bruce überlegt hatte, ob man dem Wasser Öl und Salz – wesentliche Ingredienzien bei der Taufe in den östlichen Kirchen – hinzugefügt hatte, meinte er sarkastisch, das Salz könnte ja vielleicht zur Abkühlung des Wassers beigetragen haben, sodass es unter den sengenden Strahlen der Sonne gefroren sei. Bruce blieb unmissverständlich dabei, dass die Feier mit der Taufe oder etwas Ähnlichem überhaupt nichts zu tun habe und dass jeder, der den Jahrestag der Taufe unseres Erlösers feierte, genauso wenig die Taufe empfange, wie er am Tag von Jesu Kreuzigung selbst gekreuzigt werde.

Wenn den Jesuiten das Fest genauso anstößig erschien wie andere, vermeintlich jüdische Sitten und Bräuche, denen die äthiopischen Christen verhaftet waren, was glaubten die an der Debatte Beteiligten dann, wie es entstanden war? Bruce erwähnte, dass Kaiser Lebna Dengel gegenüber Alvarez erklärt hatte, die »heutige Zeremonie« sei erst in jüngerer Zeit von einem seiner Großväter eingeführt worden, und zwar für jene, die Mauren geworden waren und den Wunsch hatten, wieder Christen zu werden. Alvarez hielt das Gespräch in seinen Aufzeichnungen fest und vermerkte dazu, dass es um Mauren und Juden ging. Bei Letzteren handelte es sich vielleicht um schismatische Christen, die als *Ayhud* gebrandmarkt wurden, und das Wort »Großvater« bezog sich möglicherweise auf jemanden, der im Stammbaum weiter, als von Al-

varez angenommen, zurücklag. Es ist bekannt, dass Kaiser Zara Yaqob
für das Timkat-Fest eigens ein besonderes Wasserbassin anlegen ließ,
nur um dann erleben zu müssen, dass es von »heidnischen Saboteu-
ren« zerstört wurde. Und die Chronik über den von Amda Seyon 1329
geführten Krieg erwähnt, dass der König in Bahela »das Epiphaniefest,
das heißt die Taufe Christi (Timkat)« feierte, »das Er zur Vergebung
der Sünden eingeführt hat«. Noch früher und vor jeder Dynastie, in der
es einen »Großvater« Lebna Dengels gegeben hätte, beschrieb Abu
Salih zu einer Zeit, als die Zagwe noch auf dem Thron saßen, dass die
»Bundeslade« bei einem der vier Anlässe im Jahr beim Timkat-Fest zu
sehen war.

Wenn das Timkat-Fest tatsächlich eingeführt worden wäre, um Ab-
trünnige wieder zurückzugewinnen und zur Umkehr zu bewegen, so
wären die römisch-katholischen Vorbehalte einleuchtend. In dem Fall
würde das Ritual tatsächlich eine zweite Taufe für die Wiederaufnahme
in die Kirche darstellen. Aber so wie die Dinge stehen, ist es schwierig,
diese Geschichte mit der Tatsache in Einklang zu bringen, dass die
Feier schon vor dem Großvater Lebna Dengels erwähnt wird. Anscheinend ist bislang niemandem aufgefallen, dass das Timkat-Fest einfach
die äthiopische Form eines im ganzen christlichen Osten begangenen
Festes war. Und es wäre, zumal es in Ägypten entstanden war, außergewöhnlich gewesen, wenn die äthiopische Kirche es nicht bereits zu
einer sehr frühen Zeit gefeiert hätte. Angesichts der Isolation Äthiopiens und des einzigartigen Charakters der äthiopischen Kirche wäre es
ebenso außergewöhnlich gewesen, wenn das Fest nicht auf eine Art
und Weise gefeiert worden wäre, die Fremden exotisch erschien.

Man kann leicht über die romantischen Berichte vom Timkat-Fest
aus dem 19. und 20. Jahrhundert spotten, über Autoren, die sich in
uralte Zeiten, in die Seiten des Alten Testaments zurückversetzt fühlten
und das Echo der altägyptischen Mysterien vernahmen. Von Philologen
und Historikern wurde erwartet, dass sie sich um eine objektive Wahrheit bemühten und sich neutral und sachlich zu Wort meldeten. Aber
selbst heute noch, da ein persönlicheres Engagement von Sozialwissen-

schaftlern begrüßt oder zumindest als unvermeidlich konzediert wird, da eine Identifikation mit einem Volk, dessen Geschichte und Kultur eine völlig andere war, als notwendige Voraussetzung gesehen wird, um dessen Tun verstehen zu können, gelten begeisterte Reaktionen auf die großen Feste der Christenheit oft noch immer als unbotmäßig. Die äthiopische Kirche war Teil eines imperialen Systems, das benachbarten Völkern seinen Willen aufzwang, und Imperialismus, das darf man nicht vergessen, ist etwas Verdammenswertes.

Selbst wenn jene, die das Fest in früherer Zeit miterlebten, eher enthusiastisch als objektiv waren, ist es unfair, ihnen vorzuwerfen, sie hätten die emotionale Erhabenheit und Erbauung des Festes oder die dabei hochsteigenden Gefühle all derjenigen überbetont, die als Jude oder Christ erzogen wurden. Timkat ist einzigartig. In Äthiopien wurde die alte rituelle Prozession der Lade vom Tempel in Jerusalem mit einem neuen Glauben verschmolzen, dessen Gott behauptet hatte, er werde den Tempel zerstören und in drei Tagen wieder aufbauen. Der alte kosmische Sieg Gottes über die Chaosgewässer und die Ungeheuer der Tiefe, der in den Psalmen verkündet wurde, wird in der Taufe Christi wiederholt, in Jesu Gang durchs Wasser und seinem Triumph auf der anderen Seite des Todes. Das Fest ist eine Brücke über eine Spaltung, die seit fast 2000 Jahren Misstrauen und Hass hervorgebracht hat. Mehr noch, Timkat folgt den Spuren der alten Offenbarung auf dem Berg Sinai zu dem noch älteren Glauben an den sterbenden und wiederauferstehenden Gott, dessen Leichnam im Wasser des Nil versank. Das Epiphaniefest, das in Ägypten gefeiert wurde, wurde nicht nur im Gedenken an die Taufe Christi als einer Verkündigung des Todes und der Wiederauferstehung des christlichen Gottes begangen. Es erinnerte auch an den Tod und die Wiederauferstehung des ägyptischen Gottes Osiris im Wasser der Nilschwemme. Als Aaron das Goldene Kalb anfertigte, schien der alte Osiris-Kult in Form des Apis-Stiers den Bund mit dem Gott Israels zu gefährden. Und diese beiden Glaubensansätze, die sich im Buch Exodus als so feindlich gegenüberstehen, werden hier im größten Ritual der afrikanischen Kirche zusammengeführt.

Das Muster des antiken Mythos und Rituals, das sich zu Beginn des 20. Jahrhunderts als so kontrovers erwies, ist in den ursprünglichen ägyptischen, hebräischen, mesopotamischen oder auch christlichen Kulten vielleicht nicht so leicht zu entdecken. Aber es taucht in den frühen Jahrhunderten der christlichen Ära auf, und seine Wahrheit wird in Äthiopien in aufsehenerregender Art und Weise veranschaulicht. Dennoch ist die äthiopische Sicht vielleicht inspirierender und interessanter, als sich die Forscher je vorgestellt hätten. Die mosaische Prägung ist seit 2000 Jahren ein Quell von Schmerz und Leid. Es mag ironisch erscheinen, dass einer Nation, in der Krieg und Tyrannei in den letzten Jahrzehnten so viel schreckliches Leid angerichtet haben, nachgesagt wird, sie habe diese alte Wunde geheilt. Es ist ein Land, in dem das christliche Reich im Norden zunehmend unter dem Aspekt gesehen wird, dass es seinen Nachbarn seit Jahrhunderten eine rigide Herrschaft aufgezwungen hat, ein Land, aus dem Tausende Äthiopier, die sich auf ihr jüdisches Erbe beriefen, nach Israel geflohen sind. Seine eigenen Wunden sind noch kaum verheilt. Und doch verkündet das Timkat-Fest genau dies.

20 DIE VERLORENEN STÄMME

Berichte über Krieg und Hungersnöte waren offenbar die einzigen Nachrichten, die es aus Äthiopien gab. Der Kaiser, der sich in seiner Abstammung auf König Salomo und die Königin von Saba berief, war 1974 gestürzt worden. Er war gefangen genommen worden und dann unter mysteriösen Umständen ums Leben gekommen, wahrscheinlich wurde er ermordet. Der rote Terror hatte Tausende von Menschenleben gekostet, im Norden herrschte Krieg, und entsetzliche Szenen von Verhungern und Tod wurden über das Fernsehen in die ganze Welt übertragen. Inmitten dieses ganzen Entsetzens ereignete sich eine dramatische Flucht. Nach Verhandlungen zwischen der israelischen Regierung und dem äthiopischen Diktator Mengistu Haile Maryam hatten Tausende von Falascha im Gelobten Land Aufnahme gefunden. Schwarze Juden, die viele für einen Verlorenen Stamm Israels hielten, waren im Rahmen von zwei dramatischen Luftbrücken, der Operation Mose und der Operation Salomo, ausgeflogen worden. In einem neuen Exodus hatten wieder einmal Juden Afrika verlassen.

Die Falascha oder *Beta Esrael*, »das Haus Israel«, wie sie sich selbst nannten, wurden oft als Teil des antiken jüdischen Erbes in Äthiopien gesehen. Zusammen mit den von äthiopischen Christen bewahrten Bräuchen wie der Beschneidung, den Essensvorschriften, dem samstäglichen Sabbat und den Tabots, die die Bundeslade symbolisierten, führte man ihren Ursprung gemeinhin bis auf die Tage der aksumitischen Könige zurück.

Doch als sie in Israel waren, kam erstmals die Frage auf, wie jüdisch die Falascha tatsächlich waren. Die Entscheidung war von unmittelbarer religiöser Bedeutung. Wie sollten die Falascha im jüdischen Staat aufgenommen werden? Sie mochten sich für Juden halten, aber wie authentisch war ihre Tradition? Musste irgendein Konvertierungsritual vollzogen werden, ehe sie als »echte« Juden anerkannt werden konnten?

Die Frage war auch von historischem Interesse. Insbesondere durch die Arbeit von Forschern wie Kay Kaufman Shelemay und Steven Kaplan wurde schließlich klar, dass die Falascha in Wirklichkeit christlichen und nicht jüdischen Ursprungs waren. Sie waren eine Fraktion im äthiopischen Kampf, ein Neues Israel in Afrika zu schaffen. Dieser Schluss war höchst umstritten, und da auch die Hautfarbe der Falascha bei manchen Israelis Vorurteile weckte, insbesondere als sehr viele Einwanderer aus der Sowjetunion ins Land zu kommen begannen, löste die These, dass die Falascha in Wirklichkeit nicht jüdisch genug waren, um Israelis zu sein, sehr viel Ärger und Verdruss aus. Dennoch schien dieser Schluss schwer anzufechten zu sein.

Jahrhundertelang waren Reisende und Forscher von dem Eindruck fasziniert, dass das Leben in Äthiopien anscheinend den antiken alttestamentarischen Mustern folgte und dass ein derartiger jüdischer Glaube oder derartige Praktiken, wie sie in Äthiopien zu finden waren, zu verbreitet und zu tief verwurzelt waren, um einfach durch eine Nachahmung der Bibel entstanden zu sein. Es musste in alter Zeit Juden in Äthiopien gegeben haben, auf die dies zurückzuführen war, und die Traditionen bezüglich der Bundeslade hingen, so glaubte man, mit diesem Erbe zusammen.

Ein sonderbarer Aspekt dieser Überzeugung war die Tatsache, dass sie fast ohne jeden Verweis auf die aksumitische Geschichte akzeptiert wurde. Obwohl die Äthiopier in späteren Jahrhunderten von jüdischen oder alttestamentarischen Themen fasziniert zu sein schienen, haben wir dafür keine Belege aus der Zeit des Aksumitischen Reiches. Warum das so ist, dafür mag es Erklärungen geben, aber allein die Tatsache, dass solche Belege fehlen, hätte zumindest den Verdacht wecken müssen, dass diese alttestamentarischen Themen in Äthiopien erst in späterer Zeit Bedeutung erlangten.

Kurios ist ferner, dass man zwar allgemein die Meinung vertrat, die Hingabe, mit der man sich diesen Themen verschrieben hatte, übersteige alles, was aus einer begeisterten Lektüre des Alten Testaments erwachsen könne, aber kaum jemand machte sich die Mühe zu betrachten, was die begeisterte Lektüre des Alten Testaments in anderen Ländern auslöste. Tatsächlich konnte sehr viel daraus erwachsen, und mancherorts kann es die Faszination über die Lade, den Tempel, das mosaische Gesetz und Zion mit dem aufnehmen, was in Äthiopien zu finden ist, oder geht sogar darüber hinaus. Wie ein presbyterianischer Geistlicher unlängst über seine Kindheit schrieb: »Es fällt mir immer noch irgendwie schwer zu sagen, ob ein schottischer Presbyterianer ein alttestamentarischer Christ mit einer Schwerpunktsetzung auf das Gesetz und die Psalmen oder ein neutestamentarischer Jude ist, der am Sabbat – wie es Jesu Brauch war – in seine Synagoge geht.«

Die enorme Anziehungskraft, die der Alte Bund für den Neuen Bund hat, tritt oft in extremen Krisenzeiten zutage. Als die islamischen Armeen im 7. und 8. Jahrhundert über die alten Reiche der Römer und Perser herfielen, standen diese nicht nur vor einer militärischen, sondern auch vor einer spirituellen Krise. Wenn das christliche Reich vor den Armeen eines Propheten aus den Wüsten Arabiens den Rückzug antrat, dann musste Gott zu dem Schluss gelangt sein, dass irgendetwas Schwerwiegendes absolut nicht in Ordnung war. In den Gebieten, die sie eroberten, legten die Muslime eine erklärte Feindseligkeit gegenüber Bildnissen von Christus und den christlichen Heiligen an den Tag. Diese erkennbare Grundhaltung wurde noch unterstrichen, als das Kalifat Münzen ohne Bildnisse, nur mit Zitaten aus dem Koran, ausgeben ließ.

So wie dem König von Juda, Joschija, als er das Gesetzbuch las, mit Entsetzen klar geworden war, dass sein Königreich mit seiner Lebensweise den mit Gott geschlossenen Bund verletzte, so setzte sich nun auch im Byzantinischen Reich der Verdacht durch, dass man eine schreckliche Sünde begangen hatte. Die byzantinischen Armeen zogen mit Bildern ihrer Heiligen in den Kampf. Die islamischen Armeen nicht. Der Sieg gehörte dem Islam. Konnte es sein, dass das Byzantinische Reich sich über das zweite Gebot hinweggesetzt hatte, das Mose auf die Tafel geschrieben und in die Bundeslade gelegt hatte? Waren ihre Ikonen die Bilder, die Gott, als er zu Mose sprach, verboten hatte? Hatte Gott sich deshalb gegen sie gewandt?

Dieser Verdacht stürzte das Byzantinische Reich in ein Chaos, das als der Bilderstreit in die Geschichte einging. Es handelte sich jedoch um keine rein akademische Debatte. Öffentlich ausgestellte Bilder wurden entfernt und zerstört, und Menschenmengen kämpften darum, sie zu retten. Kirchen wurden ihrer Ikonen beraubt. De facto herrschte Bürgerkrieg.

Zu den Verfechtern der Bilderverehrung gehörten der heilige Theodoros, der im Studion-Kloster in Konstantinopel lebte, und der heilige Johannes von Damaskus, der am Hofe der Kalifen diente. Beide waren erbitterte Gegner der Ikonoklasten. Als sie ihre Argumente zur Verteidigung der Bilderverehrung sammelten, die sich schließlich durchsetzen und damit eines der prägnantesten Merkmale der östlichen Kirche werden sollte, orientierten sie sich an der Bundeslade. Gott mochte Götzenbilder verboten haben, als er Mose seine Zehn Gebote übergab. Aber trotz dieses Verbots hatte er nicht nur erlaubt, sondern Mose sogar befohlen, Bildnisse der Cherubim für die Lade anzufertigen, in die seine Gebote gelegt werden sollten.

Der heilige Johannes von Damaskus versuchte dem Grund nachzugehen, warum Gott die Anweisung gegeben haben mochte, Bildnisse von Menschenhand meißeln und auf einem Gegenstand von solcher Heiligkeit anbringen zu lassen. Es liege auf der Hand, argumentierte er, dass niemand wirklich ein Bild von Gott schaffen könne. Er entziehe sich jeder Darstellung. Andererseits könne die geschaffene Welt nicht angebetet und an Gottes Stelle verehrt werden, als sei sie in Wirklichkeit Gott selbst. Die Cherubim wären Teil der geschaffenen Welt und deren Grenzen und Schranken unterworfen. Da sie jedoch in demütiger Unterwerfung als Zierde vor dem göttlichen Thron dargestellt würden, sei es legitim, sie abzubilden. Es sei in Wahrheit sehr wohl schicklich, dass ein Bildnis der himmlischen Diener über dem Abbild der göttlichen Mysterien erscheine, womit er die Lade meinte, den Stab Aarons und die Sühnplatte, die allesamt von Menschenhand gemacht waren.

Der heilige Theodoros argumentierte mit einem Zitat von Theodoros von Antiochia: Wir sollten jedem Häretiker, der behauptet, dass wir keine von Hand geschaffenen Bildnisse von Heiligen verehren sollen, oder der diese Bildnisse als Götzenbilder anprangert, sagen, dass die Cherubim, die Sühnplatte, die Lade, der Stab Aarons und die Tafel, die der Prophet Mose schuf, verehrt wurden, obwohl auch sie alle von Menschenhand gemacht waren.

Die Lade ließ sich für eine Argumentation in eine völlig andere Richtung benutzen, und nachdem sich die westliche Kirche bemüht hatte, die Leidenschaften im Osten zu verstehen, gelang ihr dies auch. Die Lade scheint jedenfalls Teil der allgemeinen Faszination vom Alten Testament gewesen zu sein, die beim fränkischen Klerus festzustellen war.

Als Pippin III. König des Fränkischen Reiches wurde, holte sich der Klerus aus der Bibel Anleitungen, was er zu tun hatte. Das Alte Testament beschrieb die Salbung der Könige Israels durch Priester und Propheten, und so wurde Pippin III. 751 vom fränkischen Klerus gesalbt. Die Geistlichen orientierten sich an der in der Bibel festgehaltenen Geschichte als Vorbild für die fränkische Geschichte. Den Franken war es vom Schicksal beschieden, so glaubten sie, ein Neues Israel zu werden.

Etwa 50 Jahre später wurden in der Gegend von Soissons, wo Pippin zum König gewählt und gesalbt worden war, dann auch erstmals einem Geistlichen bei seiner Priesterweihe die Hände gesalbt. Dies war ein Novum in Nachahmung des alttestamentarischen Vorbildes. Die Salbung war in Rom nie praktiziert worden. Karl der Große versuchte, sie wieder abzuschaffen, der fränkische Klerus erdachte jedoch immer kompliziertere Salbungsrituale nach dem alttestamentarischen Vorbild, bis es ihm im 10. Jahrhundert dann schließlich auch gelang, diese in Rom durchzusetzen.

Theodulf, der künftige Bischof von Orléans, hatte 793 den Auftrag, eine ausführliche Antwort auf den Erlass des 787 einberufenen Konzils von Nizäa zum Bilderstreit vorzubereiten. In seiner Abhandlung widerlegte er detailliert beide östlichen Positionen: sowohl die Position derjenigen, die Ikonen verehrten, als auch derjenigen, die sie für Götzenbilder hielten. Die Abhandlung wurde vor Karl dem Großen verlesen,

und auf der Handschrift ist noch immer der Vermerk seiner Zustimmung zu sehen.

Wieder einmal spielte die Bundeslade eine zentrale Rolle. Theodulf
sah Gott als einen fernen König, getrennt von den Geschöpfen, die er
aus großer Distanz geschaffen habe. Der Abgrund zwischen Gott und
dem Menschen sei nur durch Gottes Willen zu überbrücken. Es gebe
keine ununterbrochene Kette von Symbolen, die die sichtbare und die
unsichtbare Welt miteinander verbinden und über die der Mensch zu
Gott aufsteigen könne. Es seien seine Gebote, durch die Gott sich
offenbare, und sein größtes Geschenk an das Menschengeschlecht sei
das Gesetz. Auch wenn es nur wenige sichtbare Zeichen gebe, auf die
wir uns stützen könnten, so sei das Größte davon doch die Bundeslade,
in der das Gesetz aufbewahrt worden sei.

Theodulf zufolge war die Lade einzigartig und schimmerte geradezu
von Ehrfurcht gebietenden und unvergleichlichen Mysterien. Als Bezalel sie anfertigte, hatte er sich dabei nicht auf seine eigene Fantasie, sondern auf den Willen Gottes gestützt. Er war vom Geist Gottes erfüllt, als
er die Lade aus Holz und Gold herstellte. Als Kunstwerk hatte die Lade
nichts mit der willkürlichen Natur von Ikonen zu tun, die von der
menschlichen Fantasie erdacht wurden. Die Gemälde aus den Werkstät-
ten der kaiserlichen Hauptstadt Konstantinopel waren nicht mit der Bundeslade vergleichbar, die durch den Geist Gottes geschaffen worden war.

Als Theodulf in St. Germain-des-Prés seine eigene Kapelle baute, ließ
er ein Bild der Bundeslade in der Mosaik-Apsis über dem Altar unterbringen. Eine byzantinische Kirche hätte normalerweise ein Mosaik von
Christus und den Heiligen als Offenbarung Gottes in Menschenform erhalten. Die Ikonoklasten hätten die Umrisse eines Kreuzes bevorzugt,
wie sie heute in der Kirche der heiligen Irene in Konstantinopel noch zu
sehen sind – ein schlichtes Bild, das die essenzielle Wahrheit der christlichen Lehre übermittelte, ohne Zuflucht zu menschlichen Formen zu
nehmen. Für Theodulf war es jedoch die Lade, die die Gegenwart Gottes
und die essenziellen Elemente des Glaubens übermittelte.

In Frankreich wurde die Lade noch einmal in der königlichen Klosterkirche Saint-Denis dargestellt, und zwar im Rahmen des ehrgeizigen Vorhabens von Abt Suger, der mit dem Bau der Klosterkirche im 12. Jahrhundert den Anstoß für die Entwicklung des gotischen Baustils gab. Suger war ein außergewöhnlicher Mann, ein Dichter, Theologe und Kunstförderer. Er wurde der Vater der französischen Monarchie genannt, und er hinterließ einen Bericht über seine Intentionen beim Bau der Klosterkirche, der eindeutig seine Verbundenheit mit der platonischen Mystik erkennen ließ, deren erklärter Anhänger auch der heilige Denis gewesen sein soll.

Die Klosterkirche wurde als neuer Berg Zion erbaut, die Freude der ganzen Erde, und sie offenbarte eine Mystik von Königen, die als Erben des Geschlechts David herrschten. In einer der Kapellen drängt, um es mit den Worten Sugers selbst zu sagen, ein hohes Fenster aus Buntglas uns, vom Materiellen zum Immateriellen aufzusteigen. Es zeigt unter anderem die von einem Kreuz überragte Bundeslade. Die Lade ist das Fundament des christlichen Altars, und Suger lieferte dazu, quasi zur Erklärung, selbst einen Vers: »Auf der Bundeslade wird der Altar mit dem Kreuz Christi errichtet. Hier möchte das Leben unter einem größeren Bund sterben.« Die Lade ist von den vier Cherubim umgeben, die in der Vision Ezechiels und nochmals in der Offenbarung des Johannes vorkommen.

Die Geschichte des Alten Testaments konnte hochinteressant sein für Völker, die außerhalb oder im Randbereich des Römischen Reiches und seiner klassischen Traditionen lebten, aber das von Theodulf so sehr bewunderte mosaische Gesetz wurde auch in der Renaissance im Zuge der Wiederentdeckung klassischer Quellen mit neuem Interesse studiert. Nach der Reformation setzte in Europa eine ernsthafte Debatte darüber ein, ob das mosaische Gesetz nach wie vor Gültigkeit hatte. Martin Luther betrachtete die Gesetzgebung des Alten Testaments für Christen als nicht verbindlich, Calvin stimmte darin mehr oder weniger mit ihm überein. Als Piscator jedoch Anfang des 17. Jahrhunderts einen Kommentar zum Buch Exodus verfasste, behauptete er, viele der mosaischen Gesetze seien nach wie vor in Kraft.

Einige Jahre später griffen britische Radikale, die so genannten Quintomonarchisten, zu den Waffen, um ein Königreich Gottes auf Erden durchzusetzen. Sie hofften nicht auf eine Rückkehr ins Paradies, sondern darauf, das im Buch Daniel verkündete fünfte, göttliche Reich errichten zu können. In diesem Reich sollten die dazu Auserwählten nach dem mosaischen Gesetz herrschen.

Bei den englischen Puritanern und bei denen, die nach Neuengland auswanderten, konnte die Einhaltung der alttestamentarischen Gesetze extreme Formen annehmen. In den 1648 veröffentlichten *Laws and Liberties of Massachusetts* (Gesetze und Rechte von Massachusetts) waren 15 Verbrechen aufgelistet, für die die Todesstrafe verhängt werden sollte, und jedes davon konnte mit einem entsprechenden Pendant im mosaischen Gesetz belegt werden.

Mit diesem Interesse am mosaischen Gesetz war oft auch ein Interesse an der Wiederbelebung der Bündnisse des Alten Testaments verbunden. Der englische Übersetzer William Tyndale, dessen Werk die Grundlage für die Bibelausgabe von König Jakob I. darstellte, war der Überzeugung, dass das mosaische Gesetz im wahrsten Sinne des Wortes noch immer in Kraft war, und gegen Ende seines Lebens war auch bei ihm eine Faszination durch den Bund feststellbar. 1537 zelebrierten Calvin und seine Anhänger ihren Triumph in Genf mit einer öffentlichen Feier, bei der die Bürger schworen, neben den Gesetzen der Stadt die Zehn Gebote zu befolgen. Calvin schien die Stadt zu einer auf den Bund eingeschworenen Gemeinschaft machen zu wollen.

1591 erklärte George Gifford, dass »Gott seinen Bund der Gnade in England eingesetzt hat, da die Nation Englands sich zu Jesus Christus bekannt und alles mit dem Siegel des Bundes besiegelt hat«. Abkommen auf der Grundlage des Alten Testament sind auch im Mayflower-Pakt zu finden, den die Pilgerväter bei ihrer Ankunft in Plymouth, ihrem eigenen Gelobten Land in Massachusetts, schworen; genauso im Scottish National Covenant von 1638 sowie in dem 1643 zwischen England und Schottland proklamierten Solemn League and Covenant. Schottland und England, so beschloss man, seien als Israel und Juda zu verstehen, als das nördliche und das südliche Königreich, das ursprünglich ein Volk gewesen und dann durch die Geschichte getrennt worden war.

Die englische Faszination von Bündnissen und vom Alten Testament im Allgemeinen nahm während der englischen, der so genannten Puritanischen Revolution (1642) noch weiter zu. Im Unterschied zur Französischen und Russischen Revolution hatte sie keine Vorläufer, und angesichts der politischen Situation, mit der die Männer und Frauen nach 1640 konfrontiert wurden, suchten sie in ihrer Situation nach einer Orientierungshilfe. Seit 100 Jahren lag die Bibel in englischer Übersetzung vor. Und viele glaubten, wenn sie die Prophezeiungen verstünden, könnten sie auch ihr Schicksal verstehen. Diese Überzeugung war besonders häufig in kaum oder mangelhaft gebildeten Bevölkerungsteilen anzutreffen – und Mitte des 17. Jahrhunderts war die hohe Zeit der »Laienprediger«, von Autodidakten, die die Bibel nach ihren eigenen Inspirationen interpretierten. John Bunyan, noch immer durch sein weit verbreitetes Erbauungsbuch *Pilgrim's Progress* (Die Pilgerreise) berühmt, war einer dieser Prediger. Diese Überzeugung war jedoch nicht auf solche Personen beschränkt. John Milton, Isaac Newton und andere denkbar hoch intelligente und hoch gebildete Männer gingen wohl mit ihnen einig.

Die Heilige Schrift wurde, was durchaus natürlich erscheint, als eine Geschichte vergangener Taten aufgefasst. Darüber hinaus wurde sie auch als ein Leitfaden für künftige Ereignisse und selbst für die aktuellen politischen Auseinandersetzungen verstanden. So glaubte man, dass die Geschichte des Parlaments in den schwierigsten Jahren der Revolution durch das Buch der Offenbarung und die Propheten des Alten Testaments vorbestimmt sei.

Der Glaube, dass die Bibel und insbesondere das Alte Testament einen Schlüssel für die verzweifelten Zeiten bereithielt, in denen die Engländer sich befanden, führte zu jener Art von Verkündigung, die wir vielleicht in Äthiopien erwarten würden. England wurde mit Zion gleichgesetzt, und die Engländer glaubten, sie seien ein Auserwähltes

Volk, die Erben der Israeliten des Alten Testaments. Ihre Kämpfe waren nach Tausenden von Jahren einfach eine Wiederholung der Kämpfe der Israeliten. 1645 erklärte Richard Byfield vor dem Unterhaus: »Die heutige englische Nation ist Gottes Zion.« In einer Predigt, die William Bridge zu Beginn des Bürgerkrieges vor den parlamentarischen Soldaten hielt, erklärte er ihnen: »Sie kommen jetzt aus Ägypten heraus (wegen des römischen Aberglaubens, und diese Abteilung wird Ägypten, Sodom, Babylon genannt) ... ins Gelobte Land.« John Rogers beschrieb Oliver Cromwell 1653 als einen zweiten Mose, »den großen Befreier seines Volkes ... aus dem Haus Ägyptens«.

Die Anhänger John Wycliffes griffen Bildnisse in den Kirchen an und wollten sie durch die in englischer Sprache geschriebenen Zehn Gebote ersetzen. Dies entwickelte sich zu einer allgemeinen anglikanischen Praxis, und das Anstreichen der Wände war zum Großteil auf elisabethanische Bischöfe und nicht auf puritanische Vandalen zurückzuführen.

Die Überzeugung, dass man ein alttestamentarisches Leben führen könne, verbreitete sich in ähnlicher Weise auch in Deutschland. 1534 versammelten sich in Münster die Anabaptisten, Anhänger von Thomas Müntzer, der eine Lehre vom »inneren Licht« propagierte, ähnlich der, die ein Jahrhundert später die Quäker in England übernehmen sollten. Seine Anhänger hatten ursprünglich die Hoffnung, die Vollkommenheit Adams vor dem Sündenfall wiederzuerlangen, aber ihre Ideale gingen bald vom Paradies zum Israel Davids, Salomos und der Makkabäer über. Die Anabaptisten sollten kriegerische Heilige in einem Neuen Israel sein. Das Böse musste mit Waffengewalt vernichtet werden, und Müntzer sah sich selbst als Gideon, der das Volk in den Kampf führte.

Ein Jahrhundert nachdem die Anabaptisten in Münster durch die Obrigkeit zerschlagen worden waren, konzentrierten sich ehrgeizigere Versuche, das Alte Testament zur Richtschnur des Lebens zu erheben, auf England. Nachdem der deutsche Dominikaner Martin Bucer England besucht hatte, veröffentlichte er 1550 unter dem Titel *Concerning the Kingdom of Christ* (Über das Königreich Christi) seine Gedanken über die englische Reformation. Er beschrieb die Könige Englands als die alttestamentarischen Könige David, Salomo, Ahas, Hiskija und Joschija. Die Zehn Gebote sollten seiner Meinung nach die Grundlage sowohl des bürgerlichen Gesetzbuches wie des kirchlichen Gesetzes sein. Die Vorschriften des Alten Testaments, wonach für Gotteslästerung und andere Delikte die Todesstrafe verhängt wurde, sollten nach wie vor Gültigkeit haben. Bucer berief sich mehrfach auf Vorschriften aus dem Deuteronomium und verlangte, dass der alttestamentarische Sabbat am christlichen Sonntag gehalten werde.

Bei der Krönung von Eduard VI. bezeichnete Erzbischof Cranmer den jungen Herrscher als neuen Joschija. Wie der reformerische König des Alten Testaments werde er die Götzendienerei und die Tyrannei des Papsttums zerschlagen. Dieses Bild blieb auch unter seinen Nachfolgern erhalten. Während der Herrschaft von Elisabeth I. wurden die reformerischen Könige des Alten Testaments als Vorbilder für die christliche Monarchie angeführt und deren Sorge um die Leviten und Priester als Leitbild für die Königin gesehen, sich der Geistlichen anzunehmen.

Eine der ausführlichsten Beschreibungen Elisabeths als alttestamentarischer Monarchin veröffentlichte nach ihrem Tod der Puritaner William Leigh. David war der Geringste und Letzte aus dem Haus seines Vaters, meinte er, genau wie Elisabeth aus dem ihres Vaters. David war von Jugend auf verfolgt worden, und so auch Elisabeth. Saul war ein König, der David feindlich gesinnt war, und genauso war Maria Stuart eine Königin, die Elisabeth feindlich gesinnt war. David hatte sich in den Bergen bei En-Gedi versteckt gehalten, während Elisabeth in Woodstock im Gefängnis war. Doeg hatte David bei Saul denunziert, und Gardiner denunzierte Elisabeth bei Maria. David hatte sich gegenüber Saul für unschuldig erklärt, genau wie Elisabeth gegenüber Maria. Saul hatte, von einem bösen Geist befallen, im Zorn, während David auf der Zither spielte, beschlossen, diesen töten zu lassen. Und Winchester hatte, während Elisabeth im Gebet versunken war, in seinem Pfaffengeist beschlossen, sie ermorden zu lassen. David hatte bei Achisch, dem König von Gat, Mitleid gefunden, der für ihn ein Fremder und ein Feind seiner Religion war. Elisabeth fand bei Philipp II. von Spanien Mitleid, der ein Freund von ihr, aber ein Feind ihrer Religion war. Im Rahmen dieser Gleichsetzung Elisabeths mit David verwies Leigh auch auf die Bundeslade: »David ließ die Lade durch die Leviten in seine Stadt bringen. Desgleichen lässt Königin Elisabeth durch eine großartige Geistlichkeit die Religion ihres Christus ins Herz all ihrer Königreiche bringen.«

Und als ob das Beispiel Davids noch nicht genügt hätte, verglich Leigh Elisabeth auch noch mit Josua und identifizierte England mit Israel: »Für einen so guten Gott, einen so gnädigen Herrscher, eine so große Fülle ... Wenn Gottes Segnungen, die himmlischen wie die irdischen, nicht alle für Moab, Amon oder den Berg Seir sind, sondern für den Berg von Gottes Heiligkeit, Israel, England und den Berg Zion.« Dann konstruierte er einen noch verwegeneren Vergleich zwischen Elisabeth und Hiskija und setzte die papistischen Feinde Englands mit Sanherib, dem König von Assur, und mit Amon, Gebal und Edom, den »römischen Edomitern«, gleich. Mithilfe Gottes würden Jerusalem und England diese unter der Führung Hiskijas und Elisabeths gewiss besiegen.

Solche alttestamentarischen Vorstellungen waren jedoch nicht nur bei den Puritanern verbreitet. Die etablierte Kirche war sogar noch begeisterter, nachdem sie festgestellt hatte, dass man mit ihnen beweisen konnte, dass Heinrich VIII. legitimiert war, die englische Kirche von Rom zu lösen. Der Klerus verdeutlichte immer wieder das Supremat der Krone gegenüber der Kirche, indem er darauf verwies, dass die alttestamentarischen Könige den Tempel in Jerusalem unterstützt und die Reinheit des Glaubens verfochten hatten. Bischof Jewel berief sich auf David, Salomo und die reformerischen Könige als Monarchen, die die für Priester maßgebenden Grenzen festgelegt hatten, während John Overall im ersten Band seines *Convocation Book* (Versammlungsbuch) auf das Alte Testament zurückgriff, um das Herrschaftsrecht des göttlich gesalbten Prinzen zu demonstrieren.

Der berühmte Theologe und Prediger Lancelot Andrewes benutzte das Alte Testament für dasselbe Ziel und sprach über die darin enthaltenen Textstellen anlässlich der Gedenkfeier der Pulververschwörung. Er verwies auf Davids Sorge um die Lade und auf Salomos Tempelbau als Beispiele für die Rechte und Pflichten der Könige, Änderungen in religiösen Bereichen herbeizuführen.

Den Engländern war es im Übrigen ein besonderes Anliegen, die alttestamentarischen Sabbatgesetze auf den Sonntag zu übertragen. Die Pflege des christlichen Sabbats war auch auf dem europäischen Festland zu finden, aber in England wurden die Vorschriften besonders streng und über einen langen Zeitraum hinweg eingehalten. Dies war insbesondere im 18. Jahrhundert populär, und das 1781 erlassene Gesetz zur Heilighaltung des Tages des Herrn ist auch über zwei Jahrhunderte später im öffentlichen Leben noch in Kraft.

Auch wenn die Restauration von 1660 das Ende mancher allzu überspannten Forderungen, ein Leben gemäß der biblischen Offenbarung zu führen, bedeutete, verschwanden sie nicht ganz aus dem öffentlichen Leben in England, sondern überdauerten besonders nachdrücklich in Dissenterkreisen. Eine der berühmtesten englischen Prophetinnen, Joanna Southcott, wurde 1750 geboren, und als sie anfing, Stimmen zu hören, schloss sie sich einer methodistischen Glaubensgemeinschaft an. Nachdem sie erklärt hatte, sie sei ein Werkzeug göttlicher Vorsehung, wurde sie ausgeschlossen. Sie begann dann jedoch, ihre Prophezeiungen aufzuschreiben und wurde von William Sharp, einem Graveur und Freund des Dichters und Künstlers William Blake, nach London gebracht.

1794 befahl der »Geist« ihr, ihre Schriften in einer großen Kiste einzuschließen und zu versiegeln, die erst nach 120 Jahren geöffnet werden dürfe. Die so genannte »Joanna-Southcott Kiste« oder »Die Lade des Neuen Bundes« war aus Eiche und wurde mit Kupfernägeln, Bolzen und einem Strick versiegelt. Sie sollte in Gegenwart von 24 Bischöfen geöffnet werden. Und nachdem der von der Prophetin festgelegte Zeitraum verstrichen war, versuchten ihre Anhänger, eine entsprechende

Anzahl von Bischöfen zu versammeln, allerdings ohne Erfolg. Selbst heute noch behauptet die Panacea Society, die Lade in Verwahrung zu haben, und schaltet entsprechende Anzeigen in der nationalen Presse. Danach werden die Geheimnisse, die wir kennen müssen, um auf das Kommen des Messias vorbereitet zu sein, in der Lade aufbewahrt, und solange die Bischöfe sich nicht bereit erklären, endlich zu ihrer Verantwortung zu stehen und zusammenzukommen, um die Kiste zu öffnen, werden in England Sittenlosigkeit und Verbrechen weiter um sich greifen.

Die Reformation und die Puritanische Revolution waren noch in vollem Gange, als die Engländer begannen, in die Kolonien der Neuen Welt auszuwandern, viele aus ausdrücklich religiösen Gründen. Die Puritaner Neuenglands hatten unmissverständlich ein alttestamentarisches Lebensverständnis. Sie hatten, nachdem sie ihr Heimatland verlassen hatten, um der religiösen Verfolgung zu entkommen, eine gefährliche Reise über den Ozean gewagt und in der Neuen Welt mit der Natur und den Indianern zu kämpfen. Dies wurde mit dem Exodus verglichen, der Flucht aus Ägypten, um der Sklaverei zu entkommen, der Wanderung durch die Wüste, dem Kampf mit der Schlange in der Wüste und so weiter und so fort. Das konnte verheerende Folgen haben. Die Puritaner machten sich die gleiche Sicht des Bundes wie Joschija, der König von Juda, zu eigen und bestanden entsprechend darauf, dass die indianischen Völker ihre traditionelle Kultur aufgaben und puritanische Maßstäbe übernahmen, da Gott sonst der ganzen Gemeinschaft mit Vernichtung drohte.

In der Neuen Welt nahm die israelitische Anschauung immer weiter zu, wurde detaillierter und umfassender. 1740 wurden in Vermont drei Mitglieder einer zionistischen Bruderschaft zu Priestern geweiht und in den alten Orden des Melchisedek aufgenommen. Wenn sie Taufen vornahmen, trugen sie Priestergewänder mit einem speziellen Brustharnisch.

Diese Art der Begeisterung war jedoch nicht auf sektiererische Exzentriker beschränkt. 1776 machte Benjamin Franklin den Vorschlag, auf dem Großsiegel der Vereinigten Staaten Mose mit seinem erhobenen Stab und die im Roten Meer untergehende ägyptische Armee darzustellen. Ägypten symbolisierte eindeutig das britische Imperium, das Rote Meer den Atlantik und Georg III. den verruchten Pharao. Thomas Jefferson schlug in Erinnerung an denselben Exodus ein anderes Symbol für das Großsiegel vor: die Szene, wie die Israeliten bei ihrer Wanderung durch die Wüste den Wolken- und Feuersäulen folgten, die Gott ihnen zu ihrer Führung geschickt hatte und die sich über dem Offenbarungszelt und der Bundeslade erhoben. Und als ob dies noch nicht genug gewesen wäre, wurde auch noch diskutiert, ob Hebräisch nicht die ideale Sprache für das neue Auserwählte Volk von Amerika sei.

Die Mühsale dieses zweiten Exodus waren nicht weniger entsetzlich als die des ersten. 1777 verglich ein Prediger in New Haven die neuen Kolonisten mit den Israeliten, als diese begannen, sich über die Prüfungen zu beklagen, mit denen sie in der Wüste konfrontiert waren:

»Wie schnell verlässt uns unser Glaube, und wir fangen an, gegen Mose und Aaron zu murren, und wünschen uns wieder nach Ägypten zurück, wo wir wenigstens einige Annehmlichkeiten des Lebens hatten, die uns heute vorenthalten werden? – und berücksichtigen nicht, dass ... jede Befreiung mit großen Nöten und Kümmernissen verbunden ist ...«

1789 begann ein Prediger namens Nathanial Wood vor kleinen Versammlungen zu sprechen, aus denen die Sekte der Neuen Israeliten hervorging. Sie behaupteten, sich auf eine direkte Abstammung von den Verlorenen Stämmen Israels berufen zu können, und begannen mit der Arbeit an einem Tempel. Und sie fingen auch an, nach Gold zu suchen, »um die Straßen von Jerusalem zu pflastern«.

1823 veröffentlichte Ethan Smith in Amerika ein Buch mit dem Titel *View of the Hebrews, or the Tribes of Israel* (Überblick über die Juden oder die Stämme Israels). Gerüchte über mysteriöse Entdeckungen waren in Umlauf gekommen – über einen Schatz, der im Boden entdeckt worden war und darauf schließen ließ, dass es sich bei den amerikanischen Indianern um die Verlorenen Stämme Israels handeln könnte.

Und inmitten derartiger Spekulationen behauptete Joseph Smith, im Boden die Goldplatten gefunden zu haben, die das *Buch Mormon* enthielten. Die von ihm begründete Mormonenkirche, die Kirche der »Heiligen der letzten Tage«, setzte es sich zum Ziel, in Amerika ein neues Zion aufzubauen, und sie sollte seit dem Aufkommen des Islam die erfolgreichste Religion werden. 1832 begannen die »Heiligen«, sich als die direkten Nachfahren der alten Israeliten zu bezeichnen, und Joseph Smith erklärte, dass »ganz Amerika, vom Norden bis zum Süden, Zion« sei.

Als Teil ihres Plans, ein neues Zion zu bauen, setzten die »Heiligen der letzten Tage« auch die alttestamentarische aaronitische und melchisedekische Priesterschaft wieder ein. Bei der Planung für einen Tempelbau griffen sie auf die Berichte der Freimaurer über den Tempel Salomos zurück. Viele der ersten in die neue Kirche Übergetretenen waren Freimaurer, und das Mormonentum wurde als »die wahrhaftige Freimaurerei« bezeichnet. Nach ihren eigenen Überlieferungen ist die Freimaurerei so alt wie der Tempel Salomos, wobei Aufzeichnungen vor der Aufnahme Elias Ashmoles im Jahr 1646 allerdings kaum zu finden sind. Jede Freimaurerloge stellt einen wiedererschaffenen Tempel Salomos dar, und aus den Unterlagen der Freimaurer dürften die »Heiligen« eine Fülle an Informationen über den Tempel und seine Bedeutung bezogen haben.

Der Tempel war ein Thema, das in europäischen Gelehrtenkreisen starkes Interesse fand und zu einer ernsten Debatte führte, was darunter zu verstehen sei. An der Diskussion beteiligten sich Idealisten ebenso wie Historiker, wobei Letztere sich in ihren Ansichten strenger am Alten Testament orientierten und den Tempel eher als ein bescheidenes Bauwerk denn als die große Quelle kosmischen Wissens sahen, die er in den Augen ihrer Kontrahenten war.

Isaac Newton schrieb eine Abhandlung über den Tempel Salomos, um die Vision vom himmlischen Tempel zu erklären, über die der heilige Johannes im Buch der Offenbarung berichtet hatte. Um die Prophezeiung deuten und ihre verschlüsselten Botschaften entziffern zu können, so glaubte Newton, sei es von entscheidender Bedeutung, den Tempel in all seinen Einzelheiten zu verstehen.

Für Newton war die ganze Welt der Tempel Gottes. Ein Naturphilosoph war somit eine Art Priester. Er sah auch die religiösen Riten vor einem kosmischen Hintergrund. Die Prozessionen der ägyptischen Priester offenbarten nach Newtons Meinung, dass die Wissenschaft von den Sternen der Kern ihrer Theologie war. Die Priester der Hebräer umkreisten das Feuer, wenn sie sich dem Altar näherten, und entzündeten sieben Lampen, die die Planeten auf ihrer Umlaufbahn um die Sonne darstellten.

Nach Newtons Überzeugung waren die Griechen und Römer dem ägyptischen Irrtum verfallen, die Sterne und Planeten so anzubeten, als seien sie Götter. Die Israeliten hatten sich nicht in gleichem Maße irreleiten lassen, die Propheten hatten sie zur Rückbesinnung auf den wahren Glauben aufgerufen. Deshalb fand Newton die altisraelitische Architektur als zuverlässigste Darstellung des Kosmos hoch interessant.

Mit dieser Überzeugung gehörte er nach der Reformation einer weit verbreiteten Bewegung zum Wiederaufbau des wahren Tempels an, die sich in weiten Teilen auf die Vision Ezechiels stützte. Da die Vision des Propheten göttlich inspiriert war, folgte sie den wahren Mustern des Himmels. Insbesondere ließen Architekten sich von der Idee einer sechsten architektonischen Ordnung faszinieren, die die anderen mit einschloss und die Harmonien des Universums klarer zum Ausdruck brachte. Sie glaubten, dass sie direkt von Gott inspiriert war, als er Salomo angewiesen hatte, den Tempel zu bauen. Ihre Hoffnung lag in der Überzeugung, dass wahre Schönheit nicht zur Welt der Sinne gehöre. Unter Berufung auf spätantike Philosophen wie Macrobius, Boethius und den heiligen Augustinus unternahmen sie einen umfassenden Versuch, den Tempel nach kosmologischen und ästhetischen Prinzipien zu rekonstruieren. Wie Philo versuchten sie, Platon und die Bibel, das Legat der griechischen Philosophie und der hebräischen Prophezeiung, in Einklang zu bringen.

Sie diskutierten den Tempel vor dem Hintergrund der Zahlenverhältnisse der göttlichen Harmonie und waren überzeugt, dass die von den Pythagoreern beschriebenen Intervalle des Tonsystems im Tempel dargestellt waren. Er war ein Mikrokosmos der Schöpfung, der die Harmonie der Sterne und Planeten demonstrierte. Wie in Philos Beschreibung der Bundeslade war die symbolische Bedeutung des Tempels weitaus größer als die des eigentlichen Bauwerks.

Den ehrgeizigsten Vorstoß unternahm Villalpando, der nachzuweisen versuchte, dass der Tempel Salomos mit dem Tempel Ezechiels identisch sei. Und er behauptete auch, der Tempel Salomos sei mit dem Herodianischen Tempel identisch gewesen, da es nur einen Tempel geben könne. Dies bedeutete, dass er die von Josephus erbrachten Belege wegdiskutieren und einen findigen Kompromiss zwischen den verschiedenen Beschreibungen in der Bibel entwerfen musste – eine Aufgabe, die umso komplizierter war, da Ezechiel zwei Maßsysteme verwendet hatte. Bei dem größeren kam ein Tempel heraus, der 36-mal größer als der kleinere war.

Bevor Villalpando sich dem Tempel zuwandte, beschäftigte er sich mit dem Offenbarungszelt. Er erstellte eine Zeichnung, um zu zeigen, wie die zwölf Stämme Israels in Form eines kompassgerecht nach den vier Himmelsrichtungen ausgerichteten Quadrats um die Bundeslade herum angeordnet waren. In diesem Quadrat stellte er sich ein weiteres Quadrat vor, das aus den vier Lagern der Leviten bestand, die wiederum um das Zelt mit der Lade gruppiert waren.

Da der Tempel auf der Grundlage des Offenbarungszeltes entstanden war, ging Villalpando davon aus, dass auf seiner äußeren Umgrenzungslinie zwölf Steinmale gestanden haben mussten, die den zwölf Stämmen Israels entsprachen. Vier innere Steinmale entsprachen den Lagern der Leviten. Diese waren für ihn Symbole der sublunaren Welt der vier Elemente, während die zwölf äußeren Steinmale ein Abbild des Tierkreises darstellten.

Er war auch der Überzeugung, dass der Tempel in Zusammenhang mit dem menschlichen Körper zu sehen war, als ein Mikrokosmos – ein

Modell des Universums. Der Körper wurde durch die vier Körpersäfte definiert, und entsprechend hatte der Tempel vier innere Steinmale. Villalpando folgte dem von Vitruvius postulierten Prinzip, wonach ein Gebäude die Proportionen des menschlichen Körpers reflektieren sollte. In seiner menschlichen Natur verstand er den Tempel jedoch kosmologisch, und er behauptete, Juan de Herrera habe, als er die Zeichnungen zum ersten Mal gesehen habe, ausgerufen, er habe die Hand Gottes in Form von Architektur gesehen.

Villalpando war Mystiker und begeisterter Anhänger der altägyptischen Weisheiten, die nach Ansicht der Renaissance-Gelehrten in den Schriften von Hermes Trismegistos erhalten geblieben waren. Sein Werk wurde bereits vor der Veröffentlichung von jenen angegriffen, die der Auffassung waren, eine zuverlässige Rekonstruktion solle auf Textkritik und solider Exegese basieren und nicht auf mystischen Spekulationen über eine kosmische Harmonie. An Villalpando wurde auch kritisiert, dass er die jüdischen Quellen außer Acht gelassen hatte, wobei die Komplikationen, wenn man darauf zurückgriff, allerdings nahezu unüberwindlich sein konnten.

Eine weitere Version des Tempels lieferte Perrault, der den Auftrag bekommen hatte, ihn nach der Beschreibung von Moses Maimonides zu rekonstruieren. Perraults Entwürfe sollten als Illustrationen einer Übersetzung der *Mischna Tora* in die lateinische Sprache beigefügt werden. Das Ergebnis sah völlig anders aus als die Rekonstruktion Villalpandos, und wenn er auch oft kritisiert wurde und keinen so nachhaltigen Einfluss hatte, hinterließ Perrault dennoch ein bemerkenswertes Erbe. Er arbeitete als Architekt an der Kapelle, die Ludwig XIV. für Versailles in Auftrag gegeben hatte. Der überarbeitete Plan, den er 1698 für die Kapelle anfertigte, wies die gleichen Elemente auf, die auf seiner Seitenansicht vom Tempel zu sehen sind.

Einen noch erklärteren Versuch, den Tempel wiederzuerschaffen, hatte bereits Philipp II. unternommen, als er 1563 den Escorial, eine monumentale Klosteranlage samt Mausoleum, in der kastilischen Ebene erbauen ließ. Das Bauwerk wurde als »weiterer Tempel Salomos« beschrieben, »den unser Förderer und Stifter in diesem Werk nachzuahmen versuchte«.

Der Escorial sollte jedoch nicht nur eine Nachbildung des Tempels sein, auch Philipp II. selbst wurde mit König Salomo verglichen. In der Widmung einer spanischen Ausgabe des Werkes von Vitruvius heißt es, die Tugenden des alten Königs seien wieder zum Leben erweckt worden: »Wem sollte ein Buch über Architektur gewidmet werden, wenn nicht diesem zweiten Salomo und Prinzen der Architekten? Ihm verdanken sie ihr derzeitiges Wissen und die Wiederherstellung ihrer Kunst, nachdem sie viele Jahrhunderte in Vergessenheit geraten, verfälscht und sogar herabgewürdigt worden war.« Für den Fall, dass es noch irgendwelche Zweifel gab, wie sehr die beiden Könige gleichzusetzen waren, stellte eine von Plantin herausgegebene Illustration von König Salomo den König mit den Gesichtszügen Philipps dar.

Der Escorial sollte keine genaue Nachbildung sein. Die Analogie war eher symbolischer Natur, obwohl zu der Zeit, als die Klosteranlage gebaut wurde, ausdrücklich gewisse Parallelen gezogen wurden. Ihre Aufteilung in Konvent, Palast und Kirche erinnerte, wie es hieß, an die Aufteilung des Tempels. Die Bibliothek der Klosteranlage wurde mit Freskogemälden dekoriert, und an deren Westwand wurde unter »Arithmetica« die Königin von Saba dargestellt, wie sie König Salomo befragte. Bei jedem anderen Gemälde in der Bibliothek ist die Inschrift in lateinischer Sprache. Nur hier ist sie in Hebräisch und gibt einen Vers aus dem Buch der Weisheit wieder: »Du aber hast alles nach Maß, Zahl und Gewicht geordnet.« (Weish 11,20) Salomo spricht zur Königin und deutet dabei auf eine Tafel mit der Zahlenlehre der Pythagoreer.

Die Faszination der Freimaurer durch ein mystisches Ägypten und den Tempel Salomos erwies sich als äußerst fruchtbar. Sie beruhte im Kern auf einem Traum, dem wir noch einmal begegnen werden, auf der Überzeugung, dass der Abgrund zwischen Ägypten und Israel, wonach das eine als Götzendienertum denunziert und das andere als der wahre Glaube verehrt wird, überbrückt werden könne.

Die Freimaurerei hatte im 18. Jahrhundert sowohl in Europa als auch in Amerika starken Einfluss auf Politik und Kultur, ihr Legat hat aber auch in neuerer Zeit populäre Verbreitung gefunden, und zwar in einer Weise, die vor einigen Jahrzehnten noch undenkbar erschienen wäre. Wiederum ist unter Bezugnahme auf die Bibel das Gefühl entstanden, in Zeiten der Offenbarung zu leben. Diesmal geht es dabei jedoch nicht nur um einen Biblizismus, der an die mittelalterlichen Überzeugungen der Äthiopier erinnert, es ist ein Biblizismus, der sich selbst als äthiopisch proklamiert. Bei unserer Geschichte scheint sich somit der Kreis zu schließen.

Im 19. Jahrhundert begannen gebildete Schwarze in der Neuen Welt stolz darauf zu sein, dass Herodot die Ägypter als ein Volk mit dunkler Hautfarbe und Haar wie Wolle beschrieben hatte – als schwarz, mit anderen Worten. Wenn die höchste Zivilisation der Antike schwarz war, dann war die Annahme, dass die weiße Rasse der schwarzen überlegen war, mit Sicherheit falsch. Auf dieser Grundlage behaupteten schwarze Freimaurer, die Freimaurerei sei von Schwarzen erfunden worden und der erste Freimaurer sei ein Ägypter und somit schwarz gewesen.

Als Marcus Garvey 1914 seine United Negro Improvement Association gründete, war er schon geraume Zeit selbst Freimaurer, und er stützte seine neue Organisation auf freimaurerische Grundsätze. Neben einem Interesse am ägyptischen Altertum machte sich in jener Zeit unter schwarzen Schriftstellern und Intellektuellen eine große Begeisterung für Äthiopien breit. Als Ras Tafari 1930 zum Kaiser Haile Selassie I. gekrönt wurde, schickte Garvey ein Telegramm nach Addis Abeba: »Grüße von den Äthiopiern der westlichen Welt.« Darüber hinaus nannte er die Krönung die Erfüllung der biblischen Prophezeiung von einem Prinzen, der aus Ägypten kam, und von Äthiopien, das seine Hände nach Gott ausstreckte.

Jene, die die Puritanische Revolution erlebt hatten, hatten versucht, sie vor dem Hintergrund der Bibel zu erklären, da diese das verbreitetste und maßgeblichste Buch überhaupt war. Auch für jene, die jetzt versuchten, die Unterdrückung der Schwarzen in der Neuen Welt zu erklären, war die Bibel eine Quelle der Inspiration. Sie lebten als ein unterdrücktes Volk, wie die Juden, die von Gott auserwählt worden waren, aber in Ägypten und dann in Babylon gelitten hatten. Der Begriff »Äthiopier« war seit langem auf dunkelhäutige Menschen angewendet worden, egal, woher sie kamen. Abgesehen von Ägypten war Äthiopien das afrikanische Land, das in der Bibel erwähnt und oft in glühenden Worten beschrieben wurde. Die Äthiopier streckten nicht nur ihre Hände zu Gott aus, »ein Kämmerer, Hofbeamter der Kandake, der Königin der Äthiopier« (Apg 8,27), war auch der erste zum Christentum Bekehrte, der in der Apostelgeschichte erwähnt wird.

Die von Ernest Wallis Budge angefertigte Übersetzung des *Kebra Nagast (The Glory of Kings)* lag bereits vor, als Haile Selassie I. gekrönt wurde, und damit hatte man, so es denn überhaupt noch notwendig war, ein durchaus altehrwürdiges Zeugnis über zwei essenzielle Wahrheiten. Haile Selassie stammte von König Salomo ab, und Äthiopien war das wirkliche Zion. Wenn dies beides stimmte, dann mussten, egal, was das *Kebra Nagast* vielleicht noch zu diesem Thema sagte, wahre Israeliten schwarz sein. Weiße Juden waren lediglich Schwindler. In Kreisen, die anfingen, Haile Selassie als Inkarnation Gottes zu verehren, wurde das *Kebra Nagast* als authentische Stimme der biblischen Offenbarung gesehen. Obwohl es kein Exemplar davon in Europa gab, als sich die englischen Übersetzer der Bibel unter der Schirmherrschaft von Jakob I. an die Arbeit machten, ist man heute bei Rastafariern der Überzeugung, der König selbst habe befohlen, das *Kebra Nagast* nicht zu übersetzen, damit die Überlegenheit der weißen Rasse nicht durch die Heilige Schrift infrage gestellt würde.

Jamaikanische Musiker, deren Einfluss jedes Verhältnis zur Einwohnerzahl der Insel sprengte, verhalfen solchen Überzeugungen zu weltweiter Popularität. Bob Marley ist nur einer der berühmtesten Vertreter jamaikanischer Musik. Ein Großteil der auf der ganzen Welt verkauften Popmusik ist ein Derivat der jamaikanischen Neuerung und in mancher Hinsicht mit der Überzeugung der Rastafarier von einem Neuen Zion verbunden, in dem ein schwarzes Israel aus der Unterdrückung Babylons befreit wird und die Prinzen, Priester und Krieger Israels bei der Bundeslade Zuflucht gefunden haben.

Tempel, die wiederum in Europa und Amerika erbaut wurden, Bündnisse, Sabbats und Berufungen auf eine israelitische Abstammung, ein Exodus aus England beziehungsweise der Neuen Welt, David und Hiskija, die auf einem Thron in London saßen..., dies waren nicht nur fiktive Ideen. Sie wurden für real gehalten. England war wirklich in einen Bund mit Gott eingetreten. Amerika war wirklich das neue Zion. Diese Beispiele sind nur eine Auswahl. Sie könnten um Dutzende anderer Quellen, angefangen vom kaiserlichen Hof in Byzanz bis zu den Baumwollplantagen der konföderierten Staaten von Amerika, erweitert werden. Sie bestätigen alle die generative Kraft der biblischen Erzählung. Selbst die nüchternsten Ansprüche auf eine israelitische Abstammung gehen auf die Seiten der Bibel zurück und bedürfen kaum der Unterstützung von anderer Seite.

Man mag dies als ein jüdisches Substrat bezeichnen, es basiert jedoch ganz und gar auf der Heiligen Schrift, und wenn man auch nicht vergessen sollte, in welchem Maße christliche Interpreten des Alten Testaments sich auf hervorragende jüdische Gelehrte stützten, geht dies nicht auf einen direkten Kontakt mit Juden zurück. Die Vielfalt und Intensität, mit denen Ansprüche auf eine israelitische Identität in der ganzen christlichen Welt erhoben wurden, bedeutet, dass man mit der Behauptung vorsichtig sein sollte, die alttestamentarische Natur der äthiopischen Orthodoxie sei auf eine jüdische Präsenz in Äthiopien zurückzuführen. Die Vorstellung, es habe in Äthiopien nie Juden gegeben, ist sicher schwer zu halten, zumal die jüdische Präsenz in Südarabien so evident war. Doch die Bibel selbst liefert auch eine hinreichende Erklärung für das Wesen der äthiopischen Kirche.

Es geht hier nicht einfach um eine Abschweifung in die Kuriositäten der europäischen oder amerikanischen Geschichte. Es wurde behauptet, der Kult der Bundeslade in Äthiopien sei Teil des altjüdischen Erbes. Die ersten Berichte über die Bundeslade aus der Zeit der Zagwe-Dynastie beschreiben aber keinen jüdischen Gegenstand. Sofern die

Darstellung korrekt ist, handelt es sich um einen christlichen Gegenstand. Andernorts war das starke Interesse am Erbe des alten Israel auf eine christliche Lektüre des Alten Testaments und keineswegs auf die Aktivitäten von Personen zurückzuführen, die selbst Juden waren. Wenn dies auch für Äthiopien zuträfe, dann wären die äthiopischen Behauptungen bezüglich der Lade einfacher zu verstehen.

21 DER STAUB DES ORTES, AN DEM SIE VERBORGEN IST

Wenn Villalpando und seine Kritiker darum stritten, welche der kunstvollen und prächtigen Rekonstruktionen des Tempels authentisch waren, stritten sie in Wirklichkeit darum, ob sie Mystiker oder Historiker sein sollten. Wenn sie versuchten, anhand der Bibel oder der alten jüdischen Quellen herauszufinden, wie der Tempel im Einzelnen gebaut war, sollten sie sich dann auf Visionen und Inspirationen oder auf Skepsis und eine sorgfältige Beachtung der Details stützen? Bei ihrer Kontroverse ging es hauptsächlich darum, wie sie an die Belege der früheren Jahrhunderte herangehen sollten, und nicht etwa um die Belege selbst. Auch wenn sie sich für den historischen Ansatz entschieden und der Mystik den Rücken kehrten, mussten sie möglicherweise feststellen, dass die Belege eine mystische und keine historische Wahrheit vermittelten. Für die strenge Messlatte des Historikers gaben sie somit im Zweifel sehr wenig her.

Das Problem, dem sie sich vor vier Jahrhunderten gegenübersahen, ist auch für uns heute noch immer ein Problem. Die Geschichte der Wissenschaft kann eine öde Angelegenheit sein – sogar für viele Forscher –, doch wir müssen darüber Bescheid wissen, wenn wir ernsthafte Nachforschungen über einen alten Beleg anstellen wollen. Ohne die Kenntnis, wer in früheren Jahrhunderten vielleicht den gleichen Versuch unternommen hat, warum er dies tat, auf welche Hindernisse er stieß und was er glaubte, am Ende vielleicht entdeckt zu haben, tappen wir möglicherweise im Dunkeln und wären dazu verurteilt, die Fehler früherer Zeiten zu wiederholen.

Seit zwei oder drei Jahrhunderten arbeiten wir zunehmend mit einer Definition von Wahrheit und Tatsache, die sich im Zuge der wissenschaftlichen und technologischen Revolution herauskristallisiert hat, und wir sind zu der Ansicht übergegangen, dass religiöse Wahrheiten im gleichen Sinne wahr sein sollten. Wir verwerfen sie, wenn wir dann entdecken, dass sie es nicht sind, oder wir beharren darauf, dass sie, egal, was die Skeptiker vielleicht sagen, einfach wahr sein müssen – sei es, weil deren Behauptungen falsch sind, oder einfach, weil das Wort Gottes nicht lügt.

Im Hinblick auf die Bundeslade haben wir es jedoch mit der Durchforstung antiker und mittelalterlicher Texte unterschiedlicher Heiligkeit zu tun. Einige sind zumindest für eine der großen Religionen die Heilige Schrift, während es sich bei anderen um die Chroniken von Königen oder die Aufzeichnungen europäischer Geistlicher handelt. Aber wie dem auch sei, die vorhandenen Belege sind weitestgehend in Büchern erhalten oder basieren auf Büchern. Es sind literarische Belege, und wenn wir auch oft versucht sind zu glauben, dass hinter dem Text eine Welt der harten Fakten steht, die wir aufdecken können, wenn wir nur beharrlich oder einfallsreich genug sind, so ist dies doch nicht immer der Fall.

Als Kaiser Iyasu das Heiligtum in Aksum betrat und den Priestern befahl, die Bundeslade zu ihm zu bringen, stellte der Chronist die nachfolgenden Ereignisse als ein Wunder dar. Die Lade war mit sieben Schlössern versiegelt, und die Priester öffneten eines nach dem anderen. Dies gelang ihnen jedoch nur bei sechsen. Das siebte ließ sich nicht bewegen, und nachdem sie sich schließlich dazu durchgerungen hatten, die Lade ungeöffnet zum Kaiser zu bringen, löste sie von sich aus das siebte Siegel und öffnete sich aus eigenem Willen vor Iyasu.

In der Offenbarung des Johannes sah der Seher den flammenden Wagenthron mit den Cherubim, die die Sühnplatte der Bundeslade schmückten und im Allerheiligsten des Tempels ihre Flügel über die Lade ausbreiteten, die auf Geheiß König Salomos dorthin gebracht worden war. Auf dem Thron saß eine rätselhafte Gestalt, die in der rechten Hand eine mit sieben Siegeln verschlossene Buchrolle hielt. Mit lauter Stimme fragte ein Engel, ob irgendjemand würdig sei, die Siegel zu lösen und die Buchrolle zu öffnen. Aber niemand im Himmel oder auf Erden oder unter der Erde war imstande, das Buch zu öffnen oder zu sehen, was darin geschrieben stand, und der Seher weinte, weil niemand dazu für würdig befunden wurde. Dann sagte einer der Ältesten zu ihm: »Weine nicht! Gesiegt hat der *Löwe* aus dem Stamm *Juda, der Spross aus der Wurzel* Davids; er kann das Buch und seine Sieben Siegel öffnen.« (Off 4,1–5,5)

Als Iyasu den äthiopischen Thron bestieg, hatten die Kaiser nicht nur angefangen, sich auf die Abstammung von König Salomo und dem Haus David zu berufen, sondern auch, sich als »Siegreicher Löwe des Stammes Juda« titulieren zu lassen. Der Chronist bezog sich somit auf den König, dem es vorbehalten war, die unermessliche Größe des Lammes Gottes nach dem Buch der Offenbarung zu erfüllen – er war derjenige, der erwählt war, alle Siegel zu lösen und die erstaunlichen Geheimnisse der Letzten Tage zu enthüllen. Wem es verstiegen vorkommt, den König mit Christus selbst zu vergleichen, der sollte nicht vergessen, dass sie als Verwandte galten, beide Nachfahren aus demselben Haus David waren. Und es sollte auch nicht vergessen werden, dass Chronisten ihr Werk mitunter einem kritischen und höchst interessierten Publikum vorzulesen hatten: dem Sohn und Nachfolger des verstorbenen Kaisers.

Wenn der Bericht über Iyasus Begegnung mit der Bundeslade so eindeutig auf das Buch der Offenbarung und die darin enthaltene Vision von der versiegelten Buchrolle zurückgreift und er so offenkundig zur Verherrlichung des verstorbenen Kaisers verfasst wurde, ist er dann unglaubwürdig? Ist alles einfach nur ein frommer Schwindel?

Der Bericht ist natürlich nicht das einzige Beispiel. Wir haben bereits erfahren, dass Abu Salih bezüglich der Lade Lalibelas schrieb, sie sei von Männern mit weißer und roter Hautfarbe und goldenem Haar getragen worden. Diese Beschreibung hat zu fantastischen Theorien über Kreuzfahrer im Hochland von Lasta geführt, dabei sind diese Bemerkungen völlig verständlich, wenn man die Beschreibung Salomos im Hohen Lied gelesen hat. Das äthiopische Königshaus erhebt den Anspruch, vom Haus David abzustammen, und die Vorfahren der Priester waren mit dem Sohn Salomos aus Jerusalem gekommen. Für einen mittelalterlichen Verfasser lag es auf der Hand, dass sie Ähnlichkeit mit der Beschreibung haben sollten, die von Salomo in der Bibel zu finden war.

Der Bericht über Iyasus Begegnung mit der Lade ist möglicherweise vor dem Hintergrund des Buches der Offenbarung geschrieben worden. Dies bedeutet jedoch nicht, dass der Kaiser das Heiligtum nicht betreten hatte, um die Lade zu sehen, und es bedeutet auch nicht, dass die große Reliquie nicht zu ihm gebracht wurde. Es gibt zu viele andere Aufzeichnungen aus früheren wie auch späteren Jahrhunderten, als dass die Annahme gerechtfertigt wäre, das Heiligtum sei leer gewesen, als der Kaiser auf die Lade wartete.

Die Geistlichen in Aksum erzählen uns heute, dass sich die Tafel Mosis in dem Heiligtum befinde. Sie sprechen konkret von einer Tafel und benutzen das Wort *Sellat* statt den allgemeineren Begriff Tabot, der sowohl für eine Tafel wie für die Lade, in der sich die Tafel befindet, verwendet werden könnte. Wäre es denkbar, dass es sich dabei wirklich um die Tafel Mosis handelt, die dereinst im Tempel Salomos in Jerusalem aufbewahrt wurde? Diese Möglichkeit mag zu fantastisch erscheinen, um ernsthaft erwogen zu werden, dennoch sollte sie nicht von vornherein ausgeschlossen werden, nur weil es einfach zu erstaunlich wäre.

Der Schwarze Stein und die Stätte Abrahams in Mekka sind anschauliche Beispiele, dass in einer heiligen Stadt nahe des Roten Meeres heilige Steine durchaus mindestens 14 Jahrhunderte überdauern konnten. Wir wissen in Wirklichkeit nicht einmal, wie lange diese Steine in der Kaaba tatsächlich schon verehrt werden. Die Bibel assoziiert die Tafeln Mosis natürlich mit Mose selbst, die islamische Überlieferung verbindet die Steine in Mekka jedoch mit Abraham und sogar mit Adam, deren Alter selbstredend bei weitem das von Mose oder irgendjemand anderem übersteigt. Allein auf der Grundlage dieser Überlieferungen wäre also kaum zu bestreiten, dass die einen älter als die anderen sind.

Zudem können wir uns auch einen Weg vorstellen, wie die Tafeln Mosis nach Aksum gelangt sein könnten. Trotz früherer Behauptungen ist es unwahrscheinlich, dass sie über Ägypten dorthin kamen. Der

Nil ist in Nubien und nach Süden bis nach Äthiopien nicht schiffbar, und der Landweg ist begehbar, aber sehr schwierig. Es gibt auch keine Belege dafür, dass die Lade über Ägypten transportiert worden wäre. Es gibt hingegen Belege, dass sie nach Arabien kam, dass die Lade in Jerusalem gerettet wurde und in die Hände der Jurhum gelangte, die die Heiligtümer in Mekka wie auch in Najran kontrollierten. Und das Massaker von Najran gab bekanntlich den Anstoß zu dem Kreuzzug, den der aksumitische König Kaleb in Arabien führte.

Aber sind die arabischen Belege wirklich glaubwürdig? Sie erscheinen nicht weniger glaubwürdig als die Belege der biblischen Berichte über die Lade. Die eigentliche Herausforderung hinsichtlich der Belege sind möglicherweise nicht so sehr die Berichte der arabischen Historiker als vielmehr der biblische Text selbst. Die Autoren und Herausgeber, die die relevanten Abschnitte verfassten und überlieferten, versuchten, einen Gegenstand in seinem Sinn und seiner Bedeutung zu erfassen, der zu der Zeit, als sie schrieben, bereits sehr alt war und der zu der Zeit, als es die Bibel so gab, wie wir sie heute kennen, bereits aus Jerusalem verschwunden war.

Die Lade scheint aus einer uralten und mystischen Zeit erhalten geblieben zu sein – einer Zeit, von der die Bibel uns sagt, dass Gott in einer Weise mit Mose sprach, wie er seither nie mehr mit jemandem gesprochen hat. Sie war zu der Zeit bereits eine Reliquie aus einem anderen Zeitalter, in dem Gott sich auf eine Weise in der Welt bewegt hatte, wie es kein Zeitzeuge je erlebt hatte. Mehr noch, keiner der Autoren der späteren Ära hatte die Lade je gesehen. In den Psalmen gibt es Andeutungen, dass sie in Prozessionen herumgetragen wurde; Joschija schien dem jedoch ein Ende gemacht zu haben. Ansonsten scheint die Lade im Heiligtum des Tempels geblieben zu sein und wurde nur an einem einzigen Tag im Jahr, am Versöhnungstag, vom Hohen Priester aufgesucht. Und selbst dann hüllte er die Lade in eine Weihrauchwolke ein.

Wenn die späteren Autoren sich bemühten, die Lade zu verstehen, schienen sie auch Zweifel hinsichtlich ihrer Echtheit zu hegen oder diese Frage zumindest interessant zu formulieren. Mose zerstörte die ersten Tafeln, die, wie der Verfasser des Buches Exodus uns sagt, mit dem Finger Gottes geschrieben waren. Danach hatte der Prophet die Gesetze selbst auf ein zweites Paar Tafeln geschrieben. Ließ dies nun den Schluss zu, dass der Inhalt der Lade in Jerusalem nicht echt war? War diese Aussage Teil der Fraktionskämpfe zwischen den Priestern in Jerusalem, die die Kontrolle über die Lade hatten, und jenen von anderen Heiligtümern, die sie nicht hatten? Oder legte die Aussage den Schluss nahe, dass jede Kopie vom himmlischen Original als echt anzusehen war? Wenn das Original im Himmel war, dann war jede materielle Form eine Kopie. Und damit wäre die eine Kopie nicht mehr ein Original als jede andere Kopie. Die richtige Lade und die richtigen Tafeln wären die immateriellen Prototypen.

In den Tagen, als die Forscher noch stärker als in heutiger Zeit zu rationalen Erklärungen der Wunder in der Bibel neigten, wurden auch Mutmaßungen über die Tafeln Mosis angestellt. Konnte es sein, dass die Bundeslade einen Meteoriten enthalten hatte, der, als er glühend mit seinem Feuerschweif vom Himmel fiel, wie eine wundersame Offenbarung vom Himmel erschienen sein könnte? Konnte es sein, dass die Lade ein altes Götzenbild enthalten hatte, das einst zu einem heidnischen Kult gehörte, aber dann als Legat der Jahre in der Wüste in die Verehrung des Gottes Israels einbezogen worden war? Konnte das alte Götzenbild selbst ein Meteorit gewesen sein?

Diese Mutmaßungen mögen sonderbar erscheinen, die später von dem reformerischen König Joschija geächtete Verwendung von Steinsäulen lässt jedoch darauf schließen, dass die Unterscheidung zwischen dem israelitischen Kult und heidnischen Praktiken nicht so streng war, wie es manche biblischen Verfasser ihre Leser gerne hätten glauben lassen. Die Belege über die heiligen Steine in Mekka können uns helfen, den Prozess zu verstehen. Muslime beharren darauf, dass es nur einen Gott gibt, und sie behaupten das genauso rigoros wie die Juden. Sie sind auch nicht weniger unerbittlich gegenüber der Götzendienerei. Dennoch haben wir gesehen, dass alte heidnische Steine selbst bis heute im islamischen Kult in Mekka überleben konnten und als Zeichen des Bundes zwischen dem einen wahren Gott und der Menschheit, die er erschaffen hatte, verstanden werden.

Joschija hätte daran vielleicht Anstoß genommen, und es gab nachweislich auch Muslime, die den Schwarzen Stein mit Argwohn betrachteten, aber wenn der Islam eine Transformation dieser Art bewerkstelligen konnte, dann gibt es keinen Grund, warum dies im Judentum nicht möglich gewesen sein sollte.

Wenn es sich bei der großen Reliquie in Aksum jedoch um eine Tafel handelt, dann ist es sonderbar, dass die Äthiopier so häufig von der Bundeslade gesprochen haben. Konnte die Lade überhaupt je nach Äthiopien gekommen sein? Selbst die Verfasser der hebräischen Bibel scheinen im Text Belege dafür hinterlassen zu haben, dass die Lade ersetzt wurde oder dass zumindest mehr als nur eine angefertigt wurde. Wäre die Möglichkeit dadurch auch nur im Mindesten weniger abwegig?

Es ist sicher unwahrscheinlich, dass eine hölzerne Kiste außerhalb der besonderen Bedingungen eines ägyptischen Grabes überlebt haben könnte. Die Wanderung durch die Wüste, Schlachten, Erbeutung, Prozessionen, Weihrauch, Blut – all dies hätte ihr zugesetzt, und das in Äthiopien herrschende Klima wäre dem Erhalt einer uralten hölzernen Kiste, wenn sie denn je das Hochland Tigres erreicht hätte, auch nicht gerade zuträglich gewesen.

Hinzu kommt, dass in den äthiopischen Berichten offenbar unterschiedliche Kisten beschrieben werden, und der älteste Bericht, der von Abu Salih, schildert bereits eine Lade, die eindeutig christlich ist. Sofern seine Darstellung korrekt ist, war die Lade Lalibelas eine christliche Lade. Was immer Abu Salih auch geglaubt hat, das sie barg, die Lade selbst war mit Kreuzen verziert und völlig anders als alles, was man sich auf der Basis der hebräischen Bibel oder als Teil eines jüdischen Kultes vorstellen kann. Nach seinem Bericht wäre davon auszugehen, dass die Lade selbst nicht der wesentliche Teil der äthiopischen Reliquie war. Der wesentliche Teil wäre somit die Tafel.

Aber wenn es sich bei der Reliquie um eine Tafel handelt, warum
wird sie dann so oft als die Lade bezeichnet? Die Berichte aus Äthiopien
weisen darauf hin, dass die Tafel in einer Kiste aufbewahrt wurde.
Demnach wäre es absolut einleuchtend, die Tafel und die Kiste, in der
sie lag, als die Lade zu bezeichnen. Außerdem dürfte die Tatsache, dass
das Wort Tabot als Bezeichnung für eine Altarsteintafel wie für die
Truhe, in der die Tafel aufbewahrt wird, verwendet wird, dazu beigetragen haben, dass Tafel und Lade gleichgesetzt wurden. Eine Steintafel
kann Tabot genannt werden, und die Lade wird ebenfalls als Tabot
bezeichnet. Und deshalb ist nicht immer klar, was ein äthiopischer Text
oder ein äthiopischer Redner genau meint, wenn von einem Tabot gesprochen wird.

Von der Frage der Wortwahl einmal abgesehen, haben religiöse
Symbole den großen Vorteil, dass sie fließend und wandelbar sind und
auf mehr als nur einen Gegenstand in einer Weise bezogen werden
können, die die Regeln der strengen Logik sprengt. Bei den Schriften
Zara Yaqobs haben wir gesehen, dass die gleichen Symbole, die zur Beschreibung der Lade verwendet werden, auch zur Beschreibung der Tafel verwendet werden können. Und das *Kebra Nagast* spricht von der
Lade, als sei sie in Wirklichkeit die Wohnstätte. Diese drei – Tafel, Lade,
Wohnstätte – waren ineinander gestapelt, das eine war in dem anderen, gleichwohl ist der Unterschied zwischen ihnen nicht ganz klar. Sie
sind alle Zeichen der Gegenwart Gottes. Und in gewisser Hinsicht sind
sie auf geheimnisvolle Weise ein und dasselbe. Auch hier können die
arabischen Belege uns wiederum helfen zu verstehen, wie dies möglich
ist. Der Schwarze Stein ist keine Truhe. Er ist ein Stein. Dennoch wird
von ihm gesagt, er enthalte die Urkunde des Bundes zwischen Gott und
den Menschen. Mit anderen Worten, eine Steintafel kann also sowohl
eine Tafel als auch eine Lade sein.

Aber warum wird von der Tafel im Singular gesprochen? Die hebräische Bibel spricht von zwei Steintafeln auf dem Berg Sinai. Warum soll
es dann in Aksum nur eine geben? Eine einfache Erklärung wäre, dass
nur eine der beiden erhalten geblieben ist. Es ist jedoch auch bemer-

kenswert, dass Francisco Alvarez von der Reliquie als von einem Altarstein von Zion spricht. Könnte es sich dabei um einen sehr alten Altarstein gehandelt haben, der ab irgendeinem späteren Zeitpunkt als Lade bezeichnet wurde, nachdem die äthiopischen Christen eine zunehmende Faszination durch das Alte Testament entwickelt hatten oder nachdem sie durch jesuitische Missionare unter Druck geraten waren, eine Reihe der von ihnen gepflegten alttestamentarischen Bräuche zu erklären? Auch wenn das Zelt und der Tempel Gegenstände bargen, die konkret als Altäre bezeichnet wurden und sich von der Lade unterschieden, steht außer Zweifel, dass der Deckel der Lade am Versöhnungstag mit Blut besprengt wurde, so wie es bei einem Altar üblich war. Und da das Opfer Christi nach dem Brief an die Hebräer über den Opferdienst des Alten Bundes im Zelt (Hebr 9,1–14) die Riten des Versöhnungstages ersetzte, wäre es durchaus einleuchtend, wenn die Tafel Mosis und der Altarstein gleichgesetzt worden wären.

Falls die große Reliquie ein Altarstein war, konnte sie dann dennoch eine Lade sein? Auch wenn die Antwort jeder Logik zu widersprechen scheint, sieht es dennoch ganz so aus, als ob dies der Fall gewesen wäre. Wir sahen bereits, dass heiligen Steinen neue Formen der Heiligkeit verliehen werden konnten, und es ist wichtig, sich vor Augen zu halten, dass das *Kebra Nagast* und andere äthiopische Quellen wie auch europäische Berichte und die Zeugnisse der Geistlichen in Aksum keine Lade beschreiben, die nach den kultischen Regeln des Alten Testaments verwendet und eingesetzt worden wäre. Zumindest findet die Priesterschrift bei der Reliquie in Aksum keine Anwendung, obwohl das Alte Testament natürlich in äthiopischer Übersetzung vorliegt. Aber dies ist auch verständlich. Die äthiopisch-orthodoxe Kirche pflegt eine Reihe alttestamentarischer Bräuche, doch sie ist christlich und nicht jüdisch.

Es ist jedoch wichtig zu bedenken, dass dieser Gegenstand im Sinne des Neuen Testaments beschrieben wird. Es heißt, er sei Maria, die Mutter Christi, und die älteste Quelle darüber verweist auf die Kreuze, die ihn schmücken. Wir haben es somit, genau genommen, mit einer neutestamentarischen und nicht mit einer alttestamentarischen Lade zu tun. In Bezug auf ihre religiöse Symbolik ist sie jünger als die Lade des Alten Testaments. Gleichzeitig ist sie in Rituale eingebunden, die zeitlich hinter die Teilung zwischen Ägypten und Israel zurückgehen, seltsamerweise auch älter als die Lade des Alten Testaments.

Wenn man das Alte Testament, das Neue Testament und das *Kebra Nagast* ernst nimmt, dann betrachten sie die Lade alle als eine Kopie eines himmlischen Originals. Wir haben gesehen, dass es möglich ist, die Tafeln durch andere zu ersetzen, die dann dennoch als authentisch gelten. Wenn sich das Original im Himmel befindet, dann ist eine Kopie in jedem Fall eine Kopie. Es ist nicht der irdische Gegenstand, dem die Authentizität innewohnt. Angesichts der Feststellung über den Ersatz der Tafeln sowie der Wahrscheinlichkeit, dass die Laden im Alten Testament vervielfältigt oder auch ersetzt wurden, ist schwer einzusehen, warum die Lade in Aksum in irgendeiner Hinsicht weniger authentisch als die in der Bibel beschriebenen sein sollte.

Ist es denkbar, dass die Tafeln Mosis nach Äthiopien gelangten, aber durch einen späteren Stein ersetzt wurden? Es ist denkbar, auch wenn die äthiopischen Chronisten und der Klerus in Aksum dies bestreiten würden. James Bruce behauptete zumindest, die große Reliquie sei zerstört worden, als die Armeen Ahmed Gragns Aksum eroberten, obwohl er gewiss niemand war, der überhaupt geschrieben hätte, dass die Lade in Äthiopien gewesen sei. Kaiser Tekla Haymanot II. hatte offenbar behauptet, der Gragn habe sie zerstört. Die muslimische Überlieferung beharrt hingegen darauf, dass die Lade gerettet wurde. Die Jesuiten behaupten, den Kasten zerstört zu haben, allem Anschein nach konnte die Tafel jedoch in Sicherheit gebracht werden, ehe sie ihnen in die Hände fiel.

Aber würde dies wirklich etwas an der Authentizität der Reliquie ändern? Offenbar nicht, wenn wir das Buch Exodus ernst nehmen. Man darf auch nicht vergessen, dass die Lade eine Art tragbarer Tempel war, und der Tempel konnte doch in jedem Fall wiederaufgebaut werden. Der Zweite Tempel konnte gebaut werden, nachdem der Tempel Salomos zerstört worden war, er war aber nichtsdestotrotz der Tempel. Dem *Kebra Nagast* zufolge fertigte David eine neue Lade an, als er die Lade nach Jerusalem bringen ließ. Dies bedeutete jedoch nicht, dass es nicht mehr die Originallade war.

In den letzten Jahren griff weltweit eine Faszination von der Lade in Aksum um sich, und entsprechend sehen sich die Priester in Aksum zunehmend dem Druck ausgesetzt, eine genauere Untersuchung ihrer Reliquie zu gestatten. Aber gibt es vor dem Hintergrund dessen, was wir von den Beschreibungen der Lade in der hebräischen Bibel, von den heiligen Steinen in Mekka und von den frühen Berichten über die äthiopische Lade wissen, irgendeinen Grund, warum die äthiopisch-orthodoxe Kirche mit ihrer Tradition brechen und die Reliquie im Tafelschrein untersuchen sollte? Dies dürfte kaum ein entscheidender Punkt sein. Die Beschreibungen des Schwarzen Steins zeigen, dass eine oberflächliche Untersuchung fast nichts über einen alten Stein enthüllt, mit dem viel herumhantiert wurde, und alles, was darüber hinausginge, wäre für den aksumitischen Klerus, der die Reliquie seit Jahrhunderten hütet, wie auch für Millionen von Gläubigen, für die sie gehütet wurde, mit Sicherheit inakzeptabel.

Zudem sollte man auch nicht vergessen, dass vermeintlich endgültige Untersuchungen nicht immer so abschließend sind, wie wir anfangs vielfach annehmen. Mit den Jahren, die inzwischen seit der Altersbestimmung des Grabtuches von Turin, des so genannten Heiligen Rocks, anhand der Radiokarbonmethode vergangen sind, hat sich zunehmend herauskristallisiert, dass bestimmte Phänomene das Ergebnis beeinflussten, Phänomene, die damals nicht begriffen wurden und jetzt erst allmählich verstanden werden. Die Technik entwickelt sich stetig weiter, und es gibt keinen Grund zu der Annahme, dass das, was wir zu irgendeinem Zeitpunkt besitzen, endgültig und definitiv ist.

Zudem hat die Veröffentlichung der Altersbestimmung des Heiligen Rocks jene, die an seine Authentizität glaubten, mitnichten veranlasst, ihren Glauben aufzugeben. Und wenn das Untersuchungsergebnis anders ausgefallen wäre, ist dennoch zu bezweifeln, ob viele dadurch zu dem Schluss gelangt wären, dass das Christentum nun plötzlich Recht habe. In diesem Sinne kann die Frage des Ursprungs interessant, aber völlig nebensächlich sein. Schließlich gilt auch, dass die Reliquie des Heiligen Rocks kein wesentliches Dogma des römisch-katholischen Glaubens ist und dass auch die Reliquie in Aksum für die Orthodoxie nicht essenziell ist. Die salomonische Abstammung mag von entscheidender Bedeutung für die Stellung des Königshauses sein, aber die zentralen Lehren über die Natur Christi und die Wirksamkeit seines Todes und seiner Wiederauferstehung – Lehren, die die Äthiopier mit anderen Kirchen wie der koptischen, der syrisch-orthodoxen und der armenischen Kirche teilen – werden nicht von dem, was die Menschen bezüglich der Reliquie in Aksum glauben, berührt.

Wie sollen wir das Mysterium nun verstehen? Von allen Versuchen, die Bundeslade zu erklären, gehört der des alexandrinischen Philosophen Philo zu den ältesten, die wir kennen. Sein Bericht war äußerst mystisch. Auch wenn wir uns auf das historische Werk von Josephus verlassen, um die Umstände der endgültigen Zerstörung des Tempels im 1. Jahrhundert n. Chr. zu verstehen, und der Historiker selbst Priester in Jerusalem war, stimmte er doch der mystischen Erklärung des alexandrinischen Philosophen bei. Als historisches Kuriosum scheint die Lade fast belanglos zu sein. Nur wenn sie eine Antwort auf die missliche Lage des Menschen liefert, ein Mittel, mit dem wir den Zwängen der Geburt und des Todes und der Zeit als solcher entgehen können, scheint sie wirklich einen Zweck zu haben. Das hätte Philo jedenfalls behauptet. Und daher müssen wir nach Aksum zurückkehren.

EPILOG
DIE ZELTE ISRAELS

In den Straßen Aksums kann es heute schwer fallen, sich daran zu erinnern, dass dies eine heilige Stadt ist, in der sich Himmel und Erde begegnen sollen. Die alte Metropole mag die Jahre des Bürgerkrieges überlebt haben, und es gibt neue Boulevards, die sich nach Süden erstrecken, aber wieder droht Krieg, und wenn man im Staub zwischen den ärmlichen Häusern nahe der großen Kathedrale der heiligen Maria von Zion steht, ist vom glorreichen Königreich der Antike kaum mehr als ein Schatten zu sehen. Selbst das Heiligtum, in dem die Lade von ihrem Wächter gehütet wird, das erst vor 35 Jahren errichtet wurde und mit den billigen Keramikkacheln dekoriert ist, wie man sie dort in jedem Hotel oder Restaurant antrifft, kann eine Enttäuschung sein. Aber wie dem Propheten Samuel gesagt wurde, sind Gottes Wege nicht des Menschen Wege, und er wählt nicht, wie der Mensch wählt.

Es ist eine Sache, in einer Bibliothek der Oxford oder Harvard University zwischen Büchern über Äthiopien zu sitzen, in einem Denkmal von 500 Jahren Gelehrsamkeit und wissenschaftlicher Forschung, in dem die Chroniken und Hagiografien eines fernen Reiches bewahrt und im klaren Licht der semitischen Philologie analysiert wurden. Aber es ist etwas ganz anderes, sich inmitten der lebendigen Tradition in Aksum wiederzufinden, so mitgenommen und heruntergekommen die Stadt auch sein mag – sie steht wie der Stab Aarons als Zeugnis für ein durch die Gegenwart der Lade wachgerufenes wundersames Leben. Der Versuch, den von den alten Propheten, Priestern und Philosophen hinterlassenen Spuren zu folgen, kann uns verwirren oder entmutigen. Aber viele würden sicherlich sagen, dass man die Gegenwart der Lade in Aksum mehr als an jedem anderen Ort, selbst auf dem Tempelberg, spüren kann. Was immer die Rabbis im Felsen unter dem Tempel Salomos vermuteten, die Macht der Lade ist in Äthiopien noch immer sichtbar, und ihre Gegenwärtigkeit zieht bei den großen

Festen, die ihr zu Ehren veranstaltet werden, Hunderttausende von Pilgern an.

Die schwierigste Aufgabe für uns, die wir in der modernen Welt leben, ist nicht so sehr die, Fakten aufzudecken, die vielleicht in Vergessenheit geraten sind, oder Gegenstände wiederzufinden, die vielleicht verloren gegangen sind, sondern diese Fakten oder Gegenstände in etwa so zu sehen, wie sie im Altertum oder Mittelalter gesehen wurden. Unser Bemühen, Jehuda Halevi auf den Spuren der Lade zu folgen, wird offenkundig durch die zwischen uns liegenden Jahrhunderte und die Berichte über die Lade in der Bibel behindert. Und als ob diese Probleme noch nicht genügen würden, ist die Ära der Lade zu dem Zeitpunkt, da die Bibel durch Belege aus anderen alten nahöstlichen Quellen unterstützt wird, in Jerusalem auch schon wieder vorbei. Der Reformkönig Joschija verfügte, dass die Lade bei den heiligen Prozessionen nicht mehr mitzuführen war. Der Prophet Jeremia bezeichnete die Lade als irrelevant. Ezechiel sah sie nie in seinem himmlischen Tempel. Keines der in der hebräischen Bibel enthaltenen Bücher hielt etwas über ihr weiteres Schicksal fest.

Als die biblischen Berichte über die Lade verfasst wurden, dürften die 40 Tage, die Mose auf dem Berg Sinai weilte, bereits einer so fernen Vergangenheit angehört haben, wie die Zagwe und die Lade Abu Salihs es für uns heute sind. Die meisten Forscher haben eine sehr skeptische Meinung zu den biblischen Beschreibungen der Lade entwickelt, aber auch ohne den ganzen kritischen Forschungsapparat genügt eine einfache Lektüre der Bibel, um zu erkennen, dass es sehr unterschiedliche Berichte darüber gibt. Und eines der Mysterien der Lade begann in dem Augenblick, als sie angefertigt wurde.

Vielleicht sollten wir danach Ausschau halten, was die Lade täte, wenn sie in Aksum wäre, statt darauf zu hoffen, einen Blick darauf werfen zu können, wenn wir den Wächter zwingen, sie zu enthüllen, und dann versuchen, sie anhand ihres Aussehens zu identifizieren. In der hebräischen Bibel steht die Gegenwart Gottes in der Lade im Mittelpunkt des Kultes, und sie verteidigt Israel gegen seine Feinde. Selbst die

Rabbis stritten darüber, ob dieselbe Lade beide Aufgaben erfüllte, aber beide wurden eindeutig für wesentlich gehalten. Dennoch scheint die Macht der Lade nicht absolut gewesen zu sein. Zumindest wurde sie nicht uneingeschränkt eingesetzt, und die Bibel berichtet über verschiedene Anlässe in der Geschichte Israels, bei denen die Gottlosigkeit des Auserwählten Volkes dazu führte, dass die Lade sie verließ. Die Gläubigen in Aksum sollten sehen, wie sich die alten Wunder in ihrer eigenen Geschichte wiederholten.

Als das restliche Afrika im Zuge der imperialistischen Unternehmungen von europäischen Armeen überwältigt wurde, blieb Äthiopien frei, und seine Kirche überlebte und gedieh und wirkte, wie es für die Kopten und die Syrer, denen sie so viel zu verdanken hatte, undenkbar erschien. So überrascht es auch kaum, wenn die Orthodoxen ihre Standhaftigkeit als das Neue Israel als einen Beweis dafür sehen, dass das Versprechen der Lade wahr ist, dass das Wunder ihrer Gegenwärtigkeit sowohl das Überleben der Nation als auch der Kirche gewährleistet hat. Genau wie im Alten Testament war dieser Schutz natürlich nie vollkommen. Es gab Invasionen und Bürgerkriege, und das Königshaus ist in Addis Abeba nicht mehr an der Macht, aber die Einmaligkeit der äthiopischen Geschichte bleibt. Was immer wir auch darüber denken mögen, diese Tatsache ist nicht zu leugnen. Oder das würde man zumindest in Aksum sagen.

Viele von uns im Westen haben geglaubt, die Zeit der Wunder sei vorbei. Insbesondere während der Reformation haben wir angefangen, die Bibel ihrem buchstäblichen, ihrem historischen Sinne nach zu lesen. Dieser Ansatz schien eine Möglichkeit der Rückkehr zu ursprünglicher Reinheit und der Abkehr von den alten und verfälschten mittelalterlichen Herangehensweisen zu bieten. Dabei gingen wir mit unserer gewohnten Vorstellung von Beweiskraft an den Text heran, die er vielleicht überhaupt nicht erfüllen kann, da er mit einer ganz anderen Intention geschrieben wurde. Moderne Menschen lasen ein uraltes Buch und stellten dazu moderne Fragen. Wir haben in diesem Sinne noch immer mit der Bibel zu ringen, und wir tun uns noch immer schwer, darüber zu befinden, welche Art von Geschichte die Bibel uns zu erzählen versucht.

Am Ende des zweiten Millenniums stecken wir in einem ebenso dramatischen und befremdenden Wandel wie unsere Vorfahren in der Zeit der Reformation und der Aufklärung. Die klaren Unterscheidungen, mit denen wir gelebt haben, wirken auf einmal nicht mehr so eindeutig, als würden die Grenzen zwischen den Naturwissenschaften, der Philosophie, der Religion und der Mystik fließen oder gar verschwinden. Es sieht ganz so aus, als würde unsere Zukunft eine verblüffende Ähnlichkeit mit unserer Vergangenheit in sich bergen – eine platonische oder pythagoreische Welt der digitalen Information, in der das Nichtgreifbare und Intellektuelle realer als jede stoffliche Form sind.

Die heiligen Männer der syrischen Tradition, deren mystische Abhandlungen jahrhundertelang von äthiopischen Mönchen und Eremiten gelesen wurden, waren seltsame Wesen. Sie wurden nicht einmal für Menschen gehalten. Sie hatten die Grenzen der menschlichen Existenz überschritten und standen nunmehr zwischen Erde und Himmel. Sie waren am Leben und waren doch bereits tot. Sie lebten in ihrem Körper und hatten ihn doch abgelegt. Sie waren sie selbst und doch gleichzeitig etwas anderes. Sie konnten durch die Pforten der Existenz in eine jenseitige Welt eintreten, in der die Unterscheidungen, die wir normalerweise verwenden, bedeutungslos wurden.

Die Männer, die die Laden in Äthiopien trugen, strebten nach diesen Idealen. Die Größten unter ihnen lebten bei den Engeln, und doch schienen die Reiche dieser Welt auf ihren Befehl hin aufzusteigen oder zu fallen. Sollen wir das Mysterium der Lade in Aksum vor dem Hintergrund dieser seltsamen Welt mit ihren Paradoxa und Widersprüchen sehen? Die Schwierigkeiten, denen wir bei dem Versuch begegnen, die Lade zu verstehen, sind zum Teil auf ihre grundsätzliche Natur zurückzuführen. Sie ist vielgestaltig, wandelbar, schwer fassbar und sinnreich. Sie wurde aus Holz hergestellt und enthielt zwei Steine, und doch wird von ihr gesagt, sie sei lebendig gewesen. Sie war auf Erden und doch gleichzeitig im Himmel. Sie war von Leben erfüllt und schien doch häufig das Unheil des Todes zu bringen. Gott war in ihr und war doch gleichzeitig außerhalb. Sie wurde auf dem Sinai angefertigt und war doch vor dem ganzen Universum geschaffen worden. Sie offenbarte den Schöpfer von allem und schien sich doch in Nichts aufzulösen.

In Äthiopien scheint diese Spannung sogar noch deutlicher zutage zu treten. Das *Kebra Nagast* beschreibt eine Lade, die jüdisch und doch christlich ist; sie gehört zum Alten wie zum Neuen Bund. Sie ist eine hölzerne Kiste und doch ebenso eine Frau. Selbst Abu Salih beschrieb einen Gegenstand, der von Mose angefertigt und dennoch mit dem Kreuz Christi verziert war. Und in Äthiopien gibt es heute Tausende von Laden, auch wenn die Lade einmalig ist.

Wenn die Lade vom Himmel auf die Erde, von Gott zu den Menschen gelangt sein soll, dürfte es kaum überraschen, wenn sie sich unserem Verständnis einfach entzöge. Philo sah sie als ein Mysterium, als etwas, das eine stoffliche Form erhalten hatte, um uns aus uns selbst heraustreten und zu Gott zurückkehren zu lassen. Lange nachdem sie verschwunden war, sprach Philo von ihr, als würde sie noch immer existieren.

In den Psalmen finden wir ein Zeugnis der alten Prozessionen mit der Lade. Etliche Generationen von Forschern haben sich bemüht, genau herauszufinden, wie oder wann die Psalmen rezitiert wurden. Es kann jedoch schwerlich in Abrede gestellt werden, dass sie in Gegenwart der Lade gesungen wurden, wenn diese aus dem Tempel von Jerusalem herausgebracht wurde. Sie wiederholten die alte Mythologie Zions, wonach Gott die Mächte des Chaos besiegte, die in den Gewässern der Tiefe lebten.

Was auch immer sich unter dem Tempelberg befinden mag, die Lade hat in Aksum ihre uralte zeremonielle Macht und Funktion bewahrt. Von allen Laden, die aus den Wirren der ältesten Aufzeichnungen zutage getreten sind, ist die Lade in Aksum diejenige, die noch immer »aktiv« ist. Wenn die Laden die Macht hatten, selbst zu entscheiden, wohin sie gebracht wurden, dann hat diese Lade sich dafür entschieden, als beständiges Zeugnis einer uralten Wahrheit bei den Kindern des Bundes zu bleiben.

Das Ritual und das Sakrament sollen, so glaubt man, die konventionellen Grenzen von Zeit und Raum auflösen. Dies ist in Aksum und ganz Äthiopien der Grund, warum die Lade bei den großen Festen wie dem Timkat-Fest in Prozessionen herumgetragen wird. Im Wiederauflebenlassen der Taufe Christi beschwört das Timkat-Fest die alten Siege Gottes über die Chaosgewässer und den Tod herauf: die Schöpfung, die Sintflut, den Exodus, die Eroberung, den Berg Zion, auf dem der Tempel einst stand. Die Gläubigen erleben gleichzeitig die Siege Gottes in und außerhalb der Geschichte und haben teil am kosmischen Sieg Zions, am Triumph der Ordnung und Harmonie im ganzen Universum. Dies ist natürlich kein rationaler Prozess. Die Lade ist keine rationale Sache. Aber dies ist der Grund, warum das Timkat-Fest dennoch gefeiert wird.

Vor einigen Jahren erklärte Seine Heiligkeit Abuna Paulos uns, ihm sei, als er nach Äthiopien zurückkehrte, nachdem er als Pfarrer in New York Dienst getan hatte, bewusst geworden, dass das Leben, das wir in allem Überfluss in Nordamerika und Europa führen, um einen harten Preis erkauft worden sei. Wir mögen im Wohlstand leben, aber unsere Augen würden verschlossen, und unsere Ohren würden taub. Äthiopien mochte arm sein, zumindest aus der Sicht des Westens, sein Volk habe jedoch Schätze spiritueller Art gehortet, die der Westen bräuchte.

Viele von uns sind sicher geneigt, dem zuzustimmen, dass Reichtum dem spirituellen Leben im Wege steht, obwohl diese Frage selten einfach zu beantworten ist. Für die Lade, das Offenbarungszelt und den Tempel wurden kostbare Metalle und Stoffe gebraucht, und wenn die israelitischen Propheten die Extravaganz des Kultes ablehnten, so wären die Priester wahrscheinlich mit Philo oder mit dem Abt Suger einig gegangen, der Saint-Denis baute. Die Pracht seiner Abtei war genau das Vehikel, das die menschliche Seele über ihre materiellen Schranken hinausheben konnte.

Wir haben auch gesehen, dass die Lade selbst nie eine einfache Sache ist. Sie verkörpert politische wie mystische Bestrebungen, und ihr Vermächtnis in Äthiopien scheint nicht weniger irritierend als an-

derswo zu sein. Es wird oft ernsthaft behauptet, starke Symbole be-
säßen ein Eigenleben, das unabhängig von denjenigen sei, die an sie
glauben. Dies scheint besonders für die Lade zuzutreffen, die, selbst
nachdem sie in Vergessenheit geraten war, aus dem Verborgenen wiederum auftauchte.

Es steht jedoch auch in unserer Macht, selbst zu entscheiden, welche Bedeutung ein Symbol für uns hat. Die Lade konnte ein Palladium
sein, hinter dem die Gläubigen im Kampf um die Reinheit des Glaubens
ihren Feinden entgegenzogen.

Aber vieles aus der Geschichte der Lade signalisiert etwas anderes.
Sie wurde hergestellt, als Israel sich von Ägypten abwendete, aber der
Tempel, den Salomo für sie erbaute, soll Israel zu seinem alten Herrn
und Meister zurückgeführt haben. David brachte die Lade als Symbol
eines neu vereinigten Israels nach Jerusalem, David selbst war jedoch
kein reiner Israelit, und der Zionkult ist tief in den kanaanitischen Sitten und Gebräuchen verwurzelt. Das *Kebra Nagast* spricht von einem
Volk, das anstelle anderer Völker auserwählt war, bei dem es sich jedoch selbst um ein Mischvolk handelte. Das große Timkat-Fest erinnert
an den Glauben Ägyptens und Israels sowie an den Neuen Bund Christi.
Was auch immer manche derer, die darüber schrieben, geglaubt haben mögen, die Lade muss keineswegs ein streng stammesbezogener
Talisman sein, der einigen Auserwählten das Leben und den anderen
den Tod bringt. Sie sagt uns vielleicht auch, wie der vierte Evange-
list schrieb, dass es im Hause unseres Vaters viele Wohnungen gibt
(Joh 14,2).

Doch wenn wir der Lade diese Bedeutung beimessen wollen, ist sie
dann wirklich in Aksum? Von Anfang an schien die Schwierigkeit in der
Frage zu bestehen, ob die Lade in historischem oder mystischem Sinne
verstanden werden soll. Alles, was wir über ihre Entstehung wissen,
deutet auf einen sehr alten Schrein aus dem fernen Altertum hin, der
bis in historische Zeit überlebt hat. In dieser Hinsicht scheint die Rolle,
die die Lade heute in Aksum spielt, wo sie weiterhin Bestandteil eines
starken Mythos der kosmischen Wiedergeburt ist, genau die zu sein,

die ihr nach den biblischen Berichten zukommt. Dies in Abrede zu stellen könnte bedeuten, dass wir die falschen Fragen stellen.

Nach der Puritanischen Revolution blieben Träume von Israel insbesondere bei den Dissenters wach, deren Glaube und Vorstellungswelt durch Offenbarungsvisionen auf dem heiligen Berg, durch Offenbarungszelte und Wolkensäulen in der Wüste, Feuerwagen, beschriftete Tafeln und Engel, die um die Lade Gottes herumstanden, genährt wurden. Vor 200 Jahren erteilte ein englischer Visionär, der in dieser Tradition groß geworden war und gesehen hatte, wie sich die Tore des himmlischen Jerusalem vor ihm in den Straßen Londons öffneten, der Arroganz des Intellekts eine Absage und verkündete eine ewige Wahrheit, die hinter den harten Fakten der Wissenschaft stehe:

»Die Atome von Demokrit
Und Newtons Lichtteilchen
Sind Sandkörner am Ufer des Roten Meeres,
Wo Israels Zelte so hell leuchten.«

Dies sind die Worte von William Blake, sie können jedoch auch das Geheimnis von Aksum offenbaren. Mit welcher Verwirrung wir auch immer zu kämpfen haben mögen, wenn wir versuchen, unseren Platz in der diesseitigen Welt zu finden, das Zeugnis der Lade ist nicht weniger real. Gott kann unter uns sein, genau wie in den Tagen von David und Salomo, und die Klage von Sir Fulke Greville, dass »jetzt alles im Herzen ruht«, mag in der Antike nicht weniger wahr gewesen sein. Für jene, die sie sehen können, leuchten die Zelte Israels in Aksum hell.

LITERATUR

QUELLEN

[*: In das Literaturverzeichnis der deutschsprachigen Ausgabe zusätzlich aufgenommene Titel]

Abbadie, A. d'/P. Paulitschke, *Futûh el-Hâbacha, des conquêtes faites en Abyssinie au XVIe siècle par l'Imam Muhammad Ahmad dit Gragne*, Paris 1898.

Abu Salih, *The Churches and Monasteries of Egypt and Some Neighbouring Countries*, Oxford 1895.

* »Apokalypse des Abraham«. In: *Altjüdisches Schrifttum außerhalb der Bibel*, Heidelberg 1975, S. 13 ff.

* »Apokalypse des Moses«. In: *Altjüdisches Schrifttum außerhalb der Bibel*, Heidelberg 1975, S. 138 ff.

* *Die Bibel*, Einheitsübersetzung, Altes und Neues Testament, Freiburg i. Brsg. 1980.

Budge, E. A. W., *The Book of the Saints of the Ethiopian Church: The Ethiopic Synaxarium*, 4 Bde., Cambridge 1928.

* Carter, Howard, *Tut-ench-Amun. Ein ägyptisches Königsgrab*, Leipzig 1924, S. 100 ff.

Charlesworth, J. (Hg.), *Old Testament Pseudepigrapha*, 2 Bde., Garden City, NY, 1983-1987.

Conti Rossini, C. (Hg.), »Acta Yared et Pantaleeon, Vitae Sanctorum Antiquorum, I.« In: *Corpus Scriptorum Christianorum Orientalium*, Script. aeth. 9/10, Rom, Paris, Leipzig 1904.

Conti Rossini, C. (Hg.), »Historia regis Sarsa Dengel (Malak Sagad)«. In: *Corpus Scriptorum Christianorum Orientalium*, Script. aeth. 3/4, Paris 1907.

Conti Rossini, C. (Hg.), »Documenta ad illustrandam historiam: Liber Axumae«. In: *Corpus Scriptorum Christianorum Orientalium*, Script. aeth. 24/27, Paris 1910.

Conti Rossini, C./L. Ricci, »Il Libro della Luce del Negus Zar'a Ya'qob (Mashafa Berhan)«. In: *Corpus Scriptorum Christianorum Orientalium*, Script. aeth. 47-58 und 51-52, Louvain 1964/65.

Coulson, F. H., u. a. (Hg.), *Philo*, 12 Bde., Cambridge, Mass., 1929 bis 1962.

Danby, H., *The Mishnah*, Oxford 1933.

Epstein, I. (Hg.), *The Babylonian Talmud*, 35 Bde., London 1935-1952.

* »Esra-Apokalypse, Die«. In:
*Die Apokalypsen des Esra und
des Baruch*, hrsg. v. Bruno
Violet, Leipzig 1924, Visio IV.,
S. 130 ff.

Freedman, H./M. Simon, (Hg.),
Midrash Rabbah, 10 Bde.,
London 1939.

Getatchew Haile (Hg.), *The Mariology
of Emperor Zära Ya'eqob of
Ethiopia*, Rom 1992 (Orientalia
Christiana Analecta, 242).

Guidi, I. (Hg.), »Annales Johannis I,
'Iyasu I, et Bakaffa«. In: *Corpus
Scriptorum Christianorum
Orientalium*, Script. aeth. 5/7,
Leipzig 1903.

Al-Hasan ibn Ahmad al-Hamdani,
Kitab al-Iklil, Buch 8,
Princeton 1940.

* »Henochbuch oder Erster Henoch
und Henochbuch (slavisch) oder
Zweiter Henoch«. In: *Altjüdisches
Schrifttum außerhalb der Bibel*,
Heidelberg 1975, S. 355 ff.

Huntingford, G. W. B. (Hg.), *The
Glorious Victories of Amda Seyon,
King of Ethiopia*, Oxford 1965.

Cosmas Indikopleustes, *La topogra-
phie chrétienne*, Paris 1968–1974
(Sources chrétiennes 141, 159, 197).

* »Jubiläenbuch«. In: *Altjüdisches
Schrifttum außerhalb der Bibel*,
Heidelberg 1975, Kap. 22, S. 597.

* *Koran, Der*, Stuttgart 1991.

Kur, S. (Hg.), »Actes de Iyasus Mo'a,
abbé du couvent de St. Etienne de
Hayq«. In: *Corpus Scriptorum
Christianorum Orientalium*, Script.
aeth. 49/50, Louvain 1965.

* Lange, H. O. (Hg.), *Das Weisheitsbuch des Amenemope*,
Kopenhagen 1925.

* »Leben Adams und Evas«. In: *Altjüdisches Schrifttum außerhalb der
Bibel*, Heidelberg 1975, S. 668 ff.

* *Mischna, Die*, 5. Traktat Joma,
Gießen 1913, S. 51–55.

Moberg, A. (Hg.), *The Book of the
Himyarites: Fragments of a Hitherto
Unknown Syriac Work*, Lund 1924.

* Müller, E. (Hg.), *Der Sohar.
Das heilige Buch der Kabbala*,
Wien 1932.

Neusner, J. (Hg.), *The Talmud
of the Land of Israel*, 35 Bde.,
Chicago 1982–1994.

Neusner, J. (Hg.), *The Talmud of
Babylonia: An Academic Commen-
tary*, Atlanta 1994 ff.

* Olms, G. (Hg.), »Midrasch
Mischle«. In: *Bibliotheca Rabbinica,
Die Haggadische Auslegung des
Vierten Buches Mose [Numeri]*,
Bd. IV, Hildesheim 1967,
S. 2.

* Olms, G. (Hg.), »Midrasch Bemid-
bar Rabba«. In: *Bibliotheca Rabbinica, Die Haggadische Auslegung
des Vierten Buches Mose [Numeri]*,
Bd. IV, Hildesheim 1967, S. 260.

Pereira, F. M. Esteves, *Chronica de
Susenyos, rei de Ethiopia*, 2 Bde.,
Lissabon 1892–1900.

Perruchon, J., *Les chroniques de Zar'a Ya'eqôb et de Ba'eda Mâryâm, rois d'Ethiopie de 1434 à 1478*, Paris 1893.

* Philo von Alexandria, *Die Werke in deutscher Übersetzung*, Berlin 1962, u.a. Bd. 1, S. 319f.

Spurling, H./M. Simon, *The Zohar*, 5 Bde., London 1931–1934.

* »Testament des Salomo«. In: *Altjüdisches Schrifttum außerhalb der Bibel*, Heidelberg 1975, S. 1251ff.

Thackeray, H. St. J., u.a. (Hg.), *Josephus*, 2 Bde., Cambridge, Mass., 1926–1965, u.a. S. 49f.

* *Totenbuch der Ägypter, Das*, Zürich, München 1979, S. 314.

Waddell, W. G. (Hg.), *Manetho*, Cambridge, Mass., 1940.

Wahb ibn Munabbih al-Yamani, *Kitab al-Tijan fi muluk himyar*, Hyderabad 1928.

SEKUNDÄRLITERATUR

Ackroyd, P., *Exile and Restoration*, London 1968.

Ahlström, A., »The Travels of the Ark: A Religio-Political Composition«. In: *Journal of Near Eastern Studies*, 43, 1984, S. 141–149.

Almeida, M. de, *Some Records of Ethiopia, 1593–1646, Being Extracts from the History of High Ethiopia or Abassia*, London 1954.

Alvares, F., *The Prester John of the Indies: A True Relation of the Lands of the Prester John*, 2 Bde., Cambridge 1961.

* Ariost, *Rasender Roland*, 4 Bde., Berlin 1882, Bd. 3, 33. Gesang, S. 327f.

Arnold, W. R., *Ephod and Ark*, Cambridge, Mass., 1917 (Harvard Theological Studies, 3).

Assmann, Jan, *Moses the Egyptian: The Memory of Egypt in Western Monotheism*, Cambridge, Mass., 1997. Dt.: *Moses der Ägypter: Entzifferung einer Gedächtnisspur*, München 1998.

Barradas, M., *Tractatus Tres Historico-Geographici*, hrsg. v. Richard Pankhurst, Wiesbaden 1996.

Barros, João de, *Asia de João de Barros: Terceira Decada*, Lissabon 1563. Dt.: *Die Asia des João de Barros*, Nürnberg 1844.

Blenkinsopp, J., »Kiriath-jearim and the Ark«. In: *Journal of Biblical Literature*, 88, 1969, S. 143–156.

Bruce, J., *Travels to Discover the Source of the Nile*, 3. Ausgabe, 5 Bde., Edinburgh 1790. Dt.: *Zu den Quellen des blauen Nils. Die Erforschung Äthiopiens, 1768–1773*, Berlin 1986.

Budde, K., »Ephod und Lade«. In: *Zeitschrift für die alttestamentliche Wissenschaft*, 39, 1921, S. 1–42.

Busink, T., *Der Tempel von Jerusalem. Von Salomo bis Herodes*, 2 Bde., Leiden 1970–1980.

Buxtorf, J., »Historia Arcae Foederis«.
In: B. Ugolini Thesaurus Antiqui-
tatum Sacrarum, Venedig 1744 ff.

Campbell, A. F., The Ark Narrative
(1. Sam 4–6; 2. Sam 6), Missoula
1975 (Society of Biblical Literature
Dissertation Series, 16).

Campbell, A. F., »Yahweh and
the Ark«. In: Journal of Biblical
Literature, 98, 1979, S. 31–43.

Cerulli, E., Il Libro Etiopico dei
Miracoli di Maria e le sue fonti nelle
letterature del medio evo latino,
Rom 1943.

Childs, B. S., The Book of Exodus,
Lonaon 1974.

Clements, R. E., God and Temple,
Oxford 1965.

Clifford, R. J., The Cosmic Mountain
in Canaan and the Old Testament,
Cambridge, Mass., 1972 (Harvard
Semitic Monographs, 4).

Cohen, Shaye J. D., From the
Maccabees to the Mishnah, Philadelphia 1987.

Cohn, Norman, The Pursuit of
the Millennium: Revolutionary
Millenarians and Mystical Anar-
chists of the Middle Ages, London
1970. Dt.: Das Ringen um das
tausendjährige Reich: Revolutio-
närer Messianismus im Mittelalter
und sein Fortleben in den modernen
totalitären Bewegungen, Bern,
München 1961.

Cohn, Norman, Cosmos, Chaos and
the World to Come: The Ancient
Roots of Apocalyptic Faith, New
Haven, London 1993. Dt.: Die Er-
wartung der Endzeit. Vom Ursprung
der Apokalypse, Frankfurt/Main
1997.

Cramer, Maria, Das Christlich-
Koptische Ägypten einst und heute,
Wiesbaden 1959.

Crone, P./M. Cook, Hagarism:
The Making of the Islamic World,
Cambridge 1977.

Cross, F. M., Canaanite Myth and
Hebrew Epic, Cambridge, Mass.,
1973.

Cross, F. M., »The Priestly Tabernacle
in the Light of Recent Research«.
In: A. Biran (Hg.), Temples and
High Places in Biblical Times,
Jerusalem 1981, S. 70–90.

Davies, G. H., »The Ark in the
Psalms«. In: Frederick F. Bruce
(Hg.), Promise and Fulfilment:
Essays Presented to Professor
S. H. Hooke, Edinburgh 1963,
S. 51–61.

Davies, G. H., »The Ark of the
Covenant«. In: Annual of the
Swedish Theological Institute, 5,
1967, S. 30–47.

Davies, P. R., »The History of the Ark
in the Books of Samuel«. In: Journal
of Northwest Semitic Languages,
5, 1977, S. 9–18.

Davies, P. R., »In Search of ›Ancient
Israel‹«. In: Journal for the Study
of the Old Testament Supplement
Series 148, Sheffield 1992.

Dibelius, M., *Die Lade Jahwes*, Göttingen 1906.

Dimothéos (Sapritchian), R. P., *Deux ans de séjour en Abyssinie*, Jerusalem 1871.

Doresse, Jean, *In the Land of the Queen of Sheba: Ancient and Modern Ethiopia*, London 1959.

Dt.: *Zeitloses Ägypten: Bilder aus fünf Jahrtausenden*, Biberach 1957.

Eaton, J. A., *Kingship and the Psalms*, London 1976.

Eaton, J. A., *Festal Drama in Deutero-Isaiah*, London 1979.

Eissfeldt, O., »Lade und Stierbild«. In: *Zeitschrift für die alttestamentliche Wissenschaft*, 58, 1910–1941, S. 190 bis 215.

Engnell, I., *Studies in Divine Kingship in the Ancient Near East*, Oxford 1967.

Erman, A., »Bruchstücke koptischer Volksliteratur«. In: *Abhandlungen der Königlichen Preußischen Akademie der Wissenschaften zu Berlin*, 1897, S. 3–64, insbes. S. 24 ff.

Fretheim, T. E., »The Ark in Deuteronomy«. In: *Catholic Biblical Quarterly*, 30, 1968, S. 1–14.

Friedman, R. E., »The Tabernacle in the Temple«. In: *Biblical Archaeologist*, 43, 1980, S. 241–248.

Geddes, M., *The Church History of Ethiopia*, London 1696.

Gerster, G., *Churches in Rock: Early Christian Ark in Ethiopia*, London 1970. Dt.: *Kirchen im Fels.*

Entdeckungen in Äthiopien, Berlin 1974, S. 36.

Góis, D. de, *Fides, Religio, Mores que Aethiopium sub Imperio Preciosi Ioannis…*, Louvain 1540.

Góis, D. de, *Legatio magni Indorum Imperatoris Presbyteri Iohannis, ad Emanuelem Lusitaniae Regem, Anno Domini MDXIII*, Dordrecht 1618.

Griaule, M., »Règles de l'Eglise (Documents éthiopiens)«. In: *Journal asiatique*, 221, 1932, S. 1–42.

Grierson, R. (Hg.), *African Zion: The Sacred Art of Ethiopia*, New Haven, London 1993.

Gutman, J., »The History of the Ark«. In: *Zeitschrift für die alttestamentliche Wissenschaft*, 87, 1971, S. 22–30.

Hancock, Graham, *The Sign and the Seal*, London 1992. Dt.: *Die Wächter des heiligen Siegels. Auf der Suche nach der verschollenen Bundeslade*, Bergisch Gladbach 1994.

Hanssens, J. M./A. Raes, »Une collection de tâbots au Musée Chrétien de la Bibliothèque Vaticane«. In: *Orientalia Cristiana Periodica*, 17, 1951, S. 435–450.

Haran, M., »The Ark and the Cherubim«. In: *Israel Exploration Journal*, 9, 1959, S. 30–38, 89–94.

Haran, M., »Otfe, Mahmal and Kubbe« [in Hebräisch]. In: A. Biram u. a. (Hg.), *D. Neiger Memorial Volume*, Jerusalem 1959, S. 215–221.

Haran, M., »The Nature of the ›Ohel Mo'edh‹ in Pentateuchal Sources«. In: *Journal of Semitic Studies*, 5, 1960, S. 50–65.

Haran, M., »The Disappearance of the Ark«. In: *Israel Exploration Journal*, 13, 1963, S. 46–58.

Haran, M., »The Priestly Image of the Tabernacle«. In: *Hebrew Union College Annual*, 36, 1965, S. 191–226.

Haran, M., »The Divine Presence in the Israelite Cult and the Cultic Institutions«. In: *Biblica*, 50, 1969, S. 251–267.

Haran, M., *Temples and Temple-Service in Ancient Israel*, Oxford 1978.

Hartmann, R., »Zelt und Lade«. In: *Zeitschrift für die alttestamentliche Wissenschaft*, 37, 1917/18, S. 209 bis 244.

Hawting, G. R., »The Disappearance and Rediscovery of Zamzam and the ›Well of the Ka'ba«‹. In: *Bulletin of the School of Oriental and African Studies*, 43, 1980, S. 44–54.

Hawting, G. R., »The Origins of the Islamic Sanctuary at Mecca«. In: G. H. A. Juynboll (Hg.), *Studies on the First Century of Islam*, Carbondale, Ill., 1982, S. 25–47.

Heldman, Marilyn E., *The Marian Icons of the Painter Fre Seyon: A Study in Fifteenth-Century Ark, Patronage, and Spirituality*, Wiesbaden 1994 (Orientalia Biblica et Christiana, 6).

* Herodot, *Historien*, Stuttgart 1955.

* Herodotus, *Die Geschichten des Herodotus*, 2 Bde., Leipzig 1929.

Hill, Christopher, *The World Turned Upside Down: Radical Ideas During the English Revolution*, London 1972.

Hill, Christopher, *The English Bible and the Seventeenth-Century Revolution*, London 1992.

Hill, Christopher, *Intellectual Origins of the English Revolution*, Oxford 1997.

Hillers, D. R., »Ritual Procession of the Ark and Psalm 132«. In: *Catholic Biblical Quarterly*, 30, 1968, S. 48–55.

Hoffmeier, J. K., *Israel in Egypt*, New York 1997.

Hooke, S. H. (Hg.), *Myth and Ritual: The Myth and Ritual of the Hebrews in Relation to the Culture Pattern of the Ancient Near East*, London 1933.

Hooke, S. H. (Hg.), *The Labyrinth: Further Studies in the Relation between Myth and Ritual in the Ancient World*, London 1935.

Hooke, S. H. (Hg.), *Myth, Ritual, and Kingship: Essays on the Theory and Practice of Kingship in the Ancient Near East and in Israel*, Oxford 1958.

Hubbard, D. A., »The Literary Sources of the Kebra Nagast«, Diss., University of St. Andrews 1956.

Huntingford, G. W. B., *The Land Charters of Northern Ethiopia*, Addis Abeba 1965.

Hurgronje, Christian Snouck, *Mekka*,
2 Bde., Den Haag 1888/89.

Irvine, W. H., »Le sanctuaire central
israelite avant l'établissement de la
monarchie«. In: *Revue biblique*,
72, 1965, S. 161–184.

Johnson, A. R., *Sacral Kingship in
the Ancient Near East*, Cardiff 1967.

* Josephus Flavius, *Jüdische Altertümer*, Wien 1938, S. 30, 49f., 60,
124, 131, 236.

* Josephus Flavius, *Geschichte des
Jüdischen Krieges*, Wien 1938,
S. 345ff.

Kaplan, Steven, *The Monastic Holy
Man and the Christianization
of Early Solomonic Ethiopia*,
Wiesbaden 1984.

Kaplan, Steven, »›Falasha‹ Religion:
Ancient Judaism or Evolving
Tradition? A Review Article«.
In: *Jewish Quarterly Review*, 79,
1, 1988, S. 49–65.

Kaplan, Steven, *The Beta Israel
(Falasha) in Ethiopia*,
New York 1992.

Kefyalew Merahi, *The Covenant of
Holy Mary Zion with Ethiopia*,
Addis Abeba 1997.

Khs-Burmester, Oswald H. E.,
The Egyptian or Coptic Church,
Kairo 1967.

Kitchen, K., »Punt and How to
Get There«. In: *Orientalia*, 40,
1971, S. 184–207.

Koester, C. R., *The Dwelling of
God: The Tabernacle in the Old

Testament, Intertestamental Jewish
Literature, and the New Testament*,
Washington, DC, 1989 (Catholic
Biblical Quarterly Monograph,
Series 22).

Krinsky, C. H., »Representations of
the Temple of Jerusalem before
1500«. In: *Journal of the Warburg
and Courtauld Institutes*, 33,
1970, S. 1–19.

Lazarus-Yafeh, H., *Intertwined
Worlds: Medieval Islam and
Bible Criticism*, Princeton 1992.

Levenson, J. D., *Sinai and Zion*,
San Francisco 1987.

Littmann, Enno, u.a., *Deutsche
Aksum-Expedition*, 4 Bde.,
Berlin 1913.

Lobo, Jeronimo, *The Itinerário
of Jerónimo Lobo*, London 1984.

*Loti, Pierre, *Jerusalem*, Berlin 1896,
S. 140f.

Lozzi, L., *La confessione di Claudio, re
d'Etiopia (1540–1559)*, Palermo o. J.

* Maimonides, Moses, *Führer der
Unschlüssigen*, Hamburg 1972, B. 3,
Bd. 2, S. 200f., 288ff.

* Maimonides, Moses, *Das Buch der
Erkenntnis*, Berlin 1994, B. 1, S. 9,
273.

McKane, W., »The Earlier History of
the Ark of the Covenant«. In: *Trans-
actions of the Glasgow University
Oriental Society*, 21, 1965/66,
S. 68–76.

McKane, W., *Jeremiah*, Bd. 1,
Edinburgh 1986.

Mendes, A., »Carta di ill. et rev. D. Alfonso Mendes patriarcha de Ethiopia pera o padre Balthazar Telles...«. In: Balthazar Telles, *Historia geral de Ethiopia a alta*, Coimbra 1660.

Miller, P. D./J. J. M. Roberts, *The Hand of the Lord: A Reassessment of the »Ark Narrative« of I Samuel*, Baltimore 1977.

Monneret de Villard, U., *Aksum*, Rom 1938.

Morgenstern, J., »The Ark, the Ephod, and the ›Tent of Meeting‹«. In: *Hebrew Union College Annual*, 17, 1942/43, S. 153–265; 18, 1943/44, S. 1–52.

Mowinckel, Sigmund, *Psalmenstudien*, 6 Bde., Amsterdam 1921 bis 1924, Bd. II/III, S. 30 ff.

Munro-Hay, S. C. (Hg.), *Excavations at Aksum*, London 1989.

Munro-Hay, S. C., *Aksum: An African Civilization of Late Antiquity*, Edinburgh 1991.

Munro-Hay, S. C., *Ethiopia and Alexandria: The Metropolitan Episcopacy of Ethiopia*, Warschau, Wiesbaden 1997.

Munro-Hay, S. C./B. Juel-Jensen, *Aksumite Coinage*, London 1996.

Murrell, N. S./W. D. Spencer/ A. A. McFarlane (Hg.), *Chanting Down Babylon: The Rastafari Reader*, Philadelphia 1998.

Musil, A., *The Manners and Customs of the Rwala Bedouins*, New York 1928.

Naville, E., *The Temple of Deir el Bahari*, 3 Bde., London 1895–1908.

Nersessian, V./R. Pankhurst, »The Visit to Ethiopia of Yohannes T'ovmacean, an Armenian Jeweller, in 1764–1766«. In: *Journal of Ethiopian Studies*, 15, 1982, S. 79–104.

Newby, G. D., *A History of the Jews of Arabia*, Columbia, South Carolina, 1988.

Nielsen, E., »Some Reflections on the History of the Ark«. In: *Supplement to Vetus Testamentum*, 7, 1960, S. 61–74.

Pais, P., *Historia da Ethiopia*, 3 Bde., Porto 1945/46.

Peters, F. E., *The Hajj*, Princeton 1994.

Peters, F. E., *Mecca*, Princeton 1994.

*Plutarch, *Über Isis und Osiris*, T. 2: »Die Deutungen der Sage«, Darmstadt 1967, S. 19.

Porter, J. R., »The Interpretation of 2 Samuel VI and Psalm CXXXII«. In: *Journal of Theological Studies*, 5, 1954, S. 161–173.

Praetorius, F., »Fabula de Regina Sabaea apud Aethiopes«, Diss., Halle o. J. [1870].

* Prokop, *Perserkriege*. In: ders., *Werke*, Bd. III, München 1970, S. 151 f.

Rabe, V., »The Identity of the Priestly Tabernacle«. In: *Journal of Near Eastern Studies*, 25, 1966, S. 132 ff.

Rad, Gerhard v., »The Tent and the Ark«. In: *The Problem of the Hexateuch and Other Essays*, London 1966, S. 103–124.

Rassam, Hormuzd, *Narrative of the British Mission to Theodore, King of Abyssinia*, 2 Bde., London 1869.

Raswan, C., *The Black Tents of Arabia*, London 1935. Dt.: *Im Land der schwarzen Zelte. Mein Leben unter den Beduinen*, Berlin 1934, S. 75 ff.

Redford, D. B., *Egypt, Canaan, and Israel in Ancient Times*, Princeton 1992.

Reimpell, W., »Der Ursprung der Lade Jahwes«. In: *Orientalistische Literaturzeitung*, 19, 1916, S. 326–331.

Reventlow, Henning Graf v., *Bibelautorität und Geist der Moderne. Die Bedeutung des Bibelverständnisses für die geistesgeschichtliche und politische Entwicklung in England von der Reformation bis zur Aufklärung*, Göttingen 1980.

Roberts, J. J. M., »The Hand of Yahweh«. In: *Vetus Testamentum*, 21, 1971, S. 244–251.

Roberts, J. J. M., »The Davidic Origin of the Zion Tradition«. In: *Journal of Biblical Literature*, 92, 1973, S. 329–344.

Rodinson, M., »Review of E. Ullendorff, The Ethiopians ...«. In: *Bibliotheca Orientalis*, 21, 1964, S. 239 ff.

Rodinson, M., »Sur la question des ›influences juives‹ en Ethiopie«.

In: *Journal of Semitic Studies*, 9, 1964, S. 11–19.

Rubenson, S., »The Lion of the Tribe of Judah: Christian Symbol and/ or Imperial Title«. In: *Journal of Ethiopian Studies*, 3.2, S. 75–85.

Rubin, U., »The Ka'ba: Aspects of Its Ritual, Functions, and Position in Pre-Islamic and Early Islamic Times«. In: *Jerusalem Studies in Arabic and Islam* 8, 1986, S. 97–131.

Salt, Henry, *A Voyage to Abyssinia and Travel into the Interior of that Country, Executed under the Orders of the British Government, in the Years 1809 and 1810*, London 1814.

Scholem, Gershom, *Jewish Gnosticism, Merkabah Mysticism and the Talmudic Tradition*, New York 1960.

Seeters, J. Van, *In Search of History: Historiography in the Ancient World and the Origins of Biblical History*, New Haven, London 1983.

Seeters, J. Van, *The Life of Moses: The Yahwist as Historian in Exodus-Numbers*, Louisville, Kentucky, 1994.

Selwyn, E. C., »The Feast of Tabernacles, Epiphany and Baptism«. In: *Journal of Theological Studies*, 13, 1912, S. 225–249.

Seow, C. L., »The Designation of the Ark in Priestly Theology«. In: *Hebrew Annual Review*, 8, 1985, S. 185–198.

Seow, C. L., *Myth, Drama, and the*

Politics of David's Dance,
Atlanta 1989.

Shahid, I., »The Book of the Himyarites: Authorship and Authenticity«.
In: *Le Muséon*, 76, 1963, S. 349–362.

Shahid, I., »Byzanto-Arabica: The
Conference of Ramla, A. D. 524«.
In: *Journal of Near Eastern Studies*,
23, 1964, S. 114–131.

Shahid, I., *The Martyrs of Najran*,
Brüssel 1971 (Subsidia Hagiographica, 49).

Shahid, I., »The *Kebra Nagast*
in the Light of Recent Research«.
In: *Le Muséon*, 89, 1976, S. 133–178.

Shelemay, K. Kaufman, *Music, Ritual,
and Falasha History*, East Lansing,
Michigan, 1989.

Shelemay, K. Kaufman, »The Musician and Transmission of Religious
Tradition: The Multiple Roles of
the Ethiopian Däbtära«. In: *Journal
of Religion in Africa*, 22, 1992,
S. 242–260.

*Tacitus, *Historien V*. In: ders., *Sämtliche Werke*, Wien o. J., S. 347.

Tamrat, Taddesse, »Some Notes on
the Fifteenth Century Stephanite
›Heresy‹ in the Ethiopian Church«.
In: *Rassegna di studi etiopici*, 22,
1966, S. 103–115.

Tamrat, Taddesse, »The Abbots of
Däbrä Hayq 1248–1535«. In: *Journal
of Ethiopian Studies*, 8.1, 1970,
S. 87–117.

Tamrat, Taddesse, *Church and State in
Ethiopia 1270–1527*, Oxford 1972.

Tamrat, Taddesse, »Ethiopia, the Red
Sea and the Horn«. In: R. Oliver
(Hg.), *The Cambridge History of
Africa*, Bd. 3, 1977, S. 98–182.

Telles, Balthazar, *The Travels
of the Jesuits in Ethiopia*,
London 1710.

Toorn, K. van der/C. Houtman,
»David and the Ark«. In: *Journal
of Biblical Literature*, 113, 1994,
S. 209–231.

Trimingham, J. S., *Christianity among
the Arabs in Pre-Islamic Times*,
London 1979.

Tur-Sinai, N. H., »The Ark of God at
Beit Shemesh (1. Sam VI) and Peres
'Uzza (2. Sam VI; 1. Chron XIII)«.
In: *Vetus Testamentum*, 1, 1951,
S. 275–286.

Thompson, T. L., *The Bible in History:
How Writers Create a Past*,
London 1999.

Ullendorff, Edward, »Candace
(Acts VIII.27) and the Queen of
Sheba«. In: *New Testament Studies*,
2, 1965/66, S. 53–56.

Ullendorff, Edward, *Ethiopia and the
Bible*, London 1968.

Ullendorff, Edward, *The Ethiopians*,
3 Bde., London 1973.

Vaux, Roland de, »Les Chérubins et
l'arche d'alliance, les sphinx
gardiens et les trônes divins dans
l'ancien orient«. In: *Bible et Orient*,
Paris 1967.

Walker, C. H., *The Abyssinian at
Home*, London 1933.

Walzer, Michael, *Exodus and Revolution*, New York 1984. Dt.: *Exodus und Revolution*, Frankfurt/Main 1995.

Wellhausen, J. *Die Composition des Hexateuchs und der historischen Bücher des Alten Testaments*, 3 Bde., Berlin 1899.

Wensinck, A. J., *The Ideas of the Western Semites concerning the Navel of the Earth*, Amsterdam 1916 (Verhandelingen der Koninklijke Akademie van Wetenschappen te Amsterdam, n. s. 17.1).

Whitelam, K. W., *The Invention of Ancient Israel*, London 1996.

Yadin, Yigael, *The Temple Scroll*, London 1985. Dt.: *Die Tempelrolle. Die verborgene Thora vom Toten Meer*, München 1985.

Kapernaum ●

Tiberias ●

SEE GENEZARETH
(SEE v. TIBERIAS)

MITTEL-
MEER

Jordan

● Sichem
△
Berg Garizim

I S R A E L

● Schilo

Bet-El
●

Kirjat-Jearim ●
● Gibea

Gilgal
●

Jericho

Ekron
●

● Jerusalem

Berg Nebo
△

● Aschdod
● Bet-Schemesch

Qumran ●

● Gat

J U D A

T O T E S   M E E R

M O A B

Palästina

0   20   30 km

Ägypten,
Äthiopien
und Arabien

DANKSAGUNG

Vor einiger Zeit beschrieb der große Historiker Bernard Lewis, was er seinem Lektor bei Weidenfeld & Nicolson, Benjamin Buchan, ob dessen Kompetenz und Geduld zu verdanken hat. Die Autoren dieses Buches sind ihm ebenso ob seines gesunden Urteilsvermögens zu Dank verpflichtet, das er in allen Phasen der Entstehung dieses Buches eingebracht hat, und insbesondere für seinen Vorschlag, dass eine ausgewählte Bibliografie für viele Leser wohl hilfreicher als eine allzu umfangreiche Auflistung entsprechender Primär- und Sekundärliteratur sei. Die Geschichte der Lade erstreckt sich über so viele Jahrhunderte, dass die meisten Experten, die sich mit diesem Spezialgebiet befassen, an irgendeinem Punkt feststellen, dass sie über das eigentliche Thema ihrer Forschungen hinausgetragen werden, und die Geschichte ist so außergewöhnlich, dass wir uns zu der Annahme ermutigen ließen, dass sie nicht nur für fachkundige Spezialisten, sondern auch für eine breite Leserschaft faszinierend und spannend sein dürfte.

Eine Reihe angesehener Wissenschaftler hat uns in den Jahren, in denen dieses Buch geschrieben wurde, mit ihrem Rat unterstützt oder uns Mut zugesprochen, insbesondere William McKane, der inzwischen emeritierte Professor für hebräische und orientalische Sprachen an der University of St. Andrews. Einigen Äthiopien-Experten schulden wir für die Gespräche oder Korrespondenz, die wir mit ihnen führen durften, und die Literatur, die sie uns zukommen ließen, ganz besonderen Dank, namentlich Sevir Chernetsov, Stanislaw Chojnacki, Getatchew Haile, Marilyn Heldman, Manfred Kropp, Harold Marcus, Richard Pankhurst, Kay Kaufman Shelemay und Siegbert Uhlig.

An der Oxford University hat Bent Juel-Jenson uns großzügig Zugang zu einer Reihe wichtiger Manuskripte und sehr alter Bücher gewährt und uns Bildmaterial zur Verfügung gestellt. Dankbar sind wir auch, dass wir Fotografien von Paul Henze und Pamela Taor in diesem

Buch mit aufnehmen konnten. W. L. G. Randles gab uns wertvolle Hinweise bezüglich früher portugiesischer Berichte über Äthiopien und G. S. P. Freeman-Grenville zur Geschichte Jerusalems. An der Harvard University zeigten Henry Louis Gates Jr. und Karen Dalton besonderes Interesse an diesem Buch. Irfan Shahid und T. H. Norris gaben uns hilfreiche Anregungen hinsichtlich der Frühgeschichte Arabiens. Von der Sanaa University ließ Tim Mackintosh-Smith uns von seinem reichen Wissensschatz über arabische Historiker und lokale Traditionen profitieren. Während der ganzen Vorbereitung des Buches waren Jerry Begner, John Davis, Carolyn Grierson und Michael Wilson-Smith für uns eine unermesslich wertvolle Hilfe. Darüber hinaus schulden wir auch den Bibliothekaren und Kuratoren der Bodleian Library, British Library, Cambridge University Library, London Library und der School of Oriental and African Studies sowie vor allem Vrej Nersessian von der British Library für das besondere Engagement bei unseren Recherchen in der Sammlung über Äthiopien unseren Dank.

Wir haben das Buch David Godwin gewidmet, ohne den es nicht hätte geschrieben werden können.

REGISTER